Karrierechancen von Frauen erfolgreich gestalten

Andreas Boes · Anja Bultemeier
Rainer Trinczek (Hrsg.)

Karrierechancen von Frauen erfolgreich gestalten

Analysen, Strategien und Good Practices aus modernen Unternehmen

Unter Mitarbeit von Barbara Langes und Thomas Lühr

Herausgeber
Andreas Boes
Institut für Sozialwissenschaftliche Forschung
e. V. – ISF München
München, Deutschland

Rainer Trinczek
Friedrich-Alexander-Universität
Erlangen-Nürnberg, Deutschland

Anja Bultemeier
Friedrich-Alexander-Universität
Erlangen-Nürnberg, Deutschland

Das diesem Buch zugrundeliegende Verbundvorhaben „Frauen in Karriere" wird vom Bundesministerium für Bildung und Forschung und aus dem Europäischen Sozialfonds der Europäischen Union im Themenschwerpunkt „Frauen an die Spitze" im Rahmen des Förderbereichs „Strategien zur Durchsetzung von Chancengleichheit für Frauen in Bildung und Forschung" gefördert.
Förderkennzeichen: 01FP0826, 01FP0827

ISBN 978-3-658-00793-5   ISBN 978-3-658-00794-2 (eBook)
DOI 10.1007/978-3-658-00794-2

Die Deutsche Nationalbibliothek verzeichnet diese Publikation in der Deutschen Nationalbibliografie; detaillierte bibliografische Daten sind im Internet über http://dnb.d-nb.de abrufbar.

Springer Gabler
© Springer Fachmedien Wiesbaden 2013
Das Werk einschließlich aller seiner Teile ist urheberrechtlich geschützt. Jede Verwertung, die nicht ausdrücklich vom Urheberrechtsgesetz zugelassen ist, bedarf der vorherigen Zustimmung des Verlags. Das gilt insbesondere für Vervielfältigungen, Bearbeitungen, Übersetzungen, Mikroverfilmungen und die Einspeicherung und Verarbeitung in elektronischen Systemen.

Die Wiedergabe von Gebrauchsnamen, Handelsnamen, Warenbezeichnungen usw. in diesem Werk berechtigt auch ohne besondere Kennzeichnung nicht zu der Annahme, dass solche Namen im Sinne der Warenzeichen- und Markenschutz-Gesetzgebung als frei zu betrachten wären und daher von jedermann benutzt werden dürften.

Lektorat: Stefanie Brich / Katharina Harsdorf

Gedruckt auf säurefreiem und chlorfrei gebleichtem Papier

Springer Gabler ist eine Marke von Springer DE. Springer DE ist Teil der Fachverlagsgruppe Springer Science+Business Media.
www.springer-gabler.de

Grußwort

Die Zahlen sprechen eine eindeutige Sprache: Frauen beginnen häufiger ein Studium und schließen es oftmals auch besser ab als ihre Kommilitonen. Fast genauso viele junge Frauen wie Männer entscheiden sich für eine wissenschaftliche Karriere, nur jede fünfte Professur ist jedoch mit einer Frau besetzt. An der Spitze der außeruniversitären Forschungseinrichtungen ist nur jede zehnte Führungskraft weiblich. Im Top-Management von Großunternehmen sind Frauen eine Seltenheit.

Das Thema Frauen in Führungspositionen wird derzeit auf allen Ebenen intensiv diskutiert – mit der Erkenntnis: Frauen müssen sich auf entscheidenden Positionen einbringen, wenn wir als Gesellschaft zukunftsfähig sein wollen. Deshalb müssen wir die strukturellen und kulturellen Rahmenbedingungen so gestalten, dass Frauen, die Karriere machen wollen, dies auch können.

Um Unternehmen und Arbeitgeber dabei zu unterstützen, fördert das Bundesministerium für Bildung und Forschung (BMBF) gemeinsam mit dem Europäischen Sozialfonds (ESF) interdisziplinäre Forschungsvorhaben zu verschiedenen genderbezogenen Fragestellungen: Welche Barrieren und Chancen einer Karriere gibt es für Frauen in Wissenschaft und Wirtschaft? Welche Konzepte sind förderlich für eine Karriere? Antworten auf diese Fragen suchen etwa hundert Forschungsprojekte. Sie werden mit einem Fördervolumen von rund 32 Millionen Euro unterstützt.

Das vorliegende Buch stellt die Forschungsergebnisse des Verbundprojekts „Frauen in Karriere – Chancen und Risiken für Frauen in modernen Unternehmen" des Instituts für Sozialwissenschaftliche Forschung München und der Universität Erlangen-Nürnberg vor. Kombiniert mit Erfahrungen aus der Unternehmenspraxis gibt es konkrete Handlungsempfehlungen, wie die Karrierechancen von Frauen verbessert werden können. Das wird in Zukunft noch wichtiger. Denn Chancengerechtigkeit ist eine Chance im Wettbewerb um Talente und Ideen.

Prof. Dr. Johanna Wanka

Bundesministerin für Bildung und Forschung

Vorwort

Der vorliegende Band enthält die Ergebnisse aus fünf Jahren Forschung zu den Karrierestrukturen und Gestaltungsansätzen sowie zu den individuellen Karrierestrategien von Frauen und Männern in modernen Unternehmen. Er liefert für die (Entscheidungs-)Praxis in Wirtschaft und Politik sowie für Vertreterinnen und Vertreter von Institutionen der Frauenförderung und Diversity in Unternehmen und Gesellschaft fundierte Antworten auf die drängende Frage, wie der neue „historische Möglichkeitsraum" für die Karrierechancen von Frauen erfolgreich genutzt werden kann. Eindrücke aus Vorstandsetagen veranschaulichen, wie sehr das Thema in den Unternehmen verankert ist. Nicht zuletzt werden strategische Konzepte und Good Practices aus der ITK-Industrie, der Elektrotechnischen Industrie sowie dem Bankgewerbe vorgestellt, die eine Handlungsorientierung aus der konkreten Unternehmenspraxis entwickeln und so „Schnellschüsse" vermeiden. Letztendlich geht es darum, den aktuellen Wandel in den Unternehmen zu verstehen, die darin liegenden Chancen und Risiken zu analysieren und auf dieser Grundlage Konzepte zur Verbesserung der Karrierechancen von Frauen zu entwickeln, zu erproben und für die Praxis aufzubereiten. Zusammengeführt hat die Autorinnen und Autoren die Überzeugung, dass es wesentlich von der erfolgreichen Gestaltung in den Unternehmen abhängt, ob der historische Möglichkeitsraum für die Karrierechancen von Frauen erfolgreich genutzt werden kann – und zwar jetzt! Denn es kommt in diesem begrenzten historischen Zeitfenster darauf an, die Chancen zur Weichenstellung in den Unternehmen zu ergreifen und damit substanzielle, nachhaltige und erfolgreiche Veränderungen in Gang zu setzen.

Die folgenden Ausführungen basieren auf den Erkenntnissen des Forschungsprojekts „Frauen in Karriere – Chancen und Risiken für Frauen in modernen Unternehmen", das vom Bundesministerium für Bildung und Forschung und aus dem Europäischen Sozialfonds der Europäischen Union im Themenschwerpunkt „Frauen an die Spitze" im Rahmen des Förderbereichs „Strategien zur Durchsetzung von Chancengleichheit für Frauen in Bildung und Forschung" gefördert wird. Das Projekt wurde vom Institut für Sozialwissenschaftliche Forschung – ISF München e.V. in Zusammenarbeit mit der Friedrich-Alexander-Universität Erlangen-Nürnberg zwischen Dezember 2008 und November 2013 durchgeführt. Die Förderung dieser Institutionen war für die erfolgreiche Durchführung des Projekts unverzichtbar. Besonderen Dank empfinden wir für die Bereitschaft des Ministeriums, unser Projekt nicht nur materiell zu fördern. Das Grußwort der Ministerin Frau *Prof. Dr. Johanna Wanka* und die Teilnahme von Staatssekretärin Frau *Cornelia Quennet-Thielen* an unserer Abschlussveranstaltung sind Ausdruck der großen Bereitschaft, unser Projekt nach allen Möglichkeiten zu fördern. Einen sehr großen Anteil an der erfolgreichen Zusammenarbeit mit dem Ministerium hat unsere Projektbetreuerin beim Projektträger DLR, Frau *Astrid Gussenstätter*. Ihr danken wir für die Unterstützung bei der Konzeption und fundierten Begleitung dieses Projekts und für die angenehme Zusammenarbeit.

Dieses Projekt wurde getragen von der aktiven Beteiligung eines Netzwerks von Unternehmen und Verbänden. Namentlich handelt es sich um *Bosch Engineering GmbH, Deutsche Postbank AG, Deutsche Telekom AG, Robert Bosch GmbH Entwicklungszentrum Abstatt, SAP AG,*

Siemens AG, Taunus Sparkasse, Volkswagen Financial Services AG, BITKOM e.V., Industriegewerkschaft Metall und *Vereinte Dienstleistungsgewerkschaft*. Die vertrauensvolle Zusammenarbeit mit den Vertreterinnen und Vertretern dieser Organisationen sowie deren offener Umgang untereinander war der entscheidende Faktor dafür, dass es uns gemeinsam gelungen ist, den aktuellen Wandel der Unternehmen und die darin liegenden Risiken und Chancen für die Karrieremöglichkeiten von Frauen so intensiv zu verstehen und geeignete Maßnahmen zu entwickeln. Dank schulden wir vor allen anderen unseren Gesprächspartnern in den Unternehmen sowie den zahlreichen Expertinnen und Experten, die uns mit großer Offenheit, in oft stundenlangen Gesprächen praktische Einblicke in die Karrierestrukturen in den Unternehmen als auch die individuellen Karrierestrategien gegeben haben. Ein spezieller Dank gilt dabei insbesondere auch den zahlreichen Unternehmensvertretern, Gewerkschaftsvertretern und Betriebsräten, die den Kontakt zu unseren Gesprächspartnern mit großem Engagement vermittelt haben und so diese Studie erst ermöglicht haben und die uns über fünf Jahre mit Rat und Tat zur Seite gestanden haben. Über diese fünf Jahre ist so ein „innerer Kern" des Projektnetzwerks entstanden, der ca. 40 Personen aus allen genannten Unternehmen und Verbänden umfasst. Stellvertretend für diese seien die Mitstreiter und Mitstreiterinnen der „ersten Stunde" genannt, die 2008, als das Thema noch schwer zu vermitteln war, großen Anteil daran hatten, dass wir überhaupt die Möglichkeit hatten, dieses Vorhaben zu verwirklichen: *Juanita Jordan* von der Bosch Engineering GmbH, *Dorothee Heine-Williams* von der Deutschen Bank AG, *Uta Wieck* von der Deutschen Postbank AG, *Sabine Klenz* und *Mechthilde Maier* von der Deutschen Telekom AG, *Margret Klein-Magar, Christiane Kuntz-Mayr* und *Dr. Natalie Lotzmann* von der SAP AG, *Dr. Natascha Eckert* von der Siemens AG, *Brigitte Cichy* und *Yvonne Velten* von der Taunus Sparkasse, *Wolfgang Fueter* und *Christiane Hesse* von der Volkswagen Financial Services AG, *Christiane Benner* von der IG Metall, *Ursula Leuschner* von der Deutschen Telekom AG und von ver.di.

Viele wissenschaftliche Kolleginnen und Kollegen am ISF München und an der FAU Erlangen-Nürnberg haben unsere Arbeit in fruchtbarem Austausch begleitet. Dies sind zunächst die Wissenschaftlerinnen und Wissenschaftler, die in diesem Projekt mit uns gearbeitet haben: *Katrin Gül, Dr. Tobias Kämpf, Dr. Kira Marrs, Barbara Langes, Thomas Lühr* und *Steffen Steglich*. Besonderen Dank schulden wir unseren studentischen Hilfskräften, die das Projekt über Jahre bereichert haben: *Simone Bauer, Anna Berthold, Barbara Brandl, Anita Heindlmaier, Martina Kigle, Lucia Killius, Fabian Ochsenfeld, Bettina Pettinger, Christine Then* und *Simona Wieser*, die mit ihrem großen Engagement stets eine große Hilfe waren.

Und schließlich danken wir: *Karla Kempgens*, die dem Projekt ein grafisches Gesicht gegeben hat, *Frank Seiß* für sein kompetentes Lektorat sowie *Dr. Susann Mathis* und *Dr. Jutta Witte* für die professionelle Unterstützung bei unserem Auftritt in der Öffentlichkeit. Dieser Band wäre nicht erschienen, wenn *Thomas Lühr* und *Barbara Langes* nicht als „Co-HerausgeberInnen" mit unermüdlichem Einsatz, viel Sorgfalt und einer Menge organisatorischem und menschlichem Geschick alle Fäden zusammen gehalten hätten. Ihnen gilt unser besonderer Dank!

München, im Juni 2013

Andreas Boes
Anja Bultemeier
Rainer Trinczek

Inhalt

Grußwort 5
Johanna Wanka

Vorwort 7
Andreas Boes, Anja Bultemeier und Rainer Trinczek

Ein historischer Möglichkeitsraum für die Karrierechancen von Frauen –
Zur Einführung 13
Andreas Boes, Anja Bultemeier, Tobias Kämpf, Barbara Langes, Thomas Lühr, Kira Marrs und Rainer Trinczek

Perspektive Vorstandsmitglieder:
Persönliche Erfahrungen und strategische Implikationen 35

„Wir wollten mit der Quote ein Signal setzen, dass es uns ernst ist" 37
René Obermann, Vorstandsvorsitzender Deutsche Telekom AG – im Gespräch mit Andreas Boes

„Anders sein heißt mehr sein" 43
*Luisa Deplazes Delgado, Personalvorstand und Arbeitsdirektorin bei der SAP AG –
im Gespräch mit Andreas Boes*

„Ganz ehrlich: Ich traue dem Ganzen nicht" 50
*Christiane Benner, geschäftsführendes Vorstandsmitglied, IG Metall Vorstand –
im Gespräch mit Andreas Boes*

„Es wird Zeit, dass sich etwas tut" 57
*Ralf Stemmer, Vorstand Ressourcen, Deutsche Postbank AG –
im Gespräch mit Andreas Boes*

„Ich bin stolz auf die aktuelle Entwicklung" 64
*Christiane Hesse, Vorstand Personal und Organisation, Volkswagen Financial Services AG –
im Gespräch mit Andreas Boes*

„Ich finde es dringend notwendig, dass sich das verändert – das hat etwas mit
Gerechtigkeit zu tun" 72
Lothar Schröder, Vorstandsmitglied von ver.di – im Gespräch mit Andreas Boes

„Manche Dinge muss ich mir einfach sagen lassen" 78
Bernhard Bihr, Geschäftsführer der Bosch Engineering GmbH –
im Gespräch mit Andreas Boes

„Hinter dem Thema Frauen und Karriere liegt etwas viel Grundsätzlicheres" 85
Oliver Klink, Vorstandsvorsitzender der Taunus Sparkasse – im Gespräch mit Andreas Boes

Perspektive Forschung: Weichen für Frauen neu gestellt –
Wandel des Karrieremechanismus in modernen Unternehmen 93

Neue Spielregeln in modernen Unternehmen – Chancen und Risiken für Frauen 95
Anja Bultemeier und Andreas Boes

Frauen wollen Karriere! Karriereorientierungen von Frauen
im Umbruch der Unternehmen 166
Anja Bultemeier

Karrierechancen von Frauen erfolgreich gestalten – Good Practices der Veränderung 198
Andreas Boes und Thomas Lühr

Perspektive Unternehmensstrategie:
Strategische Konzepte zur Förderung der Karrierechancen von Frauen 229

Gender Diversity und Kulturveränderung bei der Deutschen Telekom AG –
Maßnahmen, Umsetzungserfahrungen und Zwischenerfolge 231
Mechthilde Maier und Felix Sonnet

Die SAP People Strategy — Ein strategischer Rahmen
zur Verbesserung der Karrierechancen von Frauen 242
Jörg Staff

Ganzheitliche Strategie –
Gender Diversity Management bei der Deutschen Postbank AG 253
Andrei Frömmer und Vera Strack

Strategische Konzepte der Frauenförderung
bei der Volkswagen Financial Services AG 263
Anja Christmann und Ellen Dierkes

Inhalt

Perspektive Unternehmenspraxis:
Erfahrungen und Good Practices aus den Unternehmen.. 273

Zentrale Handlungsfelder zur Förderung von Frauenkarrieren
im Ingenieursumfeld – Die Bosch Engineering GmbH.. 275
Juanita Jordan und Katrin Mack

Verfahren zur Identifikation und Maßnahmen zur Förderung
von PotenzialträgerInnen bei der Deutschen Postbank AG.. 282
Andrei Frömmer und Vera Strack

Diversity Reporting – Reporting Gender bei der SAP AG... 289
Uta Sánchez-Mayoral

Gender Awareness Training für Frauen und Männer im Management der SAP AG 297
Stefanie Nennstiel

Global Leadership Organization of Women – Das Frauen-Netzwerk GLOW@CT............ 306
Barbara Fischer, Natascha Eckert und Wiebke Metzler

Kinderkrippe und Elternzeitbegleitung bei der Taunus Sparkasse –
Die ersten Stellen des Zugangscodes... 315
Yvonne Velten

Die Betriebskindertagesstätte der Volkswagen Financial Services AG —
Garant für ein familienfreundliches Arbeitsumfeld 322
Anja Christmann, Ellen Dierkes und Norbert Herschel

Perspektive Gleichstellungspolitik:
Interessenvertretung als Faktor für Chancengleichheit 327

Vielfalt und Inklusion aus der Sicht von Leitenden Angestellten 329
Margret Klein-Magar

Die IG Metall als Akteurin für Chancengleichheit von Frauen und Männern 337
Iris Becker und Christiane Niemann

Ver.di als Akteurin für Chancengleichheit von Frauen und Männern 347
Karin Schwendler

Diversity von unten – Das Business Women's Network der SAP.. 353
Christiane Kuntz-Mayr und Christine Regitz

Frauenförderung bei der Deutschen Telekom AG aus der Sicht des Betriebsrats 360
Monika Brandl

Frauenförderung in der Perspektive betrieblicher Mitbestimmung 365
Anita Ninnemann, Marion Leffler und Sylvia Stelzner

Verzeichnis der Autorinnen und Autoren 371

Ein historischer Möglichkeitsraum für die Karrierechancen von Frauen

Zur Einführung

Andreas Boes, Anja Bultemeier, Tobias Kämpf, Barbara Langes, Thomas Lühr, Kira Marrs und Rainer Trinczek

1 Frauenkarrieren zwischen Aufbruch und Stagnation

Mit Blick auf das Thema „Frauen und Karriere" hat sich in den letzten Jahren eine deutliche Verschiebung in der öffentlichen Aufmerksamkeit vollzogen. Wurde das Thema in der Öffentlichkeit lange Jahre eher am Rande behandelt, so nimmt es mittlerweile einen zentralen Platz ein. Und im Gegensatz zu vielen anderen Themen, die die öffentliche Aufmerksamkeit für ein paar Monate beherrschen und dann schnell wieder verschwinden, erweist sich die öffentliche Beachtung bei diesem Thema als äußerst stabil.

Die anhaltende Diskussion über die Einführung einer Frauenquote in den Unternehmen ist Ausdruck einer Zeitenwende im öffentlichen Diskurs. Eingeleitet wurde diese Wende durch den Vorstoß der Deutschen Telekom AG im Jahre 2010. Hier wurde beschlossen, bis 2015 30 Prozent der Führungspositionen im oberen und mittleren Management mit Frauen zu besetzen (Telekom 2010). Seither ist es nicht nur in der Politik und der öffentlichen Meinung zu einem spürbaren Umschwung gekommen. Auch in den Unternehmen bewegt sich etwas. Die Entscheider wissen: Wer jetzt das Thema Frauen und Karriere nicht auf die Agenda setzt, läuft Gefahr, sich regelrecht geschäftsschädigend zu verhalten. Die Erhöhung des Frauenanteils in Führungspositionen ist zu einem Thema mit großer öffentlicher Brisanz geworden. Und im Zentrum der öffentlichen Erwartungen stehen die Unternehmen.

Denn betrachtet man sich Verlauf und Inhalt dieses öffentlichen Diskurses, so ist besonders auffällig, dass dieser nicht nur quantitativ eine deutlich größere Relevanz erhalten hat. Es hat sich außerdem sein Inhalt verschoben. Standen in den Jahren zuvor vor allem staatliche Instanzen und deren Handlungsmöglichkeiten im Vordergrund, so kommen nun die Unternehmen und die Wirtschaft in den Fokus der öffentlichen Diskussion. Und war es vorher vornehmlich ein Gleichstellungsdiskurs, der aufgrund normativer Erwägungen gleiche Chancen für Frauen zum Gegenstand hatte, so wird die Geschlechtergerechtigkeit nun im Rahmen eines „Wirtschaftlichkeitsdiskurses" thematisiert. Damit rückt die Wirtschaft, die bisher in der Gleichstellungsfrage am Rande der öffentlichen Aufmerksamkeit stand, in den Mittelpunkt des Interesses. Sämtliche großen Tages- und Wochenzeitungen berichten großformatig und regelmäßig über das Thema. Besonders auffällig ist, dass es mittlerweile ganze Seiten im Wirtschaftsressort füllt.

Durch das gesteigerte öffentliche Interesse erhalten die Aktivitäten der Unternehmen erhöhte Aufmerksamkeit. Sie stehen gewissermaßen auf dem Präsentierteller. Dies führt zu einem deutlich gestiegenen Aktivitätsniveau. In allen ihm bekannten DAX-Unternehmen, so einer der von uns befragten Experten, würden die zuständigen Abteilungen von den Vorständen plötzlich gefragt: „Was machen wir eigentlich in puncto Frauen und Karriere?" Mit anderen Worten: Das Thema „Frauen und Karriere", das über sehr viele Jahre in engagierten Fachabteilungen für Frauenförderung, Gleichstellung oder Diversity zwar mit viel Mühe, aber ohne durchschlagende Wirkung betrieben wurde, erlebt eine deutliche Aufwertung in den Unternehmen, indem sich die Vorstände seiner annehmen (müssen).

Als vergleichsweise leicht zu realisierende Sofortmaßnahme erfährt die Besetzung von hohen Führungspositionen mit Frauen besondere Aufmerksamkeit. Waren Frauen bis vor kurzem in DAX-Unternehmen so gut wie überhaupt nicht in den Vorständen vertreten, so zeichnet sich seit dem Jahr 2010 eine deutliche Veränderung ab: In kurzer Zeit wurden in mehreren prominenten Unternehmen eine Reihe von Vorstandspositionen mit Frauen besetzt. In der Folge suchen Headhunter händeringend nach qualifizierten Frauen für die obere und mittlere Leitungsebene. So titelt beispielsweise das *Handelsblatt* im Juni 2010: „Headhunter suchen verzweifelt Topmanagerinnen" (Handelsblatt, 18. Juni 2010). Und die *Frankfurter Allgemeine Sonntagszeitung* (FAS, 2. Januar 2011, S. 36) kommentiert die aktuelle Entwicklung unter der Überschrift „Daimler & Co. gehen auf Frauenjagd" und kommt zu dem Schluss: „Wer jetzt noch keine Frau in Vorstand oder Aufsichtsrat vorzuweisen hat, der muss sich sputen, die Führung wird weiblicher, überall. Und wer will schon als der letzte Macho-Laden dastehen?" Angesichts dieser Entwicklung gehen optimistische Beobachter daher davon aus, dass die Frauen nun endlich den Durchbruch in das Management der Unternehmen schaffen werden. Die Stimmung ist gekippt, neuerdings herrscht Optimismus. So erklärt die *FAS* beispielsweise das Jahr 2011 zum „Jahr der Frauen". Der Grundtenor in der öffentlichen Debatte lautet: Der Durchbruch der Frauen ins Management der Unternehmen steht unmittelbar bevor. Nachdem die im Jahre 2001 in Kraft getretene „Vereinbarung zur Förderung der Chancengleichheit", die noch unter der Regierung Schröder mit der Wirtschaft geschlossen worden war, nahezu keine Verbesserungen gebracht hatte, scheinen nun die Uhren anders zu gehen.

Und zugleich ist Skepsis geboten. Dies erfuhren wir in vielen Gesprächen, die wir in den Unternehmen geführt haben. Für viele unserer Gesprächspartnerinnen und Gesprächspartner scheint trotz allem alles beim Alten zu bleiben. Diese pessimistische Sicht stützt sich beispielsweise auf die aktuelle Entwicklung im Bereich der öffentlichen Kinderbetreuung – in den Augen vieler von ihnen ist der dringend notwendige Durchbruch in der frühkindlichen Betreuung bisher keineswegs abzusehen.

Diese Skepsis findet auch in den Medien ihren Widerhall. Berichteten die Medien in den ersten Phase der neu entfachten Quotendiskussion vornehmlich über Unternehmen, die sich dazu durchringen konnten, eine Frau in eine führende Position zu bringen, so finden sich seitdem immer häufiger Berichte über Frauen, die ihre oftmals erst kürzlich errungenen Posten entnervt wieder aufgegeben haben. Und im Hintergrund der Entwicklung zeichnen sich neue Probleme ab, weil immer mehr karrierewillige Männer angesichts einer gezielten Förderung der Karrierechancen von Frauen das Gefühl empfinden, in eine Sackgasse zu geraten. Vor dem Hintergrund dieser Entwicklungen, so die pessimistische Argumentation, sei trotz des gestiegenen öffentlichen Interesses weiterhin Skepsis geboten. Gerade viele Expertinnen in den Unternehmen, die sich seit vielen Jahren für die Verbesserung der Karrierechancen von Frauen einsetzen, sehen daher keinen Grund zur Euphorie.

Die Frage ist also: Erleben wir aktuell einen Aufbruch ins „Jahrhundert der Frauen", wie es allerorten in den Medien vorausgesagt wird, oder wird die Geschlechterungleichheit weiter fortgeschrieben?

2 Zahlen, Daten, Fakten - Wohin geht der Trend?

Die Frage nach Stagnation oder Aufbruch hinsichtlich der Karrierechancen von Frauen beschäftigt seit einigen Jahren verschiedene Forschungs- und Beratungsinstitute. So wurde mit der ersten Selbstverpflichtung der Wirtschaft im Jahre 2001 (vgl. Vereinbarung 2001) begonnen, die Entwicklung in regelmäßigen Abständen durch Berichte zu dokumentieren. Darüber hinaus werden in den letzten Jahren von verschiedenen Instituten Anstrengungen unternommen, zu validen Daten zu kommen. Auch wenn die vorhandene Datenlage keineswegs zufriedenstellend ist (vgl. Ochsenfeld 2010), gibt sie zumindest einen ersten Hinweis, wie sich die Karrierechancen von Frauen in der Wirtschaft entwickeln.

In der aktuellen Diskussion werden unterschiedliche Datenquellen in Anschlag gebracht. Besondere Bedeutung haben die Daten des Deutschen Instituts für Wirtschaftsforschung (DIW) und der Unternehmensberatung Hoppenstedt. Darüber hinaus haben sich die 30 DAX-Unternehmen im Rahmen einer neuen Selbstverpflichtung von 2011 verpflichtet, jährlich einen gemeinsamen Fortschrittsbericht zu veröffentlichen und in ihrem Nachhaltigkeits- und Geschäftsbericht den aktuellen Stand der Frauenförderung, den Grad der Zielerreichung und die dafür ergriffenen und geplanten Maßnahmen zur Frauenförderung offenzulegen (vgl. Statusbericht 2012).

Die DIW-Daten zeigen, dass der Frauenanteil in den Vorständen der Top-200-Unternehmen in Deutschland aktuell (Ende 2012) mit 4 Prozent nach wie vor auf einem geringen Niveau liegt. Den 39 Frauen steht in diesen Gremien eine Mehrheit von 931 Männern gegenüber. In den Aufsichtsräten ist der Frauenanteil traditionell höher, er lag hier im Jahr 2012 bei fast 13 Prozent. Gegenüber dem Vorjahr ergibt sich eine geringfügige Zunahme von jeweils einem Prozentpunkt (DIW 2013: 3). Auch mit Blick auf die Hoppenstedt-Daten zeigt sich, dass der Wandel nur langsam vorangeht, so stieg der Frauenanteil im Top- und Mittelmanagement deutscher Unternehmen insgesamt von 2010 bis 2011 von 19,4 auf 20,2 Prozent und von 2011 bis 2012 von 20,2 auf 20,3 Prozent. Ähnlich verläuft die Entwicklung, wenn man speziell die deutschen Großunternehmen betrachtet. Diese bewegen sich allerdings, verglichen mit dem Durchschnitt der Wirtschaft, auf einem deutlich niedrigeren Niveau. So stieg der Frauenanteil hier von 2010 bis 2011 von 13,6 auf 14,5 Prozent und von 2011 bis 2012 von 14,5 auf 14,9 Prozent (Hoppenstedt 2012: 7).

Die Daten beider Institute weisen zwar eine moderate Aufwärtsentwicklung seit 2010 aus, aber ein Durchbruch lässt sich bisher nicht erkennen. Die Ergebnisse liegen im Trend der vorherigen Entwicklung. Der Frauenanteil bei den Vorständen der Top-200-Unternehmen stieg von 2006 bis 2012 von 1,2 Prozent (11 Frauen) auf 4,0 Prozent (39 Frauen), bei den Aufsichtsräten von 7,8 auf 12,9 Prozent (DIW 2013: 4). Der Frauenanteil im Top- und Mittelmanagement deutscher Unternehmen insgesamt stieg von 2006 bis 2012 von 14,4 auf 20,3 Prozent, bei den deutschen Großunternehmen erfolgte ein Anstieg von 10 Prozent auf 14,9 Prozent (Hoppenstedt 2012: 6f).

Eine dynamischere Entwicklung scheint sich aktuell bei den DAX-30-Unternehmen abzuzeichnen, diese nehmen in den letzten Jahren Fahrt auf. So zeigen die DIW-Daten, dass die Anzahl der Frauen in Vorständen der DAX 30 von 2011 auf 2012 von 3,7 Prozent (sieben Frauen) auf 7,8 Prozent (15 Frauen) gestiegen ist. Die Anzahl der Frauen hat sich also innerhalb eines Jahres auf einem allerdings sehr niedrigen Niveau mehr als verdoppelt, was einem Anstieg von 4,1 Prozentpunkten entspricht. Der Frauenanteil in den Aufsichtsräten in den DAX 30 ist im Vergleich zum Vorjahr um 3,7 Prozentpunkte gestiegen (DIW 2013: 7). Damit haben die DAX-30-Unternehmen in der Besetzung der Vorstands- und Aufsichtsratspositionen deutlichere Fortschritte gemacht als der Durchschnitt der Wirtschaft. Diese positive Entwicklung deckt sich auch mit den Daten, die die DAX-30-Unternehmen im Rahmen der Selbstverpflichtung von 2011 veröffentlicht haben. So zeigt der Statusbericht von 2012, dass nahezu alle DAX-30-Unternehmen in der Erhöhung des Frauenanteils in Führungspositionen Fortschritte gemacht haben.

Exemplarisch sollen hier einige Unternehmen genannt werden: Von 2010 auf 2012 steigerte die Telekom AG den Frauenanteil an Führungspositionen in Deutschland von 12,5 auf 14,6 Prozent, die SAP AG von 13 auf 14,7 Prozent, der Energie-Konzern E.ON von 8,6 auf 10,1 Prozent, BMW von 8,8 auf 10 Prozent, die BASF von 9,8 auf 11,8 Prozent, Merck von 17 auf 20 Prozent und Henkel von 28,5 auf 30,4 Prozent (Statusbericht 2012).

Es wäre verfrüht, allein auf der Basis dieser Daten von einer Trendwende in den DAX-30-Unternehmen zu sprechen. Denn erstens erfolgt die deutlich dynamische Entwicklung des Frauenanteils in den Führungsgremien in diesen Unternehmen von einem niedrigen Ausgangsniveau aus. Gerade diese Unternehmen weisen bisher die geringsten Anteile von Frauen im Top-Management auf (vgl. DIW 2013). Und zweitens muss berücksichtigt werden, dass den prozentualen Steigerungen, von denen das DIW berichtet, nur geringfügige Veränderungen in absoluten Zahlen zugrunde liegen. Insgesamt lässt sich die deutlich höhere Dynamik bei der Steigerung des Frauenanteils in den DAX-30-Unternehmen (im Vergleich zur Wirtschaft insgesamt) als Indiz dafür interpretieren, dass der beschriebene Druck der öffentlichen Erwartungen in der Wirtschaft eine deutliche Wirkung entfaltet. Denn gerade diese Unternehmen stehen im Zentrum der öffentlichen Aufmerksamkeit.

Zusammenfassend lassen sich die vorhandenen Daten dahingehend interpretieren, dass trotz einer gestiegenen öffentlichen Erwartung gegenüber der Wirtschaft bisher nur geringfügige Verschiebungen in den Anteilen von Frauen in Managementpositionen erfolgt sind. Grosso modo ist eine moderate Steigerung zu konstatieren, aber keineswegs eine Trendwende. Wie in den Jahren zuvor bestimmt mit Blick auf die Daten eher Stagnation denn Aufbruch die Karrierechancen von Frauen in der Wirtschaft. Eine gewisse Ausnahme markieren die DAX-30-Unternehmen, deren Entwicklung eine stärkere Dynamik erkennen lässt, allerdings auf sehr niedrigem Ausgangsniveau. Ob es sich dabei um eine kurzfristige Anpassung an den gestiegenen Erwartungsdruck der Öffentlichkeit handelt oder ob diese Entwicklung als Ausdruck einer Trendwende zu interpretieren ist, lässt sich anhand der vorhandenen Daten nicht beurteilen.

3 Detailanalyse der Entwicklungstrends in den Unternehmen

Unsere Untersuchung in ausgewählten Unternehmen zielt aufbauend auf den verfügbaren Daten darauf, die diesen Veränderungen zugrunde liegenden Verschiebungen in den Tiefenstrukturen der Unternehmen zu analysieren. Im Fokus stehen deshalb die Karrieresysteme in den Unternehmen und zwar in ihren jeweiligen Besonderheiten, ihrer generalisierbaren Konfiguration und ihren aktuellen Wandlungstendenzen. Diese Perspektive erlaubt es, über einzelne karriererelevante Aspekte hinausgehend das systemische Zusammenwirken unterschiedlicher Veränderungsmomente in der Herausbildung eines neuen Karrieremechanismus zu betrachten. Die Frage nach den Karrierechancen von Frauen ist in die Untersuchung des neuen Karrieremechanismus eingebettet. Dieser bildet gleichsam die Referenz für die Karrierestrategien von Frauen und Männern, prägt die Wahrnehmungsmuster der Karrierewelt und sollte auch die Gestaltungsmaßnahmen in den Unternehmen anleiten, um wirkliche Fortschritte für die Frauen zu erzielen. Die Detailanalysen in den Unternehmen erlauben so eine differenzierte Studie der Veränderungen, die sich aktuell in den Unternehmen vollziehen, und geben den Blick auf Veränderungen frei, die sich an der Oberfläche der verfügbaren Daten noch nicht zeigen.

3.1 Empirische Basis

Unsere Ausführungen stützen sich auf eigene empirische Erhebungen in Unternehmen der Elektroindustrie, der ITK-Industrie und der Bankenwirtschaft im Rahmen des Projekts „Frauen in Karriere". In drei Untersuchungswellen des Projekts haben wir im Zeitraum zwischen April 2009 und Juni 2013 zusammen 23 Fallstudienerhebungen mit 325 ExpertInnengesprächen und Tiefeninterviews durchgeführt. Der Gegenstand der ersten beiden Wellen war der Karrieremechanismus der Unternehmen, also die objektiven Karrierestrukturen und deren Veränderung. In der dritten Welle haben wir uns dann im Gegenstromverfahren mit der subjektiven Seite befasst und die individuellen Karrierestrategien der Beschäftigten untersucht. Dabei stützen wir uns auf eine vergleichende Analyse der Vorgehensweisen von Männern und Frauen.

Wir haben in jedem Unternehmen mehrere Fallstudien durchgeführt. Das Sample war jeweils so zusammengesetzt, dass wir die unterschiedlichen Sichten in den Unternehmen einholen konnten, um zunächst ein valides Bild des jeweiligen Falls und dann in der Zusammenschau der Fallstudien ein wirklichkeitsgetreues Bild des jeweiligen Unternehmens zu erhalten. Durch den Quervergleich von Unternehmen aus drei Branchen mit je eigenen Entwicklungsszenarien bezüglich der Karrierechancen von Frauen ergibt sich ein solides Bild hinsichtlich der Situation in der deutschen Wirtschaft. Wir konzentrieren uns hier auf Unternehmen mit mehr als 500 Beschäftigten.

Bei der Auswahl der Gesprächspartnerinnen und Gesprächspartner wurde besonderer Wert auf eine Mischung bezüglich des Geschlechts und eine Streuung entlang der verschiedenen Karrierepositionen gelegt. Beide Geschlechter sind in den Interviews nahezu gleich stark vertreten. Hinsichtlich der Karrierepositionen wird das gesamte Spektrum der Unternehmen abgebildet. In die Auswertung sind Interviews mit folgenden Personengruppen eingegangen:

- Mitarbeiterinnen und Mitarbeiter aus dem tariflichen Bereich,
- untere Führungskräfte sowie Mitarbeiterinnen und Mitarbeiter der entsprechenden Fach- und Projektkarrieren dieses Managementlevels,
- Führungskräfte der mittleren Managementlevel und
- Führungskräfte aus dem oberen Führungsbereich und dem Top-Management.

Auf allen Ebenen wurden, soweit dies möglich war, gleichermaßen Frauen und Männer in die Untersuchung einbezogen.

Die Interviews dauerten im Durchschnitt 90 bis 120 Minuten und erlaubten uns entsprechend der von uns verwendeten Befragungsmethode der „gestuften Reflexion" (vgl. Boes/Trinks 2006: 73ff), in einen intensiven gemeinsamen Reflexionsprozess mit den Gesprächspartnerinnen und Gesprächspartnern zu gelangen. Durch die gewählte Methode, die Forschung vor allem auf qualitative Tiefeninterviews zu stützen, erreichen wir eine sehr differenzierte Perspektive und eine große Komplexität in der Analyse von Wirkfaktoren der aktuellen Entwicklung der Karrierechancen von Frauen in den Großunternehmen der deutschen Wirtschaft.

3.2 Binnensicht auf die Veränderung der Karrierechancen für Frauen in den Unternehmen

Unsere Gespräche mit den Expertinnen und Experten in den Unternehmen lassen keinen eindeutigen Trend hinsichtlich der Veränderung der Karrierechancen von Frauen erkennen. Optimistische und pessimistische Einschätzungen halten sich nach wie vor die Waage. Auch die in diesem Band vorgelegten Interviews und Berichte aus den Unternehmen zeichnen ein differenziertes Bild der Veränderungsprozesse und der damit verbundenen Erwartungen. Beispielhaft möchten wir sie im Folgenden kurz reflektieren.

Fasst man alle Beiträge aus den Unternehmen und Verbänden zusammen, so ergibt sich mit Blick auf die Veränderung der öffentlichen Aufmerksamkeitsstrukturen ein klares Bild. Die Zeitenwende in der öffentlichen Meinung ist in den Unternehmen angekommen. Sie sehen sich mit Blick auf die Geschlechtergerechtigkeit bei den Karrierechancen einer deutlich höheren gesellschaftlichen Erwartungshaltung ausgesetzt und sind sich dessen bewusst, dass diesbezüglich tiefgreifende Veränderungen in den Unternehmen auf der Agenda stehen. Diesen erhöhten Handlungsdruck artikulieren insbesondere die Top-Entscheiderinnen und -entscheider. Das zeigen die Interviews mit den Vorständen deutlich. Sie beschreiben durchgängig, dass sie mit einer gestiegenen gesellschaftlichen Erwartungshaltung konfrontiert werden. Die Mitarbeiterinnen und Mitarbeiter wollen wissen: „Was tut eigentlich der Vorstand?" Exemplarisch beschreibt dies Oliver Klink von der Taunus Sparkasse:

> „Ich glaube, dass wir im Moment an einem echten Scheideweg sind. Es ist politisch opportun, über Frauen und Frauenförderung zu reden – und es gibt wenige Themen, bei denen ich in meiner Funktion als Vorstandsvorsitzender so intensiv von Kolleginnen und Kollegen hinterfragt worden bin: Meinen Sie das eigentlich ernst?" (Interview mit Oliver Klink, in diesem Band)

Die öffentliche Debatte entfaltet innerhalb der Unternehmen Bewegung. Sie wird sich, so die einhellige Einschätzung der Vorstände, jedoch keinesfalls von selbst erledigen, sondern sie weist auf einen gesellschaftlichen Umbruch hin. Hier in den Worten von Ralf Stemmer von der Deutschen Postbank:

> „Auf keinen Fall werden wir erleben, dass diese intensive Debatte sich von selbst erledigt. Man könnte denken, das sei eine Welle, eine Mode, man könne es aussitzen und abwarten – daran glaube ich definitiv nicht! Wir haben es hier mit einem tiefgreifenden gesellschaftlichen Umbruch zu tun, einem überfälligen dazu." (Interview mit Ralf Stemmer, in diesem Band)

Dabei lassen insbesondere die Gespräche mit Vertreterinnen und Vertretern von Unternehmen erkennen, dass sich in den Analysen der Unternehmen normative und wirtschaftliche Motivlagen mischen. Das Eingehen auf den gesellschaftlichen Wandel ist gerade aus Sicht der Vorstände ein Gebot wirtschaftlicher Rationalität. Dies bringt Luisa Delgado von der SAP AG deutlich zum Ausdruck:

> „Die Entwicklungsmöglichkeiten von Frauen liegen natürlich ganz wesentlich im Bereich der Arbeit, und da spielt das Unternehmen eine sehr wichtige Rolle für alle Beschäftigten. Das ist auch in unserem eigenen Interesse: Wenn wir Talente wollen, die unsere Kunden verstehen und mit ihnen kommunizieren können, dann brauchen wir Frauen. Und wenn wir unsere Personalpolitik richtig einsetzen, wollen und müssen wir diese Talente auch auf gleichberechtigte Weise entwickeln." (Interview mit Luisa Delgado, in diesem Band)

Insgesamt hat es sich daher bei den von uns interviewten Vorständen durchgesetzt, die eigene Motivstruktur bei der Förderung der Karrierechancen von Frauen in einem doppelten Bezugssystem von normativen und ökonomischen Erwägungen zu verorten. Dies bringt beispielsweise Christiane Hesse von der VW Financial Services sehr pointiert zum Ausdruck:

> „Das Thema ‚Frauen und Karriere' ist natürlich zunächst eine Frage der Gerechtigkeit, also der gerechten Teilhabe und der Chancengleichheit. Insofern ist es eine moralische Frage. Zugleich hat es aber immer auch eine betriebswirtschaftliche Dimension. Insofern bin ich für Vielfalt aus Vernunft. Wir sind bei uns im Hause überzeugt, dass gemischte Teams – seien es geschlechtsgemischte oder altersgemischte Teams oder solche, die sich aus Menschen unterschiedlicher Kulturen, sexueller Orientierungen oder Religionen zusammensetzen – bessere Ergebnisse bringen. Für ein Unterneh-

men ist insbesondere diese zweite Dimension von großer Bedeutung. Denn einen rein moralischen Anspruch im Unternehmen durchzusetzen ist ungleich schwieriger, als etwas durchzusetzen, was auch ökonomisch vernünftig ist." (Interview mit Christiane Hesse, in diesem Band)

Aber unabhängig von der Motivlage im Einzelnen – die von uns interviewten Vorstände der Unternehmen sind sich einig, dass Bewegung in die Unternehmen kommt. So reflektiert René Obermann von der Deutschen Telekom sehr pointiert:

„(…) der Trend ist nicht mehr umzudrehen. Sie können nicht die Hälfte der Gesellschaft von verantwortungsvollen und spannenden Aufgaben ausschließen. Das können wir uns auch gar nicht leisten." (Interview mit René Obermann, in diesem Band)

Diese optimistische Einschätzung wird auch von den von uns befragten Vorständen der Gewerkschaften im Grundsatz geteilt. So vergleicht beispielsweise Lothar Schröder von der Gewerkschaft ver.di die aktuelle Entwicklung zum Thema „Frauen und Karriere" mit dem gesellschaftlichen Umbruch hinsichtlich der ökologischen Frage:

„Die ökologische Grundeinstellung ist inzwischen tief verwurzelt. Dabei brauchte die Umwelt ja Fürsprecher – die Frauen haben dagegen bei ihrem Werben für Geschlechtergerechtigkeit selbst eine Stimme. Deswegen glaube ich: Was wir in Sachen Geschlechtergerechtigkeit an Bewegung erleben, wird sehr viel nachdrücklicher werden als das, was wir in der Umweltbewegung gesehen haben. Heute ist beim Thema Geschlechtergerechtigkeit das Eis gebrochen, jetzt sind wir auf dem Weg, das neu zu sortieren." (Interview mit Lothar Schröder, in diesem Band)

Allerdings wird dieser Optimismus nicht ohne Einschränkung formuliert. Dies habe, so die Einschätzung von René Obermann, zunächst einmal mit der historischen Dimension des gesellschaftlichen Umbruchprozesses zu tun:

„Solche umgreifenden oder umfassenden Veränderungen eines Gesellschaftsbilds funktionieren nicht von heute auf morgen. Die Zeiträume, die so ein Umdenken braucht, werden oft unterschätzt. Insofern ist Skepsis nichts Ungewöhnliches. Aber die Skepsis schmilzt ja gerade – vielleicht langsam, aber sie schmilzt." (Interview mit René Obermann, in diesem Band)

Oft wird auch darauf verwiesen, dass die positive Entwicklung in den Unternehmen immer noch fragil ist, weil die gesellschaftliche Anspruchshaltung auf Beharrungstendenzen in den Unternehmen trifft. Darauf verweist Bernhard Bihr von der Bosch Engineering GmbH:

„Die Diskussion wird sich nicht einfach verlieren, sondern zu einer Bewegung führen. Wie schnell oder wie nachhaltig das sein wird, kann ich nicht abschätzen – aber wenn die öffentliche Meinung in eine bestimmte Richtung diskutiert, dann werden vielleicht mehr Entscheidungen in diese Richtung kippen, und damit wäre schon einiges erreicht. Ob das ausreicht, ist schwer zu sagen. Da gibt es ja eine lange ‚Beharrung'." (Interview mit Bernhard Bihr, in diesem Band)

In diese Richtung argumentiert auch Christiane Benner von der IG Metall. Sie weist in ihrem Interview auf die Gefahr hin, dass alles wieder „wie ein Kartenhaus" zusammenfallen könne:

„Aber wenn ich dann mit den Beschäftigten spreche, inwiefern sie das Gefühl haben, dass eine Veränderung der Unternehmenskultur stattgefunden hat, wird das oft nicht bestätigt. Und manchmal traue ich dem Ganzen nicht, ganz ehrlich. Ich habe das Gefühl, das kann schnell wieder wie ein Kartenhaus zusammenfallen." (Interview mit Christiane Benner, in diesem Band)

Alle Gesprächspartnerinnen und Gesprächspartner aus den Vorständen sind sich daher darüber im Klaren, dass die angestrebte Modernisierung der Unternehmen eine große Anstrengung erforderlich macht. Beispielhaft heißt es diesbezüglich bei Christiane Benner:

> „Wir werden in zehn Jahren durch die Qualifikationsentwicklung von Frauen, durch die demografische Veränderung und aufgrund des Wertewandels in der Gesellschaft mehr Frauen in Führung haben. Da bin ich mir sicher. Aber das wird nicht von selbst passieren, dafür muss man viel tun." (ebd.)

Folgt man der überwiegenden Mehrheit der Vorstände unserer Core-Unternehmen, so sind diese Unternehmen auf einem guten Weg. Der Optimismus der Vorstände stützt sich weniger auf die bereits erzielten Erfolge bei der Besetzung von Managementpositionen. Hier zeigt sich, dass zwar in allen untersuchten Unternehmen Erfolge zu verzeichnen sind, dass aber weiter großes Potenzial nach oben besteht. Ihr Optimismus stützt sich vielmehr vor allem auf die Überzeugung, dass die Unternehmen in den letzten Jahren manifeste Maßnahmen ergriffen haben, die Karrierechancen von Frauen zu verbessern, und diesbezüglich auch nicht vorhaben, nachzulassen.

In allen untersuchten Unternehmen wurden in den letzten Jahren Zielvorgaben eingeführt und mit Veränderungskonzepten hinterlegt (vgl. den Beitrag von Boes/Lühr, in diesem Band). Interessant ist hier, dass der Veränderungsprozess von vielen Unternehmen konzeptionell breit angelegt ist und ganzheitlich gedacht wird. Es geht ihnen nicht nur darum, punktuelle Erfolge bei der Besetzung einzelner Gremien zu erreichen, sondern die Rahmenbedingungen von Karriere insgesamt zu verändern und die Arbeitswelt zu modernisieren. Pointiert weist beispielsweise René Obermann von der Deutschen Telekom auf diesen Zusammenhang hin:

> „Anders geht es ja nicht, sonst kuriert man nicht die Ursachen, sondern kratzt an den Symptomen. Das bringt uns auf Dauer nicht weiter und ist nicht nachhaltig. Es geht nur, wenn man die Rahmenbedingungen verbessert und eine modernere Arbeitswelt schafft." (Interview mit René Obermann, in diesem Band)

Das Thema Frauen in Führungspositionen wird also nicht als alleinstehendes Thema gedacht, sondern in die Unternehmensstrategie implementiert und als integraler Bestandteil der Personalpolitik begriffen.

Die so auf den Weg gebrachten Maßnahmen entfalten in den Unternehmen ihre Wirkung bisher vor allem unterhalb der Wahrnehmungsschwelle der offiziellen Daten, nämlich in der Geschlechterzusammensetzung bei der Rekrutierung auf dem externen Arbeitsmarkt und in den sogenannten Karriere-Pipelines. So ist es einigen Unternehmen in den letzten Jahren gelungen, den Anteil von Frauen bei der Rekrutierung von akademisch qualifiziertem Personal auf dem Arbeitsmarkt deutlich zu erhöhen. VW Financial Services verweist beispielsweise darauf, dass das Unternehmen, seit es ein Augenmerk auf die Rekrutierung legt, bei Einstellungen einen Frauenanteil von 44 Prozent insgesamt und von 43 Prozent bei Hochschulabsolvent/-innen erreicht hat (Interview mit Christiane Hesse, in diesem Band).

Die Hoffnung auf eine Verbesserung der Karrierechancen von Frauen nährt sich darüber hinaus vor allem aus der deutlichen Steigerung des Anteils von Frauen in den Talentkreisen und Förderkreisen, die die Unternehmen den Managementpositionen häufig vorschalten. So weisen unsere Partnerunternehmen Erfolge im Bereich der Nachbesetzung der Nachwuchs-Pipelines aus. Zu nennen ist hier beispielsweise die VW Financial Services, die in allen Talentkreisen seit 2010 eine Frauenquote von 40 bis 50 Prozent ausweist. Insbesondere bei den jungen Talentkreisen, wo die erste Talentsichtung stattfindet, geht es voran. So liegt beispielsweise die Deutsche Telekom beim Top-Nachwuchs in den sogenannten Startup-Programmen bei 50 Prozent Frauenanteil, in den Managemententwicklungsprogrammen bei 40 Prozent. René Obermann beschreibt dies in seinem Interview in diesem Band prägnant: „Wir ‚füllen die Pipeline', das ist das Wichtigste."

Die Steigerung des Anteils von Frauen bei der Rekrutierung hochqualifizierter Arbeitskräfte und in der Zusammensetzung der Förderkreise und Talentkreise kann zwar erst in einigen Jahren zu manifesten Veränderungen in der Zusammensetzung des Management führen, bietet aber eine Chance für eine mittelfristige Verbesserung. Die Unternehmen erweitern aktuell ihr Potenzial an Karrierekandidatinnen deutlich. Sie steigern damit die Wahrscheinlichkeit, dass sich der Frauenanteil im Management in Zukunft deutlich erhöhen wird. Eine Gewähr, dass diese Frauen in drei bis vier Jahren dann auch den nächsten Karriereschritt erreichen, ist dies allerdings nicht. Das zeigen unsere eigenen Analysen des Karrieremechanismus eindringlich (vgl. den Beitrag von Bultemeier/Boes, in diesem Band).

Dabei ist allerdings nicht ausgemacht, dass die Unternehmen das Tempo bei der Erhöhung der Anteile von Frauen in den Förder- und Talentkreisen in den nächsten Jahren weiter halten können. So ist die Steigerung des Frauenanteils in den Talent- und Förderkreisen in den untersuchten Unternehmen in den Jahren 2010 bis 2012 zwar häufig weit überdurchschnittlich, kann aber nicht konstant hoch gehalten werden. Eines unserer Fallunternehmen, ein Ingenieursunternehmen, steigerte beispielsweise den Anteil der Frauen im Vorbereitungskreis für die erste Managementebene für die Jahre 2010 und 2011 auf einen historischen Höchstwert und übertraf damit die Werte der Jahre zuvor um mehr als das Dreifache. Im Jahr 2012 musste das Unternehmen aber dem hohen Tempo „Tribut zollen", der Wert sank wieder deutlich ab. Eine ähnliche Entwicklung beobachteten wir in einem Finanzinstitut. Hier wurde der Anteil der Führungskräfte auf der mittleren Leitungsebene in den Jahren seit 2010 zwar deutlich gesteigert. Dies wurde aber mit einer Verringerung des Anteils von Frauen auf der unteren Führungsebene „bezahlt", weil es auf dieser Ebene nicht im gleichen Maße gelang, weibliche Führungskräfte nachzuführen.

In beiden Fällen macht sich ein Phänomen bemerkbar, das in dieser Form in den Unternehmen neu ist: Gerade weil die Anstrengungen zur Förderung von Frauen seit 2010 sehr schnell intensiviert wurden, reichte das Potenzial der darunter liegenden Karriereebene häufig nicht aus, um weitere Karriereaspirantinnen in gleichen Umfang nachzuführen, so dass der Fördermechanismus ins Stocken geriet. Ob es sich dabei um einen Moment des „Luftholens" in der Vorwärtsentwicklung handelt oder ob sich darin ein Zurück zum status quo ante andeutet, ließ sich zum Untersuchungszeitraum noch nicht abschließend beurteilen.

Als vorläufiges Fazit kann festgehalten werden: Eindeutig zugenommen hat das Aktivitätsniveau in den Unternehmen. Dies ist vor allem eine Folge der Tatsache, dass sich die

Vorstände und Geschäftsführungen unter dem Druck der öffentlichen Erwartungshaltung bezüglich des Themas „Frauen und Karriere" positioniert und entsprechende Zielvorgaben beschlossen haben. Die entsprechenden Fachabteilungen und Verantwortungsbereiche erfahren so eine wesentlich höhere Aufmerksamkeit und nutzen diesen neuen Spielraum in aller Regel (vgl. dazu auch die Analyse von Boes/Lühr, in diesem Band). Zugleich ist die Entwicklung in allen Unternehmen mehr oder weniger fragil. Und dort, wo die Unternehmen nach anfänglichen Erfolgen bei der Erhöhung des Frauenanteils in den Karrierepositionen ins Stocken geraten, bleibt offen, ob sie ihre Bemühungen nachhaltig stabilisieren können. Mit anderen Worten: Mit Blick auf die aktuelle Situation in den Unternehmen finden Optimisten und Pessimisten gleichermaßen gute Argumente.

4 Historischer Möglichkeitsraum für die Karrierechancen von Frauen

Diese gespaltene Stimmung in den Unternehmen ist genuiner Ausdruck der Situation, wie sie gegenwärtig mit Blick auf das Thema „Frauen und Karriere" in den Unternehmen vorherrscht. Zwar ist eindeutig Bewegung in die Angelegenheit gekommen, aber entschieden ist der Verlauf der weiteren Entwicklung keineswegs. Nach unserer Analyse ist diese Unentschiedenheit in den Unternehmen jedoch kein Zufall. Vielmehr spiegelt die geteilte Stimmungslage zwischen Optimismus und Pessimismus den objektiven Charakter einer historischen Entscheidungssituation wider. In den nächsten Jahren wird eine grundlegende Weichenstellung für die gesellschaftlichen Teilhabechancen von Frauen vorgenommen werden. Entweder wird eine Weichenstellung in Richtung auf eine neue Qualität der Integration der Frauen in die Arbeitswelt erreicht, die wirklich gleichberechtigte Entwicklungs- und Aufstiegschancen beinhaltet, oder die Geschlechterungleichheiten werden auch unter den veränderten Bedingungen weiter fortgeschrieben.

Wir sind daher, die vielfältigen Eindrücke resümierend, zu der Überzeugung gelangt: Aus dem Zusammenwirken verschiedener Faktoren hat sich ein historischer „Möglichkeitsraum" (Boes et al. 2011: 29) für die Förderung der Karrierechancen von Frauen entwickelt. Nach einer langen historischen Periode, in der zwar die Erwerbsquote von Frauen deutlich gestiegen ist, ihre Karrieremöglichkeiten aber auf einem sehr niedrigen Niveau geradezu zementiert schienen, hat sich nun ein Möglichkeitsraum geöffnet, der zu einer nachhaltigen Verbesserung der Karrierechancen von Frauen genutzt werden kann. Dieser Möglichkeitsraum erlaubt es, in einem vermutlich begrenzten Zeitraum von nur ein paar Jahren eine historische Weichenstellung vorzunehmen und damit die Basis für eine neue Qualität der Teilhabe von Frauen in der Gesellschaft zu legen. Pointiert formuliert: Grundlegende gesellschaftliche Veränderungen und ein tiefgreifender Wandel in den Unternehmen erzeugen eine neue „Unterströmung" in der Gesellschaft und generieren neue Chancen zur Aufhebung der Geschlechterungleichheiten in den Unternehmen. Zusammen mit einer veränderten politischen Gemengelage und einer neuen öffentlichen Anspruchshaltung erzeugt dies einen historischen Möglichkeitsraum für die Verbesserung der Entwicklungschancen von Frauen.

Gegen die These des neuen Möglichkeitsraums wird häufig eingewendet, dass diese zu optimistisch sei. Die aktuellen Unternehmensaktivitäten gelten dann als Modeerscheinung und es wird prognostiziert, dass das Thema in einigen Jahren wieder verschwinden werde. Viele Expertinnen und Experten argumentieren, dass die verstärkten Anstrengungen in den Unternehmen nur eine opportunistische Reaktion auf den erhöhten politischen und öffentlichen Druck darstellen. Skeptisch zeigen sich auch die Expertinnen in den Unternehmen, die sich schon lange mit dem Thema beschäftigen. Sie weisen darauf hin, dass in Unternehmen oft nur einige wenige Positionen in den Vorständen und Aufsichtsräten mit Frauen besetzt werden, jedoch unterhalb dieser Positionen wenig passiert. Damit gelte das Thema dann als abgearbeitet. In der Sicht dieser Expertinnen zeigen die Unternehmen zwar einen gesteigerten Aktivismus, es werden gewissermaßen einige Plakate aufgehängt und Veranstaltungen durchgeführt, doch dies sei nur für die Galerie, substanzielle Veränderungen fänden nicht statt. Im Grunde genommen gingen die Unternehmen oft nur zum Schein auf die Forderungen ein, um von der Politik vorgegebene Quoten zu verhindern.

Eine solche Skepsis ist allgemein verbreitet und sie hat in vielen Fällen ihre Berechtigung. Und dennoch wäre es falsch, die derzeitigen Entwicklungen als eine politische Mode abzuhandeln. Denn: Was als Ergebnis politischer Moden und opportunistischen Verhaltens erscheint, hat in Wirklichkeit substanziellen Gehalt. Insbesondere das Zusammenspiel zweier zentraler Veränderungsprozesse liegt dem historischen Möglichkeitsraum zugrunde: die „Feminisierung der Arbeitswelt" in Kombination mit dem Umbruch zum „Unternehmen 2.n". Diese beiden Entwicklungen bilden das Fundament für die grundlegende Veränderung der Rahmenbedingungen.

Eine wesentliche Voraussetzung für die Verbesserung der Karrierechancen von Frauen ist ihre steigende Erwerbsbeteiligung mit immer höheren Bildungsabschlüssen. Seit den 1960er Jahren drängen immer mehr Frauen auf den Arbeitsmarkt. Dieser Prozess der „Feminisierung der Arbeitswelt" (Maruani 2002: 25) hat aktuell einen Stand erreicht, wonach 46 Prozent aller sozialversicherungspflichtig Beschäftigten weiblich sind (Bundesagentur für Arbeit 2013: 24).[1] Diese Entwicklung ist mit einer deutlichen Höherqualifizierung von Frauen einhergegangen. Waren Frauen lange Zeit aufgrund fehlender Bildungsabschlüsse auf geringer qualifizierte Positionen abonniert, hat sich dies im Zuge der „Bildungsexpansion" geändert (vgl. Hecken 2006). Heute haben sie mit Blick auf die formalen Bildungsabschlüsse mit den Männern gleichgezogen. So haben z.B. im Jahr 2011 26 Prozent der weiblichen und 29 Prozent der männlichen Beschäftigten[2] einen Hochschul- oder vergleichbaren

---

[1] Die hier skizzierte „Feminisierung der Arbeitswelt" ist allerdings mit Blick auf die Karriereentwicklung von Frauen differenziert zu betrachten. Denn die wachsende Erwerbsbeteiligung von Frauen basiert in den letzten zehn Jahren ausschließlich auf einer Ausweitung der Teilzeittätigkeit. Das wird in der aktuellen Diskussion oft übersehen. Der Anteil von Frauen an allen Vollzeitbeschäftigten ist sogar leicht rückläufig. Lag er 2001 noch bei 37,4 Prozent, so bewegt er sich 2011 bei 36,73 Prozent (Bundesagentur für Arbeit 2012: 10). Dies ist mit Blick auf die Karrierechancen von Frauen insofern von Belang, als Teilzeit eines der zentralen Karrierehindernisse in den Unternehmen darstellt, so dass eine Karriere mit Teilzeit nur in Ausnahmefällen möglich ist (vgl. Bultemeier 2011: 69 ff).

[2] Erwerbspersonen im Alter zwischen 15 und 64 Jahren.

Bildungsabschluss (Statistisches Bundesamt 2012: 18), und 51,1 Prozent der AbsolventInnen von Hochschulen und Fachhochschulen sind weiblich (Statistisches Bundesamt 2013, eigene Berechnungen).[3]

Die zunehmende Präsenz von gut qualifizierten Frauen hat die Grundstimmung und die Ausgangssituation in den Unternehmen deutlich verändert. Frauen werden im Berufsleben sichtbarer. Waren sie früher auf bestimmte Bereiche und Positionen festgelegt, so dringen sie nun in nahezu alle Bereiche eines Unternehmens vor. Dies verändert die Kultur in den Unternehmen nachhaltig. Das Thema „Frauen und Karriere" erhält gewissermaßen ein Gesicht in den Abteilungen quer durch das Unternehmen, es wird überall fassbarer. Und je „weiblicher" die Belegschaften werden, desto mehr steigt in den Unternehmen auch der Druck, einer wachsenden Zahl von Frauen Karrierechancen zu eröffnen.

Diese Entwicklung verbindet sich mit dem gegenwärtigen Umbruch in den Unternehmen. Das ist der zweite fundamentale Veränderungsprozess, der in der aktuellen Debatte um die Karrierechancen von Frauen häufig zu wenig Beachtung erfährt. Denn der sich aktuell vollziehende Umbruch zum „Unternehmen 2.n" (Boes et al. 2011: 31) ist nach unserer Einschätzung in seiner historischen Bedeutung nur mit der Entstehung der Industrieunternehmen im 19. Jahrhundert zu vergleichen. Die skizzierten Veränderungsprozesse gehen letztlich auf einen grundlegenden Wandel der gesellschaftlichen Produktivkraftstruktur zurück, der auf der Basis des „Informationsraums" (Baukrowitz/Boes 1996) zu einer Verschiebung des Verhältnisses zwischen Hand- und Kopfarbeit in den industriellen Wertschöpfungsketten führt und die erweiterte Integration der Frauen in die Arbeitswelt nicht nur möglich, sondern sogar erforderlich macht (Boes et al. 2012). Durch diesen tiefgreifenden Wandel verändern sich auch Karrieren und damit die Karrierechancen von Frauen (dazu ausführlich den Beitrag von Bultemeier/Boes, in diesem Band).

Das lässt sich kurz anhand von ausgewählten Aspekten veranschaulichen: Die Informatisierung der Arbeit und die damit einhergehende Verbreitung von „Kopfarbeit" (vgl. Boes/Kämpf 2012) nivelliert die Bedeutung des Faktors „Geschlecht" im Arbeitsleben und befördert die Erosion der Trennlinie zwischen Männer- und Frauenberufen. Die Ablösung des „Fürsten im Reich" durch professionalisierte Personalentscheidungsprozesse führt generell zur Versachlichung und bietet damit die Möglichkeit, die Benachteiligung eines Geschlechts zu neutralisieren. Damit einhergehend erfährt die Art und Weise, wie Führung im Unternehmen 2.n praktiziert wird, eine neue Charakteristik. „Coaching" und „Beziehungsmanagement" prägen die neuen Anforderungen. Das eröffnet Frauen häufig neue Spielräume im Management. Und nicht zuletzt: Die Flexibilisierung von Arbeitszeit und Arbeitsort bringt viele unterschiedliche Möglichkeiten hervor, die Zeitsouveränität der Mitarbeiterinnen und Mitarbeiter zu erhöhen und damit die Vereinbarkeit von Familie und Beruf zu verbessern. Dies wiederum birgt eine Chance für Frauen.

---

3 Dennoch arbeiten Frauen immer noch überdurchschnittlich oft in niedrig qualifizierten Bereichen (Statistisches Bundesamt 2013: 1).

Diese beiden zentralen Veränderungsprozesse, die „Feminisierung der Arbeitswelt" und der Umbruch in den Unternehmen, bilden gewissermaßen den gesellschaftlichen Resonanzboden für die Diskussionen zu Frauen und Karrieren. Auf diesem Fundament konnte sich die neue politische Gemengelage überhaupt erst entwickeln und Druck entfalten. Die Initiativen der Politik in Deutschland und in der EU fallen also auf fruchtbaren Boden, weil die Zeit gewissermaßen reif ist. Denn die Situation auf dem Arbeitsmarkt und in den Unternehmen macht den historischen Anachronismus blockierter Entwicklungsmöglichkeiten von Frauen in der Wirtschaft geradezu handgreiflich erfahrbar. Erst in der neuen Gemengelage erhalten die Initiativen die notwendige Bedeutung, so dass sich auch in der Politik neue Koalitionen zur Frauenfrage quer zu den politischen Frontverläufen entwickeln konnten.

In diese Gemengelage hinein ermöglichte der Vorstoß der Deutschen Telekom zur Einführung der „Quote" eine ruckartige Verschiebung der politischen Gesamtkonstellation. Durch diese im Verhältnis zur Gesamtwirtschaft eigentlich geringfügige Veränderung wurde eine neue Situation geschaffen. In einer eruptiven Wende des öffentlichen Diskurses entstand eine neuartige öffentliche Anspruchshaltung. Gefragt wurde nun: „Warum machen die anderen Unternehmen nichts?" Dieser Druck machte die Förderung der Karrierechancen von Frauen in den Unternehmen zu einer strategischen Angelegenheit. In allen Unternehmen erzeugt dies eine neue politische Gesamtkonstellation. Das Thema „Frauen und Karriere" kann nun unter neuen Bedingungen thematisiert und gestaltet werden. Anders als in den Jahrzehnten zuvor besteht nun die Möglichkeit für einen grundlegenden Veränderungsprozess in den Unternehmen.

Das Ergebnis unserer Analyse lässt sich wie folgt zusammenfassen: Das gestiegene öffentliche Interesse am Thema Frauen und Karriere ist keineswegs eine bloße Mode. Diesem Interesse liegen vielmehr grundlegende Veränderungen in der Gesellschaft und insbesondere in den Unternehmen zugrunde. Das Thema bleibt uns also absehbar erhalten – es wird vermutlich zu einem zentralen Thema der weiteren gesellschaftlichen und wirtschaftlichen Entwicklung werden.

Einen Durchbruch für die Karrierechancen von Frauen muss dies aber keineswegs bedeuten. Es ist keineswegs ausgemacht, dass der „Feminisierung der Arbeitswelt" die Feminisierung des Managements folgen wird. Denn der entstandene historische Möglichkeitsraum ist kein Automatismus – er beinhaltet keine Erfolgsgarantie. Aber er stellt eine historische Chance zur Aufhebung der Geschlechterungleichheit in den Unternehmen dar. Diese neue Chance wird sich aber nicht im Selbstlauf realisieren. Vielmehr liegen die Chancen und Risiken für die Karrierechancen von Frauen sehr eng beieinander.

So ist der Umbruch in den Unternehmen nicht nur positiv zu sehen. Gerade die Flexibilisierungsmöglichkeiten hinsichtlich Arbeitsort und Arbeitszeit durch die Informatisierung werden aktuell selten zur Steigerung der Zeitsouveränität der Mitarbeiterinnen und Mitarbeiter genutzt – im Gegenteil: Sie bilden vielmehr die Grundlage für neue „Verfügbarkeitserwartungen" (Bultemeier 2011: 65 ff.) an die Beschäftigten und stellen damit den wichtigsten Hemmfaktor für die Karrierechancen von Frauen dar (vgl. den Beitrag von Bultemeier/Boes, in diesem Band). Und letztlich ist es auch nicht ausgemacht, ob die neuen Karrierechancen von Frauen von diesen überhaupt genutzt werden. Aus der zunehmenden Erwerbsbeteiligung von Frauen lässt sich also auch aus diesem Grund nicht einfach auf eine gestiegene Beteiligung von Frauen in Karrierepositionen schließen.

Auch wenn sich der historische Möglichkeitsraum faktisch unabhängig vom subjektiven Wollen der Akteure, quasi „hinter ihrem Rücken", geöffnet hat – um die objektiv gegebenen Möglichkeiten im Hinblick auf die Karrierechancen von Frauen zu verwirklichen, kommt es entscheidend auf das Wirken des „subjektiven Faktors" an. Soll also der historische Möglichkeitsraum wirklich genutzt werden, sind zwei Faktoren von besonderer Bedeutung: erstens, dass Frauen Karriere machen wollen (vgl. dazu ausführlich den Beitrag von Bultemeier in diesem Band), und zweitens, dass die Unternehmen wirksame Gestaltungskonzepte vorlegen, um den Möglichkeitsraum positiv zu entwickeln und den Umbruch zum Unternehmen 2.n für die Förderung der Karrierechancen von Frauen zu nutzen. Dazu ist es erforderlich, die darin liegenden Chancen und Risiken zu verstehen, die Eingriffsmöglichkeiten zur Gestaltung des Umbruchs zu identifizieren und diese proaktiv zu nutzen (vgl. dazu ausführlich den Beitrag von Boes/Lühr, in diesem Band). So wird letztendlich entschieden werden, ob die Entwicklung in die eine oder in die andere Richtung geht. In einem begrenzten historischen Zeitfenster kommt es jetzt darauf an, dass die Akteure in den Unternehmen die Weichen richtig stellen.

5 Aufbau des Bandes

Der vorliegende Band versteht sich als eine Anleitung zur erfolgreichen Gestaltung des Modernisierungsprozesses in den Unternehmen, um den historischen Möglichkeitsraum für die Herstellung von Geschlechtergerechtigkeit nutzen zu können. In den diversen Artikeln werden die Erfahrungen und Forschungsergebnisse aus fast fünf Jahren intensiver Zusammenarbeit zusammengeführt.

Perspektive Vorstandsmitglieder: Persönliche Erfahrungen und strategische Implikationen

Zum Einstieg in den Band überlassen wir den Vorständen das Wort. In der öffentlichen Meinung zum Thema Frauen und Karriere zeichnet sich eine Erwartungshaltung ab, die vor allem die Wirtschaft und innerhalb dieser die Verantwortungsträger adressiert. Wir haben daher acht Interviews mit Vorständen aus Unternehmen und Verbänden geführt, um diesen die Gelegenheit zu geben, sich öffentlich zu positionieren. Die Gespräche vermitteln einen authentischen Eindruck von ihren persönlichen Erfahrungen und inneren Haltungen bzw. Überzeugungen in Bezug auf das Thema „Frauen in Karriere". Außerdem liefern sie jeweils fundierte Einschätzungen zur zukünftigen Entwicklung des Themas in den Unternehmen sowie in der Gesellschaft insgesamt. *René Obermann*, Vorstandsvorsitzender der Deutschen Telekom AG, bekennt sich zur Frauenquote des Unternehmens als einem „Signal, dass es für uns ernst ist" – sie macht unmissverständlich klar, dass verbindliche Festlegungen und nicht unverbindliche Absichtserklärungen gefragt sind. *Luisa Deplazes Delga-*

do, Personalvorstand und Arbeitsdirektorin der SAP AG, erklärt anhand ihrer eigenen Lebensgeschichte, was das Thema „Diversity" für die Förderung der Karrierechancen bedeuten kann: „Anders sein heißt mehr sein." *Christiane Benner*, geschäftsführendes Vorstandsmitglied im IG Metall Vorstand, weist darauf hin, dass die Unternehmen unter dem öffentlichen Druck Erfolge in der Gleichstellungspolitik brauchen – doch ist sie sich nicht sicher, ob tatsächlich auch eine Veränderung der alltäglichen Unternehmenskultur stattgefunden hat: „Manchmal traue ich dem Ganzen nicht." *Ralf Stemmer*, Vorstand Ressourcen bei der Deutschen Postbank AG, weist darauf hin, dass die Erwartungen von Frauen im Unternehmen ein wichtiger Treiber für das Thema sind. Der Prozess werde Zeit brauchen, aber müsse heute begonnen werden: „Es wird Zeit, dass sich etwas tut." *Christiane Hesse*, Vorstand Personal und Organisation bei der Volkswagen Financial Services AG, hebt die Erfolge hervor, die ein konsequentes Monitoring im Unternehmen gebracht hat: „Ich bin stolz auf die aktuelle Entwicklung." *Lothar Schröder*, Vorstandsmitglied von ver.di, arbeitet heraus, wie Geschlechtergerechtigkeit durch ein ganz anderes Motiv der Unternehmen, nämlich ihr eigennütziges wirtschaftliches Kalkül, gefördert wird: „Ich finde es dringend notwendig, dass sich das verändert – das hat etwas mit Gerechtigkeit zu tun." *Bernhard Bihr*, Geschäftsführer der Bosch Engineering GmbH, macht deutlich, dass die Geschäftsführung nicht ohne die Beteiligung und Beratung der Frauen agieren kann, ebenso wenig wie sie die technische Entwicklung nicht ohne die Beteiligung und Beratung der entsprechenden Expertinnen und Experten beurteilen kann: „Manche Dinge muss ich mir einfach sagen lassen." Schließlich weist *Oliver Klink*, Vorstandsvorsitzender der Taunus Sparkasse, darauf hin, dass in den derzeitigen Diskussionen noch sehr viel weiter reichende Fragen des gesellschaftlichen Wertewandels angesprochen sind: „Hinter dem Thema ‚Frauen und Karriere' liegt etwas viel Grundsätzlicheres."

Perspektive Forschung:
Weichen für Frauen neu gestellt - Wandel des Karrieremechanismus in modernen Unternehmen

Dieses Kapitel fasst die Ergebnisse aus fünf Jahren Forschung am ISF München und der FAU Erlangen-Nürnberg im Projekt „Frauen in Karriere" zusammen. Die Frage danach, ob es gelingt, den historischen Möglichkeitsraum für eine Verbesserung der Karrierechancen von Frauen zu nutzen, wird in den Unternehmen entschieden. Daher werden die Karrierestrukturen in den Unternehmen, die individuellen Karrierestrategien der beschäftigten Frauen und Männer sowie die praktischen Gestaltungsmaßnahmen zur Förderung der Karrierechancen von Frauen analysiert.

Anja Bultemeier und *Andreas Boes* vertreten in ihrem Beitrag „Neue Spielregeln in modernen Unternehmen – Chancen und Risiken für Frauen" die These, dass sich mit dem gegenwärtigen Wandel zum Unternehmen 2.n eine grundlegende Transformation des Karrieremechanismus und der Ausgestaltung von Führung vollzieht. Die zentralen Bausteine dieses neuen Karrieremechanismus – ein neues Karrieremuster abseits der Kaminkarriere, die Herausbildung eines systemischen Entscheidungsmodus, öffentliche Positionierung als entscheidende Kernkompetenz, eine neue „Maßlosigkeit" moderner Karrieren – werden im Hinblick auf ihre geschlechtsspezifischen Auswirkungen untersucht.

Nachfolgend nimmt *Anja Bultemeier* in ihrem Beitrag „Frauen wollen Karriere! Karriereorientierungen von Frauen im Umbruch der Unternehmen" die Unterschiede im Karriereverhalten von Frauen und Männern in den Blick. Entgegen der verbreiteten Auffassung einer „Karriereunwilligkeit" von Frauen wird deutlich, dass sich Männer und Frauen in ihren Entwicklungs- und Gestaltungsansprüchen in der Arbeit nicht grundsätzlich unterscheiden. Nur übersetzen Frauen anders als Männer diese Wünsche nicht automatisch in ein Karrierestreben. Dafür verantwortlich ist die Wirkung von zwei „Karrierefiltern", die auch das Karriereverhalten und die Karriereintegration von Frauen beeinflussen. Das fehlende Wollen entpuppt sich so als fehlende Möglichkeit.

Andreas Boes und *Thomas Lühr* setzen in ihrem abschließenden Forschungsbeitrag „Karrierechancen von Frauen erfolgreich gestalten – Good Practices der Veränderung" auf den Untersuchungen zum sich wandelnden Karrieremechanismus und dem weiblichen Karriereverhalten auf und fragen, ob angesichts der vorliegenden Forschungsergebnisse die Weichen in den Unternehmen richtig gestellt sind. Anhand der Analyse der beobachteten Change-Prozesse skizzieren sie Prinzipien und „good practices" für eine erfolgreiche Gestaltung der Karrierechancen von Frauen und entwickeln Eckpunkte für ein entsprechendes ganzheitliches Veränderungsmodell in den Unternehmen.

Perspektive Unternehmensstrategie: Strategische Konzepte zur Förderung der Karrierechancen von Frauen

In diesem Kapitel kommen unsere Expertinnen und Experten aus den Partnerunternehmen selbst zu Wort. Die strategische Verankerung der Karrierechancen von Frauen ist von zentraler Bedeutung, um den historischen Möglichkeitsraum zu nutzen. Führungskräfte aus den HR-Abteilungen geben in diesem Kapitel einen Überblick über die strategischen Überlegungen und Konzepte in ihren Unternehmen, die sich auf die Förderung der Karrierechancen von Frauen richten.

Die *Telekom AG* hat durch die Einführung der Quote 2010 eine Vorreiterrolle eingenommen. *Mechthilde Maier* und *Felix Sonnet* skizzieren in ihrem Beitrag die Gründe für die Einführung der Quote, ziehen ein Zwischenfazit und zeigen Handlungsfelder für Gender Diversity auf, die im Zuge des Projektes „Fair Share" im Unternehmen adressiert werden.

Der Beitrag von *Jörg Staff* beschäftigt sich mit der Integration der Karrierechancen von Frauen in die „People-Strategie" der *SAP AG* als Bestandteil der Gesamtstrategie des Unternehmens. Er stellt damit einen grundsätzlichen „strategischen Rahmen" zur Förderung der Karrierechancen von Frauen vor. Zudem arbeitet er auf der Basis der bisherigen Erfahrungen Handlungsfelder und Prozesse heraus und entwickelt konkrete Handlungsempfehlungen.

Die *Postbank AG* hat im Oktober 2011 das Projekt „Gender Diversity Management" zur deutlichen Erhöhung des Frauenanteils auf der Management-Ebene ins Leben gerufen. *Andrei Frömmer* und *Vera Strack* von der Postbank AG behandeln die ganzheitliche Strategie, in die verschiedene Stakeholder, Schnittstellen und Arbeitsgruppen eingebunden sind, die Projektstruktur mit ihren ineinandergreifenden Maßnahmen und die Evaluation der Gender-Diversity-Management-Prozesse.

Frauenförderung ist bei der *Volkswagen Financial Services AG* Teil der Unternehmensstrategie und integraler Bestandteil der Personalstrategie. *Anja Christmann* und *Ellen Dierkes* machen deutlich, wie die Frauenförderung in die Unternehmensstrategie und die Personalstrategie der Volkswagen Financial Services AG integriert ist. Sie stellen Handlungsfelder, Instrumente und Maßnahmen der Frauenförderung und Verbesserung der Karrierechancen von Frauen vor.

Perspektive Unternehmenspraxis: Erfahrungen und Good Practices aus den Unternehmen

Nach den grundsätzlichen strategischen Einbindungen nun die alltägliche Praxis: In diesem Kapitel berichten unsere Partnerunternehmen über ihre konkreten Erfahrungen und stellen Aktivitäten vor, die sich als Good Practices erwiesen haben. So zeigen sie konkrete Wege zur Verbesserung der Karrierechancen von Frauen auf.

Juanita Jordan und *Katrin Mack* von der *Bosch Engineering GmbH* gehen nach einem kurzen Überblick über konzernweite Bosch-Aktivitäten zu Diversity auf die besonderen Bedingungen und Herausforderungen der Bosch Engineering GmbH ein. Sie beschreiben die Maßnahmen in drei Handlungsfeldern: Führungskräfte- und Mitarbeiterentwicklung, Mitarbeiterakquise und Vereinbarkeit von Beruf und Familie. Aus ihren Erfahrungen ziehen sie abschließend konkrete Schlüsse für die Ausrichtung der Frauenförderung in ihrem Unternehmen.

Andrei Frömmer und *Vera Strack* von der *Deutschen Postbank AG* stellen Verfahren zur Identifikation und Maßnahmen zur Förderung von PotenzialträgerInnen bei der Deutschen Postbank AG vor. Zwei Handlungsfelder stehen hier im Vordergrund: die Versachlichung von Auswahlverfahren und die Vereinbarkeit von Beruf und Familie. Wie die Potenzialanalyse die Sichtbarkeit von Kandidatinnen für Karrieren erhöht und welche frauenfördernden Entwicklungsmaßnahmen daran anknüpfen können, wird hier ebenso beschrieben wie die Wirkungen von Flexibilisierung des Arbeitsumfelds und Reduktion der Verfügbarkeitserwartungen auf die Vereinbarkeit von Leben und (Führungs-)Arbeit.

Uta Sánchez-Mayoral von der *SAP AG* geht näher auf das Gender Reporting ihres Unternehmens ein, eine zentrale Voraussetzung für die nachhaltige Erhöhung des Anteils von Frauen. Gender Reporting schafft Transparenz über die Ausgangssituation, bietet die Möglichkeit, regelmäßig den Fortschritt zur Erreichung der Zielgröße zu überwachen, und legt so das Fundament für eine aktive Steuerung durch geeignete Indikatoren. Wie Gender Reporting entscheidungs- und steuerungsrelevante Informationen bereitstellt, wird hier eindrucksvoll gezeigt.

Spezielle „Gender Awareness Trainings" werden in der *SAP AG* für Männer und Frauen angeboten. Diese stellt *Stefanie Nennstiel* in ihrem Beitrag vor. Das Ziel dieser Trainings ist die Schaffung eines Arbeitsklimas, welches eine partnerschaftliche Entfaltung der unterschiedlichen und vielfältigen Aspekte der Mitarbeiter/innen ermöglicht. Es geht um Sensibilisierung für die unterschiedlichen Herangehensweisen von Frauen und Männern – und darum, wie diese Unterschiede produktiv zu nutzen sind. Denn, so erklärt Nennstiel, es sind gerade die Synergien, die benötigt werden, um gesellschaftlichen Herausforderungen zu begegnen.

Bei der *Siemens AG* gibt es seit 2009 das internationale Netzwerk „Global Leadership Organization of Women" (GLOW). *Barbara Fischer, Natascha Eckert* und *Wiebke Metzler* stellen die Aktivitäten dieses Netzwerks vor, das seit 2011 auch bei der Siemens Corporate Technology etabliert ist – inzwischen gibt es weltweit über zehn aktive GLOW-Ableger. Dazu gehören Kontaktangebote wie „Business Lunches" ebenso wie Neulingsnetzwerke, Austauschmöglichkeiten zu Diversity und Work Life Balance ebenso wie die Nutzung der Chance, durch positive Vorbilder attraktiver für weibliche Arbeitskräfte zu werden.

Yvonne Velten von der *Taunus Sparkasse* stellt in den Mittelpunkt ihres Beitrags zwei erfolgreiche Maßnahmen zur Erhöhung der Vereinbarkeit von Beruf und Familie: die Kinderkrippe des Unternehmens, die eine bemerkenswerte Normalität von Elternschaft in der Taunus Sparkasse mit sich gebracht hat, und das Programm zur Elternzeitbegleitung, dem es gelungen ist, einen häufigen „Stolperstein" auf dem Weg nach oben in einen „Trittstein" zu verwandeln, besonders durch Weiterbildung und Tätigkeit in Stabsbereichen. Mit der Metapher der „fehlenden Ziffern des Zugangscodes" macht sie deutlich, dass trotz solcher Erfolge systematisch am Thema weitergearbeitet werden muss.

Anja Christmann, Ellen Dierkes und *Norbert Herschel* von der *VW Financial Services AG* geben einen sehr faktenreichen Einblick in die Betriebskindertagesstätte des Unternehmens. Sie zeigen nicht nur eindrucksvoll, wie bedeutsam das Kinderhaus für die Vereinbarkeit von Beruf und Familie ist, sondern gehen im Detail auf die spezifischen Anforderungen ein, die die Tagesstätte zu erfüllen hat, und machen vor allem deutlich, dass sie auch Chancen zur gesellschaftlichen Veränderung bietet – so ist der Männeranteil unter den Beschäftigten des Kinderhauses bedeutend höher als im Durchschnitt der Kinderbetreuungseinrichtungen.

Perspektive Gleichstellungspolitik: Interessenvertretung als Faktor für Chancengleichheit

In den Interessenvertretungen der Arbeitnehmerinnen und Arbeitnehmer hat das Thema „Gleichstellung der Geschlechter" Tradition. Sie haben sich oft schon lange damit befasst, bevor die „Frauenquote" zum vieldiskutierten öffentlichen Thema wurde. In ihren Beiträgen dominiert ein vorsichtiger Optimismus, gepaart mit Kritik an den blinden Flecken der neuen Initiativen der Unternehmen.

Die Leitenden Angestellten sind eine Beschäftigtengruppe, die sowohl der Unternehmer- als auch der Arbeitnehmerseite zugerechnet wird. *Margret Klein-Magar* nimmt als Sprecherin der Leitenden Angestellten im Aufsichtsrat der *SAP AG* die „Perspektive von Unternehmern" ein und reflektiert „Vielfalt" und „Inklusion" als wichtige Treiber für die Erreichung der Unternehmensziele. Sie legt nicht nur dar, warum sich die Sprecherkreise der Leitenden Angestellten des Themas angenommen haben, sondern gibt auch konkrete Handlungsempfehlungen, wie „Change Management" aus der Perspektive von Führungskräften die Karrierechancen von Frauen fördern kann.

Iris Becker und *Christiane Niemann* von der *IG Metall* machen auf die Geschichte gewerkschaftlicher Bemühungen für Gleichstellung aufmerksam. Die Branchen, die die IG Metall vertritt, sind immer noch in weiten Teilen Männerdomänen – was die IG Metall tun kann, um daran etwas zu ändern, zeigen die Autorinnen nicht nur an den Gremien der Gewerkschaft selbst. Sie geben auch wertvolle Hinweise auf gesetzliche Regelungen, die Hebel für Geschlechtergerechtigkeit darstellen können, und zeigen an Praxisbeispielen, wie ein echter Beteiligungsansatz zu Erfolgen führen kann.

In den von der Gewerkschaft *ver.di* vertretenen Belegschaften stellen die Frauen die Mehrheit. *Karin Schwendler* beschäftigt sich mit konkreten praktischen Schritten, wie die ungeachtet dessen fortbestehende Benachteiligung von Frauen überwunden werden kann. Dazu gehören ein „Gleichstellungscheck" zur Bestandaufnahme und Behebung von Entgeltungleichheit, ein Projekt zur gezielten Frauenförderung und branchenorientierten Gleichstellungspolitik sowie ein Mentoring-Programm zur Förderung von Frauen in Interessenvertretungsorganen.

Nicht nur die Institutionen Betriebsrat und Gewerkschaft, sondern auch selbstorganisierte Frauennetzwerke tragen dazu bei, die Förderung der Karrierechancen von Frauen voranzubringen. Am Beispiel des „Business Women's Network" zeigen dies für die *SAP AG Christiane Kuntz-Mayr* und *Christine Regitz*. Diese Initiative „von unten" leistete zunächst geradezu „subversive" Sensibilisierungsarbeit, wie die Autorinnen es nennen. Nachdem die Förderung der Karrierechancen von Frauen zum strategischen Thema geworden war, eröffneten sich neue Chancen; die Treiberfunktion dieses Netzwerks bleibt aber unentbehrlich.

Die *Telekom AG* war bis 1996 ein öffentlich-rechtliches Unternehmen mit gesetzlich vorgeschriebenen Gleichstellungsbeauftragten. *Monika Brandl* wirft als Gesamtbetriebsratsvorsitzende einen Blick auf die Erfolge, die in diesem Kontext durch Betriebsvereinbarungen erzielt wurden, und ihre Gefährdung nach der Privatisierung. Sie begrüßt die Bewegung, die heute wieder in dieses Feld gekommen ist; kritische Anmerkungen von Betriebsratsseite betreffen ganz besonders die Beschränkung auf das Spitzenmanagement.

Für den Betriebsrat der *VW Financial Services AG* ist Frauenförderung nicht eine Nischen-, sondern eine tägliche Querschnittsaufgabe, wie *Anita Ninnemann, Marion Leffler* und *Sylvia Stelzner* betonen. Themen wie die zweischneidigen Konsequenzen flexibilisierter Arbeitszeiten und -orte, die „Verfügbarkeitskultur" im Unternehmen, die Förderung „später" Karrieren und die Vereinbarkeit von Beruf und Familie beschäftigen nicht nur den Gleichstellungsausschuss, sondern durchdringen die gesamte Interessenvertretungs- und Mitbestimmungsarbeit. Wie der Gleichstellungsausschuss diese Themen bündelt, stellen sie in ihrem Beitrag eindrucksvoll dar.

Literatur

[1] Baukrowitz, A./ Boes, A. (1996): Arbeit in der „Informationsgesellschaft" – Einige grundsätzliche Überlegungen aus einer (fast schon) ungewohnten Perspektive. In: Schmiede, R. (Hg.): Virtuelle Arbeitswelten – Arbeit, Produktion und Subjekt in der „Informationsgesellschaft", Berlin: edition sigma, S. 129–158

[2] Boes, A./Bultemeier, A./Kämpf, T. (2011): Werden die Karten für Frauen neu gemischt? In: Boes, A./Bultemeier, A./Kämpf, T./Trinczek, R. (Hg.): Strukturen und Spielregeln in modernen Unternehmen und was sie für Frauenkarrieren bedeuten (können). Arbeitspapier 2 des Projekts „Frauen in Karriere", München: ISF München, S. 7-43

[3] Boes, A./ Bultemeier, A./ Lühr, Th. (2012): Zur Reformulierung der These vom „historischen Möglichkeitsraum". Unveröffentlichtes Diskussionspapier des Projekts „Frauen in Karriere", München: ISF München

[4] Boes, A./Kämpf, T. (2012): Informatisierung als Produktivkraft. Der informatisierte Produktionsmodus als Basis einer neuen Phase des Kapitalismus. In: Dörre, K./Sauer, D./Wittke, V. (Hg.): Kapitalismustheorie und Arbeit. Neue Ansätze soziologischer Kritik, Frankfurt am Main; New York: Campus, S. 316-335

[5] Boes, A./Trinks, K. (2006): Theoretisch bin ich frei! - Interessenhandeln und Mitbestimmung in der IT-Industrie, Berlin: edition sigma

[6] Bultemeier, A. (2011): Neue Spielregeln in modernen Unternehmen: Wie können Frauen davon profitieren? In: Boes, A./Bultemeier, A./Kämpf, T./Trinczek, R. (Hg.): Strukturen und Spielregeln in modernen Unternehmen und was sie für Frauenkarrieren bedeuten (können). Arbeitspapier 2 des Projekts „Frauen in Karriere", München: ISF München, S. 45-81

[7] Bundesagentur für Arbeit (2012): Arbeitsmarktberichterstattung: Der Arbeitsmarkt in Deutschland, Frauen und Männer am Arbeitsmarkt im Jahr 2011, Nürnberg, http://statistik.arbeitsagentur.de/Navigation/Statistik/Arbeitsmarktberichte/Personengruppen/Personengruppen-Nav.html, aufgerufen am 21.06.2013, 15:41 Uhr

[8] Bundesagentur für Arbeit (2013): Arbeitsmarkt in Deutschland - Zeitreihen bis 2012. Analytikreport der Statistik, Nürnberg, http://statistik.arbeitsagentur.de/Navigation/Statistik/Statistische-Analysen/Analytikreports/Zentral/Jaehrliche-Analytikreports/Analyse-Arbeitsmarkt-Deutschland-Zeitreihen-nav.html, aufgerufen am 21.06.2013, 14:19 Uhr

[9] DIW (2013): Holst E./Schimeta J.: Frauenanteil in Topgremien großer Unternehmen in Deutschland nimmt geringfügig zu – DAX-30-Unternehmen mit größerer Dynamik. DIW Wochenbericht Nr. 3/2013, http://www.diw.de/documents/publikationen/73/diw_01.c.414310.de/13-3-1.pdf, aufgerufen am 01.07.2013, 11:16 Uhr

[10] Hecken, A.E. (2006): Bildungsexpansion und Frauenerwerbstätigkeit. In: Hadjar, A./Becker, R. (Hg.): Die Bildungsexpansion. Erwartete und unerwartete Folgen, Wiesbaden: VS Verlag für Sozialwissenschaften, S. 123-156

[11] Hoppenstedt (2012): Schwarze, B./Frey, A./Lelutiu, A./Behrens, H./Anthes, L./Wieland, C.: Frauen im Management. Hoppenstedt-Studie 2012: http://www.hoppenstedt-fim.de/wp-content/uploads/2012/03/Hoppenstedt-Studie_FIM_03_2012.pdf, aufgerufen am 01.07.2013, 11:29 Uhr

[12] Ochsenfeld, F. (2010): Frauen in Führungspositionen, Daten, Entwicklungstrends und was sich dahinter verbirgt. Schlaglicht II des Projekts „Frauen in Karriere, http://www.frauen-in-karriere.de/cms/upload/frauen-in-karriere/Schlaglichter/2010_07_FrauenInKarriere_Schlaglicht_02.pdf, aufgerufen am 21.06.2013, 10:05 Uhr

[13] Maruani, M. (2002): Ein unvollendetes Projekt: Die Gleichheit von Männern und Frauen in der Arbeitswelt; (Siegener Beiträge zur Soziologie, Band 4), Köln: Rüdiger Köpper Verlag

[14] Statistisches Bundesamt (2012): Frauen und Männer auf dem Arbeitsmarkt – Deutschland und Europa. Wiesbaden, https://www.destatis.de/DE/Publikationen/Thematisch/Arbeitsmarkt/Erwerbstaetige/BroeschuereFrauenMaennerArbeitsmarkt0010018129004.pdf?__blob=publicationFile, aufgerufen am 24.06.2013, 12:54 Uhr

[15] Statistisches Bundesamt (2013): Bestandene Prüfungen. Zusammengefasste Abschlussprüfungen,

Geschlecht und Durchschnittsalter. Wiesbaden, https://www.destatis.de/DE/ZahlenFakten/ GesellschaftStaat/BildungForschungKultur/Hochschulen/Tabellen/ BestandenePruefungenGruppen.html, aufgerufen am 24.06.2013, 10:28 Uhr.

[16] Statistisches Bundesamt (2013a): Frauenverdienste – Männerverdienste: Wie groß ist der Abstand wirklich? STATmagazin: Verdienste und Arbeitskosten 03/2013, Wiesbaden, https://www.destatis.de/DE/Publikationen/STATmagazin/VerdiensteArbeitskosten/2013_03/PDF2013_03.pdf?__blob=publicationFile, aufgerufen am 24.06.2013, 11:50 Uhr

[17] Statusbericht: „Frauen in Führungspositionen." Entwicklungen und Zielsetzungen der 30 DAX-Unternehmen. Statusbericht 2012, http://www.bda-online.de/www/arbeitgeber.nsf/res/Dax-30_Frauen_in%20Fuehrungspositionen.pdf/$file/Dax-30_Frauen_in%20Fuehrungspositionen.pdf, aufgerufen am 27.06.2013, 13:26 Uhr

[18] Telekom: „Deutsche Telekom führt als erstes Dax-30-Unternehmen Frauenquote für die Führung ein". Pressemitteilung der Deutschen Telekom AG vom 15.03.2010, http://www.telekom.com/medien/konzern/5172, aufgerufen am 21.06.2013, 11:39 Uhr

[19] Vereinbarung: „Vereinbarung zwischen der Bundesregierung und den Spitzenverbänden der deutschen Wirtschaft zur Förderung der Chancengleichheit von Frauen und Männern in der Privatwirtschaft", www.dihk.de/themenfelder/standortpolitik/arbeitsmarkt-soziales/vereinbarkeit-familie-und-beruf/positionen/vereinbarung-zur-foerderung-der-chancengleichheit, aufgerufen am 01.07.2013, 11:41 Uhr

Perspektive Vorstandsmitglieder: Persönliche Erfahrungen und strategische Implikationen

„Wir wollten mit der Quote ein Signal setzen, dass es uns ernst ist"

René Obermann, Vorstandsvorsitzender Deutsche Telekom AG – im Gespräch mit Andreas Boes

Das Thema Frauen und Karriere ist in der öffentlichen Meinung deutlich wichtiger geworden. Ich nehme eine Erwartungshaltung wahr, die sich vor allem an die Wirtschaft richtet, und innerhalb der Wirtschaft an die Verantwortungsträger. Sie sind ja ein wichtiger Verantwortungsträger, der zu diesem Thema in den letzten Jahren Wesentliches beigetragen hat. Wie positionieren Sie sich dazu, welche Überzeugungen prägen Ihre Position zu dem Thema Frauen und Karriere?

Die gleichberechtigte Beteiligung von Frauen in Verantwortung ist ein Gebot gesellschaftlicher Fairness und auch eine wirtschaftliche Notwendigkeit.

Trotz der kontroversen Diskussion stehe ich zu unserer Entscheidung für die Frauenquote. Über zehn Jahre lang haben wir „politisch korrekt" über Frauenförderung diskutiert, aber nicht wirklich viel bewegt. Deswegen haben wir uns entschlossen, einen anderen – vielleicht harten – Weg zu gehen und eine Quote einzuführen. Bei uns ist das eine wichtige Hilfestellung dafür, dass Frauen nicht ständig an die gläserne Decke stoßen, sondern wirklich ihren Weg nach oben machen können. Aber nur mit der Quote ist es natürlich nicht getan. Wir brauchen für Männer und Frauen gleichermaßen eine bessere Vereinbarkeit von Familie und Beruf. Das wird gerade für junge Menschen in verantwortungsvollen Positionen immer wichtiger.

Nachhaltiger Wandel bedeutet, eine modernere Arbeitswelt zu schaffen

Lassen Sie mich resümieren: In Ihrer Zeit als Vorstandsvorsitzender haben Sie sich im Vorstand durchgerungen, das Thema richtig stark anzugehen, mit der Quote. Das ist ja ein sehr deutliches Statement gewesen. Sozusagen kommunikationspolitisch finde ich interessant, dass Sie das Reizwort Quote so konsequent in den Mund nehmen. Man hätte ja beispielsweise auch sagen können „Zielwert".

„Zielwert" war uns zu unverbindlich. Wir wollten mit der „Quote" ja auch intern klar machen, worum es uns geht: dass wir hier keine weichen Ziele setzen, sondern eine verbindliche Festlegung vornehmen. Es soll klar sein, dass wir mit diesem Instrument arbeiten und entsprechende Umsetzungsprogramme durchziehen. Beispielsweise müssen Führungskräfte ihre Entscheidung begründen, wenn sie Frauen für eine bestimmte Position keine Chance geben. Wir wollten mit der Quote ein Signal setzen, dass es uns ernst ist. Nach innen wie nach außen.

Man hat also das Reizwort Quote genutzt, um die Ernsthaftigkeit dessen, was man tut, auszudrücken und deutlich zu machen, dass man da keine Kompromisse macht?

Genau.

Haben Sie das schon damals als ein Statement empfunden, das so viel Wirkung entfalten würde?

Ja. Auch in unserem Vorstand haben wir intensiv diskutiert. Aber letztendlich war es der richtige Schritt für uns. Ich will nicht die Lorbeeren dafür ernten. Unser früherer Personalvorstand Thomas Sattelberger hat das Thema immer wieder auf den Tisch gebracht und beherzt vertreten. Mit ihm konnte man wunderbar darüber diskutieren und ich habe dabei viel von ihm gelernt. Seine Einschätzung war für mich maßgeblich und deswegen habe ich mich ihm aus Überzeugung angeschlossen.

Sie haben wahrscheinlich nicht nur Freunde gewonnen in der Wirtschaft, nachdem Sie diesen Beschluss bekannt gegeben haben.

Natürlich gab und gibt es kritische Stimmen. Viele etablierte Wirtschaftsführer stehen der Quote ja bis heute kritisch gegenüber.

Es ist aber auch nicht unser Anspruch, zu missionieren und generell für die Quote zu plädieren. Für unsere Firma ist es aber der Weg, um etwas zu verändern. Wenn bei uns das ganze Reden nichts bringt, weil wir so eingefahrene Rollenverständnisse in der Organisation haben – das hat auch mit unserer Historie und mit unserem technisch geprägten Umfeld zu tun –, dann ist es das richtige Instrument für uns. Ob das für andere Firmen auch gilt? Kann sein, dass die es auch ohne solche harten Vorgaben schaffen – für uns war es der richtige Schritt zur richtigen Zeit.

Haben Sie seitdem eine Veränderung bemerkt?

Ja, qualitativ und quantitativ. Intern ist die Kontroverse um die Einführung der Frauenquote inzwischen abgeebbt. Sie ist weitgehend akzeptiert. Die Sache nimmt ihren Lauf, und das lässt sich auch quantitativ messen. Im oberen und mittleren Management haben wir den Frauenanteil in den letzten drei Jahren auf knapp 24 Prozent erhöht. In Deutschland sind wir allerdings erst bei 14,6 Prozent – wir haben also Nachholbedarf. International sind wir sehr schnell vorangekommen. In den Führungs- und Aufsichtsgremien unserer Tochterfirmen haben wir jetzt ca. 25 Prozent Frauenanteil. Im Top-Management unterhalb des Vorstands sind wir mittlerweile bei zehn Frauen angelangt, vor ein paar Jahren waren es erst zwei. Und im Vorstand sind es zwei von sieben.

Beim Top-Nachwuchs, in unserem sogenannten Start-up!-Programm, haben wir seit Beginn auf eine gute Balance geachtet und liegen hier bei fast 50 Prozent. In Management-Entwicklungsprogrammen sind wir von 18 Prozent auf immerhin knapp 40 Prozent Frauen gekommen. Wir „füllen die Pipeline", das ist das Wichtigste. Es reicht nicht, ad hoc zwei, drei Stellenbesetzungen vorzunehmen und dann wieder alles auf sich beruhen zu lassen.

Das hat mir sehr imponiert an Ihrem Vorgehen. Sie tun nicht nur etwas für die Galerie, ja, wechseln ein, zwei Vorstände oder Aufsichtsräte aus und dann hat die Politik Ruhe, sondern Sie gehen nachhaltig heran und versuchen über die „Pipeline", tiefgreifend im Unternehmen Wirkung zu erzeugen. Das wird bei anderen Unternehmen wohl auch zur Kenntnis genommen.

Anders geht es ja nicht, sonst kuriert man nicht die Ursachen, sondern kratzt an den Symptomen. Das bringt uns auf Dauer nicht weiter und ist nicht nachhaltig. Es geht nur, wenn man die Rahmenbedingungen verbessert und eine modernere Arbeitswelt schafft. Dazu gehören zum Beispiel flexible Arbeitszeitmodelle, die es einfacher machen, Kinderbetreuung und Beruf unter einen Hut zu bringen. Oder auch das Abschaffen der Stereotypen und der sozial erwünschten Verhaltensweisen oder zumindest das kritische Hinterfragen dieser Praktiken: Meetings um 20 Uhr, häufiges Arbeiten am Wochenende, Büro-Präsenz bis spät in die Nacht zeigen – das muss nicht sein. Wir müssen auch Vätern die Möglichkeit bieten, in Elternzeit zu gehen. Als Unterstützung haben wir hier zum Beispiel unser Väter-Netzwerk geschaffen. Auch Führungskräfte sollten die Chance haben, für eine bestimmte Zeit Job-Sharing oder Teilzeit-Angebote wahrzunehmen. Generell müssen wir Mitarbeiterinnen und Mitarbeiter, die in Elternzeit gehen, viel besser im Unternehmen involviert und informiert halten und ihnen versichern, dass sie beispielsweise nach einem Jahr zurückkommen können. Wir haben mit „Stay in Contact" ein Programm ins Leben gerufen, das Auszeiten für die Familie dadurch unterstützt, dass die Kontakte und Informationen erhalten bleiben.

Ein Punkt interessiert mich hier besonders: Es geht Ihnen nicht nur um Frauen, sondern zunehmend auch um die jungen Männer. Eine neue Generation drängt auf den Arbeitsmarkt, und ein Unternehmen muss auch für diese jungen Leute, inklusive Männer, attraktiv sein. Kann man das so interpretieren, dass die eben angesprochenen Themen auch dafür wichtig sind?

Ja, und zwar gerade in den Wissensberufen und in der IT- und Kommunikationsszene. Wir haben ja eine Telekom der verschiedenen Welten. Das ist kein homogener Personalkörper, wo alle die gleiche Kultur und Arbeitsweise und die gleichen Sehnsüchte repräsentieren, das sind ganz unterschiedliche Lebensmodelle und Persönlichkeitsprofile. Da gibt es den 25-jährigen freakigen App-Entwickler, da gibt es den klassischen Telekommunikations-Fachelektroniker oder den Ingenieur der alten Schule, der ein relativ konservatives Lebens- und Arbeitsmodell bevorzugt. Gerade die jüngeren Leute wollen nicht mehr in diese starren Korsette und darauf müssen wir reagieren. Das fängt mit Kleinigkeiten an: Sie wollen ihr eigenes Portfolio von Geräten nutzen („bring your own device"). Meist wollen sie die Möglichkeit zum mobilen Arbeiten haben und ihre Arbeitszeiten stärker eigenverantwortlich gestalten können. Das soll nicht heißen, dass sie weniger leisten wollen, aber ihnen schwebt eine viel höhere Flexibilität und Selbstbestimmtheit vor. Und das überträgt sich auch auf ihre Idee von Familienmodellen: Sie wollen Teilzeit-Angebote auch dann, wenn sie Führungsverantwortung haben. Sie wollen ihre Kinder selbst in die Kita bringen können. Und die Möglichkeit haben, auch mal von zu Hause zu arbeiten. Die Kernaussage hieraus ist, dass wir als Unternehmen heute andere Antworten auf die Bedürfnisse junger Familien finden müssen.

Der Preis einer Spitzenkarriere

„Frauen in Karriere" ist ja nicht ein Thema wie Finanzen oder Produktentscheidungen, das man vergleichsweise unpersönlich behandelt. Es ist nach meinem Eindruck näher dran an einem selbst als Person. Welche persönlichen Erfahrungen prägen Ihre aktuelle Position und Ihr Handeln in dieser Frage? Welche Schlüsse ziehen Sie aus diesen Erfahrungen?

Meine unmittelbarste Erfahrung ist, dass mein Vorstandsteam heute zu fast einem Drittel weiblich ist. Früher waren wir ausschließlich männlich. Die Kultur und Qualität der Zusammenarbeit, die höflichere Versachlichung von heftigen Diskussionen und Auseinandersetzungen – das alles sind erfreuliche Entwicklungen. Auch typisch männliche Aussagen wie ein kategorisches „Das ist mit mir nicht zu machen!" kommen nur noch selten vor. Kritische Themen werden bis zum Ende ausdiskutiert, am Schluss wird entschieden, und dann wird umgesetzt. Das ist nicht weniger anstrengend – aber es ist weniger angreifend.

Diese Entwicklungen bedeuten allerdings nicht, dass es künftig einfach wird, Kinder und Karriere gleichzeitig voranzubringen. Und das ist nicht nur eine Frauenfrage, es ist eine Frage von jungen Familien. Ich bin ja selbst Vater, ich weiß aus eigener Erfahrung, dass es gerade in den ersten Jahren eine wirkliche Zusatzbelastung ist, Familie und Karriere gerecht zu werden.

Wenn Sie sich in die Zeit zurückversetzen, als Sie um die 30 waren und kleine Kinder hatten – hätten Sie sich eine solche Veränderung gewünscht oder war es für Sie damals völlig normal, so wie es eben war?

Wir hatten sicherlich damals eine traditionellere Rollenverteilung. Würde ich es heute anders machen? Teilweise bestimmt. Ich würde öfter versuchen, die Erziehung der kleinen Kinder mit den beruflichen Möglichkeiten zu kombinieren, mich aktiver in das Familienleben einbringen. Denn man versäumt natürlich viel. Es schadet meiner Meinung nach auch nichts, wenn man erst etwas später solche hohen Führungspositionen erreicht.

Sie sind ja sehr hoch aufgestiegen. Das muss doch eine ungeheure zeitliche Belastung sein?

Ja, das ist es. Das lässt Sie auch nicht am Wochenende los oder wenn Sie abends zu Hause sind – jedenfalls ist mir das nie gelungen. Der Preis für eine fast ausschließliche zeitliche und mentale Fokussierung auf den Beruf und auf die Firma ist ja der, dass Sie der Familie nicht die erforderliche Präsenz und Fürsorge bieten können. Ich ziehe den Hut vor jedem, der das anders bewältigt; ich kenne allerdings viele Beispiele, wo es nicht so gut gelungen ist.

Aber ist das nicht eine gewisse Gefahr für die Unternehmen – insofern, dass man so eine Art Negativauslese für die obersten Führungskräfte hat?

Diese Gefahr sehe ich auch. Aber die Regeln ändern sich. Wir reden ja gerade über die Erfahrung der Vergangenheit, wie es früher normalerweise war und welchen Preis man dafür bezahlt hat. Das war gesellschaftlich akzeptiert, ja geradezu bewundert: Der Mann ist Tag und Nacht im Einsatz und bringt tolle berufliche Leistungen. Gut, er ist oft nicht zu Hause, aber dafür ist ja die Frau da.

Heute gibt es schon Führungskräfte mit einem anderen Lebensstil, die eine andere Work Life Balance fordern und durchsetzen. Ich habe Kolleginnen und Kollegen, die mehrmals in der Woche abends so nach Hause gehen, dass sie noch Zeit mit ihren Kindern verbringen können. Nicht jeden Abend, aber immer wieder mal. Oder die versuchen, sich die Wochenenden weitgehend freizuhalten; die weniger Abendtermine machen und diese typischen Rituale – nach dem Arbeitsessen abends zigarrerauchenderweise die großen Geschäfte besprechen – nicht mehr so praktizieren, wie das früher üblich war. Sie erleben heute gerade bei den Jüngeren eine Veränderung in der Geisteshaltung und in der Praxis, also die Ansätze einer Trendwende.

Aber praktisch gesehen ist das doch wahrscheinlich eher noch die Ausnahme?

Praktisch gesehen muss man in Top-Führungspositionen viel Präsenz und Arbeitseinsatz zeigen. Das hat ja auch den Vorteil, dass man dafür mehr Gestaltungsfreiheit hat und gut bezahlt wird. Es hat aber eben den Preis, dass Sie zumindest einen Teil des Familienlebens dafür opfern. Natürlich ist eine Position im Vorstand schon sehr speziell. Man muss extrem viel Zeit und Energie einsetzen. Aber: Früher war es ausschließlich Beruf, inzwischen gibt es schon etwas mehr Balance.

Gibt es eigentlich im Topmanagement unausgesprochene Erwartungen, wie viel man arbeiten muss?

In den Top-Etagen ist wohl die unausgesprochene Erwartung, dass man ständig erreichbar und involviert ist. Das wird auch dadurch zum Ausdruck gebracht, dass Leute eine Art Omnipräsenz zeigen, immer übers Geschäft reden und gar nicht abschalten wollen. Und ich muss für mich gestehen, dass ich diese ständige Präsenz auch noch praktiziere. Ich sitze nicht jeden Tag bis in die Nacht im Büro, aber das Büro ist ja mittlerweile überall. Ich bin immer in den Informationsfluss eingebunden, ich nehme immer zur Kenntnis, was passiert, bin immer ansprechbar. Wie würden Sie als Fachmann das charakterisieren?

Nun, ich habe noch nie mit dem Top-Management solche Befragungen gemacht. Aber im Grunde genommen ist meiner Erfahrung nach schon fast ab der Abteilungsleiterebene dieses Gefühl permanenter Verfügbarkeit quasi der Normalfall.

Dem Problem versuchen wir schon lange gegenzusteuern. Bereits vor Jahren haben wir dazu z.B. eine E-Mail-Policy eingeführt, um den Druck der ständigen Erreichbarkeit zu nehmen. Wir versuchen, das nicht auf die mittleren und unteren Führungsebenen durchgreifen zu lassen – mit unterschiedlichem Erfolg, denn es gibt ja auch Leute, die ihre eigene Wertigkeit über das Maß des Involviertseins definieren. Diese Riten, mit E-Mails oder sozialen Netzen ständige Präsenz zu demonstrieren, sind teilweise lächerlich, aber trotzdem sehr verbreitet. Da muss man gegensteuern: zum Ausdruck bringen, was wünschenswert ist und was nicht. Wir arbeiten als Unternehmen an dieser Problematik, allein schon um die nachhaltige Entwicklung in der Belegschaft zu fördern. Sonst werden die Leute sich schnell auspowern.

Die Veränderung ist nicht mehr aufzuhalten

Gehen wir einen Schritt weiter und denken wir in die Zukunft. Im Moment bewegt sich etwas in Wirtschaft und Gesellschaft beim Thema Frauen und Karriere. Ich persönlich bin der Meinung, das hat wesentlich mit dem Vorstoß der Deutschen Telekom zu tun. Ich denke, dass die Unternehmen aus diesem „Schwitzkasten" so leicht nicht wieder rauskommen werden.

Ja, da haben Sie völlig recht! Unabhängig von uns, der Trend ist nicht mehr umzudrehen. Sie können nicht die Hälfte der Gesellschaft von verantwortungsvollen und spannenden Aufgaben ausschließen. Das können wir uns auch gar nicht leisten.

Ich teile Ihren Optimismus im Grundsatz, obwohl ich in den Unternehmen viele skeptische Stimmen höre – interessanterweise gerade bei denen, die lange für diese Sache gekämpft haben.

Solche umgreifenden oder umfassenden Veränderungen eines Gesellschaftsbilds funktionieren nicht von heute auf morgen. Die Zeiträume, die so ein Umdenken braucht, werden oft unterschätzt. Insofern ist Skepsis nichts Ungewöhnliches. Aber die Skepsis schmilzt ja gerade – vielleicht langsam, aber sie schmilzt.

Was glauben Sie, wo stehen wir in etwa zehn Jahren mit Hinblick auf das Thema Frauen und Karriere? Haben wir das Thema dann überhaupt noch?

Ja, das Thema haben wir noch, denn diese Veränderung dauert länger. Wir hatten über die gesamte Historie eine sehr hohe männliche Dominanz, und deshalb brauchen wir Zeit, um das zu verändern: durch Nachwuchsförderung, Ausbildung, höhere Quoten von Frauen in technischen Berufen und so weiter. Das wird in zehn Jahren nicht aus der Welt sein, aber es wird deutlich besser aussehen als heute.

Wird es alle Frauen gleichermaßen betreffen, Frauen mit Kindern und Frauen ohne Kinder, oder glauben Sie, dass es da einen Unterschied geben wird?

Vor allem ist das Thema Familie und Beruf kein Frauenthema, es geht die Männer ganz genauso an. Ich glaube, dass es in zehn Jahren noch selbstverständlicher sein wird, dass sich beide Elternteile um die Kindererziehung kümmern müssen und kümmern wollen. Wir werden bis dahin aber auch mehr Unterstützungsmöglichkeiten haben, z.B. ein besseres Betreuungsangebot, auch für kleine Kinder. Die Zahl der Kita-Plätze wird wachsen, muss wachsen! Insgesamt werden die Bedingungen für junge Eltern, die auch beruflich vorankommen wollen, besser sein.

„Anders sein heißt mehr sein"

Luisa Deplazes Delgado, Personalvorstand und Arbeitsdirektorin bei der SAP AG – im Gespräch mit Andreas Boes

Das Thema „Frauen und Karriere" ist aktuell von großem öffentlichen Interesse. Die öffentliche Erwartungshaltung richtet sich insbesondere an die Wirtschaft und hier wiederum an deren Verantwortungsträger. Wie gehen Sie mit diesen Erwartungen um? Welche Überzeugungen leiten Ihre Initiativen und Aktivitäten?

Ich halte die Erwartung für berechtigt, dass die wichtigen gesellschaftlichen Herausforderungen von heute von der Wirtschaft mitgetragen werden. Wir spielen als Unternehmen ja nicht nur eine nationale, sondern grenzübergreifende Rolle und tragen Verantwortung. Hierbei geht es nicht allein um „Frauen und Karriere", sondern auch allgemein um das Thema Nachhaltigkeit, sei es ökologisch oder sozial.

Die Entwicklungsmöglichkeiten von Frauen liegen natürlich ganz wesentlich im Bereich der Arbeit, und da spielt das Unternehmen eine sehr wichtige Rolle für alle Beschäftigten. Das ist auch in unserem eigenen Interesse: Wenn wir Talente wollen, die unsere Kunden verstehen und mit ihnen kommunizieren können, dann brauchen wir Frauen. Und wenn wir unsere Personalpolitik richtig einsetzen, wollen und müssen wir diese Talente auch auf gleichberechtigte Weise entwickeln. Deshalb übernimmt die SAP gern die Verantwortung für das Thema „Frauen und Karriere", sei es in Deutschland oder auch grenzübergreifend. Wir glauben, wir können mitwirken und Akzente setzen.

Nehmen wir das Thema Mobilität: Wir wissen ja, dass es als Frau (und vielleicht auch als Mann) schwierig ist, Karriere und Familie zu verbinden. Daher sind Mobilität und Flexibilität wichtig, und hierbei spielt sicherlich auch unser Produkt – unsere Business-Technologie – eine große Rolle. Wir haben ja keine Fabriken, wir haben Know-how, Wissen. Und wie wir Wissen produzieren, einsetzen und akzelerieren, das ist unser Geschäft. Daher wollen wir natürlich, dass die besten und auch die vielfältigsten Talente bei uns arbeiten, um Neuerungen zu schaffen und Innovationen zu treiben. Und ich glaube, wir leben das ganz genuin.

Sie bekennen sich zu der Verantwortung, die SAP für die Zukunft der Gesellschaft hat – das leuchtet mir ein. Sie sagen: Wir haben eine Verantwortung, die nehmen wir als Arbeitgeber an. Sie sagen

nicht: *Das sollen andere machen*, sondern ganz klar: Wir sehen uns in der Verantwortung, die Art und Weise mitzubestimmen, wie das Wissen der Weltgesellschaft sich weiterentwickeln kann. Wir nehmen die Verantwortung an, die daraus für die Lebensweise und die Arbeitsweise der Gesellschaften resultiert. Und das hat auch einen starken Bezug zu Ihren geschäftlichen Interessen.

Ich bin erst seit kurzem bei der SAP – aber hier zeichnet sich für mich die Stärke der SAP ab. Unsere große Stärke sind unsere Kunden, mit denen wir über Jahrzehnte zusammen arbeiten. So können wir als Multiplikatoren in der ganzen Welt auftreten, und das sehen wir als eine große Möglichkeit, um wirklich etwas zu bewegen.

Frauen in Karriere: vier Barrieren

Als globales Unternehmen sind Sie mit national verschiedenen Problemen konfrontiert, auch in Bezug auf Frauen in Karriere. Wie gehen Sie damit um?

Die Probleme und Chancen von „Frauen und Karriere" sind von Land zu Land ganz verschieden. Es herrschen jeweils ganz andere Verhältnisse, wie ich selber erlebt habe: in Schweden, in der Schweiz, wo ich aufgewachsen bin, in Portugal ... Die SAP möchte sich hierbei jedoch nicht am kleinsten gemeinsamen Nenner orientieren, sondern ein möglichst hohes Ideal anstreben. In vielen Länder leiten Frauen unsere Niederlassungen: in Italien, China, den Niederlanden, Nordamerika. Es geht darum zu lernen: Wie kann man Erfahrungswerte aus diesen Ländern nach Deutschland bringen, und umgekehrt, diese aus Deutschland in andere Länder. Wir wollen jedoch vermeiden, das Thema nur national mit deutschen Lösungen anzugehen. Wir sind ein globales Unternehmen, glauben an Vielfalt, und möchten von nationalen und internationalen Erfahrungen lernen. Dabei legen wir Wert auf die Verantwortlichkeit des Unternehmens weit über die unmittelbare Wertschöpfung hinaus.

Beim Thema „Frauen und Karriere" ist es für mich wichtig, dass wir das in einer einfachen Weise sehen. Ich denke, Einfachheit ist bei diesem Thema viel effektiver, als es zu sehr zu verkomplizieren und zu intellektualisieren – und dann doch bloß wenig zu machen, weil man von den Schwierigkeiten überrollt wird.

Könnten Sie mir das bitte noch ein bisschen erläutern? Was heißt „Einfachheit", und was folgt daraus?

Ich glaube, es war Albert Einstein, der gesagt hat: Wenn man etwas zu kompliziert darstellt, dann hat man noch nicht genug darüber nachgedacht.

Was ist denn wirklich die Essenz bei diesem Thema, was sind die Barrieren für „Frauen und Karriere"? Ich habe mich schon früher damit auseinandergesetzt und kam damals auf drei grundsätzliche Barrieren, und vielleicht kommt heute noch eine vierte dazu.

Eine Barriere ist Flexibilität: Flexibilität im Arbeitsalltag, in der Karriere, in verschiedenen Lebensphasen, an den Standorten eines Unternehmens. Frauen brauchen mehr Flexibilität, zumindest jene, die auch eine größere Verantwortung für die Familie tragen. Was bedeutet es denn, wenn ich als Firma Flexibilität anbieten will? Dann muss ich meinen Führungsstil und den generellen Arbeitsansatz ändern. Es geht nicht darum, wie lange jemand schon im Unternehmen ist, es geht darum, wie ich Beiträge und Ergebnisse erziele, es geht um Führungskräfte, die inspirieren und befähigen und nicht „control command" betreiben. Das heißt: Flexibilität ist zwar ein einfaches, klar zu formulierendes Thema, aber auch eines, das man wirklich vertiefen muss. Es reicht nicht, Teilzeit anzubieten, um etwas nachhaltig zu verändern.

Die zweite ist Mobilität. In globalen Firmen brauchen wir internationales Talent. Wenn man nicht mobil ist, wird es ganz schwierig. Ich zum Beispiel habe in zehn Ländern gearbeitet, bei meinen meisten Kollegen ist es ähnlich. Wir sind aber zu dem Schluss gekommen, dass es nicht per se um physische, sondern auch um mentale Mobilität geht. Wie kann man das alternativ gestalten, so dass nicht die ganze Familie alle drei Jahre umziehen muss? Technologie kann hier sehr hilfreich sein.

Die dritte Barriere ist der Führungsstil. Welche Führungsstile werden in Firmen wirklich wertgeschätzt und welche nicht? Wie kommt es, dass Frauen sich oft ausgeschlossen fühlen? Ich bin zum Beispiel die einzige Frau in unserem Vorstand. Bei uns ist es vielleicht nicht so auffällig, weil wir alle sehr verschieden sind – die Vielfältigkeit von Nationalitäten und Stilen ist bei uns generell sehr wichtig und bereits vorhanden. Aber wie gesagt, die Frage des Führungsstils spielt eine entscheidende Rolle.

Und als vierten Aspekt sehe ich folgendes: Wie bauen wir die Fähig- und Fertigkeiten von Frauen aus, damit sie anders und besonders bleiben können und somit ihren speziellen Wertbeitrag leisten können und sich nicht genötigt fühlen, sich anzupassen? „Be different but with skill" – das ist meine Lektion. Das Selbstbewusstsein, das aus dieser Quelle kommt, ist sehr entscheidend.

Können Sie näher erläutern, wie Sie bei SAP die Frauendiskussion voranbringen möchten?

Ich möchte Ihnen ein Beispiel geben, wie die SAP die Frauendiskussion leiten will – ich sage „leiten", weil es im Grunde nicht um Quoten oder Indizes geht. So etwas werden wir machen, wie es eben gemacht werden muss – das sind technokratische Überlegungen, und es ist ja auch richtig, technische Dinge gut und richtig zu machen.

Aber der eigentliche Punkt ist ein anderer: Wir wollen aufzeigen, wie Frauen mit Hilfe von Technologien Innovationen vorantreiben können. Wie können Frauen etwas Spezielles ins Geschäft mit einbringen, und dies gerade auch in der IT-Branche? Wir sind bisher sehr wissenschaftlich ausgerichtet, sehr analytisch getrieben und mehr ausgerichtet auf IQ als auf EQ. Aber Intuition ist eben auch ganz besonders wichtig. Ich will gar nicht behaupten, dass alle Frauen Intuition haben. Aber sie bringen einen neuen, anderen Ansatz mit, das zeigen auch Studien auf. Wir richten uns mittlerweile sehr viel stärker auf den Endverbraucher aus, die Millionen von Menschen, die täglich unsere Software nutzen. Und gerade hier können Frauen sehr viel bewegen. Sie haben EQ, sie hören zu, sie hören, was gesagt wird, aber auch, was nicht gesagt wird. Es ist daher für uns nicht nur angenehm, Frauen im Unternehmen zu haben, sonders überlebenswichtig.

„Whoever I am, I have strengths"

Sie sagten, Sie haben in verschiedenen Ländern gewohnt: Sie sind in der Schweiz aufgewachsen, Sie haben in Schweden, Portugal, England, Belgien und Mexiko gewohnt. Wie hat Sie das geprägt?

Ich hatte Glück. Mir hat diese Ländervielfalt geholfen. Vielleicht wäre es anders, wenn ich in Deutschland aufgewachsen wäre, immer schon hier gearbeitet hätte, mit einem Deutschen verheiratet wäre und so weiter – wenn ich also nur durch die deutsche Gesellschaft geprägt worden wäre. Mein jeweiliges Umfeld hat mir die Möglichkeit gegeben, Hilfe zu bekommen – ganz praktische Hilfe. Ich habe eine Tochter, die jetzt zehn Jahre alt ist, und in Portugal war es normal, dass man Unterstützung bekommt – hier in Deutschland ist das nicht so einfach und wird auch nicht so hoch angesehen. Meine Tochter wurde in Genf geboren und wir hatten eine portugiesische Hilfe. Ich hatte das Glück, in vielen verschiedenen Ländern zu leben, und habe mir jeweils das Beste von jedem Land abgeschaut.

Dies sind Rahmenbedingungen, die einen befähigen und Barrieren abbauen. Meine letzte Firma hat mir die Möglichkeit und die Verantwortung gegeben, etwas zu bewegen, etwas zu verbessern, was 15 Jahre lang nicht gut lief. Daraus habe ich gelernt: Wenn einem die Möglichkeit gegeben wird, etwas zu bewegen, ist das die beste Art und Weise, um sich zu entwickeln.

Ich habe ein Buch gelesen, das mich sehr beeinflusst hat: „Tempered Radicals" von Debra Meyerson, einer Harvard-Professorin. Ihr geht es darum, wie Menschen ihre Verschiedenheit nutzen, um Wandel in der Arbeit zu inspirieren. Es heißt, dass ich nicht nur anders bin, sondern dass dieses Anderssein für Verbesserungen eingesetzt werden kann. Das finde ich ungeheuer befreiend! Natürlich muss man dazu in einem Umfeld sein, das offen ist für Wandel und Entwicklung – aber wenn das Umfeld das nicht zulässt, sollte man sich dadurch nicht einschränken lassen. Lieber sollte man in ein anderes Unternehmen wechseln oder auswandern.

Personen und Leader, die eine Leidenschaft für das Thema Frauen und Karriere haben, haben meistens eine persönliche Erfahrung damit gemacht. Wie ist das bei Ihnen?

Ich werde Ihnen meine persönliche Erfahrung erzählen – das sagt vielleicht etwas darüber aus, wie ich dieses Thema angehe. Ich stamme aus einer Minderheit in der Schweiz, in Graubünden, den Rätoromanen. Wir sind nur 35.000. Sobald wir fünf oder sechs Jahre alt waren, mussten wir Deutsch lernen, denn auf dem Gymnasium wurde nur Deutsch gesprochen, und wollte man auf die Uni, musste man mit zehn Jahren die Sprache beherrschen. Heutzutage wird das, soweit ich weiß, ein bisschen flexibler gehandhabt, aber als ich jung war, war es so. Ich war dann im Internat, in der Klosterschule: Die meisten Schüler dort sprachen nur Deutsch, und zudem waren dort nur ganz wenige Mädchen. Als Minderheit kann man sich natürlich auch immer auf sein scheinbares Defizit konzentrieren.

Ich spreche natürlich nicht so gut Deutsch wie Sie. Dies wäre eine rein negative Fokussierung. Ich bemühe mich natürlich, mein Deutsch zu verbessern, um eines Tages vielleicht annähernd so gut zu sprechen wie Sie. Aber dies vernachlässigt einen großen Teil des Bildes: Ich spreche ja noch sechs andere Sprachen, die Sie vielleicht nicht sprechen. Wenn ich mich nur darauf konzentriere, dass mein Deutsch nicht so gut ist, sehe ich auch immer nur dieses Defizit. Und das ist ein großes Problem, gerade auch bei Frauen. Wenn ich im Vorstand immerzu denken würde, dass meine männlichen Kollegen etwas besser machen als ich, dann würde ich mich anpassen und mein Bestes tun, um diese Lücke zu füllen – aber meine eigentlichen Stärken als Frau würde ich nie wirklich auf den Tisch bringen und nutzbringend einsetzen.

Als ich 12 oder 13 Jahre alt war, gab es eine große Kampagne, um den Rätoromanen zu helfen. Die Parole war: Rätoromanisch sprechen heißt, eine Sprache mehr können! Das hat mich sehr geprägt, nicht nur sprachlich: Anders sein heißt mehr sein. Wenn man das als Frau weiß und bewusst lebt, dann kann man auch seinen eigenen Beitrag leisten – statt immer nur zu denken: Ach mein Gott, ich muss jetzt da aufholen.

Das ist ein sehr starkes Statement. Ich denke gerade daran, dass es sehr viele Kurse gibt, wo Frauen zum Beispiel beigebracht wird, mit tieferer Stimme zu sprechen, weil das männliche Hörvermögen offensichtlich tiefere Stimmen mehr mit Autorität verbindet. Da sind Sie ja geradezu ein Gegenbeispiel.

Genau! Meine Devise ist: „Be yourself with skill." Das bedeutet aber auch, dass man wissen muss, welche Fähigkeiten es braucht, um Einfluss zu nehmen. Wie kommuniziert man professionell? Wie erkennt man Machtfelder und geht mit diesen um? Und es fängt immer mit dem Gedanken an: „Whoever I am, I have strengths." Und das heißt: Wie baue ich meine Stärken aus? Natürlich auch: Wie verringere ich meine Schwächen? Aber ich sollte mein Leben eben nicht damit verbringen, Schwächen auszugleichen.

So entsteht auch ein neues Selbstbewusstsein. Und dieses Selbstbewusstsein ist etwas sehr Wichtiges. Das habe ich zum Beispiel bei dem Unternehmen, bei dem ich früher war, beobachtet. Unsere amerikanischen Kolleginnen waren so selbstbewusst. Ich dachte mir am Anfang: Wow! Wir Europäerinnen werden nie so sein. Für mich sahen die aus, als wären sie 1,85 oder 1,90 Meter groß, mit zwei, drei Schulterpolstern in der Jacke. Was dahintersteckt, ist entscheidend: an sich zu glauben, ohne arrogant zu sein, und so etwas wie eine persönliche Mission zu haben. Das ist es, was wir bei der SAP unseren Kolleginnen mitgeben möchten, beispielsweise im Rahmen unserer „Business Women Networks". Ich glaube, das ist ein guter Anfang.

In vielen Interviews, die ich mit Frauen in Karriereentwicklung gemacht habe, sagen diese: Ich werde gezwungen, mich anzupassen, und das möchte ich nicht – und deswegen mache ich keine Karriere. Sie haben einen anderen Weg gewählt. Sie sagen aus der ersten Person heraus: Ich bin ich. So, wie ich bin, versuche ich mich produktiv einzubringen in das Ganze, und dann schauen wir, was dabei rauskommt. Sie zeichnen als Person, als Persönlichkeit quasi ein positives Bild: dass man sich nicht anpassen muss, dass man sich nicht mit Schulterpolstern ausrüsten muss, um im Wirtschaftsleben zu bestehen.

Ich hoffe es, ja.

Inklusiv sein ist das Ziel

In Deutschland vollzieht sich beim Thema Frauen und Karriere nach meinem Eindruck in den Unternehmen im Moment eine Veränderung. Das könnte dazu führen, dass Frauen eine stärkere Rolle in den Unternehmen der Zukunft spielen, auch in den Entscheiderpositionen – aber es könnte auch anders kommen. Was ist Ihre persönliche Meinung dazu – wie wird das wohl in zehn Jahren aussehen? Und was wünschen Sie sich persönlich für die Rolle von Frauen in Unternehmen?

Natürlich sollten Frauen entscheidende Rollen spielen, auch in den Unternehmen. Ich wähle da bewusst das Wort „natürlich", denn für mich ist es der natürlichste Zustand der Welt, dass die Gesellschaft allen die Möglichkeit gibt, so mitzuwirken, wie sie es wollen. Das Wollen ist etwas Natürliches – wenn es nicht unterdrückt ist, weil es so unmöglich scheint, das Ziel zu erreichen. Daher glaube ich, es wird so sein und sollte auch so sein, ich wünsche mir das auch. Die Frage ist: Wann und wie kommen wir dahin?

Wie kommen wir dahin? Ich glaube, wir können das nicht mit technokratischen Maßnahmen erzwingen. Maßnahmen können wichtig sein, weil sie einen Schubs geben. Aber das Wichtigste ist, dass die ganze Gesellschaft versteht und nachvollzieht, warum es richtig ist. Es ist unnatürlich, dass ein Teil der Bevölkerung mitwirkt und ein anderer Teil nicht mitwirken kann oder soll. Das würde ja bedeuten, dass wir zum einen auf Talente verzichten, die etwas Neues beitragen können, weil sie eben einen anderen Blickwinkel haben, und zweitens, dass wir nicht so erfolgreich sein werden, wie wir es sein könnten.

Schaut man sich zum Beispiel Gesellschaften in aufstrebenden Ländern an, stellt man fest, dass Frauen eine ganz maßgebliche Rolle dabei spielen, die Entwicklung voranzubringen, die Familien, die Kinder, die Dörfer. Ich habe das in Indien und Ländern Lateinamerikas gesehen. Es ist ganz natürlich so. Dies zeigt auch, dass Frauen Verantwortung tragen können und wollen. Ich bin mir sicher, wir werden dies auch irgendwann anerkennen. Es braucht aber vielleicht einen Schubs, denn so ganz natürlich klappt es nicht. Es dauert halt ein bisschen. Aber wir sollten das nicht intellektualisieren und nicht mit „judgments" angehen.

Was meinen Sie damit: Wir sollten es nicht mit judgments angehen?

Ich sitze zu oft in Sitzungen, wo gesagt wird: „Na ja, aber ich möchte das doch nicht. Meine Frau hat auch nicht gearbeitet, als die Kinder klein waren…" Aber das ist eigentlich gar nicht relevant für die Diskussionen. Das waren zwei bestimmte Menschen, er und seine Frau. Relevant wäre es zu sagen: Verschiedene Leute, verschiedene Ehepaare, verschiedene Familien treffen verschiedene Entscheidungen. Geben wir ihnen die entsprechende Flexibilität! Es ist sehr wichtig, seine eigenen subjektiven Anschauungen und „judgments" nicht einfach auf andere zu übertragen, oder gar auf ganze Generationen. Das habe ich gerade auch in Schweden gelernt. Das ist etwas, was uns in Deutschland sehr oft hindert. Die jungen Leute denken zum Beispiel ganz anders. Wenn ich mit jungen Studentinnen und Studenten rede, sagen diese nicht, dass Kinder reine Frauensache sind, und sie wollen das auch nicht. Sie wollen geteilte Verantwortung. Für sie wird es in 20 Jahren keine Frage mehr sein, ob Frauen im Vorstand sitzen – es wird ganz natürlich sein.

Wenn wir dieses Entwicklungsstadium erreichen, dann können wir mit Bestimmtheit sagen, dass wir inklusiv sind. Alles wäre vielleicht gut für mich, aber nicht zwingend gut für andere. Es geht wohl letztlich um gesellschaftliche Werte, darum, wie wir miteinander leben wollen. Ich wünsche mir, dass auf die Frage „Warum?" die Antwort kommt: „Was für eine Frage!" – das wäre das Normale. In Schweden habe ich das erlebt beim Thema „opportunity leave", einer Art Elternzeit. Im Unternehmen nahmen die Mütter normalerweise ein Jahr und die Väter sechs Monate obendrauf. Da wurde gar nicht diskutiert – das war normal! Alle auf allen Ebenen dachten, das ist gar keine Frage. Und wenn einer kein „opportunity leave" wollte, war das auch in Ordnung. Vielfältigkeit heißt ja Toleranz – und Toleranz heißt, dass wir letztlich ein gemeinsames Ziel haben, aber den Weg dorthin selbstbestimmt und auf eigene Art und Weise auswählen. „We don't judge it." Wir respektieren diese Wahl. Vielleicht ist dieser Ausblick naiv – und zugleich nicht-naiv. Vielleicht ist er idealistisch.

Sie geben also einen idealistischen Ausblick?

Wenn wir uns die großen Firmen ansehen, jene, die es wirklich weit gebracht haben – dann waren die ja auch mal idealistisch. Die sahen etwas, was andere nicht sahen. Zum Beispiel die SAP: Ihre fünf Gründer machten etwas, wovon alle anderen dachten, das ist Wahnsinn, das geht gar nicht, das wird nie funktionieren. Ich glaube, wir brauchen so einen Traum, und wir brauchen eine Methode, wie wir dahin kommen. Das Thema leidet vielleicht darunter, dass es jetzt so groß geworden ist und so besessen darüber geschrieben und gedacht wird. Am Ende vergessen wir darüber noch, was wirklich wichtig wäre: uns daran zu machen. Sonst schreiben wir letztlich noch so viele Protokolle, ohne dass viel in der Wirklichkeit passiert.

„Ganz ehrlich: Ich traue dem Ganzen nicht"

Christiane Benner, geschäftsführendes Vorstandsmitglied, IG Metall Vorstand - im Gespräch mit Andreas Boes

Das Thema „Frauen und Karriere" ist aktuell von großem öffentlichem Interesse. Die öffentliche Erwartungshaltung richtet sich insbesondere an die Wirtschaft und hier wiederum an deren Verantwortungsträger. Sie sind als Mitglied des geschäftsführenden Vorstands der IG Metall intensiv mit dieser Entwicklung befasst. Wie positionieren Sie sich bezüglich des Themas? Und welche Überzeugungen prägen Ihre Positionen zum Thema „Frauen und Karriere"?

In das Thema „Frauen und Karriere" ist richtig Bewegung gekommen. Durch den Fachkräftemangel und den demografischen Wandel haben die Unternehmen hier einen größeren Druck als früher. Das Gleichstellungsthema ist schon immer ein zentrales gewerkschaftliches Anliegen. Aber ich gebe zu, dass sich das Thema „Frauen in Führungspositionen" erst in den letzten Jahren so stark entwickelt hat – bis dahin, dass die IG Metall offensiv eine Frauenquote fordert und in den eigenen Reihen umsetzt.

Für uns Gewerkschafter ist es eine tägliche Arbeitsaufgabe im Betrieb, für Chancengleichheit zu sorgen. Dies ergibt sich aus dem solidarischen Anspruch einer Gewerkschaft und aus dem Betriebsverfassungsrecht. Durch den demografischen Wandel und den Fachkräftemangel ist hier jetzt richtig Bewegung in das Thema gekommen. Da sehe ich die Wirtschaft stark in der Pflicht. Aber auch die Betriebsräte kommen immer stärker in die Verantwortung. Sie müssen sich kümmern und die richtigen Fragen stellen: Wie sehen die Entwicklungsmöglichkeiten im Unternehmen aus? Wie können Frauen mit dem Takt mithalten, wenn sie zusätzlich ein paar Vereinbarkeitsthemen regeln müssen?

Mit gutem Beispiel voran - Gewerkschaften als zentraler Akteur

Sie haben das vorhin schon angedeutet: Die Gewerkschaften sind in Deutschland traditionell ein starker Akteur der Gleichstellungspolitik in der Wirtschaft. Und auch die Betriebsräte machen vor Ort Politik zu diesem Thema. Wie schätzen Sie hier die aktuelle Situation ein?

Das Thema Gleichstellung ist ein Thema, das die Gewerkschaften heute mehr denn je bewegt. Wir beraten die Betriebsräte vor Ort und geben Anregungen und Hilfestellungen. Nach dem

Betriebsverfassungsgesetz ist es der Job von Betriebsräten, sich um die Gleichstellung der Geschlechter zu kümmern. Wir beraten Betriebsräte bei der Ausformulierung von Betriebsvereinbarungen, etwa zu Zielkorridoren für den Frauenanteil in den unterschiedlichen Unternehmensebenen. Ein Beispiel ist auch die ‚Antiherdprämie'. Sie ist auf der Grundlage einer Betriebsvereinbarung entstanden. Das Ziel war, ein Incentive zu schaffen, dass Frauen oder Männer früher aus der Elternzeit zurück in das Unternehmen kommen. Bei solchen Vereinbarungen ist es ganz elementar, dass die Sozialpartner zusammenarbeiten.

Unser Schwerpunkt in der Frauen- und Gleichstellungspolitik ist die ganz konkrete operative, handlungsorientierte Arbeit mit den Betriebsräten. Unsere drei zentralen, ineinandergreifenden Themenfelder sind dabei die Entgeltgerechtigkeit, die Vereinbarkeit von Beruf und Familie sowie die Aufstiegs- und Qualifizierungsmöglichkeiten. Es gibt IG-Metall-Betriebsratsgremien, die seit Jahren exzellent an diesen Themen arbeiten und genau darauf ihren Fokus setzen. Die sehen die Entgeltberichte genau durch nach Unterschieden zwischen Männern und Frauen, die achten darauf, dass es keine Karriereblockade wird, wenn Frauen oder Männer Teilzeit arbeiten. Die kümmern sich darum: Wie sieht der Wiedereinstieg aus, wenn der oder die Beschäftigte nach der Elternzeit zurückkommt? Wie gleichmäßig ist die Leistungszulage verteilt? Wer bekommt einen Bonus? Wer nimmt an Qualifizierungsmaßnahmen teil? Wie viele junge Mädchen fangen in unserem Unternehmen eine Ausbildung an? Es geht darum, in einer Lebensverlaufsperspektive die biografischen Ecksteine richtig zu besetzen, die Stellen im Lebenslauf, wo es immer mal wieder kritisch ist und wo potenziell immer wieder Frauen rausfliegen oder nicht reinkommen. Es gibt die gut arbeitenden Gremien – aber in vielen Betrieben werden diese Themen noch im Gleichstellungs- oder Diversity-Ausschuss bearbeitet und nicht im Betriebsrat. Das muss sich ändern.

Wie sehen aktuell die Zahlen aus? Wie hoch ist der Anteil von Frauen in den Betriebsratsgremien?

Insgesamt haben wir einen überproportionalen Anteil von Frauen in den Betriebsratsgremien. Er liegt bei rund 25 Prozent, obwohl der Beschäftigtenanteil in unseren Betrieben unter 21 Prozent liegt. Aber wir sind dünn in der Spitze besetzt. Nur ca. 10 Prozent der Betriebsratsspitzen sind weiblich. Wir machen daher gezielt Angebote an Betriebsrätinnen. Wir führen beispielsweise große Tagungen mit Kolleginnen durch, um zu besprechen: Was muss ich für meine eigene Personalentwicklung tun? Oder wir fördern Frauen gezielt mit Blick auf die Aufsichtsräte und fragen sie: Willst du jetzt in den Aufsichtsrat? Oder willst du dich nur darüber beschweren, dass da keine Frauen sind? Und wenn sie dann sagen, sie wollen in den Aufsichtsrat, dann suchen wir einen Weg, das umzusetzen. Wir machen einen Plan und den setzen wir dann um. Deswegen bieten wir Seminare an für potenzielle Aufsichtsratskandidatinnen oder Vernetzungstreffen für Betriebsrätinnen. Wir haben alle Betriebsratsvorsitzenden angeschrieben. Die IG Metall hat sich zum Ziel gesetzt, in jeden Aufsichtsrat eine Frau als Gewerkschaftsvertreterin zu entsenden. Wir haben uns eine Quote von 30 Prozent gesetzt. Wir versuchen auf allen Ebenen genau die passenden Angebote zu machen, damit in der Interessenvertretung mehr Frauen in die Spitze kommen.

Seit wann arbeiten Sie so gezielt auf eine Verbesserung des Frauenanteils in den Interessenvertretungsorganen hin?

Begonnen haben wir mit der Novellierung des Betriebsverfassungsgesetzes 2001. Seitdem ist festgelegt, dass im Betriebsrat Frauen entsprechend ihrem Anteil an den Beschäftigten im Betriebsrat vertreten sein müssen. Unsere 30-Prozent-Quote für Aufsichtsräte haben wir 2011 festgelegt.

Der Frauenanteil in den Aufsichtsräten liegt heute nur deshalb bei knapp 20 Prozent, weil wir von der Arbeitnehmerseite viele Kandidatinnen stellen und diese gewählt werden. Wir sind viel besser als die Anteilseignerseite. Aber auch wir wollen noch besser werden. Konkret heißt das, wir wollen auch bei unseren Hauptamtlichen die 30 Prozent erreichen. Wir wollen in Betrieben mit über 20.000 Beschäftigten mindestens eine Frau im Aufsichtsrat haben, und in der Konsequenz wollen wir auch dort, wo wir mit zwei Sitzen vertreten sind, eine Frau und einen Mann.

Ist das Beschlusslage der IG Metall?

Ja. Wir haben das schon im Februar 2011 im Vorstand beschlossen. Wir besetzen im Moment konsequent alle frei werdenden Mandate mit Frauen nach. Das klappt auch. In diesem Jahr gilt unsere Sollbestimmung, die genannte Quote von 30 Prozent zu erreichen. Und für 2018, also nach fünf Jahren, ist es ein Muss. Wir haben uns fest vorgenommen, dass wir dann die Quote von 30 Prozent bei den Hauptamtlichen im Aufsichtsrat erreicht haben.

Haben Sie denn jetzt nicht ein großes Problem mit den Männern, die auch in die Aufsichtsräte wollen?

Aufsichtsratsmandate sind begehrte Posten und keine Massenware. Wir haben den Beschluss – da haben wir schon gewusst, was wir tun. Wenn beispielsweise bei Automobilherstellern ein Mandat frei wird, macht sich schon der ein oder andere Hoffnung darauf. Aber wir besetzen solche Mandate auch mit Frauen.

So konsequent betreibt die IG Metall diesen Beschluss?

Ja.

Und das führt nicht zu Unruhe?

Doch. Aber das ist ja in der Wirtschaft auch so, weil das menschlich ist.

Geht es dabei ausschließlich um die Plätze für die Hauptamtlichen im Aufsichtsrat?

In unserem Beschluss geht es um die Hauptamtlichen. Aber es ist auch auf der betrieblichen Ebene dasselbe. Wir haben hier ja oft IG-Metall-Listen, die eingereicht werden – das ist ganz stark mit Gewerkschaft verbunden. Wir diskutieren das mit den Kolleginnen und Kollegen, dass es problematisch ist, wenn wir von den Arbeitgebern fordern, dass wir mehr Frauen in Führung brauchen, und das selbst nicht vorleben. Bei der Zusammensetzung der Listen großer ausstrahlungskräftiger Unternehmen sind wir mit dem Argument auf großes Verständnis gestoßen, dass es schade wäre, wenn wir mit sechs Leuten kandidieren und keine einzige Frau dabei wäre.

Gilt hier auch das Ziel, 30 Prozent der Listenplätze mit Frauen zu besetzen?

Nein, auf der betrieblichen Ebene ist das nach den Regelungen aus dem Betriebsverfassungsrecht formuliert, also proportional zum Anteil der weiblichen Beschäftigten im Unternehmen.

Haben Sie keine Probleme, genügend Frauen für die Funktionen im Aufsichtsrat zu gewinnen?

Das ist zunächst einmal eine Frage, wie wir unser Radar einstellen, und hier vor allem die Frage: Wo suche ich? Wenn ich nur im Kreis der Führungsfunktion des Betriebsrats suche, habe ich nur noch 10 Prozent Frauen. Wenn ich exklusiv auf die Führungsriege schaue, dann habe ich noch mal weniger Frauen auf dem Schirm. Deswegen muss ich natürlich parallel gucken, dass ich mehr Frauen für die Führung in Betriebsratsgremien gewinne. Aber bisher hat es relativ gut geklappt. Bei der Besetzung von Aufsichtsratsmandaten schauen wir sehr sorgfältig. Sowohl nach qualifizierten Männern wie nach qualifizierten Frauen.

Wenn ich mir die historische Entwicklung des Themas „Gleichstellung in der Wirtschaft" anschaue, habe ich den Eindruck, dass die Gewerkschaften nicht nur aktuell, sondern schon über lange Jahre ein zentraler Akteur sind. In der öffentlichen Aufmerksamkeit spielen sie aber aktuell eine untergeordnete Rolle. Sind die Gewerkschaften eine Art „Dienstmagd" der Gleichstellungspolitik, also eine unverzichtbare Kraft im Hintergrund, deren Bedeutung aber in der Öffentlichkeit übersehen wird?

Ich wehre mich gegen den Begriff der Dienstmagd. Aber sagen wir es mal so: Den Arbeitgebern gelingt es stärker, mit Hochglanzgeschichten wie einer Zertifizierung als familienfreundliches Unternehmen eine öffentliche Wirkung zu erzielen. Jetzt ist durch den demografischen Wandel ein ganz anderer Druck auf den Kessel gekommen. Die Arbeitgeber waren gezwungen, ganz schnell ein paar Vorzeigeerfolge zu bringen – eine Kita oder den Eltern-Kind-Raum. Das hilft ihnen in der Stellenausschreibung, weil da dann nämlich steht: Wir sind ein als familienfreundlich zertifiziertes Unternehmen. Aber wenn ich dann mit den Beschäftigten spreche, inwiefern sie das Gefühl haben, dass eine Veränderung der Unternehmenskultur stattgefunden hat, wird das oft nicht bestätigt. Und manchmal traue ich dem Ganzen nicht, ganz ehrlich. Ich habe das Gefühl, das kann schnell wieder wie ein Kartenhaus zusammenfallen.

Ohne Quote keine Bewegung in den Unternehmen

Sie positionieren sich sehr stark für die Einführung einer Quote und verweisen darauf, dass Sie diese Position schon sehr lange vertreten. Welche persönlichen Erfahrungen prägen Ihre aktuelle Position und Ihr Handeln? Und welche Schlüsse ziehen Sie daraus?

Ich habe schon sehr früh, nämlich 1991, als ich noch Betriebsrätin war, den Schluss gezogen, dass eine Quote notwendig ist. Ich war daher eigentlich schon immer eine Quotenverfechterin. Damals habe ich in einem Maschinenbauunternehmen mit 4.500 Beschäftigten gearbeitet. Das war stark männerdominiert. Wir waren 27 Betriebsratsmitglieder und nur vier Frauen. Damals habe ich sehr konkret erfahren, dass es einfach wichtig ist, ein Augenmerk darauf zu haben und gezielt zu gucken, wie die Partizipationsmöglichkeiten von Frauen aussehen. Ich habe mich für dieses Thema stark eingesetzt und hatte eine große Unterstützung des Betriebsratsvorsitzenden. Bei den Zugängen zu Weiterbildungsmaßnahmen haben wir beispielsweise schon sehr früh darauf geachtet, dass auch Frauen teilnehmen können, so dass beispielsweise von zehn Personen mindestens zwei Frauen waren. Ich habe immer gute Erfahrungen damit gemacht, so etwas einfach zu ‚gendern' und so dafür zu sorgen, dass man das Thema nicht vergisst. Bei meiner ersten Betriebsratswahl bin ich auf einen sehr guten Listenplatz gekommen, obwohl ich noch sehr jung war. Nicht zuletzt deshalb, weil Leute gesagt haben: Es ist einfach wichtig, dass auch Frauen an der Spitze sichtbar werden. Hinzu kam, ich hatte auch ein Umfeld von Menschen, die das richtig gefunden haben.

In meinem Beruf war ich damals im Verkauf tätig – also Angestellte. Auf den Vertriebstagungen waren 200 Leute und wir waren zwei Frauen. Wenn du überall die Exotin bist, das strengt einfach an. Es war meine persönliche Betroffenheit, aus der ich schon sehr früh das Thema aufgegriffen habe. Die Grünen haben die Quote damals in der Politik in die Debatte gebracht und alle Spitzenämter paritätisch besetzt. Das fand ich damals schon eine charmante Idee, weil damit der ganze Unterbau thematisiert wird. Es wird dann darauf geachtet, was in der Ausbildung los ist, wie Frauen an Weiterbildungen teilnehmen können, was sie für Aufstiegsmöglichkeiten haben. So wird eine andere Perspektive auf die Partizipationsmöglichkeiten von Frauen eröffnet.

Das ist interessant. Sie verstehen die Quote also auch als ein Mittel, um das Thema der gerechten Teilhabe in die Öffentlichkeit des Betriebs zu bringen und zum Diskussionsthema zu machen. Und gleichzeitig erscheint die Quote als Anreiz, um grundlegende Veränderungen im Betrieb auf verschiedenen Ebenen anzustoßen. Verstehe ich das richtig?

Ja, absolut. Ich halte die Frauenquote für ein absolut notwendiges Instrument, um im Mittelbau Bewegung zu erzeugen. Die Entwicklung von unten und die Veränderung in der Spitze der Unternehmen gehören zusammen, weil es nicht möglich ist, alle Führungspositionen extern zu besetzen. Ich werde manchmal gefragt: Wieso kümmerst du dich denn jetzt um die Leute, die es sowieso relativ einfach haben, weil sie so gut ausgebildet sind? Darauf sage ich: wenn wir es oben nicht schaffen, dann verändern wir die Unternehmenskultur nicht, und dann kriegen wir eben auch unten keine Bewegung rein: beim Einstieg, bei der Entwicklung und schließlich oben in der Karriere. Ich sehe das als einen zusammenhängenden Prozess.

Meine Erfahrung ist: Sobald sich Unternehmen einen Zielkorridor gesetzt haben, gerät etwas in Bewegung, und dann werden *alle* Hierarchieebenen zum Thema. Mir geht es ja nicht nur um die Spitze, quantitativ ist das gar nicht so relevant. Mir geht es vor allem um die Breite, um die Zugänge. Da geht es mir um Chancengleichheit, um Partizipationsmöglichkeiten, gleichberechtigt für Männer und für Frauen.

Optimistisch, aber ...

Lassen Sie uns zum Abschluss des Gesprächs noch einen Blick in die Zukunft werfen. Es hat aktuell den Anschein, als würde sich bezüglich der Karrierechancen von Frauen eine Veränderung in der

Gesellschaft und in den Unternehmen vollziehen. Was erwarten Sie diesbezüglich in den nächsten zehn Jahren? Und: Was wünschen Sie sich persönlich für den weiteren Verlauf der Entwicklung?

Also generell bin ich optimistisch – trotz der ‚Kartenhausgefahr'. Die IG Metall hat in den Branchen, für die sie verantwortlich ist, große Einflussmöglichkeiten. Wir werden alles dafür tun, um den Druck weiter auf dem Kessel zu halten. Wir gehen jetzt beispielsweise das Thema Entgeltgerechtigkeit mit Nachdruck an, um zu sehen: Woran liegen denn die Ungleichheiten, und wie kann man da Dinge besser machen? Wir werden in zehn Jahren durch die Qualifikationsentwicklung von Frauen, durch die demografische Veränderung und aufgrund des Wertewandels in der Gesellschaft mehr Frauen in Führung haben. Da bin ich mir sicher. Aber das wird nicht von selbst passieren, dafür muss man viel tun. Die IG Metall setzt sich dafür ein, dass sich Berufsbilder verändern, so dass es für Frauen attraktiver wird, in technische Berufe reinzugehen oder eine gewerblich-technische Ausbildung zu machen. Unser Ziel ist: In zehn Jahren haben wir in den DAX-30-Unternehmen 10 Prozent Frauen in den Vorständen.

Auf der obersten Führungsebene?

Ja. Auf der obersten Führungsebene. Das setzt natürlich voraus, dass die gesellschaftlichen Debatten um Quote, Vereinbarkeit, Wertewandel und demografischen Wandel weitergehen.

Wir sprechen jetzt aber noch sehr unspezifisch von Frauen allgemein. Können Sie Ihre Prognose diesbezüglich noch ein wenig differenzieren?

Ja, gerne.

Sind hier alle Frauen gemeint oder gilt das nur für Frauen ohne Kinder?

Die Frage zeigt schon den Kern des Problems. Wir brauchen einen Kulturwandel. Oder können Sie mir sagen, wie viele Väter in den DAX-30-Vorständen arbeiten oder wie diese Verantwortung ihre Leistungsfähigkeit als Führungskraft beeinflusst? Hier muss mehr geregelt werden – auch in der Führungskultur. Frauen mit Kindern sind genauso leistungsfähig wie Männer, die Kinder haben. Das Bild ist bei uns nur ein anderes. Wer führt, muss immer verfügbar sein. Wer führt, der steht Tag und Nacht im Dienst der Firma. Warum? Schweden und Norweger zeigen, dass es auch anders geht. Dort sind die letzten Sitzungen um 17 Uhr und vieles läuft per Mail und Telefon. Das ist doch heute kein Problem mehr. Frauen in Führungspositionen, ob mit oder ohne Kind, sind ebenso leistungsfähig wie Männer – darum geht es.

Welches Thema muss aus Ihrer Sicht in den Unternehmen adressiert werden, damit der Möglichkeitsraum genutzt wird und es zu einer Veränderung kommt?

Im Betrieb muss die Anwesenheitskultur verändert werden. Es braucht einen grundlegenden Wandel und gute Beispiele. Wir müssen die Frage stellen: Was ist eine gute Unternehmens- und Führungskultur? Solange die Quartalstaktung weitergeht und nicht einbezogen wird, dass der Kern des Erfolgs in der Nachhaltigkeit und Vielfalt liegt, wird sich wenig ändern. Die leistungsorientierte Kultur schadet Männern *und* Frauen, wie zunehmende

Burn-outs und Belastungen zeigen. Auch junge Männer sagen, dass dies nicht das Modell ist, nach dem sie arbeiten wollen.

Ich versuche Ihre Position zusammenzufassen: Ja, es gibt eine moderate Erhöhung des Frauenanteils in der obersten Führungsspitze, die auch mit einer Veränderung in der Breite der Unternehmen verbunden ist. Sie sagen, dass Unternehmen als zentrales Thema die Anwesenheitskultur adressieren müssen und dass es hier einen grundlegenden Wandel braucht. Wie schätzen Sie die weitere Entwicklung ein?

Es verändert sich etwas. Das ist spürbar. Aber große Veränderungen werden nicht von heute auf morgen gehen. Daran müssen wir nachhaltig arbeiten. Wenn wir Bedingungen schaffen, wo Männer *und* Frauen besser arbeiten können, dann wird sich auch in der Kultur etwas verändern. Und das ist, glaube ich, ganz entscheidend.

Eine Kultur wie in den skandinavischen Ländern wäre wünschenswert. Also: Deutlich bessere Kinderbetreuungsstrukturen, keine blöden Sprüche, dass du dich als Rabenmutter fühlst. Dass es gesellschaftlich anerkannt ist, dass Männer die gleiche Verantwortung für die Kindererziehung haben. Aber zehn Jahre finde ich für einen so grundlegenden Kulturwandel in der Gesellschaft einen zu kurzen Zeitraum.

„Es wird Zeit, dass sich etwas tut"

Ralf Stemmer, Vorstand Ressourcen, Deutsche Postbank AG - im Gespräch mit Andreas Boes

Das Thema Frauen und Karriere ist aktuell von großem öffentlichem Interesse. Die öffentliche Erwartungshaltung, so wie ich sie im Moment empfinde, richtet sich allerdings insbesondere an die Wirtschaft und hier wiederum an deren Verantwortungsträger. Damit natürlich auch ein Stück weit an Sie als Person. Wie positionieren Sie sich bezüglich des Themas und welche Überzeugungen prägen Ihre Position zum Thema Frauen und Karriere?

Die öffentliche Erwartungshaltung, sei es an die Politik oder an die Unternehmen, ist mehr als berechtigt. Lippenbekenntnisse zu „mehr Frauen im Management" kennen wir ja nur zu gut – sowohl aus Politik als auch aus Wirtschaft. Nun ist es endlich an der Zeit, sich mit diesem Thema ernsthaft und vor allem nachhaltig auseinanderzusetzen. Selbst wenn sich das öffentliche Interesse wieder verringern sollte, wovon derzeit nicht auszugehen ist, können wir es uns als modernes und wachsendes Unternehmen nicht leisten, dieses große Potenzial an sehr gut qualifizierten Frauen für Managementfunktionen ungenutzt zu lassen.

Selbstverständlich stehen wir als Unternehmen und Arbeitgeber in der Verantwortung, Rahmenbedingungen und Strukturen zu schaffen, in der Frauen und Männer bei gleicher Eignung auch gleiche Karrierechancen haben. Insbesondere in meiner Funktion als Personalvorstand heißt dies für mich, mit meinen Kolleginnen und Kollegen die Personalprozesse strategisch so zu steuern und weiterzuentwickeln, dass unsere vielen sehr gut qualifizierten Mitarbeiterinnen für das obere Management sichtbar werden, auf die Übernahme von Führungsfunktionen vorbereitet werden und durch die Schaffung von Rahmenbedingungen auch gewillt sind, diesen Schritt zu gehen.

Das Ziel, den Frauenanteil in Management-Funktionen deutlich zu erhöhen, bedeutet, Veränderungen in den Köpfen von Entscheidern zu initiieren. Veränderungen dieses Umfangs bedürfen des langfristigen Commitments des Top-Managements. Für uns ist es selbstverständlich, dass meine Vorstandskollegen gemeinsam mit mir an der Umsetzung dieses Ziels arbeiten.

Die öffentliche Erwartungshaltung sollte sich aus meiner Sicht gleichermaßen an die Wirtschaft wie an die Politik richten. Denn bei der Gestaltung notwendiger Rahmenbedingungen ist die Wirtschaft auf die Unterstützung der Politik angewiesen, insbesondere was die Themen Kinderbetreuung und Vereinbarkeit von Beruf und Familie angeht.

Das heißt also: Verantwortung liegt auch bei der Wirtschaft. Insofern ist die Erwartungshaltung der Öffentlichkeit diesbezüglich gerechtfertigt. Gleichzeitig kann man aber die Politik nicht einfach heraushalten, man muss sie in ihrer Verantwortung sehen.

Absolut. Die Verantwortung liegt gleichermaßen bei Wirtschaft und Politik. Beide Seiten müssen an einem Strang ziehen – erst dann wird es auch gelingen, schneller Fortschritte zu erreichen und erste Erfolge zu erzielen. Das ist keine Frage von Vorschriften, sondern von Angeboten. Wir brauchen Antworten auf die Fragen des Alltags, die es Müttern und Vätern ermöglichen, Familie und Beruf zu vereinbaren.

Veränderung kommt nicht von allein

Sie haben dieses Thema bei der Postbank in der letzten Zeit sehr intensiv bearbeitet. Ich habe das Gefühl, dass Sie persönlich viel Druck gemacht und relativ viel in sehr kurzer Zeit angeschoben haben, was vorher nicht oder nicht so konzertiert gelaufen ist. Stimmt dieser Eindruck oder ist das von mir einseitig gesehen?

Das stimmt. Die Deutsche Postbank AG ist ein Unternehmen, in dem 60 Prozent der Belegschaft Frauen sind. Mit steigender Führungsebene sinkt der Anteil an Frauen jedoch kontinuierlich. Also haben wir uns gefragt: Wie kann das sein, dass uns die Frauen auf dem Weg nach oben verloren gehen? Werden Frauen bei Besetzungsprozessen nicht genügend berücksichtigt? Trauen Frauen sich selbst Führungsaufgaben nicht zu? Ist der Spagat zwischen Beruf und Familie zu groß?

Fest steht: Bei wachsendem Wettbewerbsdruck und dem Kampf um qualifizierte Arbeitskräfte darf uns dieses Potenzial zukünftig nicht mehr verloren gehen. Wir können uns nicht zurücklehnen und abwarten, bis von außen irgendeine Veränderung stattgefunden hat. Als Unternehmen müssen wir den Veränderungsprozess aktiv anstoßen, um unsere Wettbewerbsfähigkeit zu erhalten.

Wenn man sich mit diesem Thema intensiver auseinandersetzt, stellt man fest, dass der Wirkmechanismus komplizierter ist, als es die durchaus richtige Parole „Wir brauchen mehr Kindergartenplätze" nahe legt. Man muss das Thema ganzheitlich angehen – und das versuchen wir in den letzten Jahren stärker herauszuarbeiten. Die Diskussion, die wir in der Gesellschaft wahrnehmen, bleibt nicht ohne Reflexion in den Unternehmen. Die Frauen bei uns fragen ganz berechtigt: „Mensch, was tut eigentlich der Vorstand?", und auch personifiziert: „Was tut Herr Stemmer eigentlich für uns?" Die Frauen fragen, wo dieses Thema sichtbar wird.

Durch das 2011 vom Gesamtvorstand ins Leben gerufene Projekt „Gender Diversity Management" werden Maßnahmen zur Identifikation und Förderung weiblicher Potenzialträger angestoßen und gesteuert sowie deren Effektivität und Wirksamkeit überwacht und dokumentiert. So finden wir in Zahlen, Daten und Fakten Antworten auf die berechtigten Fragen der Frauen: „Welche Entwicklungsangebote stehen mir zur Verfügung?" „Wie viele Frauen haben im letzten Jahr Karriere gemacht?" Um unsere Maßnahmen erfolgreich zu implementieren und uns den sich stetig verändernden Marktbedingungen anzupassen, stoßen wir in regelmäßigen Abständen Restrukturierungsprozesse an. Nur so können wir unser Geschäft zukunftsweisend ausrichten.

Aber ist Restrukturierung für Sie im Moment nicht ein ganz kompliziertes Thema, gerade was die Entwicklung in punkto Frauen und Karriere angeht?

Ich möchte das anders formulieren. Für mich ist Restrukturierung ein komplexes Thema. Sie bietet uns viele Chancen und sichert die Wettbewerbsfähigkeit unseres Konzerns. Durch die Neuorganisation können wir weiblichen Führungskräften kurzfristig zum Durchbruch verhelfen und sie gezielt für zukünftige Führungspositionen zur Diskussion stellen. In starren Organisationen ist das nicht möglich, da erst über eine Nachfolge gesprochen wird, wenn eine Führungskraft in den Ruhestand geht. Folglich findet eine Neubesetzung nur sehr langsam statt. Schnell ist man bei dem Thema Quote, und genau das will ich nicht. Für mich ist die Qualifikation entscheidend: Wir haben viele engagierte, qualifizierte Frauen, die alle Anforderungen erfüllen und höhere Führungspositionen anstreben. Gerade jetzt, in einer Zeit des Umbruchs, in einer Zeit, in der ohnehin Strukturen aufgebrochen werden, haben wir die Chance, die Organisation beim Thema „Gender Diversity" ein großes Stück weiter in die richtige Richtung zu lenken.

Sie haben das Thema „Quote" angesprochen. Wenn ich recht verstehe, geht es Ihnen nicht primär um die Quote, sondern darum, qualifizierten Frauen entsprechende Chancen zu bieten. Könnten Sie das noch präzisieren?

Wissen Sie, wenn ich in dieser Sache etwas erreichen will und Gespräche mit Frauen führe, kommt oft die Frage: „Soll ich jetzt die Quotenfrau sein?" Dann ist immer meine Antwort: „Nein, ich habe an Sie gedacht, weil Sie talentiert und motiviert sind, weil Sie qualifiziert sind, weil Sie die richtige Frau für diesen Posten sind." Es geht für mich ausschließlich um die Qualifikation. Natürlich hat sich auch die Postbank einen Zielwert gesteckt, den wir 2018 erreichen möchten. Ist das nun eine Quote? Darüber kann man sich streiten. Es geht uns nicht um die Erreichung eines bloßen Zahlenwerts, sondern darum, tatsächlich etwas zu bewegen. Ich sehe diesen Zielwert als Orientierungshilfe, anhand derer wir Handlungsfelder identifizieren und den Erfolg unserer Maßnahmen beurteilen können.

Wenn wir uns zum Ziel setzen, dass zu einem bestimmten Zeitpunkt x Prozent der Führungspositionen mit Frauen besetzt sein sollen, dann schafft dies Verbindlichkeit, und wir müssen über konkrete Nachfolgepläne nachdenken. Wir müssen uns gedanklich damit auseinandersetzen, wie unsere Organisation in drei Jahren oder in fünf Jahren aussehen soll und wird: Wie viele Führungspositionen werden wir überhaupt haben, wie viel Fluktuation ist sinnvoll, welche Frau und welchen Mann kann ich über bestimmte Qualifikationsprogramme oder Entwicklungsmöglichkeiten in drei Jahren so weit haben, dass sie oder er diese oder eine vergleichbare Position einnehmen kann? Damit muss ich heute anfangen. Wir können nicht drei Jahre warten, bis die Position frei wird. Diesen Erfolg anhand harter Kriterien zu messen unterscheidet die Sonntagsreden von den echten Veränderungen.

Sie haben das auch so in den Vorstand eingebracht?

Wir haben das Thema im Vorstand nicht nur diskutiert, sondern auch einen entsprechenden Beschluss gefasst. 2018 sollen 25 Prozent der höheren Führungspositionen der Deutschen Postbank von Frauen besetzt sein. Ich war von dem breiten Commitment angenehm überrascht und habe mich gleichzeitig sehr gefreut. Wir haben einen Lenkungskreis, bestehend aus fünf von sieben Vorständen, für das Projekt „Gender Diversity Management" gebildet, für den ich zwei Kollegen mit den größten personalintensiven Bereichen gewinnen konnte. Wir haben uns im Vorstand darauf geeinigt, dass wir für jeden Vorstandsbereich konkrete Karrierepläne für eine bestimmte Anzahl Frauen verbindlich abschließen werden. Derzeit wird sehr intensiv an den Plänen gearbeitet, um hier nachhaltige und messbare Ergebnisse zu erreichen. Wir als Personalbereich haben die Aufgabe übernommen, Bewusstsein und Rahmenbedingungen für Chancengleichheit im Unternehmen zu schaffen – und natürlich mit den Personaltools zu helfen, diese Entwicklungspläne aufzustellen.

Ich verstehe Sie so: Sie haben nicht unbedingt eine Quote, aber Zielwerte im Sinne von Erwartungen des Vorstands, was man in einem bestimmten Zeitraum erreichen will. Sie versuchen, das Thema Frauen und Karriere in die gesamte Organisation hineinzutragen und nicht nur die obere Spitze zu bearbeiten. Und Sie versuchen, eine ganzheitliche Strategie zu verfolgen, also mehrere Maßnahmenbündel gleichzeitig zu bearbeiten, nicht isoliert beispielsweise nur das Vereinbarkeitsproblem zu thematisieren.

Das ist gut zusammengefasst. Unser eigentliches Ziel ist es, die vielen sehr talentierten Frauen zu fördern, die knapp unterhalb der Führungsebenen oder auf den Ebenen unterhalb des Vorstands hervorragende Arbeit leisten. Wir setzen nicht darauf, die Führungskräftepools anderer Unternehmen zu plündern. Wir wollen unseren eigenen Talentpool entschiedener nutzen. An dieser Stelle müssen Vereinbarungen mit den Kollegen abgeschlossen werden – nicht durch Quoten, sondern durch Commitment des mittleren Managements. Diese fragen wir nun: „Welche Frauen möchtest du in den nächsten Jahren durch verbindliche Karrierepläne fördern?" Wir streben an, Frauen aus unserem Talentpool in Führungspositionen zu bringen, und zwar nachhaltig und durchgängig auf allen Ebenen.

Verantwortung nicht nur gegenüber dem eigenen Nachwuchs

Mich interessiert die Frage der persönlichen Erfahrungen, die mit dem Thema verbunden sind. Zu dem Thema Frauen und Karriere hat man meist eine sehr persönliche Meinung, die oft auch mit persönlichen Erfahrungen hinterlegt ist. Welche persönlichen Erfahrungen prägen Ihre aktuelle Position sowie Ihr Handeln in Ihrem Verantwortungsbereich, und welche Schlüsse ziehen Sie daraus?

Ich habe eine sehr deutliche Erinnerung daran, dass meine Mutter bis zum Rentenbeginn sehr engagiert im öffentlichen Dienst berufstätig war. Die Karriere haben jedoch immer andere gemacht – sie hat nie etwas dazu gesagt, aber gewurmt hat es sie schon. Im persönlichen Gespräch habe ich gemerkt: Sie hätte schon gerne Karriere gemacht und sieht das als verpasste Chance an, die man ihr nicht gegeben hat.

Und zweitens: Ich habe drei Kinder, davon eine Tochter. Für sie ist es selbstverständlich, dass sie in ihrem Berufsleben die gleichen Chancen bekommen sollte wie ihre männlichen Kollegen. Genau diese Selbstverständlichkeit möchte ich erreichen. Und ja, nicht nur als Vorstand, sondern auch als Vater einer Tochter ist es eine äußerst befremdliche Vorstellung, dass sich eine Frau nur aufgrund ihres Geschlechts und der damit assoziierten Stereotype mit geringeren Karrierechancen und Verdienstmöglichkeiten zufrieden geben soll. Ich sehe mich daher in einer doppelten Verantwortung: der gegenüber meinen eigenen Kindern und der gegenüber den Nachwuchskräften in unserem Unternehmen sowie auf dem Arbeitsmarkt.

Ihre Tochter ist in einem Alter, in dem man sich beruflich orientiert und sich die Frage stellt: Wo werde ich einmal landen? Es ist wahrscheinlich gar nicht leicht, ihr zu raten, oder?

Raten – das ist hier vielleicht der falsche Ausdruck. Es geht eher darum, dass an mich ganz konkrete Forderungen herangetragen werden, dass meine Kinder fragen: „Was tut ihr denn eigentlich für Frauen?" Mein Sohn ist seit vielen Jahren mit seiner Lebenspartnerin zusammen, die sich ebenfalls gerade beruflich orientiert. Sie hat mir mal gesagt: „Ich werde mich ganz bestimmt nur für eine Firma entscheiden, die mir ermöglicht, Familie und Beruf unter einen Hut zu bringen. Und ich merke es sehr genau, ob es da nur Hochglanzbroschüren oder Sonntagsreden gibt oder ob tatsächlich etwas passiert." Das hat mich beeindruckt. Es geht eben nicht darum, Statements auf Hochglanz zu drucken, dieses Thema muss man leben. Wenn Unternehmen dieses Thema lediglich als Marketinginstrument missbrauchen, merken das Bewerberinnen und Bewerber sofort. Ist die Glaubwürdigkeit eines Unternehmens durch leere Versprechungen einmal erschüttert, ist es sehr schwer, das Vertrauen bei Bewerbern und Mitarbeitern wieder aufzubauen. Als Postbank dürfen wir uns diesen Fehler nicht erlauben.

Das ist natürlich nicht ganz uneigennützig. Ich sehe mich da als Vorstand des Ressorts Ressourcen in erster Linie in der Verantwortung, dass wir auch in einigen Jahren noch ausreichend qualifizierte Leute auf allen Positionen haben. Bei einer älter werdenden Bevölkerung müssen künftig immer mehr junge Leute dafür sorgen, dass unsere Gesellschaft ein ausreichendes Bruttosozialprodukt erwirtschaftet. Und das heißt im Klartext auch: Ich muss dort rekrutieren, wo ich rekrutieren kann. Ich komme aus einem Angebotsmarkt in einen Nachfragemarkt. Nachfrager, das sind hier die jungen Menschen, die jungen qualifizierten Frauen, die ganz konkret sagen, was sie von einem Unternehmen erwarten. Wenn ich diesen Erwartungen nicht genüge, dann nützt es wenig, sich mit Hochglanzbroschüren zu verteidigen. In den sozialen Netzwerken stimmen sich die Teilnehmer mit atemberaubender Geschwindigkeit untereinander ab. Unternehmen, die leere Versprechungen abgeben, werden durch die rasante Verbreitung von Informationen ganz schnell abgestraft.

Das finde ich sehr interessant. Ich forsche ja sehr viel an diesem Thema und glaube ganz gut unterscheiden zu können, was Hochglanzbroschüren sind und was gelebte Wirklichkeit ist. Manchmal habe ich das Gefühl, von außen könne man das gar nicht sehen. Aber die sozialen Netzwerke könnten tatsächlich ein Hebel dafür sein, dass man Unternehmen viel besser sehen und beurteilen kann. Sie sind da ja sehr direkt mit einer neuen Art von Öffentlichkeit konfrontiert, die Ihnen durchaus auch Druck machen kann.

Vor allen Dingen werden Unternehmen viel transparenter. Interessenten stellen in Onlineforen ganz konkrete Fragen wie: „Gibt es in ihrem Unternehmen Meetings nach 20 Uhr?" oder „Ist die Telefonkonferenz zu diesem Zeitpunkt verpflichtend oder optional?" Die Antworten von Mitarbeitern auf solch schlichte Fragen sind entscheidend für die Menschen, weil sie sich so ein unverfälschtes und zuverlässiges Bild von dem Unternehmen machen können.

Das heißt, der Anspruch an die Unternehmen ist dadurch viel deutlicher mit öffentlicher Transparenz gepaart?

Ja, und das wird zunehmen. Der Austausch im Internet lässt sich nicht kontrollieren oder zensieren – und das ist auch richtig so. Die Leute sagen ihre Meinung, das ist öffentliche Meinungsäußerung, und damit müssen wir uns auseinandersetzen. Mir ist es auch schon passiert, dass ich der einen oder anderen Broschüre zuerst Glauben geschenkt habe und dachte, es sei alles gut umgesetzt. Nach Gesprächen mit Betroffenen fand ich dann eine ganz andere Sicht der Dinge. Wenn Betroffene ihre Erlebnisse und Erfahrungen in sozialen Netzwerken artikulieren, findet es eine ungeheuer große und schnelle Verbreitung. Dieser rasante und ungebremste Informationsfluss bietet für uns aber auch eine große Chance. Wenn man nachhaltig agiert, wenn man tatsächlich keine Schönfärberei betreibt, sondern Fakten, Daten und Zahlen auf den Tisch legt, wenn man das Thema erlebbar macht, nur dann kann man auch die Menschen von sich überzeugen und für sich gewinnen. Da wir unsere Glaubwürdigkeit nicht fahrlässig aufs Spiel setzen wollen, konzentrieren wir uns momentan darauf, konkret messbare Ziele zu erreichen, Maßnahmen zu implementieren und Transparenz innerhalb der Postbank zu schaffen.

Veränderung durch Einsicht

Ich würde gerne noch ein bisschen in die Zukunft schauen. Beim Thema Karrierechancen von Frauen verändert sich im Moment nach meinem Eindruck einiges, in der Gesellschaft und vor allem auch in der Wirtschaft. Mich interessiert Ihre Meinung: Wo werden wir bei diesem Thema in zehn Jahren stehen? Und: Was wünschen Sie sich persönlich für den weiteren Verlauf der Entwicklung?

Auf keinen Fall werden wir erleben, dass diese intensive Debatte sich von selbst erledigt. Man könnte denken, das sei eine Welle, eine Mode, man könne es aussitzen und abwarten – daran glaube ich definitiv nicht! Wir haben es hier mit einem tiefgreifenden gesellschaftlichen Umbruch zu tun, einem überfälligen dazu. Das ist vielleicht ein Schlusspunkt einer jahrzehntelangen Entwicklung, aber die Geschwindigkeit hat glücklicherweise deutlich zugenommen. Diese Entwicklung wird am Ende dazu führen, dass wir in zehn Jahren, also im Jahr 2023, selbstverständlich mit dem Thema umgehen werden. Ob es dann tatsächlich in allen Gremien eine Art Parität geben wird, ist meiner Ansicht nach gar nicht so wichtig. Wichtig ist, dass Frauen und Männer wirklich die gleichen Karrierechancen und Erwartungen haben.

Ich würde mir dazu wünschen, dass wir dafür nicht zehn Jahre brauchen, dass uns eine Umsetzung schneller gelingen wird. Und ich wünsche mir, dass wir es durch Einsicht umsetzen, durch aktives „Überzeugen und Handeln". Wenn viele Menschen die gleiche Einsicht teilen, dann kann die Umsetzung kein Problem sein. Vielleicht sind es bisher noch zu wenige ...

Sie haben also insgesamt eine optimistische Einschätzung, dass man in dieser grundlegenden gesellschaftlichen Umbruchsituation eine Weichenstellung vornimmt. Eine Weichenstellung, die nachhaltig dazu führt, dass Frauen bessere Karrierechancen haben – oder, wie Sie es ausdrücken, dass das zu einer Selbstverständlichkeit wird.

Ja. Als Jurist meine ich, der Auftrag des Grundgesetzes ist ganz eindeutig. Das Thema ist gewiss einer Veränderung in der Gesellschaft unterworfen, aber dieser Auftrag ist selbstverständlich und drängt sich förmlich auf.

Das heißt aber auch, dass sich in den Unternehmen einiges in der nächsten Zeit sehr grundlegend verändern müsste?

Es wird sich einiges verändern, das werden wir erleben. Momentan befinden wir uns in der Zeit des Umbruchs. Die ersten Schritte eines jeden Veränderungsprozesses benötigen zunächst immer viel Einsatz, Energie und Durchhaltevermögen. Doch sobald erste Erfolge erzielt und neue Strukturen geschaffen wurden, geht es dann plötzlich ganz rasch. Ich glaube, dass wir genau in dieser entscheidenden Veränderungsphase sind.

Sie haben die Prognose gegeben, dass wir mit dem Thema 2023 ganz selbstverständlich umgehen werden. Dabei haben Sie dezidiert gesagt, das muss nicht unbedingt heißen, dass in jedem Gremium gleich viele Männer wie Frauen vertreten sind, aber über das Thema wird man gar nicht mehr diskutieren müssen. Verstehe ich das so richtig?

Es wird massive Veränderungen in der Besetzung der Führungsebenen geben. Ich stelle mir eine Zukunft vor, in der Frauen und Männer die gleichen Erwartungen, die gleichen Lasten, die gleichen Möglichkeiten und hoffentlich auch gleich viel Freude an ihrem Job bei uns in der Postbank haben werden. Auch wenn es irgendwann zur Selbstverständichkeit geworden ist, wir sollten das Thema der Chancengleichheit für unsere Mitarbeiter nie komplett aus den Augen verlieren. Wir sollten langfristig daran arbeiten, Diversität in unserem Unternehmen weiterhin zu fördern und zu bewahren. Chancengleichheit darf nicht nur gefordert, sondern muss im Unternehmen gelebt werden!

„Ich bin stolz auf die aktuelle Entwicklung"

Christiane Hesse, Vorstand Personal und Organisation, Volkswagen Financial Services AG - im Gespräch mit Andreas Boes

Das Thema „Frauen und Karriere" ist aktuell von großem öffentlichem Interesse. Die öffentliche Erwartungshaltung richtet sich insbesondere an die Wirtschaft und hier wiederum an deren Verantwortungsträger. Sie sind im Vorstand eines Finanzdienstleistungsunternehmens tätig. Wie positionieren Sie sich bezüglich des Themas? Und welche Überzeugungen prägen Ihre Positionen zum Thema „Frauen und Karriere"?

Ich möchte mit meinen Überzeugungen beginnen. Das Thema „Frauen und Karriere" ist natürlich zunächst eine Frage der Gerechtigkeit, also der gerechten Teilhabe und der Chancengleichheit. Insofern ist es eine moralische Frage. Zugleich hat es aber immer auch eine betriebswirtschaftliche Dimension. Insofern bin ich für Vielfalt aus Vernunft. Wir sind bei uns im Hause überzeugt, dass gemischte Teams – seien es geschlechtsgemischte oder altersgemischte Teams oder solche, die sich aus Menschen unterschiedlicher Kulturen, sexueller Orientierungen oder Religionen zusammensetzen – bessere Ergebnisse bringen. Für ein Unternehmen ist insbesondere diese zweite Dimension von großer Bedeutung. Denn einen rein moralischen Anspruch im Unternehmen durchzusetzen ist ungleich schwieriger, als etwas durchzusetzen, was auch ökonomisch vernünftig ist. Wenn es nur eine moralische Begründung gäbe, könnte es in wirtschaftlich schwierigen Zeiten möglicherweise heißen: ‚Wo können wir denn sparen? Das mit der Gerechtigkeit, das machen wir bei schönem Wetter!' Wenn es aber betriebswirtschaftlich vernünftig ist, Vielfalt herzustellen, dann wird man das auch nicht einfach wieder zurückfahren können.

Zahlen überzeugen

Wenn wir uns die öffentliche Erwartungshaltung vergegenwärtigen, habe ich den Eindruck, es ist ein starker Erwartungsdruck gegenüber der Wirtschaft entstanden. Wie positionieren Sie sich da eigentlich, wenn Sie öffentlich auftreten oder auch wenn Sie im privaten Umfeld mit Bekannten oder Freunden diskutieren?

Wir sagen, wir möchten bei Volkswagen mindestens 30 Prozent Frauen im Management haben. Wir sagen aber auch, dass das Erreichen dieses Ziels variiert, je nachdem, in welcher Branche wir uns befinden. Wir haben zum Beispiel bei der VW Financial Services AG aufgrund unseres Unternehmenszwecks als Finanzdienstleister viele Betriebswirte. Bei den Betriebswirten ist die Hochschulabsolventenquote ca. 50 Prozent Frauen, 50 Prozent Männer. Insofern glauben wir, als attraktiver Arbeitgeber können wir durchaus auch 50 Prozent Frauen für uns gewinnen. Wenn wir dagegen in die Fächer Maschinenbau und Elektrotechnik schauen, dann ist die Absolventinnenquote dort mit weniger als 10 Prozent deutlich geringer. Wie sollen wir in den technischen Unternehmen 50 Prozent Frauen einstellen, wenn nur so wenig Frauen das Ingenieurstudium abschließen? Insofern sagen wir bei Volkswagen und auch ich persönlich, wir dürfen nicht alle über einen Kamm scheren. Wir müssen sehr genau prüfen, wie hoch der Frauenanteil bei den Hochschulabsolventinnen ist, denn aus dieser Zielgruppe der Hochschulabsolventinnen rekrutiert sich ja der Nachwuchs.

Sind Sie bei VW Financial Services diesem Ziel näher gekommen?

Ja. Wir sind bei VW Financial Services inzwischen nachhaltig dabei, die Entwicklung zu monitoren. Und ich kann Ihnen sagen: Seit wir darauf ein Augenmerk legen, liegt der Frauenanteil bei Einstellungen insgesamt bei 44 Prozent und bei Hochschulabsolventen sind es 43 Prozent.

Macht Sie das eigentlich stolz?

Ja.

Das kann ich mir vorstellen. Sie sind ja eine der wenigen Frauen in so hervorgehobener Position, und das ist wahrscheinlich ein gutes Gefühl, wenn Sie sehen, dass Sie so schnell Erfolge erreichen können?

Das betrifft ja nicht nur VW Financial Services, sondern alle VW-Konzerngesellschaften in Deutschland. Aber ich kann schon sagen, dass ich auf die aktuelle Entwicklung stolz bin. Vor allem merke ich ja auch: Wenn wir dieses Ziel konsequent verfolgen, auch in den Berichten, die wir quartalsweise anfertigen, dann sind auch die Personalreferenten und Personalreferentinnen sowie die Fachbereiche mit einem anderen Engagement dabei, wenn es um Einstellungen geht. Ihnen ist es dann auch wichtig, wo wir jetzt stehen. Ich möchte auch deutlich machen: Nach wie vor bevorzugen wir eine Frau nicht ausschließlich deshalb, weil sie eine Frau ist, nur um diese Zahlen zu erreichen. Aber: Wenn man Mitarbeitern eine Orientierung gibt, dann arbeiten sie auf das Ziel hin. Und auch das macht mich stolz: Wir haben ein System gefunden, das innerhalb des Unternehmens anerkannt ist und auf das man hinarbeiten kann.

Es kommt allerdings noch etwas dazu, was man in diesem Zusammenhang nicht vernachlässigen darf: Wir haben das Prädikat, ein attraktiver Arbeitgeber zu sein. Wir haben beispielsweise beim „Great Place to Work"-Wettbewerb in diesem Jahr den ersten Platz in unserer Größenklasse gewonnen. Und Volkswagen ist, was das Image des Unternehmens angeht, natürlich auf einer hohen Welle; insofern bekommen wir auch viele Bewerbungen, im letzten Jahr waren es 11.000. Aus 11.000 Bewerbungen die entsprechenden Zahlen zu erreichen ist natürlich etwas anderes, als wenn nur 2.000 Bewerbungen eingehen.

Das bedeutet, Sie haben für den Standort Braunschweig in einem Jahr fast dreimal so viele Bewerbungen wie Beschäftigte?

Ja, das ist richtig. Wir bekommen allein 1.500 Bewerbungen für die 44 Ausbildungsplätze, die wir anbieten. Aber selbst dann ist es noch schwer, den Anteil an Frauen tatsächlich zu erreichen. Das macht uns viel Arbeit. Wir gehen im Vorfeld an die Schulen und auf Messen und versuchen, dort Menschen für uns zu gewinnen. Und da macht der Name Volkswagen in unserem Unternehmenstitel natürlich schon etwas aus. Alles andere wäre ja nicht Stolz, sondern Vermessenheit.

Es scheint ja in den letzten beiden Jahren sehr deutliche Veränderungen in Ihrem Verantwortungsbereich gegeben zu haben, was das Thema „Frauen" anbetrifft. Ist dieser Eindruck richtig oder handelt es sich eher um einen langsamen Prozess, der sich allmählich auch in den Daten widerspiegelt?

Da steckt schon viel Kontinuität drin. Meine Vorgängerin war ja auch eine Frau und hatte ihr Augenmerk ebenfalls auf dieses Thema gelegt. Jetzt haben wir eine andere Systematik innerhalb des Volkswagen-Konzerns und seiner Tochtergesellschaften eingeführt. Insofern ist das nicht mein persönliches Verdienst. Vielmehr bewirkt so ein Zahlenwerk und Monitoring etwas: Es macht etwas aus, wenn man ‚dranbleibt' und sich die Resultate zeigen lässt. Denn die Leute wissen auch, dass sie in Erklärungsnotstand kommen, wenn es ihnen bei 11.000 Bewerbungen nicht gelingt, einen entsprechenden Frauenanteil einzustellen.

Hat diese Entwicklung eigentlich auch Wirkungen auf Ihre Position im Vorstand gehabt? Sie sitzen ja als einzige Frau in diesem Gremium mit vier Männern zusammen.

Ich komme ja von der Automobilseite des Volkswagenkonzerns und bin es gewohnt, mit Männern zusammenzuarbeiten. Auch dort habe ich schon immer das Thema Gleichstellung angebracht. Aber vielleicht, das kann ich nur mutmaßen, findet das Thema auch jetzt ein bisschen mehr Anklang, weil männliche Entscheider in das Alter kommen, wo sie Töchter haben, die kurz vor dem beruflichen Einstieg stehen. Ich glaube schon, dass die eigene Betroffenheit auch eine Rolle spielt. Männer in Vorständen haben auch alle selbstbewusste Kinder und wollen, dass aus denen etwas wird – dass ihnen nicht jemand die Tür vor der Nase zuschlägt, nur weil sie Frauen sind.

Karriere fordert Mut und Selbstbewusstsein

Damit haben Sie mir eine schöne Steilvorlage für meinen nächsten Fragekomplex gegeben. Das Thema „Frauen und Karriere" ist häufig mit sehr persönlichen Erfahrungen verbunden. Welche persönlichen Erfahrungen prägen Ihre aktuelle Position und Ihr Handeln? Und welche Schlüsse ziehen Sie daraus?

In einem Vortrag zum Thema „Frauen und Karriere" habe ich neulich gehört: Die drei Punkte, die Frauen auf dem Weg ins Management im Wege stehen, sind Männer, Kinder und sie selbst. Aufgrund des letzten Punktes ermutige ich die Frauen, über ihre persönliche

Risikobereitschaft nachzudenken. Denn während Frauen eher an sich zweifeln, wenn es um eine neue Position geht, höre ich von Männern selbst dann, wenn ihnen eine Position angeboten wird, die für sie zwei Nummern zu groß ist: ‚Okay! Wann kann ich anfangen?' Im Grunde genommen habe ich die persönliche Erfahrung gemacht, dass Frauen nicht so risikobereit sind. Wenn ich überlege, warum ich Karriere gemacht habe, dann liegt das vielleicht auch daran, dass ich immer mutig und selbstbewusst genug war zu sagen: ‚Ja, das traue ich mir zu!' Meine Eltern haben mich zu Selbstständigkeit und Selbstbewusstsein erzogen – und außerdem denke ich: ‚Na, wenn es mir diejenigen zutrauen, die diese Position zu vergeben haben, warum sollte ich dann zweifeln? So jemand wird sich nicht eine Person holen wollen, von der er denkt, die wird diese Position nicht ausfüllen können.' Ich glaube, dieses Selbstbewusstsein und dieser Mut, ein Risiko des Scheiterns einzugehen, hat mir geholfen, Erfolg zu haben.

War das für Sie schon immer so, dass Sie der Gefahr des Scheiterns mit so wenig Angst begegnen konnten?

Ja, das war schon als Schülerin so. Meine Eltern erzählen mir immer: Als ich in der Grundschule in der zweiten Klasse war, hat die Lehrerin gefragt: ‚Wir haben doch mal dieses eine Lied gelernt, wer kann das denn noch?' Da habe ich mich gemeldet, und zwar habe ich nicht von meinem Platz aus gesungen, sondern ich bin nach vorne gegangen, habe mich vor die ganze Klasse gestellt und dieses Lied gesungen. Ich fand das völlig normal, auch wenn die Lehrerin sehr überrascht war, wie sie meiner Mutter beim Elternsprechtag erzählt hat. Für mich war das nichts, wofür ich mich zusammenreißen musste. Es spielt eben meiner Meinung nach auch eine gewisse Rolle, ob man in der Sozialisation ein bisschen Glück gehabt hat.

Diese Bereitschaft, sich auf eine Bühne zu stellen und ein Risiko einzugehen, hat Ihnen also sehr geholfen in Ihrer beruflichen Entwicklung?

Und dazu kommt: Ich habe zwar Respekt vor Autoritäten, aber keine Angst. Das hilft im Leben sehr.

Sie bewegen sich ja auf einem sehr hohen Führungslevel. Welche Rolle spielt hier überhaupt die Kategorie „Geschlecht" im Miteinander? Ihre Schilderungen lassen darauf schließen, dass die Mitglieder eines Vorstands nicht einfach nur als Entscheider für Personal oder Finanzen auftreten, sondern sich gleichzeitig auch als Männer oder Frauen zueinander verhalten?

Stärker als auf das Geschlecht kommt es darauf an, wie und auf welche Art und Weise man für seine Ideen kämpft. Das machen Frauen vielleicht stärker sach- als machtorientiert. Insofern spielt das Geschlecht bei Diskussionen und Auseinandersetzungen schon eine gewisse Rolle. Ich kann mich aber über meine Kollegen nicht beklagen. Um es einmal so auszudrücken: Würden sie nur ganz unreflektiert in ihrer Männerrolle agieren, dann könnte ich damit schwer umgehen. Und an der einen oder anderen Stelle hilft dann manchmal auch eine Prise Humor.

Sie hatten darauf verwiesen, dass Sie sozialisationsbedingt das Glück hatten, ein „gesundes Selbstvertrauen" zu haben, so dass Sie sich trauen, Risiken einzugehen. Sie haben zugleich den Eindruck geschildert, dass das bei Frauen häufig nicht so ausgeprägt ist und dass Frauen sich bei ihrer Karriere selbst auch ein Stück weit im Wege stehen. Können Sie diesen Aspekt noch einmal vertiefen?

Zunächst einmal will ich die strukturellen Schwierigkeiten gar nicht unter den Tisch kehren. Aber meine persönliche Erfahrung ist, dass mir die gläserne Decke nicht den Weg verwehrt hat. Warum? Ich glaube, dass ich es so weit gebracht habe, ist schon Ergebnis von Selbstvertrauen und auch Mut oder Risikobereitschaft. Meine Zensuren waren nicht so glänzend, dass ich es allein deshalb hätte schaffen müssen, und ich habe auch keinen Doktortitel. Deswegen denke ich: Neben allen strukturellen Schwierigkeiten, die vielleicht gerade Frauen mit Kindern haben, ist es doch auch so, dass Frauen im Vergleich zu Männern weniger risikobereit sind und Männer mehr zugreifen, auch wenn die Trauben sehr hoch hängen.

Wie war Ihre familiäre Situation? War Ihre Mutter erwerbstätig?

Meine Mutter hat immer gearbeitet, sie hatte deshalb auch nicht die Zeit, ständig um mich ‚herumzuwuseln'. Meine Eltern hatten eine Bäckerei, meine Mutter stand hinterm Tresen und mein Vater hat gebacken. Ich wollte auch nicht immer am Schürzenband hängen. Meine Eltern waren immer in Reichweite und für mich da, wenn ich etwas hatte – aber sie haben nicht permanent aufgepasst, was ich gerade tue, und das fand ich sehr vorteilhaft.

Aber das war doch noch eine Zeit, wo man eher gesagt hat: ‚Meine Frau muss nicht arbeiten!'

Das war bei uns nicht so. So viel Geld hatten wir zu Hause nicht, dass das finanziell möglich gewesen wäre. Und auch früher war es in Arbeiterhaushalten nicht üblich zu sagen: ‚Meine Frau muss nicht arbeiten', denn die Frauen mussten mitarbeiten, um die Familie zu ernähren. Ich bin 55 Jahre alt und komme aus einer Generation, wo das bei – sagen wir – kleinen Leuten durchaus üblich war. Meine eine Großmutter hat Heimarbeit gemacht, Tüten geklebt, die andere war Schneiderin. Meine Mutter hat als Verkäuferin gearbeitet, bevor sich meine Eltern selbstständig gemacht haben, und sie hat ihre Identität durchaus auch daraus gezogen, dass sie arbeiten gegangen ist.

Zukunftsaussichten: Starke Frauen und Verfügbarkeitsprobleme

Lassen Sie uns zum Abschluss des Gesprächs noch einen Blick in die Zukunft werfen. Es hat aktuell den Anschein, als würde sich bezüglich der Karrierechancen von Frauen eine Veränderung in der Gesellschaft und in den Unternehmen vollziehen. Was erwarten Sie diesbezüglich in den nächsten zehn Jahren? Und: Was wünschen Sie sich persönlich für den weiteren Verlauf der Entwicklung?

Persönlich erwarte ich, dass der Frauenanteil in Führungspositionen überall deutlich steigen wird. Wenn man prüft, welche Kriterien bei der Arbeitgeberwahl ausschlaggebend sind, kann man ja schon heute feststellen, dass das Thema „Vereinbarkeit von Familie und Beruf" einen deutlich höheren Stellenwert hat. Das Thema „Geld" ist zugunsten von „gute Perspektiven" und „Entwicklungsmöglichkeiten" eher in den Hintergrund getreten. Und da wir in dieser Gesellschaft viele gut ausgebildete Frauen haben, die sich nicht die Butter vom Brot nehmen lassen, entwickelt sich meiner Meinung nach nun auch eine deutlich selbstbewusstere Generation von jungen Frauen. Sie haben eine gute Ausbildung, sie wissen, was sie können, sie haben aber auch einen anderen Umgang mit Partnern. Sie werden es zu Hause, das ist jedenfalls mein persönlicher Wunsch, nicht zulassen, dass sie wie selbstverständlich in alte Rollenmuster zurückfallen. Wenn man mit ihnen spricht – zum Beispiel mit unserer 25-jährigen Tochter –, hört man schon: Sie wollen beides. Sie wollen Familie, sie wollen Kinder – aber sie wollen auch arbeiten. Das heißt nicht, dass sie nicht gerne zwischendurch mal für ein Kind aussetzen würden und es dann in den Kindergarten geben, um wieder anzufangen. Aber sie nehmen sich mehr als die Generationen davor. Da sehe ich einen Wechsel, was die Ansprüche von Frauen angeht.

Und ich glaube auch, dass Unternehmen, die Frauen im Blick haben und die das Arbeitsumfeld so gestalten, dass Frauen Familie und Beruf unter einen Hut bringen können, beispielsweise beim Thema Fachkräftemangel weniger zu kämpfen haben. Das ist auch ein ökonomischer Aspekt: Attraktive Unternehmen ziehen nicht nur die Besten an bzw. können sich die Besten aussuchen, sondern da gibt es auch mehr Potenzial für Frauen. Bei Hochschulabsolventen oder Abiturienten ist der Anteil von Frauen ja durchschnittlich höher als der von Männern. Insofern denke ich schon, dass sich etwas verändert in der Gesellschaft, weil wir gut qualifizierte, selbstbewusste Frauen bekommen. Es ist jedenfalls mein Wunsch, dass es so sein möge – vielleicht rede ich es auch herbei ...

Haben Sie in Ihrer Position eigentlich noch Zeit, sich intensiv mit den jungen Kolleginnen und Kollegen zu befassen?

Es ist ja nicht so, dass ich nur noch mit Leuten meiner Altersgruppe und mit Männern zu tun habe, sondern durchaus mit vielen jungen Frauen. Ich lasse es mir zum Beispiel nicht nehmen, zwei oder drei Stunden mit unseren Auszubildenden zu diskutieren, wenn der neue Ausbildungsjahrgang beginnt. Das sind 44 Auszubildende und in der Regel davon 22 Frauen. Es macht mir Spaß, diese Fragen mit ihnen zu erörtern. Ich bin auch gerne Mentoring-Patin. Die Mentees kommen immer gern zu mir zu Besuch, weil sie gern mal mit einer Frau diskutieren. Und was sie immer besonders interessiert, ist mein Tagesablauf, das ist mir bei den letzten Diskussionsveranstaltungen schon mehrmals aufgefallen. Ich habe mich natürlich gefragt, warum sie das interessiert – und wenn man ein bisschen überlegt, kommt man ja auch drauf: Sie klopfen ab, wie viel Freiraum man als Karrierefrau hat, und schauen dann, ob das zu ihren Lebensperspektiven passt.

Und, müssen Sie dann ein wenig „flunkern", damit die Gesprächspartnerinnen nicht allzu frustriert sind, oder sagen Sie offen, wie Ihr Tagesablauf ist?

Nein, ich flunkere nicht. Ich sage ihnen schon, dass es unter der Woche schwierig ist, zum Beispiel abends verbindlich Termine einzugehen. Das heißt ja nicht, dass ich jeden Abend erst um zehn zu Hause bin. Aber verbindliche Verabredungen zu treffen: ‚Wir treffen uns um 19 Uhr', das ist unter der Woche schwierig. Aber ich erzähle auch, dass ich versuche, mir das Wochenende möglichst frei zu halten – das ist schon wichtig. Es kann schon sein, dass ich am Wochenende Unterlagen durcharbeite oder auch mal in die Firma muss oder schon am Sonntag irgendwohin fliegen muss, aber ein Wochenende habe ich trotzdem noch. Ich gehe genau wie jeder andere am Sonnabendmorgen einkaufen.

Wird diese Generation junger Frauen nicht nur besser qualifiziert, sondern auch mutiger und fordernder sein als ihre Vorgängergenerationen?

Ich will es hoffen. Ich glaube, dass sie selbstbewusster sind und auch fordernder, aber ich bin mir nicht sicher, ob sie das auch in der Partnerschaft durchhalten. Was mich immer wundert: wie schnell viele Frauen bereit sind, ihren Beruf aufzugeben. Das ist eines der größten Risiken, die sie eingehen können – wenn man weiß, dass ein Drittel aller Ehen geschieden wird: den Beruf aufzugeben, wohl wissend, dass die finanzielle Absicherung schlechter ausfällt. In solchen Fällen gehen manche Frauen jegliches Risiko ein. Das scheint ihnen leichter zu fallen, als etwa zu sagen: ‚Den Job traue ich mir zu.' Da scheint es schon eine Diskrepanz zu geben. Aber ich glaube auch, dass sich bei den Männern etwas verändert. Es gehen jetzt viele Väter in Elternzeit – gut, da spielt auch das Geld eine Rolle und viele gehen nur für die zwei Monate –, aber auch die Väter wollen mehr Zeit mit ihrer Familie verbringen. Ich glaube, nicht nur auf der Seite der Frauen ist etwas passiert, dass sie gut qualifiziert und selbstbewusst sind, sondern auch bei den Männern steht nicht mehr ausschließlich Karriere um jeden Preis auf dem Schild, sie wollen auch Familie und Beruf unter einen Hut bringen. Es ist meine Hoffnung, dass es in diesem Punkt auch mehr ‚Hand in Hand' geht.

Lassen Sie mich zum Schluss noch einmal auf die zukünftige Entwicklung zurückkommen. Was glauben Sie, in wie vielen Jahren müssen wir in der Wirtschaft das Thema Männer und Frauen überhaupt nicht mehr diskutieren? Oder wird das nie der Fall sein?

Das Thema begleitet mich schon, seit ich angefangen habe zu studieren, und das ist nun schon 35 Jahre her. Und so viel weiter sind wir ja vielleicht doch noch nicht. Ich sage immer etwas ketzerisch: Das sind so Zeiträume, wie die katholische Kirche sie hat, wenn sie sich bewegt. Ich hoffe natürlich, dass es schneller geht, und ich hoffe, dass ich es noch erlebe, dass das kein Thema mehr ist.

Auf jeden Fall habe ich das Gefühl, in der Grundtendenz sind Sie eher optimistisch?

Na ja, es gibt schon auch ein gesundes Misstrauen – nicht deshalb, weil ich glaube, dass Unternehmen oder Männer ganz enge Grenzen setzen. Es geht eher darum, ob die Arbeit, wie sie künftig sein wird, tatsächlich zu den Belangen von Familien passt. Das hat schon etwas damit zu tun, welchen Stellenwert Arbeit eigentlich im Leben hat. In Führungspositionen wird das Thema Arbeit immer raumgreifender im Leben. Und ob das nicht eher noch zunimmt, ob es den Frauen nicht sogar noch schwerer gemacht wird, Familie und Beruf unter einen Hut zu bekommen – da bin ich ein bisschen skeptisch. Sonst bin ich ja eher ein optimistischer Mensch, aber die Verfügbarkeit von Führungskräften ist schon sehr hoch und die Arbeitszeiten lang. Und ob sich das im Zuge von Smartphones, Internet und Tablet-PCs nicht noch steigert, da bin ich mir nicht so sicher.

Das finde ich interessant. Einerseits sind Sie optimistisch, was das Bildungsniveau der jungen Frauen betrifft, was deren Anspruchshaltung betrifft, und Sie sind auch optimistisch, dass die Unterneh-

men sich darauf einstellen müssen, weil nicht nur junge Frauen, sondern auch junge Männer höhere Erwartungen bezüglich der Vereinbarkeit von Beruf und Familie haben ...

... und ich bin sogar optimistisch, was die Männer angeht: dass sie in Zukunft stärker den Fokus auf Familie und Haushalt legen werden.

Das alles spricht eher dafür, dass sich das Thema Männer/Frauen irgendwann einmal erledigen wird, im positivem Sinne. Und jetzt kommt aber doch noch einmal eine interessante skeptische Wendung: Bezüglich des Führungsbereichs sind Sie eher skeptisch, ob sich da die Verfügbarkeitserwartungen so grundlegend verändern werden. Heißt das, dass wir zwar vielleicht Unternehmen bekommen, die attraktiver für Frauen sind, aber nicht unbedingt Führungspositionen in den Unternehmen, die gleichermaßen attraktiv sind?

Ich würde einen Unterschied machen, um welche Art von Führungsposition es geht. In Führungspositionen, die mit viel Reisetätigkeiten oder Verpflichtungen am Abend verbunden sind, ist es sicherlich gerade mit kleinen Kindern schwieriger. Dass es dennoch möglich ist, sehe ich bei Kolleginnen und Freundinnen, die Kinder haben und in hohen Führungspositionen sind. Aber dazu gehört schon einiges an Organisationstalent, ein Umfeld, das unterstützt, und der feste Wille, es zu schaffen.

„Ich finde es dringend notwendig, dass sich das verändert – das hat etwas mit Gerechtigkeit zu tun"

Lothar Schröder, Vorstandsmitglied von ver.di – im Gespräch mit Andreas Boes

Das Thema Frauen und Karriere findet in den letzten Jahren ein erhöhtes öffentliches Interesse. Dieses öffentliche Interesse richtet sich an die Wirtschaft und vor allem an die Entscheider in der Wirtschaft. Welche Position nehmen Sie zu diesem Thema ein? Welche Überzeugungen stehen hinter Ihrer Position?

Ich halte es für vollkommen richtig, dass diese Frage an die Wirtschaft adressiert wird. Die Menschen haben zweierlei begriffen: erstens, dass gesellschaftliche Prägungen in diesem Land über wirtschaftliche Entscheidungen fallen, dass wirtschaftliche Macht auch über Gesellschaftsgestaltung entscheidet. Und zweitens, dass die vermeintliche Nicht-Diskriminierung über Jahrzehnte zwar gern als Floskel bemüht wurde, aber kaum dazu geführt hat, dass es dort, wo die Entscheidungen getroffen wurden, so etwas wie Geschlechtergerechtigkeit gab. Nun sind die Frauen zunehmend selbstbewusster geworden, sie lassen sich nicht mehr in irgendwelche untergeordnete Entscheidungsebenen abdrängen. Sie wollen dorthin, wo Entscheidungen fallen. Deswegen drängen sie in der Wirtschaft in die Führungsetagen. Das ist richtig und unterstützenswert.

Gerechtigkeit und wirtschaftliches Kalkül

Mit Blick auf diese Entwicklung scheint mir die Telekom von besonderer Bedeutung zu sein. Oder schätzen Sie das als Aufsichtsrat der Telekom anders ein?

Ich glaube, dass die Telekom dort Maßstäbe gesetzt hat. Die Vorstände meinen es ernst. Sie sind dabei, über Förderprogramme die Bandbreite der Optionen für Frauen zu erweitern, sie sollen bei Stellenbesetzungen in die engere Wahl kommen. Frauen werden ermutigt, höhere Positionen anzustreben. Sie fördern sie und versuchen auch den Beweis zu führen, dass es funktioniert, indem sie mehr Frauen in Führungspositionen bringen. Warum diese zielstrebige Aktivität? Ich glaube, dass die Telekom sich damit zum Trendsetter macht, dass sie sich an die Spitze einer Bewegung stellen will, die nicht mehr aufzuhalten ist. Im Grunde praktiziert sie das Prinzip, mit dem die Kirche im Mittelalter mit Feldzügen umgegangen ist: „Was du nicht verhindern kannst, das musst du segnen." So wie die Kirche gesegnet hat, was sie nicht verhindern konnte, hat sich die Telekom an die Spitze der Bewegung „Frauenfreundlichkeit" gesetzt. Und damit arbeitet sie auch an ihrem gesellschaftlichen Renommee und will glauben machen: Eine Firma, die es so ernst mit Frauenförderung meint, kann ja wohl nicht gegen das eigene Personal handeln. Damit soll auch eine psychologische Wirkung erzielt werden: Man übertüncht die Alltagskonflikte, die Standortschließungen, den schlechten Umgang mit dem Personal in den Vereinigten Staaten, für den ich den Begriff „Tyrannei" verwenden würde. Meiner Ansicht nach arbeitet die Deutsche Telekom über ihre Image-Wirkung sehr zielgerichtet darauf hin, dass ihr sozial verträgliches Handeln zugeschrieben wird. Und sie handelt aus ökonomischem Antrieb: Es gibt reichlich Belege dafür, dass diversifizierte Unternehmen erfolgreicher sind, und zudem ist die Hälfte der Kunden weiblich. Ich ziehe in Zweifel, ob diese Strategie der Frauenförderung bei der Telekom glaubwürdig aus der Überzeugung gewachsen ist, dass wir Gesellschaftsveränderung brauchen. Aber sei's drum – ich unterstütze es trotzdem. Denn in der Wirkung führt es dazu, dass mehr Frauen in Führungspositionen kommen, und das ist gut!

Gleichzeitig sind ja die Gewerkschaft ver.di und die Betriebsräte, die bei dieser organisiert sind, nicht ganz unschuldig an dieser starken Orientierung auf das Thema Frauen und Karriere, was die Telekom betrifft. Ich erinnere beispielsweise an die Gleichstellungspolitik, die dort jahrzehntelang von Seiten der Mitbestimmung betrieben wurde.

Das ist vollkommen richtig. Wir reklamieren seit Jahren mehr Geschlechtergerechtigkeit. Die Telekom mag heute aus einer anderen Motivlage handeln – wenn sie über diese Motivation aber dazu bewogen werden können, etwas zu tun, was der Geschlechtergerechtigkeit dient, dann wären wir schlecht beraten, das nicht aufzugreifen. Das ist wie mit dem Gesundheitsschutz: Man kann mir nicht erzählen, dass die deutschen Unternehmen aus Achtung vor der Menschlichkeit mehr für die Gesundheitsvorsorge in den Betrieben tun. Sie tun das aus ökonomischem Kalkül – und trotzdem ist es sinnvoll. Da paaren sich unterschiedliche Motivlagen. Und es kommt etwas Sinnvolles dabei heraus.

Wie schätzen Sie die Entwicklung im Moment ein: Haben Sie das Gefühl, die Telekom ist auf einem richtigen Weg?

Ja. Nehmen wir die Presseberichterstattung der neuen Arbeitsdirektorin: Sie sagt, Frauenförderung kann nicht nur für die Führungsebene gelten, wir brauchen auch auf den Ebenen darunter mehr Aufmerksamkeit dafür. Das ist richtig, da muss das Thema hin. Denn auf der einen Seite Karriereförderung für Frauen zu betreiben und auf der anderen Seite die Call-Center-Standorte zu schließen und Frauen auf unteren Hierarchiebenen zu 100 Kilometer langen, familienfeindlichen Autofahrten zum nächsten Standort zu zwingen – das sind schon zwei Welten. Für die Kolleginnen im Betrieb klafft aber immer noch eine riesige Lücke zwischen Schein und Sein, die geschlossen werden muss.

Das heißt, Sie haben den Eindruck, das Thema Frauen und Karriere wird vor allem ganz oben diskutiert und unten bei den Mitarbeiterinnen und Mitarbeitern kommt nichts an, beziehungsweise es wird sogar das Gegenteil getan?

Unten ist jedenfalls deutlicher Nachholbedarf und man kann es besser machen. Ich erlebe Geschlechtergerechtigkeit aus einem ganz anderen Blickwinkel, sage der Deutschen Telekom das auch sehr selbstbewusst: „Was ihr in der Frauenförderung macht, ist gut, wir bei ver.di hatten aber schon 2010 64 Prozent der Führungspositionen der Wahlämter mit Frauen besetzt. Unser Vorstand besteht aus neun Frauen und fünf Männern, das heißt, da gehöre ich zum Minderheitengeschlecht." Es geht also auch anders.

Ver.di hat, glaube ich, die Frage der Geschlechtergerechtigkeit vergleichsweise früh und auch vergleichsweise konsequent in der Organisation betrieben?

Ja. Mit der Gründung von ver.di hatten wir uns eine Überproportionalquote in die Satzung geschrieben, die wir stringent abgearbeitet haben. Wir haben weitaus mehr Frauen in Führungspositionen gebracht als viele andere Gewerkschaften. Die ziehen jetzt nach, das ist ja auch gut – aber kaum jemand, außer vielleicht den Grünen, handelt in diesem Punkt konsequenter als wir.

Arbeiten Sie eigentlich auch aktiv am Thema „quotierte Aufsichtsratsbesetzung"?

Natürlich. 50 Prozent der Arbeitnehmerbank im Aufsichtsrat der Telekom sind mit Frauen besetzt. Und die Anteilseignerseite drängen wir, es genauso zu machen. Wenn auf der Hauptversammlung nach dem Frauenanteil gefragt wird, wird allerdings natürlich die Gesamtzusammensetzung des Aufsichtsrats beurteilt. Da kann es schon mal untergehen, dass wir das meiste für den Frauenanteil tun.

50 Prozent auf dieser Ebene ist ja sehr viel. Dann braucht man auf der hauptamtlichen und auf der ehrenamtlichen Seite, also bei den Betriebsräten, schon viele Frauen.

Wenn man anfängt, sie zu fördern, bekommt man sie auch. Auch an der Spitze des Konzernbetriebsrats der Deutschen Telekom steht eine Frau. Das läuft prima, jeder respektiert sie, sie bekommt riesige Anerkennung und macht einen tollen Job.

Das ist eine interessante Beobachtung. In den Unternehmen hört man immer wieder: „Wir würden ja gerne Frauen fördern, aber es sind keine da. Zeigen Sie mir, wo es diese jungen Frauen gibt, dann nehmen wir sie sofort." Und in den letzten zwei, drei Jahren gibt es sie plötzlich, als wären sie auf den Bäumen gewachsen ...

In der Telekom haben wir jetzt eine Controlling-Chefin, eine Compliance-Chefin, eine Legal-Chefin, zwei Frauen im Vorstand. Wenn man aber nicht anfängt, systematisch innerhalb des Konzerns Frauen aufzubauen, kommen sie oben auch nicht an.

Karrierechancen ungerecht verteilt

Sie haben eingangs eine klare Position für Geschlechtergerechtigkeit, für die Gestaltung der Welt und damit auch der Wirtschaft bezogen. Was mich nun interessiert: Das Thema Frauen und Karriere hat immer auch eine persönliche Dimension, das ist ja nicht irgendein Wirtschaftsthema, das einen persönlich kalt lässt. Was steckt an persönlichen Erfahrungen hinter Ihrer aktuellen Position und welche Schlüsse ziehen Sie daraus?

Lothar Schröder, Vorstandsmitglied, ver.di

In meinem privaten Umfeld habe ich die Erfahrung gemacht, dass die Gesetzeslage in Deutschland, etwa das Antidiskriminierungsgesetz, bei weitem nicht ausreicht, um für Gerechtigkeit zu sorgen. Zum Beispiel hat eine Frau aus meinem persönlichen Umfeld ihren Abteilungsleiter eineinhalb Jahre lang vertreten. Danach hat man die Stelle neu ausgeschrieben, und jeder rechnete damit, dass sie sie bekommt, denn sie hatte ja schon unter Beweis gestellt, dass sie es kann. Nein, da haben sie ihr einen Mann vor die Nase gesetzt, und zwar, indem das Ausschreibungsprofil exakt auf das Skill-Profil des Mannes ausgerichtet war. Das hat doch nichts mit Gerechtigkeit zu tun.

An solchen Beispielen habe ich gemerkt, wie ungerecht oft mit Frauen und ihren Karriereansprüchen umgegangen wird. Ich erlebe im privaten Umfeld, was es bedeutet und wie schwierig es für Frauen ist, Familie und Karriere zusammenzubringen. Dabei geht es sowohl um die klassische Rollenzuschreibung als auch um die Barrieren und Chancen für Karriere. Das eine bedingt oft das andere. Viele Frauen wurden derart in Abhängigkeit gebracht, dass sie teilweise von sich aus gar keine beruflichen Führungsrollen reklamieren. Deswegen muss man da etwas tun – diese Gesellschaft verteilt nach wie vor Karrierechancen ungerecht.

Eben haben Sie erwähnt, dass Sie im Vorstand gewissermaßen zum Minderheitengeschlecht gehören. Sie arbeiten ja auf allen Positionen innerhalb von ver.di mit Frauen zusammen, Sie erleben also Frauen als Führungskräfte häufig in der täglichen Arbeit. Haben Sie den Eindruck, dass das anders ist, dass das etwas Besonderes ist? Oder würden Sie sagen, das Geschlecht spielt gar keine Rolle?

Viele Frauen führen anders. Es gibt wahrscheinlich keinen Standard, aber eine wahrgenommene Tendenz: Frauen führen diskursiver, beteiligungsorientierter, einfühlsamer, als ich es von Männerwelten kenne. Männerwelten sind viel zahlenorientierter und faktenorientierter. Diese Eigenart, sich beweisen zu wollen und mit ganz dicken Armen durchs Berufsleben zu gehen, gibt es bei Frauen zwar auch, aber nicht so ausgeprägt wie in der Männerwelt, bei der das fast schon zum Status gehört. Tendenziell würde ich sagen, Frauen kleben etwas weniger an Statussymbolen als Männer. Statussymbole spielen auch bei Frauen eine Rolle, aber mehr Bedeutung haben sie in Männerwelten.

Das Thema „Gewerkschaften und Gleichstellung" möchte ich noch einmal vertiefen. Ich habe den Eindruck, Sie haben lange Jahre Kärrnerarbeit für das Thema Gleichstellung gemacht – und zwar eher von unten her: Beruf und Familie, Arbeitszeit, Teilzeit, gleicher Lohn. Sie haben ja zum Teil auch sehr weitgehende Betriebsvereinbarungen dazu abgeschlossen, so auch bei der Telekom. Jetzt, wo das Thema „Frauen und Karriere" in der Öffentlichkeit an Bedeutung gewinnt, kommt es mir ein bisschen so vor, als würde nur noch über die oberen Regionen gesprochen – und die Gewerkschaften bzw. konkret ver.di stehen bis zu einem gewissen Grad außen vor.

Ja. Seit es um Frauen in Führungspositionen geht, gewinnt die Telekom ein besseres Arbeitgeberimage und unsere Anstrengungen stehen im Schatten. Dabei haben wir jahrelang gedrängt, bis das Ruder herumgerissen wurde.

Im Vorstand haben sie am 22. Oktober 2010 eine Entscheidung getroffen: Sie wollen als selbstgesetztes Ziel 30 Prozent Frauen im mittleren und Top-Management bis Ende 2015 se-

hen. Was die Shortlist und die Auswahltools bei Personalentscheidungen angeht, ist die Vorgabe: Ihr braucht uns gar keine Liste auf den Tisch zu legen, wenn da nicht mindestens 30 Prozent Frauen drin sind. Sie haben eine 30-prozentige Vorgabe bei Nachwuchskräften beschlossen, gerade in chancenreichen Disziplinen, wo Frauen unterrepräsentiert sind, etwa in den MINT-Fächern. Wenn da gefördert wird, müssen mindestens 30 Prozent Frauen dabei sein. Und das hat Folgen. Der Sohn eines meiner Kollegen fängt gerade als dualer Student bei der Telekom an und sagt: Ich sitze unter lauter Frauen. Es passiert da etwas, es wird einen Umbruch geben.

Glauben Sie, dass dieser Umbruch alle Frauen betreffen wird oder nur die Frauen, die keine Familienverantwortung haben?

Bei der Familienfreundlichkeit von Arbeitsbedingungen muss noch viel getan werden. Beispielsweise wurde in München ein neu eingeweihter Betriebskindergarten der Telekom riesig gefeiert, aber auf die Idee, das zum Standard der Ausstattung aller Niederlassungen zu machen, kommen sie nicht – auch nicht dort, wo sie gerade neue Niederlassungen bauen.

Auf dem Weg in eine geschlechtergerechte Welt

Ich habe im Moment den Eindruck, es könnte durchaus zu einer Veränderung in der Gesellschaft kommen, was das Thema Frauen in den Unternehmen betrifft. Wie ist da Ihre Einschätzung? Passiert wirklich etwas, oder werden nur Hochglanzbroschüren produziert? Wie wird die Situation in zehn Jahren aussehen? Und vor allen Dingen interessiert mich: Was wünschen Sie sich ganz persönlich, wie es sich weiterentwickeln soll?

Die jungen Leute, die heute ihre Berufstätigkeit aufnehmen, kennen teilweise die Mauer und zwei deutsche Staaten nicht mehr. Die Generation, die in zehn Jahren ins Berufsleben geht, wird hoffentlich die Diskriminierung von Frauen und deren Fernhalten aus Führungsebenen teilweise gar nicht mehr kennen. Für sie sollte es selbstverständlich sein, für Vorgesetzte zu arbeiten, die weiblichen Geschlechts sind. Wir werden dann nur noch wenige Firmen haben, die an tradierten Rollen festhalten, aber auf diese Firmen wird man mit Fingern zeigen. Ich glaube, da verändert sich gerade viel in unserer Gesellschaft. Und nach meiner persönlichen Meinung gefragt: Ich finde es dringend notwendig und völlig richtig, dass sich das verändert – das hat etwas mit Gerechtigkeit zu tun.

Sie vertreten ja einen klaren Optimismus: Das wird sich unwiederbringlich ändern. Glauben Sie, dass das eine Entwicklung sein wird, die das Thema Geschlechtergerechtigkeit zumindest in der Wirtschaft ein für alle Mal erledigt?

Ich glaube, wir sind auf dem Weg dorthin. Welche Zeitabläufe und letztliche Dynamik das haben wird, kann ich nicht sagen. Aber ich bin zuversichtlich. Vergleichen wir das doch einmal mit einer Entwicklung, bei der das Objekt, über das man redet, nicht für sich selbst sprechen kann – ich meine unsere Umwelt. Mitte der 1980er Jahre hieß es oft: Was diese Ökos fordern, macht die Wirtschaft kaputt, das ist nicht funktionsfähig, das führt aufs Abstellgleis. Man hat eine gesellschaftliche Grundhaltung zum Umweltschutz propagiert, die man mit Achtlosigkeit überschreiben kann. Jetzt, über 30 Jahre später, kommt kein Mensch mehr darum herum, bei allem, was er tut, auf Nachhaltigkeit zu achten. Die ökologische Grundeinstellung ist inzwischen tief verwurzelt. Dabei brauchte die Umwelt ja Fürsprecher – die Frauen haben dagegen bei ihrem Werben für Geschlechtergerechtigkeit selbst eine Stimme. Deswegen glaube ich: Was wir in Sachen Geschlechtergerechtigkeit an Bewegung erleben, wird sehr viel nachdrücklicher werden als das, was wir in der Umweltbewegung gesehen haben. Heute ist beim Thema Geschlechtergerechtigkeit das Eis gebrochen, jetzt sind wir auf dem Weg, das neu zu sortieren.

Am Anfang hatten Sie einen engen Zusammenhang hergestellt zwischen Geschlechtergerechtigkeit und Gestaltung der Welt. Deswegen bietet sich als Abschlussfrage geradezu an: Wird die Welt gerechter sein? Und wenn sie geschlechtergerechter ist, wird sie dann besser sein?

Unbedingt! Es ist gerechter, Menschen nicht wegen ihres Geschlechts in eine bestimmte Rolle zu drängen, sondern ihnen die freie Entscheidungsoption zu lassen, welche Rolle sie gerne möchten. Es ist gerechter, wenn sie wissen, sie können zu allen Machtpositionen Zugang erhalten. Deutschland wird heute von einer Kanzlerin geführt – und bei aller politischen Distanz zu ihren Inhalten ist sie als Führungspersönlichkeit schon beachtenswert. So etwas wäre vor Jahrzehnten gar nicht denkbar gewesen. Ich glaube, dass wir in diesem Punkt auf dem Weg in eine gerechtere Welt sind. Eines wird aber nicht gelingen: Frauen werden sich gerade in einer kapitalistischen Logik nicht entziehen können. Sie werden dieses ökonomische System nicht durch ihre Präsenz über den Haufen werfen können. Deswegen ist wahrscheinlich, dass Frauen in Führungspositionen im unzivilisierten Kapitalismus unterdrücken werden, so wie Männer es getan haben. Ich habe einmal an einer politischen Debatte teilgenommen, bei der jemand gefragt hat: „Wenn an der Spitze der deutschen DAX-Unternehmen lauter Frauen säßen, wären wir dann auch in eine solche ökonomische Krise geschlittert?" Ich habe geschmunzelt, weil ich das für eine heillose Überschätzung hielt. Da wird das Selbstwertgefühl in die Selbstüberschätzung gesteigert. Frauen leben in einer kapitalistischen Logik, genauso wie Männer. Sie sind wahrscheinlich bestimmten Themen gegenüber sensibler, auch weil sie für sich selbst erst um mehr Gerechtigkeit ringen mussten. Aber die wirtschaftliche Logik bleibt dieselbe. Eine kapitalistische Produktionslogik stellt auf Unter- und Überordnungsverhältnisse ab.

Was mich jetzt ein bisschen überrascht, ist Ihr Optimismus in dieser Sache. Sie sagen einerseits: Es ist nicht in der Logik des Kapitalismus angelegt, Geschlechtergerechtigkeit zu schaffen. Wie passt dazu dieser Optimismus, dass es trotzdem zu dieser Umwälzung kommt, obwohl Sie gleichzeitig festhalten, dass die Unternehmen das Thema nicht mit dem Herzen treiben?

Ich vergleiche es immer wieder mit der Umweltbewegung. Auch dieses Thema lag ursprünglich nicht in der kapitalistischen Logik, aber ab einem bestimmten Punkt machte es für die Wirtschaft Sinn, sich mit einer gesellschaftlichen Entwicklung zu identifizieren, weil man mit dieser Identifikation gewinnen konnte – weil man auf der Welle der gesellschaftlichen Strömung surfen konnte. Das wird nach meiner Einschätzung auch bei der Geschlechtergerechtigkeit so sein.

„Manche Dinge muss ich mir einfach sagen lassen"

Bernhard Bihr, Geschäftsführer der Bosch Engineering GmbH - im Gespräch mit Andreas Boes

Das Thema „Frauen und Karriere" wird im Moment stark diskutiert. Im Fokus der öffentlichen Erwartungen steht vor allem die Wirtschaft mit ihren Vorständen. Wie positionieren Sie sich als hochrangiger Verantwortungsträger hier, und welche Überzeugungen liegen hinter dieser Positionierung?

Schon vor 10, 15 Jahren habe ich in meiner früheren Stellung als Verkaufsleiter gesehen, dass Frauen in bestimmten Bereichen, zum Beispiel Kommunikation, Empathie, Zusammenarbeit mit Kunden, tendenziell gewisse Vorteile haben können. Oft sind sie besser darin, ein Signal zu erkennen, einzuschätzen und feinfühliger darauf zu reagieren, als es Männer könnten. Deswegen habe ich schon damals versucht, bestimmte Aufgaben eher an eine kompetente Frau zu vergeben. Im Vertrieb, und besonders im asiatischen Raum, kann das Vorteile haben, auch in anderen kritischen Führungssituationen: zum Beispiel, wenn es darum geht, ein Team zusammenzuhalten – während Männer ja manchmal eher wettbewerbsorientiert sind. Es ging mir also weniger darum, Frauen zu fördern, sondern ganz gezielt besondere Qualifikationen und besondere Fähigkeiten für die Arbeit zu nutzen – gerade auch solche, die oft von Frauen mitgebracht werden. Ein gemischtes Team hat einfach einen ganz anderen Umgangston. Dort werden Konfliktsituationen anders gelöst, die Kommunikation ist einfacher und es werden mehr Belange abgedeckt, weil der Blick mehrdimensional ist. In Summe glaube ich, dass wir einen echten Vorteil haben, wenn wir Frauen und Männer in den Teams mischen. Das Ziel könnte man bei mindestens einem Drittel Frauen sehen, damit sich eine gewisse Normalität einregelt und die Frau nicht als Exot, Vorzeigefrau oder Feigenblatt gilt.

Dazu kommt, dass das Interesse von Frauen an technischen Berufen zunimmt, wie ich übrigens auch in meiner eigenen Familie sehe. Das geht langsam und ist nicht überall spürbar – beim Maschinenbau hat sich noch nicht viel getan, aber in der Informatik und Nachrichtentechnik wird der Frauenanteil höher, im Wirtschaftsingenieurwesen sowieso, und ich glaube, dass es sich die deutsche Volkswirtschaft nicht leisten kann, auf dieses Potenzial zu verzichten. Das gilt durchaus schon auf kurze Frist. So wie sich der Bewerbermarkt momentan entwickelt, sind wir darauf angewiesen, dieses Potenzial zu erschließen, und haben dort auch die Chance, uns einen Wettbewerbsvorteil zu erarbeiten.

Bernhard Bihr, Geschäftsführer, Bosch Engineering GmbH

Instabilität schafft Raum für Ideen

Sie sind ja in einem Hightech-Unternehmen tätig, das vor allen Dingen Menschen aus Ingenieursbereichen beschäftigt – und die sind zu einem sehr hohen Prozentsatz männlich. Wie gehen Sie damit um?

Wir arbeiten daran. Wir versuchen, den Frauenanteil zu erhöhen. Im Moment sind wir etwa auf dem Level der Abgängerzahlen von der Universität – ich habe aber schon den Ehrgeiz, noch mal deutlich besser zu werden.

Es ist ja oft so, dass hinter den Frauenprogrammen ein Mann steht, der sagt: Wir müssen das machen, um mehr Frauen zu kriegen. Das halte ich für den falschen Weg – da komme ich mir vor wie ein Blinder, der von der Farbe redet. Wir sind einen anderen Weg gegangen und versuchen die Frauen im Unternehmen einzubeziehen – nicht nur in der Personalabteilung oder in der Kommunikation, sondern auch unsere Ingenieurinnen. Wir legen ihnen nicht nur vorgefertigte Fragen vor, sondern versuchen, sie zur Kreativität anzuregen, damit sie sich überlegen: Was könnte man tun, um ihre eigene Position oder Aufgabenstellung innerhalb der Firma angemessener zu gestalten und zu entwickeln? Aber auch: Wie ziehen wir Bewerberinnen an? Da muss man eben auch mal Budgets einräumen und Freiheiten geben – oder auch mal akzeptieren, dass eine bestimmte Veranstaltung eine Frauenveranstaltung ist. Um im Bild zu bleiben: Da muss der Blinde sich halt ein Stückchen führen lassen.

Beispielsweise gibt es bei uns eine Aktion „Women on Wheels", wo wir ganz bewusst versuchen, Frauen aus technischen Berufen zu identifizieren, die ein Faible für das Auto haben. Eine Mitarbeiterin unseres Unternehmens, die gleichzeitig eine Rennfahrerin ist, hat dort eine Funktion als Coach, und ihren Ratschlägen folge ich einfach und sehe zu, was dabei rauskommt. Nach dem Feedback zu urteilen, funktioniert das gut.

Das ist ja ein sehr starkes Statement. Sie sagen: Es ist wichtig für die Firma der Zukunft, dass man Frauen bewusst versucht einzubinden, und zwar gerade in den technischen Berufen. Also gerade da, wo man landläufig weniger daran denkt. Wie wird das eigentlich in der Firma aufgenommen?

Unsere Führung läuft ja über Ergebnisse, und das Umfeld reagiert da recht strikt und geradlinig. Als allererstes überlegen sie sich: Wie bringt das mein Ergebnis weiter? Die Entscheidungen kommen dann relativ kurz und knackig. Man macht das, was man bisher schon erfolgreich gemacht hat, stellt Leute ein, die so ähnlich sind wie man selbst, versucht, die Methoden, die funktioniert haben, weiterzuführen, geht kein Risiko ein und erschließt kein Neuland.

Gerade das kann aber kontraproduktiv sein. Ich sehe meine Aufgabe als Geschäftsführer schon darin, ein bisschen über den Tellerrand hinauszuschauen, und deswegen lege ich auch relativ viel Druck hinein. Als Techniker weiß man ja: Ein Körper, der sich lange gegen einen anderen Körper bewegt, arbeitet eine kleine Delle ein. Um ihn aus dieser Delle herauszubewegen, muss man erst einmal ein bisschen mehr Energie hineinstecken – damit es dann wieder von selber weiterläuft. Ich glaube, in dieser Phase sind wir. Wir haben das Verständnis: Da muss etwas geschehen, da braucht man auch ein bisschen Risiko und muss weiter denken als nur bis zum nächsten Ergebnis. Ich versuche also, das stationäre Verhalten ein bisschen instationär zu machen.

Das ist eine interessante Beschreibung für Ihre Rolle. Sie sagen sehr deutlich: Ich habe da eine Verantwortung in meiner Position als Geschäftsführer. Und Sie sagen: Es kann sich ein Gleichgewicht einspielen, das nicht gut ist. In diesem Fall müssen wir quasi das System in Unruhe, in Bewegung versetzen.

Genau. Das ist vielleicht meine persönliche grundsätzliche Herangehensweise: Ich versuche ein bisschen Instabilität zu erzeugen, damit neue Ideen kommen, damit es wieder weitergeht. Das gilt nicht nur für das Thema „Frauen im Beruf". Alles, was in so einer Beharrung ist, entwickelt sich nicht weiter. Aber wir müssen uns weiterentwickeln.

Heißt das für Sie, dass man auch bei unserem Thema „Frauen und Karriere" eine solche Instabilität schaffen muss? Sie hatten ja auch von „Druck" gesprochen.

„Druck" kann ja auch bedeuten, dass bestimmte Aussagen, Wünsche, Visionen ständig wiederholt werden – oder, im Extremfall, eine Quote vorzuschreiben. So weit sind wir nicht, aber ich spreche durchaus darüber. Das kann durchaus als Druck empfunden werden, aber das macht nichts. Ein Wandel muss vorbereitet und akzeptiert sein, sonst wird es kein nachhaltiger Wandel, und das braucht seine Zeit. Und deswegen setze ich am Anfang mehr Energie ein, um ein Änderungsbedürfnis zu erzeugen.

Sie haben das Thema Quote gestreift. Ich hatte das Gefühl, Sie haben eher eine tendenziell kritische Haltung dazu eingenommen, aber sich auch dazu bekannt, dieses Thema ins Spiel zu bringen. Können Sie das präzisieren?

Meiner Meinung nach – und das sagt auch die Literatur – muss in einer bestimmten Schicht der Frauenanteil wenigstens bei etwa 30 Prozent liegen, damit z.B. Familienbetreuung oder die Art und Weise, wie eine Frau sich anders verhält als ein Mann, als normal erscheint. Es ist aber schwierig, diese 30 Prozent gerade im technischen Bereich zu erreichen. Ich habe keine Lösung parat, die so etwas schneller erreichen könnte als die Quote. Auf der anderen Seite: Meine Tochter studiert Wirtschaftsingenieurwesen und macht jetzt gerade ihren Master. Wenn wir daheim über das Thema Quote diskutieren, kriegt sie ganz schmale Lippen. Sie will keine Quotenfrau sein, sie will aufgrund von Leistung eingestellt werden. Da kommt ein Dilemma ins Spiel. Wenn ich eine Quote einführe und dann Frauen fördere, die vielleicht zwar die Förderung, aber nicht die Quote wollen, ist das auch ein Problem der Wertschätzung: Komme ich jetzt nur weiter, weil ich unter die Quote falle, oder liegt es wirklich an mir? Ich möchte mich nicht aufs Glatteis begeben und signalisieren: Eigentlich könntet ihr es nicht, aber ich führe euch dahin, damit überhaupt mal was passiert. Ich muss ehrlich sagen, hier bin ich unentschieden, was richtig und was falsch ist.

In manchen Abteilungen oder Gruppen ist das gar kein Thema: Da kann es 60 Prozent Frauen in den technischen Bereichen geben. Offenbar macht da die Gruppenleitung ein paar Dinge richtig. Man muss da eben manches anders anpacken. Wenn Sie eine junge Frau einstellen, müssen Sie mit einer Familiengründung rechnen – die geht vielleicht nach einem

Jahr erstmal in Elternzeit. Die Aufgabe besteht dann darin, ihr die Möglichkeit zum Zurückkommen zu bieten, wenn sie daran Interesse hat – und zwar so, dass sie Beruf und Familie vereinbaren kann. Denn es ist heute nach wie vor so, dass die Frau die größere Last in der Familie trägt. Wir haben ja mittlerweile durchaus auch Männer in Elternzeit, aber auf längere Sicht ist nach meiner Beobachtung die Verantwortung für die Familie bei einer Frau stärker ausgeprägt als bei einem Mann.

Sie wenden das also auch als Anforderung an die Firma?

Ja, die Firma hat die Aufgabe, diese Möglichkeit zu bieten. Wenn eine Frau, die bei uns beschäftigt ist, ein Kind bekommt und eine Kindertagesstätte braucht – dann hat sie einen Kita-Platz. Das gehört zur Wertschätzung einfach dazu.

Nun bezieht sich Ihre Überlegung ja zunächst mal darauf, wie man ein ausgeglicheneres Verhältnis von Männern und Frauen schafft. Was bedeutet das für das Thema Frauen und Karriere? Da geht es ja nicht nur darum, die Frauen in der Breite unterzubringen, sondern auch darum, Frauen in Hierarchie- oder Karrierepositionen zu bringen. Wie stehen Sie dazu?

Zum einen: Je mehr Frauen ich beschäftige, desto größer ist die Chance, eine Frau zu finden, die eine Führungskarriere machen will. Aber das ist nicht so selbstverständlich. Eine entscheidende Phase für die Karriere ist ja im Alter von 30 bis 40 Jahren – und das ist heute gleichzeitig die Phase, in der die Familiengründung stattfindet oder die Kinder noch klein sind. Da verschieben sich dann auch Prioritäten. Beispielsweise kann eine Frau sich auf die Kinder konzentrieren wollen, bis sie zur Schule kommen, und erst nach fünf Jahren sagen: Jetzt bin ich so weit, jetzt möchte ich Karriere machen. Das muss man akzeptieren, und dafür wird man auch alte Schemata und Denkstrukturen aufbrechen müssen. Zum Beispiel kann in dieser Phase auch ein Auslandsaufenthalt schwierig oder unmöglich sein. Dann kann man die Elternzeit genauso wie einen Auslandsaufenthalt werten, denn Elternschaft bringt ja auch Erfahrungen, führt zu einem anderen Verantwortungsbewusstsein und einer anderen Blickweise. Die Eltern entwickeln sich persönlich weiter, und dem muss Rechnung getragen werden.

Das heißt, bei Ihnen wird Elternzeit wie ein Auslandsaufenthalt bewertet?

Sie kann so bewertet werden, ja. Ab der Bereichsleiterebene müssen gewisse Karrierebausteine erfüllt sein: Man muss geführt haben, man muss Projekte geleitet haben, man muss im Ausland gewesen sein. Und da haben wir jetzt eine neue Regelung: Wenn man in einer außergewöhnlichen familiären Situation war, egal ob das Pflege von Alten, Kranken oder Kindern bedeutet, dann kann dafür ein Karrierebaustein erlassen werden.

Coaching durch die Töchter

Sie haben verschiedentlich angesprochen, dass das Thema sehr nah mit Ihren Erfahrungen im beruflichen Leben und Ihrer familiären Situation verbunden ist. Welche persönlichen Erfahrungen prägen Ihre aktuellen Überzeugungen und das, wofür Sie eintreten?

Meine erste berufliche Erfahrung zu diesem Thema: In einem Kundenbereich im asiatischen Raum habe ich gesehen, dass eine junge Ingenieurin von den hochrangigen Kunden auf eine Art und Weise behandelt wurde, die ich so noch nicht kannte, sehr positiv, sehr offen, sehr freundlich. Ich habe sie beobachtet, wie sie mit den Kunden umging, was für ein Feedback sie bekommen hat. Da entstanden, wie man im Amerikanischen sagt, „vibrations". Relativ spontan habe ich ihr ein Angebot als Verkaufssachbearbeiterin für genau diesen Kunden gemacht und das gegen den Widerstand meines Chefs durchgesetzt. Das war zunächst recht aufwändig, weil sie sehr jung war und kaum Berufserfahrung hatte. Aber es hat toll funktioniert. Zwar war vom technischen Background noch nicht so viel da – das haben wir erfolgreich nachgeschult. Aber wie da eine Beziehung aufgebaut wurde, wie der Kunde wertgeschätzt wurde, wie der Kunde sich wohl gefühlt hat, weil er wusste: die kann mit mir – das hat mich bewogen auszuprobieren, ob das nur ein Einzelfall ist oder allgemeiner funktioniert. Wir haben die Abteilung sukzessive bis auf 60 Prozent Frauen aufgebaut, und ich beobachte mit Freude, dass meine Nachfolger die Politik weiterführen. Es funktioniert einfach ganz prima. Auch bei Unterbrechungen wegen Elternzeit – gerade in diesem Kulturbereich sind Beziehungen langfristig angelegt. Das lässt sich wieder auffrischen, das geht dort weiter, wo es aufgehört hat. Das war für mich beruflich ein wichtiger Trigger.

Familiär: Ich habe zwei Töchter. Im Umgang mit den Töchtern erkennt der Vater seine Grenzen, was er versteht und was er nicht versteht. So wie meine Frau ihre Grenzen erkennt, weil sie meinen Sohn nicht immer ganz versteht. Da habe ich die Erkenntnis gewonnen, dass ich mir manche Dinge einfach sagen lassen muss. Auch wenn das manchmal schwer zu schlucken ist, habe ich gelernt, dass ich manches einfach akzeptieren muss – ich kann nichts dagegensetzen und richte mich danach. Da lasse ich mich auch beraten und coachen, mittlerweile ganz gezielt. Ich frage eine meiner Töchter: Was hältst du davon, wie siehst du das? Ich nehme die Meinungen auf – das heißt nicht, dass ich ihnen blind folge, aber die Antwort ist für mich eine sehr wichtige Aussage. Denn sie sind jetzt in dem Alter, wo es langsam in Richtung Beruf geht, und der riesige Vorteil ist: Sie haben mir gegenüber keine Hemmschwelle. Ich bekomme von ihnen ein ungeschminktes Urteil. Und sie honorieren auch, dass ich zuhören kann – was ich auch nicht immer konnte. Fragen zu stellen und zuzuhören ist da wichtiger, als Statements abzulassen.

Sie sprechen eine Sensibilität dafür an, dass man mit der Andersartigkeit des jeweils anderen Geschlechts umgehen muss, ja dass man geradezu blind dafür sein kann und sich helfen lassen muss. Wenn man das auf Ihre jetzige Position bezieht, könnte man das ja geradezu zu einem Führungsprinzip machen, dass man nicht nur Sensibilität für dieses Thema entwickelt, sondern auch eine Sensibilität für die eigene Grenze?

Das ist für mich heute schon ein völlig normales Verhalten in einer Führungsposition. Wenn Sie sich etwa die Komplexität unserer technischen Systeme und Komponenten anschauen – da habe ich ja ebenfalls nicht die Spur einer Chance, die ganze Bandbreite in der Tiefe zu durchdringen. Auch dort muss ich einerseits ein Grundverständnis haben und andererseits die Leute einschätzen können, die es machen. Ab einer bestimmten Ebene geht es eben um Vertrauen in die Mitarbeiter, die sich darum kümmern. Wir machen ja praktisch „quer durch den Busch" sehr verschiedene Produkte, und ich kann nicht gleichzeitig

Fachmann für Brennstoffzellen, Fahrwerksregelung, Verbrennungsentwicklung und Luft- und Raumfahrt sein. Wenn ich eine Entscheidung treffen will oder muss, dann muss ich eben auch in diesem Fall fragen und mich beraten lassen. Richtig fragen und dann seine Schlüsse ziehen ist wichtiger, als selber Details zu wissen.

Sie hatten ja eben auch deutlich gemacht, dass Sie Technik nicht als etwas „rein Technisches" verstehen kann, sondern immer als etwas Soziales, das mit Menschen zu tun hat: mit Teams, mit Verständnis, mit Beziehungen. Braucht man, wenn man das Thema Technik Frauen näher bringen will, nicht genau so einen Begriff von Technik, der diese in ihrem Kontext thematisiert?

Ja. Selbst der Handwerker, der Möbel herstellt oder tapeziert, hat mit Kunden zu tun und hat Mitarbeiter – er muss sich in einem Umfeld zurechtfinden. Wenn einer fachlich noch so gut ist und mit Mitarbeitern oder Kunden nicht umgehen kann, wird er keinen Erfolg haben. Nur mit Technik geht es meiner Ansicht nach nicht. Man kann akzeptieren, dass die Technik in bestimmten Fällen einen höheren Stellenwert hat als der Kontext, aber ohne Kontext geht es nicht. Und wenn man es von außen betrachtet, wird der Stellenwert der Technik selbst in einer Hightech-Firma wie Bosch manchmal überbewertet. Netzwerke, Beziehungen, Organisation, Motivation haben einen höheren Stellenwert, als man es gewöhnlich sieht.

Noch ziemlich am Anfang

Lassen Sie uns noch einmal ein wenig in die Zukunft schauen: Wo geht es eigentlich hin? In der gesellschaftlichen Diskussion deutet sich ja möglicherweise eine Veränderung an, was die Karriereaussichten von Frauen im beruflichen Umfeld betrifft. Wie ist da Ihre Einschätzung? Wo stehen wir in zehn Jahren? Und vor allem: Was wünschen Sie sich persönlich für die Situation in zehn Jahren?

Zur letzten Frage: Ich wünsche mir, dass in zehn Jahren kein Mensch mehr auf die Idee kommen würde, ein Interview zu diesem Thema zu führen, weil es einfach normal wäre. Und zu meiner Einschätzung: Die Diskussion wird sich nicht einfach verlieren, sondern zu einer Bewegung führen. Wie schnell oder wie nachhaltig das sein wird, kann ich nicht abschätzen – aber wenn die öffentliche Meinung in eine bestimmte Richtung diskutiert, dann werden vielleicht mehr Entscheidungen in diese Richtung kippen, und damit wäre schon einiges erreicht. Ob das ausreicht, ist schwer zu sagen. Da gibt es ja eine lange „Beharrung": Es wird schon etwas damit angelegt, wie z. B. heute noch im Kindergarten Mädchen und Jungs behandelt werden. Deswegen machen wir ja schon im Kindergarten Aktionen mit Werkzeugen, um den Kindern, egal welchen Geschlechts, die Möglichkeit zu geben, ihre Talente zu entdecken. Dann kommt die Schule, das Studium – das sind über 20 Jahre. Als Regelungstechniker würde man sagen, man muss mit einer langen Totzeit rechnen, so dass in zehn Jahren vielleicht noch kein gravierender Unterschied besteht. Aber wenn wir es schaffen, die Diskussion am Leben zu erhalten, dann wird es sich verändern. Denn ich bin nicht der Meinung, dass gottgewollt Männer bei den Führungskräften immer die Mehrheit haben müssen – es gibt durchaus auch matriarchalische Kulturen, die das seit Jahrhunderten anders machen. Da muss es einen Mittelweg geben. Die Skandinavier machen es vor, zum Beispiel die Schweden: Dort ist es völlig normal, dass der Manager ein Jahr zu Hause bleibt und sich um das Kind kümmert, während die Frau weiter arbeitet. Dort haben sich die Unterscheidungen ein bisschen aufgelöst, und da sollten auch wir hinzielen.

Ihr Wunschziel, dass wir in zehn Jahren über dieses Thema kein Interview mehr führen müssen, weil das Thema Geschlecht einfach für die Karriere keine Rolle mehr spielt, ist für mich eine schöne Zielstellung. Das hieße dann: Es geht nur noch um Menschen, nicht mehr um Mann oder Frau.

Ja. Es wäre dann völlig normal, dass mal eine Frau und mal ein Mann eine Position besetzt. Vielleicht wird man sagen: die Frau passt besser da, der Mann passt besser dort. Vielleicht löst sich das auch ganz auf. Ich würde versuchen, Unterschiede da zu nutzen, wo sie vorhanden sind. Wenn es keine gibt – umso besser. Wir sollten der Entwicklung auch ein bisschen ihren Lauf lassen – wir müssen ja nicht bestimmen, wie es in zehn Jahren ist.

Diversity umfasst aber nicht nur Frauen/Männer, sondern auch Menschen aus anderen Kulturen oder mit anderen Religionen. Wir versuchen das ein bisschen größer zu fassen, weil das auch miteinander zusammenhängt. Es geht darum, Unterschiede nicht nur zuzulassen, sondern bewusst zu suchen, um einen komplett anderen Blickwinkel hereinzubekommen.

Zehn Jahre sind für einen Entscheider in der Wirtschaft ja eigentlich schon ein sehr langer Prognosezeitraum. Wenn ich Sie richtig verstehe, sagen Sie: Die Entwicklung geht in die richtige Richtung, und es wird wohl auch so kommen, dass wir künftig über das Thema Geschlecht nicht mehr groß diskutieren müssen. Aber wohl noch nicht in zehn, sondern vielleicht in 20 oder 30 Jahren.

Zehn Jahre sind ein kurzer Zeitraum, da tut sich noch nicht so viel. Wir versuchen bei den Studienabgängern ein bisschen zu filtern, aber da sind wir auf das Potenzial angewiesen, das es schon so weit gebracht hat. Wir versuchen in den Schulen Mädchen zu motivieren, selbst im Kindergarten. Allein dadurch, dass man Mädchen auffordert: Überleg dir, ob du nicht Maschinenbau studieren magst, wird sich der Anteil der Abiturientinnen, die sich für Maschinenbau entscheiden, nicht entscheidend verändern. Das dauert einfach eine gewisse Zeit, und in den einzelnen Phasen gibt es jeweils eine ‚Filterzeit' – bis sich nachhaltig etwas ändert, wird es lange dauern. Aber es muss sich etwas ändern und es wird sich etwas ändern.

Aber habe ich Sie richtig verstanden: Sie meinen, dass es in die richtige Richtung geht – oder sind Sie sich nicht ganz sicher?

Ich glaube, wir sind noch ziemlich am Anfang. Die Richtung heißt Diversity: unterschiedliche Kulturen, Nationalitäten, Geschlechter, Hautfarben, Ausbildungen. Ob wir schon den genau richtigen Weg haben oder ob man den noch einmal ändern muss, lässt sich schlecht sagen. Ich würde einfach sagen: Richtung vorgeben, loslaufen und nach einer gewisser Zeit Bilanz ziehen, ob es noch stimmt – und dann anpassen. Wir sind eben Dienstleister: Wir werden vom Kunden relativ kurzfristig beauftragt, müssen sofort performen, haben wenig Möglichkeiten, im Vorfeld detailliert vorauszuplanen, wo wir was machen, sondern wir gehen los. Wir versuchen in die richtige Richtung zu gehen, und anhand der Ergebnisse, die wir bekommen, versuchen wir den Weg so anzupassen, dass es der richtige ist.

„Hinter dem Thema Frauen und Karriere liegt etwas viel Grundsätzlicheres"

Oliver Klink, Vorstandsvorsitzender der Taunus Sparkasse - im Gespräch mit Andreas Boes

Das Thema Frauen und Karriere hat in der Öffentlichkeit in den letzten Jahren an Interesse gewonnen. Ich habe den Eindruck, dass es eine gewisse öffentliche Erwartungshaltung gegenüber der Wirtschaft und den Entscheidern in der Wirtschaft gibt, sich zu diesem Thema zu positionieren. Was ist Ihre Position zu dem Thema Frauen und Karriere, und welche Überzeugungen stecken hinter dieser Position?

Meiner Meinung nach ist die Diskussion um Frauen und Karriere Teil eines viel wesentlicheren Themas: Wie fördern Unternehmen Potenziale, wie nutzen sie Potenziale? Und dahinter steht eine Veränderung, wie es sie wohl in dieser Brisanz und Schnelligkeit lange nicht gegeben hat: Karriere hat sich komplett geändert. Lange war Karriere ein Angebot des Unternehmens – der Mitarbeiter musste sich seine Karriere „verdienen". Der Wandel besteht darin, dass Karriere nun eine Einladung sein muss. Wir haben zunehmend Schwierigkeiten, Mitarbeiterinnen und Mitarbeiter zu überzeugen, Führungsverantwortung zu übernehmen. So steht nicht mehr die Frage „Was musst du mitbringen?" im Zentrum, sondern die Frage: „Wie schafft man die Rahmenbedingungen, damit die Mitarbeiterinnen und Mitarbeiter sich darauf einlassen, Verantwortung zu übernehmen?"

Das ist ja eine sehr grundsätzliche Einordnung. Was heißt das für das Thema Frauen und Karriere konkret?

Hinter dem Frauenthema verbirgt sich doch etwas viel Grundsätzlicheres, etwas, was für Männer wie für Frauen Gültigkeit hat – ein Thema des Wertewandels: Inwieweit lässt man sich überhaupt ein auf Familie und wie findet man Work Life Balance? Ich glaube, dass da ein ganz gravierender Wandel stattgefunden hat. Es gab mal eine Zeit, da galt es als ausreichend schick zu sagen: Meine Kinder werden jederzeit durchgestellt und dann rede ich mit denen am Telefon. Das reicht bei weitem nicht mehr. Wir müssen heute als Unternehmen klar machen, dass es durchaus in unsere Werteskala passt, dass der große Kindergeburtstag oder die erste Schulaufführung wichtiger ist als das siebte Meeting in einem Projekt, das noch sechs Monate laufen wird. Wir müssen Verständnis dafür zeigen, wenn jemand solche Entscheidungen für seine Familie trifft.

Das heißt: Die Frage nach dem Thema Frauen und Karriere ist im Grunde genommen eine Frage danach, wie wir das Leben in der Wirtschaft zum Thema machen können?

Ja, denn ich glaube, dass wir im Grunde zwei gegensätzliche Tendenzen haben, die es zu vereinbaren gilt. Die eine ist die permanente Erreichbarkeit, die man heutzutage von Führungskräften erwartet und fordert. Die andere ist der Wunsch und die Notwendigkeit, das eigene Leben zu managen. Burn-outs mögen ja auch ein Modethema sein, aber ich glaube, dass sie objektiv wirklich zunehmen. Nehmen wir noch einmal die „erste Schulaufführung": Da muss man drei Erwartungen gerecht werden. Zuerst der des Kindes – es ist einfach eine Selbstverständlichkeit, dass man ihm zeigt: Du bist mir wichtig, und in diesem Moment stehst du ganz alleine im Mittelpunkt. Dann ganz klar die Erwartung an sich selber, denn das ist ein unwiederbringlicher Moment – davon haben wir im Leben nicht so besonders viele. Und das Dritte ist die Gesellschaft, die Anforderungen stellt. Heute ist das noch nicht so einfach: Hast du den Mut zuzugeben, dass dir das wichtig ist? Wie reagiert dein Umfeld, ist das okay?

Aus eigenem Interesse dem Thema verpflichtet

Im Grunde genommen geht es bei „Frauen in Karriere" also aus Ihrer Sicht vor allem um eine sehr grundlegende Umorientierung der Unternehmen?

Es geht erstmal um ein ganz simples mathematisches Thema. Wir haben 58 Prozent Frauen in unserem Haus. Ich kann und will es mir nicht leisten, sechs von zehn Mitarbeitern von vornherein auszugrenzen. Und umgekehrt, wenn Sie jetzt als Nächstes über die Frauenquote mit mir reden wollen: Ich habe zwei weibliche Top-Führungskräfte, das ist ein Anteil von 14 Prozent. Will ich in absehbarer Zeit den „Fair Share" haben, also 58 Prozent weibliche Top-Führungskräfte, dann müsste ich bei unserer Alterspyramide in den nächsten 15 bis 20 Jahren für jede frei werdende Führungsposition eine Frau rekrutieren. Was das für ein Signal an die Männer im Unternehmen wäre und wie sich dies auswirken würde, ist uns wohl allen klar. Ich glaube, dass es um echte Frauenförderung statt Frauenquoten gehen muss. Dazu wollen wir eine Chancengleichheit bei der Rekrutierung und Einstellung von Führungskräften schaffen.

Nun könnten Sie sich ja ein bisschen zurücklehnen und sagen: Die Taunus Sparkasse hat, was das Thema Frauen und Karriere betrifft, schon einiges erreicht, der Frauenanteil auf der unteren Führungsebene ist relativ hoch …

Über ein Drittel.

Trotzdem habe ich das Gefühl, Sie wollen aus eigenem Antrieb das Thema weitertreiben und dabei nicht stehen bleiben.

Stimmt! Wenn wir uns nur an externen Faktoren messen würden, wenn wir nur nach dem Motto handeln würden: Das ist gerade opportun und muss man deshalb machen – dann wären wir in einer sehr komfortablen Situation. Aber wir haben eine Kernfrage, der wir uns stellen müssen: Wie schaffen wir es, die besten Führungskräfte zu finden und ihnen klar zu machen, dass es sich lohnt, bei uns zu arbeiten? Dann ist es selbstverständlich, dass man sich um Gruppen kümmert, die bisher leider außen vor waren. Das beschränkt sich nicht auf die Frauen, die auf den Top-Führungsebenen heute klar unterrepräsentiert sind. Wir wollen uns zum Beispiel auch mehr um die Kolleginnen und Kollegen über 45 kümmern. Während man sich früher mit 45 oder 50 schon gedanklich auf den Ruhestand vorbereitet hat, hat man heute statistisch noch sein halbes Berufsleben vor sich. Für uns selbst sind wir deshalb diesem Thema verpflichtet, nicht wegen externer Vergleiche.

Sie betonen, Sie sind für sich selbst diesem Thema verpflichtet. Wie geht die Taunus Sparkasse konkret damit um?

Wir haben schon einiges erreicht. Aber bisher haben wir uns sehr stark auf die Frauen im Alter bis etwa 45 Jahre konzentriert, Frauen, die Kinder bekommen oder kleine Kinder zu Hause haben. Heute denken wir auch grundsätzlich über das Thema „zweite Karriere" oder „späte Karriere" nach. Sie sehen: Die Frauenfrage ist im Grunde ein Etikett für ein grundsätzliches gesellschaftliches Thema. Denn bei einem Ausstiegsalter von 67 – und wer weiß, wo das endet – müssen wir heute auch mit 55-jährigen Kolleginnen und Kollegen, die jetzt noch zwölf Jahre wertstiftend arbeiten möchten, darüber reden: Wie können sie sich einbringen, welche Motivationsanreize können wir für den Menschen ganz persönlich setzen? Gehen Sie zehn Jahre zurück, da hat man die 55-Jährigen in den Vorruhestand geschickt! Heute würden wir bei jedem sagen: Wenn er oder sie noch zwölf Jahre lang eine Führungsposition ausfüllt, ist das großartig! Das wird ganz neue Modelle auf den Plan rufen. Ich freue mich darauf.

Das ist ja ein interessanter Gedanke. Sie hatten schon am Anfang des Interviews deutlich gemacht, dass in dem Thema „Fördern von Frauen" immer auch grundsätzliche Fragestellungen stecken, bei denen man als Unternehmen auf jeden Fall weiterkommen muss. In diesem Fall jetzt: demografischer Wandel, längere Lebensarbeitszeiten. Konkret: Wann darf man Karriere machen, muss das immer schon in den ersten 15 Jahren der beruflichen Entwicklung stattfinden?

Ja, das kann man auch dem Thema „Wertewandel" zuordnen. Früher wurde der Konflikt zwischen „Familie und Karriere" ausschließlich den Frauen zugeschrieben. Die neue Generation von Vätern, die heute mit Selbstverständlichkeit wickeln und mit den Kindern in die Stadt gehen, steht aber faktisch vor dem gleichen Dilemma. Insgesamt sind zunehmend weniger Menschen bereit, „Karriere und Familie" als sich gegenseitig ausschließende Alternativen zu sehen. Das wäre ja auch für uns alle ein strategischer Fehler – schließlich müssen wir damit umgehen, dass wir als Gesellschaft gerade schrumpfen. Und das ist mit Sicherheit auch eines der Themen „hinter" der Frauenfrage: Es heißt oft, Karriere und Familie gehen nicht zusammen. Nehmen Sie „Unterbrechungen von Erwerbsbiografien", das galt immer als klassisches Frauenthema: Kinder kommen, man bleibt eine Weile zu Hause. Aber in fast allen Biografien gibt es heute Brüche. Unternehmen können pleite gehen und dann haben Menschen, die gute Leistungen gebracht haben, plötzlich eine ganz andere Situation. Oder Männer nehmen Auszeiten – familienbedingt oder einfach, um sich neu zu orientieren.

Erreichbarkeit und Respekt

An dem Thema „Frauen und Karriere" ist interessant, dass es immer auch persönlich ist. Viele Themen im Wirtschaftsleben sind nicht wirklich persönlich – man entscheidet sie, und damit fertig. Aber dieses Thema fordert einen, glaube ich, immer auch als Mensch, es ist meistens durch persönliche Erfahrungen geprägt. Welche persönlichen Erfahrungen prägen Ihre jetzige Position und Ihr Handeln, und welche Schlüsse ziehen Sie heute daraus?

Beschränken wir uns mal nicht auf die Taunus Sparkasse, bei der ich seit Juli 2012 Vorstandsvorsitzender bin – ich habe auch in meinen vorherigen Positionen immer wieder erlebt, dass Frauen nicht gesehen wurden, dass sie sich zumindest nicht in die vorderste Reihe gestellt haben. Der Spruch „Qualität setzt sich immer durch" stimmt leider nicht. Wir finden halt nicht die besten Lösungen, solange wir auf einem Auge blind sind und Frauen beim Thema Karriere komplett ignorieren. Für die Taunus Sparkasse sage ich: Ich will mir das nicht leisten, aber ich glaube auch, dass wir uns das insgesamt als Gesellschaft nicht leisten sollten.

Was sind Ihrer Meinung nach eigentlich die Mechanismen, weshalb wir auf dem einen Auge blind sind?

Das ist eine spannende Frage. Sehr prägend war die „Anwesenheitskultur" der letzten Jahrzehnte. Wer als Letzter das Licht ausmachte, der galt schon mal als Leistungsträger. Das hat sich Gott sei Dank sehr gewandelt, hin zu einer „Verfügbarkeitskultur", zu dem Anspruch, immer und überall greifbar zu sein. Ich glaube aber, dass das inhaltlich wie persönlich einfach zu weit geht.

Das Thema Verfügbarkeit ist ja nicht nur ein abstraktes, sondern auch ein sehr konkretes Thema. Ist es auch in Ihrer persönlichen beruflichen Entwicklung einmal zum Thema geworden? Wie hat sich das für Sie eigentlich gefügt?

Ich war echt stolz, als ich meinen ersten Blackberry bekam. Da waren das noch Statussymbole. Und es war ein sehr intensiver Lernprozess, damit umzugehen, und dieser Lernprozess ist sehr individuell und birgt manchmal auch echte Rückschläge in sich. Es geht darum zu lernen, die Freiheit zu nutzen, die die modernen Medien einem geben, ohne bei jedem roten Blinken auf dem einen oder anderen Gerät sofort zu springen. Ich genieße es, dass ich immer in der Lage bin, Themen zeitnah anzugehen. Aber wenn ich am Samstag oder Sonntag abends eine E-Mail schreibe, erwarte ich nicht, auch sofort eine Antwort zu bekommen.

Ich glaube, dass für Karriere künftig eine „Erreichbarkeitskultur" bestimmend sein wird. Führungskräfte müssen heutzutage immer erreichbar sein. Aber es muss auch immer klar sein, dass dies nur für wichtige Themen gilt, und das ermöglicht uns die Technik auch. Ich habe volles Verständnis dafür, wenn jemand am Sonntagabend um zehn Uhr sich noch etwas von der Seele schreiben will – es muss aber allen Beteiligten klar sein: Wenn es etwas Wichtiges ist, dann muss dies auch glasklar sein. Idealerweise greift man dann zum direkten Kommunikationsmedium, dann muss man anrufen und sicherstellen, dass der andere die Nachricht auch bekommt. Diese Mentalität „die Nachricht ist angekommen im Moment des Absendens" gilt in unserer Taunus Sparkasse für E-Mails nicht.

Jetzt haben wir schon die Erfahrung von „einerseits und andererseits". Die Differenzierung fand ich schön: Sie erwarten Erreichbarkeit, aber nicht unbedingt Verfügbarkeit. Die Leute können selbst entscheiden, ob sie abends um zehn noch eine Antwort auf die E-Mail geben oder ob sie das nicht wollen. Aber Sie sagen auch, dass man es als Führungskraft schon kennzeichnen muss, wenn es sich wirklich um einen Randfall handelt und man jetzt sofort eine Antwort braucht. Sie sagen deshalb deutlich, ob etwas dringend ist oder nicht. Das finde ich bemerkenswert, denn gerade bei den Mobilgeräten kenne ich es oft eher so, dass es schlicht heißt: „Machen, machen!"

Das hat etwas mit grundsätzlichem Respekt zu tun, wie wir miteinander umgehen. Wenn man in einer Top-Führungsposition ist, bringen einem die Kolleginnen und Kollegen normalerweise sehr viel Respekt entgegen und haben oft das Bedürfnis, unmittelbar zu reagieren. Und ich kann nicht von meinen Kolleginnen und Kollegen erwarten, dass sie Verantwortung übernehmen und für Dinge geradestehen, und gleichzeitig sollen sie die Fischstäbchen anbrennen lassen, nur weil ich anrufe. Wenn man Menschen haben will, die für etwas stehen, muss man auch akzeptieren, dass sie manchmal sagen: „Jetzt passt es mir gerade nicht."

Sie würden also sagen, das Thema Verfügbarkeitskultur bzw. Präsenzkultur ist ein wichtiger Grund, warum Frauen in den Unternehmen oft nicht als Leistungsträgerinnen gesehen werden?

Ja, wenn man eine Familie und einen Beruf managen muss, dann geht es eben weniger um solche Dinge wie: „Ich bleibe jetzt noch mal eine Stunde länger, um zu zeigen, dass ich auch noch da bin." Und für uns, um das klar zu sagen, gilt eben nicht mehr „Anwesenheit ist Leistung". Leistung ist definiert über gebrachte Ergebnisse, über konkrete Beiträge, über die Art und Weise, wie man im Team oder in einer Führungsposition agiert.

Wie schlägt sich das Ihrer Erfahrung nach in der Kultur des Unternehmens nieder?

Jeder kennt das Beispiel von der Kollegin oder dem Kollegen oder manchmal sogar Vorgesetzten, die oder der sich klammheimlich aus dem Büro schleicht, das Licht anlässt und hofft, dass es keiner merkt. Das gehört der Vergangenheit an. Vielmehr ist es wichtig, dass Klarheit und Offenheit herrschen: Wann bin ich da, wann bin ich verfügbar, wofür bin ich verfügbar? Was konkrete Ziele zu dem Thema Frauenförderung angeht: Wir müssen zunächst einmal klar machen, was wir wollen, und dass wir diese Fragen als Führungskräfte ernst nehmen. Dann hinterlegen wir das in unseren Leitlinien und integrieren diese in unsere Beurteilungskriterien. Ich tue mich schwer damit zu sagen: Wenn du nicht deine Frauenquote von A nach B steigerst, dann bekommst du 20 Prozent weniger Bonus, zumal Boni in der Taunus Sparkasse eine untergeordnete Rolle haben. Es ist viel wichtiger, die eigenen Erwartungen klar zu formulieren und die Entwicklungen als einen logischen Prozess zu sehen.

Ein gewisser Optimismus

Ich habe den Eindruck, dass sich im Moment beim Thema Karrierechancen für Frauen in der Gesellschaft und in den wichtigsten Unternehmen eine Veränderung vollzieht. Es gibt einen Umdenkprozess auf verschiedenen Ebenen. Sehen Sie das auch so oder sehen Sie es anders?

Ich glaube, dass wir im Moment an einem echten Scheideweg sind. Es ist politisch opportun, über Frauen und Frauenförderung zu reden – und es gibt wenige Themen, bei denen ich in meiner Funktion als Vorstandsvorsitzender so intensiv von Kolleginnen und Kollegen hinterfragt worden bin: Meinen Sie das eigentlich ernst? Meine Antwort ist dann eindeutig. Zum einen hat Karriere für mich kein Geschlecht, das hat auch etwas mit meinem persönlichen Menschenbild zu tun. Zum anderen geht es um eine strategische Notwendigkeit: Es wäre ein unverzeihlicher Fehler, dieses Thema nicht zu beachten. Denn jetzt kommt der Moment der Wahrheit.

Für unser Unternehmen sage ich ganz klar: Ich wünsche mir als erstes eine Versachlichung der Diskussion. Die Frage „Meinst du es eigentlich ernst" sollte mittlerweile beantwortet sein und nicht mehr gestellt werden müssen, über das Ob sollte man nicht mehr reden müssen, sondern nur noch über das Wie. In unseren Personalrekrutierungsprozessen haben wir bereits Veränderungen eingeführt. Das haben wir jedoch nicht ausdrücklich speziell auf Frauen bezogen. Sondern wir haben ganz grundsätzlich festgelegt: Wenn wir Menschen für Führungspositionen rekrutieren, möchten wir, dass mehrere unterschiedliche Führungskräfte diese Menschen in Augenschein nehmen. Denn wir haben keine Karriereplanung im klassischen Sinn, dass man zu einem bestimmten Zeitpunkt eine bestimmte Position in einem bestimmten Bereich erreichen müsste. Es hilft, wenn verschiedene Funktionsträgerinnen und Funktionsträger eine neue Kollegin bzw. einen neuen Kollegen gesehen haben und einschätzen können, für welche Aufgabe diese Person ganz besonders geeignet ist, wo ihre Kernkompetenzen und Stärken liegen. Das führt zu Versachlichung: Es geht darum, ob die Bewerberin oder der Bewerber zum Unternehmen passt, nicht ob sie oder er persönlich zu einer bestimmten Führungskraft passt. Diese Veränderung der Rekrutierungsprozesse hat sich aber auch mit Blick auf Frauenförderung bewährt.

Sie haben von einer Versachlichung der Diskussion und der Auswirkung auf Ihre Personalrekrutierungsprozesse gesprochen. Gibt es andere Vorhaben, mit denen Sie aktuell das Thema treiben?

Die Taunus Sparkasse arbeitet schon lange an der Vereinbarkeit von Beruf und Familie. Seit 2005 sind wir von der Hertie-Stiftung zertifiziert für unsere Angebote im Bereich „Beruf und Familie". Wir haben aber festgestellt, dass gute Möglichkeiten, das Arbeiten mit der Familie in Einklang zu bringen, nicht ausreichen, um mehr Frauen in Führungsverantwortung zu haben.

Seit 2009 ist die Taunus Sparkasse an dem Forschungsprojekt des Bundesministeriums für Bildung und Forschung zum Thema „Frauen in Karriere" beteiligt. Das war für unser Haus ein wesentlicher Schritt. Die wissenschaftliche Analyse und die andere Sicht auf das Thema haben bei der Taunus Sparkasse einen neuen Prozess angestoßen. Wir betreten damit Neuland – auch innerhalb der Sparkassenlandschaft. Ein Männer- und ein Frauenteam haben getrennt voneinander an derselben Fragestellung gearbeitet: Wie kann der Frauenanteil in Führungspositionen signifikant gesteigert werden? Ein konkretes Ergebnis ist eine Auszeit für Männer analog der Elternzeit. Diesem Angebot liegt die Erkenntnis zugrunde, dass Männer sich mehr um ihre Familie kümmern wollen und Frauen mehr Zeit für die Erwerbstätigkeit haben wollen. Nur wenn Männer mehr Verantwortung in der Familie übernehmen, haben Frauen mehr Freiräume für das Arbeiten. Außerdem gibt die notwendige – zeitlich befristete – Vertretung Frauen die Chance, Führung auf Zeit zu „testen". Das ermutigt Frauen zur Übernahme von Führungsverantwortung.

Was erwarten Sie, wohin die Entwicklung – um mal einen realistischen Prognosezeitraum anzunehmen – in den nächsten zehn Jahren gehen wird? Und was wünschen Sie sich persönlich, was dabei „hinten rauskommt"?

Wenn ich mir etwas wünschen dürfte für die Zukunft, dann wäre mein Wunsch, dass man in zehn Jahren einen Blick zurückwirft und sich sagt: „Ach ja, so etwas gab es mal." Man wird sich dann vielleicht wundern, warum es in Top-Positionen immer noch einen Männerüberhang gibt – denn es wird einfach eine Zeitlang dauern, bis sich diese Lücke schließt. Aber es wäre schön, wenn man dann sagen könnte: Na, dieser Überhang wird sich in wenigen Jahren ganz normal überleben.

Und tatsächlich gibt es ja eine Veränderung. Heute beobachte ich manchmal noch, dass die Frauen wirklich überzeugt werden wollen, dass es richtig ist, Karriere zu machen. Den Männern muss man schon manchmal noch erklären: Dir fehlen bisher die Erfahrungen für eine Führungsposition. Aber das ist im Wandel begriffen. Die Taunus Sparkasse macht beispielsweise jährlich ein Projekt, die so genannte Azubifiliale. Wir geben eine Woche lang eine komplette Filiale in die Hand von Azubis – und wir haben die gleiche Anzahl von weiblichen und männlichen Bewerbern. Das wäre wahrscheinlich vor zehn Jahren noch anders gewesen. Da wären wohl die jungen Männer nach vorne gekommen: „Wir können das schon", und die jungen Frauen hätte man fragen müssen: „Hättest du nicht Lust dazu?" Das ist nicht mehr so, das hat sich geändert, und das ist doch schon mal ein erster Schritt in die richtige Richtung.

Perspektive Forschung:
Weichen für Frauen neu gestellt –
Wandel des Karrieremechanismus
in modernen Unternehmen

Neue Spielregeln in modernen Unternehmen

Chancen und Risiken für Frauen

Anja Bultemeier und Andreas Boes

1 Einleitung: Umbruch der Unternehmen und Wandel der Karrierechancen von Frauen

Dieser Aufsatz thematisiert den aktuellen Wandel des Karrieremechanismus in modernen Unternehmen und fragt nach den darin liegenden Chancen und Risiken für die beruflichen Entwicklungs- und Karrieremöglichkeiten von Frauen. In unseren Studien wird deutlich, dass sich die Karrieremöglichkeiten von Frauen aktuell sehr grundlegend verändern und dass sich dabei neue Chancen abzeichnen, tradierte Geschlechterstrukturen in den Unternehmen aufzubrechen. Diese neuen Chancen ergeben sich aus grundlegenden Veränderungen in der Gesellschaft und den Unternehmen selbst: Im Zusammenspiel mit der zunehmenden Präsenz hochqualifizierter Frauen auf dem Arbeitsmarkt und einer gestiegenen öffentlichen Anspruchshaltung, die den diversen politischen Initiativen zur Förderung der Chancengleichheit von Frauen zugrunde liegt und einen gewissen Druck entfaltet, erweist sich der aktuelle Wandel in den Unternehmen als entscheidender Einflussfaktor, die Geschlechterungleichheit in den Karrierechancen zu verändern. Unsere Analyse konzentriert sich daher im Folgenden darauf, diesen Wandel in den Unternehmen zu verstehen und in seinen Auswirkungen auf den Karrieremechanismus im Allgemeinen und die Karrierechancen von Frauen im Besonderen zu beschreiben.

Dieser Veränderungsprozess der Unternehmen vollzieht sich aktuell nicht in kleinen Schritten und schleichend, sondern als grundlegender Umbruch, als Veränderung der Grundfesten moderner Unternehmen. In einer vergleichsweise kurzen historischen Entwicklungsperiode zwischen Mitte der 1970er und Mitte der 1990er Jahre ist es den Unternehmen gelungen, sich gewissermaßen neu zu erfinden und die konzeptionellen Eckpunkte eines neuen Unternehmenstyps auf einer neuen Produktivkraftgrundlage zu etablieren (vgl. Boes/ Kämpf 2012). Seitdem entwickeln sich die Unternehmen nach einem neuen Konzept – aus einer inkrementellen Veränderung ist ein tiefgreifender Umbruch geworden. Diesen gilt es in seiner historischen Tragweite zu verstehen.

Mit der Durchsetzung der „großen Industrie" (Marx) im 19. Jahrhundert begann sich ein bestimmender Unternehmenstyp herauszubilden, der in seinen Grundlagen auf der Maschinerie der Großindustrie aufbaute. Wir nennen diesen Unternehmenstyp „Unternehmen 1.n". Die ersten Industrieunternehmen im Gründerkapitalismus, die mit Taylors „wissenschaftlicher Betriebsführung" entstehenden Großunternehmen des „organisierten Kapitalismus" und letztlich auch das auf den gesellschaftlichen Entsprechungsverhältnissen von Massenproduktion und Massenkonsum basierende fordistisch-tayloristische Großunternehmen der fordistischen Ära basierten alle auf diesem Bauplan, sind also nach unserer Nomenklatur die Varianten 1.1 bis 1.3 des Unternehmens 1.n.

Die Krise des fordistisch-tayloristischen Großunternehmens, die in der „Ölkrise" der 1970er Jahre manifest wurde, mündete in den folgenden 20 Jahren in diverse Suchprozesse nach neuen Konzepten. Diese gewannen zunehmende Kohärenz und stabilisierten sich in einem neuen Grundtyp des Unternehmens, der sich seit der Mitte der 1990er Jahre in seinen konzeptionellen Prinzipien erkennen lässt. Diesen neuen Unternehmenstyp nennen wir „Unternehmen 2.n" (vgl. Boes et al. 2011: 31).[1]

Mit den „neuen Managementkonzepten" (vgl. Kadritzke 1997) wurden in den 1990er Jahren zunächst die Eckpunkte des neuen Unternehmenstyps realisiert. Diese Entwicklung basiert wesentlich auf der Durchsetzung der Informations- und Kommunikationstechnologien (IT) als neuer Leittechnologie, welche ihrerseits mit dem Internet einen qualitativen Bedeutungswandel in den Gesellschaften und für die Ökonomie erfahren hatte. Für die folgende Entwicklungsphase übernahmen IT-Unternehmen anstelle der traditionellen Industrieunternehmen die Innovationsführerschaft. Sie fungierten gleichermaßen als „enabler" und „forerunner" der neuen Unternehmenskonzepte, denn indem sie den grundlegenden Umbau der Unternehmen an sich selbst vorexerzierten, lieferten sie ihren Kunden den praktischen Beweis für das Potenzial der neuen Unternehmenskonzepte.

Idealtypisch lässt sich diese Entwicklung an dem amerikanischen Großunternehmen IBM nachvollziehen. Dieses Unternehmen war mit dem Niedergang des technologischen Konzepts des Großrechners Ende der 1980er Jahre in die Krise geraten und stand vor der Herausforderung, sich mit Blick auf das Produkt- und Leistungsspektrum, das Geschäftsmodell und das Unternehmenskonzept gleichermaßen neu zu erfinden. In Überwindung dieser Krise entwickelte das Unternehmen die Grundlagen für das Unternehmen 2.n in idealtypischer Weise: Lines of Business, Management by Objectives, flache Hierarchien, konsequente Dezentralisierung des Unternehmens und zugleich Zentralisierung der Entscheidungen. IBM wurde damit zum Vorreiter der Entwicklung eines neuen Unternehmenstyps.

Der Börsencrash des Jahres 2000 und der Niedergang der New Economy trennten dann gewissermaßen die Spreu vom Weizen. War in den 1990er Jahren noch eine große Vielfalt

---

[1] Wir gehen davon aus, dass auch dieser neue Grundtyp eines Unternehmens über einen längeren historischen Zeitraum trendbestimmend sein wird und im Laufe seiner Entwicklung, ebenso wie das Unternehmen 1.n, das zumindest drei große Entwicklungsstadien durchlaufen hat, mehrere Varianten hervorbringen wird. Insofern deutet die aus der Software-Entwicklung entlehnte Bezeichnungsweise an, dass weitere Entwicklungen zu erwarten sind, die aber Varianten des gleichen Grundtyps darstellen werden. Das „.n" steht, wie in der Mathematik üblich, für eine beliebige natürliche Zahl, weil wir die Anzahl der Varianten jetzt noch nicht absehen können. Obwohl die Termini auf den ersten Blick ähnlich klingen, folgt unsere Begriffsstrategie damit einer anderen Logik, als sie den gebräuchlicheren Bezeichnungen „Unternehmen 2.0" oder „Enterprise 2.0" zugrunde liegt. Diese gehen auf ein anderes theoretisches Konzept zurück und bedienen sich einer anderen Nomenklatur.

zu beobachten, so trat nun ein deutlicher Vereinheitlichungsprozess zutage. Die konzeptionellen Eckpunkte des neuen Unternehmenstyps wurden klar erkennbar und für viele Unternehmen strategieprägend – eine deutliche Homogenisierung in den leitenden Vorstellungen ist zu konstatieren. Seitdem ist die Entwicklung der Unternehmen von einem neuen Leitbild geprägt. Bei allen Unterschieden und Varianzen gilt: Das Unternehmen 2.n bestimmt als Leitkonzept die weitere Entwicklungsrichtung moderner Unternehmen.

Die Geschäftsmodelle und die Prinzipien der Produktivitätssteigerung dieses neuen Unternehmenstyps basieren auf einer neuen Qualität der Informatisierung. Anders als das Unternehmen 1.n, das in seinen Rationalisierungsbestrebungen an der Handarbeit ansetzte, orientiert das Unternehmen 2.n primär auf die Steigerung der geistigen Produktivkräfte, setzt also an der „Kopfarbeit" an. Die Basis dafür liefert eine „neue Qualität der Informatisierung" und insbesondere die Herausbildung eines weltweiten „Informationsraums" (Baukrowitz/Boes 1996; Boes/Kämpf 2012). Über diesen Informationsraum gelingt es den Unternehmen, neuartige Prinzipien der Organisation und der Steuerung zu etablieren. Sie münden in eine neue Leitvorstellung der Organisation von Unternehmen, das systemisch integrierte Unternehmen. Diese tritt an die Stelle der divisional gegliederten Organisation des alten Unternehmenstyps.

Der Umbruch in den Unternehmen korrespondiert mit einem fundamentalen Wandel von Karriere. Tradierte Karrierestrukturen, Karriereverläufe und Karrieretypen, wie sie in das fordistische Unternehmen eingeschrieben waren, werden ebenso obsolet wie dessen klassisches Karriereverständnis. Im Kontext des Unternehmens 2.n zeigen sich jenseits von Unternehmens- und Branchengrenzen neue Konzepte und vor allem neue Praxen der Karrieregestaltung, die erstaunlich einheitlich sind und auf eine neue historische Konfiguration verweisen. Im komplexen Zusammenspiel von Karrierestrukturen und Karrierepraxen entwickelt sich damit im Übergang zum Unternehmen 2.n ein neuer Karrieremechanismus.

In diese Veränderung des Karrieremechanismus, die Teil des größeren Umbruchs ist, ist die Veränderung der Karrierechancen von Frauen eingeschrieben. Dies gilt sowohl im Positiven wie auch im Negativen. Deswegen ist die Frage nach den Karrierechancen von Frauen nur in diesem Kontext zu verstehen.

Der Prozess der Neugestaltung des Karrieremechanismus ist aktuell weiter virulent und noch nicht abgeschlossen. Obwohl die Konturen eines neuen Karrieremechanismus deutlich erkennbar sind, haben auch tradierte Strukturen und Wirkmechanismen weiterhin Relevanz. Das Neue hat das Alte nicht vollständig aufgehoben oder ersetzt, sondern in der Praxis der Unternehmen lässt sich ein Nebeneinander von alten und neuen Konzepten und Praxen erkennen – bisweilen entstehen sogar unterschiedliche Mischformen aus beidem. Die Frage nach der letztendlichen Gestalt des neuen Karrieremechanismus wird daher erst in der Zukunft beantwortet werden.

Die Durchmischung von Alt und Neu zeigt auch, dass die Neugestaltung von Karriere kein Selbstläufer, sondern umkämpftes Terrain ist. Die Unternehmen befinden sich diesbezüglich noch in einer Suchbewegung und aktuell deutet vieles darauf hin, dass – politisch initiiert und gesellschaftlich getragen – der Wandel der Geschlechterverhältnisse Teil dieser Suchbewegung sein wird. In allen Partnerunternehmen des Projekts konnten wir in der einen oder anderen Form beobachten, dass die Zielstellung der Geschlechtergerechtigkeit die Reorganisation beeinflusst und spezifisch konturiert.

Damit reagieren die Verantwortlichen in den Unternehmen auf die zumeist unintendierten Folgewirkungen des Veränderungsprozesses. Denn unsere Ergebnisse zeigen eines ganz klar: Der Umbruch in den Unternehmen wirkt nicht geschlechtsneutral. Er absorbiert, reproduziert und modifiziert tradierte Geschlechterverhältnisse in den Unternehmen und gibt ihnen in der Konturierung des Karrieremechanismus spezifische Gestalt. Dies veranlasst die Unternehmen, nach neuen Lösungen zu suchen. Die Geschlechterverhältnisse in den Unternehmen sind somit nicht nur Folge, sondern auch Movens der Veränderung.

In der Unabgeschlossenheit des Umbruchprozesses und seiner spezifischen Qualität liegt eine historische Chance für die Karriereintegration von Frauen. Um diese Chance zu ergreifen, ist es notwendig, den neuen Karrieremechanismus, der als Bindeglied zwischen dem Umbruch in den Unternehmen und der geschlechtsspezifischen Chancenstruktur fungiert, in seiner Wirkungsweise zu verstehen. Dazu soll dieses Kapitel einen Beitrag leisten.

Zunächst (Abschnitt 2) werden die Konturen des Unternehmens 1.n skizziert und der eng damit verwobene Karrieremechanismus entwickelt. Dies dient gleichsam als Referenzfolie, um die aktuell zu beobachtenden Veränderungsprozesse in den Unternehmen angemessen zu analysieren. Die Unternehmen – so unsere These – sind gegenwärtig auf dem Weg vom Unternehmen 1.n zu einem systemisch integrierten Unternehmen und damit ist auch eine grundlegende Transformation des traditionellen Karrieremechanismus und der Ausgestaltung von Führung verbunden. Im folgenden Teil (Abschnitt 3) werden die Bausteine des neuen Karrieremechanismus entwickelt. Dieser bringt ein neues Karrieremuster hervor und basiert auf einem systemischen Entscheidungsmodus. Die Kernkompetenz des neuen Karrieretypus liegt in der öffentlichen Positionierung. Verbunden ist damit eine neue „Maßlosigkeit" moderner Karrieren. Die Erörterung der geschlechtsspezifischen Auswirkungen des neuen Karrieremechanismus (Abschnitt 4) baut auf dieser Binnenperspektive der Karrierebausteine auf. Es zeigt sich, dass die einzelnen Bausteine in der Unternehmenspraxis jeweils spezifische Chancen und Risiken für Frauen generieren. Der neue Karrieremechanismus verändert die Spielregeln von Karriere, aber er stellt keinen Automatismus in Richtung Chancengleichheit dar, wie abschließend (Abschnitt 5) resümiert wird.

2 Die Herausbildung eines neuen Karrieremechanismus im Übergang zum Unternehmen 2.n

Der Umbruch in den Unternehmen bewirkt seinerseits Veränderungen der Karrieremöglichkeiten und des Karriereverständnisses. Dabei handelt es sich nicht um Veränderungen an den Rändern. Konstitutiv für das Unternehmen 2.n ist vielmehr auch ein komplexer, weitreichender Neuerungsprozess hinsichtlich der Art und Weise, wie Karrieren zustande kommen, wie sie verlaufen und was sie beinhalten. Es geht also, so unsere Erfahrung, um einen tiefgreifenden Umbruch des gesamten Karrieremechanismus und nicht um ein paar Veränderungen im Detail.

Den Begriff des Karrieremechanismus konzipieren wir als die sich im Zusammenspiel von Karrierestrukturen, Prozessen und den Handhabungen der Karrierepraxis ergebenden Verfahren, Prozeduren und Entscheidungen, die individuelle Karrieren sowie verallgemeinerbare Karrieremuster über die Hierarchieebenen generieren. Er thematisiert also im Kern den Erzeugungsmechanismus von Karrieren in einer Gesamtbetrachtung, bei der das Zusammenwirken ganz unterschiedlicher Veränderungsmomente im Zentrum steht[2] (Bultemeier 2013). Dieser Karrieremechanismus ist in seinem Wesen ein sozialer Prozess, der zwar von den strukturbildenden Institutionen, Karriereleitbildern, Karrierepfaden und Auswahlverfahren geprägt ist, seine konkrete Gestalt jedoch erst in der sozialen Praxis der Unternehmen ausbildet, die in ihrem Wesen zunächst einmal eine Praxis der Arbeit und nicht der Karriere ist. Hier, in den Erfordernissen des täglichen Arbeitens und den Erfahrungen mit den darin eingelassenen Formen von Führung, entwickeln sich praxiserprobte Momente eines gelebten Karrieremechanismus. Dieser gelebte Karrieremechanismus kann demnach in der Praxis von den Karrieremodellen der Human-Resources-Abteilungen abweichen. Und auch die Varianzen zwischen einzelnen Abteilungen bezüglich der gelebten Karrierepraxis können sehr ausgeprägt sein. Regelmäßigkeit und Muster, wie sie im Begriff des Karrieremechanismus von uns absichtsvoll thematisiert werden, sind also niemals nur als Ergebnis geplanten Handelns zu verstehen, sondern immer auch Resultat unintendierter Aktivitäten einer sozialen Praxis.[3]

2.1 Der Umbruch in den Unternehmen - Neue Rahmenbedingungen für Karrieren

Die traditionelle Gestaltung der Karriere, wie wir sie in den Unternehmen in einzelnen Aspekten auch heute noch beobachten können, ist wesentlich geprägt durch das tayloristisch-fordistische Unternehmenskonzept. Dies kennzeichnet industrielle Großunternehmen, die auf die Massenproduktion ausgerichtet sind und eine entsprechende funktionale Organisationsgliederung aufweisen. Dabei zeichnen sich die großen funktionalen Säulen wie

---

2   Auch Anett Herrmann (2004) operiert in ihrer Dissertation zu „Karrieremuster im Management" mit dem Begriff des Karrieremechanismus. Sie spricht dabei von „Karrieremechanismen", die auf der individuellen und der strukturellen Ebene angesiedelt und über „Karrierelogiken" zu beschreiben seien (ebd.: 2). In Anlehnung an die Sozialtheorie von Pierre Bourdieu werden die Karrierelogiken auf die „Spielregeln" im Management sowie den „praktischen Sinn für das Spiel" der Akteure zurückgeführt (ebd.: 258). Anett Hermann leistet damit einen wichtigen Beitrag zu einer theoriegeleiteten Karriereforschung.

3   Aus diesem Grund bevorzugen wir im Folgenden in unserer Begriffsstrategie den Begriff des Karrieremechanismus gegenüber dem des Karrieremodells. Die Konzeption des Karrieremodells bezieht sich ebenso wie jene des Karrieremechanismus auf eine Gesamtbetrachtung von Karriere und das Zusammenwirken unterschiedlicher Karrieredimensionen. Der Fokus unterscheidet sich jedoch: Während sich der Begriff des Karrieremodells stärker auf die äußere Gestalt von Karriere, die Karrierestrukturen und Karrieremuster konzentriert, steht beim Begriff des Karrieremechanismus der innere Erzeugungsmechanismus von Karriere, also die Praxen und Routinen der Auswahlentscheidungen und Karriereformierung im Vordergrund. Er thematisiert also das Zusammenkommen von intentionalen und nicht-intentionalen Momenten der Entstehung von Regelmäßigkeiten der Karriere.

Entwicklung, Produktion und Vertrieb durch eine hohe Eigenständigkeit aus und stehen weitgehend unverbunden nebeneinander, so dass den Leitern dieser Bereiche eine große Gestaltungsmacht in ihrem Bereich zukommt (vgl. Beckman 1996). Sie fungieren innerhalb ihres Verantwortungsbereichs oft als „Fürsten im Reich", weil sie mit weitreichenden Entscheidungsbefugnissen ausgestattet sind, während das Top-Management ihnen gegenüber nur vergleichsweise geringe Kontrollpotenziale hat.

Die Unternehmen werden auf der Grundlage der „wissenschaftlichen Betriebsführung" und damit korrespondierender Vorstellungen von Bürokratisierung geführt. Dies beinhaltet eine strikte Trennung von Planung und Ausführung (vgl. Braverman 1977) und daraus resultierend ein enormes zahlenmäßiges Wachstum von planenden und leitenden Tätigkeiten im Allgemeinen und von Managementfunktionen im Besonderen. Die intendierten Produktivitätsfortschritte auf Seiten der Handarbeit bewirken also als unintendierte Nebenfolge ein schnelles Wachstum auf Seiten derjenigen Beschäftigtengruppen, die planende Tätigkeiten wahrnehmen. Die Beziehungen zwischen planenden und ausführenden Tätigkeiten, aber auch innerhalb verschiedener Gruppen planender Tätigkeiten sind nach bürokratischen Prinzipien organisiert. Sowohl die Anweisungen für die ausführenden Tätigkeiten als auch die Beziehungen zwischen den verschiedenen organisatorischen Subeinheiten werden nach dem Prinzip der bürokratischen Regel, also als eindeutige Wenn-dann-Beziehungen strukturiert. Daraus resultierend entwickeln sich Aufbauorganisationen, bei denen die funktionalen Teilorganisationen möglichst weitgehend gegeneinander isoliert sind und deren Beziehungen zueinander schnittstellenartig über Regeln gestaltet sind. Die großen divisionalen Einheiten wie Entwicklung, Produktion oder Vertrieb bilden je eigene Bereiche eines Unternehmens. Diese Entwicklung mündete in der Praxis vieler Unternehmen in eine Art „Autismus" der Abteilungen, eine (schein-)geregelte Selbstbezüglichkeit der einzelnen Teileinheiten (vgl. Boes et al. 2013).

Zugleich entwickelt sich in der bürokratisch-tayloristischen Organisation ein Nebeneinander moderner und vormoderner, personaler Entscheidungsmuster. Alle Entscheidungen, die sich durch diese Regeln nicht bewältigen lassen, werden auf die höheren Hierarchieebenen eskaliert. Hier wiederum werden sie nicht nach vorgegebenen „rationalen" Regeln, sondern nach dem Muster personaler, oft despotischer Machtausübung bearbeitet. Insofern hat die „Rationalität" der „rationalen Herrschaft", von der Max Weber (vgl. 1988) mit Blick auf die „Bürokratie" so emphatisch sprach, stets nur für die unteren Ebenen der Hierarchie des Unternehmens gegolten; oben herrschten vormoderne, personale Entscheidungsmuster vor.

Aus der beschriebenen Entwicklung resultiert eine fortwährende Ausdifferenzierung hierarchischer Ebenen von Führung. In ihrer Hochzeit verfügten die großen fordistisch-tayloristischen Unternehmen über tief gestaffelte Hierarchien mit vielfach kaskadierten Entscheidungs- und Befehlsketten. General Motors zählte beispielsweise in der Hochphase des fordistisch-tayloristischen Großunternehmens 14 Hierarchieebenen (vgl. Womack et al. 1991). Diese bürokratisch geformte und tief gestaffelte Hierarchie in den funktionalen „Silos" ist auch eine Voraussetzung für das glaubhafte „Aufstiegsversprechen", das Baethge et al. (1995: 20) als zentralen Bestandteil des Einbindungsmodus für Führungskräfte qualifizieren. Nur wenn tatsächlich eine Vielfalt an Karrierepositionen zur Verfügung steht, kann Karriere als

Anreiz für Kreativität und Leistungsbereitschaft dienen – zumindest unter den Bedingungen langfristiger Bindung, hoher Beschäftigungssicherheit und geringer individueller Leistungstransparenz, wie sie für das fordistische Unternehmen konstitutiv waren und teilweise immer noch sind. Das „wissenschaftliche Management" bestimmt den „one best way" der Arbeitsausführung und bürokratische Regelsysteme leiten Direktiven von oben nach unten. Beschäftigte und Führungskräfte werden in „betriebszentrierten Arbeitsmärkten" (Lutz 1987) langfristig gebunden und erleben in der Praxis eine „Zukunftsgewissheit", auch wenn keine gesetzlichen Garantien gegen Entlassung vorliegen (Castel 2000: 341).

Diese Ausgestaltung des fordistischen Unternehmens formt auch den traditionellen Karrieremechanismus, der eng mit den Strukturen dieses Unternehmenskonzepts verbunden ist. So verläuft Karriere entlang der Aufbauorganisation der Unternehmen in den funktionalen Säulen und wird deshalb als „Kaminkarriere" oder „funktionale Karriere" (Faust et al. 2000: 177) bezeichnet. Hierbei ergeben sich Unterschiede im internationalen Vergleich. Die Kaminkarriere ist in Deutschland das Resultat des Zusammenspiels der funktionalen Gliederung der Unternehmen und der spezifischen Berufsausbildung, wodurch ein enger Bezug zur Fachlichkeit auch während der Karriereentwicklung aufrecht erhalten bleibt: „Management scheint in deutschen Unternehmen nur in Verbindung mit Fachkompetenz gedacht zu werden" (Walgenbach/Kieser 1995: 278). So entspricht in Deutschland die formale Qualifikation der Manager der fachlichen Ausrichtung der Abteilung, die sie als Führungskräfte leiten, während z.B. das britische Karrieremodell eher fachunspezifische, generalisierbare Anforderungen fokussiert (ebd.: 278, 281). Der enge und dauerhafte Bezug zur Fachlichkeit oder Profession stellt damit eine Besonderheit der deutschen Konstellation dar:

> „Das traditionelle deutsche mittlere Management wird in der international vergleichenden Literatur als funktionales Management beschrieben, in dem sich berufsfachlich beschreibbare Anforderungen mit bürokratisch definierten ‚Zuständigkeiten' vermischen, wodurch das professionelle Element zumeist in spezifischer Weise funktional ‚gerinnt'." (Faust et al. 2000: 19)

Die Karrierevorstellung, die der funktionalen Gliederung und diesem Einbindungsmodus entspricht, ist die „Statuskarriere" (Baethge et al. 1995). In Anlehnung an die „Laufbahn" im öffentlichen Dienst (vgl. Di Luzio 2003), jedoch mit einer größeren qualifikatorischen Durchlässigkeit ausgestattet, verbindet sie den schrittweisen Aufstieg mit einem Zuwachs an Geld, Macht und Prestige. In dieser Karrierevorstellung sind Abstiege nicht vorgesehen und Querbewegungen innerhalb einer Hierarchieebene werden als Ausnahme von der Regel gesehen (Walgenbach/Kieser 1995).

Ebenso wie das Karrieremuster der funktionalen Karriere und die Karrierevorstellung der Statuskarriere historisch eng mit den Organisationsprinzipien des fordistischen Unternehmens verbunden sind, ist es auch der Modus der Karriereentscheidungen. Über die Ausgestaltung der Karrierestrukturen und die Auswahl der Karrierekandidaten entscheiden die Führungskräfte in den funktionalen Silos weitgehend eigenständig. Karriere basiert damit auf personalen Entscheidungen der Führungskräfte, die wie „Fürsten im Reich" in ihren Bereichen agieren. Dabei sind sie teilweise in bürokratische Regelsysteme eingebunden – z.B. müssen frei werdende Stellen im Mitarbeiterbereich häufig formal ausgeschrieben werden, bei Führungspositionen ist dies allerdings nur sehr selten der Fall –, die personale Entscheidungen einschränken oder verzögern können, sie jedoch nicht aufheben. In diesem Sinne sind die Führungskräfte die „‚Strukturgeber' für Karrierewege" (Nickel/Hüning 2008: 228).

Wesentliche Entscheidungskriterien bei der Auswahl der Karrierekandidaten und damit zentrale Karrieredeterminanten im fordistischen Großunternehmen sind Seniorität und Leistung. Seniorität spiegelt dabei den in der langfristigen Bindung angelegten Zuwachs an Erfahrung wider, während Leistung als Motor der „Aufstiegskonkurrenz" fungiert: „Die Ungewissheit darüber, wer nach welchen Kriterien aufsteigt, ist die sprudelnde Quelle der Aufstiegskonkurrenz" (Faust 2002: 70). Hier liegt „eine wichtige Machtbasis des jeweiligen Vorgesetzten" (ebd.: 71), der oder die die Leistungskriterien definiert und/oder interpretiert. Bei der Besetzung höherer Positionen gewinnt zudem neben Seniorität und Leistung ein weiteres Karrierekriterium an Relevanz in personalen Entscheidungsprozessen: das soziale „Vertrauen" (Hartmann 2003: 169). Denn die „Chemie" und das „Bauchgefühl" zwischen Führungskraft und Karrierekandidat/-in müssen stimmen, dies wird zur Voraussetzung für den Karriereaufstieg vor allem in Spitzenpositionen (ebd.).

Diese Ausführungen zeigen, dass die einzelnen Dimensionen im Gesamtkomplex von Karriere in einem inhärenten Zusammenhang stehen, der durch das fordistische Unternehmen generiert wird. Dieses formt das traditionelle Karrieremodell und den darin eingeschriebenen Karrieremechanismus.

Mit den fundamentalen Veränderungen in den Unternehmen hin zu einem Unternehmen 2.n seit den 1990er Jahren gerät dieser Gesamtkomplex von Karriere jedoch tiefgreifend in Bewegung. Die neue Qualität der Informatisierung und insbesondere die Nutzung des Informationsraums zur Steuerung und Kontrolle der Unternehmen schaffen neuartige Bedingungen für die Organisation von Führung und verändern so auch zentrale Bedingungen des Karrieremechanismus selbst. In der Aufbauorganisation treten an die Stelle der divisionalen Gliederung in einzelne Silos Lines of Business, die eine cross-funktionale Beziehung zwischen den organisatorischen Einheiten beinhalten. Auf der Basis ausdifferenzierter Informationssysteme werden komplexe Prozesse unternehmensübergreifend analysiert und zur Grundlage der Unternehmenssteuerung gemacht. So lassen sich Steuerungsmechanismen etablieren, die entsprechend dem Ansatz des „Management by Objectives" die einzelnen organisatorischen Teileinheiten und Akteure auf der Basis von Zielvereinbarungen steuerbar machen (Boes/Bultemeier 2008). Die so geschaffene erhöhte Transparenz des Unternehmens und der damit einhergehende verbesserte Steuerungszugriff der oberen Managementebenen gegenüber dem Gesamtunternehmen ermöglichen eine Reduzierung der Hierarchieebenen. „Flache Hierarchien" sind die Folge, die Zahl der Karriereebenen sinkt. Dies wiederum mündet in eine konsequente „Dezentralisierung" des Unternehmens (vgl. Faust et al. 2000; Minssen 2008). Diese beinhaltet in der Regel, dass die unternehmerische Verantwortung einzelner organisatorischer Teileinheiten deutlich erhöht wird. So erhalten beispielsweise einzelne Abteilungen oder sogar Teams höhere Verantwortung für den zu erreichenden Deckungsbeitrag – und werden in ihrer Leistung auch daran gemessen. Diese Ausdifferenzierung der Organisation vollzieht sich aber immer auf der Grundlage der durch Informationssysteme ermöglichten höheren Transparenz und des verbesserten Steuerungszugriffs. Die Dezentralisierung der Organisation geht daher mit einer sehr weitreichenden Zentralisierung der Entscheidungsstrukturen des Unternehmens einher (vgl. Boes/ Bultemeier 2008).

Auf der Grundlage einer so gestalteten Organisation entstehen Unternehmen, die sich im Gegensatz zum fordistischen Großunternehmen durch eine sehr große Veränderungsflexibilität und fluide Grenzziehungen zu ihrer Umwelt auszeichnen. Die Unternehmen sind ihrerseits Teil komplexer Wertschöpfungsketten, die sich in permanenter Restrukturierung befinden. Die Organisation der Leistungserstellung erfolgt im Unternehmen 2.n von außen nach innen, also vom Markt zur Produktion hin – nicht, wie in der fordistischen Leitvorstellung, von der Produktion zum Markt. In den Unternehmen bilden sich dynamische und äußerst flexible Mechanismen heraus, die unter den Bedingungen einer stets fluiden Beziehung von Innen und Außen auf die Herstellung der notwendigen organisationellen Integrität und strategischen Handlungsfähigkeit gerichtet sind (vgl. Altmann/Bechtle 1971).

Die erforderliche Integrationsleistung erbringt das Unternehmen über den Organisationsmodus der systemischen Integration. In diesem liegt gewissermaßen das Geheimnis der Herstellung von strategischer Handlungsfähigkeit in fluiden Beziehungen begründet. Diese systemische Integration wird im Unternehmen 2.n über den Informationsraum hergestellt – so lassen sich Kohärenz und Fluidität zugleich realisieren. Durch Rückgriff auf den Informationsraum wird es möglich, die Organisation in ihren Teileinheiten extrem dezentral aufzustellen und sie bezüglich ihrer Strategie und der zugrundeliegenden Entscheidungsstrukturen zugleich zentral zu steuern (vgl. Boes/Bultemeier 2008).

Die Aufbauorganisation folgt also nicht mehr dem Prinzip der schnittstellenartigen, sondern der systemischen Integration. „Systemisch" bedeutet in diesem Fall, dass die organisatorischen Subeinheiten eben nicht gegeneinander isoliert werden, sondern im Gegenteil entsprechend ihrer realen Interdependenz bei der Leistungserbringung so in Beziehung gebracht werden, dass „alles mit allem zusammenhängt". Demnach sind beispielsweise Entwicklung, Produktion und Vertrieb drei funktionale Teilmomente eines auf den Kunden gerichteten Leistungserstellungsprozesses, deren Beziehungen untereinander notwendig interdependent sind. Interdependent bedeutet hier: Es muss davon ausgegangen werden, dass jede Aktivität in einer organisatorischen Teileinheit der systemischen Organisation zwingend Wirkungen in allen anderen zeigt. Nicht das Denken im eigenen „Silo" bestimmt die Selbstwahrnehmung der Abteilungen, sondern die Vorstellung des „Beständig-in-Beziehung-Stehens" zu den anderen Abteilungen.

Die Organisation ist daher nach der Idee durchgängiger Wertschöpfungsprozesse konzipiert, die alle zum Erreichen eines Kundennutzens erforderlichen Teileinheiten als Momente eines interdependenten Systems beschreiben, dessen gemeinsames Ziel es ist, am Ende einen Kundennutzen zu bewirken. Dabei sind die organisatorischen Teileinheiten in ihren Wechselbeziehungen untereinander nicht wie im fordistischen Großunternehmen primär über Regeln, sondern nach dem Modus des „Sinns" verbunden.

Mit der Unterscheidung von „Regel" und „Sinn" als Modus der Komplexitätsbewältigung folgen wir Luhmann. Demnach bezeichnet „Regel" einen Modus der Komplexitätsreduktion, der die Unendlichkeit der Verweisungsbezüge in eine endliche Anzahl von definierten

Regeln überführt und damit gegenüber der Realität stets unterkomplex ist. Demgegenüber definiert „Sinn" einen Orientierungsmodus des sozialen Handelns, der die Unendlichkeit der Verweisungsbezüge für Selektion verfügbar macht, ohne deren inhärente Komplexität zu vernichten (Luhmann 1985; 1987; vgl. Boes 1996: 173). Auf die Binnenbeziehungen zwischen Abteilungen angewandt bedeutet dies: Der Modus „Sinn" beinhaltet, dass organisatorische Teileinheiten sich bei der Bewältigung von Komplexität in ihrem Agieren stets reflexiv verhalten, also die eigene Rolle als Teil eines interdependenten Systems reflektierend (Boes 1996: 165; vgl. Wehrsig/Tacke 1992). Während also im bürokratischen, an der Regel orientierten Modus die Erfüllung der formalen Regel die Leitvorstellung des Agierens einer organisatorischen Teileinheit ist, weicht eine Teileinheit, welche nach dem Modus des „Sinns" mit anderen verbunden ist, dann von der Regel ab, wenn im Zusammenwirken mit anderen Teileinheiten Situationen entstehen, die die Erfüllung des gemeinsamen Ziels, also den gemeinsamen Sinn, gefährden. Die systemisch integrierte Organisation setzt damit an die Stelle des geregelten „Autismus" des fordistischen Unternehmens sinnbezogene Interdependenzbeziehungen als Leitvorstellung des organisatorischen Zusammenwirkens (vgl. Boes et al. 2013a).

Die systemische Integration des Unternehmens 2.n basiert auf einem Integrationsmechanismus mit zwei gegensätzlichen, komplementär verkoppelten Momenten: einerseits IT-gestützten Prozessen und andererseits dem Modus der Öffentlichkeit.

IT-gestützte Prozesse bilden das Rückgrat der systemischen Integration. Dabei stützt sich das Unternehmen auf das „informatorische Abbild" (Baukrowitz/Boes 1996), welches von der Organisation über Informationen beständig erzeugt wird. Wesentliche Tatbestände des Produktionsprozesses sind in unterschiedlichen Informationssystemen „strukturell verdoppelt" (Schmiede 1996) und bilden so die Grundlage für eine ganzheitliche Perspektive auf die Organisation in ihrem systemischen Zusammenwirken (vgl. Baukrowitz/Boes 1996). So entwickelte sich Ende der 1980er Jahre auf der Grundlage von ersten Unternehmensdatenmodellen eine abteilungsübergreifende Gesamtsicht auf das Unternehmen und seine internen Interdependenzbeziehungen. Dieses informatorische Abbild bildet seinerseits die Grundlage dafür, die Arbeitsprozesse in einzelnen Abteilungen sowie in einer cross-funktionalen Beziehung zwischen verschiedenen Abteilungen als durchgängige Prozesse zu beschreiben. Aktuell setzen die Unternehmen dazu verschiedene, meist IT-gestützte Methoden des Geschäftsprozessmanagements sowie Methoden der Prozessoptimierung wie Capability Maturity Model Integration (CMMI) oder IT Infrastructure Library (ITIL) ein. Die so beschriebenen Prozesse werden ihrerseits in organisatorische Festlegungen überführt und meist in IT-Systemen über Arbeitsmittel, Arbeitsgegenstände oder die Zusammenarbeit steuernde Systeme materialisiert. Zusammengenommen entsteht so ein Gerüst an IT-gestützten Prozessen, das die Grundlage für die Steuerung der Organisation über Zielvorgaben und Kennziffern bildet.

Komplementär dazu entwickeln die Unternehmen aktuell ein gegenläufiges Prinzip der Koordination, das dem Muster der „Öffentlichkeit" als Koordinationsmechanismus jenseits bürokratischer Regeln und hierarchischer Entscheidungen folgt (Bultemeier 2013). Dieser Koordinationsmechanismus entspringt der Anforderung, komplexe Interdependenzbeziehungen zu repräsentieren, die in systemischen Organisationen nicht vollständig durch formale Regeln und organisatorische Festlegungen zu beschreiben sind. Die Steuerung über Prozesse und Kennzahlen, die auf dem vergegenständlichten Wissen aufbaut, bedarf also eines Koordinationsmechanismus, der auf dem lebendigen Wissen, der Entfaltung der subjektiven Potenziale der Beschäftigten aufbaut; dieser Mechanismus funktioniert über Kommunikation und Öffentlichkeit. Die IT-gestützten Prozesse benötigen ein Korrektiv, um nicht zu verkrusteten Strukturen zu verkommen. Beides ist notwendig, um die systemische Perspektive zu realisieren.

Die Unternehmen schaffen daher auf unterschiedlichen Ebenen verschiedene Arenen und Plattformen der Handlungskoordination nach dem Muster der öffentlichen Aushandlung. Einzelne Teams tauschen sich beispielsweise in „Daily Scrums" aus, Abteilungen treffen sich zu „Pre-Lunch-Meetings", um über fachliche Themen teamübergreifend zu debattieren, und es werden „Kaffeeecken" eingerichtet, in denen Beschäftigten Gelegenheit zur ungezwungenen Kommunikation geboten wird. Wissensbestände im Unternehmen werden für alle in Wikis zugänglich gemacht und Social Media werden als Medien der Kommunikation eingesetzt. Der Modus der Öffentlichkeit basiert also wesentlich auf der Schaffung transparenter Diskursstrukturen zur Aushandlung unterschiedlicher Interessen und Perspektiven.

Für die Weiterentwicklung des Koordinationsmodus der Öffentlichkeit sind die Möglichkeiten, die der Informationsraum den Unternehmen zur Verfügung stellt, von zunehmender Bedeutung. Über diverse Medien innerhalb des Informationsraums werden vielfältige Räume für die unternehmensöffentliche Kommunikation und den Wissensaustausch geschaffen. Dabei handelt es sich beispielsweise um Medien und Technologien, die aktuell unter dem Stichwort „Social Media" für die Unternehmenskommunikation thematisiert werden. Diese Entwicklung beinhaltet eine weitreichende Veränderung der Unternehmenskommunikation und der Erschließung von Öffentlichkeiten. Anders als in Habermas' Überlegungen Anfang der 1960er Jahre zum „Strukturwandel der Öffentlichkeit" (Habermas 1962) problematisiert, geht es hier allerdings nicht um die klassischen monologischen Massenmedien, sondern um neue Medien, die in ihrer Charakteristik „dialogisch" (Boes 1996) sind und insofern neue Möglichkeiten des öffentlichen Diskurses bieten.

Diese Schaffung von neuartigen Öffentlichkeiten im Zusammenspiel von präsenzgebundenen Kommunikationsformen und solchen, die sich des Informationsraums bedienen, unterstützt die Entwicklung in den Unternehmen hin zu einem Koordinationsmodus durch öffentliche Aushandlung. In engem Austausch zu den neuartigen Formen öffentlicher Aushandlung, wie sie in den Communitys des Internets vorherrschen, entwickeln sich daher auch in den Unternehmen Formen der Öffentlichkeit, die sich an den Kulturmustern und den Normensystemen der Internet-Communitys orientieren und die Bedeutung des dialogischen, diskursorientierten Austauschs stärken.

In der Praxis sind die beiden Seiten des Integrationsmechanismus – IT-gestützte Prozesse und Öffentlichkeit – aufeinander bezogen und wirken so als zwei komplementäre Momente eines gemeinsamen Mechanismus. Das Verhältnis zwischen den beiden Momenten des Integrationsmechanismus vermittelt die Definition von „Rollen". Sie bilden gewissermaßen das vermittelnde Dritte zwischen IT-gestützten Prozessen und dem Modus der Öffentlichkeit.

Rollen entspringen im Unternehmen 2.n zunächst der Logik der Prozesse. Sie bündeln funktional bestimmte Verantwortlichkeiten in interdependenten Handlungszusammenhängen und weisen den Rolleninhabern damit einen Zuständigkeitsbereich innerhalb eines bestimmten organisatorischen Settings zu. Beschäftigte sind innerhalb der Scrum-Methodik beispielsweise als „Product Owner" Sachwalter der Interessen des Kunden gegenüber einem Team von „Entwicklern", welches wiederum jeweils einen „Scrum Master" bestimmt, der oder die für die Integration und das Empowerment des Teams Sorge trägt.[4]

Rollen verschaffen ihren jeweiligen Inhabern einen Handlungsrahmen und einen Verantwortungsbereich. Sie stecken in einem bestimmten Kontext die Handlungserwartungen an die Rolleninhaber ab und verleihen ihnen eine Identität im systemischen Ensemble der Rollen. Dabei werden in komplexeren Rollenkonzepten die „natürlichen" Spannungsfelder einer Handlungssituation ganz gezielt in unterschiedliche Rollen und deren Verhältnis im systemischen Zusammenwirken übersetzt. Im Entwicklungsprozesses beispielsweise werden die Spannungsfelder zwischen Kundennutzen und technischer Exzellenz oder zwischen Qualität und Kosten in ein dynamisches Beziehungssystem zwischen den drei genannten Rollen „Product Owner", „Entwickler" und „Scrum Master" aufgeteilt, um sie so einem Aushandlungsprozess zuzuführen, der die genannten Spannungsfelder nicht stilllegt, sondern als stets virulente Produktivkraft nutzt.[5]

Diese Rollen wiederum macht sich auch der Koordinationsmodus „Öffentlichkeit" zunutze. Indem die Rollen ihren Inhabern eine bestimmte Identität im Zusammenwirken mit anderen geben, verleihen sie ihnen Legitimation, eigenständig zu agieren und sich reflexiv ins Verhältnis zu anderen Akteuren zu setzen. Wenn beispielsweise eine Mitarbeiterin „Wirkkettenverantwortliche" für eine Gruppe von Ingenieuren eines Automobilzulieferers ist, dann beinhaltet dies die Legitimation, die Innovationen in den anderen Teams zu beobachten und sich ggf. mit diesen in Verbindung zu setzen, um etwaige Wechselwirkungen zwischen den jeweiligen Innovationen frühzeitig zu thematisieren. In dieser Rolle ist es also geradezu angelegt, dass Beschäftigte „über den Gartenzaun" schauen und somit potenziell auch in Konflikt mit anderen Teams geraten. Über die „Wirkkettenverantwortlichen" der einzelnen Teams werden die Interdependenzen zwischen den einzelnen Entwicklungsbereichen in einen politischen Aushandlungsprozess überführt. Auf diese Weise wird der notwendige Aushandlungsprozess zwischen einzelnen Ingenieurteams und ihren jeweili-

---

4 Diese Rollen werden in der Praxis nicht stabil an bestimmte Personen vergeben, sondern die Beschäftigten wechseln je nach organisatorischem Kontext die Rollen bzw. nehmen mehrere Rollen in einem Zeitabschnitt wahr, so dass eine Person beispielsweise in einem Team als „Entwickler" und in einem anderen Team als „Product Owner" fungieren kann.
5 Hier zeigt sich ein fundamentaler Unterschied zu den Organisationsvorstellungen der „wissenschaftlichen Betriebsführung". Diese orientierte stets darauf, mit wissenschaftlichen Methoden die „richtige" Lösung zu finden und diese dann zu exekutieren. Demgegenüber geht die neue Organisationsvorstellung davon aus, dass bei vielen Problemstellungen keine „richtigen" Lösungen gefunden werden können. Sie nutzt die Spannungsfelder als Quelle einer fortwährenden Suche nach besseren Lösungen.

gen Perspektiven auf das Gesamtprodukt produktiv gemacht und nicht durch Regeln oder Hierarchien stillgelegt.

Rollen sind demnach das verbindende Dritte zwischen den beiden gegenläufigen Teilmomenten des Integrationsmechanismus. Als Moment der Prozesse definieren sie Eingriffsrechte und Verantwortlichkeiten im systemischen Zusammenwirken unterschiedlicher Rollen. Und als Moment der öffentlichen Aushandlung verleihen sie ihren Inhabern die notwendige Legitimation, um sich eigenständig in nicht regelhaft definierten Handlungskontexten zu bewegen.

2.2 Zwischen professionellen Vorgaben und neuen Öffentlichkeiten: die Transformation von Führung

Das Unternehmen 2.n verändert auch die Anforderungen an Führungskräfte und Mitarbeiter. Im Zusammenspiel von Zentralisierung und Dezentralisierung, von definierten Prozessen und öffentlicher Aushandlung entsteht ein Handlungsraum, der das Verhältnis zwischen beiden Gruppen neu strukturiert.

Prozesse, Strukturen und Kennzahlen schaffen ein „Gerüst" des Unternehmens, das die Rahmenbedingungen und Parameter für das Handeln von Beschäftigten und Führungskräften kanalisiert und in eine systemische Bezogenheit[6] bringt. Von zentraler Bedeutung ist dabei, dass über diese Steuerungsgrößen professionelle Standards geschaffen und unternehmensweit vereinheitlicht werden. Dies kann z.B. bedeuten, dass die Karrierestruktur mit definierten Hierarchien, Entwicklungsmöglichkeiten innerhalb der Funktion und ausdifferenzierten Karrierepfaden am Reißbrett entworfen und in alle Bereiche des Unternehmens implementiert wird. Die eigenständige Gestaltungshoheit der funktionalen Abteilungen, wie sie konstitutiv für das fordistische Unternehmen war, wird dadurch aufgebrochen. Es entsteht eine professionell und einheitlich gestaltete Karrierelandschaft, die transparent ist und sich durch die Vergleichbarkeit aller Positionen über Bereichs- und Ländergrenzen hinweg auszeichnet.

Ebenso wie Strukturen werden auch die Prozesse zentral definiert und unternehmensweit ausgerollt. Für den Human-Resources-Bereich ist dabei vor allem der Prozess der Leistungs- und Potenzialbewertung von hervorgehobener Bedeutung. Durch ihn wird bestimmt, wer in welchen Konstellationen wann nach welchen Kriterien die Beschäftigten und Führungskräfte bewertet. Auch durch diese Professionalisierung und Vereinheitlichung werden personale Entscheidungsmuster in den einzelnen „Silos" durchbrochen und zentrale Instanzen gewinnen deutlich an Relevanz.

---

6 Helmut Willke (2011: 20) beschreibt Strukturen, Prozesse und Regelsysteme als zentrale Komponenten des Systemischen: „Diese drei Bausteine machen das genuin Systemische von Organisationen aus, weil sie nicht auf Personen reduzierbar sind, sondern im Gegenteil emergente, transpersonale, anonymisierte und überdauernde Bestandteile der Organisation als Organisation darstellen."

Ein Ausdruck eines neuen Steuerungsprinzips in den Unternehmen ist der Aufbau zentraler Abteilungen, die explizit mit der Steuerung einzelner Bereiche befasst sind und dabei auf das „Gerüst" des Unternehmens, dessen Optimierung und die Interdependenz mit anderen Bereichen fokussieren. Diese Abteilungen integrieren das Prozess- und Performancemanagement, die IT-Infrastruktur, das Controlling und teilweise auch das Projektmanagement. Sie kontrollieren die Einhaltung und Effizienz der Prozesse ebenso wie der leistungsbezogenen Kennzahlen:

> „Wir haben ein KPI[7]-Cockpit, wo wir eben monatlich meistens Daten eingeliefert bekommen, wo wir eben auch schauen: Läuft das alles in die richtige Richtung? Müssen wir irgendwo gegensteuern? Müssen wir irgendwo aktiv werden? Im Moment lass' ich auch überarbeiten und überprüfen: Welche Kennzahlen sind wirklich steuerungsrelevant? Welche waren's vielleicht mal, aber sind's nicht mehr, damit man natürlich da auch Redundanzen reduziert ..." (Abteilungsleiterin, Banken, Da073)

Mit diesem besonderen Aufgabenprofil werden die zentralen Abteilungen zu „Leitständen" der systemischen Integration. Sie vereinheitlichen, kontrollieren und effektivieren das Gerüst des Unternehmens. Dabei beschäftigen sie sich mit allem, was „messbar" und „cross-funktional" ist (Abteilungsleiter IT-Industrie, Aa150), also eine systemische Sichtweise transportiert. Die Abteilungsleiterin einer solchen Steuerungsabteilung aus dem Bankenbereich beschreibt das Selbstverständnis ihres Führungsbereichs im Bild des „Cockpits" oder „Leitstands":

> „Im Prinzip die, die den Cockpit haben, den Leitstand mit allen Daten, und sagen: Oh, hier läuft's im Prozess nicht, hier läuft was in den Kosten nicht, hier läuft was in der IT nicht oder eben hier läuft was in den Kennzahlen nicht. Und das ist im Prinzip so das Bild, das ich dann auch manchmal verwende, um es anderen zu erklären, also dieses Cockpit. Und wir fliegen nicht selber, aber wir geben halt Hinweise und sagen: Hier könnt ihr tiefer fliegen, höher fliegen, schneller fliegen, langsamer, wie auch immer. Das ist im Prinzip die Rolle." (Abteilungsleiterin, Banken, Da073)

In diesen Leitständen erfolgt eine Formierung und Vermessung des Handlungsraums. Alle relevanten Daten fließen hier zusammen und bilden die informatorische Infrastruktur des Unternehmens, die das Handeln der Mitarbeiter und Führungskräfte anleitet und systemisch einbindet. Aber auch in Unternehmen, die auf solche expliziten Steuerungsabteilungen verzichten, erfolgt mit unterschiedlicher Reichweite eine Vereinheitlichung von Strukturen und Prozessstandards sowie eine informatorische Durchdringung, die das Handeln anleitet und eine Vergleichbarkeit der einzelnen Bereiche ermöglicht. Damit korrespondieren auch neue Anforderungen an die Beschäftigten: Unternehmerische Anforderungen in Form von betriebswirtschaftlichem Denken und Handeln sowie die Fähigkeit, sich in dem festgelegten Gerüst des Unternehmens selbstständig zu bewegen, gewinnen eine zentrale Bedeutung.

Die Komplexität systemisch integrierter Unternehmen kann jedoch nicht allein über dieses zentral definierte und kontrollierte Gerüst des Unternehmens bewältigt werden. Wäre dies

---

7 Die Abkürzung KPI bedeutet Key Performance Indicator. Als KPI wird ein Set an Kennzahlen definiert, über die sich ein Unternehmen in einem bestimmten Kontext Aussagen über strategisch relevante Sachverhalte erwartet.

so, würden wie in Beton gegossene Unternehmen ohne Fluidität und Veränderungskapazität entstehen, was der besonderen Qualität informations- und wissensbasierter Unternehmen widersprechen würde. Diese „leben" vielmehr von der Lebendigkeit ihrer Beschäftigten, ihrem Wissen, ihrer Kreativität, ihrer Praxiserfahrung und der Bereitschaft, all dies für das Unternehmen einzusetzen, um der Komplexität der Produkte und Verfahren, der Innovationsdynamik und Marktflexibilität gerecht zu werden. Diese komplexe Interdependenz kann keine Einzelperson oder exklusive Gruppe mehr durchdringen – das „Scientific Management" der tayloristischen Ära stößt hier an seine Grenzen:

> „Das System ist als solches so komplex, das kann keiner im Ganzen durchschauen. Das geht gar nicht, dass eine Person dieses ganze System versteht." (Abteilungsleiter, Elektrotechnik, Ea063)

Die Unternehmen sind somit auf die dezentrale Expertise und die Verantwortungsübernahme der Beschäftigten angewiesen, die sie jedoch sinnvoll aufeinander beziehbar machen, also in eine organisationale Einheit bringen müssen. Diese systemische Integration erfolgt über Kommunikation und die Schaffung von Öffentlichkeiten. Öffentlichkeiten sind die Arenen, in denen die systemische Bezogenheit der Kommunikation hergestellt wird. Damit sind Öffentlichkeiten sinnbestimmte Räume, die auf die Realisierung einer kollektiven Expertise zielen, aus der etwas „Neues", systemisch Durchdrungenes entsteht, das mehr ist als die Summe des Wissens und der Erfahrung aller Einzelpersonen. So wie Prozesse und Kennzahlen eine systemische Integration im Kontext des vergegenständlichten Wissens erzeugen, tun dies Kommunikation und Öffentlichkeit im Bereich des lebendigen Wissens.

In der Praxis der Unternehmen zeigt sich die neue Bedeutung von Kommunikation und Öffentlichkeit auf vielfältige Weise: Damit die Beschäftigten dezentral eigenverantwortlich und innovativ arbeiten können und gleichzeitig den Bezug zu den Zielstellungen des Unternehmens nicht verlieren, ist es notwendig, dass die Führungskräfte die Unternehmensstrategie kommunikativ vermitteln. In dem HR-Leitbild eines Partnerunternehmens wird die daraus resultierende neue Anforderungskonstellation an Führungskräfte aus der Perspektive der Beschäftigten wie folgt beschrieben:

> „What our people will say ... , I understand the business strategy and how I contribute to it because my leader talks to us about it – she doesn't present information, we have real conversations about it.'" (Dokumentation Unternehmen Aa)

Das Zitat macht deutlich, dass es um mehr geht als um bloße Informationsvermittlung; im Fokus steht vielmehr die diskursive und kollektive Aneignung der Geschäftsstrategie. Aufgabe der Führungskräfte ist es, diese Aneignungsprozesse zu ermöglichen, die Voraussetzung für die Dezentralisierung sind, weil sie Subjektpotenziale der Beschäftigten systemisch kanalisieren.

Kommunikation und Öffentlichkeit spielen nicht nur in vertikaler Perspektive, sondern auch horizontal bei der Berücksichtigung von Interdependenzen zwischen unterschiedlichen Bereichen eine zentrale Rolle. So müssen z.B. die vereinheitlichten Controlling-Standards in den Fachbereichen vermittelt werden. Die Controller nehmen deshalb an den Abteilungssitzungen der Fachbereiche teil, stellen die Standards dort vor und diskutieren sie mit den Beschäftigten und Führungskräften. Das Ziel dieser Vorgehensweise ist es, den Sinn der Standards in einem kollektiven Kommunikationsprozess zu vermitteln und über das Sinnverstehen eine nachhaltige Implementierung zu erreichen. Zugleich sind die Controller angehalten, die jeweiligen Besonderheiten der Fachbereiche zu verstehen und die Standards entsprechend diesen Besonderheiten gegebenenfalls zu modifizieren. So erfolgt in der systemischen Durchdringung die Optimierung und Effektivierung der Standards selbst.

Eine systemische Lösung der Komplexität informations- und wissensbasierter Unternehmen stellt auch der organisierte Wissensaustausch dar. Einzelne Beschäftigte erhalten z.B. den Auftrag, neue, für das Unternehmen relevante Themen zu erschließen und dieses Wissen an die Kolleginnen und Kollegen weiterzugeben. Eine besonders effektive Form dafür ist die Organisation von Fachvorträgen vor Abteilungsöffentlichkeiten, z.B. als „Pre-Lunch-Meetings", wie wir sie in Unternehmen der elektrotechnischen Industrie beobachten konnten. Im Bankenbereich ist dafür die Rolle eines „Produktcoachs" geschaffen worden, der die Entwicklung bei einzelnen Produkten verfolgt und dieses Wissen dann aufbereitet den Kolleginnen und Kollegen zugänglich macht. So wird kollektiv über die Diffusion von Wissen ein Wissensniveau erreicht, das die Möglichkeiten einzelner Personen weit übersteigt.

Auch Führungskräfte können das Feld, für das sie verantwortlich sind, angesichts der Veränderungsdynamik von Märkten, Technologie und Produkten nicht mehr alleine überblicken. Sie sind auf die Beratung durch Beschäftigte und fachliche Experten angewiesen, für die häufig spezielle Rollen und eigenständige Entwicklungspfade geschaffen werden. Dabei wird Kommunikation zum inhärenten Bestandteil des Rollenverständnisses dieser fachlichen Experten und Expertinnen.

> „Wir wollen keine Pfriemler und Fummler, sondern bei uns sind die Experten, die dafür Sorge tragen, dass das Know-how bei allen möglichst sehr hoch ist und das neue, anspruchsvolle Aufgaben bearbeitet werden können ... und der dritte Aspekt ist diese beratende Tätigkeit für Führungskräfte." (Abteilungsleiter, Elektrotechnik, Ea063)

Für Führungskräfte bedeutet dies analog, dass sie sich das Feld über kommunikative Austauschprozesse erschließen und dazu auch neue Fähigkeiten und Techniken wie die Moderation von Kommunikationsprozessen erlernen müssen.

Die Bedeutung von Kommunikation und Öffentlichkeit zeigt sich insbesondere in jenen Situationen, die die Orientierung des Unternehmens prägen und neue Impulse setzen. So werden z.B. in einzelnen Unternehmen Strategiemeetings zur zukünftigen Ausgestaltung des Unternehmens angesetzt, die teilöffentlich sind und an denen Führungskräfte unterschiedlicher Hierarchieebenen sowie ausgewählte Beschäftigte teilnehmen. Diese Meetings bündeln die kollektive Expertise des Unternehmens, machen sie kommunikativ sowohl verfüg- als auch formbar und lassen in diesem Prozess etwas Neues entstehen. Damit stellen Öffentlichkeiten ein lebendiges Instrument zur Bewältigung der Komplexität von modernen Organisationen dar.

Im Kontext dieses Steuerungsprinzips gewinnen die Menschen mit ihrer Lebendigkeit einen neuen Stellenwert. Sie sind es, die Kommunikation und Öffentlichkeit realisieren, die neues Wissen in die Organisation transferieren, kommunikativ verbreiten und öffentlich verankern. Neben dem Fachwissen spielen dabei subjektive Potenziale und personale Kompetenzen eine zentrale Rolle. Dazu gehört die Fähigkeit, das fachliche Wissen reflexiv in ein systemisches Ganzes zu bringen, ebenso wie die Fähigkeit zur kommunikativen Aushandlung und zum öffentlichen Agieren – die fachliche Expertise bleibt für das Unternehmen „wertlos", wenn sie nicht kommuniziert werden kann (Ahrens 2004).[8] In diesem Sinne können wir einen Wandel der Fachlichkeit in Richtung einer systemisch-kommunikativen Fachlichkeit beobachten (vgl. auch bereits Bultemeier 2011: 52ff).

Diese neuen Kompetenzen sind es auch, die zur Strukturbildung im Rahmen des neuen Steuerungsprinzips führen. Informations- und wissensbasierte Unternehmen sind zu komplex für bürokratische Regelsysteme und isolierte personale Entscheidungen der „Fürsten im Reich". Strukturbildung erfolgt hier vielmehr durch Entscheidungen der Führungskräfte[9] im Rahmen eines kollektiven Austauschs und durch einen neuen Strukturierungsmodus, der der Bedeutung von Kommunikation und Öffentlichkeit entspricht: die erfolgreiche „Positionierung" (Bultemeier 2011, 2013). Da es bei wissensbasierter Arbeit häufig keinen „one best way" der Aufgabenbewältigung oder Lösungsfindung mehr gibt, kommt es darauf an, das kollegiale Umfeld von der eigenen Sichtweise zu überzeugen und sich durchzusetzen. Dabei kann die Positionierung auch Wirkung jenseits der Hierarchie entfalten. So muss der Controller aus dem Fallbeispiel zur systemischen Durchdringung nicht nur fachfremde Kollegen von der Güte der Controlling-Standards überzeugen können, sondern er muss in einer kommunikativen Aushandlungssituation auch gegenüber Führungskräften bestehen können, die hierarchisch zwei Stufen über ihm stehen, und bereit sein, ggf. zu eskalieren. Ebenso müssen Beschäftigte, die den Auftrag haben, neues Wissen zu erkunden, für dieses Wissen einstehen und Verstehens- und Überzeugungsprozesse initiieren, wenn es zu einer Verankerung dieses Wissens in der Organisation kommen soll. Strukturbildung erfolgt also nicht mehr nur durch hierarchische Entscheidungen, sondern auch durch die erfolgreiche Positionierung, die hierarchische Entscheidungen beeinflussen oder ergänzen kann. Die Positionierung erweist sich damit nicht nur als „hohe Kunst" der systemisch-kommunikativen Fachlichkeit, sondern auch als neuer Modus der Strukturbildung in systemisch integrierten Unternehmen.

In diesem Kontext eines neuen Steuerungsmechanismus mit seiner Komplementarität von zentral definierten Kennzahlen, Strukturen und Prozessen auf der einen und Kommunika-

---

8   Nach Daniela Ahrens (2004: 161) ist Wissen „ein kommunikativer Prozess": „Die Generierung und Erzeugung von Wissen setzt soziale Kommunikation voraus. Investitionen, neue Einsichten und Ideen bleiben solange wertlos, so lange sie nicht kommuniziert werden."
9   Für Nickel/Hüning (2008: 218) ist der Strukturierungsaspekt zentral für das Selbstverständnis der Führungskräfte: „Führungskräfte sind Strukturgeber im Unternehmen, das ist (…) ihr primärer individueller Sinndeutungsbezug. Die ‚strukturierende Subjektivierung' resultiert aus ‚eigensinnigem', dem Selbstständigkeitsbedürfnis der Führungskräfte wie zugleich der betrieblichen Wertschöpfung Rechnung tragendem Gestaltungswillen. Führungskräfte definieren und inszenieren sich mit der ganzen Person in dieser Rolle" (vgl. auch Nickel et al. 2008: 109ff). Im Rahmen von Öffentlichkeiten erfolgt Strukturbildung jedoch nicht nur hierarchisch durch die Führungskräfte, sondern ebenso durch die erfolgreiche individuelle Positionierung der Beschäftigten.

tion und Öffentlichkeit auf der anderen Seite kommt es zu neuen Anforderungen an die Führungskräfte. Zu beobachten ist eine Transformation von Führung, bei der beide Veränderungsstränge das neue Bild von Führung auf je spezifische Weise prägen.

So ist Führung eingebunden in das zentral und professionell definierte Gerüst des Unternehmens. An der Unternehmensstrategie orientierte Kennzahlen steuern das Handeln der Führungskräfte und machen ihren Beitrag zum Unternehmenserfolg messbar und mit den Beiträgen der anderen Führungskräfte vergleichbar. Professionelle Vorgaben in Form von Prozessen legen unternehmenseinheitlich fest, was wie und zu welchen Zeitpunkten zu geschehen hat. So werden in allen Unternehmen unseres Samples zentrale Instrumente der Personalbewertung und -entwicklung wie das Mitarbeitergespräch und das Talent-Management als Prozesse mit festgelegten Zeitpunkten, Kriterien und Vorgehensweisen definiert. Führungskräfte werden damit zu Handelnden in standardisierten Verfahren, mit denen die Einheit des Unternehmens hergestellt und dessen ökonomische Durchdringung ermöglicht wird. Das betriebswirtschaftliche Denken und Handeln diffundiert in alle Bereiche des Unternehmens. Dennoch ergibt sich aus unserer Empirie nicht das Bild eines „internen Unternehmers", wie es Faust et al. (2000) mit Blick auf die Veränderungsprozesse der 1990er Jahre vor Augen hatten. Der „Intrapreneur par excellence" (ebd.: 121) in den radikal dezentralisierten Einheiten, den Faust et al., obwohl er in der Minderheit ist, wegen seiner Ausstrahlungskraft als Prototypus des Neuen begreifen, ist in ihrer Sicht weitgehend entkoppelt von den Entscheidungs- und Steuerungsprozessen des Unternehmens, dem er angehört. Er entscheide „autonom", losgelöst vom „Räderwerk" des Unternehmens, und behandele das Unternehmen „distanziert", allenfalls wie eine Hausbank, die ihm seine Geschäfte finanziere (ebd.: 124f). Unsere Empirie zeigt ein dazu konträres Bild: Führung wird in neuer Weise eingebunden in die Vorgaben, Kennzahlen und Prozesse des Unternehmens; Führung agiert in einem Raum gesetzter Standards und nicht jenseits dieser Standards. Statt einer neuen Autonomie von Führung kann diese Einbindung in das Gerüst des Unternehmens in einer expliziten Ausrichtung auch zu Formen einer „standardisierten Führung" führen, wie wir es in einem unserer Partnerunternehmen beobachten konnten. Dort findet Führung auf der Grundlage eines professionell definierten und praxiserprobten Führungsinstruments statt, das die Filialgebietsleitung nutzt, um ihre Filialleiterinnen und Filialleiter zu führen:

> „... und wir haben ja den Leitfaden der betrieblichen Steuerung entwickelt. (...) Es gibt ein einheitliches In-Element, es gibt ein individuelles Element und es gibt immer ein Übungselement. Und das ist einfach ganz wichtig, dass unsere Mitarbeiter, die wir dann dafür auswählen, auch dazu in der Lage sind, das dann zu leben. Ja, das heißt, ich muss mich einlassen können auf sehr wenig Individualität, aber auf sehr viel Persönlichkeit. (...) Wir haben eine sehr einheitliche, verbindliche und konkrete Steuerung und Vorstellung, wie unser Betrieb erfolgreich ist. Und sie können sich mit persönlichen Talenten da in einem extrem großen Maße einbringen. Aber wie es vom Ablauf her auszusehen hat, das steht fest. (...) Das Rad ist erfunden. Und ich muss dazu bereit sein zu sagen, ich akzeptiere das. Ich bringe zwar meine ganze Persönlichkeit ein und kann die Dinge, die da sind, vielleicht weiterentwickeln und auch was ausprobieren und dann gerne das den anderen zur Verfügung stellen, aber zunächst mal gilt es das zu tun, was wir vereinbart haben." (Abteilungsleiterin, Banken, Db153)

Führung verändert sich jedoch nicht nur im Kontext der Standardisierung und Vermessung des Handlungsraums, sondern bekommt neue Konturen auch durch den Steuerungsmechanismus von Kommunikation und Öffentlichkeit. In informations- und wissensbasierten Unternehmen kann Führung nicht mehr vorrangig mit Bezug auf die Hierarchie, auf disziplinarische Weisungsbefugnis oder auf fachliche Autorität funktionieren. Die Führungskraft ist vielmehr darauf angewiesen, dass die Beschäftigten ihre „Rollen" und fachlichen Mandate eigenständig im Sinne des Unternehmens ausfüllen, kollektiv Lösungen erarbeiten und die Führungskraft als Experten beraten. Führung erfolgt somit zu einem großen Anteil über kommunikative Aushandlung und ein Agieren im öffentlichen Raum. Dass diese neue Art der Führung nicht allen Führungskräften entgegenkommt, macht das folgende Zitat einer Development Managerin deutlich, die die kommunikative Aushandlung als Hinderungsgrund für den weiteren Aufstieg anführt:

> „... da führt man ja dann Manager und da wird viel mehr diskutiert und in Frage gestellt. Und man muss oft, ja, Entscheidungen aufdrücken, das ist schwierig, ich glaube, ich sträube mich vor diesen Diskussionen mit den Managern. Also wenn ich jetzt mit mir selbst diskutieren müsste und mich davon überzeugen müsste, dass da das und das umgesetzt werden müsste, das wäre mir zu anstrengend, ich kann es nicht sagen. Und die Leute sind teilweise gut, mit denen man da diskutieren würde. Und ihre Argumente sind gut und richtig, das ist schwierig." (Managerin, IT-Industrie, Aa193)

Kommunikativ überzeugen zu können und Beschäftigte zu motivieren ist jedoch auch schon für Führungskräfte auf der untersten Ebene von Bedeutung. Kommunikation und Sinnverstehen sind der Kitt, der systemisch integrierte Unternehmen zusammenhält, über Kommunikation und Sinnverstehen erfolgt die Steuerung der dezentralen Verantwortlichkeiten. Sollen die kreativen Potenziale der Beschäftigten nicht verschenkt werden, steht vor der „Letztentscheidung" durch die Führungskraft die kommunikative Aushandlung, die auch dem neuen Stellenwert der Beschäftigten in der „lebendigen" Organisation gerecht wird.

Darüber hinaus bedeutet Führung im systemisch integrierten Unternehmen ein Agieren im öffentlichen Raum, was von vielen Führungskräften in unserer Empirie als „Politikmachen" beschrieben wird. Die Führungskräfte sind gefordert, ihre Teams und Themenbereiche so zu platzieren, dass sie ausgelastet sind und für das Unternehmen attraktiv bleiben. Dabei müssen sie einerseits strategische Entscheidungen des Top-Managements in ihrer Bedeutung für den eigenen Bereich nachvollziehen und andererseits den Bereich offensiv positionieren, um Einfluss auf strategische Entscheidungen zu nehmen. Führung als aktive Positionierung von Bereichen oder Themen konnten wir bereits im unteren Management beobachten, wo Gruppenleiter oder Gruppenleiterinnen Politik machen, um neue Themen für ihre Gruppe im Unternehmen zu verankern oder aktuelle Themen der Gruppe in ihrer Bedeutung für das Unternehmen aufzuwerten.

Und letztlich verändert sich Führung auch durch die neue Bedeutung, die der „Lebendigkeit" der Beschäftigten für das systemisch integrierte Unternehmen zukommt. Die Entwicklung der Beschäftigten, die „Inwertsetzung" ihres Wissens, wird zu einem zentralen Aufgabenstrang von Führung. Management erhält einen starken Fokus auf „Skill Management" und „People Management" und zielt damit auf die Entfaltung der systemisch-kommunikativen Fachlichkeit der Beschäftigten. Mit dieser Aufwertung des People Management geht zudem häufig dessen Separierung von anderen Führungstätigkeiten einher. Dafür steht etwa die Ausdifferenzierung von Führung in People Management, Projektmanagement und fachliche Führung oder die Trennung von Produktverantwortung und People-Verantwortung in modernen Lean-Konzepten, was nicht selten als Entwertung der Linientätigkeit erlebt wird.

Mit der kommunikativen Aushandlung, der öffentlichen Positionierung und der „Inwertsetzung des Wissens" der Beschäftigten wird Führung zum Knotenpunkt der systemischen Integration. Führung schafft Sinneinheiten und Handlungszusammenhänge, die Impulse des Unternehmens absorbieren, transformieren und aussenden und so die Funktionsfähigkeit der lebendigen Organisation gewährleisten.

Insgesamt haben sich somit in den wissensbasierten Unternehmen unseres Partnernetzwerks die Anforderungen an Führungskräfte verändert (Bultemeier 2011):

- Führungskräfte müssen sich darauf einlassen, Teil eines strukturierten und professionalisierten Ganzen zu sein. Damit müssen sie auch ein Stück Gestaltungshoheit abtreten.
- Führungskräfte sind in hohem Maße in kommunikative und öffentliche Aushandlungsprozesse eingebunden, die Teil des Steuerungsmechanismus moderner Unternehmen sind. Führungskräfte gewinnen dadurch neue Gestaltungsfreiheiten, müssen sich jedoch politische Kompetenzen aneignen, um damit erfolgreich umgehen zu können.
- Als People Management wird Führung zum Beziehungsmanagement: Von den Führungskräften wird erwartet, dass sie einen tragfähigen Kontakt zu den Beschäftigten aufbauen, sie entwickeln und sie motivieren, ihre kreativen Potenziale für das Unternehmen einzusetzen.

Der Ausprägungsgrad dieser Führungsanforderungen unterscheidet sich zwischen den Hierarchieebenen. Während im oberen Management den politischen Kompetenzen größere Bedeutung zukommt, fallen im unteren Management die Kompetenzen zur Beziehungsgestaltung stärker ins Gewicht. Auf die Fähigkeiten zur Positionierung können Führungskräfte aber generell nicht verzichten.

3 Bausteine des neuen Karrieremechanismus

Die Entwicklung zum systemisch integrierten Unternehmen 2.n mit der Herausbildung eines neuen Steuerungsmechanismus und der damit korrespondierenden Transformation von Führung ist mit einem grundlegenden Wandel von Karriere verbunden. Die in die Strukturen des fordistischen Unternehmens eingeschriebene Karrieregestaltung erodiert ebenso wie der diese Gestaltung hervorbringende Karrieremechanismus. Etwas Neues wird erkennbar und die augenfälligste Veränderung ist die Entstehung eines neuen Karrieremusters.

3.1 Der Abschied von der Kaminkarriere und die Suche nach einem neuen Karriereverständnis

Mit der Auflösung der tief gestaffelten funktionalen Silos und der Etablierung einer Matrixorganisation – als dominierende Organisationsform unserer Unternehmen – verliert die Kaminkarriere nicht nur ihre organisatorische Grundlage, sondern auch ihre Legitimation. Die Vermeidung von ‚Kaminaufstiegen', Stabs- und Zentralkarrieren wird nicht nur in den HR-Leitlinien unserer Unternehmen postuliert, sie lässt sich auch an den Interviews mit Beschäftigten und Führungskräften ablesen. Erwartet wird „Erfahrungsbreite" und damit der Wechsel zwischen benachbarten Funktionsbereichen, zwischen Unternehmens- und Geschäftsbereichen, zwischen Stab und Linie sowie zwischen der Zentrale und den operativen Bereichen. Dadurch soll die funktionale Beschränkung der Perspektive aufgehoben werden; die Beschäftigten sollen „über den Tellerrand hinausblicken", ihnen soll durch den Wechsel eine „Außenbetrachtung" ermöglicht werden, die sie befähigt, neue Impulse zu setzen und das Unternehmen in seiner Gesamtheit und in seinem systemischen Zusammenwirken entlang der Lines of Business besser zu verstehen. Dies kann im Extremfall zu Wechseln z.B. zwischen dem HR-Bereich, dem Entwicklungsbereich (zur Generierung von HR-Lösungen) und dem Vertrieb (Consulting von HR-Lösungen) führen. Die Förderung dieser lateralen Durchlässigkeit ist ein zentrales Ziel der Unternehmen.

In den Unternehmen sind unterschiedliche Lösungswege zu erkennen, um den Abschied von der Kaminkarriere zu realisieren. So wird z.B. versucht, Rotationen zwischen Funktionen, Bereichen und Standorten zur verbindlichen Normalität der Arbeitspraxis zu machen. In einem Fallunternehmen wird in diesem Kontext von allen Beschäftigten ein Wechsel nach fünf Jahren, von den „Top Talents" bereits nach drei Jahren erwartet. Der Wechselzeitpunkt wird von der Personalabteilung dokumentiert und das Profil der jeweiligen Person dann zeitnah im Intranet, dem informatisierten Arbeitsmarkt des Unternehmens, veröffentlicht. Abweichungen von diesem Wechselmuster sind gegenüber der Personalabteilung und den Vorgesetzten begründungspflichtig.

Ein anderer Lösungsweg ist es, Rotationen zur Voraussetzung für den Karriereaufstieg zu machen und so als Karrierebausteine verbindlich festzuschreiben. So kann z.B. für das Erreichen der Abteilungsleiterebene ein Wechsel entweder zwischen Funktionsbereichen oder Geschäftsbereichen oder zwischen den internationalen Standorten des Konzerns Voraussetzung sein. Führungskräfte, die die darüberliegende Ebene anstreben, müssen bereits zwei solcher Wechsel vorweisen können. Andere Unternehmen greifen zu „weicheren" Formen, indem sie Wechsel und häufig vor allem internationale Erfahrungen für den Aufstieg erwarten, diese jedoch nicht verbindlich festlegen.

In der Praxis der Unternehmen verläuft die Realisierung der Rotationen nicht ohne Friktionen. Ist ein Funktions- oder Bereichswechsel Voraussetzung für den Aufstieg, bedeutet dies häufig, dass die Führungskräfte und mit ihnen die Abteilungen oder Bereiche ihre besten Leute verlieren und sich dagegen wehren. In den hochqualifizierten Bereichen, die teilweise Einarbeitungszeiten von einem Jahr kalkulieren, können qualifikatorische Grenzen Rotationen erschweren. Zudem haben einige Unternehmen in Zentralbereichen eine ausgeprägte funktionale Gliederung beibehalten, so dass Bereichsegoismen hier einen Wechsel erschweren oder verhindern.

Trotz dieser Friktionen sind Rotationen als Karrieremuster in den Leitlinien und der Praxis der Unternehmen fest verankert, ohne dass damit die Kaminkarriere schon vollständig der Vergangenheit angehörte. Die von den Unternehmen angestrebte systemische Integration spiegelt sich somit auch in den Karriereverläufen wider. So wie die Kaminkarriere der funktionalen Unternehmensgliederung entspricht, entspricht die Rotationskarriere dem systemisch integrierten Unternehmen. Die Zielstellung, funktionale Grenzen und Bereichsegoismen durch Rotationen zu überwinden, kommt auch in Aussagen wie „die Mitarbeiter gehören dem Konzern und nicht den Bereichen" zum Ausdruck, die eine Gesamtsicht des Unternehmens transportieren.

Die Rotationen als neues Phänomen werden bereits bei Faust et al. (2000) mit Blick auf die Veränderungen in den Unternehmen in den 1990er Jahren beschrieben. Unsere Ergebnisse bestätigen diese Entwicklung. Für Faust et al. stehen die Rotationen jedoch im Kontext der Dezentralisierung und der Befähigung der Beschäftigten zur Übernahme einer „ganzheitliche(n), funktionsübergreifende(n) Geschäftsverantwortung" (ebd.: 121). Ihr „Interner Unternehmer", der weitgehend losgelöst vom Räderwerk des Unternehmens agiert, ist ein „Generalist". Die Autoren sehen darin eine vorsichtige Annäherung an das angelsächsische Modell, wo Management ein Beruf ist, der unabhängig von einer fachlichen Profession erlernt wird und mit vielfältigen funktionalen Wechseln im Berufsverlauf verbunden ist. Die „Generalistenkarriere" (ebd.: 311) wird von ihnen als Karrieremuster der Dezentralisierung konzipiert. In dieser Perspektive ist die Funktionsintegration mit der Loslösung oder Verselbstständigung der funktionsintegrierten Einheiten vom Unternehmen verbunden, während unsere Ergebnisse konträr dazu zeigen, dass eine systemische Durchdringung aller Unternehmenseinheiten erfolgt. Die Rotation ist Ausdruck dieser Durchdringung; sie folgt der systemischen Logik der Lines of Business, zielt auf die Erweiterung der „Organisationskompetenz" (Priddat 2004) und ermöglicht den Beschäftigten, Interdependenzen zwischen funktionalen Einheiten zu berücksichtigen (Bultemeier 2013).

Die Rotationen verändern nicht nur die Karriereverläufe, sondern sie tragen auch zur Herausbildung eines neuen Karriereverständnisses bei. In den Unternehmen gerät die „vertikale Karriere" ideologisch unter Druck und die Vorstellung einer „Karriere in die Breite", mit der über horizontale Wechsel die persönliche Entwicklung vorangetrieben werden kann, gewinnt an Bedeutung. Dieses Karriereverständnis setzt an den subjektiven Präferenzen der Beschäftigten an und delegitimiert die klassische Aufstiegskarriere.

> „Also ich sag immer, Karriere ist Breitengewinn. Also Breitengewinn im Sinne von ‚was tut mir denn gut, mir als Person'. (…) Also ich kann's nur für mich beantworten, rein persönlich, aber ich seh's auch als Personaler so. Ich hab Bank gelernt, hab im Vertrieb gearbeitet, hab in der Kreditüberwachung gearbeitet, hab Baufinanzierungsabteilung geleitet, dann hab ich angefangen mit Personal, dann war ich an den unterschiedlichsten Standorten, Ebenen, Jobs im Personalbereich und andere sind in der Hierarchie aber locker an mir vorbeigezogen, weil die immer in ihrem Segment geblieben sind. Und ich fühl mich sauwohl, dass ich das genau so gemacht hab." (Abteilungsleiter, Banken, Da070)

> „... dass man mal eine differenzierte Betrachtung braucht, was ist denn eigentlich Karriere? Karriere heißt ja nicht nur Vorankommen in irgendeiner Hierarchie. De facto immer weniger Vorankommen in irgendeiner Hierarchie. Also dieses Thema ,vertikale Karriere' in den Mittelpunkt zu stellen und auch klar zu machen, dass Karriere eigentlich auch nicht irgendwas ist, was vom Unternehmen vorgegeben ist oder was sich irgendwie an althergebrachten Denkmustern orientieren soll, sondern was ganz Persönliches an der Ecke. Und dass Karriere sehr viel mit dem Thema ,personelles und professionelles Wachstum' zu tun hat, mit dem Thema auch, Expertenstatus zu erreichen, und auch mit dem Thema, persönliche Befriedigung daraus zu ziehen. (...) Ich merk, die Mitarbeiter kämpfen damit, sowohl die alten wie auch die jungen. Die alten kämpfen damit, weil sie es vorher anders gesehen haben und noch nicht begriffen haben, dass sich jetzt die Rahmenbedingungen massiv geändert haben, die jungen kämpfen damit, dass sie, sag ich mal, sicherlich auch in ihrer Erziehung von den Eltern her geprägt und so, Karriere halt ziemlich eindimensional als Vorankommen in der Hierarchie sehen." (Bereichsleiter, IT-Industrie, Aa166)

Dennoch lassen sich in den Unternehmen keine Anzeichen dafür erkennen, dass die vertikale Karriere und mit ihr der Zuwachs an Verantwortung, Macht, Geld und Status revidiert und durch alternative Karrieremodelle ersetzt würde. Im Gegenteil: Die Neustrukturierung der Karrierelandschaften in den Unternehmen orientiert sich klar an der vertikalen Karriere, die zwar nicht mehr linear und funktional kanalisiert ist, sondern mit den horizontalen Wechsel diverse „Umwege" vorsieht, aber dennoch weiterhin deutlich eine hierarchische Karriere ist. So werden auch neue Karrierepfade, die sich aus dem Wandel von Arbeit und Organisation ergeben haben, wie die Projekt- oder Fachexpertenkarriere, nach dem Muster der hierarchischen Karriere strukturiert und im Zuge der Vereinheitlichung in ihren Möglichkeiten und Privilegien der klassischen Statuskarriere angeglichen.

Was die neue vertikale Karriere jedoch von der klassischen unterscheidet, ist die massive Verringerung der Hierarchieebenen. Diese wird generell in allen Unternehmen angestrebt und erfährt in Konzepten wie dem „Lean Management" besondere Beachtung. Mit der Erosion der tief gestaffelten funktionalen Silos sind auch die Karrierepositionen ausgedünnt und die Führungsspannen deutlich vergrößert worden, mit der Folge eines gestiegenen Konkurrenzdrucks um die knapper werdenden Karrierepositionen. Die Vorstellung einer stärker subjektiv geprägten Entwicklungskarriere dürfte auch vor diesem Hintergrund zu verstehen sein; sie füllt die Lücke, die mit der Verringerung der Karrierechancen entstanden ist. Zum jetzigen Zeitpunkt stellt sie eher eine Ergänzung zur vertikalen Karriere dar, ohne strukturell verfestigt zu sein.

Ein weiteres Kriterium, das neue Karriereverläufe von alten unterscheidet, ist, dass Karrierepositionen nicht mehr „in Stein gemeißelt" sind. Karriere ist nicht mehr nur als Aufstiegsbewegung denkbar, sondern kann auch Abstiege, also den Verlust erreichter Errungenschaften beinhalten. Auch dies ist Folge der Auflösung der großen funktionalen Silos durch Einführung der Prozessorganisation und der damit einhergehenden informatorischen Durchdringung. Waren die Führungskräfte in diesen funktionalen Einheiten weitgehend autonom, solange sie Gewinn und Umsatzwachstum generierten (vgl. Beckman 1996), verändert sich dies mit der Einführung des informatorischen Gerüsts des Unternehmens. Nun werden ihre Leistungen und Beiträge anhand zentral definierter Steuerungskennzahlen sichtbar und ermöglichen einen Vergleich der Führungskräfte mit ihren „Peers". Entsprechen sie nicht den Erwartungen, können die Führungskräfte ihre Position wieder verlieren. Die Möglichkeit des Positionsverlusts kann auch expliziter Bestandteil der Potenzialbewertung von Führungskräften in den jährlichen Personalbewertungsrunden sein; neben dem Seitwärts- oder Aufwärtspotenzial wird hier überprüft, ob die Führungskräfte ihre Position adäquat ausfüllen. Sie agieren so in einem „System permanenter Bewährung" (Boes/Bultemeier 2010), das die Möglichkeit von Karriereabstiegen notwendig integriert. Die Vermessung des Handlungsraums hat somit Auswirkungen auf die Karriereverläufe; neben Aufwärtsbewegungen werden nunmehr Abwärtsbewegungen möglich, so dass Karriere nicht mehr nur als Zugewinnbewegung im sozialen Raum begriffen werden kann.[10]

Insgesamt folgen Karriereverläufe einem neuen Muster, ohne dass das alte bereits gänzlich ersetzt würde. Mit der Erosion der großen funktionalen Silos werden auch die Karrieren aus der funktionalen Umklammerung befreit. Karrieren haben heute über horizontale Rotationen eine viel größere Reichweite und die neue laterale Durchlässigkeit folgt der Logik cross-funktionaler Beziehungen in der systemisch integrierten Organisation. Zugleich erfolgt mit dem Abbau der Silos auch eine massive Reduktion von Karrierepositionen, so dass in allen Unternehmen Bestrebungen erkennbar sind, den Karrierebegriff neu zu definieren und die Vorstellung einer am Subjekt ansetzenden Entwicklungs- oder Breitenkarriere an Stelle der alten Statuskarriere zu etablieren. In den Strukturen bildet sich diese Karrierevorstellung jedoch nicht ab; hier dominiert weiterhin die hierarchische Karriere, bei der die Hierarchieebene im Unternehmen und eben nicht das subjektive Maß an Erfahrung und Wissen über die Zuteilung von Macht, Verantwortung und Ressourcen entscheidet. Dabei ist die hierarchische Karriere heute keine reine Aufstiegskarriere mehr, sondern die Option von Karriereabstiegen wird Bestandteil einer systemischen Vermessung des Handlungsraums, die die traditionell hohe Autonomie der funktionalen Silos ersetzt.

3.2 Karriere und Karrierechancen im systemischen Entscheidungsmodus

Funktional geprägt waren im Unternehmen 1.n nicht nur die Karrieremuster, sondern auch die Entscheidungen über die Gestaltung der Karrierestrukturen, die Identifizierung der Karrierekandidaten und -kandidatinnen und ihre Promotion in Karrierepositionen. Darüber entschieden die „Fürsten im Reich" weitgehend unabhängig auf der Basis funktionaler Erfordernisse und persönlicher Präferenzen – und vor allem ohne die Entscheidungen und Handhabungen der anderen „Fürsten" in den anderen funktionalen Bereichen zu berücksichtigen. Mit den funktionalen Silos erodiert nun zugleich auch dieser funktionale und personale Entscheidungsmodus und es stellt sich die Frage, wodurch die entstehende

---

10 Auch Faust et al. (2000: 313) konstatieren eine neue Unsicherheit in der Karriere: „Nicht nur daß Karriere als hierarchischer Aufstieg durch die Reorganisation der Führungsorganisation erschwert wird, Karriere wird auch unsicherer und einmal erreichte Karrierefortschritte ungesicherter, weil die Kriterien, wonach Aufstieg vergeben wird und gesichert werden kann, leistungs- und ergebnisbezogener werden, während Loyalität und die Dauer der Organisationszugehörigkeit an Gewicht verlieren."

"Leerstelle" ausgefüllt wird. Was entsteht jenseits der Partikularinteressen der großen Abteilungen, das Entscheidungsmacht ausüben und zugleich eine systemisch integrierte Perspektive transportieren kann? Damit ist die Frage nach den zentralen Instanzen eines neuen Karrieremechanismus und des inhärenten Entscheidungsmodus gestellt.[11]

Diese Frage ist mit Blick auf die zwei konträren, jedoch komplementären Steuerungsprinzipien systemisch integrierter Unternehmen, die den neuen Karrieremechanismus formen, differenziert zu beantworten. Zum einen werden karriererelevante Entscheidungen im Rahmen der Festlegung eines einheitlichen Gerüsts des Unternehmens getroffen. Zentrale Abteilungen gewinnen hier an Bedeutung und im Fall von Karriere ist dies das Human Resource Management (HRM). Zum anderen kommt den Führungskräften bei Karriereentscheidungen wesentliche Bedeutung zu. Sie nehmen die Leistungs- und Potenzialbewertung vor, die über die Identifizierung von Karrierekandidat/-innen und ihre Promotion in Karrierepositionen entscheidet. Dies tun sie jedoch nicht mehr individuell und funktional autonom, sondern in einem öffentlichen und kollektiven Aushandlungsprozess, der eine Vereinheitlichung und systemische Bezogenheit der Beurteilungs- und Auswahlentscheidungen ermöglicht. Im Zusammenspiel dieses Karrieregerüsts und öffentlicher Entscheidungsfindung entsteht ein neuer „systemischer Entscheidungsmodus" von Karriere (Bultemeier 2013).

Zentrale Bausteine von Karriere, wie die Karrierestrukturen, die Karriereprozesse und das Leitbild von Karriere – der Karrieretypus –, werden vom HRM in spezialisierten Abteilungen professionell gestaltet und in den Unternehmen „ausgerollt". In diesem Sinne wird das HRM zum „Strukturgeber"[12] von Karriere; es definiert einen Handlungsraum, der durch seine Konstruktionsprinzipien Möglichkeiten eröffnet oder begrenzt.

Diese neue Rolle des HRM bei der Gestaltung der Karrierestrukturen zeigt sich besonders in einem Vorreiterunternehmen unseres Partnernetzwerks, in dem die zukünftige Karrierelandschaft des Unternehmens auf dem Reißbrett entworfen wurde und nun sukzessive in die Praxis implementiert wird. Diese Karrierelandschaft zeichnet sich durch eine sehr schlanke Hierarchie mit nur vier Karrierestufen und der Möglichkeit einer dreistufigen Entwicklung innerhalb einer Funktion aus. Alle drei Karrierepfade des Unternehmens – die Managementkarriere, die Projektkarriere und die Expertenkarriere – werden gleichberechtigt innerhalb dieses Hierarchiemodells abgebildet und alle Jobfamilien perspektivisch in dieses Raster integriert. Entstanden ist damit eine das gesamte Unternehmen umfassende Karrierelandschaft, die eine hohe Transparenz und Vergleichbarkeit aller Positionen über Ländergrenzen hinweg ermöglicht. Besonders interessant ist nun, dass diese Karrierelandschaft in ein datenbankbasiertes Karrierenavigationssystem überführt wird. Dieses System, das auch mit E-Learning-Tools verbunden ist, soll Beschäftigten und Führungskräften ermöglichen, sich innerhalb des neu gestalteten Möglichkeitsraums eigenständig zu orientieren:

---

11 Diese Perspektive wird in den beiden folgenden Abschnitten ergänzt durch die Frage, welchen Karrieretypus diese Instanzen formen und promovieren, sowie die Frage nach den sozialen Voraussetzungen des Karrieretypus.
12 Der Begriff „Strukturgeber" stammt von Nickel/Hüning (2008: 228). Sie bezeichnen die Führungskräfte als „‚Strukturgeber' für Karrierewege".

„Also wir haben jetzt gelauncht das Career Success Center. Das ist jetzt ganz neu. Das ist jetzt vor einem Jahr gelauncht worden. Da ist die Zielsetzung, dass wir quasi Mitarbeitern die Möglichkeit geben, sehr eigenverantwortlich in dem Navigationssystem im Portal zu schauen: Was sind eigentlich die Jobanforderungen an ihre Position? Erfüllen sie die? Also die Gaps zu analysieren. Und was sind eigentlich mögliche Karrierewege? Also die zeigen wir dann quasi, zeichnen wir vor, fachlich wie auch hierarchisch. Und es ist dann möglich, aus diesen Jobfunktionen, die da in der Karriereleiter stehen, für den Mitarbeiter abzuleiten: Was braucht der, um diesen Schritt zu machen? Und da gibt es dann verschiedene Hilfsmittel dazu, Tools für den Vorgesetzten, dass er entsprechende Gespräche führen kann, und für den Mitarbeiter, dass er sehr eigenverantwortlich auch sich selbst da entsprechend entwickeln kann und das beim Vorgesetzten einfordern kann." (Bereichsleiter, IT-Industrie, Aa018)

Das HRM gestaltet somit eine unternehmensweit gültige Karrierelandschaft und gibt den Beschäftigten und Vorgesetzten die Instrumente in die Hand, sich innerhalb dieser Landschaft zu bewegen. Damit definiert das HRM über die Anzahl und Anordnung der Positionen nicht nur das Spielfeld von Karriere, sondern legt auch die formalen Spielregeln – die möglichen Spielzüge und ihre Voraussetzungen – fest (Bultemeier 2013).

Nicht alle Unternehmen weisen eine solchermaßen durchkonzeptionierte und durchstrukturierte Karrierelandschaft auf. Dennoch lassen sich in allen Unternehmen Bestrebungen erkennen, die Karrierestrukturen über Funktionsbereiche und Standorte hinweg zu vereinheitlichen und eine konzernweite Vergleichbarkeit der Positionen zu erzielen. Dies beinhaltet bei global agierenden Unternehmen die Schaffung globaler Standards in zentralen Momenten der Arbeitsbeziehungen.

Unterschiede zwischen den Unternehmen lassen sich auch in den formalen Voraussetzungen für Karriere und ihrer Verbindlichkeit beobachten. So variieren die Unternehmen z.B. darin, welche Rotationen sie für welche Hierarchiestufe vorschreiben und ob sie dies als unhintergehbare Bedingung oder als Empfehlung formulieren. Trotz dieser Unterschiede realisieren die Unternehmen damit insgesamt eine Professionalisierung und Transparenz bei den Karrierevoraussetzungen und Karriereanforderungen, durch die eine eigene und wirkmächtige Handlungsebene geschaffen wird, die funktionale Besonderheiten und personale Präferenzen durchbricht.

Die neue Gestaltungsmacht des HRM bleibt nicht auf die Karrierelandschaften und die Bewegungsmöglichkeiten innerhalb dieser Landschaften begrenzt. Das HRM ist auch der zentrale Akteur bei der Definition und Implementierung zentraler Prozesse, die die Karrierechancen der Mitarbeiter entscheidend beeinflussen: des Mitarbeitergesprächs und des Talentmanagements. Mit diesen Instrumenten erfolgt die Beurteilung der Mitarbeiter hinsichtlich der für Karriere zentralen Determinanten „Leistung" und „Potenzial". Unsere Ergebnisse zeigen deutlich, dass anhand dieser Kriterien die Zugänge zu Karrierepositionen strukturiert werden. Das HRM legt Zeitpunkt und Vorgehensweise dieser Prozesse unternehmensweit einheitlich fest und definiert vor allem die Kriterien, nach denen Leistung und Potenzial bemessen werden. Damit schafft das HRM einen Orientierungsrahmen für die Entscheidungen der an den Prozessen beteiligten Führungskräfte. Es stellt ein professionelles Gerüst bereit und definiert darin das personalpolitische Leitbild des systemisch integrierten Unternehmens (ebd.).

Wie sieht dieses Leitbild nun aus, das über die Bewertungskriterien „Leistung" und „Potenzial" geformt wird, und wie werden diese zentralen Begriffe selbst ausformuliert? Anders als der Leistungsbegriff, der in der Praxis der Unternehmen und der diese reflektierenden industriesoziologischen Forschung bereits eine längere Tradition hat (vgl. z.B. Dröge et al. 2008), stellt Potenzial für die Unternehmen eine neue Bewertungskategorie dar und diese neue Kategorie erschließt sich nicht unmittelbar. Potenzial bezieht sich zunächst auf etwas, das im Verborgenen liegt, auf „vermutete Anlagen" (Dokumentation Unternehmen Ea, Elektrotechnik), die ihre Träger und Trägerinnen „fit für mehr" machen (Human Resource Manager, IT-Industrie, Aa014). In diesem Sinne ist Potenzial eine Option auf die Zukunft.

„Potenzial ist Potenzial, das heißt nicht, dass sich das unbedingt verwirklicht auch, wir glauben nur daran. Das ist im Grunde genommen eine, ja, eine Wette. Wir glauben, dass du das Potenzial hast und wir geben dir die Unterstützung, die du brauchst, um das zu machen, das ist aber keine Garantie." (Human Resource Manager, IT-Industrie, Aa011)

„Entwicklungspotential ist die Fähigkeit zur erfolgreichen Bewältigung von zurzeit nicht ausgeübten Aufgaben." (Dokumentation Unternehmen Ea)

Inhaltlich ist der Potenzialbegriff angebunden an formal definierte Kompetenzmodelle oder Potenzialkriterien, in denen sich die neuen Anforderungen wissensbasierter Arbeit und des damit korrespondierenden Steuerungsmechanismus widerspiegeln. Dabei können die Leitbilder, die über die Modelle und Kriterien transportiert werden, zwischen den Unternehmen durchaus variieren. So wird Potenzial in einem Fall vorrangig anhand der kommunikativen Kompetenzen, die bei Aushandlungen in öffentlichen Situationen besondere Bedeutung haben, bestimmt. Hier werden „Überzeugungskraft", „Durchsetzungsfähigkeit", „Entscheidungskraft", „Konfliktfähigkeit", „Kooperation", also die Fähigkeit zur Vernetzung und die Bereitschaft, Wissen und Informationen zu teilen, sowie „Risiko- und Verantwortungsbereitschaft" als zentrale Kompetenzen bestimmt. In einem anderen Fallunternehmen unseres Samples stehen dagegen mit den Kriterien „Change Agility", „Cross-functional Work", „Innovative Thinking" die intellektuelle und praxisbezogene Beweglichkeit sowie das Streben nach Neuerung und Weiterentwicklung im Vordergrund. Beide Leitbilder sind Ausdruck des systemisch integrierten Unternehmens, setzen dabei jedoch unterschiedliche Akzente.

Für die Leistungs- und Potenzialbewertung der Beschäftigten steht somit ein professionell definiertes Kriterienraster zur Verfügung. Woran Beschäftigte und Karrierekandidat/-innen gemessen werden sollen, obliegt damit nicht mehr ausschließlich den individuellen Präferenzen und Entscheidungsmustern der Führungskräfte, sondern wird über die genannten Kriterien zentral und unternehmenseinheitlich festgelegt. Das HRM nimmt über diese Festlegung Einfluss auf die Verteilung der Karrierechancen, indem Passungsverhältnisse strukturiert werden, denen manche besser entsprechen als andere. Damit definiert das HRM den für das Unternehmen gültigen formalen Karrieretypus.

Die neue Bedeutung des HRM für die Karrierechancen betont auch Kels (2009) in seiner Untersuchung zu „Arbeitsvermögen und Berufsbiografie". Für Kels stellt das HRM selbst „ein neues Leitbild des betrieblichen Umgangs mit dem Personalvermögen" dar, das von der arbeits- und industriesoziologischen Forschung jedoch weitgehend unbemerkt geblieben sei (ebd.: 22). Durch dieses neue Leitbild werde einerseits die geschäftsstrategische Bedeutung des subjektiven Arbeitsvermögens betont und anderseits eine Transformation dieses Arbeitsvermögens in Richtung unternehmerischer Orientierungen vorangetrieben (ebd.: 82). Konkret zeigt Kels dies in dem von ihm untersuchten Fallunternehmen an dem vom HRM propagierten Leitbild des „Unternehmers seiner selbst" auf. Mit dieser zielgerichteten Transformation des subjektiven Arbeitsvermögens und der Ausrichtung am Passungsverhältnis zwischen unternehmerischen Bedarfen und subjektiven Kompetenzen ist das HRM – so die Zuspitzung von Kels – „ein zentrales Feld der Subjektivierung von Arbeit" (ebd.). Die Bedeutung des HRM erschöpft sich bei Kels jedoch nicht in dieser Feldbestimmung, sondern weist darüber hinaus. Das HRM adressiere nicht nur das subjektive Arbeitsvermögen, sondern stelle über die Leitbilder auch die Wahrnehmungsmuster und Instrumente bereit, mit denen dieses Arbeitsvermögen bewertet wird und wettbewerbsrelevante Beschäftigtengruppen identifiziert werden können. Kels geht deshalb davon aus, dass das HRM maßgeblichen Einfluss auf die Strukturierung der Erwerbsverläufe und die Verteilung der Bildungs- und Karrierechancen im Unternehmen nehme (ebd.: 22). Er vermutet, dass das HRM „den Status einer zentralen Instanz der betrieblichen Strukturierung von Arbeitsmarkt- und Karrierechancen in Großunternehmen" (ebd.: 23) erhalte. Allerdings relativiert er seine These auf der Basis seiner empirischen Fallanalyse, und zwar mit Blick auf die Wirkmächtigkeit der Karrierepraxis. Das neue Leitbild des „Unternehmers seiner selbst" sei weniger durch zentral angeleitete Managementdiskurse und HR-Instrumente als durch die Arbeits-, Vermarktungs- und Entwicklungsbedingungen im Kontext globaler Projektarbeit bedingt (ebd.: 244). In dem Moment, wo Kels mit der konkreten Arbeitspraxis eine weitere Analyseebene von Karriere einbezieht und sie ins Verhältnis zur Analyseebene „HRM" setzt, kann er seine These so nicht mehr aufrechterhalten: „Allerdings hat sich die relativ zugespitzte Annahme, das HRM stelle eine zentralistisch agierende machtvolle organisatorische ‚Instanz' der Subjektivierung von Arbeit dar, in dieser Form nicht bewährt" (ebd.: 293).

Unsere Ergebnisse zeigen jedoch, dass das HRM sehr wohl eine machtvoll agierende Instanz der Subjektivierung und der Strukturierung von Karrierechancen sein kann, und zwar deshalb, weil es auf völlig neue Art und Weise mit der Praxis interagiert (Bultemeier 2013). So entstehen im Prozess des Talentmanagements mit den Kalibrierungsmeetings neue Gremien zur Potenzialbewertung, an denen neben Führungskräften aus der Praxis auch Vertreter und Vertreterinnen aus dem HRM beteiligt sind. Das HRM hat damit nicht nur formale Definitionsmacht bei der Festlegung der Potenzialkriterien, sondern wird auch zum aktiven Akteur des Prozesses mit der Möglichkeit, die Kriterien in der Praxis zu verankern. Erst durch diese neue unmittelbare Verbindung zur Praxis wird das HRM tatsächlich zu einer machtvollen Instanz der Strukturierung.

Insgesamt hat das HRM im systemisch integrierten Unternehmen somit vielfältigen Einfluss auf die Gestaltung der Karrierechancen. Es konzipiert die Karrierelandschaften und damit auch die Karrieremöglichkeiten, die zur Verfügung stehen; es legt über die Bestimmung der Karrierevoraussetzungen mögliche „Spielzüge" fest und formt mit den Leistungs- und Potenzialkriterien den Karrieretypus, den das Unternehmen promovieren möchte. Darüber hinaus erhält es eine neue Rolle als Akteur in den Prozessen der Potenzialbewertung und ist damit an der Auswahl der Karrierekandidaten und -kandidatinnen beteiligt. Das HRM wird damit sowohl über die Gestaltung des formalen Karrieregerüsts als auch in der Rolle des Akteurs zu einem zentralen Bestandteil des neuen systemischen Entscheidungsmodus von Karriere (Bultemeier 2013).

Das HRM stellt jedoch nur die eine Seite dieses Entscheidungsmodus dar; die andere Seite bilden die Führungskräfte aus den Praxisbereichen, die die Leistungs- und Potenzialbewertung vornehmen und damit die Karrierechancen ihrer Mitarbeiterinnen und Mitarbeiter wesentlich beeinflussen. Die Leistungsbewertung findet im „Mitarbeitergespräch" statt, das nach einem festgelegten Verfahren und in definierten Zeiträumen zwischen dem Beschäftigten und seinem direkten Vorgesetzten stattfindet. Dieses jährlich stattfindende Gespräch verfolgt mehrere Zielstellungen. Im Mittelpunkt steht zunächst retrospektiv die Bewertung der individuellen Zielerreichung für das letzte Jahr. Dabei wird der Grad der Zielerreichung ermittelt, der Auswirkungen auf die leistungsbezogene Vergütung hat. Darüber hinaus wird prospektiv die individuelle Zielvereinbarung für das nächste Jahr abgeschlossen und eventuell werden Maßnahmen zur Leistungserhaltung oder Leistungssteigerung vereinbart. Zusätzlich wird das Leistungsverhalten anhand einer zumeist mehrstufigen Skala (z.B. Doppel-Minus, Minus, Null, Plus, Doppel-Plus) ermittelt. Diese Bewertung hat für die Karrierechancen der Beschäftigten eine zentrale Bedeutung. Nur wenn sie sich im oberen Bereich der Skala befinden, also „High Performer" sind, haben sie im Zusammenhang mit einer positiven Potenzialeinschätzung eine Chance, als Karrierekandidat/-in identifiziert zu werden.

Eine hervorragende Leistung ist somit eine notwendige, jedoch keine hinreichende Bedingung für Karriere. Zur zentralen Karrieredeterminante in modernen Unternehmen wird das Potenzial. Nur „Top-Talents" oder „High-Potentials" soll der Zugang zu den Karrierepositionen des Unternehmens eröffnet werden. Damit stellt sich zugleich die Frage, wie an dieser für Karrieren entscheidenden Stelle die funktionale und personale Beschränkung des traditionellen Entscheidungsmodus überwunden und eine systemisch integrierte Perspektive realisiert werden kann.

Hier haben die Unternehmen mit den „Kalibrierungsmeetings" eine neue, an kollektiven Entscheidungen orientierte Methode des Talentmanagements etabliert (Bultemeier 2013). Dabei handelt es sich um Gremien, in denen Führungskräfte einer bestimmten Hierarchieebene gemeinsam Entscheidungen über das Karrierepotenzial der Kandidat/-innen des jeweiligen Bereichs treffen, so dass sich idealiter die individuellen Präferenzen bei der Entscheidungsfindung über gemeinsame Aushandlungsprozesse „kalibrieren". Die Potenzialbewertung findet in diesen Gremien also funktionsübergreifend, kollektiv und (bezogen auf die beteiligten Führungskräfte eines bestimmten Bereichs) „öffentlich" statt. In den Kalibrierungsmeetings kommt somit das zweite Steuerungsprinzip des systemisch integrierten Unternehmens zum Tragen: die Steuerung über kommunikative Aushandlungsprozesse in öffentlichen Handlungssituationen. Das Ziel der Kalibrierungsmeetings ist es, das Potenzial der Beschäftigten anhand festgelegter Kriterien zu bewerten und darüber die „High Potentials" eines bestimmten Bereichs des Unternehmens zu identifizieren, die gefördert werden sollen oder für die Besetzung von Karrierepositionen in Frage kommen. Die Identifizierung der Potenzialträger und damit der Karriereanwärter des Unternehmens obliegt damit nicht mehr der einzelnen Führungskraft in den funktionalen Silos und der Willkür persönlicher Auswahlentscheidungen, sondern wird in einem kollektiven Entscheidungsprozess realisiert.

Wie sehen solche Verfahren konkret aus? Zu festgelegten Zeiten treffen sich die Führungskräfte einer Ebene funktionsübergreifend und bewerten als Vorgesetzte kollektiv die Führungskräfte der darunter liegenden Ebene. So trifft sich z.B. der Bereichsvorstand mit allen Bereichsleiter/-innen, um die Abteilungsleiter/-innen des Bereichs hinsichtlich ihres Potenzials zu bewerten. Die Kandidat/-innen werden z.B. mit einem Foto visualisiert und mit einer ersten Einschätzung durch die unmittelbaren Vorgesetzten vorgestellt. Es folgt dann eine kollektive Diskussion und eine Einstufung in Relation zu den anderen Kandidat/-innen. Diese Einstufung erfolgt kollektiv, d.h. nur wenn der Kandidat oder die Kandidatin auch in der Betrachtungsperspektive der anderen Führungskräfte Potenzial gezeigt hat, wird er als „High Potential" klassifiziert. Die Kalibrierungsmeetings finden „kaskadiert", also auf unterschiedlichen Ebenen statt, so dass auch die Abteilungsleiter in vergleichbaren Panels wiederum ihre Gruppenleiter/-innen und Mitarbeiter/-innen bewerten. Organisiert und moderiert werden die Zusammenkünfte vom HRM und dieses ist direkt an den Entscheidungsprozessen beteiligt, wenngleich das Ausmaß der Einflussnahme in der Praxis sehr stark zwischen den Unternehmen variiert.

Was wird über diese Konstruktion der Kalibrierungsmeetings erreicht?

- In den Kalibrierungsmeetings findet zunächst über die Öffentlichkeit eine Vereinheitlichung der Bewertungsperspektiven und der Auswahlentscheidungen statt (Bultemeier 2013). Unterschiedliche Führungskräfte mit ihren je spezifischen Sichtweisen, Vorlieben, Problemstellungen und Begrenztheiten treffen in diesem Gremium aufeinander und versuchen in einem diskursiven Prozess zu einer gemeinsamen Entscheidungsfindung zu kommen. Dieser diskursive und öffentliche Prozess ermöglicht eine systemische Bezogenheit, durch die ein neuer, kollektiv getragener Handlungsraum entsteht, der die Wahrnehmungen und Entscheidungen der Beteiligten strukturiert.

- Die Kalibrierungsmeetings bewirken eine Professionalisierung und Versachlichung der Auswahlentscheidungen, indem sie mit dem HRM und den Praxisbereichen zwei Ebenen zusammenbringen, die bislang weitgehend unabhängig voneinander agiert haben (Bultemeier 2013). Dabei fungiert das HRM als Sachwalter des Unternehmensinteresses, der über die formal definierten Potenzialkriterien das favorisierte Karriereleitbild in die Praxis transportiert. Der dadurch abgesteckte Handlungsrahmen kanalisiert die Entscheidungsprozesse der Führungskräfte, ohne jedoch die relative Eigenständigkeit dieser Praxisebene aufzuheben. Die Führungskräfte interpretieren die Potenzialkriterien mit Blick auf die Praxis und dabei entscheiden sie auch, welchen Kriterien z.B. besonderes Gewicht zukommt oder wie einzelne Kriterien auszudeuten sind. Sie tun dies jedoch in einem kollektiven Prozess, der die einzelnen Führungskräfte einbindet in eine gemeinschaftlich erzeugte Sichtweise des praxisgenerierten Karrieretypus und der zugleich so etwas wie eine kollektive Selbstkontrolle des Managements bei den Auswahlentscheidungen bewirkt. Formale und praxisgenerierte Sichtweisen werden so aufeinander bezogen und in eine produktive Einheit gebracht. In den Kalibrierungsmeetings begegnen sich Theorie und Empirie, treffen formal definierte Leitbilder und die Relevanzsetzungen der Praxis aufeinander, durchdringen und kanalisieren diese sich wechselseitig. So wird erst durch die Kalibrierungsmeetings eine tatsächliche Professionalisierung und Versachlichung ermöglicht, weil auch die Interpretationen und Wahrnehmungsweisen nicht mehr der individuellen Autonomie der Führungskräfte überlassen bleiben, sondern durch die Öffentlichkeit des Prozesses kollektiv zugänglich gemacht werden. Über die Öffentlichkeit, d.h. die Schaffung eines wirkmächtigen Raums, wird somit „eine neue Stufe der Versachlichung" (ebd.) erzielt.

▪ Die Öffentlichkeit der Kalibrierungsmeetings ist es auch, die die Führungskräfte dazu bringt, sich zu positionieren und mit ihren personalpolitischen Leistungen im Verhältnis zu den anderen Führungskräften sichtbar zu werden (Bultemeier 2013). Die Personalentwicklung liegt in der Verantwortung der Führungskräfte. Wenn sie keine Potenzialkandidat/-innen vorzuweisen haben oder diese in den Panels nicht durchbringen, weil sie vor den anderen Führungskräften nicht bestehen konnten, so fällt dies auch auf sie zurück. Ihre personalpolitischen Leistungen und Entscheidungen finden so nicht mehr im Verborgenen, in der Abschottung der funktionalen Silos statt, sondern werden in den Kalibrierungsmeetings öffentlich. Auch dies trägt wesentlich zur Professionalisierung und Versachlichung der Entscheidungsprozesse bei.

Die Kalibrierungsmeetings stellen somit ein „lebendiges" Instrument der systemischen Integration und der Professionalisierung und Versachlichung der Auswahlentscheidungen dar. Sie ergänzen als Entscheidungsmodus das zentral definierte Karrieregerüst des Unternehmens. Weil sie ein lebendiges Instrument sind, ist die Güte der Entscheidungen abhängig von der Qualität der Öffentlichkeit, in der sie stattfinden. Die Kalibrierungsmeetings erzeugen keine sterile Objektivität, sondern leben von der Interaktion der beteiligten Akteure, die nicht selten die Machtverhältnisse zwischen ihnen widerspiegeln – zwischen erfolgreichen und weniger erfolgreichen Abteilungen, zwischen wichtigen und in ihrer Wertigkeit für das Unternehmen weniger bedeutsamen Abteilungen, zwischen Führungskräften mit großem Verhandlungsgeschick und solchen, die über weniger Durchsetzungskraft verfügen. In den Kalibrierungsmeetings findet somit kein „herrschaftsfreier Diskurs" (Habermas) statt; sie sind vielmehr durchdrungen von den machtvollen Praktiken in den Unternehmen, die die Güte der Entscheidungen einschränken können. Dennoch begründen sie eine eigene, kollektiv erzeugte und wirkmächtige Realität: Selbst der mächtige Ressortchef kann seine loyalen Mitarbeiter nicht mehr mit der Teilnahme an Karriereprogrammen „beschenken", wenn seine Peers bei diesen kein Potenzial entdecken können.

Mit den Kalibrierungsmeetings hat sich in den Unternehmen somit ein völlig neuer, systemisch integrierter Entscheidungsmodus etabliert. In vielen Unternehmen unseres Partnernetzwerks werden die „High Potentials" in kollektiven und öffentlichen Panels nominiert. Mit dieser Nominierung erfolgt zugleich die Zuweisung von Karrierechancen, denn den

Potenzialkandidaten wird der Zugang zu Karriereprogrammen oder Karrierepositionen eröffnet. In der Reichweite dieser Zuweisungen unterschieden sich unsere Partnerunternehmen jedoch erheblich. Hier ist besonders interessant, dass in den Karriereentscheidungen häufig ein Nebeneinander von Neu und Alt, von systemischer Entscheidungsfindung und funktional geprägter personaler Autonomie zum Ausdruck kommt. Wir haben drei Varianten der Zuweisung von Karrierechancen gefunden:

Variante 1: Die in den Kalibrierungsmeetings identifizierten Potenzialträger/-innen werden in einen Managementpool gewählt. Die Besetzung von Karrierepositionen kann ausschließlich aus diesem Managementpool erfolgen. Damit werden die Kalibrierungsmeetings zum Nadelöhr für Karriere. Hier erfolgt die Zuweisung von Karrierechancen ausschließlich im systemischen Entscheidungsmodus; traditionelle Verfahren sind nicht mehr existent.

Variante 2: Den in den Kalibrierungsmeetings identifizierten Potenzialträger/-innen wird die Teilnahme an speziellen Förderprogrammen, z.B. High-Potential-Programmen, ermöglicht, die ihre Karrierechancen erhöhen. Unternehmensinterne Untersuchungen zeigen, dass Karrierepositionen überproportional mit Teilnehmern dieser Programme besetzt werden. Sie werden damit zum Sprungbrett für Karriere. Parallel ist Karriere jedoch auch für Beschäftigte möglich, die nicht nominiert worden sind, weil der systemische Entscheidungsmodus bei der Nominierung der Karrierekandidat/-innen den personalen Entscheidungsmodus bei der Besetzung von Karrierepositionen nicht außer Kraft setzt. Hier ist ein weitgehend gleichberechtigtes Nebeneinander beider Entscheidungsmodi mit einer relativ großen Schnittmenge bei der Zuweisung der Karrierechancen zu beobachten.

Variante 3: Auch hier werden die „High Potentials" des Unternehmens in den Kalibrierungsmeetings bestimmt. Bei einer anstehenden Stellenbesetzung wählt die Personalabteilung aus den dort identifizierten Potenzialträger/-innen die in Frage kommenden Personen aus und erstellt daraus eine „Shortlist", die den Führungskräften zugeht. Diese dient als Referenz für die Besetzung von Karrierepositionen. Die Führungskräfte entscheiden weitgehend autonom, haben also auch die Möglichkeit, die Referenz zu negieren. Dabei stehen sie jedoch gerade im Falle einer nicht erfolgreichen Besetzung unter erheblichem Rechtfertigungsdruck. Hier bleibt der traditionelle Entscheidungsmodus zwar im Kern erhalten, wird jedoch durch den systemischen Entscheidungsmodus unterlegt, der eine eigene Perspektive transportiert und als Kontrollinstanz fungiert.

Der neue, kollektive und öffentliche Entscheidungsmodus ist überall in den Unternehmen zu beobachten, ohne dass er den traditionellen bereits vollständig abgelöst hat. Es ist nicht davon auszugehen, dass er nur ein temporäres Phänomen darstellt, wenngleich seine Etablierung nicht ohne Reibung erfolgt – so versuchen z.B. einige Führungskräfte sich gegen den gewachsenen Einfluss des HRM bei der Stellenbesetzung zu isolieren. Obwohl umkämpft, stellt dieser Entscheidungsmodus einen wesentlichen Baustein des neuen Karrieremechanismus im systemisch integrierten Unternehmen dar.

3.3 Karriere als Positionierung in öffentlichen Bewährungsproben

Wurde im vorausgehenden Abschnitt der systemische Entscheidungsmodus des neuen Karrieremechanismus entwickelt, so stellt sich nun die Frage, auf wen dieser Entscheidungsmodus überhaupt zugreift. Wodurch müssen sich die Beschäftigten auszeichnen, wie müssen ihre Kompetenzen konfiguriert sein, damit sie durch den neuen Entscheidungsmodus promoviert werden? Das ist die Frage nach den „Andockstellen" des Karrieremechanismus und dem Karrieretypus, den diese selektieren.

Karriere erfolgt in wissensbasierten Unternehmen vorrangig über die Bescheinigung von Potenzial. Potenzial ist die „Währung", die in den Kalibrierungsmeetings gehandelt wird und als „Türöffner" ins Management fungiert. Potenzial – so konnte oben gezeigt werden – bezieht sich formal einerseits auf die neuen Anforderungen wissensbasierter Arbeit und systemischer Integration, liegt andererseits jedoch im Verborgenen, so dass es nur als Anlage vermutet oder als „Wette" prognostiziert werden kann. Potenzial und die Kompetenzen, die darunter subsumiert werden, sind unsichtbar. Deswegen ist Potenzial nur in der Praxis, im Vollzug der systemisch-kommunikativen Fachlichkeit, zu beobachten. Das Potenzial muss sich „materialisieren", um sichtbar zu werden (Bultemeier 2013). Damit die Führungskräfte in den Kalibrierungsmeetings eine Potenzialeinschätzung ihrer Mitarbeiter und Mitarbeiterinnen abgeben können, müssen sie diese in der Praxis „getestet" haben. Dies geschieht in praxisgenerierten Aufgaben und Verantwortlichkeiten, die als „Bewährungsproben"[13] konfiguriert werden. Bewährungsproben sind der Mechanismus, durch den Potenzial sichtbar wird. Potenzial ist damit im Kern ein Praxisbegriff (ebd.).[14]

Eine erste Annäherung an die Potenzialbestimmung soll deshalb über die Karrierepraxis erfolgen. Was müssen die Beschäftigten tun, wenn sie eine Karriere anstreben? Wie sehen die „Bewährungsproben" aus, die sie dabei durchlaufen? Unsere Empirie ergibt ein überra-

---

13 Der Begriff der „Bewährungsprobe" geht auf Boltanski/Chiapello (2003) zurück und steht im Kontext der jeweiligen „Wertigkeitsordnung" des Kapitalismus. Deren Logik, d.h. der „Geist des Kapitalismus", ist in die Karriere- und Selektionsstrukturen der Wirtschaft eingeschrieben und formt dort spezifische Bewährungsproben aus, die über Statuszuschreibung und Rangordnung entscheiden (vgl. insbesondere ebd.: 362ff).
14 Auch Kotthoff/Wagner (2008) betonen die Bedeutung von „Potenzial" für die Karriere. Sie haben dabei jedoch nicht die Bewährungsproben der Karrierepraxis im Blick, sondern das Instrument der Potenzialanalyse in Form von Assessment-Centern. Dies bewirke im Gegensatz zu früher eine relativ frühe Karriereselektion nach zwei bis drei Jahren: „Dies hat sich geändert. Heute trennt sich die Spreu vom Weizen bereits sehr früh" (ebd.: 125). Die Ergebnisse aus unseren Partnerunternehmen bestätigen diesen Befund nicht. Sie zeigen vielmehr, dass der Karriere- und Auswahlprozess langwieriger ist und dass vielfältige Bewährungsproben der Teilnahme an den Assessment-Centern vorausgehen. Es geht also in der Regel nicht um das Bestehen in einem bestimmten Assessment-Center, sondern um das Sich-Bewähren in einem komplexen System von Bewährungsproben, das formale Auswahlprozesse, wie z.B. Assessment-Center, mit informellen Bewährungsmöglichkeiten verbindet. Der Potenzialnachweis wird demnach in einem fortwährenden Prozess und nicht in einem einmaligen Akt erbracht.

schend einheitliches Bild von dem, was gefordert wird, um als Karrierekandidat/-in identifiziert zu werden.

Von den Beschäftigten, die eine Karriere anstreben, wird zunächst erwartet, dass sie ein fachliches Mandat übernehmen, d.h. Aufgaben und Verantwortlichkeiten, in denen sie sich beweisen können. Diese Aufgaben müssen meist zusätzlich, „on top" sein, und sie müssen über den eigenen funktionalen Bereich hinausweisen.[15] Das Spektrum dieser Aufgaben kann vielfältig sein, z.B. die Erschließung neuer, innovativer Themen für das Team oder die Verantwortungsübernahme für einen bestimmten Prozess oder ein Projekt. Die Aufgaben ergeben sich in der Regel aus den Funktionsnotwendigkeiten des laufenden Arbeitsprozesses, d.h. die Bewährung erfolgt nicht in artifiziell konstruierten Situationen, sondern durch die Vorgaben der Praxis.

Dass die Verantwortlichkeiten über das funktionale Aufgabenprofil hinausweisen müssen, ist Ausdruck des Wandels im Karrieremuster. Mit der Erosion der funktionalen Kamine funktioniert auch Karriere nicht mehr über die Hervorhebung im engen Aufgabenzuschnitt des Jobs – dass alle Beschäftigten diesen perfekt beherrschen, wird sowieso erwartet –, sondern über den Aufbau systemischen und neuen Wissens, das die Unternehmen voranbringt. Daran sind die Bewährungsproben orientiert. In einem ersten Schritt kommt es deshalb darauf an, zusätzliche und funktionsübergreifende Aufgaben oder Verantwortungen zu übernehmen:

> „Nicht zurückzucken, wenn es heißt, wir suchen jemanden für die und die Aufgabe, sondern sagen: Okay, ich mache es. Das ist der erste Schritt, um da diese Ausgangsbasis zu schaffen in der Entwicklung." (Abteilungsleiter, Elektrotechnik, Ea063)

> „… es ist diese Eigeninitiative. Es ist, dass man eben zeigt, aber auch offen anspricht, dass man sich weiterentwickeln möchte, aber auch im Vorfeld schon eben Verantwortung übernimmt, dass man sich verantwortungsvolle Aufgaben sucht. Man sagt, da gibt es eine verantwortungsvolle Aufgabe, die würde ich gerne machen, oder dieses eine Projekt hab ich gehört, und das würde mich interessieren, da wäre ich zumindest dabei, wenn nicht in einer verantwortungsvollen Position, aber zumindest dabei. Und sich so tatsächlich verantwortungsvolle Aufgaben sucht oder auch sonst Aufgaben, wo man sich einfach beweisen kann, wo sich rausstellen kann, wo man sagen kann, (…) das war eine sehr schwierige Aufgabe und die habe ich hervorragend gelöst. Das ist, denke ich, sehr wichtig." (Mitarbeiter, Elektrotechnik, Ea089)

Die Aufgabenübernahme dient als „fachliche Bewährungsprobe" (Bultemeier 2011) und signalisiert den Vorgesetzten, dass die betreffende Person die Bereitschaft mitbringt, Verantwortung zu übernehmen und sich selbst zu entwickeln. Karrierebereitschaft ist somit an Verantwortungsbereitschaft gebunden. Dabei ist die Bewährungsprobe selbst als soziales Verhältnis konstituiert. Die Person kann Verantwortung einfordern, ist aber auch auf die

---

15 Auch Kotthoff (1998) betont die Bedeutung von „Zusatzaufgaben" für den betrieblichen Aufstieg. Überdurchschnittliches Engagement, firmenbezogenes statt schreibtischbezogenes Handeln und die Übernahme von Zusatzaufgaben seien entscheidend für die Karriere: „Dies ist die Beitragsorientierung" (ebd.: 86).

Zuweisung[16] von Verantwortung angewiesen, d.h. dass sie gesehen und für die Aufgabe als kompetent erachtet wird.

Um ihr Potenzial zu beweisen, reicht es für die Beschäftigten jedoch nicht aus, funktionsübergreifende Zusatzaufgaben zu übernehmen. Ein weitere Aspekt muss hinzukommen: Sie müssen sich mit diesen Aufgaben „öffentlich exponieren" (ebd.). „Sichtbarkeit" wird zu einer zentralen Karrieredeterminante:

> „... also es gibt schon Mitarbeiter, die sagen, ich hätte gerne eine Aufgabe, wo ich ein bisschen mehr Sichtbarkeit hätte. Die wissen genau, das ist das A und O, um sich zu zeigen und um auch weiterzukommen." (Abteilungsleiterin, Elektrotechnik, Fa240)

> „Also was wir hier nicht haben, ist so die Karriere im Elfenbeinturm, im stillen Kämmerlein. ... ohne eine gewisse Sichtbarkeit geht es einfach nicht, ja. Und das ist auch wichtig, ja, wir sagen, die Leute, die gut sind, die sollen ihr Wissen auch multiplizieren." (Gruppenleiter, Elektrotechnik, Ea228)

> „Also für die Kollegen, die jetzt wirklich aktiv sagen, ich möchte Karriere machen, glaub ich, ist das auch ein Punkt, dass man eine gewisse Außenwirkung hat und auch zeigt. Dass man halt in den entsprechenden Gremien präsentiert und auch dabei ist bzw. auch bei Veranstaltungen sich dementsprechend präsent zeigt. Damit auch erst mal dem Management bewusst wird, da ist jemand, der einen guten Job macht, der aber auch weiterkommen möchte." (Projektleiter, Banken, Da272)

Die Bedeutung von „Sichtbarkeit" resultiert aus zwei Veränderungen: *zum einen* aus der neuen Qualität wissensbasierter Arbeit und dem damit korrespondierenden Steuerungsprinzip, die Kommunikation und Öffentlichkeit erfordern. Indem die Beschäftigten sich öffentlich exponieren, zeigen sie, dass sie diesen neuen Anforderungen des systemisch integrierten Unternehmens gewachsen sind. Die öffentliche Exponierung dient als „kommunikative Bewährungsprobe" (ebd.) und signalisiert, inwieweit jemand ein Thema kommunikativ vermitteln, überzeugend darstellen und öffentlich platzieren kann. Das Agieren in kommunikativen und öffentlichen Aushandlungssituationen definiert das zentrale Anforderungsprofil wissensbasierter Arbeit. Indem die Beschäftigten „sichtbar" werden, offenbart sich ihr Potenzial an personalen Kompetenzen. *Zum anderen* resultiert die Bedeutung von Sichtbarkeit aus dem neuen systemischen Entscheidungsmechanismus. Wenn in den Kalibrierungsmeetings kollektiv entschieden wird, dann müssen die Beschäftigten nicht nur ihren direkten Vorgesetzten, sondern allen an der Entscheidung beteiligten Führungskräften aus den unterschiedlichen Bereichen bekannt sein. Dies funktioniert nur, wenn sie im Vorfeld mit einer Aufgabe öffentlich sichtbar geworden sind.

---

16 Den Zuweisungsaspekt des Kompetenzbegriffs betonen insbesondere Kurtz (2010) und Pfadenhauer (2010). Kurtz weist mit Bezug auf Max Weber vor allem auf die soziale Dimension der Kompetenz hin, da Weber Kompetenz mit „Zuständigkeit" (Richtlinienkompetenz, Verwaltungskompetenz) gleichgesetzt und so in seiner Bürokratietheorie „eine organisationsbezogene Form von Kompetenz" beschrieben habe (Kurtz 2010: 9f). Pfadenhauer greift den Gedanken einer sozialen Dimension von Kompetenz auf und verknüpft in ihrer Definition soziale und personenbezogene Perspektiven. Kompetentes Handeln setzt sich in ihrem Begriffsverständnis aus drei Komponenten zusammen: der „Befähigung", der „Bereitschaft" und der „Zuständigkeit" zum Handeln (Pfadenhauer 2010: 154f).

Die Bewährungsproben für Karrierekandidat/-innen müssen also so konzipiert sein, dass sie „Sichtbarkeit" ermöglichen (ebd.). Nicht alle Aufgaben eignen sich dafür. Übernimmt eine Person z.B. immer wieder die Erschließung neuer Themen nur für die eigene Arbeitsgruppe, bleibt sie außerhalb des Teams unsichtbar. Sichtbarkeit verlangt eine größere, funktions- und bereichsübergreifende Öffentlichkeit. Deshalb eignen sich z.B. Verantwortlichkeiten in abteilungsübergreifenden Reorganisationsprojekten, Rollen wie „Prozesseigner" für zentrale Unternehmensprozesse, Verantwortlichkeiten bei Kundenschulungen, Fachvorträge oder auch Präsentationen in „Review Meetings" des Bereichsvorstands besonders gut, um für viele Führungskräfte des Unternehmens sichtbar zu werden.

Sind Bewährungsproben, die Sichtbarkeit ermöglichen, zentral für Karriere, so zeigen unsere Ergebnisse auch, dass niemand eine Karriere mit diesen exponierten Bewährungsproben beginnt. Bevor jemand dazu Zugang erhält, hat er oder sie in der Regel vielfältige Erfahrungen in niedrigerschwelligen Verantwortlichkeiten gesammelt. In den Unternehmen lassen sich teilweise kaskadierte, d.h. hierarchisch gestaffelte Systeme von Bewährungsproben erkennen, in denen versucht wird, das Potenzial der Beschäftigten auszureizen. Eine Führungskraft reflektiert dies folgendermaßen:

> „… ich habe eine Mitarbeiterin, die ganz normal Software entwickelt (…), da habe ich gesehen, über zwei, drei Jahre hinweg: In jedem Mitarbeitergespräch hat sie meine Erwartungshaltung immer übertroffen. ‚Das geht so nicht weiter, da muss ich mehr machen.' Dann haben wir den Schritt gemacht, wir haben ihr die Aufgabe gegeben, Prozessexperte zu werden (…). Den Job hat sie gekriegt, hat mit der normalen Aufgabe erst einmal gar nichts zu tun. Hat aber nach sich gezogen, sie muss sich direkt an den Geschäftsbereich wenden, dort einklinken in die entsprechenden Runden, Informationen mitbringen, bei uns Schulungen halten. Die ist ein ganz ruhiger Charakter und die hat das alles perfekt gemacht. Und jetzt haben wir den nächsten Schritt gemacht und haben gesagt: ‚Okay, das hat sie immer noch alles voll erfüllt', und jetzt kommt der nächste Schritt und jetzt haben wir sie zum Prozesseigner gemacht (…), also noch eine Aufgabe oben drauf. Und mittlerweile, seit kurzem, ist sie auch noch stellvertretende Teamleiterin in einem Team mit neun Mitarbeitern. Das ist so eine Person, wo ich sagen könnte, die können wir anschieben." (Gruppenleiter, Elektrotechnik, Ea059)

Karriere funktioniert in den Unternehmen somit über die Zuschreibung von Potenzial und dieses offenbart sich in Bewährungsproben, die zusätzlich, funktionsübergreifend und öffentlich sein müssen. Bevor die Karrierewilligen in die offizielle Karriereentwicklung eintreten, also die erste hierarchische Karriereposition einnehmen, haben sie bereits eine langjährige Bewährungskarriere hinter sich; sie haben also schon Karriere vor der eigentlichen Karriere gemacht.

Das Potenzial der Mitarbeiter zeigt sich somit erst in der Arbeitspraxis, in dem Durchlaufen von Bewährungsproben, die eine öffentliche Exponierung ermöglichen. Potenzial ist damit als Praxisphänomen konstituiert. Doch was macht die besondere Qualität dieses Phänomens aus? Was ist jenseits des beobachtbaren Karriereverhaltens der inhaltliche Kern von Potenzial? Welcher Karrieretypus wird in den Unternehmen promoviert und offenbart sich in der Vielzahl an personalen Kompetenzen, die die Unternehmen in neuen Anforderungsprofilen einfordern? Diesen Fragen soll nun in einer zweiten Annäherung an das Potenzialphänomen nachgegangen werden.

Die Zuschreibung von Potenzial setzt in der Praxis der Unternehmen zunächst eine spezifische Haltung zur Arbeit voraus. Potenzial wird in jenen Beschäftigten vermutet, die in der ersten Person denken und handeln, die „mitdenken" und auf dieser Grundlage in der Lage sind, Verbesserungen anzuregen und neue Ideen zu entwickeln – die mithin im Verhältnis zu ihren Aufgaben und Verantwortlichkeiten einen eigenen Standpunkt einnehmen.

Eine Führungskraft aus dem Bereich der Elektrotechnik beschreibt anhand eines Fallbeispiels aus ihrer Abteilung, einer jungen Frau, wie der Prozess der Potenzialerkennung funktioniert und in eine Bewährungsprobe mündet:

> „... die hat sich dadurch eben ausgezeichnet (...), dass sie dafür gesorgt hat, dass bestimmte Dinge einfach besser gemacht werden. Ganz viele Vorschläge, ganz kleine Vorschläge, aber ganz viele davon angebracht. Das zeigt, die beschäftigt sich mit ihrer Arbeit, ist interessiert zu verändern, neu zu gestalten. Dadurch war sie eben auffällig, so dass wir gesagt haben: Jetzt geben wir dir mal eine richtige Verantwortung' (...)." (Abteilungsleiter, Elektrotechnik, Ea063)

Die eigeninitiative Haltung zur Arbeit, die die junge Frau dadurch zum Ausdruck bringt, dass sie Neuerungen initiiert, und die darin enthaltene motivationale Disposition liefern somit der Führungskraft erste Anhaltspunkte für die Potenzialzuschreibung. Stärker generalisierend lässt sich diese Haltung, die einen neuen Karrieretypus formt, wie folgt beschreiben:

> „... einfach auf den Typ achten: Wie gehen diejenigen an Themen ran, wie erarbeiten sie sich neue Probleme, wie treten sie auf, überzeugen sie, welche Interessen haben sie, welche Ambitionen haben sie, sich bei uns in irgendwelche Themen einzubringen? Das sind für uns die wesentlichen Faktoren." (Abteilungsleiter, Elektrotechnik, Ea063)

Es ist jedoch nicht nur die besondere Haltung zur Arbeit – dies deutet sich in dem Zitat bereits an –, die Potenzialkandidat/-innen auszeichnet, sondern hinzukommen muss ein mit dieser Haltung verbundenes machtvolles Agieren. Sie müssen mit ihren Themen auch „überzeugen" können, sie sind aufgefordert, die Themen und Neuerungen in die Organisation zu vermitteln und dort zu verankern. Ohne diese Transferleistungen bleibt die Entwicklung eines inhaltlichen Standpunkts für die Unternehmen wertlos. Ein neuer Karrieretypus wird so mit Bezug auf das erfolgreiche kommunikative und öffentliche Handeln im Unternehmen, das Bewegung initiiert und das Unternehmen insgesamt voranbringt, konfiguriert:

> „...schaffen Sie es, Themen in der Organisation durchzusetzen oder – Durchsetzen klingt so negativ, aber ich sag mal: gegen den klassischen üblichen bürokratischen Apparat irgendwie Dinge ans Laufen zu kriegen, können Sie Lösungen irgendwie erarbeiten, wo Sie verschiedene Interessen unter einen Hut bringen, schaffen Sie es mit all den widersprüchlichen Interessen, was hinzukriegen, pushen Sie aber schon Themen nach vorne, ohne aggressiv zu sein, aber (...) trotzdem was zu bewegen? Also: Wie agiert man, wie bewegt man sich in der Organisation, wie schaffen Sie es, Dinge weiterzuentwickeln, wie treten Sie auf...?" (Bereichsleiter, Banken, Da135)

Die Analyse der Karrierepraxis in den Unternehmen zeigt, dass Potenzial in der hier beschriebenen Vielfalt im Kern die Bereitschaft und die Fähigkeit zur „Positionierung" (Bultemeier 2013) bedeutet. Dabei hat der Begriff der „Positionierung" einen doppelten Bedeutungsgehalt: einmal die Fähigkeit zur Entwicklung eines eigenständigen Standpunkts, einer Position, die die Voraussetzung für Veränderung, für Bewegung im Unternehmen schafft.

Und zum anderen Machtentfaltung zur Durchsetzung der eingenommenen Position, d.h. die Fähigkeit, die Position im Unternehmen kommunikativ durchzubringen und zu verankern. Potenzial ist somit die Fähigkeit zur erfolgreichen Positionierung in unternehmerischen Öffentlichkeiten (ebd.).

In diesem praxisgenerierten Verständnis verdichten sich die Anforderungen wissensbasierter Arbeit und der Steuerung über Kommunikation und Öffentlichkeit. Der auf der Positionierung basierende Modus des öffentlichen Aushandelns ersetzt den Modus des „one best way" in der Arbeitspraxis, ermöglicht Wissensaustausch und systemische Bezogenheit und führt zur Entscheidungsfindung in kollektiven Austauschprozessen. Damit entspricht die Positionierung dem Modus der Strukturbildung in systemisch integrierten Unternehmen und stellt zugleich den karriererelevanten Anteil der systemisch-kommunikativen Fachlichkeit dar.

Sie beschränkt sich natürlich nicht auf die fachliche und kommunikative Positionierung, sondern beinhaltet immer auch die Positionierung in Bezug auf die eigenen Karriereambitionen. Positionierung bedeutet demnach auch zu sagen: „Hier bin ich!" Gefordert ist also, sich als Karrierekandidat/-in zu präsentieren und damit natürlich immer auch Momente von Inszenierung zu bedienen. Dieser Aspekt genießt in den Überlegungen von Funken et al. (2011) besondere Beachtung. Sie begreifen in ihrer Analyse „Karriere als Inszenierung". Ausgehend von Wissensarbeit als kommunikativ generierter Praxis rekurrieren sie – und dies macht die Originalität ihrer Arbeit aus – mit Bezug auf Goffman auf den Selbstdarstellungsaspekt der Person in der Kommunikation. Kommunikative Handlungen seien als „Performances" zu betrachten, die inszeniert würden und darauf zielten, die Betrachtungsweise des Kommunikationspartners zu beeinflussen. „Mit anderen Worten: Individuen versuchen das Bild, das sich ihr Gegenüber von ihnen macht, so weit wie möglich zu steuern" (ebd.: 25). Dieses „Impression Management" (Goffman) beinhalte immer auch Momente einer interessenbezogenen Täuschung und sei weiterhin in seiner Wirkungsweise – wechselseitige Bindung von Aufmerksamkeit – auf physische Präsenz, auf Sichtbarkeit angewiesen (ebd.: 26). Damit wird in der Perspektive von Funken et al. die „Selbstinszenierung" zum Merkmal moderner wissensbasierter Arbeit:

> „Je differenzierter, komplexer, schneller und monetärer die moderne (Arbeits-)Welt wird, desto wichtiger werden Oberflächen. Die herbeigesehnte ‚Oberflächenspannung' wird durch eine Form der ‚Selbst'vermarktung erreicht, die sich offensichtlich in stets wandelbaren Lebensstilen und Präsentationsweisen, in einem permanent aktualisierten ‚Produktmanagement' und situationsadäquaten Problemlösungsgeschick, kurz: in effektiver Selbstinszenierung niederschlägt." (Ebd.: 26)

Die Bedeutung, die sie der Selbstinszenierung zuschreiben, betrifft sowohl Arbeitspraxis als auch Karriere; Selbstinszenierung wird zu einer zentralen Karrieredeterminante:

> „Kommunikative Kompetenz verstanden als ‚richtige kommunikative Dramaturgie und Inszenierung' scheint (…) in einer hochgradig kommunikativ geprägten Arbeitswelt von enormer (karriere-) strategischer Bedeutung." (Ebd.: 36)

Besonders interessant ist, wie hier mit Blick auf Karriere das Verhältnis von Kompetenz und Performance bestimmt wird. Die Performance wird nicht als Bestandteil der Kompetenz konzipiert, sondern reguliert quasi als übergeordnete Instanz den Zugang zu den Kompetenzen – „(e)rst die Performanz einer Person lässt Rückschlüsse auf deren Kompetenz zu" (ebd.: 112). In einer Karrierewelt, die Funken et al. als „ereignishaft" und „flüchtig" (ebd.: 141) erleben – die Möglichkeiten der Selbstinszenierung vor Entscheidungsträgern seien in modernen projektifizierten, virtuellen und globalen Unternehmen auf kurze Auftritte und „punktuell stattfindende Situationen persönlichen Austauschs" (ebd.: 139) begrenzt –, geht die Karriererelevanz der Kompetenz verloren, während die Performanz zur eigentlichen Karrieredeterminante wird.

> „Kompetenz muss also – zugespitzt formuliert – von den Beschäftigten regelrecht in Szene gesetzt werden. Damit ist die eigentlich zu leistende Arbeit im Spiel um optimale Karrierechancen die gekonnte Selbstinszenierung, d.h. es geht gar nicht um Kompetenz, sondern um Performanz und damit verbunden um Aufmerksamkeitsbindung." (Ebd.: 113)

> „Um es noch einmal hervorzuheben: Nicht derjenige wird belohnt, der de facto über die geforderten Kompetenzen verfügt und diese in die kollektiv zu leistende Wissensarbeit einbringt, sondern derjenige, dessen individuelle Performanz Kompetenz lediglich insinuiert, das heißt, dem es gelingt, sich als kompetentes Subjekt performativ darzustellen – unabhängig vom objektiv geleisteten Beitrag." (Ebd.: 150)

Performanz und Kompetenz werden in dieser Perspektive in einer flüchtigen und ereignishaften Karrierewelt entkoppelt (Bultemeier 2013).

Unsere Ergebnisse widersprechen dieser Sichtweise jedoch in zwei Punkten. Selbst ereignishafte Gelegenheiten wie das Kick-off-Meeting oder die Telefonkonferenz sind lebendige Öffentlichkeiten, in denen sich die Kandidat/-innen nicht nur präsentieren, sondern auch behaupten müssen; in denen sie mit kritischen Fragen konfrontiert werden, kommunikativ überzeugen und Interessenkonstellationen eingehen müssen. Dies funktioniert nicht allein über die Oberfläche der Inszenierung, sondern dabei müssen spontan vielfältige personale Kompetenzen aktiviert werden. Öffentlichkeiten fokussieren auf die Kompetenzen hinter der Selbstvermarktung. Unsere Ergebnisse zeigen weiterhin, dass die Karrierewelt in ihren Grundfesten nicht als flüchtig und ereignishaft konstruiert werden kann. Karriere funktioniert über vielfach gestaffelte Bewährungsproben, in denen das Potenzial der Kandidat/-innen ausgetestet wird. In diesem Sinne ist Karriere mühsam, langwierig und zäh. Ereignishafte Momente stellen nur einen Teilbereich der neuen Karrierewelt dar – gewissermaßen die Spitze des Eisbergs –, während wesentliche Karriereentscheidungen unterhalb dieser Ebene, in jenen gestaffelten Bewährungsproben getroffen werden, die den Zugang zu den Ereignissen erst ermöglichen (ebd.).

Funken et al. kommt das Verdienst zu, mit dem „Impression Management" einen wichtigen Aspekt moderner Arbeits- und Karrierewelten identifiziert zu haben. Selbstmarketing und Inszenierung spielen in kommunikationsbasierten Arbeitswelten eine bedeutende Rolle. Sie bleiben jedoch Momente einer erfolgreichen Positionierung und sind nicht losgelöst von dieser zu betrachten. Karriere stellt immer auch eine Verdichtung der Anforderungen moderner Arbeit dar und Führungskräfte sind als Knotenpunkte der systemischen Integration Teil der „sozialen Praxis" (Schienstock 1993) in den Unternehmen. Über Inszenierung kann jedoch weder die Komplexität wissensbasierter Arbeit bewältigt werden noch eine

Steuerung über Öffentlichkeit erfolgen. Inszenierung taugt daher nicht als Grundpfeiler moderner Unternehmen und des darin eingeschriebenen Karrieremechanismus.

3.4 Die Maßlosigkeit moderner Karrieren

Der Karrieremechanismus moderner Unternehmen formt nicht nur innerbetrieblich einen neuen Karrieretypus, sondern hat auch Auswirkungen auf die Gestaltung des Verhältnisses von Arbeit und Leben. Wie weit Führungskräfte und Karrierekandidat/-innen von der Arbeit vereinnahmt werden, in welchen Zeitrhythmen sie sich bewegen und welchen Preis sie für ihre exponierte Position zahlen, wird durch die soziale Konstruktion des Karrieremechanismus mitbestimmt.

Im systemisch integrierten Unternehmen ist eine Tendenz zur Maßlosigkeit angelegt, die traditionelle Grenzziehungen aufbricht und sich aus zwei unterschiedlichen Quellen speist: zum einen aus der Offenheit und relativen Unbestimmtheit des Potenzialbegriffs. Karriere erfolgt in modernen Unternehmen über die Zuschreibung von Potenzial. Anders als Leistung oder Seniorität oder auch Qualifikation, die Größen, auf denen die Karrieredeterminanten des traditionellen Karrieremechanismus aufsetzen, ist Potenzial keine fest umrissene, endliche Größe. Die personalen Kompetenzen, mit denen die Potenzialbestimmung in den Unternehmen unterlegt ist, sind prinzipiell dehn- und erweiterbar; ein Mehr an Proaktivität, Agilität, Verantwortung oder Überzeugungskraft ist immer möglich. Die permanente Weiterentwicklung dieser personalen Kompetenzen ist ein wichtiger Bestandteil des Karriereprozesses und soll durch Rückmeldungen und Coaching der Führungskräfte angeregt werden:

> „Wir achten eigentlich stärker darauf, wie nimmt der sich bestimmte Punkte einfach zu Herzen, wie hat er sich an diesen Punkten weiterentwickelt, an der Rückmeldung, die wir ihm geben, als dass wir jemanden da bevorzugt behandeln würden, der immer ruft: Ich, ich, ich! Mir und meinen Gruppenleitern ist es wichtiger, dass (...) er dann auch bereit ist, Feedback anzunehmen und vor allem umzusetzen wieder, dass wir das sehen, dass der in der Lage ist, sich selbst zu verändern und sich weiterzuentwickeln (...)." (Abteilungsleiter, Elektrotechnik, Ea063)

Die Karrierekandidat/-innen werden so mit ständig steigenden Entwicklungsansprüchen konfrontiert, deren Erfüllung sie in sich ständig wiederholenden Bewährungsproben beweisen müssen. Sie werden explizit als Personen bewertet und ihre Bereitschaft, „an sich selbst zu arbeiten", sich also immer weiterzuentwickeln und ihr Potenzial auszubauen, wird zur Voraussetzung für das Vorankommen im Unternehmen. Entwicklungsstillstand bedeutet auch das Ende des beruflichen Fortkommens.

Die neue Maßlosigkeit der Karriere zeigt sich jedoch nicht nur mit Blick auf die Kompetenzen und die Vielzahl an Bewährungsproben, sondern auch in der Verdichtung der Kompetenzen im zentralen Karrierepotenzial der Positionierung. Von den Karrierekandidat/-innen wird erwartet, dass sie sich intensiv mit der Arbeit und dem Unternehmen beschäftigen, um eigenständig Verbesserungen anzuregen und zu verankern. Es wird somit eine innere Involviertheit und motivationale Bezugnahme erwartet, die in der Literatur als „Berufung"

(Hirschi 2013) oder „Hingabe" (Boltanski/Chiapello 2003: 145)[17] charakterisiert wird. Eine Mitarbeiterin bringt im Interview diese Art der Bezugnahme auf den Punkt und konstatiert: „Man muss seine Arbeit lieben" (Mitarbeiterin, Elektrotechnik, Ea082), wenn man Karriere machen will.

Bedeutet Potenzial im Kern Positionierung, so erfolgt die Positionierung in unternehmerischen Öffentlichkeiten, in denen die systemische Integration hergestellt werden soll. Potenzial umfasst somit auch den Aufbau systemischen Wissens und dessen Bedeutung kommt im Karrieremuster der Rotationskarriere zum Ausdruck. Auch dieses Karrieremuster hebt alte Begrenzungen auf; funktionales Spezialistentum reicht nicht mehr aus, die systemische Integration zu bewältigen. Von den Karrierekandidat/-innen wird deshalb erwartet, dass sie immer wieder „die Komfortzone verlassen", in andere Funktions- und Geschäftsbereiche oder internationale Dependancen wechseln. Dies bedeutet auch, immer wieder das vertraute Umfeld aufzugeben, sich auf neue Begebenheiten und veränderte Anforderungen einzulassen. Der Aufbau systemischen Wissens kennt keine festgelegten Grenzen und eine Ablehnung dieser neuen Anforderung führt nicht selten zum Verlust des Potenzialstatus. Daraus resultiert beispielsweise in international agierenden Konzernen, dass Auslandsaufenthalte zum Muss für angehende Führungskräfte werden:

> „Also man erwartet natürlich schon eine gewisse Flexibilität, also wenn man irgendwann (...) sagt, Flexibilität, Ausland – nein, dann kriegt man im Grunde genommen schon ein rotes Häkchen. Dann gibt's natürlich auch die Fälle, die trotzdem weitergehen, aber das ist schon ein ziemlich starkes No-go-Kriterium, also das muss man ganz klar sagen an der Stelle." (Gruppenleiter, Elektrotechnik, Ea057)

Die Praxis der Potenzialzuschreibung in den Unternehmen löst somit traditionelle Grenzziehungen auf. Potenzial in seiner ganzen Bandbreite evoziert eine Maßlosigkeit der Karriere und darüber auch eine neue Art des Eingebundenseins der Mitarbeiter in die Unternehmen. Quelle der Maßlosigkeit ist zum einen die Potenzialpraxis der Unternehmen, zum anderen die Entkopplung von Arbeitszeit und Arbeitsort durch die neuen Möglichkeiten der Informations- und Kommunikationstechnologien. Das Unternehmen 2.n ist auch ein Unternehmen, das die systemische Integration über den Informationsraum bewältigt und darüber Produktionsstrukturen jenseits örtlicher und zeitlicher Begrenzungen schafft. Mit mobilen Kommunikationsgeräten ist es möglich, von zu Hause aus oder im Zug zu arbeiten. Physische Grenzen wie das Bürogebäude als Ort der Produktion oder Öffnungszeiten als legitime Zeiten der Produktion fallen weg. Über den Informationsraum entsteht so ein „Raum der Produktion" (Boes 2005), der es prinzipiell ermöglicht, den Arbeitsprozess in alle Sphären des Lebens zu tragen.

Die Entkopplung von Arbeitszeit und Arbeitsort zeigt sich weiterhin an der Zeitzonenproblematik. Das Unternehmen 2.n ist ein Unternehmen, das in globalen Verweissystemen

---

17 Die Autoren konstatieren mit Blick auf den Managementdiskurs der 1990er Jahre, dass von den Menschen erwartet wird, „dass sie – wie es heißt – sich ihrer Arbeit hingeben. Dadurch ermöglichen sie erst eine Instrumentalisierung der Mitarbeiter in ihrem eigentlichen Menschsein" (Boltanski/Chiapello 2003: 145).

operiert und damit zwangsläufig vor der Notwendigkeit steht, mit unterschiedlichen Zeitzonen produktiv umzugehen. Damit dehnen sich jedoch die Zeiten, in denen die Beschäftigten und Führungskräfte dem Unternehmen zur Verfügung stehen müssen.

Die neue Maßlosigkeit des systemisch integrierten Unternehmens ergibt sich somit zum einen aus den veränderten Anforderungen an Mitarbeiter und Führungskräfte und der Intensivierung des Zugriffs auf ihre personalen Kompetenzen, zum anderen aus der systematischen Durchdringung aller Lebensbereiche im Sinne einer permanenten Erreichbarkeit. Diese Maßlosigkeit prägt moderne Karrieren nachhaltig, weil es bisher keine neuen sozialen Regulationsformen gibt, die begrenzend wirken könnten.

Moderne Karrieren beinhalten deshalb eine ausgeprägte motivationale, zeitliche[18] und örtliche Verfügbarkeit für Karrierekandidaten und Führungskräfte. Gerade weil es noch keine neuen Regulationsformen gibt, verläuft Karriere auch weiterhin in den alten Formen, die an der Konstruktion von „Normalarbeit" und den damit verbundenen Vorstellungen von Vollzeitarbeit, Anwesenheit und erwerbsbiografischer Kontinuität ansetzen und diese nunmehr überdehnen. In der Ausgestaltung der Verfügbarkeitsanforderungen in den Unternehmen zeigt sich somit eine besondere Verbindung von Alt und Neu: von neuen Anforderungen und Möglichkeiten, die in alte Formen gegossen werden.

In dieser Verbindung von neuen Anforderungen und Möglichkeiten einerseits und alten Regulationsformen andererseits wird Karriere „ausschließlich" (Bultemeier 2011). Dies wird an zwei Aspekten besonders deutlich: einmal an der Intensität des Karriereprozesses und seiner Ausgestaltung als linearer Prozess ohne Unterbrechung, zum anderen am Verzicht auf Zeitsouveränität als Einstiegsticket für Karrierepositionen und an Präsenzzeiten als Maß für diesen Verzicht.

Die aus der Intensität und Linearität des Karriereprozesses resultierende Ausschließlichkeit lässt sich anhand einer Detailanalyse des Karriereprozesses in einem unserer Partnerunternehmen veranschaulichen. Dieser Karriereprozess beginnt weit unterhalb der ersten offiziellen hierarchischen Karrierestufe (hier als Gruppenleitung bezeichnet) und verläuft über vielfältige Bewährungsproben als ein Prozess ohne Puffer. Wer Karriere machen möchte, muss dies permanent und im Rahmen definierter Zeitfenster beweisen: In einem ersten Schritt kommt es darauf an, überhaupt als potentielle Karrierekandidat/-innen „erkannt" zu werden. Die Aufmerksamkeitsbindung erfolgt hier durch überdurchschnittliche Leistungen innerhalb der Funktion, die zunächst erarbeitet werden müssen. Im zweiten Schritt müssen die Beschäftigten ihr Potenzial in vielfältigen Bewährungsproben immer wieder zeigen. Sind sie durch die erfolgreiche Bewältigung dieser Bewährungsproben dann im Fokus ihrer Vorgesetzten, kommt es in einem dritten Schritt darauf an, von den Vorgesetzten in den Gremien der systemischen Entscheidungsfindung platziert zu werden. Auch dies geschieht durch Bewährungsproben, die so konzipiert sein müssen, dass sie eine funktions-

---

[18] Die Autoren konstatieren mit Blick auf den Managementdiskurs der 1990er Jahre, dass von den Menschen erwartet wird, „dass sie – wie es heißt – sich ihrer Arbeit hingeben. Dadurch ermöglichen sie erst eine Instrumentalisierung der Mitarbeiter in ihrem eigentlichen Menschsein" (Boltanski/Chiapello 2003: 145).

und bereichsübergreifende Sichtbarkeit gewährleisten. Die Identifizierung als Karrierekandidat/-in bedingt jedoch nicht automatisch auch den Übertritt in eine Führungsposition; diese Konstellation stellte in unserem Unternehmenssample eine Ausnahme dar. In einem vierten Schritt geht es deshalb um die Suche nach einer adäquaten Führungsposition, und auch dies setzt wieder eigenständige Bemühungen voraus. Der Karriereprozess endet mit der Übernahme einer Karriereposition und beginnt sogleich von neuem, wenn weitere Karriereschritte angestrebt werden.

Dieser Karriereprozess mit seinem sequenziellen Verlauf bis zur Übernahme der angestrebten Karriereposition wird von unseren Interviewpartnern als extrem zeitaufwändig, anstrengend und emotional bindend beschrieben. Es sei „sehr, sehr viel Eigeninitiative" und die Bereitschaft, „mehr zu tun als andere", notwendig (Gruppenleiter, Elektrotechnik, Ea057). Man müsse „in der Lage sein, auch mal die Extrameile und die Extrastunde zu machen" (Development-Managerin, IT-Industrie, Aa188). Während des Karriereprozesses bleibe keine Zeit und kein Raum für Aktivitäten jenseits der Arbeit. Karriere erfordere eine völlige Fokussierung – daher „muss das absolut Prio A sein, Karriere machen zu wollen" (Mitarbeiter, Elektrotechnik, Ea089).

Karriere ist jedoch nicht nur ein extrem zeitintensiver Prozess, sondern auch ein Prozess ohne zeitliche Verzögerungen und Unterbrechungen. Signalisiert jemand über längere Zeiträume keine Karriereambitionen, besteht die Gefahr, dass diese Person bei erneuten Versuchen als unglaubwürdig eingestuft wird. Unterbrechungen bedeuten einen Verlust der Legitimation für Karriere, das zeigen unsere Ergebnisse mit Blick auf die geschlechtsspezifischen Karrierechancen sehr deutlich. Jenseits der Normalitätsannahme einer Karriere in Permanenz mit definierten Zeitfenstern ist das „Karrieremachen" sehr schwierig. Dazu gehört auch, dass ein „Ankommen" in der erreichten Position nur bedingt möglich ist.

So berichtet eine hochrangige Führungskraft aus dem Bankenbereich im Interview, dass ihr als junger Frau eine Filialleitung angeboten und sie zeitgleich in den Führungskreis aufgenommen wurde. Ihr Bestreben war es, die Funktion zunächst optimal auszufüllen, bevor sie weitere Karriereschritte anvisierte. Nach drei Jahren galt sie jedoch als „Problemkind" des Managementkreises, denn alle, die mit ihr aufgenommen worden waren, hatten längst die nächste Karrierestufe erreicht.

> „Ich bin in den Führungskreis reingegangen und hab gesagt: ‚Ich habe aber gerade erst die Filiale übernommen. Also ich stehe jetzt erst mal noch nicht zur Verfügung. Weil das muss ich mindestens drei Jahre machen.' In dieser Zeit waren alle meine Kollegen schon gesetzt. So und dann nach drei Jahren musste ich mich auf einmal rechtfertigen: Warum sind Sie dann immer noch da drin und nicht gesetzt? So, dann liest plötzlich jemand in der Karrierestrategie, die ist seit drei Jahren im Führungskreis drin, die wollte aber bis jetzt noch keiner haben." (Bereichsleiterin, Banken, Ga036)

Der Karriereprozess über Bewährungsproben, in denen sich das Potenzial der Karrierekandidat/-innen immer wieder neu materialisieren muss, ist somit ein extrem zeitintensiver und motivational bindender Prozess, in dem die neue Maßlosigkeit moderner Karrieren zum Ausdruck kommt. Dass dieser Prozess jedoch keine Unterbrechungen zulässt, steht in einem anderen Begründungskontext, nämlich der traditionellen Normalitätsannahme von Karriere in definierten Zeitfenstern.

Nicht nur der Karriereprozess, sondern auch die Ausgestaltung von Karrierepositionen erfordert eine hohe zeitliche und motivationale Verfügbarkeit. Die Führungskräfte sind „Knotenpunkte" der systemischen Integration; sie müssen sich und ihre Bereiche immer wieder neu positionieren und werden zugleich in ihren Beiträgen für das Unternehmen vermessen. Auch darin liegt eine neue Maßlosigkeit moderner Karrieren, die ihren Ausdruck in den Arbeitszeitkulturen der Unternehmen findet. Der Verzicht auf Zeitsouveränität wird häufig zum Eintrittsticket für eine Führungsposition und zum Preis, den Führungskräfte für ihre Karriere bezahlen. Arbeitszeiten von zehn bis zwölf Stunden am Tag sind keine Seltenheit und werden von den zumeist männlichen Führungskräften als Normalität von Führung und als Distinktionsinstrument zur Mitarbeiterebene anerkannt. Häufig ist es das Top-Management, das die Zeitkulturen im jeweiligen Bereich prägt und die Verfügbarkeitserwartungen als Kaskadeneffekt an die nachgeordneten Führungskräfte weitergibt. Wenn der Vorstand beispielsweise erwartet, dass Mails auch um 22 Uhr noch bearbeitet werden, dann muss auch der Bereichsleiter um diese Zeit auf seine Führungskräfte zurückgreifen können, wenn es um die Abarbeitung konkreter Arbeitsaufträge geht.

Der Eintritt in eine Führungsposition führt somit häufig dazu, dass es kaum noch Zeiträume gibt, die nicht von der Sphäre der Arbeit durchdrungen sind. Vielen Führungskräften fällt es selbst in Urlaubszeiten sehr schwer, Grenzen zu ziehen. Die Präsenz der Arbeit wird durch die Permanenz der Bereitschaft auch dann aufrechterhalten, wenn die Führungskräfte nicht konkret gefordert sind. Eine Entwicklerin aus dem unteren Management beschreibt im Interview am Beispiel ihres Mannes, der im mittleren Management tätig ist, die Auswirkungen der zeitlichen Verfügbarkeitserwartungen in Führungspositionen:

> „… ich kann das sehr, sehr detailliert schildern, das heißt, dass der Blackberry dauernd daliegt. Dass eben (…) Telefonkonferenzen am Abend vollkommen normal sind und zwar jetzt nicht mal, sondern wirklich häufig, dass irgendwelche wichtigen Meetings, wenn die im Urlaub sind, man halt vom Urlaub aus per Telefon dran teilnimmt (…) … also psychisch, glaub ich, schon noch mal eine viel stärkere Einbindung." (Development-Managerin, IT-Industrie, Aa188)

Die Zeitkulturen im Management haben natürlich auch „Ausstrahlungseffekte" auf die Karrierekandidat/-innen. Sie beschreiben legitime Erwartungen, an denen diese gemessen werden und die für ihre Promotion entscheidend sind. Karrierekandidat/-innen, so eine Managerin, erkenne man daran, dass sie nicht mehr „stechen", also die in diesem Unternehmen übliche Zeiterfassung negieren. In solchen Zeitkulturen wird Präsenz zum Maß für die „Hingabe" an die Arbeit und damit auch zum Maß für die Karrierebereitschaft:

> „Also damit eben der Vorgesetzte erkennt, einmal klar von der Fachkompetenz her, aber auch vom Wollen her: Natürlich, was leicht zu messen ist, sind die Arbeitszeiten. Wenn jemand bis spät abends bleibt, dann sieht das jeder. Was nicht unbedingt heißt, dass ich dann mehr arbeite, aber ich habe das in der Praxis einfach kennen gelernt, das ist so was, was den Leuten dann auffällt und wo sie sehen, der ist fleißig oder wie auch immer, der ist immer da …" (Mitarbeiter, Elektrotechnik, Ea089)

Und an anderer Stelle:

> „Weil eben sehr viel, das ist einfach so, über die Zeit läuft, über die Anwesenheit. Das ist wirklich, was ich festgestellt habe, das kommt bei den Leuten einfach an, die dann sehen, ah, der bringt viel Zeit, hat viele Überstunden." (Ebd.)

Im Karriereprozess und in der Ausgestaltung von Karrierepositionen verdichten sich die Verfügbarkeitsanforderungen moderner Arbeit zur Ausschließlichkeit von Karriere. Karriere abstrahiert damit von der sozialen Einbettung der Führungskräfte, auf der sie zugleich aufbaut und die sie als Ressource nutzt – gerade für das obere Management wird die Familie als wichtiger Stabilisator angesehen und karriererelevant. Entlang der Dimension der Ausschließlichkeit werden Zugänge zu Karrierepositionen eröffnet oder verschlossen und damit Weichenstellungen für die Karriere vorgenommen. Die Ausschließlichkeit wird somit zu einem zentralen Bestandteil des neuen Karrieremechanismus.

Erst in einzelnen Ansätzen ist hier in den Unternehmen ein Umdenken zu erkennen. So gibt es Versuche für Regelungen, E-Mails nicht mehr nach 18 Uhr weiterzuleiten oder wichtige Meetings nicht am späten Abend anzusetzen. Führungskräfte werden angehalten, nicht am Wochenende auf ihre Mitarbeiter/-innen zuzugreifen, und vereinzelt besteht auch die Bereitschaft, die Präsenzkultur aufzubrechen. Inwieweit diese Bestrebungen jedoch über Einzelaktivitäten hinausgehen und zu einer sozialen Regulation führen, die der Maßlosigkeit der Karriere neue Grenzen setzt, ist aktuell noch nicht absehbar.

4 Geschlechtsspezifische Auswirkungen des neuen Karrieremechanismus

Mit dem Umbruch in den Unternehmen und dem damit einhergehenden Wandel des Karrieremechanismus verändern sich auch die Karrierechancen für Frauen grundlegend. Der traditionelle Karrieremechanismus des fordistischen Unternehmens war durch eine ausgeprägte Selektivität gegenüber Frauen geprägt. Frauen entsprachen nicht den Vorstellungen des „Normalarbeitnehmers"; sie waren deshalb vorrangig in den Randbereichen des betrieblichen Arbeitsmarkts verortet, wo Aufstiegsmöglichkeiten nicht vorgesehen waren. Frauen konnten mit ihren diskontinuierlichen Erwerbsbiografien nicht die zentrale Karrieredeterminante der „Seniorität" erfüllen und fielen im personalen Entscheidungsmuster in den funktionalen Silos durch das Raster des sozialen Vertrauens. Der traditionelle Karrieremechanismus wies so keine „Andockstellen" für Frauen auf und die geschlechtsspezifische Arbeitsteilung, die mit diesem Karrieremechanismus korrespondierte, kann als „begrenzte Integration mit beschränkten Möglichkeiten" (Cyba 1998: 37) bezeichnet werden.

An dieser Situation hat auch die massive Zunahme der weiblichen Beschäftigung infolge der Bildungsexpansion seit den 1960er Jahren zunächst nur wenig verändert. Die „Feminisierung der Arbeitswelt" (Maruani 2002: 25) hat nicht zu einem Abbau geschlechtsspezifischer Unterschiede in der Arbeitswelt geführt.

„In Wirklichkeit ist diese Entwicklung die ganzen Jahre über so verlaufen, als gäbe es eine Art natürliches Gefälle in Richtung Fortschritt, als würden sich sämtliche Geschlechterunterschiede in der Moderne wie von selbst auflösen, zugrunde gehen unter dem Gewicht von Millionen von Frauen, die den Arbeitsmarkt überfluten. Nichts von dem ist jedoch passiert. In Wirklichkeit gibt es keinen Bereich, wo ein sozialer Wandel vergleichbaren Ausmaßes auf dem Boden solcher rebellischen und zähen Ungleichheiten stattgefunden hätte, wie in der Arbeitswelt." (Ebd.)

Die verstärkte Integration von Frauen in die Arbeitswelt hat somit keinen Automatismus in Richtung einer stärkeren Geschlechteregalität initiiert. Der Fortschritt stößt dort an Grenzen, wo der Karrieremechanismus der Unternehmen ins Spiel kommt und eine „gläserne Decke" konstruiert, an der Frauen nicht vorbeikommen. Wird damit die „endlose Varietät und monotone Ähnlichkeit" (Wetterer 2002: 59 mit Bezug auf Gayle Rubin) der Geschlechterungleichheit im Zeitverlauf nur auf neuer Stufe reproduziert?

Neuen Auftrieb in die Diskussion um die Karrierechancen von Frauen hat die „Kompetenz-Revolution" (Vester/Gardemin 2001: 478) in den Unternehmen gebracht. Neue, stärker partizipativ ausgerichtete Managementkonzepte – so die Vermutung – würden Kommunikationsfähigkeit, Integrationsfähigkeit, Empathie und Ganzheitlichkeit voraussetzen – Fähigkeiten also, die eher mit Frauen als mit Männern in Verbindung gebracht werden (Sordon 1995: 56ff). Damit ist die Hoffnung verbunden, dass diese „Soft" oder „Feminine Skills" als „Türöffner" fungieren und es Frauen ermöglichen, sich für Karrierepositionen auch an der Spitze von Unternehmen zu positionieren. Moderne Führung, konstatiert Ursula Pasero (2004), verbinde die tradierten männlich konnotierten Kompetenzen mit den neuen weiblich konnotierten Kompetenzen, so dass Frauen und Männer nunmehr auf gleicher Ebene miteinander interagierten. In dieser „symmetrisch gebauten Kooperation" sieht sie einen historischen Fortschritt, weil erstmals „Vergleichbarkeit und Konkurrenz zwischen Frauen und Männern um gleiche Positionen möglich wird" (ebd.: 144). Birger P. Priddat (2001) geht sogar noch einen Schritt weiter. Er attestiert den Frauen langfristig einen „komparativen gender-Vorteil" (ebd.: 15) gegenüber den Männern, dessen Ursprung in der Organisation der Familie und im Double Bind von Familie und Arbeit liege. Frauen leisteten in der Praxis eine individuelle „hyperorganization of organizations" (ebd.: 8) und erwürben und trainierten in diesem Kontext Schlüsselkompetenzen – Kommunikationsfähigkeit, Organisationsfähigkeit, Problemlösungsverhalten usw. –, die von den Unternehmen verstärkt nachgefragt würden und den Anforderungsprofilen an Führungspositionen entsprächen.

Sind Frauen wirklich die Gewinnerinnen der neuen Kompetenz-Anforderungen in der Arbeitswelt? Haben wir eine Situation erreicht, in der die Karrierechancen in den Unternehmen „erstmals primär knowledge-marked, nicht gender-marked (sind)" (Priddat 2001: 21)? Oder tritt die Geschlechterdifferenz nur in neuem Gewand auf, erzeugt die „Kompetenz-Revolution" einen „Egalitätsmythos", der das strukturelle Beharrungsvermögen der Geschlechterhierarchien in den Unternehmen verschleiert, wie Funder et al. (2006) mit Blick auf die ITK-Branche annehmen?

„Auszugehen ist somit von einem ‚Egalitätsmythos', der in hohem Maße die ‚Vorderbühne' wissensbasierter Unternehmen bestimmt und in der Formulierung zum Ausdruck kommt: ‚Geschlecht spielt keine Rolle und darf auch keine Rolle spielen.' Wird jedoch die Hinterbühne betrachtet, wie etwa die informellen Strukturen, der Kampf um Macht, Einfluss und Anerkennung, dann zeichnen sich die meisten der untersuchten ITK-Unternehmen immer noch durch eine vergeschlechtlichte Substruktur aus und folglich sind Geschlechterdifferenzierungen auch tief in der sozialen Praxis des Managements verwurzelt." (Funder et al. 2006: 36)

Die referierten Diskussionen um die neuen Kompetenzen im Management und ihre Auswirkungen für die Karrierechancen von Frauen bilden die Vielschichtigkeit der Veränderungen, wie wir sie im Übergang zum Unternehmen 2.n beobachten können, nur unzureichend ab. Dies zeigen unsere eigenen empirischen Ergebnisse sehr deutlich. Personale Kompetenzen sind nur ein Moment im Wandel des Karrieremechanismus und entfalten ihre Karrierewirkung erst in der verdichteten Form des neuen Karrieretypus. Sie sind bloß Teil der neuen Spielregeln von Karriere, eingebunden in einen Karrieremechanismus, der auf die Vereinheitlichung von Strukturen, Routinen und Handlungsweisen im systemischen Entscheidungsmodus setzt, die öffentliche Positionierung der Karrierekandidaten und -kandidatinnen honoriert und auf der neuen Maßlosigkeit der Karriere aufbaut. Wie wirkt sich dieses Insgesamt der Veränderungen, der neue Karrieremechanismus mit seinen Bausteinen, auf die Karrierechancen von Frauen aus? Wird damit der Zyklus der „endlosen Varietät und monotonen Ähnlichkeit" der Geschlechterungleichheit endlich durchbrochen? Auf diese Fragen sollen die nachfolgenden Ausführungen eine Antwort geben.

4.1 Neue „Geschlechterfallen" in kalibrierten Verfahren?

Eine weitreichende Veränderung für die Karrierechancen von Frauen ist durch den Wandel des Entscheidungsmodus von personalen zu versachlichten Verfahren zu erwarten. In der Genderforschung wird eine Formalisierung der Personalbewertung und der Personalauswahl als positiv für die Karrierechancen von Frauen angesehen, weil in solchen Verfahren die Entscheidungsprozesse von ausschließlich individuellen Präferenzen der Führungskräfte befreit und auf eine stärker objektivierbare und transparente Grundlage gestellt werden (vgl. Krell 2010; Nickel/Hüning 2008). Formale Verfahren – z.B. die Festlegung von Qualifikationsvoraussetzungen für einzelne Karrierestufen oder die Durchführung von Assessment-Centern für die Auswahl von Führungskräften – sind intersubjektiv; sie erzeugen eine Reflexivität und Verständigung über die Erwartungen, die das Unternehmen an die Karrierekandidat/-innen und Führungskräfte hat, sie überlassen die Entscheidungen nicht den zumeist unbewussten Auswahlkriterien einzelner Führungskräfte.

In der Genderforschung ist mit der Formalisierung die Hoffnung verbunden, den im Modus personaler Entscheidungsfindung wirkenden Mechanismus einer Auswahl nach sozialen Ähnlichkeiten, der Frauen diskriminiert, zu durchbrechen. So haben verschiedene Studien das Phänomen der „homosozialen Reproduktion" (Kanter 1977: 54, 63) oder „homosozialen Selbstrekrutierung" (Quack 1997: 14) aufgezeigt, also den Umstand, dass männliche Führungskräfte vorrangig Männer mit einer vergleichbaren sozialen Verortung einstellen (vgl. auch Hartmann 2003). Um die Unsicherheit über die Eignung zu minimieren, würden diejenigen ausgewählt, deren Eigenschaften und Persönlichkeitsmerkmale mit denen der Auswählenden übereinstimmten. Die soziale Vertrautheit werde „zur Prognosebasis für das zukünftige berufliche Verhalten" (Quack 1997: 14) und das „Geschlecht" in diesem Prozess zu einem zentralen Selektionskriterium.

Mit der Etablierung formaler Verfahren ist somit der Anspruch verbunden, den personalen Mechanismus zugunsten einer stärkeren Objektivität der Bewertungs- und Auswahlentscheidungen auszuschalten. Krell (2010) fasst das Verhältnis von personaler Entscheidung und formaler Festlegung in dem Grundsatz zusammen: „Je höher die Spielräume derjenigen sind, die die Eignung der BewerberInnen beurteilen, desto größer ist die Gefahr der Urteilsverzerrung durch Geschlechtsstereotype bzw. eines ‚prototype bias' (…) sowie von bewusster Diskriminierung" (ebd.: 464). Dennoch geht auch die Genderforschung nicht davon aus, dass formale Verfahren diese Spielräume gänzlich beseitigen können. Krell konstatiert: „Bei der eigentlichen Auswahlentscheidung bleibt immer Raum für politische Prozesse und unbewusste Urteilsverzerrungen" (ebd: 465). Fried et al. (2002) zeigen anhand der Leistungsbewertung den sozialen Aushandlungscharakter eines formalen Verfahrens, durch den geschlechtsspezifische Stereotype Eingang in die Beurteilung finden können. Rastetter (1996) macht darauf aufmerksam, dass Formalisierung nicht automatisch zu mehr Gerechtigkeit und Fairness führe, weil sie nicht losgelöst von den Interpretationen der Menschen („klinische Urteilsbildung") funktioniere (ebd.: 319).

Diese Überlegungen und Ergebnisse zeigen, dass die Formalisierung allein nicht ausreicht, um die Karrierechancen von Frauen zu verbessern. Die Formalisierung – und damit auch ein Mehr an Formalisierung – bleibt immer eingebunden in Entscheidungsprozesse, die von Menschen gemacht werden und damit zum Einfallstor für personale Präferenzen werden. Damit weist die Versachlichung der Auswahlentscheidungen über die Formalisierung „Lücken" auf; die Formalisierung allein kann den personalen Entscheidungsmodus des traditionellen Karrieremechanismus nicht durchbrechen. Wie sieht es jedoch mit dem systemischen Entscheidungsmodus des neuen Karrieremechanismus aus? Dieser zeichnet sich gerade dadurch aus, dass die Interpretationen und Wahrnehmungsweisen im Bewertungsverfahren nicht mehr der individuellen Autonomie der Führungskräfte überlassen, sondern öffentlich zugänglich gemacht und einer kollektiven Kontrolle unterworfen werden. Öffentlichkeit und kollektive Selbstkontrolle setzen damit direkt an den Versachlichungsgrenzen der Formalisierung an. Kalibrierte Verfahren, in deren Rahmen in den großen Unternehmen die Personalbewertung und Personalauswahl stattfindet, stellen so eine neue Stufe der Professionalisierung und Versachlichung dar. Aber sind sie auch in der Lage, die homosozialen Rekrutierungsmuster aufzubrechen und mehr Geschlechtergerechtigkeit in der Verteilung der Karrierechancen zu erzielen? Auf diese Frage gibt unsere Empirie widersprüchliche Antworten.

Sie zeigt sehr deutlich, dass die Kalibrierungsmeetings als zentrale, kollektive und reflexive Verfahren neue Chancen für die Integration von Frauen in Führungspositionen bieten. Sie zeigt aber ebenso deutlich, dass auch die neue Stufe der Versachlichung „Lücken" aufweist und dass die Kriterien, die in den Kalibrierungsmeetings zur Anwendung kommen und den dominanten Karrieretypus formen, die Gefahr einer Revitalisierung von „Geschlecht" als zentraler Karrieredeterminante bergen.

Neue Chancen für Frauen ergeben sich vor allem durch die Ausgestaltung des Verfahrens selbst. Die einzelnen Führungskräfte sind dort einer kollektiven Kontrolle unterworfen und werden in ihren Bewertungen und Auswahlentscheidungen im Verhältnis zueinander sichtbar. In den Kalibrierungsmeetings fällt auf, wenn eine Führungskraft niemals oder selten eine Frau für die höchste Leistungsstufe oder als Potenzialkandidatin vorschlägt. Die individuellen Präferenzen der Führungskräfte und ihr Handeln bleiben nicht länger im Verborgenen, sondern werden transparent und unternehmensöffentlich. In den Kalibrierungsmeetings werden die Führungskräfte zu öffentlichen Personen, die sich für ihr Handeln rechtfertigen müssen. Dies gilt zumindest dann, wenn die Personalabteilung die Prozesse entsprechend moderiert und über „Durchgriffsrechte" verfügt, die eine Einflussnahme ermöglichen, oder wenn es unter den Führungskräften kollektiv geteilte Überzeugungen gibt, die orientierend und strukturierend wirken.

Die enormen Möglichkeiten dieser öffentlichen Verfahren für die Karrierechancen von Frauen macht das Fallbeispiel eines unserer Partnerunternehmen sehr deutlich: Auf der Basis eines Vorstandsbeschlusses zur Erhöhung des Frauenanteils in Führungspositionen nahm die Personalabteilung ihre Governance-Funktion konsequent wahr und moderierte die Kalibrierungsmeetings im Hinblick auf diese Zielperspektive. In dem Unternehmen ist der Erwerb eines Führungszertifikats die Voraussetzung, in den Managementkreis aufgenommen zu werden, und die Anmeldung zum Assessment-Center, in dem dieses Zertifikat erworben werden kann, ist eine wichtige Hürde, die Karrierekandidat/-innen nehmen müssen. Karrierechancen werden also über die Nominierung für das Führungszertifikat vergeben. Die Personalabteilung intervenierte nun, indem sie in den Kalibrierungsmeetings eine Betrachtungs- und Zielperspektive neu einführte, die die Führungskräfte nicht nur zwang, ihre Auswahlentscheidungen zu begründen und zu überdenken, sondern auch ihre Ausblendungen thematisierte. Die Führungskräfte ohne Nominierung von Frauen mussten begründen, warum sie nicht zur Zielerreichung beitragen konnten; sie wurden als Verantwortliche dafür angesprochen, dass sich in ihrem Einflussbereich keine Frau entwickeln konnte. Zugleich versuchte die Personalabteilung konkret zu ergründen, welche „Defizite" der Frauen die Führungskräfte davon abhielten, diese zu nominieren, und leitete darauf aufbauende Entwicklungsmaßnahmen ein. Diese Frauen wurden dann trotzdem mit Einschränkungen in die Nominierungsliste aufgenommen. Um positive Anreize zu setzen, wurde zudem ein „Wettbewerb" initiiert. Eine Rankingliste machte den Status der Führungskräfte in Bezug auf den Anteil von Frauen in Führungspositionen und Karrierekandidatinnen öffentlich. Niemand aus der Reihe der Führungskräfte wollte sich hier gerne auf dem letzten Platz sehen, so dass Anstrengungen zur Verbesserung der Karrieresituation von Frauen und kollektive Lernprozesse durch den wechselseitigen Austausch der Führungskräfte angeregt wurden. Im Ergebnis wurden durch diese Vorgehensweise deutlich mehr Frauen als vorher auf den Nominierungslisten für den Managementkreis geführt.

„Wir haben da auch durchaus Bereiche, da stehen schon zehn Frauennamen drauf. Die haben aber auch schon unten irgendwie einen größeren Pool. Das heißt, die machen das schon irgendwie ganz natürlich seit mehreren Jahren. Aber gerade in den Bereichen, wo das nicht die Tatsache ist, führt das schon dazu, dass eben da plötzlich eine ganz andere Diskussion geführt wird. Und obrigkeitsgläubig, wie der Mensch nun mal ist: Wenn sogar der Vorstand entschieden hat, dass man jetzt diese Zielwerte erfüllen muss, dann will man doch mal gucken. Weil – obwohl ich den Leuten da nie drohe – wenn man dann mal sagt, ‚Na ja, ich mein, wär ja auch ungünstig, wenn wir in einem Jahr die Fortschritte der Bereiche auflegen und bei Ihnen jetzt irgendwie so gar keine zu erkennen sind', dann geht das ganz schnell, ja (lacht). Ne? Die plötzlichen Potenziale, die kannten sie gestern noch gar nicht." (Personalleiter, Banken, Ta097)

Die Kalibrierungsmeetings als versachlichte Verfahren bieten somit hervorragende Möglichkeiten, die Karrierechancen von Frauen zu verbessern. In ihnen erfolgt eine Konzentration der Personalbewertung und der Auswahlentscheidungen, durch die eine zielgerichtete Steuerung und Kontrolle überhaupt erst möglich wird. Entscheidendes Instrument ist dabei die Öffentlichkeit, die individuelle Präferenzen der Entscheider erst sichtbar macht und so einer kollektiven Kontrolle unterwerfen kann. Das oben angeführte Beispiel zeigt jedoch auch, dass erst die machtvolle und zielgerichtete Intervention der Personalabteilung zur Verbesserung der Karrierechancen von Frauen führt. Formale Verfahren ziehen also nicht automatisch einen Abbau geschlechtsspezifischer Ungleichheiten nach sich, sondern das geschieht erst dann, wenn starke Akteure die Perspektive der Frauen dort aktiv einbringen oder diese über Zielvorgaben in die Verfahren eingeschrieben wird. Gelingt dies, stellen die Kalibrierungsmeetings eine „machtvolle Instanz" (Kels) zur Nivellierung geschlechtsspezifischer Ungleichheiten dar.

Unsere Empirie zeigt jedoch nicht nur die neuen Möglichkeiten der kalibrierten Verfahren auf, sondern ebenso die „Lücken" der Versachlichung und Professionalisierung, wo die Dominanz personaler Entscheidungspräferenzen homosoziale Rekrutierungsmuster in den Auswahlverfahren begünstigt. Diese Lücken zeigen sich dort, wo Öffentlichkeit und kollektive Kontrolle zu spät ansetzen oder in ihrer Reichweite begrenzt sind, also dort, wo die neue Stufe der Versachlichung, wie sie mit den Kalibrierungsmeetings eingeleitet wurde, unvollständig bleibt.

In den Kalibrierungsmeetings kommt den Führungskräften als unmittelbaren Vorgesetzten eine zentrale Bedeutung zu. Diese machen den „Aufschlag" bei der Potenzialbewertung, die dann im Gremium kollektiv diskutiert wird. Was dabei zur Sprache kommt, sind jedoch die Ergebnisse eines umfangreichen Entwicklungs- und Bewährungsprozesses, der bereits im Vorfeld der Kalibrierungsmeetings stattgefunden hat und in dem die individuellen Präferenzen und Sichtweisen der jeweiligen Vorgesetzten ausschlaggebend waren. Karriere, so konnte im vorausgegangenen Abschnitt herausgearbeitet werden, erfolgt heute über ein System von Bewährungsproben, in denen sich das Potenzial materialisieren kann. Die Zuteilung dieser Bewährungsproben und damit der Weichenstellungen für die Karriereentwicklung obliegt den Führungskräften. Von ihren Präferenzen, Aufmerksamkeiten und Motivationen hängt ab, wer als Potenzialträger/-in identifiziert und über entsprechend konzipierte Bewährungsproben so platziert wird, dass eine unternehmensweite „Sichtbarkeit" für andere Führungskräfte gewährleistet wird. Erst auf dieser Grundlage entscheidet das Kollektiv der Führungskräfte über die Nominierung als Karrierekandidat/-in.

Unsere Empirie zeigt, dass bereits bei der Zuteilung dieser Bewährungs- und Entwicklungsmöglichkeiten durch die Vorgesetzten geschlechtsspezifische Ungleichbehandlungen greifen. In einem unserer Partnerunternehmen beispielsweise, das verschiedene Karrierepositionen unterhalb der ersten hierarchischen Karrierestufe offiziell ausweist, wird deutlich, dass Frauen in diesen Positionen unterproportional berücksichtigt werden. Während der Frauenanteil in dem Unternehmen insgesamt bei 14 Prozent liegt, sind Frauen in der Karrierevorstufe der Fachkarriere nur zu 4 Prozent, in der Karrierevorstufe der Projektkarriere nur zu 7 Prozent und in der Karrierevorstufe der Führungskarriere nur zu 9 Prozent vertreten. Die Zuteilung dieser Bewährungsproben durch die Vorgesetzten zeigt also eine geschlechtsspezifische Ungleichbehandlung von Frauen, die dann in den Kalibrierungsmeetings perpetuiert wird. Denn nur wenn die Frauen in attraktiven Bewährungsproben ihr Potenzial beweisen können, besteht die Möglichkeit, dass sie auch in den Kalibrierungsmeetings als Karrierekandidat/-innen nominiert werden. Darüber entscheiden jedoch die individuellen Präferenzen der unmittelbaren Vorgesetzten.

> „Förderung hat ja auch immer was mit Aufmerksamkeit zu tun. Erreicht man dann bei anderen so viel Aufmerksamkeit? Und dann kommt es halt sehr stark auf den direkten Vorgesetzten an, auch für diese Aufmerksamkeit zu sorgen." (Gruppenleiter, Elektrotechnik, Ea057)

Über diese Aufmerksamkeitsgenerierung finden die individuellen Präferenzen der Führungskräfte somit Eingang in die formalisierten Bewertungs- und Auswahlverfahren und führen dort zu geschlechtsspezifischen Verzerrungen. Die öffentliche und kollektive Kontrolle der Auswahlentscheidungen setzt hier zu spät an; die Zuweisung von Bewährungsproben im Sinne einer Zuweisung erster Karrierechancen erfolgt jenseits kalibrierter Verfahren, und das unterminiert deren Wirksamkeit. Vergleichbares passiert, wenn die Versachlichung zu früh abbricht, d.h. die „High Potentials" zwar in den Kalibrierungsmeetings nominiert werden, diese Nominierung jedoch von der Besetzungspraxis der Karrierepositionen entkoppelt ist. In diesem Fall wirken formalisierte und personale Modi der Personalauswahl gegenläufig.

Es sind jedoch nicht nur die „Lücken" im Versachlichungsprozess, die zum Einfallstor für geschlechtsspezifische Verzerrungen werden, sondern auch die Verfahren selbst können dem Muster homosozialer Rekrutierung unterworfen bleiben. Wir möchten dies anhand eines Fallunternehmens verdeutlichen: Während in dem Unternehmen der Frauenanteil insgesamt bei 29,5 Prozent liegt, beträgt der Anteil von Frauen an den „High Potentials" nur 15,8 Prozent. Ähnliche Ergebnisse ließen sich bei einer geschlechterdifferenzierten Auswertung der Leistungsbeurteilungen beobachten. Das Unternehmen weist fünf Leistungsstufen aus und insbesondere die beste Leistungsbewertung begünstigt die Karrieremöglichkeiten deutlich. Hier waren Frauen in der obersten, für weitere Karriereschritte besonders interessanten Leistungsgruppe über den gesamten Beobachtungszeitraum deutlich unterrepräsentiert. Geht man prinzipiell davon aus, dass Frauen über ein vergleichbares Potenzial wie Männer verfügen, ist dieses Phänomen nur über die explizite Wirkung von „Geschlecht" als zentrales Wahrnehmungs- und Selektionskriterium zu erklären. Die Versachlichung in den Kalibrierungsmeetings scheint hier nur jenseits geschlechtsspezifischer Wahrnehmungsmuster zu funktionieren, ohne diese jedoch selbst aufzubrechen. Auch kollektive Verfahren können somit einen Genderbias aufweisen und „homosoziale Reproduktion" bewirken. Dies lenkt den Blick auf die Kriterien, die in ihnen zur Anwendung kommen.

Die Kalibrierungsmeetings in unseren Partnerunternehmen basieren auf kompetenzorientierten Bewertungssystemen, in denen sich der Wandel in Richtung einer systemisch-kommunikativen Fachlichkeit und der entsprechenden Karrierekompetenz der öffentlichen Positionierung widerspiegelt. In diesem Sinne spielen Proaktivität, Überzeugungsfähigkeit, Durchsetzungskraft, Verantwortungsbereitschaft, ganzheitliches und unternehmerisches Denken in den formalen Kriterienkatalogen der Unternehmen, aber auch in der Karrierepraxis eine bedeutende Rolle. Diese Zentralstellung personaler Kompetenzen in den Bewertungssystemen ist nun mit neuen Karriererisiken für Frauen verbunden. Es besteht die Gefahr, dass über die personalen Kompetenzen auch die damit verbundenen geschlechtlichen Konnotationen Einzug in die unternehmerischen Verweissysteme erhalten (vgl. Weinbach/Stichweh 2001) und eine Revitalisierung der Kategorie „Geschlecht" in modernen Unternehmen einleiten.

Gängige Geschlechtsstereotype laufen darauf hinaus, dass Frauen als eher passiv und verantwortungsscheu, defensiv, konsensorientiert und konfliktscheu gelten, während Männer als aktiv, verantwortungsbewusst, durchsetzungsstark und konfrontativ angesehen werden (Fried et al. 2001). Die neue Karrierewelt, wie sie in den gängigen kompetenzorientierten Bewertungssystemen zum Ausdruck kommt, scheint in diesem Sinne stärker auf Männer als auf Frauen zugeschnitten. Das bedeutet auch, dass eine stärkere Versachlichung allein keine positiven Auswirkungen auf die Karrierechancen von Frauen hat, wenn die Kriterien, auf denen diese beruht, männlich attribuiert sind. In dieser Kombination kann ein Mehr an Versachlichung, wie es in den Kalibrierungsmeetings realisiert wird, sogar zu neuen Grenzziehungen gegenüber Frauen führen. Ein Fallbeispiel mag dies verdeutlichen.

Eines unserer Partnerunternehmen steht exemplarisch für ein hochgradig versachlichtes Karrieresystem. Die Personalbewertung und Personalauswahl erfolgt in den Kalibrierungsmeetings anhand festgelegter Kriterien. Die nominierten Karrierekandidat/-innen werden systematisch gefördert und bilden einen Pool, aus dem Führungspositionen besetzt werden. Das Unternehmen beeindruckt durch die Systematik der Förderung und hebt die Versachlichung auch im Übergang zur Stellenbesetzung nicht auf, im Gegensatz zu anderen Unternehmen. In den und über die Kalibrierungsmeetings hat sich der Karrieretypus, der im Unternehmen präferiert wird, vereinheitlicht. Die Kriterien, die in diesem Verfahren zur Anwendung gelangen, formen einen Karrieretypus, der Proaktivität, Verantwortungsbewusstsein, Überzeugungs- und Durchsetzungskraft adressiert. Ein Gruppenleiter bringt diesen Typus auf den Punkt: „Sie suchen Alpha-Tiere" (Gruppenleiter, Elektrotechnik, Ea057).

Das Verfahren hat sich in seiner Geschlossenheit als hoch effektiv erwiesen; „Luftgebilde" haben wenig Chancen. Für die Karrieremöglichkeiten von Frauen ist diese Konstellation jedoch doppelt problematisch. Erstens wird das Leitbild des durchsetzungsstarken Leaders bei einer geschlechtsstereotypen Betrachtung stärker mit Männern als mit Frauen assoziiert; Männer entsprechen damit tendenziell eher dem Karrieretypus. Über die Spezifität der Kompetenzkriterien wird so ein Genderbias in die formalen Verfahren transportiert. Zweitens erzeugen diese Verfahren über die Vereinheitlichung des Karrieretypus eine systemische Verengung, die zu einer systemischen Ausblendung von Frauen führen kann. Vom eindimensionalen Karrieretypus abweichende Verhaltensweisen werden systematisch, effektiv und mit

Bezug auf das gesamte Unternehmen sanktioniert. In seiner immanenten Effizienz wirkt das formale Karrieresystem hochselektiv gegenüber Personen, die dem propagierten Leitbild nicht entsprechen, und dies trifft in der Wahrnehmung der entscheidenden Führungskräfte auf einen großen Teil der Frauen zu. Hier schafft die radikale Versachlichung neue Grenzziehungen und wird dadurch zur versteckten „Karrierefalle" für Frauen.

„Ich hab das Gefühl, (…) dass (…) in die Karriereschiene so ein gewisser Stereotyp reinwandert, der klassisch nicht so passt so typisch zu Frauen. Also das ist gar keine bewusste, sicherlich keine bewusste (…) Diskriminierung oder so, so was hab ich ehrlich gesagt nicht erlebt, also kann ich gar nichts Negatives sagen. Aber es sind oft an mich herangetragen worden so Themen wie: ‚Naja, ich muss mich doch so verhalten oder so verhalten oder so verhalten, und dann hab ich immer gemerkt, ich soll in so ein Schema gepresst werden, ne, was nicht mein Schema ist, aber dieses Schema, das klassisch hier gefördert wird." (Abteilungsleiterin, Elektrotechnik, Fa240)

Die Kalibrierungsmetings können über Transparenz, Öffentlichkeit und die kollektive Kontrolle des Managements eine Geschlossenheit erzeugen, die es ermöglicht, abweichendes Verhalten in viel effektiverer Form – nämlich systemisch – zu sanktionieren (Bultemeier 2013). Obwohl die Spielräume individueller Entscheidungspräferenzen in diesen Verfahren stark eingeschränkt sind, können sie einen Ausschluss qua Geschlecht ebenso wirksam herbeiführen wie der personale Modus „homosozialer Reproduktion". Dies hat das obige Beispiel aus der Empirie unserer Partnerunternehmen sehr deutlich gemacht und darin liegt auch eine neue Gefahr für die Karrierechancen von Frauen. Der eingeschlagene Weg der Versachlichung bedarf also einer hohen Geschlechtersensibilität und -reflexivität, gerade weil er Wirkungen von hoher Durchschlagskraft und Reichweite generiert.

Unsere empirischen Ergebnisse zeigen somit, dass auch die neue Stufe der Versachlichung in den Kalibrierungsmeetings nicht automatisch zu mehr Geschlechteregalität führt. Das Geschlecht als Zuweisungskriterium von Karrierechancen muss in diesen Verfahren explizit werden – über die Durchgriffsmacht einer starken Personalabteilung, die geschlechtsspezifische Zielstellungen offensiv integriert und damit zum Teil des Verfahrens macht, oder über die gendersensible Auswahl und Bewertung der Kompetenzen, die als Orientierungskriterien den Verfahren zugrunde liegen und den Karrieretypus formen. Geschlechteregalität ist kein genuines Moment versachlichter Verfahren. Die Kalibrierungsmeetings als Bausteine eines neuen Karrieremechanismus können somit dichotome Auswirkungen haben: Sie können einen neuen – in seiner systemischen Effektivität bislang unerkannten – Möglichkeitsraum für die Karrierechancen von Frauen öffnen, wenn „Geschlecht" expliziter Teil einer „intelligenten" Versachlichung wird. Dieser systemische Modus ist in der Lage, die Tradition „homosozialer Selbstrekrutierung" zu durchbrechen. Sie können jedoch ebenso zur Gefahr für aufstiegsorientierte Frauen werden, weil mit ihnen Grenzziehungen nunmehr gleich systemisch, d.h. unternehmensweit und höchst effektiv erfolgen. So wird die Ausgestaltung dieser systemischen Entscheidungsverfahren zu einem großen Anteil über die Zukunft der Karrierechancen von Frauen in großen Unternehmen entscheiden.

Obwohl Kalibrierungsmeetings in allen großen Unternehmen unseres Partnernetzwerks etabliert sind, sind die Güte der Verfahren und das Ausmaß, in dem sie die Karrierechancen von Frauen und Männern beeinflussen, doch sehr unterschiedlich. Geschlossene Verfahren, in denen die zukünftigen Führungskräfte kollektiv nominiert werden, stehen solchen gegenüber, bei denen die kollektive Potenzialbewertung nur wenig Einfluss auf die Besetzung von Führungspositionen hat. In diesen Unternehmen finden wir in unterschiedlicher Gewichtung ein Nebeneinander von alten und neuen Formen der Personalbewertung und Personalauswahl. Der Karrieremechanismus personaler Netzwerke und homosozialer Rekrutierungsmuster ist somit nicht aufgehoben. Auch in unseren wissensbasierten Unternehmen gilt weiterhin:

> „... aber in dem Moment, wo es so richtig qualifiziert wird, ja, da stellen Männer halt Männer ein."
> (Abteilungsleiterin, Banken Da124)

Dies kann nicht automatisch durch neue Verfahren verändert werden, sondern nur als Ergebnis bewusster Anstrengungen und Entscheidungen der zentralen Akteure im Unternehmen. Dafür bieten die neuen versachlichten Verfahren zwar keine Gewähr, aber eine bessere Ausgangsbedingung, als sie in den personalen Entscheidungsmustern des fordistischen Unternehmens angelegt war.

4.2 Gegen die Spielregeln: Frauen und Sichtbarkeit

Der neuen Arbeitswelt mit ihrer Bedeutung kommunikativer und sozialer Kompetenzen in projektförmig organisierten Arbeitskontexten wurden lange Zeit neue Karrierechancen für Frauen zugeschrieben. Es wurde konstatiert, dass die Unternehmen nunmehr auf Kompetenzen angewiesen seien, über die vor allem Frauen verfügten und die ihnen einen historischen Vorteil gegenüber den Männern verschaffen könnten. Die Diskussion um die Bedeutung dieser Kompetenzen bildet jedoch die Karriererealität, wie wir sie in unseren Partnerunternehmen vorgefunden haben, nur sehr eingeschränkt ab und trifft nicht den Kern, um den es in wissensbasierten Unternehmen in diesem Kontext geht: die Verdichtung der Kompetenzen in der Figur der öffentlichen Positionierung.

Die Positionierung ist zentrales Moment der Steuerung systemisch integrierter Unternehmen, weil diese ihre Komplexität nicht mehr zentralistisch bewältigen können und auf die eigenständigen Strukturierungsleistungen der Beschäftigten und Führungskräfte angewiesen sind. Die Führungskräfte avancieren so zu „Knotenpunkten der systemischen Integration" und die Karrierekandidat/-innen werden gerade mit Blick auf dieses zentrale Kriterium ausgewählt. Die öffentliche Positionierung und mit ihr die „Sichtbarkeit" als Form dieser Exponierung werden zur zentralen Bewährungsprobe. Dies spiegelt sich auch in der neuen Bedeutung der funktionsübergreifenden kollektiven Bewertung in den Kalibrierungsmeetings wider. Die öffentliche Positionierung entfaltet sich so im Rahmen der systemisch-kommunikativen Fachlichkeit moderner Arbeit und des öffentlichen Koordinationsmechanismus systemisch integrierter Unternehmen.

Betrachtet man die öffentliche Positionierung differenzierter, werden darin zwei unterschiedliche Bezugsebenen erkennbar: einerseits die thematisch-fachliche Ebene der Positionierung, die das „Können" der Karriereaspirant/-innen symbolisiert, und andererseits die personale Ebene der Positionierung, bei der das „Wollen" demonstriert wird. Von den Kandidat/-innen wird erwartet, dass sie sich auch in ihrem Karrierewollen exponieren, also selbstbewusst zu ihrem eigenen Karrierestreben stehen und dies auch öffentlich sichtbar machen. Dies bedeutet zunächst, den Karrierewunsch gegenüber den Vorgesetzten offensiv zu formulieren. Unsere empirischen Erhebungen zeigen sehr deutlich, dass dies im Zuge der Verantwortungsdiffusion nach unten, größerer Führungsspannen und des Leitbilds der „selbstverantworteten Karriere" von den Beschäftigten erwartet wird.

> „... also es ist nicht nur eine Bringschuld vom Vorgesetzten, ich fördere dich jetzt mal. Sondern es ist schon eine Holschuld, dass derjenige sagt, ich möchte gerne mehr. Also das ist, glaube ich, auch ganz wichtig. Ich möchte mehr und ich kann das auch und muss davon auch überzeugt sein." (Unterabteilungsleiterin, Banken, Ta301)

Die personale Exponierung darf jedoch nicht bei den Vorgesetzten haltmachen, sondern muss ebenso wie die thematisch-fachliche Positionierung öffentlich erfolgen. In öffentlichen Bewährungsproben erhalten die Kandidat/-innen Gelegenheit, sich als die Personen zu präsentieren, die über all jene Eigenschaften verfügen, die das Unternehmen voranbringen, und die dies mit dem eigenen beruflichen Fortkommen verbinden. In diesem Sinne erhält die öffentliche Präsentation immer auch Momente von Selbstmarketing und Inszenierung. Das „Wollen" für das Unternehmen und das eigene „Karrierewollen" sind hier unmittelbar miteinander verknüpft. Wem es gelungen ist, eine Gelegenheit zur Präsentation beim Vorstand zu erhalten, der oder die möchte dort nicht nur fachlich versiert präsentieren, sondern sich auch als zukünftige Führungskraft in Szene setzen. Beide Ebenen und die Sichtbarkeit, die sie generieren, sind zentrale Bausteine des Karrieremechanismus systemisch integrierter Unternehmen.

Welche Auswirkungen haben diese Anforderungen öffentlicher Positionierung nun auf die Karrierechancen von Frauen?

Eine geschlechtsdifferenzierte Betrachtung zeigt zunächst, dass Frauen sich der Karriererelevanz dieser Spielregel moderner Unternehmen ebenso bewusst sind wie Männer. Frauen weisen der „Sichtbarkeit" eine sehr hohe Karriererelevanz zu. An diesem Punkt stimmen unsere Ergebnisse mit jenen von Funken et al. (2011) überein. Unsere empirischen Ergebnisse zeigen jedoch auch, dass Frauen es oft vermeiden, sich öffentlich zu exponieren, dass sie tendenziell Schwierigkeiten mit der Sichtbarkeit haben oder die Einhaltung dieser Spielregel ablehnen (Bultemeier 2011: 57). An diesem Punkt stehen unsere Ergebnisse konträr zu Funken et al. (2011), die davon ausgehen, dass „Frauen fortlaufend und forciert Selbstmarketing als Überzeugungsarbeit in eigener Sache betreiben" (ebd.: 189).

In der Außenbetrachtung werden Frauen von den männlichen und weiblichen Führungskräften, denen sie unterstellt sind, im Vergleich zu Männern als zurückhaltender und weniger selbstbewusst beschrieben. Diesen Beobachtungen zufolge treten sie mit ihren Fähigkeiten weniger nach außen, stellen ihre Leistungen weniger in den Vordergrund und verzichten darauf, sich selbst sichtbar zu machen. Wir möchten dies anhand von zwei Aussagen der von uns befragten Expertinnen und Experten illustrieren:

> „... bei den Frauen denke ich eher, die warten, bis man ihre Leistung sieht. Ich erlebe immer wieder bei den Frauen, die ich im Team habe: Da würde jetzt niemand kommen und sich verkaufen.

Also meine schlechten Leute verkaufen sich viel besser als die Frauen, die wirklich gute Leistungen bringen, teilweise super. Da ist dann eher: ‚Ach ja, denkst du wirklich, dass ich das verdient habe?' Also, das wäre nie eine Frage, die mir ein Mann stellen würde." (Development-Managerin, IT-Industrie, Aa193)

„… es (ist) so, dass die wirklich kompetenten Männer auch schneller von sich aus nach außen treten, als es kompetente Frauen tun. Also denen muss man öfter mal einen Schubs geben bei uns. Also sagen: ‚Halte mal den und den Vortrag vor der Gruppe, dass du mal siehst, du kannst dein Know-how auch anderen vermitteln, und nimm einfach mal die Rückmeldung entgegen.' Sich mit dieser Konfrontation zu beschäftigen, vielleicht ist das so eine Hemmschwelle." (Abteilungsleiter, Elektrotechnik, Ea063)

Diese Frauen sind dann darauf angewiesen, dass sie von den Führungskräften „entdeckt" und trotz ihres karriereuntypischen Verhaltens auch gefördert werden. Für das Erreichen erster, nicht-leitender Führungspositionen kann diese Vorgehensweise noch funktionieren; mittlere und höhere Positionen setzen jedoch eine sichtbare Positionierung im Unternehmen voraus. Zudem besteht die Gefahr, dass weniger aufmerksame Führungskräfte die zurückhaltenden Frauen schlicht übersehen oder ihr Verhalten als mangelnden Karrierewillen fehlinterpretieren. Ein Teil des Karrierepotenzials von Frauen geht auf diese Weise im Kontext des neuen Karrieremechanismus verloren.

Es ist jedoch nicht nur die Perspektive der Führungskräfte, die Frauen im Vergleich zu Männern weniger Sichtbarkeit attestiert, sondern Frauen thematisieren meist selbst Probleme mit der öffentlichen Exponierung. Dabei steht die personale Ebene, also die eigenständige Positionierung als Karrierekandidatin mit den damit verbundenen Momenten von Inszenierung im Vordergrund. Besonders interessant ist, dass die Frauen, die sich in diesem Sinn äußern, die Bedeutung der Sichtbarkeit für den Karriereerfolg voll reflektieren, diese Anforderung jedoch ablehnen oder sich ihr bewusst verweigern. Die nachfolgenden Aussagen unserer Interviewpartnerinnen dokumentieren somit nicht eine Zurückhaltung und Verborgenheit von Frauen, sondern ihre Positionierung jenseits der Spielregeln von Karriere.

„Und ich glaub', diese Hürde besteht einfach darin, sichtbar zu werden. Also wirklich zu sagen: ‚Ich komme aus meinem, meinem eigenen Umfeld heraus und werde sichtbar.' Und da braucht man vielleicht an gewissen Stellen auch mal Ellbogen. Also ein Mann würde sagen: ‚Ich bin toll, ich bin gut und erkämpf' mir jetzt praktisch dann einen Präsentationsslot beim Bereichsvorstand. Also wirklich so dieses (…) sich Themen anzuangeln, die einem eigentlich – die man primär macht, um gesehen zu werden. Und das ist nicht meins. (…) Ich hab definitiv ein Problem mit diesem Sichtbarsein." (Mitarbeiterin, Elektrotechnik, Fa231)

„… und es ist auch das Feedback, was ich immer wieder kriege auch von meinem Chef und so. Die sagen, ja, da müssen Sie halt öfter vorstellen. Weil ich mach' nie eine Präsentation, um zu präsentieren, ich will ja auch Inhalt haben. Hach! (Lachen) Da hab ich gesagt, ja, ich weiß, es gibt Kollegen, die präsentieren, um zu präsentieren, nicht um Inhalte rüberzubringen. Aber gut, da bin ich ein bisschen anders unterwegs und ja, ich glaub' schon, dass es da Unterschiede gibt. Also es ist einfach mein Eindruck." (Abteilungsleiterin, Elektrotechnik, Fa240)

Die Zitate machen die Ablehnung einer primär durch die Positionierung als Karrierekandidatin getriebenen Herangehensweise deutlich. Diese Frauen sprechen sich gegen eine öffentliche Exponierung aus, die sich vorrangig auf die Person und ihren Anspruch auf Karriere konzentriert und die sie nicht als legitim empfinden. In einer solchen Betrachtungsperspektive produzieren die männlichen Kollegen „riesige Wellen" (Mitarbeiterin, Elektrotechnik, Fa226) ohne viel Substanz. „Riesige Wellen" zu produzieren bedeutet aber auch, um die Bedeutungsgebung im Unternehmen zu ringen, Marker der Strukturierung, also kleine „Knotenpunkte" der systemischen Integration zu setzen und als Person Teil dieser Bedeutungsgebung zu werden – auch über politische Aushandlungsprozesse. Die Beteiligung an solchen politischen Prozessen und „Spielen" verweigern jedoch viele Frauen. Das folgende Zitat mag stellvertretend für all jene unter ihnen stehen, die uns berichtet haben, dass sie mit „Politik" nichts zu tun haben möchten.

> „Weil ich dieses Politisieren überhaupt nicht mag. Ich find', das ist totaler Waste of Energy. (Lachen) (Warum?) Ach, ich finde es irgendwie, ja, im Nachhinein denke ich: Klar, es wäre strategisch wahrscheinlich geschickt gewesen, aber ich find's einfach nur Politik und ich finde, es dient nicht der Arbeit, es dient ja nur mir, ja?" (Mitarbeiterin, Elektrotechnik, Fa226)

Viele Frauen in unseren Partnerunternehmen widersetzen sich mit diesem Verhalten der Anforderung personaler Exponierung. Sie riskieren damit, unsichtbar zu bleiben und nicht in den Aufmerksamkeitsfokus der Führungskräfte, vor allem jenseits des eigenen Teams, zu gelangen. Sie werden gar nicht erst als Karrierekandidatinnen erkannt und machen es den maßgeblichen Entscheidern und Entscheiderinnen im Konkurrenzkampf um knappe Positionen sehr leicht:

> „Also man stellt sich das mal vor. Man hat, also ich nehme jetzt nur mal ein Beispiel: Man hat einen Kandidaten, der will, und eine Frau, die nicht will. Und ich bin jetzt der Development Manager. Wenn ich die Frau ernenne, rennt mir der Typ die Tür ein. Deshalb nehme ich doch lieber den Typ, von der Frau hab ich nichts zu befürchten und ich habe meine Ruhe. Also wenn ich mir das Leben leicht machen will. Also ich glaube, dass in den häufigeren Fällen da der Mann gewählt wird, einfach damit man es sich leichter machen kann. Wenn die Situation so ist, ja." (Development-Managerin, IT-Industrie, Aa193)

Dass viele Frauen im Wissen um die Konsequenzen auf eine öffentliche Positionierung verzichten, dürfte auch mit der besonderen Situation von Frauen in den Unternehmen und der Ausgestaltung der Öffentlichkeitskulturen zu erklären sein. Karriere ist für Frauen keine Selbstverständlichkeit; sie erleben sich in einer „fremden Welt" (vgl. dazu Bultemeier in diesem Band), in die es kaum Frauen geschafft haben. Dies erhöht die Hürde der personalen Exponierung, weil der Schritt der Frau in die Karrierewelt ein Schritt gegen alle Wahrscheinlichkeiten ist, der scheinbar nur ganz besonderen Frauen offen steht. Zudem sind die Öffentlichkeitskulturen in den Unternehmen häufig so ausgestaltet, dass Frauen darauf keine Lust haben.

> „Ich sitz' oft in Higher Management Meetings, weil ich meine Projekte dort vorstelle, also das sind die Direktoren. (…) So. Und das sind alles Männer natürlich. So. (Lachen) Und ich sag mal, der Ton, der Stil, wie dort geredet wird, würd' mir als Frau jetzt nicht … ich würd' da (Lachen) schon ein bisschen aufräumen. Aber da muss man sich im Klaren sein, dass man da in ein Gebiet kommt, wo man sich warm anziehen muss. Also da darf man nicht so empfindlich sein." (Mitarbeiterin, IT-Industrie, Aa171)

Viele Frauen beschreiben eine aggressive Kultur im Management, bei der es nur darum gehe, sich ohne Rücksichtnahme durchzusetzen. Eine Interviewpartnerin bringt dies in dem Terminus „Management by Angst" auf den Punkt:

> „Und vielleicht auch eine Managementkultur zu schaffen, wo auch diese Anbrüllerei, also dieser Typ Manager (...) ich sage immer: Management by Angst, ja, also diese Art Typus Führungskraft, die nicht mit den Leuten reden, sondern einfach nur anbrüllen, die muss weg, weil ich glaube, da ist also sehr hierarchisch, ich spiele hier meine Hierarchie aus, und wenn ich irgend etwas sage, dann ist das so und keiner darf widersprechen usw. Wenn man so einen Führungsstil hat, ich glaube, dann ist man nicht so gut in der Lage, Frauen zu fördern, weil Frauen generell auf so einen Führungsstil eher negativ reagieren. Also es gibt nicht viele Frauen, die einfach so wurstig sind, dass die dann einfach sagen: Das interessiert mich doch nicht, oder dass die dann so stark gegenhauen können." (Mitarbeiterin, Banken, Ta303)

In den Unternehmen scheint somit eine spezifische Spielart der öffentlichen Positionierung zu dominieren, die den Intentionen einer Steuerung über Öffentlichkeiten – der Generierung einer kollektiven Expertise zur Bewältigung von Komplexität – zuwiderläuft. Eine verstärkte Karriereintegration von Frauen würde so auch voraussetzen, diese Öffentlichkeitskulturen im Management radikal zu verändern.

4.3 Jenseits des Sozialen: die „Ausschließlichkeit" der Karriere

Die Ausgangslage, von der aus Frauen und Männer eine Karriere anstreben, ist unterschiedlich. Trotz aller Veränderungen in der schulischen und beruflichen Ausbildung, in den Familienkonstellationen und Geschlechterarrangements haben Frauen immer noch die Hauptverantwortung für die Versorgung der Kinder, die Organisation des Haushalts und in zunehmendem Maße auch die Pflege von Angehörigen. Das Phänomen der „doppelten Vergesellschaftung" (Becker-Schmidt 1987, 2008) für den Beruf und die Familie kennzeichnet die Situation von Frauen, ist aber (noch lange) nicht auf jene der Männer übertragbar. Unsere Empirie zeigt sehr deutlich, dass Frauen die Hauptlast sozialer Verpflichtungen tragen, auch wenn gerade bei jungen Männern ein hohes Interesse an ihren Kindern und einer Beteiligung an der Kindererziehung zu konstatieren ist. Diese ungleiche Ausgangslage wird vor dem Hintergrund einer Karrierewelt, die Karriere als „ausschließlich" konstruiert, jedoch in eine ungleiche Chancenstruktur von Frauen und Männern transformiert. Gerade weil die Verfügbarkeitsanforderungen in Karrierepositionen kaum Zeit für ein privates Leben außerhalb der Arbeit lassen, werden Karriere und sozialer Verpflichtungen zum Gegensatz:

> „... das ist meine persönliche Überzeugung, dass sich einige Dinge einfach auch ausschließen. Und zwar Thema Familie und Karriere." (Unterabteilungsleiter, Banken, Ta119)

> „... vielleicht müssen erst diese Väter, die ihre Kinder aus der Kindertagesstätte abgeholt haben, vielleicht müssen die mal in den Vorstand kommen – aber die kommen nicht in den Vorstand." (Abteilungsleiterin, Banken, Da124)

Diese Konstellation von sozialer Verantwortung und „Ausschließlichkeit" von Karriere wird zu einem zentralen Karrierehindernis für Frauen. Nickel/Hüning (2008) sprechen in diesem Kontext von der „Ausblendung des ‚Sozialen'" (ebd.: 226) in der Konstruktion von Unternehmensführung, die dazu führen werde, dass Spitzenpositionen auch weiterhin eine Männerdomäne blieben. Gerade in der „zeitlichen Verfügbarkeit" sehen sie einen Differenzierungsmechanismus, der in Abhängigkeit von der „Lebensform" – und dies bedeutet vor allem: in Abhängigkeit von der „Sorgearbeit" für andere Menschen – wirkt (ebd.: 224). In unserer Empirie zeigt sich der Gegensatz zwischen Karriere und sozialen Verpflichtungen auf vielfältige Weise: in der Betrachtung des Karriereprozesses ebenso wie in den Möglichkeitsbedingungen von Teilzeitarbeit. Im Hintergrund wirkt er selbst bei jenen Frauen, die trotz sozialer Verpflichtungen eine Karriere realisiert haben.

Der Karriereprozess: keine Integration von Unterbrechungen

Im Karriereprozess verdichten sich die Anforderungen moderner Arbeit – die Anforderungen an die zeitliche Verfügbarkeit, durch die das „Karrierewollen" demonstriert werden soll, und die fachlich-kommunikativen Anforderungen, die das Karrierepotenzial aufzeigen. Wer Karriere machen möchte, muss dies permanent beweisen und den vielfältigen Verfügbarkeitserwartungen gerecht werden. Wer nach Phasen der Latenz „plötzlich" ein Karriereinteresse zeigt, wird für die Führungskräfte unglaubwürdig. Im Karriereprozess ist somit die Ausschließlichkeit von Karriere auch in biografischer Perspektive eingeschrieben. Dies führt dazu, dass, mit einer Ausnahme, in allen unseren Partnerunternehmen Unterbrechungen des Karriereprozesses nicht oder nur sehr schwer akzeptiert werden. Da gerade bei hochqualifizierten Frauen der Karriereprozess und die Phase der Familiengründung im Lebensalter von Anfang bis Mitte 30 zusammenfallen können, werden Frauen systemimmanent zum „Risiko".

Bei dieser Risikoattribuierung spielt vor allem die Langfristigkeit und Komplexität des Bewährungsprozesses – also der Karriere vor dem ersten hierarchischen Karriereschritt – eine entscheidende Rolle. Die Errungenschaften dieser Bewährungsproben – beispielsweise als Expertin für ein Thema, als Schnittstelle und „Gesicht" zu anderen Bereichen, als Verantwortliche für einen Prozess – werden in aller Regel nicht dokumentiert. Sie gehen bei einer Unterbrechung als Kapital im Karriereprozess verloren. Die Verdienste der Vergangenheit können nach einer Unterbrechung nicht oder nur sehr schwer in die Gegenwart „gerettet" werden und die Betroffenen müssen von neuem ihr Potenzial in den informellen Bewährungsproben beweisen. Für die Führungskräfte bedeutet dies, dass ihre Förderinvestitionen ins Leere laufen, was nicht selten auch zu Frustrationen gerade bei jenen Führungskräften führt, die tatsächlich versuchen, Frauen in ihrer Karriere zu unterstützen.

> „Wir unterscheiden jetzt nicht in Förderung und Forderung, ob das jetzt ein Mann oder eine Frau ist. Bei uns geht es letztlich nur um das, was eine Person zeigt. Das steht im Vordergrund und erst nachgelagert muss man eben mit dem Thema umgehen, wenn jemand, den man jetzt fördert – ist mir auch schon einige Male passiert, wo man eine Mitarbeiterin gefördert hat und gesagt hat, jetzt käme der nächste Schritt, nur war das halt aus meiner Sicht der falsche, das war dann Elternzeit. Das ist genau so ein Thema, da bauen Sie Leute auf bis zu einem gewissen Punkt, und dann – ja – aber es ist eben so." (Gruppenleiter, Elektrotechnik, Ea059)

Manchmal reicht jedoch allein die Möglichkeit der Unterbrechung aus, um Frauen vom Karriereprozess auszuschließen. Hier erfolgt eine Risikoattribuierung qua „Geschlecht", und zwar unabhängig davon, ob die Frauen tatsächlich Kinder haben wollen oder nicht.

> „... so nach dem Motto, na ja, die könnte eventuell, die ist jetzt in einem Alter, die hört dann eh für drei Jahre auf oder vier Jahre. Also ich denk, das wird nie einer offiziell sagen, aber bei manchen ist es halt trotzdem so im Hinterkopf. (...) Ich denk, das ist (...) im Unterbewusstsein so verankert, dieses: Vielleicht ist sie dann ja weg und dann nehmen wir doch lieber den Mann, weil der bleibt wahrscheinlich eher da." (Mitarbeiterin, Elektrotechnik, Ea092)

Abweichungen oder auch nur antizipierte Abweichungen vom Standardkarriereprozess werden so zur „Karrierefalle" für hochqualifizierte Frauen. Die Unternehmen bieten ihnen nach Unterbrechungen keine Anknüpfungsmöglichkeiten an den Karriereprozess, indem sie z.B. ihre informellen Rollen und Bewährungsproben dokumentieren und somit auch anderen Führungskräften, die die Frauen bislang nicht kannten, eine adäquate Einschätzung ermöglichen. In der Regel endet der Karriereprozess von Frauen mit der Unterbrechung und viele Unternehmen sind sich der Tragweite dieses Sachverhalts gar nicht bewusst. Dies zeigt sich besonders deutlich an der Umgehensweise mit Rückkehrerinnen aus der Elternzeit. In den meisten Unternehmen geht der Kontakt zu den Frauen während der Elternzeit verloren, sie werden von den Personalabteilungen häufig vertröstet – „melden Sie sich später wieder, wir haben im Moment nichts für Sie" –, erhalten wenig Unterstützung bei der Suche nach qualifikationsadäquaten Arbeitsplätzen oder gelangen letztendlich auf wenig anspruchsvolle Stellen. Letzteres entsteht nicht selten aus der Motivation der Führungskräfte, die Frauen zu schonen und ihnen eine bessere Vereinbarkeit von Beruf und Familie zu ermöglichen. Für die Frauen wirkt es sich jedoch verheerend aus: Sie können ihre Kompetenzen und Potenziale in diesen Jobs nicht entfalten und entwickeln, erleben sich als wenig erwünscht und anerkannt und verlieren irgendwann das Interesse an Karriere.

Dass es auch anders gehen kann, zeigt ein Unternehmen unseres Partnernetzwerks. Dort wird die Betreuung der Frauen und der (wenigen) Männer in Elternzeit durch die Frauenbeauftragte zentral organisiert. Entwicklungs- und Karrierewünsche, Arbeitszeitvorstellungen und mögliche Einsatzbereiche werden in Gesprächen mit den zukünftigen Elternteilen und betroffenen Führungskräften eruiert und im Zeitverlauf praxisnah auf Veränderungen hin überprüft. Während der gesamten Elternzeit wird Kontakt zu den Beschäftigten gehalten; sie werden kontinuierlich über Veränderungen und frei werdende Stellen informiert und erhalten Möglichkeiten, sich während der Elternzeit für neue Stellen zu qualifizieren. In diesem Unternehmen werden den Frauen so nach der Unterbrechung geregelte Anknüpfungspunkte geboten, wenngleich es auch hier noch schwierig ist, mit verringertem Stundenvolumen Karriere zu machen. In allen anderen Unternehmen unseres Samples verschafft die Unterbrechung des Karriereprozesses den Frauen jedoch einen Konkurrenznachteil, den sie im „Kampf" um knappe Karrierepositionen nur schwer wieder aufholen können:

> „Und sie verlieren durch ein Kind, hätte ich jetzt gesagt, mal zwei Jahre einfach Zeit und zwei Jahre ist schon eine (Zeit), wo sie sich sehr, sehr profilieren können und sehr Richtung Karriere – wenn man aus der Karrierebrille guckt, sehr viel machen können und bewegen können. Sie können

sich innerhalb von drei Jahren (...) eine Position aufbauen oder eben nicht. Insofern, ja, das ist dann ein Unterschied zwischen Männern und Frauen. Das ist schon so, das haben Sie als Mann nicht." (Projektleiter, Elektrotechnik, Ea268)

Teilzeit als Metastatus und Bruch mit der „Ausschließlichkeit" von Karriere
Vor dem Hintergrund der „Ausschließlichkeit" von Karriere bedeutet Teilzeit die Verstetigung eines karriereuntauglichen Status. Wer Teilzeit arbeitet, zeigt damit in der Betrachtungsperspektive vieler Führungskräfte die fehlende Bereitschaft, sich voll und ganz der Arbeit zu widmen, da privaten Interessen scheinbar ein großes Gewicht beigemessen wird, sonst hätten die Beschäftigten sich ja nicht für Teilzeit entschieden. Teilzeit wird damit in den Unternehmen unmittelbar konträr zur Karriere wahrgenommen; sie bedeutet per se einen Bruch mit der Erwartung vollständiger Hingabe, die Karriere umgibt. In diesem Sinne stellt Teilzeit mit Bezug auf Karriere einen „Unzustand" dar, der als Metastatus die Wahrnehmungsmuster der Führungskräfte durchdringt und anleitet: Teilzeitkräfte können ihre Karriereambitionen noch so sehr signalisieren, sie werden in aller Regel von den Führungskräften nicht gesehen oder für eine Karriere in Betracht gezogen.

„... und ich bin nur Teilzeit. Mein Abteilungsleiter nimmt mich nicht, nicht wahr." (Mitarbeiterin, Elektrotechnik, Fa230)

So zeigt unsere Empirie, dass es zwar hin und wieder ein paar Führungskräfte in Teilzeit gibt. Eine weitere Karriere in Teilzeit ist allerdings so gut wie nicht möglich. Aus einer Teilzeitposition aufzusteigen ist den Frauen unseres Samples nicht gelungen. Dabei gibt es Ausnahmen von dieser Regel, die den Sachverhalt jedoch stützen und nicht widerlegen. Eine Minderheit von Frauen ist ausgehend von einer 80-Prozent-Stelle bis in die erste Führungsebene aufgestiegen. Diese Frauen mit Kindern haben jedoch real 100 Prozent und darüber gearbeitet und die Zeitreduzierung für sich selbst als Flexibilitätspuffer und Legitimation genutzt, um bei unvorhersehbaren Ereignissen, wie der Krankheit des Kindes, eine gewisse Zeitsouveränität zu haben. Zumeist haben auch die Kollegen in diesen Fällen nicht registriert, dass die Frauen überhaupt Teilzeit gearbeitet haben. Diese haben einen Lohnverzicht im Gegenzug für ein Recht auf ein wenig Zeitsouveränität in Kauf genommen, mit ihrer 100-Prozent-Arbeitsbereitschaft gleichzeitig aber die notwendige Verfügbarkeit gezeigt, um als Karrierekandidatinnen überhaupt identifiziert zu werden.

Während ein Aufstieg in Teilzeit gewöhnlich nicht gelingt, ist es aus einer Führungsposition heraus möglich, die Arbeitszeit zu reduzieren. Auch hier scheint die magische Grenze bei 80 Prozent der vergüteten Arbeitszeit zu liegen. Weibliche Führungskräfte mit kleinen Kindern greifen auf diese Möglichkeit zurück, müssen dafür jedoch in Kauf nehmen, dass die Karriere an diesem Punkt zu Ende ist. Hier greift der Teilzeitmechanismus, der einen Aufstieg mit Arbeitszeitreduzierung verhindert.

„... aber ich kenne keine Frau (...), die aus einer Teilzeitposition in eine Führungslaufbahn ging. Also noch kenne ich keine. Es gibt Frauen, die sind Abteilungsleiter geworden und dann Mutter und arbeiten jetzt in Teilzeit als Abteilungsleiter, also das gibt's, offensichtlich geht das, ja, das scheint zu gehen. Aber ich kenne niemand, der erst schwanger war und dann Abteilungsleiter wurde, also so rum." (Mitarbeiterin, Elektrotechnik, Fa226)

Diese Teilzeitgrenze ist vor allem für Frauen schwer auszuhalten, die vor der Teilzeitarbeit auf Karrierekurs waren und nach der Kinderpause nicht mehr an diesen Status anknüpfen können. Sie erleben einen Bruch in den Anerkennungsstrukturen – ihre Teilzeit wird vor den Kunden verheimlicht und damit als „Unzustand" deklariert; als Teilzeitkräfte sind sie nicht wirklich erwünscht und finden nur schwer einen Einsatzbereich. Ihre Biografie wird plötzlich anders wahrgenommen:

> „… es stand wirklich drauf: Sozialfall, zurückkehrende Mutter in Teilzeit, Sozialfall. Da dachte ich, gut, also vor einem Jahr war ich Superstar, jetzt bin ich Sozialfall. Gut, so können sich die Sachen ändern. (…) Das war für mich – das war für mich so erschreckend! Ich war doch vor einem Jahr hier die Gefragteste und auf einmal bin ich niemand, ja, niemand!" (Mitarbeiterin, Elektrotechnik, Ca222)

Die Radikalität, mit der Teilzeit als Metastatus eine Karriere verhindert und mit der „Führen in Teilzeit" weitgehend mit einem Tabu belegt ist, lässt sich nicht allein aus den tatsächlichen Problemen erklären, die mit Teilzeit verbunden sind. Sie scheint Ergebnis einer ideologischen Überformung zu sein, die Teilzeitarbeit mit fehlender Hingabe und damit Karriereuntauglichkeit gleichsetzt. Diese ideologische Überformung stellt das größte Karrierehindernis für Frauen dar, weil vor diesem Hintergrund keine Bewegung möglich ist.

> „… es entsteht so eine innere Erwartungshaltung: Wenn ich Karriere machen will, dann muss ich immer erreichbar sein, immer präsent sein, und das schaukelt sich dann irgendwie hoch, das entwickelt so eine Eigendynamik." (Mitarbeiterin, Elektrotechnik, Fa226)

Werden jedoch die realen Problemkonstellationen betrachtet, zeichnen sich auch Lösungsmöglichkeiten ab, die das Potenzial haben, Teilzeit – oder abstrakter: flexible Arbeitsformen – von ihrem Status als „Unzustand" zu befreien und in eine moderne Arbeitspraxis zu integrieren. Eines der gängigsten Argumente gegen Teilzeit ist die Inkompatibilität mit den Kundenbedürfnissen; die Kunden erwarteten eine permanente Verfügbarkeit. Dieses Argument greift überall dort, wo es um Notfälle geht und z.B. durch längere Produktionsausfälle hohe Verluste drohen; in diesen Fällen muss sofort Abhilfe geschaffen werden. Es greift jedoch nicht in der Praxis der alltäglichen Kundenbeziehungen, also bei Absprachen, Verhandlungen und Kooperationen; hier können Termine vereinbart werden, die gut mit flexiblen Arbeitszeiten korrespondieren. Mitarbeiterinnen aus dem Bankenbereich und der Elektrotechnischen Industrie haben zudem im Interview berichtet, dass die Kunden es selbstverständlich akzeptieren, wenn sie nicht jederzeit erreichbar sind. Problematisch seien hier nicht die Anforderungen der Kunden, sondern die Erwartungen der Unternehmen und der Kollegen. Mit Bezug auf die Kundenanforderungen ist also zwischen der alltäglichen Arbeitspraxis und Notfällen zu unterscheiden, wobei in Teilzeit arbeitende Frauen eine hohe Bereitschaft signalisieren, in Notfällen selbstverständlich erreichbar zu sein. Ein weiteres Problem stellen die Zunahme an Informationen und die Veränderungsgeschwindigkeit moderner Arbeit dar, die das Verhältnis von Informationsverarbeitung, Einarbeitung und produktiver Arbeit gerade bei Teilzeitarbeit ungünstig gestalten. Hierfür haben unsere Partnerunternehmen jedoch zum Teil bereits sehr kreative kollektive Lösungen gefunden – im Bankenbereich informieren „Produktcoachs" das Team über Veränderungen und neue Produkte; in der Elektrotechnik wird in „Pre-Lunch-Meetings" das Fachwissen der Teammitglieder auf dem neuesten Stand gehalten. Diese Lösungen können auch systemisch – durch moderne Wissensmanagementsysteme – unterstützt werden. Es lassen sich somit keine „harten" Faktoren finden, die gegen eine „normale" Integration von Teilzeitmitarbeiterinnen und die Möglichkeit einer Karriere in Teilzeit sprechen. Diese Mitarbeiterinnen können wichtige Kunden ebenso betreuen wie Vollzeitmitarbeiter und bleiben im Rahmen kollektiver und systemischer Lösungen sowie über die Informations- und Kommunikationstechnologien eingebunden in die Ablaufprozesse der Arbeitspraxis.

In vergleichbarer Weise lassen sich auch die Argumente gegen Führung in Teilzeit entkräften. Dass Beschäftigte die Präsenz der Führungskräfte brauchen, um effektiv arbeiten zu können, widerspricht dem Leitbild des selbstverantwortlichen und selbstorganisierten Mitarbeiters. Auch die „Erreichbarkeitskaskaden", die vom oberen Management ausgehen, stellen keine harte Grenze für die Möglichkeit teilzeitbasierter Führung dar, sondern dürften – außer in Notfällen – eher der Bequemlichkeit der Führungskräfte entspringen.

> „... also Sie können sagen, natürlich mehr Teilzeitangebote. Aber ganz ehrlich, ich könnte Ihnen das nicht sagen, wie ich's machen würde, weil da stehe ich mir ja selber im Weg, also da müsste ich über mich selber nachdenken. Was würde ich denn sagen, wenn Frau M. kommt, also hier meine Abteilungsleiterin, und sagt, sie will jetzt nur noch 70 Prozent arbeiten. Sag ich ganz offen, bin ich so fair, hätte ich wahrscheinlich ein kleines Problem, wobei nicht, weil sie 'ne Frau ist, sondern einfach eben das Thema Erwartungshaltung. Ich bin nicht so hart, aber (...) ich muss mich darauf verlassen können, dass ich sie dann auch greifen kann." (Bereichsleiter, Banken, Da135)

Eine differenzierte Betrachtung zeigt, dass Teilzeitarbeit die Unternehmen und Führungskräfte zwar vor spezifische Problemkonstellationen stellt, die jedoch im Rahmen wissensbasierter Unternehmen lösbar sind. Wird Teilzeitarbeit erst von jener ideologischen Überformung befreit, die ihr eine Hingabe an die Arbeit abspricht, entsteht in den Unternehmen Raum, nach konkreten Lösungen zu suchen. Dabei stellen gerade wissensbasierte Unternehmen mit ihren kollektiven und systemischen Bewältigungsstrategien einen Rahmen dar, der erstmals eine friktionslose Integration von Teilzeitmitarbeitern ermöglicht. Mehr noch: Von diesen kollektiven und systemischen Lösungen z.B. in der Wissens- und Informationsverarbeitung profitieren nicht nur Teilzeitbeschäftigte, sondern auch die Unternehmen selbst. In diesem Sinne werden die Integration von Teilzeit und die Möglichkeit einer Karriere in Teilzeit selbst zum Gradmesser für moderne Arbeitsgestaltung. Die Unternehmen unseres Partnernetzwerks haben dies erkannt und Maßnahmen zur Förderung von Teilzeit und Karriere gehören nun überall zum Handlungsrepertoire, um die Karrierechancen von Frauen zu verbessern. Damit öffnet sich in den Unternehmen ein Raum, der auch den Führungskräften neue Erfahrungen mit Teilzeitkräften ermöglicht und dadurch ihre Wahrnehmungsmuster verändert. Sie machen jetzt die Erfahrung der Loyalität, Verlässlichkeit und Erreichbarkeit dieser Mitarbeiterinnen, und dies ist die Voraussetzung, auf der eine Karriereperspektive aufbauen kann. In diesen Unternehmen deutet vieles auf eine neue Phase der Betrachtung von Teilzeit hin, ohne dass an dieser Stelle abschließend beurteilt werden könnte, wie dauerhaft diese Veränderungen sind:

> „Ich bin der festen Überzeugung, dass selbst in den oberen Etagen Führung auf Teilzeitbasis möglich ist. Aber es ist sehr schwer, das in die Köpfe – ich sag mal: nicht der Männer, sondern über-

haupt in ein Management zu bringen. (...) Es ist in vielen Köpfen, egal ob Mann oder Frau, noch im Kopf drin, es geht gar nicht ohne Vollzeit in einer bestimmten Position. Ich sage, das ist Bullshit, ja. Es geht. Es erfordert einen anderen Grad an Organisiertheit .... und das macht die Telekommunikation ja wunderbar möglich, dass man auch von zu Hause aus was tun kann, das ist alles machbar." (Personalleiterin, Banken, Ga041)

Ist Teilzeit ein Gradmesser für neue Arbeitsformen und die Karriere in Teilzeit Ausdruck ihrer Akzeptanz und Implementierung, so kann die Ablehnung von Teilzeit und ihre ideologische Überformung zum Tabu auch als Beharrungstendenz der alten Muster von Arbeit und Karriere verstanden werden.

Karriere mit Kindern: zwischen Fragilität und herkulischen Leistungen
Frauen, die sich für Kinder *und* Karriere entscheiden, lösen den Gegensatz von Karriere und sozialen Verpflichtungen auf einer übergeordneten Ebene individuell auf und bezahlen dafür mit „herkulischen" Anstrengungen (Boes et al. 2011: 27) und einer Fragilität ihrer Führungsposition.

Im Gegensatz zu den männlichen Führungskräften, die fast ausschließlich in traditionellen Partnerschaftsarrangements leben, sind die weiblichen Führungskräfte unseres Samples bis auf wenige Ausnahmen mit Partnern zusammen, die ebenfalls in Vollzeit arbeiten oder sogar selbst eine Führungsposition bekleiden. Anders als ihre männlichen Kollegen müssen sie in diesen Konstellationen auf eine Bestellung ihres sozialen „Hinterlands" verzichten.

> „... die meisten Frauen, die ich kenne, haben entweder auf ihre Karriere verzichtet oder fahren halt das klassische Doppelkarrieremodell, was halt sehr anstrengend (ist), das muss man einfach sagen. Also es ist halt schon was anderes, wenn ich ein komplettes Backup habe und mich allein auf die Karriere konzentrieren kann, oder wenn ich alles unter einen Hut bringen muss. Und da muss man halt Abstriche machen. Und entweder ist das akzeptiert in höheren Hierarchieebenen – und ja, meine Einschätzung ist, so richtig akzeptiert ist es halt noch nicht, wenn man da ankommt und sagt: Ja, aber heute muss ich um halb fünf gehen, weil die Kita macht heute um fünf zu und morgen ist ein Kindergeburtstag und dann muss ich leider auch mal einen Tag früher gehen. Also ich glaub', die Akzeptanz ist da auch einfach noch nicht da und da muss man sich schon halt auch überlegen, ob man als Frau da immer Vorreiter spielen möchte, was ja noch mal Kraft kostet." (Abteilungsleiterin, Elektrotechnik, Fa240)

Die Sondersituation als Führungskraft und Mutter korrespondiert mit einem enormen Organisationsaufwand, um die Versorgung der Kinder und ihre soziale Einbindung zu gewährleisten. Eltern und Freunde werden in die Betreuung einbezogen, mit anderen Eltern werden Versorgungsnetzwerke gebildet, z.B. Fahrgemeinschaften zum Sport oder zur Musikschule, Haushaltsdienstleistungen werden extern eingekauft. Es bedarf also tatsächlich einer „hyperorganization of organization" (Priddat 2001), um die Gleichzeitigkeit von Kindern und Karriere zu realisieren:

> „Sie brauchen nicht nur einen Plan B, sondern auch einen Plan C." (Abteilungsleiterin, Banken, Db153)

Es ist jedoch nicht nur der Organisationsaufwand, der Frauen zu schaffen macht und sie an die Grenzen ihrer Belastbarkeit bringt, sondern Frauen erleben häufig auch eine innere Zerrissenheit zwischen Kindern und Karriere; sie haben das Gefühl, beiden Seiten dauerhaft nicht gerecht zu werden.

„Also wenn man einerseits das Gefühl hat, man müsste mehr Zeit mit seiner Familie verbringen, und auf der anderen Seite reicht die Zeit aber auch nicht aus auf der Arbeit, da kommt man schon in so einen Konflikt. Und es ist gar nicht der Zeitaspekt, der einem den Konflikt bereitet, zumindest bei mir, sondern eher so das Thema ‚schlechtes Gewissen'. Man hat das Gefühl, dass man nicht allem gerecht werden kann. Und das ist eigentlich so ein zusätzlicher Druck, der so auf einem lastet." (Abteilungsleiterin, Elektrotechnik, Fa240)

Die individuelle Bewältigung des Gegensatzes von Karriere und Kindern führt auch in den Unternehmen zu einer Sondersituation von Frauen, die sich in der „Fragilität" ihrer Position ausdrückt. Führungsfrauen mit Kindern beschreiben sehr häufig, dass die Akzeptanz und das Wohlwollen ihrer Vorgesetzten eine entscheidende Voraussetzung dafür ist, diesen Schritt zu realisieren:

„Und sie brauchen im Zweifelsfall einen Chef dazu, wo sie 1000 Prozent sicher sein können, dass, wenn ich heute komme und sage, es ist was mit meinem Kind, ich muss nach Hause, ich muss irgendwas tun, dass die alle sagen: ‚Geh!' Und das ist etwas, wo ich sage, da können sie diesen Weg gehen." (Abteilungsleiterin, Banken, Db153)

Aber auch die Kolleginnen und Kollegen sowie die Mitarbeiterinnen und Mitarbeiter müssen bereit sein, Arbeitszeitmodelle von Führungsfrauen zu akzeptieren, die teilweise mit deutlich weniger Präsenzzeiten im Unternehmen verbunden sind. Tun sie dies nicht, ist es für Frauen mit hohen Anstrengungen verbunden, sich in ihrer Führungsposition zu behaupten.

Die Karrierewelt steht vor der Herausforderung, sich für Menschen mit sozialen Verpflichtungen zu öffnen, auch um von der Diversität unterschiedlicher Lebens- und Erfahrungskontexte zu profitieren. Dazu bedarf es zum Teil weitreichender Veränderungen, die die Ausschließlichkeit der Karriere aufbrechen und auch vor dem Zuschnitt von Führungspositionen nicht haltmachen. Diese müssen so gestaltet sein, dass Verantwortlichkeiten und Aufgaben auch innerhalb eines umrissenen Zeitkontingents erfüllt werden können. Der Bereichsleiter eines IT-Unternehmens formuliert dies wie folgt:

„… wie gesagt, so einen Job, wie ich jetzt mach, kann jetzt eigentlich eine Frau, die irgendwo noch Familie hat zu Hause, wo der Mann auch berufstätig ist, gar nicht leisten. Also da ist dieses Thema auch: Wie schneidert man einen Job so vernünftig, dass es mit einem 40-bis-50-Stunden-Arbeitswocheneinsatz zu regeln ist?" (Bereichleiter, IT-Industrie, Aa166)

Bislang lösen Frauen dieses organisatorische Problem individuell und zahlen mit ihrer individuellen „Quadratur des Kreises" einen hohen Preis. Sie reiben sich in der „Hyperorganisation" von Familie und Beruf bis zur Erschöpfung auf und schaffen es vielfach doch nicht, sich im Unternehmen fest zu etablieren und aus ihrer Sonderposition herauszukommen. Aus diesem Grund verzichten viele Frauen mit Kinderwunsch auf eine weitere Karriere und sagen: „Das ist mir das einfach nicht wert", und: „Der Preis ist zu hoch."

Die Ausschließlichkeit der Karriere, die Unterbrechungen des Karriereprozesses nicht zulässt, Karriere und Führung in Teilzeit negiert und Führungsfrauen mit Kindern nur fragil integriert, führt bis in die Gegenwart zu einer Karriereselektion nach sozialen Verantwortlichkeiten und darüber auch nach Geschlecht. Die ungleiche Ausgangslage von Frauen und Männern wird durch den Karrieremechanismus der Ausschließlichkeit in ungleiche Karrierechancen transformiert. Solange Karriere jenseits des Sozialen verortet ist, wird es für Frauen schwer, an der Karrierewelt zu partizipieren.

5 Der neue Karrieremechanismus: kein Automatismus in Richtung Chancengleichheit

Unsere Ergebnisse zeigen sehr deutlich, dass die weitreichenden Veränderungen in den Unternehmen, die einen neuen Karrieremechanismus formen, nicht automatisch zu mehr Geschlechtergerechtigkeit bei den Karrierechancen führen. Die Hoffnungen, die in der Genderforschung auf dem Wandel der Arbeit als „Türöffner" für die Karrierechancen von Frauen lagen, haben sich nicht erfüllt. Geschlechtliche Ungleichheit ist weiterhin in die Bausteine des Karrieremechanismus in je spezifischer Weise eingeschrieben. Sie kommt in den „Lücken" des Versachlichungsprozesses bei der Personalbewertung und Karriereauswahl sowie in der Definition der Bewertungskriterien zur Entfaltung; sie zeigt sich in den Bewährungsproben der öffentlichen Exponierung in männerdominierten Strukturen ebenso wie in den Konstruktionsprinzipien einer Karrierewelt, die soziale Verantwortlichkeiten negiert. Das Geschlecht als Selektionskriterium macht sich mit den Veränderungen auf neue Weise in den Unternehmen geltend.

Wird damit die „endlose Varietät und monotone Ähnlichkeit" der Geschlechterungleichheit im Zeitverlauf (Wetterer 2002) einfach weiter fortgeschrieben? Das kann der Fall sein, wenn „Geschlecht" nicht explizit thematisiert und als eigenständige Dimension in den Veränderungsprozessen verankert wird.[19]

Der Abbau geschlechtlicher Ungleichheit muss eigenständiger Bestandteil des Veränderungsprozesses wissensbasierter Unternehmen werden. Geschieht dies, dann bietet das Unternehmen 2.n gute Anknüpfungspunkte, um die Karrierechancen von Frauen nachhaltig zu verbessern. Der systemische Entscheidungsmodus stellt eine neue Stufe der Professionalisierung und Versachlichung dar, wobei die Konzentration auf systemische Lösungen einen Durchgriff auf das gesamte Unternehmen ermöglicht. Der Steuerungsmechanismus über Öffentlichkeiten bietet neue Anknüpfungspunkte, alte, aus aggressiven Umgehensweisen resultierende Grenzziehungen zu überwinden, und die kollektive Intelligenz aller Beschäftigten und nicht nur jene der Männer zu nutzen. Informations- und Kommunikationstechnologien enthalten das Potenzial, durch eine flexible Anbindung der Beschäftigten

---

19 Auch die Ergebnisse von Funder (2005) und Funder et al. (2006) zeigen mit Blick auf die ITK-Branche, dass es keinen Veränderungsautomatismus in Richtung Chancengleichheit gibt, diese jedoch gleichwohl im Kontext moderner Arbeit möglich ist. Wissensbasierte Unternehmen können sowohl mit einer „symbolisch-egalitären Geschlechterkultur", die traditionelle Ungleichheiten der Geschlechter perpetuiert, als auch mit einer „reflexiv-egalitären Geschlechterkultur", die eine „Neutralisierung der Geschlechterdifferenz" (Funder 2005: 115) ermöglicht, korrespondieren.

und die Ermöglichung von Zeitsouveränität die Ausschließlichkeit der Karriere zumindest in Ansätzen zu durchbrechen. Unsere Ergebnisse zeigen, dass der Fortschritt für die Gleichstellung von Frauen nicht genuin in den Veränderungen selbst, also den einzelnen Bausteinen des Karrieremechanismus liegt, sondern in den sozialen und politischen Anstrengungen der Akteure in den Unternehmen, diese Veränderungen in der Zielperspektive einer Verbesserung der Karrierechancen von Frauen zu gestalten. Dass dies gelingen kann, zeigen unsere Partnerunternehmen in ganz unterschiedlicher Weise. Sei es, dass sich die Personalabteilung auf der Grundlage von Zielvereinbarungen zur Karriereintegration von Frauen als Sachwalter dieses Themas versteht und die Kalibrierungsmeetings entsprechend moderiert, oder sei es durch erste innovative Ansätze, Phasen der beruflichen Unterbrechung bei Elternzeit durch Möglichkeiten der Qualifizierung und Hospitation im Unternehmen für die individuelle Karriereentwicklung zu nutzen bzw. durch eine kontinuierliche Betreuung der Elternzeitler/-innen geregelte Übergänge und Anknüpfungspunkte für die Karriere zu bieten. Unsere Unternehmen sind aktiv geworden und sie sind dabei auch sehr erfolgreich.

Unsere Ergebnisse verdeutlichen jedoch nicht nur, dass die Verbesserung der Karrierechancen von Frauen expliziter Bestandteil der grundlegenden Reorganisationsprozesse in den Unternehmen sein muss, sondern sie zeigen auch, dass das Aufbrechen tradierter Geschlechterstrukturen in den Unternehmen ein voraussetzungsreicher und komplexer Prozess ist, der alle Bausteine des Karrieremechanismus umfassen muss. So reicht es nicht aus, eine neue Stufe der Versachlichung bei der Personalbewertung über kollektive Verfahren zu realisieren, wenn zugleich die Stellenbesetzung personalen Entscheidungen und damit dem Muster homosozialer Rekrutierung überlassen bleibt. Ebenso sind keine weit reichenden Veränderungen zu erwarten, wenn zwar die Karrierekriterien in den Kalibrierungsmeetings gendersensibel gestaltet werden, die Unternehmen aber keine Möglichkeiten einer Karriere in Teilzeit bereitstellen, so dass ein großer Teil der Frauen von der Umstellung der Kriterien gar nicht profitieren kann. Und verkürzt wäre es auch, über neue Arbeitszeitkulturen nachzudenken, wenn nicht zugleich auch die Öffentlichkeitskulturen, die Frauen häufig an einer erfolgreichen „Positionierung", an der Herstellung von „Sichtbarkeit" hindern, in den Fokus einer Handlungsstrategie gelangen. Diese Ausführungen ließen sich weiter fortführen und sie zeigen, dass Veränderungen im Kontext eines Karrierebausteins durch Nachlässigkeiten bei einem anderen Karrierebaustein konterkariert oder zumindest in ihrer Wirkung eingeschränkt werden. Eine nachhaltige und durchgreifende Verbesserung der Karrierechancen von Frauen ist deshalb nur zu erwarten, wenn der Karrieremechanismus als Ganzes betrachtet wird und seine Bausteine die „Stellschrauben" markieren, die den Weg zur Veränderung tradierter Geschlechterstrukturen in den Unternehmen ebnen. Diese Betonung der „Ganzheitlichkeit" im strategischen Ansatz soll nicht die Bemühungen der Unternehmen in einzelnen Bereichen abwerten, mit denen sie durchaus neue Karrierechancen für Frauen schaffen, sie soll jedoch die Begrenztheit der Bemühungen aufzeigen und vor neuer Hoffnungslosigkeit gerade bei jenen schützen, die sich teilweise schon seit Jahren intensiv für die Realisierung der Chancengleichheit eingesetzt haben und bei denen der Eindruck entstanden ist, dass im Bereich der Förderung von Frauen zwar einiges gemacht wird, aber im Ergebnis nicht wirklich viel passiert ist. In dieser Notwendigkeit eines „ganzheitlichen" Zugriffs auf den Karrieremechanismus dürfte in der Praxis der Unternehmen die größte Herauforderung liegen.

Einzelne Unternehmen unseres Partnernetzwerks haben diese Herangehensweise angenommen und praktizieren eine weitgehend am Karrieremechanismus orientierte Strategie. So werden Zielvorgaben für die Beteiligung von Frauen zentral festgelegt und auf die einzelnen Bereiche heruntergebrochen; die jeweilige Zielerreichung wird reportet und im Unternehmen transparent gemacht. Die Transparenz ermöglicht einen öffentlichen Erfahrungsaustausch und darüber die Diffusion neuer Erkenntnisse in alle Bereiche des Unternehmens. Zugleich werden die Führungskräfte und die Mitarbeiterinnen in Seminaren und öffentlichen Diskussionen in ihrer Verantwortung für die Karriere angesprochen, so dass hier auf beiden Seiten eine Selbstreflexion und eine neue „Positionierung" erfolgen kann. In diesen Unternehmen wird das komplexe Wirkgeschehen der Karriereungleichheit betrachtet und das Tabu des Führens in Teilzeit ebenso angegangen wie die Notwendigkeit neuer Arbeitszeitmodelle. Hier zeigt sich: Das systemisch integrierte Unternehmen 2.n verändert nicht nur die Bedingungen der Karriereintegration von Frauen grundlegend, sondern stellt darüber hinaus auch völlig neue Lösungspotenziale für die Veränderung – für eine systemische Veränderungsstrategie – bereit (vgl. Boes/Lühr in diesem Band). Auch dies ist Teil des historischen Möglichkeitsraums zur Verbesserung der Chancen von „Frauen in Karriere".

Literatur

[1] Ahrens, D. (2004): Vom Management zur Gestaltung von Wissen durch neue Medien. In: Wyssusek, B. (Hg.): Wissensmanagement komplex. Perspektiven und soziale Praxis, Berlin: Erich Schmidt Verlag, S. 159-173

[2] Altmann, N./Bechtle, G. (1971): Betriebliche Herrschaftsstrukturen und industrielle Gesellschaft. Ein Ansatz zur Analyse, München: Carl Hanser Verlag

[3] Baethge, M./Denkinger, J./Kadritzke, U. (1995): Das Führungskräfte-Dilemma. Manager und industrielle Experten zwischen Unternehmen und Lebenswelt, Frankfurt am Main; New York: Campus

[4] Baukrowitz, A./Boes, A. (1996): Arbeit in der „Informationsgesellschaft" – Einige grundsätzliche Überlegungen aus einer (fast schon) ungewohnten Perspektive. In: Schmiede, R. (Hg.): Virtuelle Arbeitswelten – Arbeit, Produktion und Subjekt in der „Informationsgesellschaft", Berlin: edition sigma, S. 129–158

[5] Becker-Schmidt, R. (1987): Die doppelte Vergesellschaftung – die doppelte Unterdrückung: Besonderheiten der Frauenforschung in den Sozialwissenschaften. In: Unterkirchen, L./Wagner, I. (Hg.): Die andere Hälfte der Gesellschaft. Österreichischer Soziologentag 1985, Wien: ÖGB Verlag, S. 10-25

[6] Becker-Schmidt, R. (2008): Doppelte Vergesellschaftung von Frauen: Divergenzen und Brückenschläge zwischen Privat- und Erwerbsleben. In: Becker, R./Kortendiek, B. (Hg.): Handbuch Frauen- und Geschlechterforschung: Theorie, Methoden, Empirie, Wiesbaden: VS Verlag für Sozialwissenschaften, S. 65-74

[7] Beckman, S.L. (1996): Evolution of Management Roles in a Networked Organization. An Insider's View of the Hewlett-Packard Company. In: Osterman, P.S. (Hg.): Broken Ladders. Managerial Careers in the New Economy, New York: Oxford UP, S. 155-184

[8] Boes, A. (1996): Formierung und Emanzipation - Zur Dialektik der Arbeit in der „Informationsgesellschaft". In: Schmiede, R. (Hg.): Virtuelle Arbeitswelten, Berlin: edition sigma, S. 159–178

[9] Boes, A. (2005): Auf dem Weg in die Sackgasse? - Internationalisierung im Feld Software und IT-Services. In: Boes, A./Schwemmle, M. (Hg.): Bangalore statt Böblingen? - Offshoring und Internationalisierung im IT-Sektor, Hamburg: VSA, S. 13–65

[10] Boes, A./Bultemeier, A. (2008): Informatisierung – Unsicherheit – Kontrolle. Analysen zum neuen Kontrollmodus in historischer Perspektive. In: Dröge, K. u.a. (Hg.): Rückkehr der Leistungsfrage. Leistung in Arbeit, Unternehmen und Gesellschaft, Berlin: edition sigma, S. 59-90

[11] Boes, A./Bultemeier, A. (2010): Anerkennung im System permanenter Bewährung. In: Soeffner, H.-G. (Hg.): Unsichere Zeiten. Herausforderungen gesellschaftlicher Transformationen. Verhandlungen des 34. Kongresses der Deutschen Gesellschaft für Soziologie, Wiesbaden: VS Verlag für Sozialwissenschaften, CD-ROM.

[12] Boes, A./Bultemeier, A./Kämpf, T. (2011): Werden die Karten für Frauen neu gemischt? In: Boes, A./Bultemeier, A./Kämpf, T./Trinczek, R. (Hg.): Strukturen und Spielregeln in modernen Unternehmen und was sie für Frauenkarrieren bedeuten (können). Arbeitspapier 2 des Projekts „Frauen in Karriere", München: ISF München, S. 7-43

[13] Boes, A./Kämpf, T. (2012): Informatisierung als Produktivkraft. Der informatisierte Produktionsmodus als Basis einer neuen Phase des Kapitalismus. In: Dörre, K./Sauer, D./Wittke, V. (Hg.): Kapitalismustheorie und Arbeit. Neue Ansätze soziologischer Kritik, Frankfurt am Main; New York: Campus, S. 316-335

[14] Boes, A./Kämpf, T./Marrs, K. (2013): Auf dem Weg in eine Industrialisierung neuen Typs. Vortrag auf dem Zukunftsforum 2 „Neue Formen der Industrialisierung" des Projekts GlobePro, Frankfurt am Main, 22.02.2013

[15] Boes, A./Kämpf, T./Marrs, K. (2013a): Wohin geht das Unternehmen der Zukunft. Vortrag auf dem Zukunftsforum 3 „Unternehmen der Zukunft" des Projekts GlobePro, Walldorf, 03.05.2013

[16] Boltanski, L./Chiapello, È. (2003): Der neue Geist des Kapitalismus, Konstanz: UVK, Universitäts-Verlag Konstanz

[17] Braverman, H. (1977): Die Arbeit im modernen Produktionsprozeß, Frankfurt am Main; New York: Campus

[18] Bultemeier, A. (2011): Neue Spielregeln in modernen Unternehmen: Wie können Frauen davon profitieren? In: Boes, A./Bultemeier, A./Kämpf, T./Trinczek, R. (Hg.): Strukturen und Spielregeln in modernen Unternehmen und was sie für Frauenkarrieren bedeuten (können). Arbeitspapier 2 des Projekts „Frauen in Karriere", München: ISF München, S. 45-81

[19] Bultemeier, A. (2013): Öffentlichkeit, systemische Entscheidungen („Kalibrierung") und individuelle Positionierung als zentrale Bausteine eines neuen Karrieremechanismus; unveröffentlichtes Manuskript, Freising im Februar 2013

[20] Castel, R. (2000): Die Metamorphosen der sozialen Frage: Eine Chronik der Lohnarbeit, Konstanz: Universitäts-Verlag Konstanz

[21] Cyba, E. (1998): Geschlechtsspezifische Arbeitsmarktsegregation: Von den Theorien des Arbeitsmarktes zur Analyse sozialer Ungleichheiten am Arbeitsmarkt. In: Geissler, B./Maier, F./Pfau-Effinger, B. (Hg.): FrauenArbeitsMarkt: der Beitrag der Frauenforschung zur sozio-ökonomischen Theorieentwicklung (Sozialwissenschaftliche Arbeitsmarktforschung, Band 6), Berlin: edition sigma, S. 37-62

[22] Di Luzio, G. (2003): Karrieren im öffentlichen Dienst. Veränderung eines Aufstiegsmodells durch die Verwaltungsreform. In: Hitzler, R./Pfadenhauer, M. (Hg.): Karrierepolitik: Beiträge zur Rekonstruktion erfolgsorientierten Handelns, Opladen: Leske + Budrich, S. 97-112

[23] Faust, M./Jauch, P./Notz, P. (2000): Befreit und entwurzelt: Führungskräfte auf dem Weg zum „internen Unternehmer", München, Mering: Rainer Hampp Verlag

[24] Faust, M. (2002): Karrieremuster von Führungskräften der Wirtschaft im Wandel – Der Fall Deutschland in vergleichender Perspektive. In: Sofi-Mitteilungen Nr. 30, S. 69-90

[25] Fried, A./Wetzel, R./Baitsch, Chr. (2001): Leistungsbeurteilung und Geschlechtsdiskriminierung. Kritisch-konstruktive Bemerkungen. In: Arbeit, Jg. 10, Heft 2, S. 122-134

[26] Funder, M. (2005): Gendered Management? Geschlecht und Management in wissensbasierten Unternehmen. In: Funder, M./Dörhöfer, S./Rauch, C. (Hg.): Jenseits der Geschlechterdifferenz? Geschlechterverhältnisse in der Informations- und Wissensgesellschaft, Mering: Hampp, S. 97-122

[27] Funder, M./Dörhöfer, S./Rauch, C. (2006): Geschlechteregalität – mehr Schein als Sein. Geschlecht, Arbeit und Interessenvertretung in der Informations- und Telekommunikationsindustrie, Berlin: edition sigma
[28] Funken, C./Stoll, A./Hörlin, S. (2011): Die Projektdarsteller: Karriere als Inszenierung. Paradoxien und Geschlechterfallen in der Wissensökonomie, Wiesbaden: VS Verlag für Sozialwissenschaften
[29] Habermas, J. (1962): Strukturwandel der Öffentlichkeit. Untersuchungen zu einer Kategorie der bürgerlichen Gesellschaft, Neuwied: Luchterhand
[30] Hartmann, M. (2003): Individuelle Karrierepolitik oder herkunftsabhängiger Aufstieg? Spitzenkarriere in Deutschland. In: Hitzler, R./Pfadenhauer, M. (Hg.): Karrierepolitik: Beiträge zur Rekonstruktion erfolgsorientierten Handelns, Opladen: Leske + Budrich, S. 159-171
[31] Hermann, A. (2004): Karrieremuster im Management. Pierre Bourdieus Sozialtheorie als Ausgangspunkt für eine genderspezifische Betrachtung, Wiesbaden: Deutscher Universitäts-Verlag
[32] Hermann, A./Strunk, G. (2012): Wichtig? Unwichtig? Welche Rolle spielt Geschlecht in der Karriere? In: Krell, G./Rastetter, D./Reichel, K. (Hg.): Geschlecht Macht Karriere in Organisationen. Analysen zur Chancengleichheit in Fach- und Führungspositionen, Berlin: edition sigma, S. 41-58
[33] Hirschi, A. (2013): Selbstgesteuertes Karrieremanagement im demographischen Wandel (Slides), http:///www.projekt-debbi.de/data/debbi_tagung_2013_vortraghirschi.pdf, aufgerufen am 29.05.2013, 16:20 Uhr
[34] Kadritzke, U. (1997): 'Unternehmenskulturen' unter Druck - Neue Managementkonzepte zwischen Anspruch und Wirklichkeit, Berlin: edition sigma.
[35] Kanter, R.M. (1977): Men and Women of the Corporation, New York: Basic Books
[36] Kels, P. (2009): Arbeitsvermögen und Berufsbiografie. Karriereentwicklung im Spannungsfeld zwischen Flexibilisierung und Subjektivierung, Wiesbaden: VS Verlag für Sozialwissenschaften
[37] Kotthoff, H. (1998): Führungskräfte im Wandel der Firmenkultur: Quasi-Unternehmen oder Arbeitnehmer?; 2. Auflage, Berlin: edition sigma
[38] Kotthoff, H./Wagner, A. (2008): Die Leistungsträger. Führungskräfte im Wandel der Firmenkultur – eine Follow-up-Studie, Berlin: edition sigma
[39] Krell, G. (2010): Führungspositionen. In: Projektgruppe GiB: Geschlechterungleichheiten im Betrieb. Arbeit, Entlohnung und Gleichstellung in der Privatwirtschaft, Berlin: edition sigma, S. 423-484
[40] Krell, G. (2012): „Geschlecht", „Führung", „Karriere" und deren Verschränkungen als diskursive Fabrikationen. In: Krell, G./Rastetter, D./Reichel, K. (Hg.): Geschlecht Macht Karriere in Organisationen. Analysen zur Chancengleichheit in Fach- und Führungspositionen, Berlin: edition sigma, S. 17-40
[41] Kurtz, T. (2010): Der Kompetenzbegriff in der Soziologie. In: Kurtz, T./Pfadenhauer, M. (Hg.): Soziologie der Kompetenz, Wiesbaden: VS Verlag für Sozialwissenschaften, S. 7-25
[42] Luhmann, N. (1985): Sinn als Grundbegriff der Soziologie. In: Habermas, J./Luhmann, N.: Theorie der Gesellschaft oder Sozialtechnologie, Frankfurt: Suhrkamp, S. 25-100
[43] Luhmann, N. (1987): Soziale Systeme. Grundriß einer allgemeinen Theorie, Frankfurt am Main: Suhrkamp
[44] Lutz, B. (1987): Arbeitsmarktstruktur und betriebliche Arbeitskräftestrategie: Eine theoretisch-historische Skizze zur Entstehung betriebszentrierter Arbeitsmarktsegmentation, Frankfurt am Main; New York: Campus
[45] Maruani, M. (2002): Ein unvollendetes Projekt: Die Gleichheit von Männern und Frauen in der Arbeitswelt; (Siegener Beiträge zur Soziologie, Band 4), Köln: Rüdiger Köpper Verlag
[46] Minssen, H. (2008): Unternehmen. In: Maurer, A. (Hg.): Handbuch der Wirtschaftssoziologie, Wiesbaden: VS Verlag für Sozialwissenschaften, S. 247 - 267
[47] Nickel, H.M./Hüning, H./Frey, M. (2008): Subjektivierung, Verunsicherung, Eigensinn. Auf der Suche nach Gestaltungspotenzialen für eine neue Arbeits- und Geschlechterpolitik, Berlin: edition sigma
[48] Nickel, H.M./Hüning, H. (2008): Frauen an die Spitze? Zur Repolitisierung der Arbeits- und Geschlechterdebatte. In: Eickelpasch, R./Rademacher, C./Lobato, P.R. (Hg.): Metamorphosen des Kapitalismus und seiner Kritik, Wiesbaden: VS Verlag für Sozialwissenschaften, S. 216-239
[49] Pasero, U. (2004): Gender Trouble in Organisationen und die Erreichbarkeit von Führung. In:

Pasero, U./Priddat, B.P. (Hg.): Organisationen und Netzwerke: Der Fall Gender, Wiesbaden: VS Verlag für Sozialwissenschaften, S. 143-163
[50] Pfadenhauer, M. (2010): Kompetenz als Qualität sozialen Handelns. In: Kurtz, T./Pfadenhauer, M. (Hg.): Soziologie der Kompetenz, Wiesbaden: VS Verlag für Sozialwissenschaften, S. 149-172
[51] Priddat, B.P. (2001): Frauen als virtuelle Unternehmerinnen: hyper-organizations of work, life and household: ein Beitrag zur Geschlechterfrage in the New economy; Wittener Diskussionspapiere, Heft Nr. 80, Fakultät für Wirtschaftswissenschaften, Universität Witten/Herdecke
[52] Priddat, B.P. (2004): Vom Gender Trouble zur Gender-Kooperation. In: Pasero, U./Priddat, B.P. (Hg.): Organisationen und Netzwerke: Der Fall Gender, Wiesbaden: VS Verlag für Sozialwissenschaften, S. 165-198
[53] Quack, S. (1997): Karrieren im Glaspalast: Weibliche Führungskräfte in europäischen Banken; discussion paper FS I 97-104 des Wissenschaftszentrums Berlin für Sozialforschung (WZB), Berlin
[54] Rastetter, D. (1996): Personalmarketing, Bewerberauswahl und Arbeitsplatzsuche; (Basistexte Personalwesen, Band 4), Stuttgart: Ferdinand Enke Verlag
[55] Schienstock, G. (1993): Management als sozialer Prozeß. In: Ganter, H.D./Schienstock, G. (Hg.): Management aus soziologischer Sicht. Unternehmensführung, Industrie- und Organisationssoziologie, Wiesbaden: Gabler, S. 8-46
[56] Schmiede, R. (1996): Informatisierung und gesellschaftliche Arbeit. In: Schmiede, R. (Hg.): Virtuelle Arbeitswelten - Arbeit, Produktion und Subjekt in der „Informationsgesellschaft", Berlin: edition sigma, S. 107–128
[57] Sordon, E. (1995): Frauen in Führungspositionen in Großunternehmen: Betriebliche Defizite und Perspektiven der Verwirklichung von Chancengleichheit; (Reihe Wirtschaftswissenschaften, Band 82), Pfaffenweiler: Centaurus Verlagsgesellschaft
[58] Vester, M./Gardemin, D. (2001): Milieu, Klasse und Geschlecht. Das Feld der Geschlechterungleichheit und die „protestantische Alltagsethik". In: Sonderheft 41 der Kölner Zeitschrift für Soziologie und Sozialpsychologie, Wiesbaden: Westdeutscher Verlag, S. 454-486
[59] Walgenbach, P./Kieser, A. (1995): Mittlere Manager in Deutschland und Großbritannien. In: Schreyögg, G./Sydow, J. (Hg.): Managementforschung 5. Empirische Studien, Berlin, New York: Walter de Gruyter, S. 259-309
[60] Weber, Max (1988/1920): Vorbemerkung. In: Ders., Gesammelte Aufsätze zur Religionssoziologie I, Tübingen: Mohr, S. 1-16.
[61] Wehrsig, C./Tacke, V. (1992): Funktionen und Folgen informatisierter Organisationen. In: Malsch, T./Mill, U. (Hg.): ArBYTE. Modernisierung der Industriesoziologie?, Berlin: edition sigma, S. 219-239
[62] Weinbach, C./Stichweh, R. (2001): Die Geschlechterdifferenz in der funktional differenzierten Gesellschaft. In: Sonderheft 41 der Kölner Zeitschrift für Soziologie und Sozialpsychologie, Wiesbaden: Westdeutscher Verlag, S. 30-52
[63] Wetterer, A. (2002): Arbeitsteilung und Geschlechterkonstruktion: „Gender at Work" in theoretischer und historischer Perspektive, Konstanz: Universitäts-Verlag Konstanz
[64] Willke, F. (2011): Einführung in das systemische Wissensmanagement, Heidelberg: Carl Auer
[65] Womack, J.P./Jones, D.T./Roos, D. (1991): The Machine That Changed the World. The Story of Lean Production, New York: Harper Perennial

Frauen wollen Karriere!

Karriereorientierungen von Frauen im Umbruch der Unternehmen

Anja Bultemeier

1 Die Skepsis gegenüber dem Karrierewollen von Frauen

Die Karriere von Frauen ist seit jeher von Diskursen begleitet, die das „Atypische" dieses Phänomens zum Ausdruck bringen. Stand zu Beginn der Karriereintegration von Frauen die Frage im Mittelpunkt, ob Frauen überhaupt führen können[1], so geht es aktuell – wohl auch mit Blick auf die hohe Bildungsbeteiligung von Frauen und die hohe Qualität ihrer Abschlüsse – um die Frage, ob Frauen überhaupt führen wollen. Nicht selten vermitteln Presse und Buchveröffentlichungen ein Bild, das sich mit Hermann/Strunk (2012) als „Unwilligkeit von Frauen zur Karriere" beschreiben lässt. Angeprangert wird die fehlende Karriereorientierung und die „Feigheit der Frauen" (Mika 2012) vor der Aufhebung traditioneller Geschlechtergrenzen, von denen sie „heimlich profitieren" (ebd.: 20).[2]

Auch viele Experten und Expertinnen in den Unternehmen sind mit Blick auf das Karrierewollen von Frauen sehr skeptisch. Weit verbreitet ist die Wahrnehmung, dass Frauen einen deutlich geringer ausgeprägten Karrierewunsch als Männer haben. Die heutige Generation von Frauen wolle zwar einen „Beruf", aber keine Karriere:

> „Viele Frauen sagen auch, ich will meinen Beruf, aber ich ... Ich seh das ja hier, ich hab ganz viele Mütter, und dann sag ich immer: ‚So, jetzt geben Sie mal ein bisschen Gas, und Sie können doch noch viel mehr.' ‚Ach, Frau M., ich bin eigentlich ganz zufrieden.' Verstehen Sie, die Generation – dieses Thema ‚Karriere' ist nicht mehr so im Vordergrund, glaube ich, also Karriere im Sinne von ‚in die höchsten Ebenen aufzusteigen'. Im Sinne von ‚berufstätig zu sein', das ist heute überall präsent." (Personalleiterin, Banken, Ga041)

---

1 Diese Diskurse sind noch in unserer Empirie präsent. So berichtet z.B. eine ältere weibliche Führungskraft aus dem Bankenbereich im Interview, dass ihr zu Beginn ihrer Karriere die Führungskompetenz als Frau abgesprochen wurde, weil man ihr nicht zutraute, sich gegenüber dem Kunden durchzusetzen: „... also ich habe noch gegen so ein Rollenschema gekämpft, dass mir mal jemand gesagt hat: ‚Ja nee, also Filialleiterin, das geht nicht. Zu dem Zeitpunkt gab es noch Einzelkreditkompetenzen, da müssen Sie ja auch mal einem Kunden nein sagen.'" (Bereichsleiterin, Banken, Ga036)

2 Bascha Mika verortet die Ursachen für die Zählebigkeit des Geschlechterregimes bei den Frauen selbst, die Veränderungen ihrer Ansicht nach gar nicht wirklich wollen: „Weil wir es gar nicht wollen! Weil wir nicht nur leiden, sondern auch genießen. Sich abhängig zu machen war schon immer ein weibliches Erfolgsrezept. Die alten Strukturen sichern uns einen Platz, den wir kennen. Ihn zu wählen, ist risikolos und bequem. Öffentlich haben wir der Männergesellschaft den Kampf angesagt, heimlich profitieren wir von deren Bestand." (Ebd.: 21)

Die Bereitschaft und der Wille zur Karriere fehlten bei Frauen häufig, auch mit Blick auf die Familie und den Preis, der für eine Karriere bezahlt werden müsse:

> „Also ich merke es ja bei mir bei der Anzahl der Bewerbungen, dass eben häufig die Bereitschaft und der Wille der Frauen einfach nicht da ist, diesen Weg zu gehen an der Stelle, weil er eben nicht immer vereinbar ist mit einer Familie beziehungsweise nur sehr, sehr schwierig vereinbar ist." (Unterabteilungsleiter, Banken, Ta300)

> „Also die Frauen selbst, da habe ich oft das Gefühl, möchten gar nicht so unbedingt – aus den Kriterien: Was muss ich alles dafür opfern?" (Personalrätin, Banken, Ga253)

> „Bei den jungen Frauen ist es natürlich immer so, dass eher die Familie im Vordergrund steht, dass man sich sagt: Früher oder später krieg ich eh Familie, warum muss ich mich dann jetzt so reinhängen, weil irgendwann kommt eh der Knick, sozusagen, wo es dann nicht mehr weitergeht. Und das ist dann bei vielen Frauen. Die sagen dann halt Lohnt sich für mich gar nicht so, die Karriere zu machen, wegen der Familie." (Mitarbeiter, Elektrotechnik, Ea089)

Diese Auffassung einer mangelnden Karriereorientierung von Frauen wird von männlichen Führungskräften ebenso vertreten wie von weiblichen, von Mitarbeitern aus Fachabteilungen ebenso wie von Verantwortlichen aus den Personalabteilungen, und auch Personen, die sich in frauenspezifischen Netzwerken professionell mit den Karrieremöglichkeiten von Frauen beschäftigen, äußern die Befürchtung, dass nicht genügend Frauen für eine Karriere zur Verfügung stehen:

> „... also ich habe ganz persönlich Angst, eines Tags kommt der Vorstand und sagt: So, jetzt geben Sie mir mal bitte die 50 Frauen, die wir auf die Beförderungsliste setzen, also geben Sie mir mal 50 Namen, die wir berücksichtigen wollen, wenn irgendwo eine Stelle frei wird, also ich hätte Angst, diese 50 Namen nicht zusammenzubringen ..." (Managerin, IT-Industrie, Aa168)

Einigkeit besteht diesbezüglich nicht nur zwischen unterschiedlichen Akteuren und Akteurinnen in den Unternehmen, sondern auch über Branchengrenzen hinweg. Es spielt keine Rolle, ob die Bereiche einen hohen oder einen geringen Frauenanteil aufweisen; die mangelnde Karriereorientierung von Frauen scheint ein generalisierbares Phänomen:

> „Wir haben einen hohen Frauenanteil, ist gar keine Frage, wir haben aber relativ wenig Frauen, die wirklich Karriere machen wollen." (Personalerin, Banken, Ga248)

Ist eine Karriere für Frauen also gar nicht erstrebenswert? Entsteht aktuell die fatale Situation eines historischen Möglichkeitsraums, der im Zusammenspiel von gesellschaftlichen Veränderungen, politischem Druck und betrieblichen Reorganisationen neue Karrierechancen für Frauen eröffnet, die diese aber gar nicht nutzen möchten? Läuft der Wandel an den Interessen vieler Frauen vorbei? Diese Fragen werden im Mittelpunkt der nachfolgenden Ausführungen stehen. Das Karrierewollen der Frauen soll aus der Binnenperspektive der Frauen empirisch erkundet werden. Dabei geht es um ihre beruflichen und privaten Ziele, die Wahrnehmung der Karrierewelt mit ihren Anforderungen und Spielregeln und das darauf bezogene subjektive Karriereverhalten. Nachgespürt werden soll aber auch den Auswirkungen des neuen Möglichkeitsraums auf die Karriereorientierung von Frauen. Verändern die neuen Chancen auch das Karrierewollen von Frauen? Daran entscheidet sich, ob eine nachhaltige vertikale Integration in die Unternehmen gelingen kann.

2 Wie aus Gemeinsamkeiten Unterschiede werden: Karriere als geschlechtsspezifische Differenzierungslinie

Karriere im Sinne eines Aufstiegs in der Hierarchie der Unternehmen können und wollen nicht alle Beschäftigten machen. Dies gilt auch für die männliche Belegschaft. Karriere ist „exklusiv" und die Zugänge zu Karriere werden im Rahmen von Lean Management noch restriktiver (Faust et al. 2000). Ein Großteil der männlichen Mitarbeiter entwickelt vor diesem Hintergrund keine Karriereambitionen oder gibt sich mit Entwicklungsmöglichkeiten im Rahmen der Jobfunktion zufrieden. Ein anderer Teil jedoch entwickelt eine ausgeprägte Karriereorientierung und spielt das Spiel um knappe Positionen im Konkurrenzkampf der Karriere mit. Und was ist mit den Frauen? Gibt es diesen „anderen" Teil bei ihnen nicht oder nur in geringerem Umfang? Warum sollten sie anders als die Männer auf Karriere und die damit einhergehenden Möglichkeiten und Privilegien verzichten? Und vor allem: Was wollen Frauen in und mit der Arbeit erreichen – und wenn nicht Karriere, was tritt an deren Stelle?

Wir haben bei der Analyse des „Wollens" von Frauen und Männern zunächst unterhalb der Ebene des Karrierestrebens angesetzt und die Ziele und Handlungsmotive in der Arbeit und im Unternehmen eruiert. Hier zeigt sich, dass es zwischen den Geschlechtern mehr Gemeinsamkeiten als Unterschiede gibt; gerade junge Frauen und Männer unterscheiden sich in ihrem Wollen nicht grundsätzlich voneinander.

- Für ehrgeizige Frauen und Männer nimmt die Arbeit einen hohen Stellenwert in ihrem Leben ein und damit korrespondierend sind sie zu einer intensiven Auseinandersetzung mit ihrer Arbeit bereit. Sie sind extrem leistungsorientiert, bringen eine hohe zeitliche Flexibilität mit und verausgaben sich teilweise bis zur Erschöpfung. Sie leben die „Hingabe" an die Arbeit (vgl. zur Karriererelevanz der Hingabe Bultemeier/Boes, in diesem Band).

- Diese Beschäftigten sind durch einen Sinnbezug an die Arbeit und/oder das Unternehmen gebunden. Sie erleben sich als Teil von etwas Bedeutendem, das ihnen selbst Bedeutung verleiht. Gerade im Informatik- und Ingenieursbereich nehmen die Beschäftigten häufig an wichtigen Entwicklungen teil und erfahren konkret, dass sie die Welt ein Stück weit „besser" gemacht haben, etwa durch die Entwicklung von ABS-Systemen oder neuen Applikationen.

- Frauen und Männer suchen gleichermaßen Aufgabenbereiche und Tätigkeiten, in denen sie Verantwortung übernehmen und eigenständig arbeiten können. Sie wollen zeigen, was sie können, und sich in diesen Aufgaben auch beweisen. Dabei schrecken sie auch vor neuen Herausforderungen nicht zurück und springen auch mal „ins kalte Wasser". Gerade junge Frauen beweisen dabei Mut – z.B. indem sie als Betriebswirtin in die Technik gehen, die technischen Fachkenntnisse durch ein berufsbegleitendes Studium aufholen und gleichzeitig ein Team von gestandenen Ingenieuren koordinieren – und haben oftmals ganz erstaunliche Lebensläufe – z.b. wenn sie sich als Testfahrerin in einem „Macho-Umfeld" behaupten und dann auch noch ins Ausland gehen.

- Ein Handlungsmotiv, das Frauen und Männer dieser Gruppe auszeichnet, ist das Bewegen- und Bewirkenwollen. Sie wollen sich selbst fachlich und persönlich weiterentwickeln, im Unternehmen Bereiche gestalten und voranbringen. Sie wollen Spuren hinterlassen und zum Erfolg des Unternehmens beitragen.

- Auch das Geld spielt in den Zielstellungen der Frauen eine Rolle. Gerade junge Frauen wollen finanziell eigenständig sein und erwarten, dass sich ihre hohen Bildungsinvestitionen amortisieren.

Auf dieser Ebene „unterhalb" des Karrierestrebens gibt es also jenen Teil von Frauen, die „wollen"; die ehrgeizig sind, die leisten und bewirken wollen und für die die Arbeit einen hohen Stellenwert in ihrem Leben einnimmt. Bestimmen hier grundsätzliche Gemeinsamkeiten zwischen den Geschlechtern das empirische Bild, treten deutliche Unterschiede auf, wenn es darum geht, dieses „Wollen" in ein Karrierestreben zu übersetzen. Während bei den Männern die Transformation ihrer Ziele und Motive in Karriereambitionen offenbar mühelos gelingt – wer ehrgeizig ist und gestalten möchte, denkt dort automatisch über Karriere nach –, scheint es bei den Frauen diese Eins-zu-eins-Übersetzung nicht zu geben. Bei Frauen erfolgt aus dem Entwicklungs- und Gestaltungswunsch keine natürliche Bewegung in Richtung Karriere. Das Karrierewollen von Frauen stellt sich somit vielschichtiger und komplexer dar als jenes der Männer, „gefiltert" durch Mechanismen, die einen solchen Automatismus verhindern. Diese „Karrierefilter" wirken selbst bei jenen Frauen, denen es gelungen ist, ihre Motive und Wünsche erfolgreich in ein Karrierestreben zu übersetzen. Aber auch diese Frauen machen anders Karriere als Männer; ihnen fehlen die Leichtigkeit der Karriere und der Automatismus der Übersetzung. Die Karrierefilter und ihre Wirkung werden im Folgenden vorgestellt.

2.1 Der Karrierefilter der „doppelten Vergesellschaftung"

Regina Becker-Schmidt hat in den 1980er Jahren aufbauend auf einer Untersuchung zu Industriearbeiterinnen das Theorem der „doppelten Vergesellschaftung" (Becker-Schmidt 1987; vgl. auch Becker-Schmidt et al. 1985) entwickelt. Sie konnte zeigen, dass die Frauen auch nach der Geburt ihrer Kinder nicht auf die Arbeit verzichten wollten. Dort machten sie Erfahrungen von Öffentlichkeit, Solidarität und Anerkennung, die sie in ihrem privaten Leben nicht realisieren konnten. Diese Frauen wollten in beiden Bereichen präsent sein und konturierten ihre Erfahrungen, indem sie die unterschiedlichen Tätigkeitsbereiche wechselseitig aufeinander bezogen, so z.B. die fehlende Anerkennung der Hausarbeit im Kontrast zu den Erfahrungen in der Fabrik. Für diesen Lebensentwurf mussten sie jedoch einen hohen Preis zahlen. Sie waren mit einer permanenten Doppelbelastung und der Schwierigkeit, beide Tätigkeitsbereiche zu integrieren, konfrontiert: „Beides zusammen ist zuviel, eins allein ist zu wenig" (Becker-Schmidt et al. 1985: 11). Becker-Schmidt hat immer wieder darauf hingewiesen, dass so „in der Kombination von Privat- und Erwerbsarbeit nichts Ganzes heraus (kommt). Es addiert sich nicht Positives zu Positivem" (Becker-Schmidt 2008: 67). Frauen tragen damit individuell die Kosten eines genuin gesellschaftlichen Dilemmas konträr konstruierter Tätigkeitsfelder.

Das Konzept der doppelten Vergesellschaftung beschreibt jedoch nicht nur die subjektive „Doppelorientierung" von Frauen, sondern auch den Prozess ihrer objektiven Vergesellschaftung. Anders als Männer werden Frauen für zwei unterschiedliche gesellschaftliche Praxisbereiche sozialisiert[3], doch sie können aus dieser größeren Vielfalt keine Vorteile ziehen.

> „Im Gegenteil: Die Vergesellschaftung über zwei Arbeitsformen impliziert doppelte Diskriminierung: Frauen werden zur unbezahlten Hausarbeit verpflichtet, was zudem ihre gleichberechtigte Integration in das Beschäftigungssystem erschwert. Und die marktvermittelte Arbeit von Frauen wird schlechter bewertet als die von Männern. Es ist ein Dilemma: Wie immer Frauen sich entscheiden – für Familie und gegen den Beruf, gegen Familie und für Beruf oder für beides – in jedem Fall haben sie etwas zu verlieren." (Becker-Schmidt 2008: 67)

Dieses Dilemma von Frauen spitzt sich mit Bezug auf die Karriere zu. Die „doppelte Vergesellschaftung" wirkt als Karrierefilter für Frauen, weil die Karrierewelt gegenüber der privaten Arbeit „ausschließlich" konstruiert ist (Bultemeier 2011; Bultemeier/Boes, in diesem Band). Von den Führungskräften wird erwartet, dass sie sich dem Unternehmen voll und ganz hingeben. Diese Vorstellung überformt die Karrierewelt und ist eingeschrieben in ihre Institutionen, wie die hohe zeitliche und motivationale Verfügbarkeit und die Gestaltung des Karriereprozesses als ein Weg ohne Unterbrechungen (ebd.). Unter diesen Bedingungen „verspricht" die doppelte Vergesellschaftung den Frauen eine Karriere und verweigert sie ihnen; Karriere ist möglich und unmöglich zugleich. Die Konstruktion der Karrierewelt steht in keinem Passungsverhältnis zu den Anforderungen des privaten Tätigkeitsbereichs, der Verantwortung für die Sorgearbeit, die immer noch vor allem von den Frauen erbracht wird. Das Dilemma der doppelten Vergesellschaftung mutiert mit Blick auf die Karriere zum Gegensatz.

Dieser Gegensatz ist lebendig in der alltäglichen Praxis in den Unternehmen. Frauen spüren und erfahren ihn in der Art, wie mit ihnen umgegangen wird; er beeinflusst ihr Verhalten. Frauen werden von ihren Führungskräften offensiv vor die Wahl zwischen Kindern oder Karriere gestellt:

---

3 Die Aktualität und Praxisrelevanz der „doppelten Vergesellschaftung" von Frauen zeigt sich auch in quantitativen Studien und Entwicklungen am Arbeitsmarkt. So konnte Jutta Allmendinger (2009) in ihrer Studie „Frauen auf dem Sprung" zeigen, dass jungen Frauen Beruf, Partnerschaft und Kinder gleichermaßen wichtig sind: „Die jungen Frauen wollen alles" (ebd.: 31). Von ihnen wünschen sich 90 Prozent ein Leben mit Arbeit und Kindern; das „und" in den Wünschen der Frauen sei ernst gemeint (ebd.: 32). Auch die Arbeitsmarktdaten spiegeln die „doppelte Vergesellschaftung" von Frauen: So ist die Zunahme der weiblichen Erwerbstätigkeit in den letzten Jahren vor allem auf die Zunahme der Teilzeitbeschäftigung zurückzuführen, während der Anteil von Frauen an den Vollzeitbeschäftigten seit 2000 stagniert (Boes et al. 2011: 22f). Von den erwerbstätigen Frauen arbeiteten 2010 in Deutschland 45,6 Prozent in Teilzeit (Statistisches Bundesamt 2012). Über 80 Prozent aller Erwerbstätigen in Teilzeit sind Frauen (Statistisches Bundesamt, 2012a).

„Das war auch, das darf man ja gar nicht laut sagen, aber das bin ich auch tatsächlich gefragt worden: Planen Sie, die nächsten Jahre Kinder zu bekommen? Wenn nicht, hätte ich da einen Vorschlag. Also das ist tatsächlich so." (Teamleiterin, Bankenbereich, Da 286)

Oder sie müssen selbst offensiv und exzessiv kommunizieren, dass sie auf gar keinen Fall Kinder haben möchten, wenn sie für eine Führungsposition in Frage kommen wollen:

„Also als ich hier im Haus angefangen hab, war das eigentlich immer völlig klar, dass nur ne Frau, die keine Kinder hatte und sich auch wirklich lautstark geäußert hat, dass sie keine Kinder will und sowieso nie und nie und nie, dass nur so eine Frau tatsächlich auch ne Führungsposition bekommen hat." (Mitarbeiterin, Banken, Ga044)

Diese „Normalität" der wechselseitigen Ausschließung von Kindern und Karriere kann dann auch dazu führen, dass Frauen mit Karriereambitionen ihren Kinderwunsch nicht als legitimes Interesse erleben, sondern versuchen, ihn zu verheimlichen und – in ihrem Erleben – den Arbeitgeber zu hintergehen:

„... man hat möglichst auch versucht, nicht zu kommunizieren. Wenn man dann tatsächlich plante, ein Kind zu bekommen ..., als ich dann schwanger war, da hatte ich so ein grauenvoll schlechtes Gewissen." (Mitarbeiterin, Banken, Ga044)

Der Gegensatz von Kindern und Karriere strukturiert so offensiv oder versteckt – „das wird nie einer offiziell sagen, aber bei manchen ist es halt trotzdem so im Hinterkopf" (Mitarbeiterin, Elektrotechnik, Ea092) – die Situation von Frauen in den Unternehmen. Frauen kommen nicht umhin, sich zu diesem Gegensatz zu verhalten, und sie tun es auf ganz unterschiedliche Weise. Ein Teil der Frauen mit Entwicklungs- und Gestaltungswunsch verzichtet vor diesem Hintergrund ganz auf eine hierarchische Karriere. Diese Frauen fallen ihren Vorgesetzten durch überdurchschnittliche Leistungen und ein hohes Engagement auf, fordern jedoch keine Karriereschritte ein, weil sie wissen, dass eine Karriere mit ihrer Familienorientierung nicht vereinbar ist. Ein anderer Teil der Frauen nimmt eine explizite Begrenzung der eigenen Entwicklungsperspektive vor. Gerade bei jungen Frauen mit Familienorientierung lässt sich eine solche Karrierebeschränkung häufig beobachten. Sie suchen für sich ein persönliches Optimum zwischen ihren Entwicklungs- und Gestaltungszielen und ihrem Kinderwunsch. Sie wissen, dass sie vergleichbare Karrierechancen wie Männer nur dann haben, wenn sie sich gegen Kinder entscheiden und in ein Arbeitszeitmodell passen, das hohe zeitliche Flexibilität und Verfügbarkeit voraussetzt. Das wollen sie jedoch nicht. Da die Prägung der Karrierewelt durch dieses Arbeitszeitmodell umso stärker wird, je höher die Verortung auf der Karriereleiter ist, beschränken die Frauen ihre Karriereperspektive zumeist auf die unterste Führungsebene. Dort vermuten sie eine lebbare Sphäre, in der sie ihre Anforderungen an anspruchsvolle Aufgaben und Entwicklungsmöglichkeiten auf der einen Seite und ein „vernünftiges Privatleben, wo alles rund läuft" (Mitarbeiterin, Banken, Da278), auf der anderen Seite gleichermaßen verwirklichen können.

Besonders interessant ist, dass jungen Frauen sich in ihrer Karriereperspektive beschränken, weil sie die Beschränkungen der Karrierewelt und der geschlechtsspezifischen Arbeitsteilung reflektieren, diese jedoch nicht teilen. So ist eine Gesprächspartnerin fest davon überzeugt, dass man Karriere auch in einer Normalarbeitszeit von 38,5 Stunden schaffen könne, was jedoch in der Unternehmenspraxis nicht toleriert werde. Vielmehr müsse man „quasi sein komplettes Privatleben aufgeben, man opfert sich seiner Karriere aus meiner Sicht" (Mitarbeiterin, Banken, Da278). Ebenso wie die Gesprächspartnerin nicht mit der Karrierepraxis übereinstimmt, entspricht auch das Verhalten der Männer nicht ihren Vorstellungen von Sorge für die Familie. Von den Männern wünscht sie sich eine „Selbstverständlichkeit" der Sorge:

> „Also ich würde mir manchmal von Männern wünschen, so zu sein. Also gerade jetzt bei Führungskräften. Weil es ist einfach, ich weiß nicht, so für sich und seine Familie da zu sein, das ist für mich selbstverständlich. Für Männer anscheinend nicht. Weil für die reicht das, wenn die am Wochenende da sind (…) oder später nach Hause kommen, wenn die Kinder im Bett sind. Und das würde ich mir einfach manchmal wünschen (…), diese Selbstverständlichkeit, dass jemand halt oder dass man für die Familie da ist." (Mitarbeiterin, Banken, Da278)

Da es jedoch für Männer „nicht üblich" und auch „nicht gesellschaftlich angesehen" sei, auf Karriere zu verzichten, übernimmt sie selbst diesen Part. Ihre Karrierebeschränkung ist somit Resultat der Beschränkungen, die sie vorfindet, und nicht ihre freie Wahl. Wenn Karriere in einer normalen Arbeitszeit möglich wäre, würde sie gerne weitere Karriereschritte machen wollen. Unserer Gesprächspartnerin fehlt somit nicht der Karrierewunsch, sondern die Karrieremöglichkeit.

Als Karrierefilter wirkt die doppelte Vergesellschaftung von Frauen vor dem Hintergrund der Ausschließlichkeit der Karriere jedoch nicht nur mit Blick auf das Verhalten der Frauen, sondern auch mit Blick auf die Wahrnehmungsmuster der Führungskräfte. Frauen mit Kinderwunsch oder Familie fallen häufig aus dem Fahndungsraster für Karrierekandidat/-innen und werden von den Führungskräften ausgeblendet, und zwar unabhängig davon, wie sehr sie sich bemühen. Wir haben dies in der Praxis unserer Partnerunternehmen selbst erlebt. Eine Mitarbeiterin, die unser Projekt „Frauen in Karriere" betreut, mit zwei Kindern und 80 Prozent Teilzeit möchte unbedingt Karriere machen. Bevor sie die Kinder bekommen hat, hat sie in einer fachlich verantwortungsvollen Position gearbeitet, berufsbegleitend studiert und ein Assessment-Center zur Auswahl von Führungskräften sehr erfolgreich bestanden. Sie positioniert sich im Unternehmen mit ihren Themen und es gelingt ihr auch, diese zu verankern; zugleich ist sie in einer „sichtbaren" Funktion, in der sie mit vielen Führungskräften in Kontakt kommt. Sie ist also gut positioniert und „macht alles richtig", aber sie wird von den Führungskräften nicht als Karrierekandidatin wahrgenommen. So sitzen wir mit ihr zusammen bei einem Mitglied des Vorstands und dieser berichtet von seinem Eindruck, dass bei Frauen die Familie häufig an erster Stelle komme und sie deshalb keine Karriere machen wollten. Als Beispiel dafür führt er unsere Projektbetreuerin an: „Gucken Sie sich unsere Frau S. an, die will gar keine Karriere machen." Ihre Bemühungen und seine Wahrnehmung fallen somit komplett auseinander. Familie und Teilzeit wirken hier als Metastatus für die Karrierenegation, der die Wahrnehmung der Führungskräfte anleitet und die Karrierebemühungen der Frauen zunichte macht.

Dieses Beispiel ist kein Einzelfall, sondern konstitutiv für die Wahrnehmung und das Erleben der weiblichen Teilzeitkräfte mit Familie in allen Unternehmen und Branchen unseres Partnernetzwerks. Wer Teilzeit arbeitet, der oder dem wird die „Hingabe" an die Arbeit als eine zentrale Karrieredeterminante abgesprochen (Bultemeier/Boes, in diesem Band) und eine prioritäre Orientierung auf den Privatbereich unterstellt. Teilzeitkräfte fallen immer durch das Karriereraster:[4]

> „... und ich bin nur in Teilzeit. Mein Abteilungsleiter nimmt mich nicht, nicht wahr." (Mitarbeiterin, Elektrotechnik, Fa230)

Für die hochqualifzierten Frauen bedeutet eine Rückkehr in Teilzeit nach der Elternzeit häufig nicht nur den Verlust ihrer Karrieremöglichkeiten, sondern auch spannender Projekte, beruflicher Herausforderungen und persönlicher Entwicklungsmöglichkeiten. So berichtet eine Luft- und Raumfahrtingenieurin, dass sie vor ihrer Elternzeit zumeist in sechs bis acht Projekten gleichzeitig mitgewirkt habe. Seitdem sie jedoch in Teilzeit (50 Prozent) zurückgekehrt sei, traue man ihr nicht mal mehr ein einziges Projekt zu und lasse sie nur die Ablage und Dokumentation machen (aus einer Gruppendiskussion in einem Unternehmen der Elektrotechnik). Der Möglichkeitsraum, der ihr vor der Familiengründung zur Verfügung stand, hat sich nunmehr geschlossen.

Der Karrierefilter der doppelten Vergesellschaftung wirkt auch dort, wo Frauen von diesem Muster abweichen und Partnerschaftsarrangements wählen, die tradierte Geschlechterbeziehungen umkehren, Arrangements also, in denen der Mann die Hauptverantwortung für die Sorgearbeit übernimmt. So berichtet z.B. eine Führungskraft aus dem Bereich der Elektrotechnik, dass eine Ingenieurin mit drei Kindern, deren Mann als „Hausmann" die Betreuung der Kinder komplett übernimmt, trotz exzellenter Referenzen nicht zum Vorstellungsgespräch für eine Führungsposition eingeladen wurde. Der Bereichsleiter hatte Vorbehalte, weil er davon ausging, dass die Kinder ihre Mutter brauchen, wenn sie krank werden, und diese deshalb dem Unternehmen nicht permanent zur Verfügung stehen kann. Völlig losgelöst vom konkreten Verhalten und den privaten Verhältnissen wirkt die gesellschaftliche Zuschreibung der Sorgearbeit an Frauen hier als Karrierefilter – sie werden selbst unter gleichen Bedingungen anders wahrgenommen und bewertet als Männer.

Die Wirkungsweise dieses Filters macht auch ein weiteres Beispiel deutlich. Eine Entwicklerin aus dem IT-Bereich mit mehreren Kindern, die mit ihrem nicht-erwerbstätigen Mann komplett die Rollen getauscht hatte, war nach der Babypause zeitnah und in Vollzeit an ihren Arbeitsplatz zurückgekehrt. Da sie ihr Baby noch stillen wollte, bat sie ihren Vorgesetzten um die Möglichkeit, nachmittags Home Office zu machen. Sie schildert ihre Erfahrungen:

> „Ja, zum Home Office, das ist auch sehr unterschiedlich, wen man da als Chef hat, ob man da Home Office machen darf. Was der dann wirklich davon hält, da habe ich vor vielen Jahren mal mein Aha-Erlebnis gehabt. Da habe ich nämlich gefragt, ob ich die Nachmittage Home Office machen kann, weil ich ein Kind bekommen hatte und stillen wollte. Und er hat sofort gesagt: Ja, darf ich machen, gar kein Problem. Er hat noch erzählt, der und der Kollege, die machen das ja auch schon mal. Und im Performance-Feedback habe ich gesagt bekommen, ich habe die Erwartung übertroffen. Das ist ja erst mal toll! Und dann kam der Satz: ‚Ich habe gar keine gehabt, ich habe

---

4 In den Unternehmen sind aktuell erste Bemühungen zu erkennen, eine Karriere in Teilzeit zu ermöglichen.

gedacht, zu Hause schaffst du nichts.' Also das war mein Erlebnis hier, wo ich wirklich mal gemerkt habe, unterschiedliche Behandlung von Frauen und Männern. Und da war ich auch total, da war ich so baff, da konnte ich auch nichts erwidern in dem Moment. Also das war eindeutig, er hat erwartet von 'ner Frau mit Baby, die macht zu Hause dann nichts, die kümmert sich um ihr Kind, obwohl er wusste, dass ich nicht allein mit dem Kind da war (...)." (Expertin, IT-Industrie, Aa175)

Jenseits aller Leistungserwartungen wurde unsere Gesprächspartnerin durch eine großzügige Führungskraft in ein berufliches Niemandsland katapultiert. Diese Beobachtung konnten wir in mehreren Unternehmen machen: Viele Führungskräfte haben den Anspruch, Frauen mit Kindern zu helfen. Sie ermöglichen ihnen flexible Arbeitszeitmodelle oder weisen ihnen leichte Aufgabenbereiche zu. Dadurch halten sie die Frauen jedoch fern von allen Entwicklungsmöglichkeiten und verkennen ihre Wünsche und Ambitionen. Auf den wenig herausfordernden Arbeitsplätzen tritt dann eine Self-fulfilling Prophecy ein: Nach einiger Zeit verlieren die Frauen das Interesse an Karriere und wenden sich verstärkt dem Privatbereich zu.

Die doppelte Vergesellschaftung strukturiert somit vor dem Hintergrund der Ausschließlichkeit der Karriere das Verhalten vieler Frauen und die Wahrnehmung ihrer Vorgesetzten. Ein Teil der Frauen mit beruflichen Entwicklungs- und Gestaltungswünschen entscheidet sich in dieser Konstellation gegen eine Karriere oder schränkt die Karrierewünsche ein. Ein anderer Teil der Frauen fällt trotz Karriereanstrengungen durch das Wahrnehmungsraster der Führungskräfte. Die gesellschaftliche Verantwortung für die Sorgearbeit wirkt somit als Karrierefilter für Frauen und damit geht ein großer Teil ihres Karrierepotenzials für die Unternehmen verloren. Eine Annäherung an die Größenordnung dieses Verlusts gibt die Teilzeitarbeit von Frauen. Im Jahr 2010 waren 45,6 Prozent der erwerbstätigen Frauen in Teilzeit beschäftigt (Statistisches Bundesamt 2012). Diesen Frauen sind die Karrieremöglichkeiten des Unternehmens weitgehend verschlossen.

Der Karrierefilter der doppelten Vergesellschaftung verhindert jedoch nicht nur die Karriere vieler Frauen, sondern wirkt selbst dort, wo Frauen erfolgreich eine Karriere realisiert haben. So unterscheiden sich die Lebens- und Partnerschaftsarrangements der „Karrierefrauen" und „Karrieremänner" unseres Samples erheblich. Während die Mehrzahl der Frauen in mittleren und oberen Führungspositionen keine Kinder hat, trifft dies nur auf eine Minderheit der Männer zu. Die Karriere der Männer ist somit „familiengetragen oder -gestützt", die der Frauen „familiengebrochen" (Krüger 1995: 206). Die männlichen Führungskräfte unserer Partnerunternehmen leben zudem überwiegend in Partnerschaften mit Frauen, die gar nicht oder nur sehr eingeschränkt erwerbstätig sind. In diesen asymmetrischen Konstellationen werden die Führungskräfte von ihren Partnerinnen unterstützt, die ihnen „den Rücken freihalten" und die Sorgearbeit in der Familie übernehmen. Weibliche Führungskräfte können auf diese Unterstützungsleistung in der Regel nicht zurückgreifen. Ihre Partner sind überwiegend voll erwerbstätig oder selbst als Führungskräfte tätig.[5] Anders als die männlichen Manager müssen die weiblichen Manager somit auf ein „komplet-

---

5 Dieser Befund zeigt sich auch in repräsentativen quantitativen Untersuchungen (vgl. z.B. Kleinert et al. 2007).

tes Backup" im privaten Bereich verzichten. Die doppelte Vergesellschaftung prägt also die Karrieresituation von Frauen immer, selbst wenn sie sich gegen Kinder entscheiden, und sie beeinflusst – wie später noch zu zeigen sein wird – auch die Karriereintegration der erfolgreichen Frauen. Konträr dazu wird die Karriere von Männern, die auch Sorgearbeit übernehmen wollen, durch ihre Familienorientierung nicht beeinträchtigt.

„Familienmänner" auf Karrierekurs

Auch viele Männer haben heute ein großes Interesse an ihrer Familie. Gerade junge Männer thematisieren in den Interviews immer wieder ihre Wünsche nach einem aktiven Eingebundensein in die Familie. Sie wollen ihre Kinder von Anfang an erleben und kennen lernen, Zeit mit ihnen verbringen und auch die Möglichkeit haben, sie mal vom Kindergarten abzuholen oder zum Sport zu begleiten. Häufig in Abgrenzung zu ihrer eigenen Vätergeneration wollen sie verhindern, zum Außenseiter in der eigenen Familie zu werden. Sie haben den Anspruch, auch einen Teil der Sorgearbeit zu übernehmen. Um dies zu realisieren, schätzen sie Flexibilitätsmöglichkeiten in den Unternehmen wie z.B. Gleitzeitregelungen oder Home Office und fordern diese auch aktiv ein. So erleben auch junge Männer ein Spannungsfeld von Sorgearbeit und Karriere, wobei der Druck auf beide Tätigkeitsbereiche steigt – einerseits durch den Umbruch in den Unternehmen und den damit korrespondierenden Wandel des Karrieremechanismus (vgl. Bultemeier/Boes, in diesem Band), andererseits durch Veränderungen in den Paarbeziehungen. Ellguth et al. (1998) sprechen in diesem Kontext vom „Double Squeeze"; sie konstatieren eine „,doppelte' Dramatisierung der Lebenssituation von (vor allem: jüngeren) Führungskräften" (ebd.: 517), die mit den Erwartungen „uneingeschränkter Verfügbarkeit" seitens der Unternehmen und den Ansprüchen ihrer Partnerinnen sowie ihren eigenen Ansprüchen auf Beteiligung an der Sorgearbeit konfrontiert würden (ebd.).

Trotz dieser empirisch zu beobachtenden Angleichungstendenzen an die Lebenssituation von Frauen bleiben gravierende Unterschiede zwischen den Geschlechtern bestehen. Der entscheidende Unterschied liegt darin, dass die neue Familienorientierung der Männer anders als bei den Frauen nicht als Karrierefilter wirkt. Die Familienorientierung kann die Karriereorientierung der Männer beeinflussen, aber sie bricht sie nicht. Männer müssen mit Blick auf die Familie nicht auf eine Karriere verzichten, sie fallen deshalb nicht durch das Wahrnehmungsraster ihrer Vorgesetzten und sie sind auch nicht dauerhaft mit erschwerten Karrierebedingungen konfrontiert.

Auch für Männer mit Familienorientierung spielt die Work Life Balance eine wichtige Rolle. Sie streben eine Aufstiegskarriere an, verzichten aber darauf, diese Karriere ohne jede Rücksichtnahme auf die Familie voranzutreiben.

> „Also ich kann, ganz ehrliche Meinung von mir, ich würd' meine Karriere jetzt nicht mit allen Mitteln und auf Biegen und Brechen vorantreiben und würd' dafür meine Familie opfern beispielsweise. Das würd' ich nicht machen. Dafür ist mir dieses Thema ‚Work Life Balance', dieses soziale Netz daheim mit Familie und dieses Runterkommen und dieses Einen-anderen-Blickwinkel-Kriegen und dieses Wieder-Geerdetwerden, dafür ist mir das eigentlich zu wichtig." (Gruppenleiter auf dem Weg zum Abteilungsleiter, Elektrotechnik, Fa242)

Eine andere Möglichkeit, die Männer nutzen, um ihre Familienorientierung zu realisieren, ist eine Entschleunigung der Karriere. So werden Bereichs- und Funktionswechsel innerhalb des Unternehmens, die wichtige Karrierebausteine darstellen, aber auch mit hohen Einarbeitungs- und Umstellungskosten einhergehen, zeitlich verzögert, um mehr Spielräume für die Familie zu gewinnen. Oder es wird ein karriererelevanter Auslandsaufenthalt zunächst abgelehnt, weil die Kinder noch zu klein sind. Häufig werden auch Präsenzzeiten im Unternehmen temporär verringert, um mehr Zeit mit der Familie verbringen zu können. Männer mit Familienorientierung „dehnen" so die Spielregeln von Karriere, aber sie brechen sie nicht. Sie wissen genau, die Funktions- und Bereichwechsel können sie verzögern, aber nicht beliebig lang; einen Auslandsaufenthalt können sie einmal ablehnen, aber beim zweiten Mal ist die Karriere vorbei, und auch die Präsenzzeiten können nur dann verringert werden, wenn die Situation im Unternehmen es gerade zulässt. Die Karriereorientierung wird durch die Familienorientierung nicht gebrochen; die Männer agieren als „Zuversorger" und werden durch Partnerschaftsarrangements getragen, bei denen die Frauen die Hauptverantwortung für die Sorgearbeit übernehmen. Dies sichert ihnen die Spielräume, die sie brauchen, um Karriere zu machen:

> „Häufig muss allerdings auch die Familie hier aushalten, dass ich sage: ‚Okay, in zwei Wochen bin ich mal wieder im Ausland eine ganze Woche.' Und da setz ich dann eben auch auf die Bereitschaft meiner Frau zu sagen: ‚Okay, mach, geh!', dass wir da keine riesigen Diskussionen drüber führen, und dann passt das, das ist ganz gut ausbalanciert." (untere Führungskraft; Banken, Ta300)

Die Ausgangslage und die Bedingungen, unter denen Männer Karriere machen, unterscheiden sich somit grundsätzlich von jenen der Frauen.[6] Dies verschafft ihnen einen deutlichen Konkurrenzvorteil im Kampf um knappe Karrierepositionen. Ein Nachteil ist freilich damit verbunden: Aufgrund der Ausschließlichkeit der Karrierewelt wird ihnen eine Familienorientierung nur „im zweiten Rang" zugestanden.

2.2 Der Karrierefilter der „fremden Karrierewelt"

Neben der doppelten Vergesellschaftung ist ein zweiter Karrierefilter wirksam, der dazu führt, dass Frauen ihren Entwicklungs- und Gestaltungswunsch nicht unmittelbar in ein Karrierestreben übersetzen. Dieser Karrierefilter liegt in der Konstruktion der Karrierewelt als „Männerwelt" und komplementär dazu aus der Perspektive der Frauen als „fremde Welt". Ebenso wie die doppelte Vergesellschaftung beeinflusst auch dieser zweite Filter sowohl die Wahrnehmungsmuster der Führungskräfte als auch das Karriereverhalten der Frauen.

Die Karrierewelt ist stärker noch als die Welt der Beschäftigten in den internen Arbeitsmärkten der großen Unternehmen auf Personen ohne Sorgearbeit und mit einer kontinuier-

---

6 Eindrucksvoll haben Behnke/Liebold (2002) anhand von Gesprächen mit Managern aufgezeigt, wie diese versuchen, ihre Partnerinnen in den asymmetrischen Konstellationen festzuhalten – sie auf das „einmal beschlossene Familienmodell mit verteilten Zuständigkeiten einzuschwören" (ebd.: 161) –, auch wenn sie merken, dass ihre Frauen unzufrieden sind und darunter leiden.

lichen Erwerbsbiografie zugeschnitten. Sie hält damit an einer Konstruktion fest, wie sie konstitutiv für das Arbeitsmarktgeschehen und die Geschlechterverhältnisse in den 60er und 70er Jahren des letzten Jahrhunderts war und sich im Bild des männlichen Alleinversorgers verdichtete. Ist dieser Zuschnitt durch die „Feminisierung der Arbeitswelt" (Maruani 2002) – die Erwerbsquote von Frauen lag 2012 bei 68 Prozent (Eurostat 2013) – zu großen Teilen obsolet geworden, beansprucht er in der Karrierewelt weiterhin Gültigkeit. Mehr noch: Die Ausschließlichkeit der Karriere lässt keine oder nur temporär begrenzte Spielräume für Verantwortungsübernahme außerhalb der Arbeit. Der Karriereprozess selbst, der über die Bescheinigung von „Potenzial" verläuft, das nur im konkreten Tun, in der Praxis vielfältiger Bewährungsproben sichtbar wird, stellt sich als ein extrem zeitintensiver und emotional bindender Prozess dar. Dieser Prozess erlaubt keine Unterbrechungen, da die Errungenschaften der Bewährungsproben, die organisch aus dem Arbeitsgeschehen hervorgehen und nicht offiziell dokumentiert werden, bei einer Unterbrechung verloren gehen und zudem jenen Personen, die eine Unterbrechung wagen, die „Hingabe" an die Arbeit abgesprochen wird (Bultemeier/Boes, in diesem Band). Die Karrierewelt ist damit ein rigides Konstrukt, das auf der geschlechtsspezifischen Arbeitsteilung aufbaut. Es geht nicht nur an der Lebenswirklichkeit junger Männer, sondern vor allem an der Mehrheit der Frauen vorbei.

Es ist jedoch nicht nur diese Rahmung der Karrierewelt, sondern der Karrieremechanismus moderner Unternehmen transportiert auch über die Auswahlkriterien für Karrierekandidat/-innen einen Genderbias. So sind die Kompetenzprofile an männlichen Geschlechtsstereotypen ausgerichtet – protegiert wird der proaktive, durchsetzungs- und überzeugungsstarke, verantwortungsvolle und zielstrebige Leader (Bultemeier/Boes, in diesem Band). Auch in diesem Zuschnitt offenbart sich die Karrierewelt als „Männerwelt". Damit korrespondiert weiterhin, dass die zentralen Entscheidungsträger überwiegend männlich sind. „Homosoziale Rekrutierungsmuster" als Auswahl nach sozialen Ähnlichkeiten (Kanter 1977; Quack 1997) können sich so auch in öffentlichen und kollektiven Bewertungs- und Auswahlverfahren – den Kalibrierungsmeetings[7] – durchsetzen und greifen vor allem dort, wo personale Entscheidungen weiterhin dominant sind, also bei der Zuteilung von Bewährungsproben durch die Vorgesetzten und der Besetzung von Führungspositionen im oberen Management.

Ist die Karrierewelt von Männern gestaltet und durch männliche Regeln geprägt, stellt sie sich aus der Perspektive der Frauen als „fremde Welt" dar. Dies bedeutet nicht, dass sich alle Frauen in der Karrierewelt durchgehend fremd fühlen, denn das tun sie definitiv nicht,

---

7   Bei den Kalibrierungsmeetings handelt es sich um kollektive Verfahren der Leistungs- und Potenzialbewertung, die Karrierechancen strukturieren. In der Regel treffen sich bereichsübergreifend Führungskräfte einer Hierarchieebene und bewerten die Mitarbeiter der darunter liegenden Ebene nach zentral definierten und kollektiv interpretierten Kriterien. Diese Verfahren finden zumeist kaskadiert, d.h. über alle Hierarchieebenen des Unternehmens statt. Sie lösen personale Einzelentscheidungen über Karrierepromotionen, wie sie konstitutiv für das Entscheidungsmuster in funktional gegliederten Unternehmen mit großen „Kaminen" waren, ab und sind Teil eines neuen Entscheidungsmodus im Rahmen systemisch integrierter Unternehmen (Bultemeier/Boes, in diesem Band).

sondern, dass anders als bei den Männern die grundsätzliche „Passung" zur Karrierewelt fehlt und es dadurch immer wieder zu Ausblendungen, Reibungspunkten und Diskordanzen kommt, die eine kohärente Integration von Frauen in die Karrierewelt verhindern.

So erleben Frauen die Karrierewelt häufig nur aus der Beobachterperspektive. Diese stellt sich ihnen als eine Welt dar, die für sie weitgehend geschlossen ist und in die vorzudringen nur ganz wenigen Frauen gelingt. Die Karrierewelt, das sind die Anderen, „das sind alles Männer" (Mitarbeiterin, Elektrotechnik, Ea080), „das ist ein Männerding" (Mitarbeiterin, Banken, Ta105). So definieren sich viele Frauen in Abgrenzung zu dieser Männerwelt, die ihnen fremd und undurchsichtig bleibt – z.B. als „fleißige Bienchen", die zwar das Geschäft aufrecht erhalten, jedoch keinen Zugang zu den exponierten Positionen erlangen.

Die Seltenheit, mit der Frauen in der Karrierewelt vertreten sind, führt auch dazu, dass ein großer Teil der Frauen Karriere nicht aus der Nähe erleben kann. Anders als bei den Männern, die immer wieder sehen, wie ihre Kollegen aufsteigen, die vorgelebt bekommen, wie eine Karriere in der Praxis zu realisieren ist, die sich vergleichen und im Vergleich profilieren können, fehlt Frauen im Nahbereich ihres Arbeitsumfelds diese Normalität und Selbstverständlichkeit der Karriere. Häufig gibt es dort einfach keine Frauen, die Karriere machen und an denen sie sich orientieren könnten, und dies verstärkt die Distanz zur Karriere. Führungskräfte berichten von den positiven Wirkungen, die die Promotion von Frauen auf andere Frauen des Arbeitsbereichs hat. Diese sagten dann: „Wenn die Kollegin es geschafft hat, dann kann ich es ja auch schaffen." Durch die unmittelbare Erfahrung von Karriere öffnet sich so für die Frauen ein Möglichkeitsraum, der ihnen unter den gegebenen Bedingungen jedoch in vielen Fällen verschlossen bleibt.

Die Konstruktionsprinzipien der Karrierewelt führen zudem dazu, dass Frauen systemimmanent zum „Risiko" werden. Der Karriereprozess toleriert keine Unterbrechungen, und da bei akademisch qualifizierten Frauen erste Karriereschritte und die Familienplanung in der Zeit zwischen 30 und 40 Jahren häufig zusammenfallen, befürchten viele Führungskräfte, dass ihre Förderinvestitionen ins Leere laufen. In ihrer Perspektive lohnt es sich dann nicht, Frauen in ihrer Karriere zu unterstützen, da zu erwarten ist, dass sie nach der Elternzeit dem Unternehmen nur in Teilzeit zur Verfügung stehen werden und sie damit alle Karrierechancen verspielen. Für Frauen bedeutet dies, dass sie nicht oder nur unter Vorbehalt in der Karrierewelt willkommen sind. Sie erleben, dass sie nicht von allen akzeptiert oder als gleichwertig angesehen werden.

Anders als Männer entsprechen Frauen in den meisten Fällen nicht dem vorherrschenden Karriereleitbild des durchsetzungsstarken Leaders. Sie sehen sich selbst nicht als „Macher und Forderer" und lehnen diesen Führungskräftetypus und die Kultur im Management, die er erzeugt und die sie als „aggressiv" oder als „Management by Angst" erleben, häufig genug ab. Trotzdem werden sie an den Kompetenzkriterien, die diesen Typus definieren, gemessen. Wenn sie Karriere machen wollen, müssen sie sich dazu verhalten. Sie erleben so, dass sie einem Schema entsprechen sollen, das nicht mit ihnen übereinstimmt.

„Ich hab das Gefühl, (…) dass (…) in die Karriereschiene so ein gewisser Stereotyp reinwandert. Und der klassisch nicht so passt so typisch zu Frauen. Also das ist gar keine bewusste, sicherlich keine bewusste (...) Diskriminierung oder so, so was ich hab ich ehrlich gesagt nicht erlebt, also kann ich gar nichts Negatives sagen. Aber es ist oft an mich herangetragen worden so Themen wie, naja, ich muss mich doch so verhalten oder so verhalten oder so verhalten. Und dann hab ich immer gemerkt, ich soll in so ein Schema gepresst werden, was nicht mein Schema ist, aber dieses Schema, das klassisch hier gefördert wird." (Abteilungsleiterin, Elektrotechnik, Fa240)

„... also je höher man steigt, ich hab das Gefühl, dann sind es immer ähnlichere Personen, die man trifft, und dann (ist) halt die Frage, ob das das Umfeld ist, mit dem man arbeiten möchte." (Ebd.)

Frauen müssen jedoch nicht nur einem fremden Schema entsprechen, sondern sie müssen diese Aufgabe auch in einer exponierten Position bewältigen. Als Frauen, die in der Karrierewelt eine Minderheit darstellen, sind sie besonders sichtbar; die öffentliche Aufmerksamkeit, die Karrierekandidat/-innen und Führungskräften generell zukommt, wird mit Blick auf ihre Sonderstellung als Frau noch gesteigert.[8] Viele Frauen erleben diese Situation als sehr anstrengend. Sie fallen immer auf, unabhängig davon, ob sie im Meeting etwas sagen oder nichts sagen, ob sie teilnehmen oder fernbleiben; sie können sich nicht verbergen. Zugleich werden sie immer auch als Repräsentantinnen ihres Geschlechts wahrgenommen (Kanter 1977: 207), was ihnen eine zusätzliche Verantwortung aufbürdet, gegen die sie sich wehren. Sie wollen keine „Role Models" sein, sondern als eigenständige Personen wahrgenommen werden.

Ihre exponierte Position in der Karrierewelt ist jedoch nicht nur für die Frauen selbst, sondern auch für die Führungskräfte problematisch. Eine Frau zu promovieren bedeutet, vom bewährten und tradierten Muster abzuweichen, so dass auch die Führungskräfte, die diesen Schritt wagen, in den Fokus der Aufmerksamkeit und unter Rechtfertigungsdruck geraten:

„... da ist das Thema Mut die erste Frage, also was passiert, wenn ich jetzt 'ne Frau einstelle und die macht den Job nicht gut. Wie viele sagen dann gleich: ‚Habe ich ja gleich gesagt.'" (Bereichsleiterin, Banken, Ga36)

Frauen erleben so, dass sie verstärkt unter Beobachtung stehen und dass ihre Integration in die Karrierewelt eben keine Normalität, sondern eine Abweichung von der Norm darstellt. Haben sie es trotzdem geschafft, in der Karrierepyramide aufzusteigen, müssen sie diesen

---

8 Rosabeth Moss Kanter war 1977 die erste, die diese besondere Situation von Frauen in der Arbeitswelt beschrieben hat. Sie unterscheidet zwischen den Männern als homogene Mehrheit, die die Regeln bestimmen und sich aufgrund ihrer Ähnlichkeit zueinander unbeschwert in der Arbeitswelt bewegen können, und den Frauen als Minderheit, die von der Mehrheit als „andersartig" klassifiziert werde. In dieser Konstellation seien die Frauen einer besonderen Beachtung ausgesetzt; sie würden, wenn auch ungewollt, immer im Rampenlicht performen, wobei jeder Fehler registriert werde (ebd.: 213). Aufgrund ihrer Sonderstellung würden sie zudem nicht mehr als Individuen, sondern als Repräsentantinnen ihres Geschlechts wahrgenommen. Diesen Status bezeichnet die Autorin als „token" (ebd.: 207). Kanter ist es damit gelungen, eine Betrachtungsperspektive zu entwickeln, die viele Verhaltensweisen von Frauen in der Arbeitswelt verstehbar macht. Nachfolgende Untersuchungen zeigen jedoch, dass nicht allein ein Minderheitenstatus für die spezifische Positionierung von Frauen verantwortlich sein kann, sondern dass hierbei auch genuin geschlechtsspezifische Momente sowie weitere Kontextfaktoren eine Rolle spielen (vgl. z.B. Heintz/Nadai 1998; Allmendinger/Hackmann 1994).

Erfolg nicht selten damit bezahlen, dass ihnen ihre Identität als Frau abgesprochen wird. Sie sind mit einem Integrationsparadox konfrontiert, das die Tiefe der Kluft offenbart, die zwischen den Frauen und der Karrierewelt immer noch besteht:

> „... ich möchte gern mal eine Frau kennen lernen, das ist das, was ich mir noch wünsche, die Karriere macht und trotzdem nach wie vor ich noch als Frau wahrnehme." (Abteilungsleiter, Banken, Ga040)

Die Karrierewelt positioniert Frauen somit als Fremde, als die Anderen, die nicht wirklich zu ihren Konstruktionsprinzipien und Routinen passen. Sie positioniert Frauen als nicht zugehörig, nur unter Vorbehalt passend, als veränderungsbedürftig, als Risiko, als besonders exponiert und damit etwas Außergewöhnliches. Dies tut sie nicht durchgängig und auch nicht in allen Unternehmen im gleichen Maße, sondern in jeweils spezifischen Mischungsverhältnissen. Frauen, die Karriere machen wollen, müssen diese gegen die Positionierung, die die Karrierewelt ihnen aufzwingt, vorantreiben. Sie müssen sich für eine Karriere entscheiden, obwohl die Karrierewelt ihnen sagt, dass sie nicht wirklich passen und willkommen sind. Diese Barriere macht den Karrierefilter der „fremden Welt" aus.

Wie wirkt nun dieser Karrierefilter? In einer solchen Konstellation kommen einige Frauen gar nicht auf die Idee, Karriere machen zu wollen. Sie sind ehrgeizig, sie suchen Herausforderungen und wollen sich entwickeln, aber sie verdichten diese Wünsche nicht zu einem Karrierestreben. Diese Frauen sagen: „Ich habe nicht geglaubt, dass es für mich als Frau überhaupt möglich ist, so weit zu kommen", oder: „Die Frauen wollen Karriere machen, aber sie sehen nicht, dass sie die Möglichkeit dazu haben." Sie haben die Grenzen der „fremden Welt" internalisiert – Karriere ist für sie außerhalb ihrer Reichweite.

Manchmal wird dieses Muster durch Vorgesetzte durchbrochen, die einzelne Frauen „entdecken" und ihnen eine „Möglichkeit" aufzeigen, so dass sie ihren Entwicklungswunsch in ein Karrierestreben transferieren. Diese Vorgesetzten heben persönlich die spezifische Positionierung der Karrierewelt auf, indem sie die Frauen nicht als Risiko, sondern als Chance, nicht als veränderungsbedürftig, sondern als leistungsstark ansprechen. Damit schaffen sie einen Resonanzboden, auf dessen Grundlage sich ein Karrierestreben erst entfalten kann. So betonen auch vorwiegend weibliche Führungskräfte immer wieder, wie wichtig es auf ihrem Karriereweg gewesen sei, dass jemand an sie „geglaubt" habe und ihnen eine Führungsposition bereits zugetraut habe, als Karriere noch außerhalb ihrer Vorstellung gewesen sei. Nicht allen Frauen mit Entwicklungswunsch dürfte jedoch das Glück eines aufmerksamen Vorgesetzten zuteil werden. Da sie keinen Karrierewunsch äußern, werden sie als „zufrieden" eingestuft, nicht weiter gefördert und beachtet. In der Perspektive der Karrierewelt haben sie kein Interesse an Karriere; ihr Karrierepotenzial geht verloren.

Der Karrierefilter der „fremden Welt" bewirkt jedoch nicht nur, dass Frauen Karriere negieren, sondern auch, dass sie anders Karriere machen als Männer. Frauen entwickeln nicht nur ihren Karrierewunsch, sondern auch ihr Karriereverhalten in Auseinandersetzung mit der fremden Karrierewelt und kommen dadurch zwangsläufig zu anderen Verhaltensmustern als Männer und – das ist entscheidend – sie fallen damit durch das Wahrnehmungsraster ihrer Vorgesetzten.

Während Karriere für Männer „einfach natürlich" ist, fehlt bei Frauen diese Selbstverständlichkeit der Karriere. Frauen müssen die Inkompatibilitäten ihres Passungsverhältnisses zur Karrierewelt bewältigen und gehen deshalb eine Karriere viel reflektierter an. Sie überlegen, ob sie es wagen sollen und ob sie bereit sind, den Preis für eine Karriere zu zahlen.

„… also ich kenn jetzt Kollegen, die das ganz unreflektiert machen, Karriereschritt ist einfach natürlich, kommt einer nach dem anderen. Und dann doch viele Frauen, die eher reflektieren und sagen: Na ja, vielleicht gefällt mir das, was ich jetzt mache. Dann muss ich ja auch gar nicht mehr machen. Also eher kritisch hinterfragen. Das ist der eine Punkt. Und das Thema (ist), glaube ich, wirklich: Was ist es mir wert?" (Abteilungsleiterin, Elektrotechnik, Fa240)

Hildegard M. Nickel (2011) spricht in diesem Kontext von einer „reflexiven Karriereorientierung".[9] Frauen sind aufgrund der skizzierten Inkompatibilitäten in viel stärkerem Maße gezwungen, abzuwägen. Dieses Verhalten wird ihnen jedoch häufig als Zögerlichkeit und mangelnde Zielstrebigkeit angelastet. Im Vergleich zu den karrierefordernden Männern drohen Frauen dadurch ins Karriereabseits zu gelangen. Die Karrierewelt legt Frauen somit ein Karriereverhalten nahe, das sie zugleich sanktioniert.

Wo die Selbstverständlichkeit fehlt und Frauen als Fremde in den zweiten Rang verwiesen werden, kommt eine offensive Karrierepositionierung zudem einer Anmaßung gleich. Frauen, die einen Karrierewunsch äußern, reklamieren damit etwas für sich, was nur sehr wenigen und damit ganz „außergewöhnlich" erscheinenden Frauen gelungen ist, nämlich den Zugang zur Karrierewelt. Sich zu dieser Gruppe zu zählen fällt jedoch vielen Frauen aus verständlichen Gründen sehr schwer. Warum sollte gerade ihnen etwas gelingen, was bislang nur sehr wenigen Frauen vorbehalten bleibt? Diese Diskrepanz lässt sie zweifeln und überhöht ihren Anspruch an die eigene Leistungsfähigkeit. Dies dürfte der Hintergrund dafür sein, dass Frauen einen Karrierewunsch seltener als Männer offen artikulieren. In modernen Unternehmen, die auf die „Selbstverantwortung" der Mitarbeiter im Rahmen größerer Führungsspannen angewiesen sind, wird eine solche offene Artikulation jedoch erwartet und stellt eine zentrale Karrieredeterminante dar (Bultemeier/Boes, in diesem Band). Frauen unterlaufen so die Anforderungen und setzen sich der Gefahr aus, als Karrierekandidatinnen nicht erkannt zu werden.

Frauen sind als Minderheit besonders sichtbar[10] und werden gleichzeitig als „Risiko" in ihrer Bedeutung für das Unternehmen in Frage gestellt. Diese fragile Verortung in der Karrierewelt kollidiert in besonders negativer Weise mit einem zentralen Baustein des neuen Karrieremechanismus: der öffentlichen Positionierung. Die Komplexität moderner Unterneh-

---

9 „Wir nennen diese abwägende Karriereorientierung, auf die wir bei den Frauen gestoßen sind, reflexiv, weil sie einesteils mehr als nur den Erwerbskontext im Blick hat und sich mit einem Anspruch verbindet, der auf ‚das ganze Leben' bezogen ist, und weil sie andernteils eine implizite Kritik an dem männlich konstruierten Verständnis von Führung und Macht enthält." (Nickel 2011)
10 Kanter (1980) problematisiert die besondere Sichtbarkeit von Frauen und beschreibt mit den Begriffen „overachievement", „assimilation" und „hide" die unterschiedlichen Versuche von Frauen, ihre exponierte Arbeitssituation zu bewältigen. Diese Reaktionen erzeugten dann wiederum Ablehnung oder führten zu Fehldeutungen, z.B. dass Frauen den Erfolg fürchteten oder keine Karriere machen wollten.

men kann nicht mehr vorrangig zentral bewältigt werden, so dass die Unternehmen auf die kollektive Expertise der Mitarbeiter und die Strukturbildung „von unten" durch innovative Beiträge und die wirkmächtige Verankerung von Themen angewiesen sind. Von potenziellen Führungskräften wird deshalb erwartet, dass sie sich in unternehmerischen Öffentlichkeiten erfolgreich positionieren können. Diese Positionierung und damit die „Sichtbarkeit" im Unternehmen wird zur entscheidenden Bewährungsprobe im Karriereprozess (Bultemeier/Boes, in diesem Band). Frauen werden durch diese Anforderung mit einem doppelten Problem konfrontiert: Sie sollen sichtbar werden, obwohl sie schon besonders sichtbar sind, und sie sollen sich positionieren, obwohl die Karrierewelt sie negiert. Diesen Spagat bewältigen viele Frauen nicht; sie haben Schwierigkeiten mit der Sichtbarkeit und lehnen eine öffentliche Positionierung, die sie als „überzogen" und „inszeniert" erleben, häufig ab. Die Frauen wissen dabei um die Bedeutung der Sichtbarkeit, finden jedoch keine Lösung für ihre dilemmatische Situation. Deshalb brechen sie mit dieser bedeutenden Spielregel von Karriere und riskieren, aus dem Fokus der Karriereentscheider/-innen zu fallen. Bleiben sie für die Führungskräfte des Bereichs unsichtbar, haben sie keine Chance, für die Karriereförderung oder die Besetzung von Karrierepositionen in Betracht gezogen zu werden; sie fallen aus dem Wahrnehmungsraster der Führungskräfte.

Anders als Männer verfolgen Frauen häufig inkrementelle Karrierestrategien. Sie wollen die Karrierewelt nicht im Sturm und auch nicht um jeden Preis erobern, indem sie zwei oder drei Karriereschritte im Voraus planen und jeden Karriereschritt nur als Durchgangsstation für den nächsten begreifen, sondern bewegen sich eher tastend in der Karrierewelt voran. Sie überlegen bei jedem Karriereschritt neu, ob sie sich einen weiteren Karriereschritt vorstellen können, und dazu gehört auch, dass sie im Vorfeld versuchen, die Umfeldbedingungen dieses Karriereschritts abzuklären. Männliche Führungskräfte berichten z.B. verwundert darüber, dass Frauen versuchten, Arbeitszeitregelungen als Voraussetzung für die Übernahme einer Karriereposition auszuhandeln.

> „Das ist für mich das Hauptproblem. Die sagt: ,Ja, ich muss doch meinem Chef sagen, wenn mein Kind krank ist, dann muss ich auch mal raus, auch wenn ich Abteilungsleiterin sein sollte, dann muss ich halt um vier weg, wenn das Kind krank ist.' Da hab ich gesagt, das ist völlig, völlig normal, ich hab eigene Familie, wenn jetzt meine Frau nicht kann und das Kind ist krank, dann muss ich weg und muss das Kind holen. Basta. ,Ja, aber das muss ich doch sagen.' Da sag ich: ,Nee, was Sie dann sagen, ist nur, dass auf jeden Fall die Kinder Prio 1 haben und dass auf jeden Fall der Beruf Prio 2 hat und dann können Sie sich gleich drauf einrichten, Herr Chef, beim kleinsten Anlass haben Sie das Ding wieder selber an der Backe!' Und dann dürfen Sie sich nicht wundern, wenn der dann sagt, die nehme ich nicht." (Bereichsleiter, Elektrotechnik, Ea260)

Männer dagegen übernähmen sofort die Karriereposition und überlegten sich erst im Nachhinein, wie sie diese mit ihren Ansprüchen und Vorstellungen einer angemessenen Work Life Balance in Einklang bringen könnten.

Eine inkrementelle Karrierestrategie ist vor dem Hintergrund der Karrierefilter – der Verantwortung für die Sorgearbeit und der Inkompatibilitäten im Passungsverhältnis zur Karrierewelt – sowie der häufig fehlenden Erfahrungsnähe zu anderen Frauen, die bereits Karriere gemacht und bewältigt haben, eine sehr sinnvolle Strategie. Die Frauen müssen selbst austesten und erfahren, ob sie die Anforderungen der jeweiligen Karrierestufe auch bewältigen können. Aus der Perspektive der männlichen Karrierewelt wird ihnen ein solches Verhalten jedoch als Zögerlichkeit und als mangelndes Karrierestreben ausgelegt.

Frauen verhalten sich in der Arbeits- und Karrierewelt auch stärker wertorientiert als Männer (vgl. Nickel/Hüning 2008: 231; Nickel et al. 2008). Sie lehnen ein instrumentelles Karriereverhalten, also ein Verhalten, das primär dazu dienen soll, ihre eigene Karriere voranzutreiben, sehr häufig ab. So weigern sich viele Frauen, Netzwerke zu pflegen, nur weil sie für ihre Karriere nützlich sein könnten; sie lehnen es ab, zu präsentieren, nur um für andere Führungskräfte sichtbar zu sein; sie sind stärker kooperations- und weniger hierarchieorientiert. Dabei wissen sie sehr wohl, dass es für ihre Karriere bedeutsam ist, die Spielregeln zu befolgen. Sie entscheiden sich jedoch dagegen, weil es ihnen wichtiger ist, sich selbst treu zu bleiben. In einer Situation, in der es für Frauen kaum Verhaltensmuster und Vorbilder gibt, ist auch dies eine sinnvolle Herangehensweise. Frauen sind in der fremden Karrierewelt viel stärker auf sich selbst als Orientierungs- und Ankerpunkt für ihre Karriereentwicklung angewiesen. Sie verlassen sich deshalb auf ihr eigenes Werterleben und versuchen, identisch zu bleiben. Aus der Binnenperspektive der Frauen ist dieses Verhalten verständlich, aus der Betrachtungsperspektive der Karrierewelt stellt es sich jedoch als unbequem und unpassend dar und harmoniert vor allem nicht mit dem präferierten Führungskräftetypus der Unternehmen. So dürfte es vielen Frauen nicht gelingen, sich mit diesem Verhalten als Karrierekandidatinnen zu positionieren.

Das Karriereverhalten von Frauen widerspricht somit in ganz unterschiedlichen Facetten den tradierten Wahrnehmungsmustern der Karrierewelt. Es wird von den überwiegend männlichen Führungskräften häufig nicht erkannt oder als mangelndes Karrierestreben fehlgedeutet. Frauen machen anders Karriere als Männer; sie tun dies in Auseinandersetzung mit der Positionierung, die die Karrierewelt für sie bereithält. Dadurch gelangen sie zwangsläufig zu anderen Strategieelementen. Die Karrierewelt positioniert Frauen als „Fremde" und sie machen als Fremde und gegen diese Fremdheit, die sie in Teilen auch aufbrechen müssen, wenn sie „mitspielen" wollen, Karriere. Für die Frauen ist diese fehlende Passung zur männlich geprägten Karrierewelt sehr anstrengend, und auch hier ist wieder das allgemeine Muster zu beobachten, dass die Karrierewelt den Frauen ein Verhalten nahe legt und es zugleich sanktioniert.

> „… also Frauen haben immer so das Gefühl, wenn sie hochkommen wollen, müssen sie besser sein wie die Männer. Und die setzen sich dann selbst so dermaßen unter Druck, dass ihnen eigentlich diese Lockerheit und Gelassenheit so ein bissel abhanden kommt. Also das ist dann eine Spur immer zu viel. Das ist dann oftmals einfach hinderlich, wo man denkt, was ist denn das für eine Schrulle hier auch." (Abteilungsleiter, Banken, Ga040)

Der Karrierefilter der „fremden Welt" zeigt damit eine sehr umfassende Wirkung. Er führt dazu, dass einige Frauen gar nicht auf die Idee kommen, Karriere zu machen, andere trotz Karriereambitionen durch das Wahrnehmungsraster der Führungskräfte fallen und selbst jene, die erkannt werden, nicht zwangsläufig die Anerkennung der Karrierewelt erhalten.

3 Karriereorientierung und Karriereintegration von Frauen - Versuch einer Systematisierung

Die Karrierefilter der doppelten Vergesellschaftung und der fremden Welt, die sich in der Praxis wechselseitig durchdringen, bewirken, dass Frauen ein anderes Verhältnis zur Karriere ausbilden als Männer, dass sie anders wahrgenommen werden und dass sich auch ihre Integration in die Karrierewelt von jener der Männer unterscheidet. Vergleicht man die Karriereentwicklung von Männern und Frauen, fällt als erstes die Leichtigkeit auf, mit der Männer Karriere machen. Diese Leichtigkeit zeigt sich in der Art und Weise, wie Männer über Karriere nachdenken, ihren Entwicklungs- und Gestaltungsanspruch in ein Karrierestreben übersetzen und für sich einen Platz in der Karrierewelt reklamieren. Sie zeigt sich aber auch in der „Natürlichkeit", mit der sie sich in die Karrierewelt einfügen und dort Resonanz und Unterstützung erfahren. Leichtigkeit bedeutet dabei nicht, dass Männer sich für ihre Karriere nicht anstrengen müssen – Karriere ist immer mit hohem Engagement und außergewöhnlichen Belastungen verbunden –, sondern dass es eine grundsätzliche Passung zwischen ihren Zielen und Wünschen und den Konstitutionsbedingungen der Karrierewelt gibt. Bei Frauen fehlt diese grundsätzliche Passung und damit auch die Leichtigkeit der Karriere. Die Karrierefilter verhindern eine „natürliche" Transformation ihrer Entwicklungs- und Gestaltungsziele in Karriere ebenso wie ihre kohärente Integration in die Karrierewelt. Vor diesem Hintergrund sind die Karriereentscheidungen von Frauen vielschichtiger und komplexer als jene der Männer und ihre Karrierebemühungen ungewisser.

Zwar wirken „doppelte Vergesellschaftung" und „fremde Welt" auf alle Frauen – keine Frau kann sich dem entziehen –, aber sie wirken nicht auf alle Frauen in der gleichen Weise. In Abhängigkeit von den individuellen Lösungsstrategien und den Wahrnehmungsmustern der Karrierewelt lassen sich die Auswirkungen der Karrierefilter anhand von vier Gruppen systematisieren. Diese Gruppen geben einen Einblick in die Ausdifferenzierung des Karrierewollens von Frauen und in die Möglichkeitsbedingungen, die sie in den Unternehmen vorfinden.

3.1 Der Verzicht auf Karriere

Diese Gruppe umfasst Frauen, die einen Entwicklungs- und Gestaltungswunsch haben, jedoch mit Blick auf die Familie und/oder die Konstitutionsbedingungen der Karrierewelt auf Karriere verzichten. Dabei kann der Verzicht absolut oder auch relativ sein, d.h. in einer Karrierebeschränkung liegen.

Viele Frauen lösen den Gegensatz zwischen Sorgearbeit und Karriere, den die Ausschließlichkeitsforderung der Karrierewelt ihnen aufzwingt, zur Seite der Familie hin auf. Ihnen ist neben der Arbeitswelt auch ein Familienleben, das „rund läuft", sehr wichtig. Da sie anders als Männer nicht von asymmetrischen Geschlechterkonstellationen profitieren können – eine Interviewpartnerin spricht davon, dass es den männlichen Arzthelfer, der nur halbtags arbeite, eben nicht gebe – und auch symmetrische Konstellationen mit geteilter Sorgearbeit wenig akzeptiert sind, stellen sich die Frauen der Verantwortung für die Sorgearbeit, die ihnen gesellschaftlich zugeschrieben wird. Sie verzichten deshalb von vornherein ganz auf die Realisierung einer Karriere oder beschränken ihre Karriereambitionen auf die unterste Führungsebene, von der sie annehmen, dass diese mit ihrer Familienorientierung gerade noch zu vereinbaren ist. Eine mittlere oder hohe Führungskarriere würden diese Frauen nur dann anstreben, wenn sich auch die Rahmenbedingungen, d.h. die Kinderbetreuung, die Verfügbarkeitserwartungen der Karrierewelt und die Geschlechterrollen in der Gesellschaft verändern würden. Unter den gegenwärtigen Bedingungen ist ihnen der Preis für weitere Karriereschritte, den sie im Verlust des Privatlebens sehen, jedoch zu hoch.

> „Und würde man mich jetzt fragen: ‚Willst Du noch mal eine Stufe höher?', würde ich sagen: ‚Nein. Will ich nicht. Ist mir too much.' Also ich bin jetzt schon gut bedient. Ich hätte gerne das Gehalt von der höheren Stufe und leiste auch viel, aber jetzt irgendwie mich noch mehr, das hat schon was von Verkaufen, mich noch mehr der Firma zur Verfügung zu stellen (…) Und dann würde ich schon von alleine abwinken, würde ich sagen: ‚Nein, ich glaube, ich habe hiermit jetzt genug erreicht. Da ist für mich jetzt irgendwie das Level erreicht.' Von da sehe ich jetzt mein Privatleben vollkommen untergehen dann." (Managerin, IT-Industrie, Aa183)

In dieser Haltung, der Verantwortungsübernahme für die Sorgearbeit und einem damit motivierten Verzicht auf die Karriere, sieht diese Interviewpartnerin den entscheidenden Unterschied zu den Männern. Sie geht davon aus, dass ein Mann ein Karriereangebot nicht ausschlagen würde.

> „Ein Mann sagt so was, glaube ich, nicht. Der geht voran und sagt: ‚Nach mir die Sintflut, jetzt hole ich mit erst mal den Posten.' Also, sag ich jetzt mal so ganz frech. Also da sag ich: Eine Frau ist anders gestrickt. Ich sag es ihnen einfach so. Da sage ich, ich würde das verantwortungsvoll behandeln und sagen: ‚Ich kann diesen Job nicht wahrnehmen, weil ich kann diese Zeit nicht investieren, ich kann nicht. Ich kann nicht noch mehr meine Familie schleifen lassen.' Ein Mann würde, glaube ich, anders rangehen und sagen: ‚Jetzt hole ich mir erst mal den Job, der gehört mir dann, und dann gucke ich, wie ich das hinkriege, na und dann versuche ich, so viel wie möglich zu delegieren, aber Hauptsache, ich habe diesen Karrieresprung gemacht." (Managerin, IT-Industrie, Aa183)

Ein Karriereverzicht oder eine Karrierebeschränkung ist jedoch nicht nur durch die Wirkung des Karrierefilters der doppelten Vergesellschaftung vor dem Hintergrund der Ausschließlichkeit von Karriere motiviert, sondern auch durch den Filter der fremden Karrierewelt. In dieser „Männerwelt", in der „Männer Männer wählen", kommen viele Frauen gar nicht auf die Idee, Karriere zu machen, weil sie dafür nicht den Möglichkeitsraum sehen.

> „Weil vielleicht auch viele Frauen vielleicht auch tatsächlich denken, das ist gar nicht möglich, und vielleicht gewisse Möglichkeiten gar nicht in Betracht ziehen, weil sie denken, es passt ohnehin nicht." (Mitarbeitern, Banken, Da286)

> „… also ich glaube, das ist keine Frage, dass es nicht Frauen gäbe, die das machen könnten. Ich glaube, es ist wirklich eher eine Mentalitäts- und Willensfrage [auf Seiten des Unternehmens, die Autorin], glaube ich schon. (…) Also ich kenne es nur aus meinen Freundes- und Bekanntenkreis, da ist jetzt keine, die sagt: ‚Ach nö, das möchte ich nicht.' Ich glaube, dass die nur nicht sehen, dass sie die Möglichkeit haben (…)." (Mitarbeiterin, Banken, Da286)

Diese Frauen haben die Grenzen der fremden Welt internalisiert; Karriere ist für sie außerhalb ihrer Reichweite. Aber selbst dort, wo Frauen Möglichkeiten sehen, in die Karrierewelt aufzusteigen, verzichten einige von ihnen auf Karriere, weil sie mit der Kultur im Management nicht übereinstimmen.

> „... ich kann es nicht so in Worte fassen, das ist eigentlich mehr so ein Gefühl, wenn ich so blicke. Als Teamleiterin bin ich in vielen Meetings mit drin und ich bekomme auch ziemlich viele Informationen, und da sind halt viele Sachen, wo ich sage: Okay, das gefällt mir nicht wirklich, wie es so abläuft. Was, wieso ... eigentlich alles. Einerseits ist es sicherlich nicht zwischen allen, aber es gibt das Untereinander der Führungskräfte, es ist teilweise Entscheidungsfindung, es ist teilweise ... ja das ganze Arbeitsklima. Sicherlich nicht so das Alltägliche, wo ich sage, es ist zu 100 Prozent so, sonst wäre es für mich keine Überlegung mehr. Aber es ist doch, was ich heute mitkriege, zu einem Prozentsatz so eine Unterströmung da, wo ich sage, wo ich mir es halt wirklich noch überlege: Will ich mir das antun? Ich meine, gut, auf der einen Seite habe ich mehr Aufgaben, mehr Eigenverantwortung, aber zu welchem Preis. Und ob mir das wirklich, ob mir das wert ist, das zu machen, in der Zwickmühle hänge ich gerade drin." (Teamleiterin, Elektrotechnik, Ea267)

Die Umgehensweise im Management, die von vielen Frauen als „aggressiv" und als ein Arbeitsklima, in dem man sich „warm anziehen" muss, beschrieben wird, filtert so die Karriereambitionen von Frauen. Hoch motiviert und auf der Suche nach mehr Verantwortung, müssen sie sich entscheiden, ob sie Karriere in einer Welt anstreben, die sie als nicht passend erleben, oder ob sie auf Karriere verzichten.

Der Karriereverzicht von Frauen ist so Ergebnis der doppelten Vergesellschaftung und der fremden Karrierewelt. Es ist ein Verzicht, der nicht aus dem fehlenden Wollen von Frauen resultiert, sondern aus fehlenden und inadäquaten Möglichkeiten. Gemeinsam ist den Frauen dieser Gruppe, dass sie eigentlich gerne Karriere machen würden, dafür jedoch veränderte Rahmenbedingungen als Voraussetzung erachten – also Spielräume für die Sorgearbeit, symmetrische Partnerschaftsarrangements sowie eine Öffnung und Veränderung der Karrierewelt. Solange diese Rahmenbedingungen nicht realisiert sind, verzichten sie auf Karriere.

3.2 Die verweigerte Karriere

Die Frauen dieser Gruppe verzichten nicht auf eine Karriere. Im Gegenteil: Sie wollen Karriere machen und zeigen dies auch oder artikulieren offensiv ihren Karrierewunsch. Es gelingt ihnen jedoch nicht, als Karrierekandidatinnen erkannt und akzeptiert zu werden. Sie dringen mit ihren Ambitionen nicht in die Karrierewelt vor und fallen durch das Wahrnehmungsraster ihrer Vorgesetzten. Anders als bei der ersten Gruppe setzen hier die Karrierefilter nicht auf Seiten der Frauen – als Karriereverzicht oder Karrierebeschränkung – an, sondern auf Seiten der Karrierewelt. Diese positioniert Frauen aufgrund ihrer Zuständigkeit für die Sorgearbeit als nicht zugehörig und gegen diese Positionierung der Karrierewelt kommen sie nicht an. So zeichnen sich alle Frauen dieser Gruppe dadurch aus, dass sie Kinder haben und in Teilzeit arbeiten. Doch selbst wenn sie sich mit ihrer Arbeitszeit fast im Normbereich bewegen, z.B. bei 80 Prozent, entsprechen sie nicht den Anforderungen der vollständigen Verfügbarkeit und Hingabe an die Arbeit. Teilzeitarbeit und Mutterschaft wirken hier aus der Perspektive der Karrierewelt als Metastatus, der alle Karriereanstrengungen der Frauen zunichte macht und systematisch Ausblendungen generiert.

Zu dieser Gruppe gehören Frauen, die sehr leistungsstark und engagiert sind, die eigenständig Projekte übernehmen und bei ihren Vorgesetzten Gespräche über ihre eigene Entwicklung einfordern. Diese Frauen wissen, dass ihre Familienorientierung und ihre Sorge für das Kind ihr Engagement für das Unternehmen nicht bremst und dass sie „Hingabe" auch in beiden Tätigkeitsbereichen leben können. Dafür benötigen sie nur gewisse zeitliche Flexibilitätspuffer. Sie betonen dabei, dass sie in Notfällen oder auch in bestimmten Phasen selbstverständlich zu Mehrarbeit bereit sind. Doch selbst diese geringe Abweichung von den Normalitätskonstruktionen der Karrierewelt reicht aus, um sie als Karrierekandidatinnen zu negieren. Unabhängig von den tatsächlichen zeitlichen Beschränkungen der Frauen wirkt hier der Karrierefilter der doppelten Vergesellschaftung absolut; den Frauen wird die Karriere verweigert.

Zu dieser Gruppe gehören auch Frauen, die aufgrund ihrer Leistung und ihres Engagements schon einmal auf Karrierekurs waren, nach der Geburt ihres Kindes jedoch in Teilzeit zurückgekehrt sind. Diese Frauen erleben einen Bruch in ihrer Biografie: Standen sie vorher im Karrierefokus und waren als Karrierekandidatinnen anerkannt, so fallen sie nun durch das Wahrnehmungsraster ihrer Vorgesetzten.

> „... weil es stand wirklich drauf: Sozialfall, rückkehrende Mutter in Teilzeit, Sozialfall. Da dachte ich: Gut, also vor einem Jahr war ich Superstar, jetzt bin ich Sozialfall, gut, so können sich die Sachen ändern. (...) Das war für mich – das war für mich so erschreckend! Ich war noch vor einem Jahr hier die Gefragteste und auf einmal bin ich niemand, ja niemand." (Mitarbeiterin, Elektrotechnik, Ca222)

Dieses Beispiel verdeutlicht, wie allein die Verantwortung für die Sorgearbeit einen kompletten Wandel der Wahrnehmungsmuster erzeugt. Es sind dieselben Frauen, die zuvor sehr positiv und nun auf einmal ganz anders bewertet und von der Karrierewelt als „Niemand" positioniert werden.

Diese Frauen haben vor der Geburt des Kindes mit Blick auf die Karriere „alles richtig gemacht". Sie waren sehr leistungsorientiert, haben sich voll eingesetzt, mutig Herausforderungen auch in einer „Männerwelt" wie der Elektrotechnik angenommen oder sind ins Ausland gegangen. Sie haben Erfahrungen in ganz unterschiedlichen Bereichen gesammelt und waren teilweise sogar in den Institutionen der Karriereförderung platziert. Sie haben nur einen „Fehler" begangen: Sie haben sich für ein Kind und für eine Rückkehr in Teilzeit entschieden. Damit sind ihre ganzen Investitionen in die eigene Karriere verloren. Die Errungenschaften der Vergangenheit zählen nicht mehr und ihre vielfältigen Erfahrungen können nicht mehr zu Entfaltung kommen.

> „Also ich möchte meine vollen Koffer irgendwo auspacken. (...) Also man, man hat einen schweren Koffer mit sich geschleppt und man würde gerne auspacken." (Mitarbeiterin, Elektrotechnik, Fa230)

Diese Möglichkeit wird ihnen jedoch unter den vorherrschenden Bedingungen verweigert. Sie haben keine Karrierechancen mehr, sondern sind stattdessen mit vielfältigen Schwierigkeiten konfrontiert. Diese beginnen meist damit, dass sie nach ihrer Rückkehr in Teilzeit nur sehr schwer wieder einen Platz im Unternehmen finden. Viele Bereiche wehren sich gegen Frauen in Teilzeit und auch viele Personalabteilungen unterstützen die Frauen nur unzureichend. Frauen, die vorher fest im Unternehmen verankert und anerkannt waren, erleben nun, dass sie nicht mehr willkommen sind.

Die Schwierigkeiten setzen sich auch nach der Neuverortung der Frauen fort. Häufig wird ihnen nur ein Arbeitsplatz mit geringen Anforderungen, wenig Sichtbarkeit oder geringen Möglichkeiten der persönlichen Weiterentwicklung angeboten. Ihre Teilzeitarbeit wird zum „Unzustand" erklärt und gegenüber den Kunden zu verheimlichen versucht, während zugleich erwartet wird, dass sie auch zu Hause dauerhaft erreichbar sind.

Durch diese Schwierigkeiten verändert sich auch ihre Karriereintegration. Ihre Positionierung jenseits der Karrierewelt hat Auswirkungen auf ihr Verhältnis zum Unternehmen und zu den Spielregeln, die dort gelten. Waren sie vor dem Bruch in ihrer Biografie sinnhaft mit dem Unternehmen verbunden und zum Teil stolz darauf, selbst Teil von etwas Bedeutendem zu sein, wird ihnen das Unternehmen nun in vielerlei Hinsicht „fremd".

Diese Fremdheit zeigt sich in einer „Relativierung" (Becker-Schmidt 2008: 67) der Bedeutung, die den Anforderungen der Arbeit im Unternehmen beigemessen wird. Diese Relativierung nehmen die Frauen mit Bezug auf ihre Sorgearbeit vor.

> „Und dann, wenn die Kinder da sind, dann verschiebt sich das auf einmal völlig. Man gewinnt einen ganz anderen, anderen Blick dafür, was ist eigentlich wirklich wichtig im Leben, ja. Also die Arbeit, die kriegt dann ihre ganz klare Position, die ist dann Arbeit und nicht mehr Lebensinhalt oder, oder die höchste Priorität, weil man einfach, man hat halt noch da die Kinder und die Familie, und das ist im Endeffekt wichtiger, mindestens genau so wichtig wie die Arbeit. Also ich glaube, man entwickelt einfach eine andere, einen anderen Blick auf die Dinge, ne? Man kriegt, (...) es ist meine Meinung, ja, eine gesündere Einstellung zu seiner Arbeit, weil man einfach merkt: Okay, da gibt's einen Termin, der Kunde möchte das Angebot bis dahin, aber selbst wenn wir es nicht rausschicken, da geht die Welt nicht unter, ja, auch wenn wir's am Tag danach schicken, ist nicht mal sicher, dass wir das Projekt verlieren. Also das relativiert das alles so ein bisschen." (Mitarbeiterin, Elektrotechnik, Fa226)

Dass diese Relativierung nicht nur durch die „doppelte Vergesellschaftung", also die Verortung in zwei ganz unterschiedlichen Tätigkeitsbereichen bedingt sein kann, macht ein Vergleich mit jenen Frauen deutlich, denen es gelungen ist, eine Karriere trotz Kindern zu realisieren, weil sie auf eine Reduzierung der Arbeitszeit verzichtet haben. Bei diesen „herkulischen" Frauen – sie werden weiter unten noch vorgestellt – findet man eine solche grundsätzliche Infragestellung der Bedeuutungsgebung im Unternehmen nicht; diese Frauen lehnen häufig einzelne Spielregeln von Karriere, z.B. die Beteiligung an Netzwerken, ab, nicht jedoch das implizite Wertesystem der Unternehmen, wie die Priorisierung von Kundenwünschen und Kundenterminen. Eine Relativierung, wie sie im obigen Zitat beispielhaft aufgezeigt wird, dürfte ihre Ursache somit auch in der spezifischen Positionierung haben, die die Karrierewelt den teilzeitarbeitenden Frauen aufzwingt. Für einen „Niemand" werden mit der Zeit auch die Regeln und Werte der Arbeits- und Karrierewelt sinnlos.

Die Fremdheit der Frauen offenbart sich jedoch nicht nur in dieser Relativierung, sondern auch in einer gewissen ironischen Distanz, mit der sie ihre Bemühungen, gegen die tradierten Wahrnehmungsmuster der Karrierewelt Karriere zu machen, beschreiben. Es ist eine Fremdheit, die dadurch entsteht, dass sich die Frauen in einem Raum bewegen, der sie systematisch verkennt. Diese Verkennung kann durchaus extreme Züge annehmen:

> „Ich hab eine Stelle im Intranet gefunden und ich hab meinem Mann, der hinter uns arbeitet, eine E-Mail geschickt und gesagt: ‚Guck, das wär' was für mich, ne?'. Und der sagt: ‚Ja, aber drin steht belastbar. Du bist Teilzeit.' Wenn sogar dein eigener Mann sich zusammenschließt und (atmet durch), er kennt mich, er weiß, dass ich belastbar bin. Aber ich bin in Teilzeit, das passt nicht zusammen. Sogar für ihn im Kopf, unbewusst: Frauen unzuverlässig, also Frau mit Kind, unzuverlässig und, und, und, und. Das ist ... und der wird Chef, puh, die armen Frauen, die für ihn arbeiten." (Mitarbeiterin, Elektrotechnik, Fa230)

Die Frauen dieser Gruppe versuchen, gegen die Wahrnehmungsmuster der Karrierewelt eine Karriere zu realisieren. Sie halten an ihrer Karriereorientierung fest, auch wenn die Karrierewelt sie aufgrund ihrer Verantwortung für die Sorgearbeit ausgrenzt. Dies gilt sogar für jene Frauen, die einen Bruch in ihrer Biografie erlebt haben und vom „Star" zum „Niemand" mutiert sind. Der neue Möglichkeitsraum, der sich in den Unternehmen unseres Partnernetzwerks öffnet, reaktiviert die Karriereorientierung dieser Frauen. Wo sie neue Gelegenheiten sehen, versuchen sie diese zu nutzen, auch wenn sie mit Blick auf die Akzeptanz von Karriere in Teilzeit skeptisch bleiben. Diese Frauen verfügen somit über eine ausgeprägte Karriereorientierung; ihnen aufgrund ihrer Teilzeitarbeit Karriereunwilligkeit zu unterstellen, bedeutet eine Verkennung ihrer Ambitionen durch die Brille des Karrierefilters der doppelten Vergesellschaftung.

3.3 Die fokussierte Karriere

Zu dieser Gruppe werden Frauen zusammengefasst, die es geschafft haben, eine Karriere zu realisieren. Es ist ihnen gelungen, den Karrierefilter der doppelten Vergesellschaftung zu umgehen, indem sie Lebensentwürfe gewählt haben, die mit jenen der Männer vergleichbar sind. Diese Frauen können den Ausschließlichkeitsanforderungen der Karrierewelt voll entsprechen, weil sie keine primäre Sorgeverantwortung haben. Ihre Lösungswege sind dabei äußerst heterogen. Die Mehrheit der Frauen dieser Gruppe hat keine Kinder. Eine Minderheit hat sich jedoch für Kinder entschieden, ohne dabei dem Karrierefilter der Sorgearbeit zu unterliegen. Diese Frauen haben entweder sehr früh, also z.B. bereits während des Studiums, ihr Kind bekommen, so dass sie während des Karriereprozesses nicht mehr durch Sorgearbeit gebunden waren, oder sie leben in Partnerschaftsarrangements mit vertauschten Geschlechtsrollen, wo also der Mann die Sorgearbeit komplett übernimmt, oder aber sie praktizieren ein generationsübergreifendes Familienmodell, in dem Eltern oder Schwiegereltern für die Versorgung der Enkel und die Haushaltsführung verantwortlich sind. Gemeinsam ist den Frauen dieser Gruppe, dass sie nicht durch Sorgearbeit in ihren Bewegungsmöglichkeiten eingeschränkt werden und ihnen deshalb der Zugang zur Karrierewelt erhalten bleibt. Sie lösen – konträr zu jenen Frauen, die auf Karriere verzichten – den Gegensatz zwischen Sorgearbeit und Karriere zur Seite der Karriere hin auf.

Sind sie damit dem Karrierefilter der Sorgearbeit entkommen, so bleiben sie doch den Wirkungen der fremden Welt ausgesetzt. Zwar sind sie in die Karrierewelt integriert und sitzen dort auch fest „im Sattel" – sie stehen als Führungskräfte nicht zur Disposition und erleben auch Anerkennung und Akzeptanz von MitarbeiterInnen und KollegInnen –, doch unterscheidet sich ihre Integration von jener der Männer. Bei aller Zugehörigkeit, die diese Frauen erleben, bleiben sie doch immer auch Fremde und sind als Fremde integriert. So beschreiben sie auch die „Männerwelt" der Karriere nicht anders als jene Frauen, die auf eine Karriere verzichten. Nur haben sie gelernt, mit diesen „Domestos-Duschen" – ein drastischer Ausdruck für ihre Wahrnehmung der Kultur im Management – zu leben. Sie verhalten sich auch selbst im Großen und Ganzen nach den Spielregeln der Männerwelt – sonst stünden sie nicht dort, wo sie jetzt sind –, auch wenn sie einzelne Spielregeln ablehnen. Dadurch ist es ihnen gelungen, sich in einer Männerwelt zu behaupten. Für diesen Erfolg zahlen sie jedoch häufig mit dem Preis der Isolation. So werden sie weder von der Karrierewelt noch von der Welt der Mitarbeiter als wirklich zugehörig akzeptiert. Sie werden als etwas Falsches, als „Mannweiber" wahrgenommen und ihnen wird nicht selten mit offener Ablehnung begegnet.

> „Also ich finde, es gibt nichts Schlimmeres als die Frauen, die die dann ihre eigene Haut verlassen und sich präsentieren wollen, ne. Das find ich auch schlimm. Also das ist auch so'n Phänomen, was ich nicht verstehe. Ich mein, klar, dass man sich vielleicht hier so Business kleiden muss und dass die Frauen schon aussehen wie Männer, okay. Aber das andere, das Verhalten, und dass Frauen immer meinen, sie müssen noch mehr können, noch mehr machen als Männer, ne. Und dadurch auch so werden, so hart und so. Manchmal ekelhaft." (Managerin, Banken, Da226)

Den Frauen wird wenig Verständnis entgegengebracht. Ihre Härte wird nicht als Reaktion auf die Härte gewertet, die sie erfahren; sie wird nicht als eine Reaktion verstanden, mit der sie versuchen, die Inkompatibilitäten im Passungsverhältnis zur Karrierewelt zu bewältigen. Vielmehr werden sie als Personen verurteilt, als „zu angestrengt", „verbissen" und „extrem" diffamiert.

Es ist jedoch nicht nur diese Ablehnung, die die erfolgreichen Frauen isoliert. Sie sind auch im Arbeitsalltag immer wieder mit Sexismen konfrontiert, die ihre Sondersituation markieren.

> „... also selbst mein derzeitiger Chef hat mal gesagt, er kann sich alles vorstellen. Nur nicht, dass er mal unter einer Frau arbeitet. Ja? Da weiß ich, wie ich das als Frau zu werten hab, als seine Mitarbeiterin. Ja? Aber ich find, da gibt's nicht mehr besonders viele Interpretationsspielräume." (Abteilungsleiterin, Banken, Da275)

Diese Sondersituation kann auch mit paradoxen Integrationseffekten einhergehen. So hat die Abteilungsleiterin, von der das obige Zitat stammt, die Tatsache, dass die Äußerung des Chefs in ihrem Beisein gefallen ist, als Indikator dafür gewertet, dass sie von den Männern als zugehörig betrachtet wird: „... daraus nehme ich zum Beispiel, dass ich in der Runde bei den Männern angekommen bin. Sonst würde das gar nicht fallen, wenn ich dabei bin"; „... dann heißt das für mich, ich werde da auch in meinem Rollenmodell von denen nicht unbedingt als Fremdkörper wahrgenommen." So wird sie als Frau abgewertet und in der Offenheit der Abwertung zugleich als Teil der Männerwelt aufgewertet. Eine kohärente Integration in die Karrierewelt, wie sie bei den Männern zu beobachten ist, wird dadurch nicht erreicht.

Die isolierte Integration der Frauen dieser Gruppe offenbart sich jedoch nicht nur in den Bewertungen und Verortungen, die die Karrierewelt vornimmt, sondern auch in den Selbstpositionierungen von Frauen. Wo Frauen keine wirkliche „Passung" erleben, können sie sich durchaus selbstbewusst mit ihrer Rolle als Außenseiterin identifizieren – z.B. als „Paradiesvogel", der jedem gerne die Meinung sagt und das Unangepasste zum Markenzeichen erhebt, oder als „Exotin", die überall auffällt und versucht, die Sichtbarkeit als Karrierekapital zu nutzen. Diese Selbstpositionierungen schreiben die Fremdheit fort, sind als Antihaltung oder Exponierung mit erheblichen Anstrengungen verbunden und stehen damit konträr zur Leichtigkeit und Selbstverständlichkeit der Karriere von Männern.

Den Frauen mit fokussierter Karriere gelingt es somit, über die Freiheit von primärer Sorgearbeit in die Männerwelt der Karriere vorzudringen. Es gelingt ihnen deshalb, weil sie den Ausschließlichkeitsanforderungen der Karrierewelt ebenso entsprechen können wie ihre männlichen Kollegen. Sie zahlen dafür jedoch einen deutlich höheren Preis, der häufig im Verzicht auf Kinder und in einer isolierten Integration liegt, bei der die Fremdheit als Unterströmung immer mitwirkt und zwar nicht ihre Integration selbst, aber doch die Art und Weise ihrer Wahrnehmung in der Karrierewelt beeinflusst.

3.4 Die „herkulische" Karriere

Die Frauen dieser Gruppe machen das Unmögliche möglich und verbinden Kinder und Karriere. Sie sind primär verantwortlich für die Sorgearbeit oder teilen sich diese gleichberechtigt mit ihrem Lebenspartner. Dabei leisten sie das, was Birger P. Priddat (2001) als die „hyper-organizations of life, work and household" beschreibt. Sie sind zuständig für die „Familienorganisation" – dass die Kinder betreut werden, sie ihre Freizeit sinnvoll gestalten, die richtige Schule gefunden wird usw. – und Ansprechpartnerin für die Erlebnisse und Sorgen der Kinder. Zugleich gelingt es ihnen jedoch, den Verfügbarkeitsanforderungen der Unternehmen weitestgehend zu entsprechen. So haben sie nach der Geburt der Kinder zumeist nur zwei bis drei Monate ausgesetzt und sie arbeiten weiterhin in einer Vollzeitstelle oder in einer Teilzeitstelle im oberen Bereich, etwa 80 Prozent. Im letzteren Fall nutzen sie häufig die 20 Prozent als Flexibilitätspuffer, um auf Unvorhersehbarkeiten wie die Krankheit eines Kindes reagieren zu können, aber nicht, um weniger zu arbeiten. Ihre Verantwortung für die Sorgearbeit beeinflusst deshalb ihre Verfügbarkeit für die Unternehmen kaum und dieser Sachverhalt hält ihnen den Zugang zur Karrierewelt offen.

Die „herkulischen" Frauen unterscheiden sich von jenen Frauen, denen eine Karriere verweigert wird, „nur" durch ein höheres Quantum an Zeit, das sie dem Unternehmen zur Verfügung stellen, oder durch den Zeitpunkt der Geburt des Kindes, nämlich nach einem Karriereschritt und nicht davor. Es ist somit nur ein schmaler Grat in den Verfügbarkeitsvoraussetzungen, der die Frauen beider Gruppen trennt. Mit Blick auf die Karriere – den Zugang zur Karrierewelt – wird dieser schmale Grat jedoch zum unüberwindbaren Hindernis. Noch geringer ist die Differenz zu den Frauen der „fokussierten Karriere". Da die "herkulischen" Frauen in der Mehrzahl in Vollzeitmodellen arbeiten, sind es nur minimale Abweichungen – ein oder zwei Tage die Woche schon um fünf Uhr gehen; mehr Planungsvorlauf benötigen; weniger Präsenz im Unternehmen zeigen –, die die beiden Gruppen voneinander trennen. Und doch haben auch hier die minimalen Abweichungen gravierende Auswirkungen; diesmal nicht auf den Zugang zur Karriere, sondern auf die Karriereintegration. Die „herkulischen" Frauen machen nicht nur Karriere gegen den Karrierefilter der „fremden Welt", sondern aufgrund ihrer Sorgearbeit auch der „doppelten Vergesellschaftung". Sie zahlen dafür einen Preis, der in einer nur fragilen Integration in die Karrierewelt besteht.

Die fragile Integration speist sich aus einer doppelten Abhängigkeit der Frauen. So sind sie, um die volle Verfügbarkeit für das Unternehmen zu gewährleisten, einerseits auf funktionierende und flexible Unterstützungsleistungen durch Eltern/Schwiegereltern, Betreuungseinrichtungen und soziale Netzwerke angewiesen. Dabei müssen sie beständig improvisieren, wenn z.B. ein Kind krank wird, auf der Arbeit Unvorhersehbares passiert oder die Eltern als Betreuungskräfte ausfallen. So versuchen sie individuell das gesellschaftliche Dilemma konträr konstruierter Tätigkeitsbereiche zu bewältigen. Das ist mit enormen Anstrengungen verbunden und den „herkulischen" Frauen bleiben kaum Zeitpuffer, die ihnen frei zur Verfügung stehen – um sich auszuruhen, Hobbys nachzugehen oder Freunde zu besuchen. Sie bewegen sich so in einer fragilen Konstellation, die störanfällig ist und deren Aufrechterhaltung von den Unterstützungsleistungen und privaten Ressourcen abhängt.

> „Ich hoffe, dass ich auf dem Weg dahin nicht irgendwann feststellen muss, dass es mit dieser Doppelbelastung dann nicht mehr hinhaut." (Mitarbeiterin, Banken, Ta303)

> „Also ich habe auch eine junge Frau jetzt betreut als Mentor eine Zeitlang. Die letzte, da schafft der Mann bei Daimler in Madrid und sie ist hier, hat eine angeblich 80-Prozent-Stelle, aber de facto 120 und zwei Kinder im Alter von, lassen Sie mich nicht lügen, vier und sieben. Brutal! Was die an Organisationsarbeit leistet, an Management. (…) Aber es ist auch wieder ein Beispiel, es ist 150 Prozent Energie notwendig, um das zu kriegen. Und das ist einfach irgendwo nicht fair." (Bereichsleiter, Elektrotechnik, Ea260)

Die fragile Integration beinhaltet andererseits Abhängigkeiten von besonderen Bedingungen in den Unternehmen, die dort zumeist gegen tradierte Verfahren und Routine verstoßen und den Frauen individuell gewährt werden. In diesem Kontext spielt der oder die unmittelbare Vorgesetzte eine entscheidende Rolle. Er oder sie muss es wagen, mit Führungskräften zu arbeiten, die nicht unbegrenzt verfügbar sind, gewisse Planungsvorlaufzeiten benötigen und geringere Präsenzzeiten aufweisen als die Peers oder sogar Mitarbeiter/-innen. Weiterhin muss er oder sie ihre Verantwortung für die Sorgearbeit akzeptieren und unterstützen.

> „Und sie brauchen im Zweifelsfall einen Chef dazu, wo sie 1000 Prozent sicher sein können, dass, wenn ich heute komme und sage: Es ist was mit meinem Kind, ich muss nach Hause, ich muss irgendwas tun, dass die alle sagen: ‚Geh!' Und das ist etwas, wo ich sage, da können sie diesen Weg gehen." (Abteilungsleiterin, Banken, Db153)

Eine breit gefächerte Akzeptanz ihrer Arbeitsmodelle finden die Frauen häufig jedoch nicht vor, wodurch ihre Bewegungsmöglichkeiten im Unternehmen eingeschränkt werden. Auch männliche Kollegen mit vergleichbarem Verdienst, die deutlich mehr Zeit im Unternehmen verbringen, können sich durch solche Abweichungen von der Norm „bedroht" fühlen. Die Frauen sind damit in einer Position des „Geduldetseins", die offen ist für eine Infragestellung durch Vorgesetzte und Kollegen und in der sie sich nicht nur als „Führungsfrauen" beweisen müssen, sondern auch Vorreiterinnen neuer Zeitarrangements in der Karrierewelt sind.

> „Und entweder ist das akzeptiert in höheren Hierarchieebenen – und ja, meine Einschätzung ist, so richtig akzeptiert ist es halt noch nicht, wenn man ankommt und sagt: Ja, aber heute muss ich um halb fünf gehen, weil die Kita macht heute um fünf zu und morgen ist ein Kindergeburtstag und dann muss ich leider auch mal einen Tag früher gehen. Also ich glaub', die Akzeptanz ist da einfach auch noch nicht da und da muss man sich schon halt auch überlegen, ob man als Frau da immer Vorreiterin spielen möchte, was ja nochmal Kraft kostet, sag ich mal." (Abteilungsleiterin, Elektrotechnik, Fa240)

Die Karriereperspektive der „herkulischen" Frauen ist somit unsicher, sie ist abhängig vom Funktionieren der privaten Arrangements, der Belastbarkeit der Frauen und der Akzeptanz im Unternehmen. Fallen z.B. die Eltern als Betreuungspersonen aus oder wechselt der Chef den Bereich, kann dies auch das Ende der Karriere einleiten.

Eine nur fragile Integration zeigt sich weiterhin darin, dass Frauen ihre Position in der Karrierewelt im Vergleich zu Männern nicht so fest verankern können. Da sie weniger Zeit auf der Arbeit verbringen, ist ihr Arbeitsrhythmus dichter getaktet, so dass kaum Spielräume für soziale Kontakte bleiben, wie die Kaffepause mit der Kollegin oder den intensiven Austausch mit den MitarbeiterInnen. Dadurch sind sie jedoch ein Stück weit vom Informationsfluss des Unternehmens abgekoppelt und weniger sozial eingebettet. Auch dies kann negative Auswirkungen auf die weitere Karriereentwicklung haben.

Besonders junge Frauen, die auf Karrierekurs sind und sich in der Zukunft ein Kind wünschen, reflektieren die Schwierigkeiten, die solche „Vereinbarkeitskarrieren" (Auer 2000) mit sich bringen. Sie sehen in ihrem Umfeld, dass hochqualifizierte Frauen mit Kind aus dem Karriereprozess fallen, und versuchen zugleich, sich durch diese Erfahrungen nicht in ihren Karrierezielen ausbremsen zu lassen. Auch sind sie sich der „Gefahr" für ihre eigene Karriere bewusst, die von ihren Partnern ausgehen kann: Ist deren Karriere bereits weiter fortgeschritten und unterliegt damit noch rigider den Verfügbarkeitserwartungen der Karrierewelt, befürchten sie, dass ihnen die Sorgearbeit allein überlassen bleibt und sie nicht nur im Unternehmen, sondern auch privat abgehängt werden. So hoffen sie auf die Zukunft, auf Veränderungen in den Unternehmen, die die fragile Integration von Frauen, die Kinder *und* Karriere anstreben, in eine stabile Integration verwandeln.

Frauen mit „herkulischer Karriere" überwinden so die Karrierefilter der „doppelten Vergesellschaftung" und der „fremden Welt" und doch prägen beide Filter in spezifischer Weise ihre Karriereintegration. Sie erreichen trotz hoher Verfügbarkeit nicht jenes Maß an Hingabe, das von den Unternehmen erwartet wird, und zahlen dafür den Preis einer nur fragilen Integration. Auch sie erleben Ablehnung in der „fremden Welt", werden jedoch nicht mit solchen Anfeindungen konfrontiert wie die Frauen der „fokussierten Karriere". Da sie Kinder haben, können sie nicht als „Mannweiber" diffamiert werden. Es ist auch zu vermuten, dass sie aufgrund ihrer nur fragilen Integration nicht als ganz gleichwertige Konkurrentinnen wahrgenommen werden und dadurch weniger Widerstand in der Männerwelt erzeugen.

4 Die Auswirkungen des neuen Möglichkeitsraums auf die Karriereorientierung von Frauen

Betrachtet man zusammenfassend die Karriereorientierung und die Karriereintegration von Frauen, muss konstatiert werden: Frauen wollen Karriere! Sie mögen aufgrund ihrer Verantwortung für die Sorgearbeit auf Karriere verzichten oder ihre Karriereziele einschränken, und doch ist dies nicht ihrem fehlenden Wollen, sondern fehlenden Möglichkeiten geschuldet. Frauen halten auch dann an ihrer Karriereorientierung fest, wenn die Karrierewelt sie als „Niemand" positioniert und sie über Jahre durch das Wahrnehmungsraster ihrer Vorgesetzten fallen. Sie nehmen enorme Anstrengungen und eine fragile Integration in Kauf, um trotz Sorgearbeit eine Karriere zu realisieren, oder ertragen die Anfeindungen einer Karrierewelt, die sie zwar integriert, aber zugleich auch isoliert. Vor diesem Hintergrund ist eine Umkehrung der Betrachtungsperspektive angebracht: Die Frauen mit Entwicklungs- und Gestaltungswunsch zeichnen sich nicht durch „Karriereunwilligkeit", sondern vielmehr durch eine ausgeprägte Karriereorientierung aus. Da die Karriereorientierungen jedoch in vielfältiger Weise durch die Wirkung der Karrierefilter blockiert, verdeckt oder geprägt sind, besteht hier im Vergleich zu den Männern noch großes Entfaltungspotenzial.

Der neue Möglichkeitsraum reaktiviert und verstärkt im Zusammenspiel von politischem Druck, gesellschaftlichen Veränderungen und Restrukturierung der Unternehmen die Karriereorientierung von Frauen. Erstmals – so eine Abteilungsleiterin – sei nun ein Umdenken zu beobachten. Im Zentrum des Themas „Frauen und Karriere" stehe nicht mehr eine personenbezogene Betrachtung des fehlenden Könnens und Wollens von Frauen, sondern der Fokus habe sich auf die hemmenden Rahmenbedingungen verschoben:

> „Und es hat jetzt erst angefangen, dass man wirklich mal gefragt hat oder versucht hat zu verstehen: Woran liegt das denn? Hat man die Jahre davor, da wurd' das abgetan mit, na ja, Frauen können dem Druck nicht standhalten, das war das eine Argument, und das zweite war, glaube ich, Frauen wollen's nicht. Und mittlerweile fragt man halt auch mal, warum – und das Thema ‚Frauen wollen nicht', was glaube ich schon auch oft ein Punkt ist, dann halt zu fragen, ja, warum nicht. Also nicht unbedingt, weil sie die Funktion nicht ausfüllen wollen, sondern weil die heutigen Randbedingungen nicht so sind, dass sie sagen, das ist attraktiv oder das reizt mich dann halt, was zu tun." (Abteilungsleiterin, Elektrotechnik, Fa240)

Den Frauen werden in den Unternehmen unseres Partnernetzwerkes nun unterschiedliche Möglichkeiten eröffnet. So wird z.B. im Kontext von Zielvereinbarungen systematisch nach ihnen gesucht; betriebliche Kinderbetreuungsmöglichkeiten werden eingerichtet oder ausgebaut; Frauen können sich selbst für eine Karriereförderung bewerben, es finden „Karrierewerkstätten" zum Austausch zwischen karriereorientierten Frauen statt und auch die Karriere in Teilzeit soll gefördert werden.

Im Rahmen des neuen Möglichkeitsraums wird so aktuell eine Sondersituation für Frauen geschaffen, die die Karrierewelt für Frauen öffnet und sie dort willkommen heißt. Dadurch wird die Fremdheit ein Stück weit aufgebrochen. So schafft der Möglichkeitsraum im Grunde doch keine Sondersituation, sondern vielmehr eine Annäherung an die Normalität von Karriere, wie sie Männer ganz selbstverständlich erleben. Und im Kontext dieser neuen „Normalität" ist etwas Erstaunliches zu beobachten: Frauen, für die es vor dem Hintergrund der fremden Karrierewelt noch rational war, ihren Karrierewunsch nicht zu artikulieren, positionieren sich nun ganz selbstbewusst.

„… ich glaub, was wir die ganze Zeit tun, und was ich auch sehr, sehr lange getan habe – ich habe das vorhin, während ich es aussprach, auch für mich noch mal realisiert – dass die ganze Zeit meine Entwicklung passiert ist. Aber ich habe sie nicht aktiv gefördert. Im Sinne von, ich hab angesprochen, ich will mehr! Das hat sich geändert bei mir. (…) Und dann hab ich zum ersten Mal im Bewertungsbogen, in dem jährlichen Prozess auf die Frage, wo ich mich denn sehe, nicht mehr seitwärts rein geschrieben, sondern aufwärts." (Abteilungsleiterin, Banken, Da275)

An diesem Beispiel wird deutlich, dass ein Karriereverhalten, mit dem Frauen durch das Wahrnehmungsraster ihrer Vorgesetzten fallen, nicht intrinsisch motiviert, sondern den vorgefundenen Karrierebedingungen geschuldet ist. Verändern sich diese Bedingungen, verändern Frauen auch ihr Karriereverhalten.

Der Möglichkeitsraum beeinflusst so durch die Aktivitäten in den Unternehmen die Wirkung der Karrierefilter. Je nach Ausrichtung sind die vier Gruppen von Frauen davon unterschiedlich betroffen. Frauen, die bislang auf Karriere verzichtet haben, weil sie in der Männerwelt für sich keine Chancen gesehen haben, wird nun ein Möglichkeitsraum eröffnet. Frauen, denen eine Karriere verweigert worden ist, wird nun angeboten, sich selbst für die Karriereförderung anzumelden. Frauen, die aufgrund der Sorgearbeit durch das Wahrnehmungsraster ihrer Vorgesetzten gefallen sind, geraten dann in den Blick, wenn gezielt ‚Karriere in Teilzeit' gefördert werden soll. Auch erste Versuche mit ‚Führung in Teilzeit' für Männer und Frauen können die Akzeptanz von Frauen, die Kinder und Karriere verbinden, erhöhen und die Schwierigkeiten ihrer fragilen Integration verringern. Und Maßnahmen, die wie das Diversity-Training auf das wechselseitige Verstehen der Verhaltensmuster von Männern und Frauen zielen, können dazu beitragen, die Anfeindungen, die die Frauen der „fokussierten Karriere" erfahren, zu verringern.

Die Aktivitäten in den Unternehmen zielen darauf, die Karrierewelt für Frauen zu öffnen, die Fremdheit aufzubrechen und das Spannungsfeld von Sorgearbeit und Karriere zu reduzieren. Ungewiss ist dabei jedoch, wie stabil und nachhaltig der neue Möglichkeitsraum ist bzw. wirkt. Noch ist nicht absehbar, was passiert, wenn eine seiner Konstituenten wie der politische Druck wegfällt und die Öffentlichkeit sich mit ein paar Vorzeigefrauen in Vorständen und Aufsichtsräten begnügt. Es muss sich erst zeigen, ob das Potenzial des Möglichkeitsraums tatsächlich ausgereizt wird, um die Wirkung der Karrierefilter dauerhaft zu durchbrechen und auch Frauen eine kohärente Integration in die Karrierewelt, die durch

Leichtigkeit und Selbstverständlichkeit gekennzeichnet ist, zu ermöglichen. Erst dann ist ein wirklicher Fortschritt in der Verbesserung der Karrierechancen von Frauen erreicht.

Literatur

[1] Allmendinger, J. (2009): Frauen auf dem Sprung. Wie junge Frauen heute leben wollen. Die Brigitte-Studie, München: Pantheon Verlag
[2] Allmendinger, J./Hackmann, J.R. (1994): Akzeptanz oder Abwehr? Die Integration von Frauen in professionelle Organisationen. In: Kölner Zeitschrift für Soziologie und Sozialpsychologie, Jg. 46, Heft 2, S. 238-258
[3] Auer, M (2000): Vereinbarkeitskarrieren. Eine karrieretheoretische Analyse des Verhältnisses von Erwerbsarbeit und Elternschaft, München; Mering: Rainer Hampp Verlag
[4] Becker-Schmidt, R. (1987): Die doppelte Vergesellschaftung – die doppelte Unterdrückung: Besonderheiten der Frauenforschung in den Sozialwissenschaften. In: Unterkirchen, L./Wagner, I. (Hg.): Die andere Hälfte der Gesellschaft. Österreichischer Soziologentag 1985, Wien: ÖGB, S. 10-25
[5] Becker-Schmidt, R. (2008): Doppelte Vergesellschaftung von Frauen: Divergenzen und Brückenschläge zwischen Privat- und Erwerbsleben. In: Becker, R./Kortendiek, B. (Hg.): Handbuch Frauen- und Geschlechterforschung: Theorie, Methoden, Empirie, Wiesbaden: VS Verlag für Sozialwissenschaften, S. 65-74
[6] Becker-Schmidt, R./Knapp, G.A./Schmidt, B. (1985): Eines ist zuwenig – beides ist zuviel. Erfahrungen von Arbeiterfrauen zwischen Familie und Fabrik, Bonn: Verlag Neue Gesellschaft
[7] Behnke, C./Liebold, R. (2002): Die Verteidigung der Arbeit. In: Schmidt, G./Gergs, H.J./Pohlmann, M. (Hg): Managementsoziologie. Themen, Desiderate, Perspektiven, München/Mering: Rainer Hampp Verlag, S. 156-167
[8] Boes, A./Bultemeier, A./Kämpf, T. (2011): Werden die Karten für Frauen neu gemischt? In: Boes, A./Bultemeier, A./Kämpf, T./Trinczek, R. (Hg.): Strukturen und Spielregeln in modernen Unternehmen und was sie für Frauenkarrieren bedeuten (können). Arbeitspapier 2 des Projekts „Frauen in Karriere", München: ISF München, S. 7-43
[9] Bultemeier, A. (2011): Neue Spielregeln in modernen Unternehmen: Wie können Frauen davon profitieren? In: Boes, A./Bultemeier, A./Kämpf, T./Trinczek, R. (Hg.): Strukturen und Spielregeln in modernen Unternehmen und was sie für Frauenkarrieren bedeuten (können). Arbeitspapier 2 des Projekts „Frauen in Karriere", München: ISF München, S. 45-81
[10] Ellguth, P./Liebold, R./Trinczek, R. (1998): "Double Squeeze". Manager zwischen beruflichen und privaten Anforderungen. In: Kölner Zeitschrift für Soziologie und Sozialpsychologie, Jg. 50, Heft 3, S. 517-535
[11] Eurostat (2013): Erwerbstätigenquote nach Geschlecht, Alter und NUTS-2-Regionen (%) (Tabelle), http://appsso.eurostat.ec.europa.eu/nui/show.do?dataset=lfst_r_lfe2emprt&lang=de, aufgerufen am 25.06.13, 10:14 Uhr.
[12] Faust M./Jauch P./Notz P. (2000): Befreit und entwurzelt: Führungskräfte auf dem Weg zum „internen Unternehmer", München; Mering: Rainer Hampp Verlag
[13] Heintz, B./Nadai, E. (1998): Geschlecht und Kontext. De-Institutionalisierungsprozesse und geschlechtliche Differenzierung. In: Zeitschrift für Soziologie, Jg. 27, Heft 2, S. 75-93
[14] Hermann, A./Strunk, G. (2012): Wichtig? Unwichtig? Welche Rolle spielt Geschlecht in der Karriere? In: Krell, G./Rastetter, D./Reichel, K. (Hg.): Geschlecht Macht Karriere in Organisationen. Analysen zur Chancengleichheit in Fach- und Führungspositionen, Berlin: edition sigma, S. 41-58
[15] Kanter, R.M. (1977): Men and Women of the Corporation, New York: Basic Books
[16] Kanter, R.M. (1980): A Tale of "O". On Being Different in an Organization, New York: Harper & Row

[17] Kleinert, C./Kohaut, S./Brader, D./Lewerenz, J. (2007): Frauen an die Spitze. Arbeitsbedingungen und Lebenslagen weiblicher Führungskräfte, hrsg. vom Institut für Arbeitsmarkt- und Berufsforschung, IAB-Bibliothek Band 2, Frankfurt am Main; New York: Campus

[18] Krüger, H. (1995): Dominanzen im Geschlechterverhältnis: Zur Institutionalisierung von Lebensläufen. In: Becker-Schmidt, R./Knapp, G.A. (Hg.): Das Geschlechterverhältnis als Gegenstand der Sozialwissenschaften, Frankfurt am Main; New York: Campus, S. 195-219

[19] Maruani, M. (2002): Ein unvollendetes Projekt: Die Gleichheit von Männern und Frauen in der Arbeitswelt; (Siegener Beiträge zur Soziologie, Band 4), Köln: Rüdiger Köpper Verlag

[20] Mika, B. (2012): Die Feigheit der Frauen. Rollenwandel und Geiselmentalität. Eine Streitschrift wider den Selbstbetrug, München: Wilhelm Goldmann Verlag

[21] Nickel, H.M. (2011): Frauen wollen führen – Männer wollen Macht. Oder: Ist Macht eine androzentrische Kategorie? Vortrag auf der Tagung „Frau Macht Konkurrenz" an der Evangelischen Akademie Tutzing am 11.03.2011, http://www.frauenakademie.de/images/maria_nickel.pdf, aufgerufen am 25.06.2013, 11:37 Uhr

[22] Nickel, H.M./Hüning, H. (2008): Frauen an die Spitze? Zur Repolitisierung der Arbeits- und Geschlechterdebatte. In: Eickelpasch, R./Rademacher, C./Lobato, P.R. (Hg.): Metamorphosen des Kapitalismus und seiner Kritik, Wiesbaden: VS Verlag für Sozialwissenschaften, S. 216-239

[23] Nickel, H.M./Hüning, H./Frey, M. (2008): Subjektivierung, Verunsicherung, Eigensinn. Auf der Suche nach Gestaltungspotentialen für eine neue Arbeits- und Geschlechterpolitik, Berlin: edition sigma

[24] Priddat, B.P. (2001): Frauen als virtuelle Unternehmerinnen: hyper-organizations of work, life and household: ein Beitrag zur Geschlechterfrage in der New economy; Wittener Diskussionspapiere, Heft 80, Fakultät für Wirtschaftswissenschaften, Universität Witten/Herdecke

[25] Quack, S. (1997): Karrieren im Glaspalast: Weibliche Führungskräfte in europäischen Banken; discussion paper FS I 97-104 des Wissenschaftszentrums Berlin für Sozialforschung (WZB), Berlin

[26] Statistisches Bundesamt (2012): Teilzeitquote von Frauen in Deutschland deutlich über EU-Durchschnitt. Pressemitteilung vom 07.03.2012, https://www.destatis.de/DE/PresseService/Presse/Pressemitteilungen/2012/03/PD12_078_132pdf.pdf?__blob=publicationFile, aufgerufen am 25.06.2013, 11:40 Uhr

[27] Statistisches Bundesamt (2012a): Mehr Nacht- und Wochenendarbeit in Deutschland – neuer Bericht zur Qualität der Arbeit erschienen. Pressemitteilung von 20.08.2012, https://www.destatis.de/DE/PresseService/Presse/Pressemitteilungen/2012/08/PD12_284_13411pdf.pdf;jsessionid=672967554DC7A69CA0E40B5190B08687.cae1?__blob=publicationFile, aufgerufen am 25.06.2013, 11:42 Uhr

Karrierechancen von Frauen erfolgreich gestalten

Good Practices der Veränderung

Andreas Boes und Thomas Lühr

1 Gute Ausgangslage für eine erfolgreiche Gestaltung

Vieles deutet darauf hin, dass in den nächsten Jahren eine entscheidende Weichenstellung für die Teilhabechancen von Frauen in der Gesellschaft vorgenommen wird. Ein „historischer Möglichkeitsraum" (Boes et al. 2011: 29) ist entstanden, der eine substanzielle und nachhaltige Veränderung hin zu mehr Gleichberechtigung bewirken könnte. Eine anhaltende Diskussion über die Einführung einer mehr oder minder verbindlichen Frauenquote in der Wirtschaft deutet auf eine Zeitenwende in der öffentlichen Debatte um die Karrierechancen von Frauen hin. Die gesellschaftliche Anspruchshaltung ist, so könnte man sagen, radikaler geworden und hat einen neuen Resonanzboden geschaffen, auf dem sich neue politische Konstellationen – quer durch alle Parteien – abzeichnen, die (bis hinauf zur EU-Ebene) Druck auf die Unternehmen ausüben.

Das eigentliche Fundament des Möglichkeitsraums resultiert jedoch aus zwei objektiven Faktoren: Zum einen hat die Bildungsexpansion zu einer „Feminisierung der Arbeitswelt" (Maruani 2002: 25) geführt, so dass heute immer mehr gut qualifizierte Frauen in nahezu alle Unternehmensbereiche drängen (vgl. Hecken 2006). Diese Frauen haben ihrer Qualifikation entsprechende Erwartungen und berufliche Ansprüche, die sie immer öfter auch offen artikulieren. Damit korrespondiert, zum anderen, eine Entwicklung im Inneren der Unternehmen selber – der Umbruch zu einem neuen Leittypus, dem „Unternehmen 2.n" (Boes et al. 2011: 31). Die Erosion der Trennlinie zwischen „Männerberufen" und „Frauenberufen", zunehmend professionalisierte, versachlichte Personalauswahlverfahren sowie die Flexibilisierung von Arbeitszeit und -ort bilden völlig neue Anknüpfungspunkte für den Abbau der geschlechtlichen Ungleichheit in den Unternehmen. In ihrem Zusammenspiel schlagen diese Wirkfaktoren sozusagen Funken – und erst daraus ergibt sich der historische Möglichkeitsraum (dazu ausführlich die Einleitung dieses Bandes).

1.1 Den historischen Möglichkeitsraum nutzen!

Nach einer langen geschichtlichen Periode öffnet sich nun – für den begrenzten Zeitraum von wahrscheinlich nur ein paar Jahren – ein einmaliges Zeitfenster, um das Fundament für eine neue Qualität der Teilhabe von Frauen in der Gesellschaft zu legen. Die Zeit ist jetzt reif, weil öffentlicher Druck die Unternehmen zum Handeln zwingt.

Doch ein solches historisches „Fenster" für die Verbesserung der Karrierechancen von Frauen ist für sich genommen noch kein Erfolgsgarant. Der Möglichkeitsraum ist kein Automatismus, der sich quasi von selbst verwirklicht. Geschichte passiert nicht einfach, sie muss in erster Linie „gemacht" werden. Dabei kommt es natürlich auch auf die Frauen selber an. Und wie unsere Forschungsergebnisse zeigen, wollen diese durchaus Karriere machen. Der neue Möglichkeitsraum bewirkt sogar, dass ihr Karrierestreben in neuer Qualität mobilisiert wird. Allerdings führt das Fehlen adäquater Bedingungen oft dazu, dass dieses Wollen der Frauen im Verborgenen bleibt und sich nicht realisieren kann (dazu ausführlich Bultemeier, in diesem Band). Natürlich spielen dabei auch gesellschaftliche Verhältnisse eine Rolle, wie z.B. die unzureichende Verfügbarkeit von Kinderbetreuungsplätzen (vgl. z.B. Ochsenfeld 2012). Entscheidend sind aber unseres Erachtens die Strukturen und Mechanismen im Inneren der Unternehmen, die solche gesellschaftlichen Verhältnisse erst zu einem Problem für die Karrierechancen von Frauen werden lassen.

Unsere Empirie zeigt, dass „Geschlecht" als Selektionskriterium auch in dem sich wandelnden Karrieremechanismus der Unternehmen eingeschrieben ist – in neuer Form (dazu ausführlich Bultemeier/Boes, in diesem Band). Offene Diskriminierung spielt dabei nur eine untergeordnete Rolle. Stattdessen wirkt ein „versteckter", sekundärer Diskriminierungsmechanismus in unterschiedlichen Bausteinen des Karrieremechanismus fort, z.B. in den Konstruktionsprinzipien einer Karrierewelt, die überbordende betriebliche Verfügbarkeitsanforderungen stellt und damit soziale Verantwortung negiert. Daher wird auch eine gesetzliche Frauenquote allein kaum Wesentliches verändern können. Moderne Unternehmen haben neue Spielregeln für Karrieren. Damit das Potenzial der Frauen unter diesen Bedingungen in den Unternehmen nicht verloren geht, müssen wir den sich jetzt öffnenden Möglichkeitsraum bewusst gestalten. Und das heißt vor allem: Der Karrieremechanismus muss verändert werden. Ohne die Gestaltung des Karrieremechanismus in den Unternehmen wird der Möglichkeitsraum verpuffen. Insofern liegt der Schlüssel des Erfolgs in den Unternehmen. Es besteht konkreter Handlungsbedarf. Die Frage ist freilich, ob die Weichen in den Unternehmen richtig gestellt sind.

1.2 Ausgangsbedingungen in den Unternehmen

Als wir 2008 mit dem Projekt „Frauen in Karriere" starteten, spielte das Thema in den Unternehmen so gut wie keine Rolle. Erst im Projektverlauf hat sich das gewandelt, nämlich ab dem Jahr 2010. Das lag nicht zuletzt an dem öffentlichkeitswirksamen Vorstoß der Deutschen Telekom AG, bis 2015 30 Prozent der Führungspositionen im oberen und mittleren Management mit Frauen besetzen zu wollen. Seither ist es nicht nur in der Politik und der öffentlichen Meinung zu einem spürbaren Umschwung gekommen. Auch in den Unternehmen bewegt sich etwas. Das Thema Karrierechancen von Frauen wird flächendeckend in seiner politischen Bedeutung erkannt und in den Unternehmen in der einen oder anderen

Weise zu einem strategischen Thema gemacht, oft an höchster Stelle angesiedelt (vgl. die Einleitung dieses Bandes sowie bereits Boes et al. 2011).

Vor diesem Umschwung war das typische Bild in den Unternehmen geprägt durch das mühevolle Agieren von einzelnen Akteurinnen und Akteuren, die gewissermaßen an den Rändern der Unternehmen oder „von unten" eine Politik der Frauenförderung betrieben. Hierzu gehörten z.B. Frauennetzwerke, die in den Anfängen eher konspirativ agierten und erst im Zuge des Wandels institutionalisiert wurden, oder Frauen- und Gleichstellungsbeauftragte in öffentlich-rechtlichen Unternehmen und Betriebsrätinnen und Betriebsräte in mitbestimmten Unternehmen, die teilweise sehr weitgehende Betriebsvereinbarungen durchsetzen konnten – allerdings ohne große Wirkung in der Praxis. Unterm Strich – so könnte man die Phase vor 2010 zusammenfassen – waren das Bemühungen von Einzelnen, die keine große Durchsetzungskraft entfalten konnten, weil sie nicht mit den strategischen Interessen der Unternehmensentwicklung verbunden waren bzw. die strategische Bedeutung ihrer Aktivitäten nicht erkannt wurde.

Die fehlenden Fortschritte bei der Verbesserung der Karrierechancen von Frauen waren schließlich auch der Anlass für den Vorstoß der Deutschen Telekom AG im März 2010:

> „Über viele Jahre gab es in den Unternehmen die verschiedensten Maßnahmen, mehr Frauen in Führungspositionen zu bringen. Der durchschlagende Erfolg ist aber leider ausgeblieben. Da nehme ich die Telekom nicht aus. Deshalb haben wir uns jetzt für die Frauenquote entschieden." (Sattelberger 2010).

Durch diese Initiative eines prominenten Unternehmens in Deutschland gerieten plötzlich auch alle anderen DAX-Unternehmen gegenüber der Öffentlichkeit unter Rechtfertigungsdruck. Dies führte generell zu einem deutlich gestiegenen Aktivitätsniveau und dem Einsetzen eines grundlegenden Veränderungsprozesses in Bezug auf das Thema Frauen und Karriere. Angesichts der öffentlichen Aufmerksamkeit mussten sich die Vorstände damit befassen, es war zum strategischen Thema geworden. Aktivitäten, die bis dato am Rande der Unternehmen und meist außerhalb ihres strategischen Fokus stattfanden, wurde nun zentrale Bedeutung beigemessen, denn sie genossen die Aufmerksamkeit des Vorstands. Diversity-Abteilungen, die über Jahre gewissermaßen „im Keller" der Unternehmen mit viel Überzeugung an einem Kulturwandel der Unternehmen arbeiteten, aber in ihrem Wirken selten zur Kenntnis genommen wurden, standen seitdem im Lichte der unternehmensöffentlichen Wahrnehmung. Wo sich vorher bestenfalls an jährlich stattfindenden Diversity Days eine Gelegenheit ergab, Vorschläge für die Förderung der Karrierechancen von Frauen zu machen, wurde jetzt nach strategischen Konzepten gefragt. Während über lange Zeit strikt vermieden wurde, sich auf bestimmte messbare Ziele hinsichtlich der Frauenförderung festzulegen, legte nun ein Unternehmen nach dem anderen Zielwerte vor. Überall dort, wo die strategische Bedeutung einer Verbesserung der Karrierechancen von Frauen erkannt und durch eine entsprechende Positionierung des Vorstands unterstrichen wurde, ergaben sich neue politische Bündniskonstellationen in den betrieblichen „Zentren der Macht".

Dadurch hat sich auch die Anspruchshaltung in den Unternehmen verändert. War das Thema bis dato ein Thema für Spezialistinnen, das in der breiten Unternehmensöffentlichkeit nicht oder allenfalls despektierlich behandelt wurde, so entwickelten sich nun vielfältige, meist kontroverse Diskussionen. Dies war mit einem regelrechten Shift in der unternehmensöffentlichen Meinung verbunden. Deutlich wird dies mit Blick auf die Positionen zum Thema „Quote": Machten wir bis 2010 in unseren Interviews regelmäßig die Erfahrung, dass unsere Gesprächspartner sich überwiegend negativ zur „Quote" äußerten, so gewannen die Befürworter danach schnell an Zustimmung. Hieß es vorher selbst dann, wenn wir gar nicht danach gefragt hatten: „... aber eine Quote lehne ich auf jeden Fall ab!", so waren nun immer öfter Stimmen zu vernehmen, die meinten: „Wenn sich von selbst nicht ändert, muss man eben eine Quote einführen." Anfangs fanden wir bei unseren Interviews mit dem Management quotenbefürwortende Stimmen nur auf Seiten weiblicher Führungskräfte, die älter als 40 Jahre waren. Diese verwiesen meist darauf, dass sie früher wenig Sympathie für das Thema hatten und die Quote ablehnten, dann aber im Laufe der Jahre ihre Meinung geändert hätten, weil sie nicht sähen, dass sich sonst etwas ändere.[1] Nach dem Shift in der unternehmensöffentlichen Meinung wurden Quoten zunehmend auch von jungen Frauen und sogar von männlichen Entscheidern mit Nachdruck verfochten.

Die neue gesellschaftliche Anspruchshaltung und die veränderte Situation in den Unternehmen führten vor allem dazu, dass auch die Anspruchshaltung der Frauen in den Unternehmen stärker wurde. „Wann, wenn nicht jetzt?" war die Losung, die wir nun immer öfter in den Interviews mit weiblichen Interviewpartnerinnen hörten. Frauen, die sich über Jahre nicht getraut hatten, ihre Karrierewünsche offen zu artikulieren, thematisierten diese nun in den jährlichen Entwicklungsgesprächen mit ihren Vorgesetzten. Auch wenn viele die neue Entwicklung eher skeptisch beäugten, griff die Erkenntnis Platz: Wenn es eine Chance gab, die eigene Karriere zu befördern, dann war jetzt der richtige Zeitpunkt gekommen.

Somit sind die Ausgangsbedingungen für eine erfolgreiche Gestaltung der Karrierechancen von Frauen in den Unternehmen aktuell recht günstig: Viele Unternehmen verfügen mittlerweile über Zielvorgaben und das entsprechende Commitment der Geschäftsführung (vgl. Statusbericht 2012). Dort, wo sich der Vorstand nicht als Ganzes „commitet", können teilweise Widersprüche zwischen einzelnen Vorstandsmitgliedern produktiv genutzt werden. Oftmals existieren bereits spezifische Funktionen im HR-Management, z.B. im Diversity-Bereich, oder gar Beschäftigten-Netzwerke, die das Thema in der Breite treiben und zum Teil auf ihren Erfahrungen aus den „konspirativen" Zeiten aufbauen können. Dazu stehen mit den Betriebsräten und Gewerkschaften Sozialpartner als Bündnispartner bereit, die ebenfalls über langjährige Erfahrungen verfügen und ein quasi „natürliches" Interesse an dem Thema und einer produktiven Zusammenarbeit diesbezüglich mitbringen.

---

1 Exemplarisch sei hier eine Managerin aus der oberen Führungsebene zitiert: „Ich bin mittlerweile eine Vertreterin von einer Quote. Vor noch ein paar Jahren hätte ich gesagt: ‚Niemals! Um Gottes Willen.' So. Und ich bin auch in alles hier definitiv nicht durch eine Quote reingekommen. Mittlerweile lerne ich aber, es bedarf einer Quote, damit Frau die Chance hat, sich zu zeigen." (Unterabteilungsleiterin, Banken, Ta103)

Einen Eindruck von dem gegenwärtigen Umschwung in den Unternehmen haben wir selbst ganz unmittelbar aus unseren eigenen Erfahrungen im Rahmen des Projekts bekommen können. Selten sind wir mit unseren Forschungen und Forschungsergebnissen auf eine so große Resonanz in den Unternehmen gestoßen. Das betrifft die hohe Bereitschaft aller Partnerunternehmen im Projektnetzwerk, sich nach der Analyse des Karrieresystems sowie der individuellen Karrierestrategien ihrer Mitarbeiterinnen und Mitarbeiter auch an der Implementierung und Evaluation von Gestaltungsmaßnahmen im Rahmen der Aufstockung des Projekts zu beteiligen; es betrifft aber auch das enorme Interesse anderer Unternehmen, die gar nicht an dem Forschungsprojekt beteiligt waren und dennoch zahlreich und hochkarätig an unseren Veranstaltungen teilgenommen oder uns zu Präsentationen und Diskussionen unserer Forschungsergebnisse in ihren Häusern eingeladen haben.

1.3 Zu Zielstellung und Aufbau des Artikels

Dieser Beitrag reflektiert den Veränderungsprozess, der gegenwärtig in den Unternehmen stattfindet, und zieht daraus Schlussfolgerungen für eine erfolgreiche Gestaltung der Karrierechancen von Frauen. Er stellt die Ergebnisse und Erfahrungen vor, die wir gemeinsam mit unseren Partnerunternehmen im Rahmen der Entwicklung, Implementierung und Evaluation konkreter Gestaltungsmaßnahmen sowie bei der wissenschaftlichen Begleitung der entsprechenden Change-Prozesse gemacht haben, und verallgemeinert sie. Im ersten Schritt explizieren wir, was wir über die Funktionsweise des Veränderungsprozesses beobachtet und gelernt haben, wir versuchen also die Frage nach dem Wie der Veränderung zu beantworten und auf dieser Grundlage in die Prinzipien für eine erfolgreiche Gestaltung einzuführen. Nachfolgend skizzieren wir anhand unseres „Referenzmodells der Veränderung", das wir im Rahmen unserer Forschungen zur Verbesserung der Karrierechancen von Frauen entwickelt haben und das als inhaltliche Leitorientierung für ein integriertes Gestaltungs- und Evaluationskonzept gedient hat, wie eine erfolgreiche Gestaltung der Karrierechancen von Frauen in der Praxis aussieht. Es wird also anhand konkreter Fallbeispiele aus unserer Empirie die Frage nach dem Was der Veränderung beantwortet, um konkrete Erfolgsfaktoren zu identifizieren. Abschließend diskutieren wir die weitere Perspektive der Gestaltung des „historischen Möglichkeitsraums" im Hinblick auf die grundlegende Modernisierung der Organisation.

2 Theorie und Prinzipien der Gestaltung

Die Frage danach, wie eine erfolgreiche Gestaltung funktioniert, lässt sich nur schwer a priori, also unabhängig von konkreter Erfahrung und Wahrnehmung beantworten. Sie ist, zumindest im ersten Schritt, keine abstrakt-theoretische, sondern eine konkret in der Praxis zu beantwortende Fragestellung. So kann auch die Implementierung und Gestaltung von Veränderungsmaßnahmen zur Verbesserung der Karrierechancen von Frauen keiner detaillierten „Blaupause" folgen. Je nach Größe der Unternehmen sowie ihrer spezifischen „betrieblichen Sozialordnung" (Kotthoff/Reindl 1990: 8) finden sich spezifische Kulturen und Handlungskonstellationen, die ein am konkreten Einzelfall orientiertes Vorgehen erforderlich machen (vgl. auch Boes et al. 2011a: 263). Auch in unserem Sample hatten wir ganz verschiedene Unternehmen mit unterschiedlichen Ausgangsbedingungen – von jenen mit einer eher starren, bürokratischen Kultur bis hin zu jenen, die sich durch eine extreme Dynamik flexibler Netzwerkstrukturen auszeichnen; kleinere bzw. ausschließlich am nationalen Markt orientierte Unternehmen und weltweit agierende Großkonzerne; Betriebe mit ausgeprägteren und weniger ausgeprägten Mitbestimmungsstrukturen; solche mit einer langen Tradition der Gleichstellungspolitik und solche, in denen eine institutionalisierte Frauenförderung faktisch über einen sehr langen Zeitraum keine Rolle gespielt hatte, sowie nicht zuletzt auch Unternehmen aus unterschiedlichen Branchen – etwa aus der Finanzwirtschaft, in der vergleichsweise viele Frauen beschäftigt sind, aber auch aus der ITK- oder Elektro-Industrie mit einer traditionell eher geringen Grundgesamtheit an Frauen.

Dennoch verbindet diese unterschiedlichen Unternehmen, dass sie – aus ihren je unterschiedlichen Hintergründen heraus – Versuche unternehmen, Maßnahmen umzusetzen, um die Karrieremöglichkeiten für Frauen zu verbessern. Wir waren nun in der glücklichen Situation und hatten die einmalige Chance, diese Veränderungsprozesse in den Unternehmen „hautnah" beobachten und verfolgen sowie bei der Entwicklung, Implementierung und Umsetzung von konkreten Gestaltungsmaßnahmen wissenschaftlich begleiten zu können. Das ermöglicht es uns zwar nicht, einen „one best way" zu skizzieren – denn den kann es aufgrund der Vielfalt und Unterschiedlichkeit der jeweiligen Ausgangssituationen nicht geben. Aber wir konnten analysieren, was die Essenz der jeweiligen Veränderungsprozesse in den verschiedenen Unternehmen ist, und daraus gemeinsame und verallgemeinerbare Prinzipien für eine erfolgreiche Gestaltung ableiten.

So haben wir die einzelnen Veränderungsprozesse der Unternehmen gemeinsam mit unseren Core-Partnern reflektiert und anschließend im Hinblick darauf analysiert, welche Lernerfahrungen über den Tag hinaus reichen und auch für andere Unternehmen von Relevanz sein könnten. Auf der Grundlage unserer wissenschaftlichen Evaluation gehen wir nun auf die Funktionsweise des Veränderungsprozesses ein und leiten daraus – gewissermaßen „a posteriori" – erste Eckpunkte für eine allgemeine Theorie einer erfolgreichen Gestaltung der Karrierechancen von Frauen ab.

2.1 Förderung der Karrierechancen von Frauen als kollektiver Lernprozess zur Modernisierung der Organisation

Das erste und Wichtigste, was wir gelernt haben: Die Förderung der Karrierechancen von Frauen darf nicht als ein „Exoten"-Thema betrieben werden. Manche der von uns untersuchten Unternehmen verharrten in einem Modus, „Sonderveranstaltungen" anzubieten und punktuelle Maßnahmen einzuführen, etwa spezielle Seminare zu Gendersensibilität für Führungskräfte oder gendersensibler Gestaltung von Beurteilungskriterien für die Personalauswahl. Unserer Erfahrung nach ist ein solches Herangehen nur wenig effektiv. In einem Anfangsstadium können solche Einzelmaßnahmen geeignet sein, ein erstes Problembewusstsein für die Geschlechterbenachteiligung überhaupt erst zu initiieren, jedoch sind sie oft nicht nachhaltig, solange sie isoliert bleiben und als Programme von der allgemeinen

Entwicklung getrennt sind. Auf lange Sicht gehen sie ins Leere, weil sie „Geschlecht" nicht als eine zentrale Dimension eines ganzheitlichen Veränderungsprozesses adressieren, sondern lediglich als ein zusätzliches „add-on", das unter Umständen sogar nur „nice to have" ist. Insbesondere den Führungskräften wird so der Eindruck vermittelt, es handele sich bei dem Gender-Thema um eine zusätzliche Anforderung, die „quer" zu ihren allgemeinen Aufgaben liege. Das legt individuell subjektive Verhaltensformen nahe, die darauf zielen, das Thema zu blockieren oder „auszusitzen", weil es in seiner grundlegenden strategischen Bedeutung verkannt wird.

Um aktive oder passive Blockaden zu vermeiden, muss der *Abbau geschlechtlicher Ungleichheit als eigenständige Dimension der Unternehmenspolitik betrieben und als integraler Bestandteil in die Organisationsentwicklung eingeschrieben werden*. In einem unserer Fallunternehmen, das Frauenförderung ganz in diesem Sinne als integralen Bestandteil der Personalpolitik sehr ernsthaft betreibt, bringt eine Führungskraft diesen Anspruch auf den Punkt: Das Thema Frauen in Karriere sei in ihrem Unternehmen „grundsätzlich unstrittig, es ist nicht nur politisch verordnet, sondern es gehört dazu, wie andere Themen auch" (Personalleiterin, Banken, Ta315). Entsprechende Maßnahmen werden deshalb nicht isoliert umgesetzt, sondern grundsätzlich als „Bausteine" in den basalen Prozessen des Unternehmens verankert und in einen ganzheitlichen Ansatz integriert. Dies heißt z.B., dass Gendersensibilität – im Rahmen einer „intelligenten", auf Ganzheitlichkeit zielenden Personalpolitik – von Anfang an als selbstverständlicher Bestandteil des Kriterienkatalogs für Beurteilungsgespräche oder Qualifizierung von Führungskräften eingebaut und nicht erst im Nachhinein über Zusatz-Seminare „nachjustiert" wird. Und es heißt, verschiedene Maßnahmen im Rahmen einer mehrdimensionalen Strategie „systemisch" zu integrieren. In vielen Fallunternehmen konnten wir beobachten, dass es nicht ausreicht, allein über Einzelmaßnahmen nachzudenken. Stattdessen kommt es darauf an, Maßnahmen auf verschiedenen Dimensionen miteinander zu verknüpfen und zu verzahnen, so dass sie ineinandergreifen können. Konkret: Die besten Kleinkinderbetreuungsangebote helfen nicht, den Frauenanteil in Führungspositionen zu erhöhen, wenn es nicht flankierende Maßnahmen in der Personalentwicklung gibt. Und die besten Mentoring-Programme für Frauen oder die am meisten versachlichten Personalauswahlverfahren laufen ins Leere, wenn es keine ausreichenden Möglichkeiten im Unternehmen gibt, sich als Mitarbeiterin auch in Teilzeitarbeit zu entwickeln.

Die zweite Lektion, die wir lernen konnten: Die Gestaltung der Karrierechancen von Frauen muss ein *Lernprozess der gesamten Organisation* sein. In manchen unserer Fallunternehmen haben isolierte Einzelmaßnahmen und gesonderte „Extra"-Prozesse dazu geführt, dass die Förderung der Karrierechancen von Frauen lediglich als ein „Nischenthema" er- und gelebt wurde, das nur die Angelegenheit von irgendwelchen Expertinnen und Experten (eben „Exoten") in der Personalabteilung sei. So lässt sich natürlich nur schwer eine Breitenwirkung erzielen. Für eine erfolgreiche Gestaltung – davon haben wir uns im Rahmen der wissenschaftlichen Begleitung der Change-Prozesse in den Unternehmen sehr gut überzeugen können – ist es hingegen von zentraler Bedeutung, dass „Geschlecht" in der Breite der Organisation explizit thematisiert wird. Nur so kann ein alle Bereiche der Organisation übergreifender

Lernprozess installiert werden.[2] Unsere Empirie hat gezeigt, dass sich insbesondere jene Unternehmen auf einem erfolgreichen Weg hinsichtlich der Gestaltung der Karrierechancen von Frauen befinden, die in der Praxis auf eine Öffnung und Verbreiterung der Akteursgruppen orientieren, die das Thema im Unternehmen vorantreiben. Erst wenn die Verantwortung nicht mehr ausschließlich in der Personalabteilung liegt, sondern auch die anderen Unternehmensbereiche und ihre Führungskräfte aktiv in den Veränderungsprozess einbezogen werden, können zusätzliche Kompetenzen und unterschiedliche Perspektiven fruchtbar gemacht werden, die die Umsetzung von Gestaltungsmaßnahmen in der Breite erst gewährleisten. Die gezielte Einbindung und Integration verschiedener betrieblicher Funktionen in einen kollektiven Lernprozess ist in der Praxis oftmals eine Herausforderung. Wichtig ist es deshalb, die verschiedenen Akteursgruppen in ihrer spezifischen Rolle – als Führungskraft, als Mitarbeiterin oder Mitarbeiter in den Bereichen, aber auch z.B. als Betriebsrat – ernst zu nehmen und sie sprichwörtlich „dort abzuholen, wo sie stehen".

Ganz wesentlich für die Karriereförderung von Frauen ist es – drittens –, diese als *Bestandteil eines grundlegenden Veränderungsprozesses in Richtung auf das „Unternehmen 2.n"* zu begreifen. Damit ist gemeint, dass das Thema Frauen und Karriere nicht ohne Verbindung zu den zentralen Veränderungsprozessen in der Organisation betrieben werden kann. Es muss in den allgemeinen Umbruch zu einer nachhaltigen Modernisierung der Organisation integriert werden, um die damit verbundenen arbeits- und betriebspolitischen Handlungsspielräume sowie die Dynamik des betrieblichen Wandels nutzen zu können. Gerade im Hinblick auf die Tendenzen zur „permanenten Reorganisation" moderner Unternehmen (Sauer et al. 2005; Sauer 2006) eignet sich dabei das Motto: „Mit der Welle statt gegen die Welle" als instruktive Orientierung für betriebliche Gestaltungsprozesse.[3] Das heißt, jeder neue Prozess sollte bewusst darauf überprüft werden, was er für die Dimension „Geschlecht" im Unternehmen bedeutet; ob und wie er für die Verbesserung der Karrierechancen von Frauen genutzt werden kann.

Umgekehrt kann die Aufhebung der Geschlechter-Ungleichheit selbst wiederum als Impuls für diesen grundlegenden Wandel dienen. So haben wir in unserer Empirie viele Themen identifiziert, die einerseits für die Verbesserung der Bedingungen für die Karrierechancen von Frauen wichtig sind und andererseits in ihrer Wirkung weit darüber hinaus reichen, d.h. Anreize in verschiedenen Feldern der allgemeinen Organisationsentwicklung schaffen. Beispielsweise ist, wie unsere Analysen gezeigt haben, eine hohe Durchlässigkeit zwischen den Bereichen notwendig, um die allgemeine Dynamik der Karrierestrukturen in den Unternehmen zu erhöhen. So werden karriererelevante Position frei (oder überhaupt erst geschaffen), für deren Besetzung gezielt auch Frauen in Betracht gezogen werden können. Gleichzeitig wird damit generell eine Dynamik zwischen den einzelnen Abteilungen erzeugt, die die unterschiedlichen Erfahrungsräume der Organisation fluide miteinander ver-

---

2 Dahinter steckt unsere Prämisse, Gestaltung als einen „kontinuierlichen (Veränderungs-)Prozess" (Boes et al. 2011a: 258) zu verstehen. Dieser kann zwar von (externen) Experten angestoßen und unterstützt werden, für die notwendige Eigendynamik und die kontinuierliche Initiative kommt es jedoch auf die Handlungs- und Lernbereitschaft in den Bereichen des Unternehmens selbst an.
3 Vgl. auch am Beispiel der betrieblichen Gesundheitsförderung: Boes et al. 2011a: 264.

netzt und so den immer wichtiger werdenden Transfer von Wissen (vgl. z.B. Meier/Weller 2010) innerhalb des Unternehmens erleichtert. Oder: Die Transformation von Führung in Richtung stärker partizipativ ausgerichteter Managementkonzepte wird nicht ganz umsonst als ihre „Verweiblichung" diskutiert (vgl. z.B. Sordon 1995; Pasero 2004). Sie birgt jedoch nicht nur ein neues Karrierefeld für Frauen, sondern der Wandel zu einem Führungsverständnis, das die Führungskräfte stärker als „Coach" adressiert – also Führung über Vertrauen in engem Kontakt mit den Mitarbeiterinnen und Mitarbeitern –, ist zugleich eine zunehmend wichtiger werdende Anforderung im Hinblick auf die allgemeine Mitarbeiterentwicklung in systemischen und lernenden Organisationen (vgl. Bultemeier/Boes, in diesem Band, sowie bereits Bultemeier 2011: 75ff).

Diese Beispiele zeigen: Nicht nur verbessert eine modernisierte Organisation die Bedingungen für die Förderung der Karrierechancen von Frauen, weil dadurch eine Eigendynamik bei der Umsetzung von Gestaltungsmaßnahmen genutzt werden kann – als Voraussetzung für die Entfaltung einer nachhaltigen Wirkung. Umgekehrt lässt sich auch die Veränderungsdynamik bei der Verbesserung der Karrierechancen von Frauen als „Anstoß" und „Lackmustest" für einen kollektiven Lernprozess zur Modernisierung des Unternehmens nutzen – und die wirkliche Integration der Frauen in das Karrieresystem als „Seismograph" für ihr Gelingen.

Als Leitorientierung für die Gestaltung der Karrierechancen von Frauen lässt sich festhalten: Der Wandel zum „Unternehmen 2.n" muss ins Zentrum gestellt und im Sinne eines kollektiven Lernprozesses zur konsequenten Modernisierung der Organisation und Aufhebung der geschlechtlichen Ungleichheit aktiv gestaltet werden. Wie gestaltet man diesen kollektiven Lernprozess nun konkret?

2.2 Gestaltung als kollektiver Lernprozess - Prinzipien

Aus der betrieblichen Gestaltungsperspektive betrachtet, haben wir im Laufe unserer Forschung eine ganz zentrale Veränderung bemerkt: Mit der strategischen „Überformung" des zuvor eher randständigen Themas haben sich in den Unternehmen schlagartig neue „Kraftzentren" entwickelt, die die Bedingungen für die Karriereförderung von Frauen entscheidend beeinflusst haben (siehe dazu auch den folgenden Abschnitt). So ist das Aktivitätsniveau in den Unternehmen signifikant angestiegen und das Thema „Frauen in Karriere" hat neuen Aufwind bekommen. Überall dort, wo dies zu nachhaltigen Veränderungen geführt hat, war der entscheidende Anker dieser Dynamik die Etablierung eines kollektiven Lernprozesses. Anhand unserer Empirie haben wir diesen Lernprozess genauer analysiert und konnten vier zentrale Prinzipien identifizieren, die im Sinne von „Bausteinen" konstitutiv für die Verwirklichung der Idee sind, den Umbruch in den Unternehmen als einen kollektiven Lernprozess zu gestalten.

Das wichtigste Prinzip ist die Förderung von sozialer Eigendynamik, um dem Veränderungsprozess Leben einzuhauchen. Dieses Prinzip kann gewissermaßen als das übergeordnete Moment des kollektiven Lernprozesses betrachtet werden, aus dem sich alle weiteren Prinzipien ableiten. Denn: *Ohne die Etablierung eines lebendigen Veränderungsprozesses auf der*

Basis sozialer Eigendynamik findet kein gemeinsames Lernen in der Organisation statt! Rein bürokratische Ansätze und administrative Maßnahmen, etwa die Veröffentlichung von irgendwelchen „policies" und „guidelines", laufen ins Leere und eigenen sich bestenfalls „für die Galerie". Auch die Etablierung von Zielwerten alleine reicht nicht aus, um tatsächlich eine spürbare Veränderung zu generieren. In unserem Sample gab es Unternehmen, die schon seit Jahren Zielwerte für Frauen in Führung festgeschrieben hatten, aber ohne dass diese Zielwerte in der Praxis eine Rolle spielten – vielen Führungskräften, mit denen wir sprachen, waren sie noch nicht einmal bekannt!

Umgekehrt sind gerade jene Fallunternehmen besonders erfolgreich bei der Förderung der Karrierechancen von Frauen, die die Entwicklung ihrer Zielwerte regelmäßig „reporten" und sie dabei auf die einzelnen Bereiche des Unternehmens herunterrechnen. So kann die Grundlage für einen konstruktiven Wettbewerb gelegt werden, der ein gemeinsames Lernen in den Bereichen und auch über die Bereiche hinweg ermöglicht. Entscheidend ist hier die Etablierung eines Impulsgebersystems, das – z.B. über regelmäßiges Reporting und die Analyse der unterschiedlichen Entwicklungsstadien in den Bereichen – immer wieder neuen „input" generiert. Auf diesem Wege kann etwa die Entwicklung von verallgemeinerbaren „good practices" zur Erreichung der Zielwerte, aber auch die Diskussion spezifischer Barrieren und Herausforderungen in den Bereichen den kollektiven Lernprozess lebendig halten, denn er wird so kontinuierlich stimuliert.

Um diesen „input" für den kollektiven Lernprozess regelmäßig generieren zu können, braucht es wiederum – gewissermaßen als „Resonanzkörper" für das Impulsgebersystem – *eine starke Akteurskonstellation.* Auch hier reichen die öffentliche Positionierung und das Commitment des Vorstands alleine nicht aus. Die Verankerung des Themas „Frauen in Karriere" in den betrieblichen Zentren der Macht ist zwar notwendige Voraussetzung für eine erfolgreiche Gestaltung der Karrierechancen von Frauen, genauso entscheidend ist es jedoch, z.B. Führungskräfte aus den Bereichen, Frauennetzwerke oder die Sozialparteien als strategische Akteure zusammenzubringen und so von Anfang an mit den entsprechenden „Verantwortlichkeiten" eine breite Umsetzbarkeit der Gestaltungsmaßnahmen zu gewährleisten. Denn: Lernen braucht Verantwortung. Somit muss auch ein kollektiver Lernprozess auf eine breite Grundlage von verantwortlichen Akteuren gebaut sein, die gemeinsam an einem Strang ziehen.

Ein drittes, ganz wesentliches Prinzip betrifft die Wertestruktur. Wenn Verantwortung die Grundlage für einen lebendigen, kollektiven Lernprozess ist, dann sind Werte so etwas wie der motivationale „Treiber" dieser Dynamik. Um gemeinsam zu lernen, braucht man ein gemeinsames Ziel, das auf einer gemeinsamen Überzeugung bzw. einem geteilten Interesse basiert. Das ist in großen Organisationen ohnehin schon eine Herausforderung und bei dem speziellen, politisch stark aufgeladenen Thema „Frauen in Karriere" noch eine Stufe voraussetzungsvoller. In vielen Unternehmen ist uns aufgefallen, dass der gegenwärtige „Möglichkeitsraum" nicht nur Frauen motiviert, ein aktives Karrierestreben auszubilden, sondern mitunter auch Befürchtungen und Ängste auf der Seite der Männer auslöst. Diese sorgen sich um ihre eigenen Karrierechancen. Sie fühlen sich subjektiv ungerecht behandelt, wenn sie den Eindruck gewinnen, dass sie sich auf der Karriereleiter „nur wegen der Quote" hinten anstellen müssen.

Um in dieser Situation eine Frontstellung „Männer gegen Frauen" zu überwinden, hat es sich in vielen unserer Fallunternehmen bewährt, *übergeordnete Werte zu adressieren*. Das heißt, es muss der Eindruck vermieden werden, es gehe bei der Gestaltung der Karrierechancen von Frauen lediglich um Partikularinteressen. Stattdessen ist es wichtig, zu verstehen und dafür zu werben, dass die Aufhebung der Geschlechterungleichheit in den Unternehmen ein ganz wesentliches Moment der Modernisierung der Organisation ist. Die Themen, die sich damit verbinden – etwa die Professionalisierung des Karrieresystems, die Versachlichung der Organisation oder die Vereinbarkeit von Familie und Beruf –, haben eine allgemeine, übergeordnete Bedeutung, die weit über das Thema Frauen und Karriere hinausreicht. Insofern ist die Adressierung einer übergeordneten Wertestruktur elementar für den kollektiven Lernprozess, damit ein gemeinsamer handlungsfähiger Akteur, der die gesamte Organisation übergreift, überhaupt erst gebildet und zusammengehalten werden kann. Solch ein Akteur kann dann auf der Grundlage eines gemeinsamen, von allen geteilten Motivs Lernerfahrungen sammeln und auswerten.

Das letzte, aber nicht minder wichtige Prinzip für die Gestaltung eines kollektiven Lernprozesses zur Modernisierung der Organisation betrifft seine Gerichtetheit. In unseren Fallunternehmen stand am Anfang der Gestaltungsprozesse immer die Frage, was verändert werden muss. Hier war es wichtig zu lernen, dass Gestaltungsmaßnahmen nicht im „luftleeren Raum" ansetzen können. Stattdessen ist es zunächst wichtig zu analysieren, was im Hinblick auf die Karriereförderung von Frauen bereits an konstruktiven Ansätzen im Unternehmen vorhanden ist und was diese bewirken. Daraus ergibt sich eine Richtung für den Lernprozess: Es geht darum, auf den bereits vorhandenen Orientierungen aufzubauen. Jedes Unternehmen stellt einen oder mehrere spezifische Ansatzpunkte bereit, die es offenzulegen gilt. Dies kann z.B. ein bereits hochgradig versachlichtes Karrieresystem oder eine umfassende Kinderbetreuung sein. Diese Ansatzpunkte sind meist für sich genommen noch nicht ausreichend, um die Karrierechancen von Frauen zu verbessern. Sie tragen jedoch oftmals den Keim einer unternehmensspezifischen „Taktik" für den Gestaltungsprozess in sich. Hier muss der kollektive Lernprozess ansetzen und – getreu dem Motto: „*Stärken stärken!" – die bestehenden Ansätze weiterentwickeln*. Es geht darum, die Wirkrichtung der bestehenden Ansätze zu analysieren und herauszufinden, mit welchen Gestaltungsmaßnahmen diese ausgebaut, intelligent ergänzt und verknüpft werden können.

3 Kraftzentrum, Handlungsstränge und Wirkketten: Die Gestaltung der Karrierechancen von Frauen in der Praxis

Auf der Grundlage unserer Reflexionen des gegenwärtigen Umbruchprozesses sowie der empirischen Untersuchungen zu den objektiven Karrierestrukturen in den Unternehmen und den subjektiven Karrierestrategien der Beschäftigten (dazu ausführlich Bultemeier/

Boes sowie Bultemeier, in diesem Band) haben wir ein „Referenzmodell der Veränderung" entwickelt (vgl. Abb. 1). Es besteht aus fünf Elementen – einem „Kraftzentrum", den drei Handlungssträngen „Verfügbarkeit", „Versachlichung" und „Karrierewünsche" sowie dem methodischen Prinzip der „Wirkkette". Ausgehend von diesem allgemeinen Modell konnten wir unsere Partner in den Unternehmen beraten und die Entwicklung und Implementierung von konkreten Gestaltungsmaßnahmen wissenschaftlich begleiten. Denn es fasst die Grundideen unserer aus der empirischen Analyse entwickelten Gestaltungstheorie zusammen und stellt dar, worauf bei der Durchführung der Change-Prozesse zu achten ist.

Abbildung 1: Referenzmodell der Veränderung

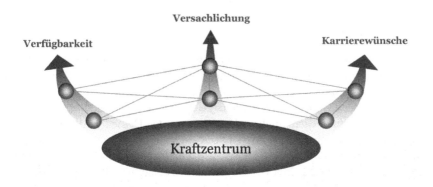

Als allgemeine Referenz musste das Modell freilich jeweils spezifisch an die Bedingungen in den konkreten Unternehmen angepasst werden. Dies erfolgte in der Praxis in vier Schritten. Ausgangspunkt war jeweils die Analyse der spezifischen Karrierestrukturen im Unternehmen sowie der subjektiven Karrierestrategien der Beschäftigten. Darauf folgte, zweitens, die gemeinsame Reflexion der Ergebnisse zusammen mit den entscheidenden Akteuren. Hierbei wurden unterschiedliche Perspektiven, politische Konstellationen und die spezifischen Zielstellungen in den Unternehmen berücksichtigt. In einem gemeinsamen iterativen Diskussionsprozess wurden dann, drittens, die vorgelegten Ergebnisse bewertet und mit Blick auf die Entwicklung von Gestaltungsmaßnahmen gewichtet. Bei der anschließenden Implementierung standen wir ebenfalls im engen Austausch mit jenen Akteuren in den Unternehmen, die schlussendlich die Maßnahmen konzipiert und umgesetzt haben.

So konnten wir also die Initiierung und Umsetzung der Gestaltungsmaßnahmen selbst wiederum zum Gegenstand unserer Forschung machen. Im Zentrum standen dabei die Bewertung konkreter Gestaltungsmaßnahmen und die Reflexion der Erfolgsfaktoren und Hemmnisse bei ihrer Umsetzung. Neben den Experten- und Beschäftigteninterviews haben wir dazu außerdem Längsschnittanalysen der Veränderungsprozesse in den einzelnen Unternehmen in unsere Analyse einbezogen. Vor diesem Hintergrund berichten wir im Folgenden über unsere Eindrücke und Erfahrungen aus der Praxis der Gestaltung der Karrierechancen von Frauen in den Unternehmen und arbeiten „good practices" heraus.

3.1 Kraftzentrum als Energiezentrum der Transformation

Die wichtigste Grundlage für den Veränderungsprozess im Hinblick auf eine erfolgreiche Gestaltung der Karrierechancen von Frauen ist die Schaffung eines Kraftzentrums, eines Energiezentrums der Transformation. Denn ein kollektiver Lernprozess ist ein sozialer Prozess, dem permanent Energie zugeführt werden muss, um ihn „lebendig" zu halten. Die Organisation muss in einer ständigen Suchbewegung verbleiben. Dazu bedarf es verantwortlicher Akteure als „Treiber", die immer wieder danach fragen, wie die Organisation ihr Ziel erreichen und die Ergebnisse verbessern kann. Damit vereint das Kraftzentrum bereits zwei der zentralen Bedingungen für einen kollektiven Lernprozess zur Modernisierung der Organisation: die „Lebendigkeit" des Veränderungsprozesses als übergeordnetes Moment sowie eine starke Akteurskonstellation mit Verantwortung. Hier stellt sich die praktische Frage: Wie kann ein Kraftzentrum hergestellt werden? Welches sind die Erfolgsfaktoren und Herausforderungen?

Wie erwähnt, konnten wir im Laufe unserer Forschungen beobachten, wie in nahezu allen Unternehmen unseres Samples ein grundlegender Wandel stattgefunden hat, der schlagartig zu einer Herausbildung von Kraftzentren in neuer Qualität geführt hat. In früheren Entwicklungsphasen hatten sich die Kraftzentren meist auf Grassroot-Initiativen wie z.B. Frauennetzwerke, Frauen- und Gleichstellungsbeauftragte oder Diversity-Abteilungen gestützt, bestenfalls flankiert von Sponsoren im Management. Allerdings reichten diese Kraftzentren nicht bis in die eigentlichen Zentren der Macht. Wenn man sich mit Kolleginnen und Kollegen aus der Frauenförderung oder Diversity unterhielt, sagten sie häufig, dass sie sich nicht ernst genommen fühlten. Denn das Thema Frauen und Karriere wurde in den Vorständen lange Zeit unterschätzt, was die Entwicklung hemmte.

Dies hat sich verändert. Der zunehmende politische Druck hat bewirkt, dass sich die Entscheider und Entscheiderinnen in den Unternehmen verantwortlich fühlen. Es ist zu einem strategischen Durchbruch gekommen. In der aktuellen Entwicklungsphase wird das Thema über Vorstandsbeschlüsse mit Zielvorgaben in den Zentren der Macht verankert. In den meisten DAX-Unternehmen hat sich der Vorstand zur Verbesserung der Karrierechancen auf diese Weise strategisch positioniert. Dies ist ein zentraler Punkt, denn *wer den Vorstand nicht in die Verantwortung bekommt, ist – zugespitzt formuliert – schon vor dem Start gescheitert.*

Kraftzentrum im Fallbeispiel
Diese Veränderung birgt Chancen, die es in dieser Form bisher nicht gegeben hat. Es haben sich Kraftzentren in neuer Qualität entwickelt. Entscheidend ist es nun, diese in der Breite der Unternehmen zu verankern. An einem konkreten Fallbeispiel aus unserem Sample lässt sich diese Herausforderung veranschaulichen. Zu Beginn unserer Untersuchung verfügte das Unternehmen, eine Bank, zwar über einen Key Performance Indicator[4] in Bezug auf Frauen in Führungspositionen, doch dieser wurde nicht auf die Bereiche konkretisiert und

---

4 Als Key Performance Indicator (kurz: KPI) wird ein Set an Kennzahlen definiert, über die sich ein Unternehmen in einem bestimmten Kontext Aussagen über strategisch relevante Sachverhalte erwartet.

hatte faktisch keine Wirkung in der Organisation. Auch eine Stakeholder-Struktur war kaum vorhanden, so dass man insgesamt nur in Ansätzen von einem Kraftzentrum sprechen konnte – das Thema Frauen und Karriere war hier zunächst deutlich geringer verankert als in den meisten anderen Unternehmen in unserem Sample. Ein Abteilungsleiter aus dem HR-Bereich erinnert sich:

> „Als wir mit dem Projekt („Frauen in Karriere") angefangen haben, war das eine reine HR-Angelegenheit. Im Business war das ganze Thema noch nicht wirklich verankert. Wir haben gesagt, wir machen da mit, aber im Business haben wir noch wenig Support gehabt. Das hat sich natürlich dann durch die politische Diskussion (...) massiv geändert in den letzten Jahren, in den letzten zwei Jahren, so dass wir das Thema auch massiv auf die Agenda gesetzt haben im letzten Jahr."
> (Abteilungsleiter, Banken, Da339)

Mittlerweile hat sich in dem Unternehmen ein starkes Kraftzentrum etabliert. Der politische Druck hat das Thema strategisch überformt. Dadurch bekam es für die Entscheider eine neue Relevanz. Der entscheidende Schritt war es, den Vorstand zu gewinnen:

> „Zunächst mal war klar, wir brauchen das Commitment vom Top-Management. Da sind wir also zum Vorstand gegangen und haben gesagt: ‚Ihr müsst jetzt.' Die wollten nicht, die wollten erst dann, als wir beweisen konnten, dass sich das rechnet. Das ist, glaube ich, auch ein interessanter Aspekt immer: Die politische Diskussion alleine nützt nichts. Es ist wichtig, dass man hingeht und sagt: ‚Schaut auf die Zahlen, schaut dahin, was es ausmacht. Es rechnet sich für das Business.' Und wenn das Business sich rechnet, dann sind sie auch bereit zu investieren. So war es bei uns auch." (ebd.)

Ausgehend von einem neuen Vorstandsbeschluss wurden dann konkrete Maßnahmen entwickelt und Zielwerte bis in die einzelnen Bereiche kaskadiert. Für die Umsetzung wurde ein Lenkungsgremium installiert, dem der Vorstandsvorsitzende, weitere Vorstände sowie die Bereichsleiter/-innen angehörten. Darüber hinaus wurden konkrete Maßnahmen mit den entscheidenden Schnittstellen sowie dem Sozialpartner abgestimmt. Entscheidend für das Gelingen des „Change" war es außerdem, die Ressorts ganz direkt in die Prozesse einzubeziehen:

> „Wir haben einen so genannten erweiterten Projektkreis gebildet, wo wir aus jedem Vorstandsressort Vertreter drin haben. Ich sage mal: Executive-Vertreter, die also auch in dem Ressort eine entsprechende Durchschlagskraft haben, und die sind nicht nur da, um zu nicken für das, was wir vorschlagen, sondern die sind auch da, um mitzuarbeiten. Das tun die auch (...). Diesen Zielwert (...) haben wir dann auch folgerichtig runtergebrochen auf die einzelnen Vorstandsbereiche, so dass jeder Vorstandsbereich jetzt sein eigenes Ziel hat. Die kommen von sehr, sehr unterschiedlichen (Ausgangslagen), wie das eben innerhalb einer Bank so ist. Es gibt in den Vertrieben immer mehr Frauen als z.B. im Controlling und von daher ist die Ausgangsbasis auch eine ganz andere. Und also auch die (Bereiche mit einem bereits relativ hohen Frauenanteil in Führungspositionen) haben noch mal eine ordentliche Schippe oben rauf bekommen. Das ist, glaube ich, auch wichtig, um, sage ich mal, ein konsistentes Vorgehen innerhalb der gesamten Bank sicherstellen zu können." (ebd.)

Das Fallbeispiel zeigt: Es braucht eine *starke Stakeholder-Struktur*, die durch Beteiligung mehrerer Akteure das Kraftzentrum stützt. Insbesondere die mittlerweile fast überall etablierten Zielwerte können ein entscheidender Ansatzpunkt sein, um eine Achse lebendiger

Veränderungsprozesse im Sinne eines kollektiven Lernens der gesamten Organisation herzustellen – jedenfalls dann, wenn sie auch auf die einzelnen Einheiten konkretisiert, also auf die Board Areas und Bereiche heruntergebrochen werden. Dabei ist eine genaue Definition sinnvoller und realistischer Ziele ein nicht zu unterschätzender Faktor. Einige Unternehmen unseres Samples, z.B. aus der IT- und Elektroindustrie, orientieren sich mit ihren Zielwerten für Neueinstellungen an den Absolventinnenquoten der jeweiligen Fachrichtungen an den Universitäten und versuchen diese ein wenig zu übertreffen. Andere wiederum legen Wert darauf, dass ihre Zielwerte keine „Quoten" seien, die unbedingt zu erreichen sind – „koste es, was es wolle" –, sondern eher eine instruktive Richtung vorgeben, an der man sich ernsthaft und verbindlich zu orientieren hat.

Erfolgsfaktoren und Herausforderungen
Entscheidend für die Etablierung der Kraftzentren in den Unternehmen ist – neben der Verankerung in den Machtzentren und einer starken Stakeholder-Struktur – die *Verbindlichkeit*. Das Kraftzentrum muss in den strategischen Prozessen verankert werden und durch diese hindurch wirken. Hier ist die entscheidende Frage, wie ernst die Zielwerte für die Bereiche genommen werden. Wird ihre Erreichung bzw. Verfehlung – z.B. im Rahmen von Zielvereinbarungen – sanktioniert oder sind sie nur „Merkposten"? Und wenn sie sanktioniert werden: Wer hat die Verantwortung für das Erreichen der Zielwerte? Dies ist wichtig, denn in einigen Unternehmen liegt die Verantwortung bei Human Resources. Hier wird das variable Gehalt, z.B. von Business-Partnern oder von Führungskräften in der Diversity-Abteilung, über die Zielerreichung in den Bereichen geregelt. In der Praxis führt das allerdings dazu – so unsere Beobachtung –, dass HR faktisch handlungsunfähig ist, denn die Personaler/-innen werden nicht ernst genommen und ihnen wird vorgeworfen, dass es ihnen nur um ihr eigenes Gehalt gehe. Effektiver ist es, die Verursacher, die Areas haftbar zu machen, anstatt HR als „Prügelknaben" zu benutzen oder mit kollektiver Verantwortungslosigkeit zu leben. *Die Verantwortung muss in die Linie gebracht werden*, um eine Basis für einen gemeinsamen Lernprozess zu schaffen. Gleichzeitig benötigt *HR starke Eingriffsrechte als Berater der Ressorts*, um die Change-Prozesse voranzutreiben. Hierfür braucht die Personalabteilung ein Mandat – dies jedoch nicht als Ersatz für die Handlungen in den Areas und Bereichen, sondern als Hilfestellung für die Ressorts, um sich zu verbessern, sich zu vernetzen und das Thema voranzutreiben.

Letztlich bleiben die Kraftzentren jedoch im Inneren „hohl", wenn zwar eine starke Akteurskonstellation mit Verantwortung besteht, jedoch keine soziale Dynamik erzeugt wird, die dem Veränderungsprozess Energie verleiht. Damit das Kraftzentrum wirklich zu einem Energiezentrum der Transformation werden kann, ist eine dauerhafte *Generierung von Input für kollektive Lernprozesse* notwendig. Von dem Kraftzentrum muss permanent ein Impuls ausgehen, weiterzudenken, Verbesserungen anzustreben. Hierzu braucht es ein *gendersensibles Reporting*, um zu wissen, wo das Unternehmen und die einzelnen Bereiche stehen. Die Zwischenergebnisse sollten offensiv kommuniziert und damit ein Wettbewerb initiiert werden. Hier haben viele Unternehmen Nachholbedarf, denn sie verwechseln Energie mit neuer Bürokratie. Um wirklich *lebendige Lernprozesse* zu etablieren, ist es aber vor allem wichtig, die Menschen mitzunehmen und ihre „Herzen zu gewinnen". Damit Zielwerte wirklich eine Achse für einen lebendigen Lernprozess herstellen können, ist eine Kultur des offenen Umgangs mit Stärken und Schwächen nötig, denn sie lädt dazu ein, sich aktiv an Veränderungen zu beteiligen. Und: Wenn die Bereiche in die Verantwortung genommen wurden und ihr gerecht werden konnten, sollte diese Zielerreichung auch breit honoriert werden. Und damit ist ein weiteres Prinzip erfolgreicher kollektiver Lernprozesse angesprochen: Die *Adressierung übergeordneter Werte* ist wichtig, damit alle – also auch die Männer – das Gefühl bekommen, von den Veränderungen zu profitieren. Das eigene Unternehmen als „lebenswerte" Organisation zu gestalten – das muss der Inhalt sein, wenn von der Aufhebung geschlechtlichten Ungleichheit als Moment der Modernisierung des Unternehmens die Rede ist.

3.2 Drei Handlungsstränge: Verfügbarkeit – Versachlichung – Karrierewünsche

Zwar ist das Kraftzentrum in den Unternehmen die Grundlage für eine erfolgreiche Gestaltung der Karrierechancen von Frauen, für sich allein genommen reicht es aber noch nicht aus. Genauso sehr kommt es auf den Inhalt der Change-Prozesse selbst an, in die das Kraftzentrum gewissermaßen seine Energie „pumpt". Entscheidend sind hier die konkreten Maßnahmen, die auf dem Kraftzentrum aufgesetzt werden. Sie bilden die Felder, in denen sich Gestaltung als ein kollektiver Lernprozess vollzieht und an denen sich die Akteure mit ihren Konzepten „abarbeiten". Wie bestimmen sich nun diese konkreten Maßnahmen?

Es ist nicht schwer, im Schnellschussverfahren ein paar beliebige „Stellschrauben" zur Förderung der Karrierechancen von Frauen zu identifizieren: hier ein paar Kindergartenplätze, da ein Diversity-Training und am besten noch ein paar Hochglanzplakate mit flotten Sprüchen für die Kantine. Unserer Erfahrung nach sind solche eher unterkomplexen Konzepte nicht nachhaltig, weil sie keiner kohärenten Theorie folgen. Dagegen ermöglicht es unsere Leitorientierung, die Aufhebung geschlechtlicher Ungleichheit als Moment des Umbruchs in Richtung Unternehmen 2.n zu nehmen und einzelne Maßnahmen in ein einheitliches Konzept zur Modernisierung der Organisation einzubetten. Davon ausgehend haben wir im Rahmen unserer empirischen Analysen verschiedene Gestaltungsfelder identifizieren können, die wir im weiteren Verlauf zu drei zentralen Handlungssträngen verdichtet haben: die *Verfügbarkeitserwartungen* in der Welt des Managements, die *Professionalisierung und Versachlichung von Auswahlprozessen* sowie die *Entfaltung der Karrierewünsche von Frauen* in einer „fremden Welt".

Diese Handlungsfelder sind nicht beliebig gewählt, sondern ergeben sich organisch aus dem gegenwärtigen Umbruch zur Modernisierung der Organisation zum Unternehmen 2.n und der damit einhergehenden Transformation des Karrieremechanismus (dazu ausführlich Bultemeier/Boes, in diesem Band). Sie setzen an den neuen Chancen zur Vereinbarkeit von Beruf und Familie an, die sich aus der zunehmenden Flexibilisierung von Arbeitsort und -zeit ergeben, an der Chance, die bestehenden homosozialen Rekrutierungsmuster auszuheben, sowie an der generellen Tendenz zur Nivellierung der Geschlechterunterschiede in der Arbeit im Zuge der Ausweitung und Verallgemeinerung von „Kopfarbeit" (vgl. auch Boes/Kämpf 2012). Damit die Change-Prozesse erfolgreich sein können, muss ausgehend vom Kraftzentrum eine Agenda definiert werden, die auf einem mehrdimensionalen Gestaltungskonzept basiert. Das Ziel ist eine auf Ganzheitlichkeit orientierende Veränderungsstrategie: Es sind Maßnahmen auf allen drei Handlungssträngen zu definieren und systemisch zu integrieren. Nur so lassen sich die Karrierechancen von Frauen im Rahmen des Umbruchs zum Unternehmen 2.n nachhaltig gestalten.

Handlungsstrang „Verfügbarkeit"
Für die Karrierechancen von vielen Frauen ist die Gestaltung der Verfügbarkeitserwartungen der zentrale „Enabler", weil so erst die Rahmenbedingungen geschaffen werden, die es ermöglichen, dass Karriere für Menschen mit sozialen Verpflichtungen überhaupt zu einer Option wird. Sorgearbeiten, sei es die Erziehung der Kinder oder die Pflege von Angehörigen, stehen meist im Widerspruch zu den zeitlichen und örtlichen, aber auch den emotionalen Anforderungen von Karriere (vgl. Boes/Bultemeier, in diesem Band). Der Umbruch zum Unternehmen 2.n birgt Chancen für die Veränderung dieser Erwartungen der Unternehmen an die Verfügbarkeit der Beschäftigten und Führungskräfte. Wenn die Modernisierung der Organisation auf der Grundlage der modernen IT konsequent betrieben wird, kann die Flexibilisierung von Arbeitszeit und -ort genutzt werden, um Orts- und Zeitsouveränität zu gewinnen.

In der Praxis ist jedoch meist das Gegenteil der Fall: Die Flexibilisierung der Arbeit führt tendenziell zu erhöhten Verfügbarkeitserwartungen, die sich, speziell in der Welt des Managements, als entscheidender Hemmfaktor für Frauenkarrieren entpuppen. Der Kontrast der Karrierewelt zur Ausübung von Sorgearbeit wird immer schärfer. Es ist unter diesen Bedingungen nicht verwunderlich, dass es Frauen schwer fällt, sich für Karriere zu entscheiden. Obwohl viele Unternehmen in unserem Sample über eine gute Tradition von Maßnahmen zur besseren Vereinbarkeit von Beruf und Familie verfügen – auf der Ebene etwa von Teilzeit- oder Home-Office-Modellen – konnten wir beobachten, dass sie sich bei diesem Handlungsstrang dennoch fast ausnahmslos sehr schwer tun, substanzielle Veränderungen einzuleiten. Dieser Umstand geht unseres Erachtens darauf zurück, dass in den Unternehmen eine *Arbeits- und Führungskultur vorherrscht, die Verfügbarkeit mit Leistung verwechselt*.

Dennoch bewegt sich auch auf diesem Feld etwas. Was sich in den Unternehmen vor allem verändert hat, ist, dass die Gestaltung der Verfügbarkeitskulturen als eine wichtige Herausforderung anerkannt wird. Das liegt nicht zuletzt daran, dass immer öfter auch junge Väter eine starke Familienorientierung entwickeln (vgl. bereits Ellguth et al. 1998: 525 ff). Die Vereinbarkeit von Familie und Beruf ist somit längst nicht mehr nur ein „Frauenthema". Leistungsvorstellungen, die stark auf Verfügbarkeit basieren, werden immer stärker in Frage gestellt, ausfernde „Präsenzkulturen" werden offen problematisiert. Vereinzelt lassen sich erste Ansätze beobachten, Verfügbarkeitserwartungen zu begrenzen.

Das Gesamtbild der gegenwärtigen Gestaltung der Verfügbarkeitskulturen in den Unternehmen ist jedoch noch sehr uneinheitlich: Während einige Unternehmen ernsthafte Schritte hin zu einer substanziellen Veränderung gehen, beschränken sich andere auf Aktivitäten „für die Galerie". Dies lässt sich anhand der zentralen Ansatzpunkte und Herausforderungen auf diesem Handlungsstrang veranschaulichen. Als „Gretchenfrage" des Verfügbarkeitsthemas lässt sich formulieren: *Wie hält es das Unternehmen mit Führen in Teilzeit?* Führungskräfte, die in Teilzeit arbeiten, sind gewissermaßen ein Indikator dafür, dass in dem Unternehmen eine Kultur vorherrscht, die akzeptiert, dass sowohl Beschäftigte als auch Führungskräfte neben der Verantwortung für das Unternehmen auch Verantwortung in anderen Bereichen der Gesellschaft bzw. der Familie übernehmen. In der Praxis gibt es in den meisten Unternehmen nur ein bis zwei Prozent Teilzeitkräfte im Management. Da ein großer Teil der Frauen in Teilzeit arbeitet, sind diese praktisch im Voraus von jedem Karriereentwicklungsprozess ausgeschlossen, denn Führung in Teilzeit gilt als schwierig. Typisch scheint uns die Erfahrung einer Teamleiterin zu sein, die nach ihrer Elternzeit versucht hat, in Teilzeit wieder auf eine Stelle zu kommen, die ihrer Position vor der Elternzeit entsprach:

> „Für Teilzeit haben wir keine Tätigkeiten. Ich hab mehrere Bewerbungen geschickt, mit dem Wort Teilzeit, und da kam die Antwort, für Teilzeit haben wir nichts. Also den Rest der Bewerbung haben sie sich gar nicht angeschaut. Das Wort Teilzeit war dann auch einfach schon so abschreckend." (Teamleiterin, Elektrotechnik, Ca222)

Die ständige Anwesenheit von Führungskräften sei nötig – so heißt es oft, wenn es um das Thema „Führung in Teilzeit" geht – einerseits für die Disziplin der Beschäftigten, andererseits für die kurzfristige Verfügbarkeit in Meetings bzw. für die Vorgesetzten. Wie sehr diese scheinbare „Unmöglichkeit" von Teilzeit auf eine ideologische Überformung des Themas zurückgeht, wird besonders in global aufgestellten Unternehmen deutlich, die quasi täglich zeigen, dass es sehr wohl möglich ist, Mitarbeiter zu führen, ohne dass die Führungskraft permanent präsent sein muss. Hier besteht in vielen Unternehmen noch einiger Handlungsbedarf, um eine *Kultur des „Führens in Teilzeit"* zu etablieren.

In vielen Unternehmen konnten wir jedoch auch beobachten, dass es bereits „good practices" in einzelnen Bereichen gibt, die zeigen, dass Teilzeit und Jobsharing auch in Führungspositionen – unter bestimmten Bedingungen – durchaus möglich sind. Oftmals spielen Faktoren eine Rolle wie die *Akzeptanz und das Vertrauen der Vorgesetzten*, das *Niveau der Selbstorganisation der Teams* sowie eine *vorausschauende Planung*. Doch solche Beispiele sind oft nicht allgemein bekannt – die Erfahrungen müssten aber gemeinsam ausgewertet und verallgemeinert werden. Dazu ließen sich gezielt *Experimentierfelder schaffen*, auf denen zeitlich befristet ausprobiert werden könnte, ob bzw. wie, unter welchen Bedingungen, Führen in Teilzeit funktioniert. Entscheidend ist, dass das Tabu gebrochen wird, um in eine offene Diskussion zu kommen und die konkreten Bedingungskonstellationen, die Führung in Teilzeit ermöglichen, zu identifizieren.

Ein weiterer Punkt betrifft *lebensphasensensible Entwicklungs- und Karrierekonzepte*. Die biografischen Verläufe, insbesondere von Frauen, entwickeln sich häufig nicht linear; es gibt Unterbrechungen, Karrierewünsche werden oft erst in späteren Phasen entfaltet. Dies erfordert unternehmensseitig ein arbeits- und lebensphasensensibles Personalkonzept, das sich von traditionellen Vorstellungen einer Standardkarriere à la „one size fits all" verabschiedet und sich stattdessen den konkreten Lebensbedingungen der Mitarbeiterinnen und Mitarbeiter anpasst. Denn insbesondere für Frauen stellt sich in der sogenannten „Rush-hour des Lebens" (Heinz 2003) – der Lebensphase zwischen 30 und 40 Jahren – die Frage nach der entscheidenden Weichenstellung zwischen Karriere und Familie in zugespitzter Form. Wer in dieser Phase nicht seine bzw. ihre Familienpläne zurückstellt, wird im weiteren Berufsverlauf häufig strukturell von entscheidenden Karrierechancen ausgeschlossen:

> „Wenn die Kinder ihren Weg gefunden haben und ich als Mutter nicht mehr so gefordert bin, was wird dann mit meinem Erwerbsleben, das ja noch bis 67 geht (…)? Dann hätte ich auch die Zeit für so ne Teamleiter-Position. Aber das ist die Frage, ob das schon zu spät ist, ob da dann der Zug abgefahren ist." (Mitarbeiterin, IT-Industrie, Ha203)

Hier zeichnet sich in den Unternehmen ein ähnliches Bild ab wie beim Thema „Führen in Teilzeit": Es gibt immer wieder einzelne Ansätze, die zeigen, dass alternative, *an den persönlichen Lebensverlauf angepasste Karriereverläufe* möglich sind, aber diese werden nicht flächendeckend und systematisch umgesetzt. Das Beispiel einer Sachbearbeiterin in einer Bank aus unserem Sample ist einer dieser „Einzelfälle". Sie ist Mitte vierzig und hat zwei Kinder. Ihre Karriere verlief zunächst schleppend, weil sie sich der beruflichen Entwicklung ihres Ehemanns untergeordnet hatte und wegen fehlender Kinderbetreuungsmöglichkeiten lange Zeit gezwungen war, in Teilzeit zu arbeiten. Während eines mehrjährigen Auslandsaufenthalts mit ihrer Familie in Shanghai, der sich aus der Karriereentwicklung ihres Gatten ergab, fasste sie gemeinsam mit ihm den Entschluss, nach der Rückkehr ihre eigene Karriere voranzutreiben. Zurück in Deutschland verstärkte sie im Rahmen einer Vollzeitstelle ihr berufliches Engagement und strebt nun im ersten Schritt einen Aufstieg zur Unterabteilungsleiterin an. Mit der Unterstützung ihres Vorgesetzten ist es ihr schließlich gelungen, einen Platz in den entsprechenden Förderprogrammen zu ergattern, die sehr stark begrenzt und mit harten Auswahlkriterien versehen sind. Die Beschäftigte hat sich somit eigenständig einen Weg zu einer *„späten Karriere"* (Bultemeier 2011: 73) gesucht und diesen im Unternehmen durchgesetzt. Solche und ähnliche Einzelfälle haben wir im Rahmen unserer Interviews in den Unternehmen zuhauf kennengelernt. Sie existieren bereits in vielfältigen Formen und müssten lediglich verallgemeinert und bewusst zum Bestandteil einer Personalpolitik gemacht werden, die insgesamt sensibel für eine Gestaltung von Karriereverläufen nach unterschiedlichen Lebensphasen ist. Insbesondere im Hinblick auf die Karriereförderung von Frauen ginge es z.B. um Möglichkeiten, *wichtige Karriereerfahrungen (Ortswechsel, Auslandsaufenthalte) noch vor der Familienphase zu sammeln oder die Zeiträume von Förderprogrammen zu verlängern bzw. zu unterbrechen.*

Ein anderer zentraler Punkt auf dem Handlungsstrang „Verfügbarkeit" – und geradezu das Fundament für die Karrierechancen von Frauen – sind *betriebliche Kinderversorgungsangebote.* Hier scheiden sich in der Praxis die Geister. Während einige Unternehmen lediglich Aktivitäten unterhalb der Messbarkeitsgrenze entfalten (die gerade noch für eine hübsche Hochglanzbroschüre reichen), gibt es in anderen Unternehmen sehr ernsthafte Versuche, „Familie" zur Normalität im Unternehmen machen. Solche umfassenden Betreuungsmodelle gehen oftmals auf einen entsprechenden *Businessplan* zurück, der die Kostenvorteile der Maßnahme im Rahmen einer ganzheitlichen Betrachtungsweise sichtbar gemacht hat. Zwar entscheidet sich oftmals bereits anhand der Anzahl der zur Verfügung gestellten Plätze, wie ernst es den Unternehmen mit den eigenen Krippenangeboten ist. Wirklich durchschlagende Erfolge im Hinblick auf eine Steigerung der Karrierechancen von Frauen erzielen Unternehmen allerdings erst dann, wenn sie ein flexibles Kinderbetreuungsangebot mit einer *systematischen Elternzeitbetreuung* verzahnen. Interessant ist hier ein Unternehmen aus unserem Sample, das in dieser Frage geradezu als „best practice" gelten kann. Es hat ein ganzheitliches Betreuungssystem etabliert, das neben einer kontinuierlichen Bindung zu den Mitarbeiterinnen auch Wiedereinstiegspläne sowie Entwicklungs- und Qualifizierungsmöglichkeiten beinhaltet. Gleichzeitig bilden die Elternzeitlerinnen einen Pool, aus dem Paare für ein Jobsharing-Modell und andere Teilzeitformen gebildet werden – so wird ihnen ein Wiedereinstieg auch in qualifizierte Positionen reibungslos ermöglicht, der zudem für das Unternehmen und die einzelnen Führungskräfte in den Bereichen langfristig planbar ist. Durch die Verknüpfung der Elternzeitbetreuung mit einem flexiblen und umfangreichen betrieblichen Kinderbetreuungsangebot hat es das Unternehmen geschafft, eine sehr hohe Rückkehrerinnenquote aus der Elternzeit zu generieren sowie qualifizierte Frauen langfristig an sich zu binden. Es verfügt somit über eine überdurchschnittliche gute Ausgangslage für die Förderung der Karrierechancen von Frauen. Dies spiegelt sich nicht zuletzt an den Zahlen der Frauen in Führungspositionen wider, die in diesem Unternehmen in unserem Sample am höchsten sind. Nicht zuletzt dieses Beispiel macht daher deutlich, dass die entscheidende Herausforderung für eine Förderung der Karrierechancen von Frauen darin besteht, *die Vereinbarkeit von Sorgearbeit und Karriere zum Baustein einer Gesamtstrategie zu machen.*

Handlungsstrang „Versachlichung"
Die vorherrschende Dominanz personaler Entscheidungsfindung bei der Personalauswahl ist eine weitere große Barriere für die Karrierechancen von Frauen. Ohne eine Professionalisierung und Versachlichung der Auswahlverfahren werden homosoziale Rekrutierungsmuster begünstigt, also die Auswahl von Führungskräften durch die jeweiligen Vorgesetzten nach sozialen „Ähnlichkeiten" (vgl. Kanter 1977; Quack 1997). In unseren Interviews haben uns verschiedene Gesprächspartner dies immer wieder eindringlich geschildert. Stellvertretend zitieren wir die Beobachtung einer Führungskraft aus dem unteren Management in einem technischen Bereich:

> „Wenn man halt guckt, wie sind die Männer zu ihrem Job gekommen, dann ist das schon so, dass ein Mann lieber einen Mann herholt. Also auch mein jetziger Abteilungsleiter ist sozusagen aufgrund des Vorschlags vom Abteilungsleiter vorher an seinem Platz. Da wurde nicht gesucht, da war nicht eine Ausschreibung, sondern das wird dann so in die Wege geleitet. Also, und das passiert bei Frauen jetzt ja nicht so, und insofern, wenn man das so beobachtet, würde man sagen: Das ist nicht ganz gleichberechtigt, weil es diese Wege auch gibt." (Gruppenleiterin, Elektrotechnik, Ea264)

Da die meisten Führungspositionen immer noch von Männern besetzt sind, werden Frauen durch solche personalen statt versachlichten Auswahlmuster benachteiligt, so dass sich die ungleiche Verteilung der Führungspositionen zwischen den Geschlechtern reproduziert. Auch hier schafft der Wandel zum Unternehmen 2.n Chancen. Je mehr die personalen Entscheidungen der „Fürsten im Reich" in professionelle, versachlichte Entscheidungen überführt werden, desto stärker können homosoziale Rekrutierungsmuster unterlaufen werden. Die konsequente Modernisierung der Organisation kann genutzt werden, um die Entscheidungsprozesse zu professionalisieren und die Macht der „Fürstentümer" durch einheitliche und zentral gesteuerte Prozesse zu minimieren.

Wir konnten feststellen, dass solche Prozesse der Versachlichung – ganz unabhängig von der Gender-Frage – mittlerweile in allen Unternehmen ausgebaut werden und teilweise schon sehr weit fortgeschritten sind. Es gibt eine allgemeine Tendenz zur *durchgängigen Professionalisierung der Entscheidungsprozesse*, Auswahlverfahren nach einheitlichen Kriterien und Prozessen finden zunehmend Verbreitung. Auch trifft der „Fürst im Reich" seine Entscheidungen immer seltener allein. Stattdessen sorgt das „Mehraugenprinzip" für mehr Transparenz in den Entscheidungsprozessen und ermöglicht so eine Art „kollektiver Selbstkontrolle" des Managements, die „Blindstellen" von Einzelpersonen korrigiert. So wird systematisch eine Öffentlichkeit hergestellt, die gemeinsame Lernprozesse zur Versachlichung der Entscheidungsfindungen ermöglicht (vgl. Bultemeier/Boes, in diesem Band).

Wie auf dieser Grundlage ein hochgradig versachlichtes Karrieresystem etabliert werden kann, konnten wir insbesondere in einem Fallunternehmen aus der Elektroindustrie beobachten. Hier findet Karriere in einem stringent durchargumentierten und in sich kohärenten System statt. Es gibt festgelegte „Karrierebausteine", die für die Erreichung unterschiedlicher Stufen qualifizieren und insofern objektive Voraussetzung für die Erreichung einer bestimmten Hierarchieebene sind (z.B. Auslandsaufenthalte oder der Wechsel in verschiedene Bereiche und Funktionen). Dazu verfügt das Unternehmen über ein eigenes Modell von Karrierekompetenzen, die jeweils nachgewiesen werden müssen. Die Auswahl der Kandidaten findet in standardisierten und kalibrierten Verfahren statt. Bereichsübergreifende Talentpools für jede einzelne Karrierestufe bereiten auf die neue Position vor und dienen als „Nadelöhr", durch die jede und jeder hindurch muss, um aufzusteigen. Dem Unternehmen gelingt es so, den Aufstieg in „Kaminkarrieren" (Faust et al. 2000: 177) zu vermeiden und mit versachlichten Prozessen personale Auswahlverfahren einzudämmen. Insbesondere die Bildung von zentralen *Pools* ermöglicht es, vakante Positionen nicht einzeln, sondern eben aus den definierten Talentkreisen heraus zu besetzen. So fallen Förderung der Karrierekandidaten und Stellenbesetzung nicht mehr auseinander und man schafft ein optimales Verhältnis zwischen Auswahl und Stellenbesetzung. Zentral ist dabei, dass ein System geschaffen wird, in dem die nachwachsende Führungskraft nicht mehr dem jeweiligen Bereich „gehört", sondern in dem der Konzern als Ganzes über die Kandidatinnen und Kandidaten verfügen und ihren Einsatz zentral steuern kann.

Obwohl diese Professionalisierungstendenzen vollkommen unabhängig von der Gender-Frage entstanden sind, versuchen einige Unternehmen diese bereits gezielt im Hinblick auf die Förderung der Karrierechancen von Frauen zu nutzen, indem sie die Versachlichung als Anker für geschlechtersensible Entscheidungsprozesse ausbauen. So werden z.B. Förderprogramme, Assessment-Center und „Shortlists" mit Quoten versehen oder das Geschlecht wird in schriftlichen Bewerbungsverfahren anonymisiert. Und dennoch gibt es nach wie vor eine Dominanz personaler Entscheidungen. Das kann unseres Erachtens zwei Gründe haben: Erstens setzen die Versachlichungsprozesse oftmals zu spät ein und schließen z.B. nicht die Besetzung von „Vorstufen" im Karrieresystem (z.B. Teamleiter/-in, Stellvertreter- oder Schnittstellen-Funktionen) ein. Frauen fallen dann bereits aus dem Raster, noch bevor versachlichte Verfahren ihre Wirkung entfalten können. Und zweitens können personale Entscheidungsmuster weiterwirken, weil die Professionalisierung nicht weitreichend genug im Unternehmen umgesetzt wird. So fehlt oftmals eine wirklich *umfassende Transparenz über offene Stellen und Karrierepositionen*. Insbesondere in den oberen Etagen des Karrieresystems wird über die Besetzung von Führungspositionen häufig nach wie vor in nichtöffentlichen „Zwischenräumen" entschieden. Hier begünstigt die fehlende Transparenz erneut homosoziale Rekrutierungsmuster.

Oftmals sind es aber auch die Prozesse selbst, die einen Gender-Bias aufweisen und das reproduzieren, was sie eigentlich beheben sollten – wenn eine *gendersensible Gestaltung der Auswahlkriterien und -prozesse* fehlt. Hier empfiehlt es sich, die Position von Human Resources als Mentor versachlichter Entscheidungsverfahren mit entsprechenden Eingriffsrechten zu stärken und gezielt darauf hinzuwirken, den *Karrieretypus zu diversifizieren*. Denn: Das Zusammenwirken des Bedeutungsgewinns personaler Kompetenzen und der zunehmenden Versachlichung kann zur Herausbildung eines relativ einheitlichen Karrieretypus führen, der oftmals männliche Stereotype bedient. Um dies an einem Beispiel zu veranschaulichen: Sicher ist (eher männlich konnotiertes) Durchsetzungsvermögen wichtig für das Management, doch andere Kriterien sind mindestens genauso wichtig, etwa die (stärker weiblich konnotierte) Integrationsfähigkeit. Das muss im Prozess der Versachlichung explizit berücksichtigt werden, damit diese sich nicht gegen die Frauen wendet und lediglich einen „männlichen" Karrieretypus reproduziert. Somit liegen die Herausforderungen für die Unternehmen insgesamt darin, die Versachlichung auf alle Personalauswahlprozesse und Stellenbesetzungen auszuweiten sowie gendersensible Kriterien und Prozesse bei der Leistungsbeurteilung und Personalauswahl durchzusetzen.

Handlungsstrang „Karrierewünsche"

Ein großes Problem für die Förderung der Karrierechancen von Frauen ist es, dass ihre Karrierewünsche in der „fremden" Karrierewelt nur sehr schwer zur Entfaltung kommen. Insbesondere Mütter, die nach ihrer Rückkehr aus der Elternzeit in Teilzeit arbeiten, sehen im Rahmen eines ganzheitlichen Lebenskonzepts, das Beruf und Familie gleichermaßen gewichtet, kaum eine Chance, sich beruflich zu entwickeln:

> „Aber die Frauen, die wirklich noch Ambitionen haben, voranzukommen – viele wagen überhaupt gar nicht diesen Gedanken zu bekommen, weil sie von vornherein denken, ich bin jetzt Teilzeit, ich bin Mutter, ich kann eh nix mehr erreichen. Die stecken sich selbst auch so in eine Schublade rein. Und das wäre vielleicht an der Führungskraft, da auch mal an den Schubladen ein bisschen zu zupfen und mal reinzugucken, ob die denn in der richtigen Schublade stecken, die Damen." (Mitarbeiterin, Banken, Ga249)

Gerade weil die Karrierewelt im Kern nicht „familienkompatibel" ist, haben viele Frauen das Gefühl, dass sie auf dem Karrierefeld zurückstecken müssen, dass es für sie dort keinen legitimen Platz gibt – und so verhalten sie sich dann auch. Umgekehrt sind die Wahrnehmungsmuster in der männlichen Karrierewelt so geprägt, dass Frauen mit Familienorientierung gar nicht erst in das Blickfeld der Führungskräfte geraten. Das führt dazu, dass den Unternehmen ein Großteil des Karrierepotenzials von qualifizierten Frauen verloren geht, weil ihre Karrierewünsche im Verborgenen bleiben oder nicht gesehen werden (dazu ausführlich Bultemeier, in diesem Band).

Um dies zu verändern, sind zwei Dinge entscheidend: einerseits die *Beurteilungs- und Potenzialgespräche durchgängig gendersensibel zu gestalten*. Insbesondere die Führungskräfte müssen verstehen lernen, dass Frauen ihre Ambitionen zurückhaltender formulieren als Männer und dass dieses Verhalten nicht „falsch" ist, sondern eine durchaus reale Widerspiegelung ihrer objektiven Situation in einer „fremden" Welt. Es geht daher darum, Frauen gezielt zu Entwicklungsgesprächen einzuladen und diese auch stärker auf Frauen zuzuschneiden. Andererseits kommt es ebenso darauf an, den *adressierten Kreis der karriereinteressierten Frauen deutlich auszuweiten*. Auch Frauen mit Familie oder in Teilzeit gehören dazu, ebenso Beschäftigte jenseits der 40 Jahre oder Tarifmitarbeiterinnen.

Hier hat sich in der Praxis in den letzten Jahren bereits eine Menge getan. In den Unternehmen ist man sich mittlerweile bewusst, dass Frauen anders „ticken" und dass sie es häufiger vermeiden, sich mit ihrer Leistung öffentlich zu profilieren:

> „... bei den Frauen denke ich eher, sie warten, bis man ihre Leistung sieht. Ich erlebe immer wieder bei den Frauen, die ich im Team habe, da würde jetzt niemand kommen und sich verkaufen. Also meine schlechten Leute verkaufen sich viel besser als die Frauen, die wirklich gute Leistung bringen, teilweise super. Da ist dann eher: ‚Ach ja, denkst du wirklich, dass ich das verdient habe?' Also, das wäre nie eine Frage, die mir ein Mann stellen würde." (Development-Managerin, IT-Industrie, Aa193)

Infolgedessen haben die Aktivitäten zur Sensibilisierung von Führungskräften, z.B. in Gender-Seminaren, aber auch zur Unterstützung von Frauen in der Karrierewelt seit einiger Zeit deutlich zugenommen. In vielen Unternehmen gibt es spezielle *Mentoring-Programme für Frauen oder „Karrierewerkstätten"*. Hier können Frauen sich mit ihren Wünschen auseinandersetzen, ihren Karrierewunsch klarer zu artikulieren lernen und überlegen, wie sie ihn umsetzen. In einem unserer Fallunternehmen konnten wir eine besonders hohe Kreativität der Führungskräfte bei der Förderung von Karrierekandidatinnen entdecken: Hier werden über Vorträge, z.B. in Pre-Lunch-Meetings, oder über kleinere Projekte systematisch „*Bühnen" und Experimentierfelder* geschaffen, die für Frauen als Lern- und Entwicklungsarenen fungieren und gleichzeitig ihre Sichtbarkeit im Unternehmen erhöhen. So werden Frauen im Umgang mit Öffentlichkeit unterstützt, können gezielt gefördert und im Karrieresystem positioniert werden. Daraus erwachsen zudem *durch Role Models gestützte „Frauenöffentlichkeiten"* im Unternehmen, die in ihrer Wirkung ebenfalls nicht unterschätzt werden dürfen:

> „Nachdem wir die eine Mitarbeiterin auf den Weg hier gebracht haben, kam dann die andere Mitarbeiterin und hat gesagt: Ja, wenn die das schafft, dann hätte ich's ja auch schaffen können." (Gruppenleiter, Elektrotechnik, Ea057)

Dennoch gibt es auf diesem Handlungsstrang noch eine Menge Entwicklungspotenzial in den Unternehmen, denn die bisherigen Aktivitäten zielen nahezu ausschließlich auf Kultur- und Verhaltensänderungen, statt *nachhaltig die Verhältnisse in der fremden Karrierewelt zu verändern*. Zwar ist es richtig, dass Veränderungsprozesse immer die Menschen selbst ins Zentrum stellen müssen. Ohne die Beschäftigten – als das zentrale „Veränderungssubjekt", das den Wandel tragen und „leben" muss – ist kein Change zu machen. Und doch kann nicht das Verhalten der Beschäftigten selbst den Ansatzpunkt der Veränderung bilden. Entscheidend ist es vielmehr, an den konkreten Handlungsbedingungen anzusetzen, um die Verhältnisse in der „fremden" Karrierewelt zu verändern, zu denen sich die Frauen verhalten müssen und die ihre Verhaltensformen prägen.

Der Umbruch zum Unternehmen 2.n ist hier von ganz grundlegender Bedeutung. Insbesondere die Informatisierung schafft eine Grundlage, nicht nur den Wandel der Organisation gendersensibel zu gestalten, sondern auch Geschlechtsstereotype in den Berufsbildern zu nivellieren bzw. gänzlich außer Kraft zu setzen. Einerseits entstehen auf der arbeitsinhaltlichen Seite neue Möglichkeiten, Frauen in veränderter Qualität zu integrieren. So ist etwa in den Ingenieursbereichen ein neues Niveau der „Abstraktifizierung" von Entwicklungsarbeiten entstanden: Die neue Bedeutung von Software und der Arbeit in Laborsituationen kann gezielt für eine bessere Integration von Frauen genutzt werden (vgl. Boes et al. 2011: 37 f). Dabei könnte auch vom steigenden Anteil der Absolventinnen in der Informatik profitiert werden, um traditionelle Männerdomänen aufzuweichen (vgl. BA 2012: 85, 95; Kompetenzzentrum 2013). Andererseits eröffnet der Umbruch auch auf der organisatorischen Seite die Chance, dass Frauen die Karrierewelt nicht mehr als fremde Welt erleben (müssen). Indem in informatisierten Prozessen Ort und Zeit neu aufeinander bezogen werden (vgl. Boes 2005), lässt sich das Verhältnis von Berufs- und Sorgearbeit entspannen bzw. weniger starr gestalten. In einer Karrierewelt, in der die Verfügbarkeitsanforderungen so gestaltet sind, dass sie nicht mehr im krassen Widerspruch zur Verantwortung in der Familie stehen, können sich auch Frauen besser zu Hause fühlen. Auch die Versachlichung schafft Impulse für eine neue Leistungsgerechtigkeit und damit die Chance, das „Fremdheitsproblem" abzubauen. Hier zeigt sich, wie zentral ein ganzheitlicher Ansatz für die Förderung der Karrierechancen von Frauen ist: Die Verwirklichung der Konzepte auf den Handlungssträngen der Verfügbarkeit und der Versachlichung sind die materielle Voraussetzung dafür, dass Frauen ihre Karrierewünsche entfalten können. Sie ermöglichen es erst, die *Frauen wirklich in der Karrierewelt willkommen zu heißen.*

3.3 Wirkketten als Methode

Das letzte Element einer erfolgreichen Gestaltung der Karrierechancen von Frauen, das wir anhand der Praxis analysieren konnten, betrifft die den Gestaltungskonzepten zugrunde liegende Methode. Es dient somit der Orientierung, wie einzelne Maßnahmen im Kraftzentrum sowie auf den einzelnen Handlungssträngen sinnvoll in den „Organismus" der Unternehmen „eingepflanzt" werden können. Wir haben bereits betont, dass das Erfolgsgeheimnis einer erfolgreichen Karriereförderung für Frauen in der Ganzheitlichkeit des Gestaltungsansatzes besteht: Ein starkes Kraftzentrum ist die Voraussetzung für wirkmächtige Change-Prozesse auf den einzelnen Handlungssträngen. Entscheidend ist es dabei, Veränderungen auf allen drei Handlungssträngen voranzutreiben. Um nachhaltig erfolgreich zu sein, kommt es außerdem darauf an, die Maßnahmen systemisch miteinander zu integrieren. In der Praxis hat sich hier die *Wirkketten-Methode* als instruktiv erwiesen. Damit sind wir bei unserem letzten Prinzip für die Gestaltung eines kollektiven Lernprozesses zur Modernisierung der Organisation angelangt: „Stärken stärken!" – die bestehenden Ansätze weiterentwickeln.

Die Methode, Gestaltungsmaßnahmen nach dem Prinzip einer Wirkkette systemisch zu integrieren, setzt an der Analyse der Wirkrichtung der bestehenden Verhältnisse im Unternehmen an. Dabei geht es darum, die bereits existierenden Ansatzpunkte in der Organisation zu identifizieren, an denen angedockt werden kann, um *positive Wirkungen zu verstärken* und gezielt im Hinblick auf die Aufhebung der geschlechtlichen Ungleichheit zu nutzen. Auf dieser Grundlage kann dann diskutiert und begründet entschieden werden, welche Maßnahmen geeignet sind, um die Karrierechancen von Frauen im Unternehmen weiter zu verbessern. Dabei können die einzelnen Maßnahmen nicht isoliert voneinander betrachtet werden, da sie – eben im Sinne einer Wirkkette – in einer interdependenten Beziehung zu anderen Maßnahmen stehen. Sie durchdringen einander in ihren Effekten, bedingen sich gegenseitig, begünstigen und verstärken sich. Solche Wirkketten existieren sowohl *auf einem Handlungsstrang* als auch *zwischen Handlungssträngen*. Innerhalb eines Handlungsstrangs: Ein versachlichtes Karrieresystem, das eine einheitliche Vorgehensweise bei der Auswahl der Karrierekandidaten ermöglicht, indem Entscheidungen in kalibrierten Verfahren getroffen werden, ist die Voraussetzung dafür, dass diese Verfahren gendersensibel gestaltet werden können und die Personalabteilung in diesem Sinne steuernd sowie regulierend eingreifen und neue Impulse setzen kann. Zwischen Handlungssträngen: Eine Verfügbarkeitskultur im Unternehmen, die Teilzeit anerkennt und auch in Führung ermöglicht, kann eine Voraussetzung dafür sein, dass Frauen sich trauen, Karrierewünsche zu entwickeln und offen zu artikulieren. Oder: Die Schaffung von bereichsübergreifenden „Pools" zur Professionalisierung der Stellenbesetzung ermöglicht die Etablierung gezielter Entwicklungspläne für einzelne Mitarbeiter und Führungskräfte. In diesem Rahmen können dann auch systematisch lebensphasensensible Karrierekonzepte implementiert werden, wie z.B. eine „späte Karriere" oder die Möglichkeit, Elternzeiten als Entwicklungszeiten zu gestalten und anzuerkennen. In diesem Sinne spannen die als Wirkketten miteinander verknüpften Gestaltungsmaßnahmen ein *„Netz", dessen Fäden sich gegenseitig stützen und stabilisieren* (vgl. Abb. 1, S. 209).

An einem Fallbeispiel aus unserem Sample lässt sich die Methode nach dem Wirkketten-Prinzip besonders anschaulich darstellen. Das Unternehmen, eine Bank, verfügt bereits über sehr gute Maßnahmen im Bereich der Vereinbarkeit von Familie und Beruf. Infolgedessen ist eine Dynamik im Unternehmen entstanden, die Möglichkeiten, in Teilzeit zu arbeiten, zu verbessern und auszuweiten:

> „... weil die Mütter einfach wieder zurückkommen wollten in Teilzeit. Und das wiederum hat den Druck hier ausgeübt, Teilzeitstellen zur Verfügung zu stellen. Und dadurch, dass jetzt die Rückkehrquote noch höher ist und die Rückkehrzeit kürzer durch unsere Krippe, wird natürlich der Druck noch ein bisschen höher." (Mitarbeiterin, Banken, Ga249)

Weil immer mehr Mütter auf Grund des Kinderbetreuungsangebots des Unternehmens immer früher aus ihrer Elternzeit zurückkehren, musste das Angebot an Teilzeitstellen erhöht werden. Das hat in der Praxis dazu geführt, dass zum einen generell im Unternehmen die Akzeptanz für Teilzeitarbeit angestiegen ist, was – zumindest teilweise – mit einer Aufhebung der „Präsenzkultur" einhergeht. So konnte die etablierte Teilzeitkultur die Familienfreundlichkeit, aus der sie ursprünglich erwachsen ist, wiederum verstärken, was sich in einer Veränderung der generellen Verfügbarkeitskultur ausdrückt – von der also nicht nur die Teilzeit-Mitarbeiterinnen profitieren. Zum anderen wurden in den verschiedensten Bereichen die unterschiedlichsten Modelle und Rahmenbedingungen entwickelt, um jeweils ganz spezifische Lösungen zu ermöglichen, die Rückkehrerinnen in Positionen zu platzieren, in denen sie sich auch in Teilzeit beruflich weiterentwickeln können. Das Unternehmen war darauf angewiesen, das Potenzial dieser Mitarbeiterinnen möglichst schnell wieder nutzbar zu machen, was es wiederum den Frauen ermöglichte, die typischen Brüche, die ihre Qualifikationsverläufe oftmals nach Elternzeit-Auszeiten aufweisen, zu vermeiden. Somit verfügt das Unternehmen mittlerweile über viele Erfahrungen in Bezug auf Teilzeit und Jobsharing, die es bündeln, auswerten, verallgemeinern und im Hinblick auf weitere *„Ausbaustufen", die auf die Aufhebung der geschlechtlichen Ungleichheit zielen*, nutzbar machen kann.

In diesem Falle könnten Ausbaustufen z.B. sein, gezielt Teilzeit-Mitarbeiterinnen als Karrierekandidatinnen zu identifizieren, um systematisch auch Karriereaspirantinnen in qualifizierten Positionen in Teilzeit zu entwickeln. Daran ließen sich z.B. wiederum Maßnahmen andocken, die Effekte in Richtung Versachlichung bewirken können – etwa entsprechende Potenzialanalyseverfahren mit Zielvorgaben und anhand einheitlicher Kriterien. Eine weitere Ausbaustufe könnte darauf zielen, die gemachten Erfahrungen mit Teilzeit auf Mitarbeiter-Ebene auszuwerten, um Spielräume für die Übernahme von Führungsaufgaben in Teilzeit auszuloten. So ließe sich die generelle Akzeptanz von Teilzeit zur Etablierung einer Kultur des Führens in Teilzeit weiterentwickeln. Es mag zwar Bereiche geben, in denen Führen in Teilzeit problematisch ist – doch es wäre bereits ein Fortschritt, solche spezifischen Bereiche anhand von Kriterien und sachlichen Argumenten zu identifizieren. Umgekehrt können die bisherigen Erfahrungen genutzt werden, um insbesondere organisatorische Rahmenbedingungen zu bestimmen, die sich im Hinblick auf Führungspositionen verallgemeinern lassen – etwa: Was lässt sich aus Jobsharing-Erfahrungen für das Thema „Führung im Tandem" lernen?

Entscheidend ist es also, in den Unternehmen die bereits bestehenden Stärken im Hinblick auf die Förderung der Karrierechancen von Frauen zu analysieren und diese in ihrer Wirkrichtung durch geeignete Maßnahmen zu verstärken. Als Bestandteil einer Wirkkette können Gestaltungsmaßnahmen eine große Kraft und Kohärenz entwickeln. Durch das weitere Andocken geeigneter Konzepte als Ausbaustufen kann der Veränderungsprozess – ganz *nach der „inneren Logik" der Verhältnisse in der Organisation* – gezielt gestaltet und in Richtung Aufhebung der geschlechtlichen Ungleichheit als Moment der Modernisierung gesteuert werden.

4 Umbruch als Chance: Auf dem Weg zum Unternehmen 2.n

In den vorangegangenen Abschnitten haben wir den gegenwärtigen Umbruchprozess in den Unternehmen reflektiert und die Erfahrungen ausgewertet, die wir gemeinsam mit unserem Partnernetzwerk im Forschungsprojekt gesammelt haben. Dabei haben wir versucht, unsere empirischen Fallanalysen im Hinblick auf die Form und den Inhalt der Gestaltung eines kollektiven Lernprozesses zur Aufhebung der geschlechtlichen Ungleichheit als Moment der Modernisierung der Organisation zu verallgemeinern. Auf dieser Grundlage haben wir eine erfahrungsgeleitete Theorie der Gestaltung entwickelt sowie anhand konkreter Einblicke in die Praxis skizziert, wie der „historische Möglichkeitsraum" zur Förderung der Karrierechancen von Frauen genutzt und erfolgreich gestaltet werden kann. Abschließend diskutieren wir nun die Perspektiven für die weitere Entwicklung in den Unternehmen.

Ob der sich öffnende „historische Möglichkeitsraum" genutzt werden kann, hängt davon ab, wie sich die Unternehmen zu ihm verhalten. Die Aufhebung der geschlechtlichen Ungleichheit wird sich nicht von selbst, gewissermaßen „automatisch" vollziehen, sondern nur als Moment einer gezielten Gestaltung des Modernisierungsprozesses der Unternehmen. Konkret sind gegenwärtig zwei mögliche Entwicklungsszenarien denkbar. Im *Positiv-Szenario* gehen die Unternehmen das Thema „Frauen in Karriere" ernsthaft an. Sie nehmen eine historische Weichenstellung vor, mit der es gelingt, die Geschlechter-Ungleichheit in ihren Strukturen nachhaltig aufzuheben bzw. zumindest stark abzuschwächen. Der Umbruch zum Unternehmen 2.n würde so produktiv genutzt, um proaktiv die Modernisierung der gesamten Organisation zu gestalten. Es würde die historische Chance ergriffen, Frauen in der Breite auf erweiterter Stufenleiter in die Arbeitswelt und damit in neuer Qualität auch in die Gesellschaft gleichberechtigt zu integrieren. Im *Negativ-Szenario* bleibt es hingegen bei reinen Alibi-Aktionen als Reaktion auf den gestiegenen öffentlichen Druck. Es werden ein paar Frauen in Vorstands- und Aufsichtsratspositionen gehievt und dazu ein paar hübsche Plakate in die Kantinen gehängt. Der Anteil von Frauen im Top-Management und in den Kontrollgremien würde etwas ansteigen, die Politik und die Medien könnten die Erfolge feiern, aber an den Strukturen im Inneren der Unternehmen würde sich nichts ändern. Die große Mehrheit der Frauen würde weiterhin durch den Karrieremechanismus von nennenswerten beruflichen Entwicklungs- und Aufstiegsmöglichkeiten ausgeschlossen – und zwar umso härter, je mehr „Vorzeigefrauen" angeschleppt werden.

Auch die gesetzliche Verankerung einer mehr oder minder verbindlichen Frauenquote würde letztlich an diesem Negativ-Szenario nichts ändern können. Eine *Frauenquote allein ist nicht genug*. Wenn in den Unternehmen keine starken Kraftzentren entstehen, die die Verfügbarkeitsanforderungen in den Griff bekommen, die Versachlichung des Karrieresystems vorantreiben und so die materiellen Voraussetzungen dafür schaffen, dass Frauen in neuer Qualität in das Karrieresystem integriert werden können (und wollen!), können wir noch so viel über Quoten reden – aber die Situation der Frauen in unserer Gesellschaft wird sich nicht verändern. Ob mit oder ohne Quote – im Negativ-Szenario würden lediglich die Wände neu gestrichen und ein paar Top-Positionen durch Frauen besetzt. Zwar würden sich – etwa auf der Grundlage der allgemeinen Versachlichungs- und Professionalisierungstendenzen – für eine Minderheit von Frauen tatsächlich neue Karrierechancen eröffnen. Und zwar für jene, denen es habituell gelingt, sich öffentlich zu positionieren und vor allem den Verfügbarkeitserwartungen moderner Unternehmen zu entsprechen. Dies würde allerdings mit einem umso härteren Ausschluss der Mehrheit der Frauen bezahlt werden. Nur im Positiv-Szenario wird hingegen tatsächlich eine *verallgemeinerbare Perspektive für alle berufstätigen Frauen entwickelt*.

Der Unterschied dieser alternativen Szenarien liegt in der wirksamen Gestaltung des Umbruchs in den Unternehmen. Wenn also nicht nur ein paar Vorstände und Aufsichtsräte durch Frauen ersetzt werden sollen, um die Quote zu erhöhen und ansonsten alles beim Alten zu belassen, müssen ganzheitliche Maßnahmen ergriffen werden, um den historischen Möglichkeitsraum zu nutzen. Die *Gestaltung des Umbruchs zum Unternehmen 2.n ist somit die wichtigste Stellschraube*, um die Karrierechancen von Frauen nachhaltig zu verbessern – und zwar eben nicht nur für ein paar wenige „Auserwählte", sondern für die große Mehrheit der berufstätigen Frauen. Der Umbruch in den Unternehmen verändert Karriere grundlegend. Die neue Qualität der Informatisierung und die Nutzung des Informationsraums zur Steuerung und Kontrolle der Unternehmen (vgl. Boes/Bultemeier 2008) bieten neuartige Bedingungen für die Veränderung von Führung und den Wandel des Karrieremechanismus (dazu ausführlich Bultemeier/Boes, in diesem Band). Auf der Grundlage einer erhöhten Transparenz und des damit einhergehenden verbesserten Steuerungszugriffs des Top-Managements gegenüber dem Gesamtunternehmen entsteht eine Organisation, die sich durch eine größere Veränderungsflexibilität als zuvor auszeichnet. Die daraus resultierenden Chancen zur Modernisierung der Organisation betreffen jedoch nicht lediglich die Karrierechancen von Frauen. Zwar ist die Aufhebung der Geschlechterungleichheit ein wesentliches Ziel und inhärentes Moment des Umbruchs zum Unternehmen 2.n. Dennoch adressiert der Modernisierungsprozess in seiner Gesamtheit ein übergeordnetes Ziel: Es geht um die *Gestaltung einer modernen Arbeitspraxis*, die den sich wandelnden Ansprüchen der nachwachsenden Generation gerecht wird. Eine ausgewogene Work Life Balance, die Familie und Karriere nicht als unvereinbaren Widerspruch versteht und Zeit etwa zum Zusammensein mit den eigenen Kindern zur Verfügung stellt, ist nicht nur für junge Mütter, sondern auch für immer mehr junge Väter ein zentrales Ziel. Darauf weisen nicht nur die gewandelten Selbstansprüche der mittlerweile nachgewachsenen männlichen Führungskräfte hin (vgl. Ellguth et al. 1998: 525 ff), sondern auch die generell unter Jugendlichen ansteigende Familienorientierung (vgl. z.B. Shell Jugendstudie 2010). Es wächst also eine ganze Generation heran, die die Unternehmen mit Forderungen im Hinblick auf Work Life Balance und Vereinbarkeit von Familie und Beruf konfrontieren wird.

Die Herausforderungen einer modernen Arbeitspraxis im Zuge einer Modernisierung der gesamten Organisation anzunehmen, das bedeutet somit nicht lediglich, neue Chancen „für die Frauen" zu eröffnen. Die Reduzierung des Burn-out-Risikos gerade bei Führungskräften, das Pflegen einer Umgangskultur, die auf lebendigem Austausch basiert und nicht auf dem Dominanzverhalten von „Alpha-Männchen", die Vermeidung einer Negativ-Selektion im Management, die nicht den Besseren bzw. die Bessere in Führungspositionen bringt, sondern die „Leidensfähigeren" – diese Herausforderungen liegen allesamt im Interesse der Unternehmen selber. Gerade die Bewältigung von Komplexität und die Erzeugung von Innovationen in wissensbasierten, systemisch-integrierten Unternehmen verlangen nach dem Gelingen einer solchen modernen Arbeitspraxis, als deren Indikator die Integration der Frauen in die Karrierewelt gelten kann. Die entscheidende Frage, die sich den Unternehmen stellt, ist somit nicht, ob die Karrierechancen für alle oder nur für ein paar wenige Frauen verbessert werden soll. Die eigentliche Alternative besteht darin, die *Modernisierung heute bereits mit Blick auf die gleichberechtigte Integration des weiblichen Geschlechts zu gestalten oder erst morgen mit Blick auf die Erwartungen einer ganzen Generation von Arbeitskräften.*

Literatur

[1] BA: Bundesagentur für Arbeit (2012): Arbeitsmarktberichterstattung: Der Arbeitsmarkt für Akademikerinnen und Akademiker in Deutschland - Naturwissenschaften/Informatik, Nürnberg

[2] Boes, A. (2005): Auf dem Weg in die Sackgasse? Internationalisierung im Feld Software und IT-Services. In: Boes, A./Schwemmle, M. (Hg.): Bangalore statt Böblingen? Offshoring und Internationalisierung im IT-Sektor, Hamburg: VSA, S. 13–65

[3] Boes, A./Bultemeier, A. (2008): Informatisierung – Unsicherheit – Kontrolle. Analysen zum neuen Kontrollmodus in historischer Perspektive. In: Dröge, K./Marrs, K./Menz, W. (Hg.): Rückkehr der Leistungsfrage. Leistung in Arbeit, Unternehmen und Gesellschaft, Berlin: edition sigma, S. 59-90

[4] Boes, A./Kämpf, T. (2012): Informatisierung als Produktivkraft. Der informatisierte Produktionsmodus als Basis einer neuen Phase des Kapitalismus. In: Dörre, K./Sauer, D./Wittke, V. (Hg.): Kapitalismustheorie und Arbeit. Neue Ansätze soziologischer Kritik, Frankfurt am Main; New York: Campus, S. 316-335

[5] Boes, A./Bultemeier, A./Kämpf, T. (2011): Werden die Karten für Frauen neu gemischt? In: Boes, A./Bultemeier, A./Kämpf, T./Trinczek, R. (Hg.): Strukturen und Spielregeln in modernen Unternehmen und was sie für Frauenkarrieren bedeuten (können). Arbeitspapier 2 des Projekts „Frauen in Karriere", München: ISF München, S. 7-43

[6] Boes, A./Kämpf, T./Trinks, K. (2011a): Auf dem Weg zu einer nachhaltigen Gesundheitsförderung in der IT-Industrie. In: Gerlmaier, A./Latniak, E. (Hg.): Burnout in der IT-Branche. Ursachen und betriebliche Prävention, Kröning: Asanger Verlag, S. 251-267

[7] Bultemeier, A. (2011): Neue Spielregeln in modernen Unternehmen: Wie können Frauen davon profitieren? In: Boes, A./Bultemeier, A./Kämpf, T./Trinczek, R. (Hg.): Strukturen und Spielregeln in modernen Unternehmen und was sie für Frauenkarrieren bedeuten (können). Arbeitspapier 2 des Projekts „Frauen in Karriere", München: ISF München, S. 45-81

[8] Ellguth, P./Liebold, R./Trinczek, R. (1998): "Double Squeeze". Manager zwischen beruflichen und privaten Anforderungen. In: Kölner Zeitschrift für Soziologie und Sozialpsychologie, Jg. 50, Heft 3, S. 517-535

[9] Faust, M./Jauch, P./Notz, P. (2000): Befreit und entwurzelt: Führungskräfte auf dem Weg zum „internen Unternehmer", München; Mering: Rainer Hampp Verlag

[10] Hecken, A.E. (2006): Bildungsexpansion und Frauenerwerbstätigkeit. In: Hadjar, A./Becker, R. (Hg.): Die Bildungsexpansion. Erwartete und unerwartete Folgen, Wiesbaden: VS Verlag für Sozialwissenschaften, S. 123-156

[11] Heinz, W.R. (2003): „From Work Trajectories to Negotiated Careers. The Contingent Work Life Course. In: Mortimer, J.T./Shanahan, M.J. (Hg.): Handbook of the Life Course. New York: Kluwer, S. 185-204

[12] Kanter, R.M. (1977): Men and Women of the Corporation, New York: Basic Books

[13] Kompetenzzentrum: Kompetenzzentrum Technik-Diversity-Chancengleichheit e.V. (2013): Daten + Fakten. Studium. Vorläufige Zahlen für das Studienjahr 2012 in ausgewählten Studienbereichen, http://www.kompetenzz.de/Daten-Fakten/Studium, aufgerufen am 18.06.2013, 12:42 Uhr

[14] Kotthoff, H./Reindl, J. (1990): Die soziale Welt kleiner Betriebe – Wirtschaften, Arbeiten und Leben in mittelständischen Industriebetrieben, Göttingen: Schwarz

[15] Maruani, M. (2002): Ein unvollendetes Projekt: Die Gleichheit von Männern und Frauen in der Arbeitswelt; (Siegener Beiträge zur Soziologie, Band 4), Köln: Rüdiger Köpper Verlag

[16] Meier, M./Weller, I. (2010): Wissensmanagement und unternehmensinterner Wissenstransfer, Diskussionsbeiträge des Fachbereichs Wirtschaftswissenschaft der Freien Universität Berlin, 2010/16, Berlin: Freie Universität, http://edocs.fu-berlin.de/docs/servlets/MCRFileNodeServlet/FUDOCS_derivate_000000001205/discpaper16_10.pdf?hosts=, aufgerufen am 27.06.2013, 15:07 Uhr

[17] Ochsenfeld, F. (2012): Gläserne Decke oder goldener Käfig: scheitert der Aufstieg von Frauen in erste Managementpositionen an betrieblicher Diskriminierung oder an familiären Pflichten? In: Kölner Zeitschrift für Soziologie und Sozialpsychologie, Jg. 64, Heft 3, S. 507-534

[18] Pasero, U. (2004): Gender Trouble in Organisationen und die Erreichbarkeit von Führung. In: Pasero, U./Priddat, B.P. (Hg.): Organisationen und Netzwerke: Der Fall Gender, Wiesbaden: VS Verlag für Sozialwissenschaften, S. 143-163

[19] Quack, S. (1997): Karrieren im Glaspalast: Weibliche Führungskräfte in europäischen Banken; discussion paper FS I 97-104 des Wissenschaftszentrums Berlin für Sozialforschung (WZB), Berlin

[20] Sattelberger, Th. (2010): Die "gläserne Decke" öffnen - Thomas Sattelberger über die Notwendigkeit mehr Frauen in Führungspositionen zu bringen. Statement auf der Konzernwebsite am 24.03.2010, http://www.telekom.com/medien/managementzursache/5160, aufgerufen am 27.06.2013, 13:00 Uhr

[21] Sauer, D. (2006): Von der systemischen Rationalisierung zur permanenten Reorganisation – Lange und kurze Wellen der Unternehmensreorganisation. In: Baukrowitz, A./Berker, T./Boes, A./Pfeiffer, S./Schmiede, R./Will, M. (Hrsg.): Informatisierung der Arbeit - Gesellschaft im Umbruch, Berlin: edition sigma, S. 84-97

[22] Sauer, D./Boes, A./Kratzer, N. (2005): Reorganisation des Unternehmens. In: SOFI; IAB; ISF München; INIFES (Hrsg.): Berichterstattung zur sozioökonomischen Entwicklung in Deutschland – Arbeit und Lebensweisen. Erster Bericht, Wiesbaden: VS Verlag für Sozialwissenschaften, S. 323–350

[23] Shell Jugendstudie: Albert, M./Hurrelmann, K./Quenzel, G. (2010): 16. Shell Jugendstudie. Jugend 2010, Frankfurt am Main: Fischer Taschenbuch Verlag

[24] Sordon, E. (1995): Frauen in Führungspositionen in Großunternehmen: Betriebliche Defizite und Perspektiven der Verwirklichung von Chancengleichheit; (Reihe Wirtschaftswissenschaften, Band 82), Pfaffenweiler: Centaurus Verlagsgesellschaft

[25] Statusbericht: „Frauen in Führungspositionen." Entwicklungen und Zielsetzungen der 30 DAX-Unternehmen. Statusbericht 2012, http://www.bda-online.de/www/arbeitgeber.nsf/res/Dax-30_Frauen_in%20Fuehrungspositionen.pdf/$file/Dax-30_Frauen_in%20Fuehrungspositionen.pdf, aufgerufen am 27.06.2013, 13:26 Uhr

Perspektive Unternehmensstrategie: Strategische Konzepte zur Förderung der Karrierechancen von Frauen

Gender Diversity und Kulturveränderung bei der Deutschen Telekom AG

Maßnahmen, Umsetzungserfahrungen und Zwischenerfolge

Mechthilde Maier und Felix Sonnet

Gerade im Telekommunikationsmarkt ist es wichtig, schnell auf veränderte Marktbedingungen zu reagieren sowie Kunden und Kundinnen neue, auf ihre Bedürfnisse abgestimmte Produkte und Dienstleistungen zu bieten. Innovationskraft, Agilität, das Erkennen und Erschließen neuer Geschäftsfelder und einer zunehmenden Vielfalt innerhalb und außerhalb des Unternehmens sind entscheidend für den Erfolg der Deutschen Telekom AG. Wir verstehen Diversity daher als eine essenzielle Voraussetzung für Innovation und optimale Kundenorientierung, Diversity ist maßgeblicher Treiber zum Wandel unserer Unternehmenskultur und zur Schaffung innovationsfördernder und flexibler Arbeitsumfelder. Ein Schwerpunkt der Umsetzung von Diversity Management bei der Deutschen Telekom ist die Erhöhung des Anteils von Frauen in Führungspositionen. Dieses Ziel wird mit dem Projekt „Fair Share" begleitet. Um Diversity Management erfolgreich realisieren zu können – und damit tatsächlich einen unternehmerischen Nutzen aus den in Praxis und Literatur bereits vielfach dargestellten Potenzialen vielfältig besetzter Teams zu erzielen –, sind nicht nur strukturelle und prozessuale Anpassungen der HR- und Unternehmenssysteme notwendig, sondern vor allem die Gestaltung einer gegenüber vielfältigen Lebensstilen und Persönlichkeiten aufgeschlossenen, einbeziehenden und wertschätzenden Unternehmenskultur. Der vorliegende Beitrag beschäftigt sich – in einer rückblickenden Betrachtung des Zeitraums 2010 bis 2012 – mit der Umsetzung von Diversity Management bei der Deutschen Telekom AG mit besonderem Schwerpunkt auf dem Projekt „Fair Share" und begleitenden Change-Maßnahmen zum Wandel der Unternehmenskultur. Ferner gibt der Beitrag einen Ausblick auf die Neuausrichtung des Projekts ab 2013 und die damit verbundene Überführung der Umsetzungsverantwortung aus einer Zentralfunktion hin zu den operativen Einheiten der Deutschen Telekom.

1 Hintergrund

Die Deutsche Telekom gehört mit rund 132 Millionen Mobilfunk-Kunden, 32 Millionen Festnetz- und mehr als 17 Millionen Breitbandanschlüssen zu den führenden integrierten Telekommunikationsunternehmen weltweit. Wir bieten Produkte und Dienstleistungen aus den Bereichen Festnetz/Breitband, Mobilfunk, Internet und Internet-TV für Privatkunden sowie Lösungen der Informations- und Kommunikationstechnik für Groß- und Geschäftskunden. Die Deutsche Telekom ist in rund 50 Ländern vertreten. Im Geschäftsjahr 2012 haben wir mit weltweit rund 230.000 Mitarbeitern einen Umsatz von 58,2 Milliarden Euro erwirtschaftet – mehr als die Hälfte davon außerhalb Deutschlands.

Für die Deutsche Telekom heißt Diversity produktive Vielfalt. Sie bedeutet Stärke und bereichert unser Unternehmen: Jung und Alt, Menschen mit und ohne Behinderung, Menschen unterschiedlicher kultureller Herkunft und Religion, Homosexuelle und Heterosexuelle, Frauen und Männer. Wir setzen auf die große Palette der Persönlichkeiten, Talente, Lebenskonzepte und Stile. Unser Ziel ist es, diese Vielfalt innerhalb und außerhalb unseres Unternehmens als Quelle von Geschäftserfolg, Kreativität und Innovation zu fördern und zu nutzen. Diversity ist ein maßgeblicher Treiber des Wandels unserer Unternehmenskultur – und gleichzeitig unser Beitrag zu gelebter Offenheit und Wertschätzung in der Gesellschaft.

Ein Schwerpunkt der Umsetzung von Diversity Management ist neben Demografie und Internationalisierung die Erhöhung des Anteils von Frauen im Management. Als erstes DAX-30-Unternehmen führte die Telekom 2010 Quotierungen für den Frauenanteil in Managementpositionen ein. Bis Ende 2015 sollen bei der Telekom weltweit 30 Prozent der oberen und mittleren Führungspositionen mit Frauen besetzt sein. Das Ziel wird mit dem begleitenden Projekt „Fair Share" umgesetzt.

Die Teilnahme als „Core Partner" am Projekt „Frauen in Karriere – Chancen und Risiken für Frauen in modernen Unternehmen" des ISF München ermöglichte unter anderem eine empirische Begleitung des Projekts „Talentpool Frauen" und die Nutzung der Ergebnisse zur Analyse und Auswertung der genderspezifischen Aufstiegs- und Karrierewege im Rahmen des Programms „Fair Share".

1.1 Drei Gründe für die Quote

Die Entscheidung für die Einführung eines verbindlichen Zielwerts basiert im Wesentlichen auf der Erfahrung der Deutschen Telekom, dass in der Vergangenheit umgesetzte Maßnahmen zur Frauenförderung ohne die Definition verbindlicher Zielwerte nur marginale Wirkung erzielt haben. Sie fußt auf folgenden drei Gründen:

1. Wir sind überzeugt, dass das Unternehmen mit mehr Frauen im Management erfolgreicher wird. Gemischte Teams, das zeigen viele Untersuchungen, sind abhängig von der zu leistenden Aufgabe nicht nur innovativer, sondern auch produktiver. Unternehmen mit einem hohen Anteil an weiblichen Führungskräften schaffen kulturellen und finanziellen Mehrwert. So kommt eine Analyse von Catalyst zu dem Schluss, dass Unternehmen mit einem hohen Frauenanteil im Top-Management ein besseres finanzielles Ergebnis erzielen. Der Return on Equity (ROE) fällt bei Unternehmen mit einem höheren Anteil von Frauen im Management um 35,1 Prozent höher aus als bei Vergleichsunternehmen mit einem geringen Frauenanteil im Top-Management (Catalyst 2004). Weitere Studien, unter anderem durchgeführt von der Unternehmensberatung McKinsey, dem Wissenschaftler Roy Adler und der schwedischen Organisation Nutek, belegen, dass Unternehmen mit einem höheren Frauenanteil ein signifikant besseres Unternehmensergebnis und höhere Rentabilität erzielen (McKinsey 2008; Adler 2001; Nutek 2003). An-

leger und Fonds achten außerdem verstärkt auf nachhaltiges Wirtschaften, wozu auch die Chancengleichheit zwischen Männern und Frauen gehört. Das sind also ganz handfeste *betriebswirtschaftliche Argumente* für mehr Frauen in Führungspositionen.

2. Die Erhöhung des Frauenanteils im Management ist die richtige Antwort auf die mittelfristige Entwicklung des *Arbeits- und Talentmarkts*. Bereits heute sind rund die Hälfte der Absolventen von wirtschaftswissenschaftlichen Studiengängen an deutschen Hochschulen Frauen. Wir können es uns nicht leisten, auf die Hälfte der Talente zu verzichten. Mit der Erhöhung des Frauenanteils im Management sorgen wir für eine nachhaltige Erweiterung des Talentpools. Angesichts eines absehbaren und in Teilen bereits vorhandenen Fachkräftemangels in MINT-Berufen ist es eine zentrale Aufgabe, bei jungen Mädchen die Begeisterung für mathematisch-naturwissenschaftliche Fächer zu wecken und zu fördern und zugleich in den Unternehmen Karrierechancen für junge Frauen deutlich aufzuzeigen. Einige dieser Initiativen finden unternehmensintern statt, andere werden etwa über die Deutsche Telekom Stiftung durch geförderte Projekte auch in Schulen oder Universitäten getragen.

3. Schließlich hat die Entscheidung, mehr Frauen in Führungspositionen bei der Deutschen Telekom zu bringen, auch eine *gesellschaftspolitische Dimension*. Die Entscheidung drückt den Anspruch einer nachhaltigen Unternehmensführung aus.

1.2 Zwischenfazit nach Einführung der Frauenquote

Gerade in unserem Heimatmarkt hat die Quotierung ein starkes Echo hervorgerufen und eine breite Diskussion in Gang gesetzt, innerhalb und außerhalb unseres Unternehmens. Zwei Jahre nach Einführung der Frauenquote können wir bereits sichtbare Erfolge feststellen. Wir haben zahlreiche Frauen gewinnen können, gerade auch für Top-Führungspositionen und wichtige Personalentwicklungsprogramme (Datenstand: 31.12.2012, siehe auch Abb. 1):

- Der Anteil der Frauen im Führungskräftebereich konnte konzernweit von 19 Prozent (Februar 2010) auf 24 Prozent (Dezember 2012) gesteigert werden.
- Der Anteil von Frauen in Managemententwicklungsprogrammen ist von 2010 bis Ende 2012 von 18 auf 39 Prozent gestiegen.
- 2010 betrug der Frauenanteil bei den Sitzen der Arbeitgeberseite im Aufsichtsrat in Deutschland 17,7 Prozent, Ende 2012 bereits 24,8 Prozent.
- Der Frauenanteil auf der Arbeitgeberseite in unseren internationalen Aufsichtsräten stieg im gleichen Zeitraum von 7,4 auf 25,5 Prozent an.
- Im internationalen Managementteam unterhalb des Konzernvorstands, dem Business Leader Team, wurde der Frauenanteil von zwei (Februar 2010) auf neun Personen (Dezember 2012) erhöht.

| Abbildung 1: | Zwischenfazit der Deutschen Telekom AG zum 31. Dezember 2012 |

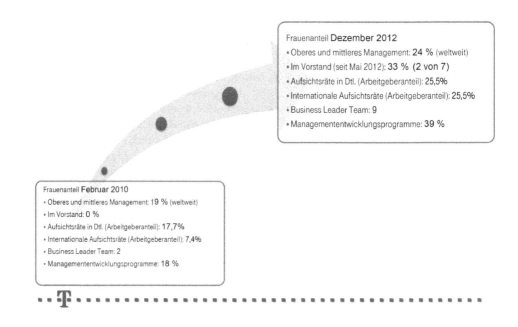

2 Handlungsfelder für Gender Diversity

Im Zuge der systematischen Entwicklung weiblicher Talente in Führungspositionen hat die die Deutsche Telekom im Jahr 2010 das Projekt „Fair Share" initiiert. Ziele des Projekts sind die Erhöhung der Transparenz weiblicher Talente, die Anpassung von HR-Prozessen zur Vermeidung geschlechtsspezifischer blinder Flecken und das regelmäßige Monitoring des Frauenanteils in verschiedenen Bereichen des Unternehmens. Gleichzeitig bauen wir die Vereinbarkeit von Beruf und Privatleben konsequent aus, etwa durch die Erweiterung unserer Arbeitszeitmodelle und Kinderbetreuungsangebote sowie durch die Einführung von Selbstverpflichtungen (siehe unten). Eine Übersicht der wichtigsten Maßnahmen im Zeitraum 2010 bis 2012 bietet Abbildung 2.

2.1 Umgestaltung der HR-Prozesse

Um unser gesetztes Ziel zu erreichen, realisieren wir unser Programm zur Erhöhung des Frauenanteils im Management entlang der gesamten Talentpipeline – in unseren dualen und berufsbegleitenden Ausbildungs- und Studiengängen, in unseren Entwicklungsprogrammen für Nachwuchs- und in unseren Programmen für Führungskräfte bis hin zur Besetzung von Top-Positionen.

Abbildung 2: Ausgewählte Maßnahmen im Rahmen des Projekts Fair Share im Zeitraum 2010-2012

Durch Controlling und Monitoring unserer Besetzungs- und Auswahlprozesse schaffen wir Transparenz und wollen sicherstellen, dass mindestens 30 Prozent Frauen in die engere Bewerberauswahl genommen werden. Diese Regelung gilt sowohl für interne als auch für externe Besetzungen. Personalberatungsagenturen sind ebenfalls angehalten, 30 Prozent Frauen bei jeder Besetzung vorzuschlagen. Dies erhöht den Druck, stärker als bislang weibliche Talente bei Einstellungsprozessen zu berücksichtigen.

Die bisherigen Erfahrungen zeigen, dass gesonderte Qualifikationsprogramme für Frauen nur begrenzt zur Steigerung des Anteils von Frauen in Führungspositionen beigetragen haben. Zugleich mit dem Beschluss der Frauenquote hat der Vorstand daher entschieden, dass Frauen verstärkt in die vorhandenen Entwicklungsprogramme der Telekom-Führungskräfte eingebunden werden sollen. Dort müssen ab 2010 mindestens 30 Prozent und ab 2012 mindestens 40 Prozent Frauen vertreten sein.

Einige Beispiele für weitere Schritte und Maßnahmen zur Förderung von Frauen bei der Telekom:

- konsequente Integration von Frauen in Aufbauprogramme für Fach- und Führungskräfte;
- MINT-Programme für Mädchen und Frauen;
- ergänzende Programme wie Coaching und Mentoring;
- regelmäßige Überprüfung aller Personalprozesse und des Frauenanteils auf verschiedenen Ebenen und in allen Geschäftsbereichen;

■ regelmäßige Ergebnisprüfung durch den Vorstand der Deutschen Telekom.

2.2 Work-Life: Förderung einer flexiblen Arbeitskultur

Dies alles aber nützt wenig, wenn die Antwort auf die überragende Schlüsselfrage fehlt: Wie vereinbaren Frauen und Männer Berufs- und Privatleben? Oder aus der Perspektive des Unternehmens: Wie organisiert die Deutsche Telekom die Unterstützung für den Wiedereinstieg ins Berufsleben an den klassischen Bruchstellen wie dem Übergang in und der Rückkehr aus Elternzeit?

Im Rahmen des 2009 initiierten Programms „work-life@telekom" haben wir uns vier große Handlungsfelder gesteckt, um diesen Herausforderungen zu begegnen. Die Deutsche Telekom

■ baut bereits gut etablierte Elternzeitmodelle für Frauen und Männer weiter aus,

■ ermöglicht verstärkt Teilzeitmodelle für Führungskräfte sowie flexible Anwesenheitszeiten,

■ weitet firmeneigene Angebote für Kinderbetreuung deutlich aus,

■ erweitert die praktischen Unterstützungsleistungen im Alltag – etwa Haushaltshilfen und Notfallbetreuungen für Kinder.

Um die Vereinbarkeit von Berufs- und Privatleben nachhaltig in der Unternehmenskultur und im Arbeitsalltag zu verankern, haben wir für Beschäftigte und Führungskräfte drei richtungsweisende Selbstverpflichtungen eingeführt:

1. Nutzung mobiler Endgeräte: Zu einer wertschätzenden und eigenverantwortlichen Führungs- und Unternehmenskultur zählt auch der respektvolle Umgang mit arbeitsfreier Zeit, etwa im Urlaub, am Wochenende oder werktags außerhalb der Arbeitszeit. Wir haben daher die Nutzung mobiler Geräte freigestellt. Auch gibt es keine Verpflichtung, während der arbeitsfreien Zeit auf berufliche E-Mails oder Anrufe zu antworten.

2. Flexible Arbeitszeiten: Wir haben eine Selbstverpflichtung für Führungskräfte zur Gestaltung und Nutzung von flexiblen Arbeitszeitmodellen eingeführt. In ihrer Vorbildfunktion sollen Leitende Angestellte flexible Arbeitszeiten selbst verstärkt nutzen und ihre Beschäftigten motivieren, existierende Optionen besser zu nutzen und kreativ einzusetzen. Teilzeit soll selbstverständliches Element unserer Führungskultur werden. Damit stützen wir unser Bestreben, Zeit qualitativ statt quantitativ zu betrachten: Wir wollen, dass Ergebnisse und tatsächlich erbrachte Leistung zählen, nicht physische Anwesenheit und aufgewendete Zeit.

3. Mit dem Elternzeitprozess „Ausgestaltung der Elternzeit (Stay in contacT)" unterstützen wir unsere Beschäftigten durch systematische Kontaktpflege noch intensiver. Dazu zählen Planungsgespräche zu Beginn und während der Elternzeit sowie Wiedereinstiegsgespräche, Weiterbildungsangebote, aktives Recruiting („Welcome back") und das Netzwerk „Stay in contacT" für Beschäftigte vor oder während einer Elternzeit.

3 Kulturwandel als entscheidender Stellhebel

Klare Zielvorgaben und gender-neutrale HR-Instrumente sind ein wichtiger Schritt zum Abbau von Monokulturen und Vorbehalten in Unternehmen. Von entscheidender Bedeutung für die erfolgreiche Umsetzung von Diversity ist jedoch die Kulturarbeit. Denn gerade tief verwurzelte Ansichten über Frauen oder andere Gruppen und über die diesen zugeschriebenen Fähigkeiten begrenzen die Wirkung von HR-Interventionen wie Mentoring oder Trainings – falls diese lediglich isoliert und ohne begleitende Kulturarbeit durchgeführt werden.

Die konsequente Umsetzung von Diversity Management erfordert daher die kritische Reflexion der Unternehmenskultur und das Hinterfragen vorhandener Einstellungen und Verhaltensweisen bei den Einzelnen. Deshalb hatten Kommunikationsmaßnahmen und Change-Interventionen im Rahmen des Projekts „Fair Share" bereits zu Beginn einen hohen Stellenwert.

3.1 Kommunikationsmaßnahmen

Die unternehmensinterne Kommunikation zum Thema Frauenquote startete frühzeitig und nutzte die unterschiedlichsten Unternehmensmedien. Neben klassischen Artikeln im Intranet wurde dort ein Special mit zahlreichen Informationen unter anderem zu Studienergebnissen, internationalen Vergleichen und weiblichen Vorbildern hinterlegt. Daneben wurde ein Blog zum Thema Frauenquote ins Leben gerufen. Er zählte innerhalb weniger Tage zu den erfolgreichsten Blogs, seitdem bei der Telekom gebloggt wird. Im Bereich der klassischen Medien zeigte eine internationale Posterkampagne weibliche Führungskräfte und spielte mit Vorurteilen über Führungsfähigkeiten von Frauen. Schließlich haben wir eine Sonderausgabe unseres Mitarbeitermagazins zu Gender Diversity und eine weitere Posterkampagne zu Work-Life-Themen veröffentlicht.

Das Unternehmen signalisierte damit, dass es einen offenen Austausch, eine offene Diskussion zum Thema Frauen im Management und Diversity will. Nur so – und nicht durch dogmatische Vorgaben – lässt sich ein Bewusstsein für die Hürden schaffen, die auf dem Weg von Frauen ins Management stehen. Es entstand eine sehr intensive Diskussion der Frauenquote unter den Beschäftigten. Bemerkenswert ist, wie deutlich auch Männer die Relevanz des Themas für beide Geschlechter betonen – gerade wenn es um die Flexibilisierung der Arbeit und die verbesserte Vereinbarkeit von Beruf und Familie geht. So ziehen zunehmend männliche Führungskräfte flexible Arbeitsmodelle in Betracht und die Präsenzkultur wird schrittweise hinterfragt. Der durch die Kommunikation gestartete Diskurs hilft dabei, vermeintliche Selbstverständlichkeiten in Frage zu stellen und tradierte Denkmuster aufzubrechen.

3.2 Kulturwandel braucht Dialog

Der Abbau von Vorbehalten gelingt nicht allein über die Unternehmenskommunikation oder Statements des Top-Managements. Auf dem Weg zu einer wirklich flexiblen und aufgeschlossenen Arbeits- und Unternehmenskultur ist es entscheidend, Beschäftigten die Möglichkeit zu geben, sich selbst in den Wandel einzubringen und Ängste, Vorbehalte sowie Probleme offen zu artikulieren. Nach Krizanits et al. (2005) sind dialogische Großgruppeninterventionen besonders geeignet, Beschäftigte in Change-Prozesse einzubinden, sie schnell über unternehmensbezogene strategische Themen zu informieren und teils abstrakte strategische Fragen auch für operativ orientierte Unternehmensbereiche zugänglich zu machen. Sie haben darüber hinaus das Potenzial, Überzeugung, Akzeptanz und Emotionalisierung für strategische Fragestellungen zu erreichen und Meinungsbildung zu kanalisieren (ebd.: 249-252). Dies lässt sich darauf zurückführen, dass vor allem im Gespräch und in der Diskussion Meinungen gebildet und hinterfragt, Haltungen eingenommen und überdacht und Notwendigkeiten hinter Veränderungen erkannt werden (Jabri et al 2008: 682).

Dazu hat der Bereich Diversity Management im Jahr 2010 die bundesweite Veranstaltungsreihe „Dialogforum: Neue Telekom" gestartet. Das Dialogforum ist eine bundesweite Veranstaltungsreihe, die sich an alle Beschäftigten und Führungskräfte an größeren Standorten richtet. Mehr als 1.400 Beschäftigte nahmen an den bis Anfang 2012 zwölf durchgeführten Dialogforen teil. Ziel dieser Großgruppeninterventionen ist der offene und direkte Austausch zwischen Beschäftigten, hochrangigen Experten und dem Top-Management. Dabei wird diskutiert, wie sich das Unternehmen ändern muss, damit Diversity und Work-Life ein noch selbstverständlicherer Teil des Arbeitsalltags werden. Mit der Durchführung der Dialogforen sind folgende weitere strategische Ziele verbunden:

- Führungskräfte und Beschäftigte sollen mit großer Reichweite über die Bedeutung von Diversity informiert werden;
- Steigerung der Akzeptanz des Kulturwandels, der Einführung der Frauenquote und flexibler Arbeitskulturen;
- Förderung der Nutzung vorhandener flexibler Arbeitszeitmodelle;
- Aufzeigen von Vorbildern und Best Practices im Unternehmen;
- Gewinnung von Unterstützern und Multiplikatoren;
- Etablierung eines zusätzlichen Feedbackkanals.

Arbeitsmarktexperten geben in Kurzvorträgen einen externen Ausblick auf die Anforderungen einer sich verändernden Arbeitswelt – und die Konsequenzen für die Einzelnen. Gleichzeitig wird mittels Statements, Votings und Fragen der Beschäftigten kontrovers und kritisch über Themen wie Diversity, Work-Life oder Zukunft der Arbeit diskutiert. Die regen Rückmeldungen der Beschäftigten verschiedener Standorte zeigen: Es gibt einen starken Wunsch, sich auszutauschen – und dem Management direkt aufzuzeigen, wo Lücken zwischen Vision und Realität klaffen. Beschäftigte erhalten so die Möglichkeit, sich aktiv in den Kulturwandel einzubringen und Ängste, Vorbehalte oder Probleme zu artikulieren.

Themen der Dialogforen sind beispielsweise:

- Wie müssen wir unsere Arbeits- und Unternehmenskultur verändern, um für zukünftige Herausforderungen fit zu sein?
- Wie passen Arbeitszeit-Flexibilität und Arbeitsbelastung zusammen?
- Welchen Beitrag leistet Diversity für unsere Zukunftsfähigkeit?
- Was bringt die Frauenquote?

Dieser Ansatz bietet nicht nur eine Grundlage für die Etablierung einer aufgeschlossenen und wertschätzenden Unternehmenskultur, es werden gleichzeitig zentrale personalpolitische Herausforderungen veranschaulicht und Diversity-Verantwortlichen wertvolle Rückmeldungen zum Umsetzungsstand von Diversity in der Fläche sowie Verbesserungsvorschläge an die Hand gegeben, die unmittelbar in die weitere Arbeit einfließen. Die Evaluationen zeigen: Die Dialogforen kommen bei Beschäftigten gut an. Durchschnittlich 80 Prozent der Befragten geben an, dass das Dialogforum zur Verbesserung der Arbeitskultur beiträgt. Durchschnittlich 75 Prozent geben an, dass sie durch die Dialogforen neue Erkenntnisse für ihre Arbeit gewinnen.

3.3 Gender Collaboration Trainings: Gemischte Teams erfolgreich führen

Dialogorientierte Formate im Rahmen des Change-Managements sind in der Lage, zu informieren und ein Hinterfragen vorhandener Einstellungen herbeizuführen. Um aber eine tatsächliche Verhaltensänderung im Arbeitsalltag zu erzielen, sollten zusätzliche Interventionen mit einem höheren Anteil an Interaktivität und Handlungsorientierung in ein Gesamtkonzept integriert werden. Ein weiteres Element für den Ausbau einer Diversity-Kultur bei der Deutschen Telekom ist daher die Durchführung von konzernweiten Gender Collaboration Trainings, die Ende 2010 starteten.

Darin bereiten wir unsere Managerinnen und Manager auf das Führen zunehmend heterogener Teams vor. Wesentliches Ziel der für alle Führungskräfte verpflichtenden Trainings ist es, Diversity fest im Unternehmen zu verankern und die Zusammenarbeit heterogener Teams zu verbessern. Alle Leitenden Angestellten und das Top-Management des Unternehmens werden mit praktischen Übungen für unterschiedliche Kommunikationsstile von Männern und Frauen sensibilisiert. Sie erhalten Einblicke in die neuesten wissenschaftlichen Erkenntnisse zu Gender Diversity und reflektieren in interaktiven Settings ihr eigenes Führungsverhalten.

Die Trainings starteten zunächst in unseren europäischen Landesgesellschaften und wurden schließlich auch in Deutschland für alle Führungskräfte durchgeführt. Derzeit werden die Trainings auch in unseren außereuropäischen Einheiten umgesetzt. Bis Dezember 2012 haben bereits mehr als 4.000 Führungskräfte allein in Deutschland an den Trainings teilgenommen.

In Rollenspielen, Simulationen und Gruppenarbeiten werden Geschlechterstereotype und unterschiedliche Kommunikations- und Managementstile hinterfragt oder die Rolle der – noch immer typischen – geschlechtsspezifischen Sozialisation für unsere Wahrnehmung von Männern und Frauen im Arbeitsalltag verdeutlicht. In Break-out-Sessions werden die teilnehmenden Führungskräfte beispielsweise aufgefordert, Skill-Sets einer idealen Führungskraft zu definieren und anschließend zu bestimmen, welche der Eigenschaften sie eher mit Frauen und welche eher mit Männern assoziieren. Häufige Erkenntnis der Gruppenteilnehmer: Es kommt auf die Einbeziehung beider Geschlechter und unterschiedlicher Eigenschaften und Führungsstile an, um als Unternehmen erfolgreich zu sein. Darüber hinaus bieten die Trainings eine neutrale Umgebung, um über vorhandene oder auch nicht vorhandene Geschlechterunterschiede nachzudenken und zu diskutieren, was die Deutsche Telekom und jede einzelne Führungskraft anders machen muss, um diese Unterschiede als Vorteil nutzen.

4 Fazit und Ausblick

Diversity Management ist ein erfolgskritischer Bestandteil der Unternehmensstrategie der Deutschen Telekom. Gerade vor dem Hintergrund der Innovationsstrategie des Unternehmens ist die Gestaltung einer flexiblen und aufgeschlossenen Unternehmenskultur von entscheidender Bedeutung für den Unternehmenserfolg. Neben der Definition quantitativer Zielvorgaben und der Anpassung der HR-Prozesse spielen bei der Umsetzung von Diversity Management Change-Interventionen, Kommunikationsmaßnahmen sowie Trainings eine große Rolle. Die vorgestellten Maßnahmen haben eine lebhafte interne Diskussion im Unternehmen ausgelöst und dazu geführt, dass traditionelle Arbeitsmuster hinterfragt werden und das Bewusstsein für die Bedeutung von Vielfalt bei vielen Beschäftigten gestiegen ist. Die Trainings tragen dazu bei, dass Führungskräfte – über die Sensibilisierung für den ‚Diversity Business Case' hinaus – konkret anwendbare Hinweise für das Leiten vielfältiger Teams erhalten, dass also die Verhaltensebene adressiert wird.

Bei allen bis 2012 erzielten Erfahrungen zeigt sich jedoch auch: Es gibt noch ein gutes Stück Arbeit zu tun, die Umsetzung derartiger Veränderungsprozesse benötigt Zeit – gerade bei einem so großen Konzern wie der Deutschen Telekom. Für die künftige Ausrichtung wollen wir Diversity Management noch konsequenter und früher als bislang in vorhandene und neu zu entwickelnde Personalprozesse integrieren – und den Dialog zum Thema innerhalb unseres Unternehmens auch auf andere Diversity-Dimensionen, wie etwa Alter, ausweiten und gezielt fördern.

Ab 2013 wird die strategische Diversity-Steuerung des Konzerns durch den Bereich Group Performance Development (GPD) verantwortet. Der Bereich ist auf eine durchgängig lebenszyklusorientierte und leistungsorientierte Personal- und Organisationsentwicklung angelegt und versteht sich als integrativer Impulsgeber für Diversity im gesamten Konzern. Diversity gilt dabei als unabdingbare Querschnittsaufgabe, die beispielsweise Recruiting ebenso wie Talentförderung oder Führungskräfteentwicklung einbezieht.

Drei zentrale Stoßrichtungen zur Steigerung der Frauenquote in 2013 sind (1) die Verankerung von Zielvorgaben in den Segmenten des Konzerns, (2) das weitere Vorantreiben des Kulturwandels und (3) die ganzheitliche Umsetzung von Diversity in allen Produkten und Prozessen. Damit Diversity nachhaltig integriert wird, haben wir 2013 die „Frauenquote" in den Zielen der einzelnen Segmente noch verbindlicher und als Linienaufgabe im Business verankert. Die Einführung der Frauenquote ist somit von einem Diversity-Projekt zu einem integralen Bestandteil unseres Konzerns geworden. Den HR-Bereichen der operativen Einheiten vor Ort obliegt nun die Verantwortung und Begleitung der für das jeweilige Segment geeigneten Maßnahmen zur Erhöhung des Frauenanteils. Im Sinne eines nachhaltigen Kulturwandels und angesichts der weiteren Pluralisierung von Belegschaft und Lebensstilen kommt es zudem darauf an, den bisherigen Talentbegriff grundsätzlicher zu überdenken, gezielte kommunikative Begleitmaßnahmen einzusetzen sowie ein klares Management-Commitment glaubhaft aufzuzeigen und vorzuleben.

Literatur

[1] Adler, R. D. (2001): Women in the Executive Suite Correlate to High Profits. Online: http://www.w2t.se/se/filer/adler_web.pdf
[2] Catalyst (2004): The Bottom Line: Connecting Corporate Performance and Gender Diversity. New York: Catalyst. Online: http://www.catalyst.org/knowledge/bottom-line-connecting-corporate-performance-and-gender-diversity
[3] Jabri, M./Adrian, A. D./Boje, D. (2008): Reconsidering the Role of Conversations in Change Communication. In: Journal of Organizational Change Management 21 (6), 667–685.
[4] Krizanits, J./Patak, M./Karboul, A. (2005): Großgruppenarbeit – heute. Zur Theorie und Praxis von Großgruppenveranstaltungen und ihrer Bedeutung für interne Unternehmensfunktionen. In: Boos, F./Heitger, B. (Hg.): Wertschöpfung im Unternehmen. Wie innovative Dienstleister die Wettbewerbsfähigkeit steigern. Wiesbaden, 249–269
[5] McKinsey (2008): Women Matter 2 – Female Leadership, a Competing Edge for the Future. Chicago: McKinsey
[6] Nutek, the Swedish Business Development Agency (2003): Gender and Profit. Online: http://www.femtech.at/fileadmin/downloads/Wissen/Themen/Gleichstellung_in_Unternehmen/gender_and_profit.pdf

Die SAP People Strategy

Ein strategischer Rahmen zur Verbesserung der Karrierechancen von Frauen

Jörg Staff

In einem international agierenden Unternehmen ist es wichtig, Vielfalt und Unterschiedlichkeit zu nutzen, um Innovationen zu fördern und Professionalität durch kreativen Austausch zu ermöglichen. Vielfalt hat erwiesenermaßen einen positiven Effekt auf die Innovationstätigkeit und Produktivität im Unternehmen und hilft die Unternehmensziele zu erreichen (Barsh et al. 2012). Das hat SAP bereits früh erkannt und verfügt daher seit vielen Jahren im globalen Kontext über ein „Diversity"-Programm. Bei SAP umfasst das Gebiet der „Diversity" Unterschiede der Mitarbeiter in Kultur, Rasse, Ethnie, Alter, Geschlecht, sexueller Orientierung, geistiger oder körperlicher Behinderung sowie Religion, Familienstand, persönlichen Beziehungen, Arbeitsinhalt und anderen Dimensionen. Das „Global Diversity Office" mit seinem ausgereiften Programm forciert gemeinsam mit ausgewählten Verantwortlichen in jeder Board Area das Thema und treibt entsprechende Pläne auf allen Ebenen voran. Um die selbstgesteckten Ziele zu erreichen, ist es notwendig, durch eine strategische Planung die richtigen Themengebiete und Aktivitäten auszuwählen, zu implementieren und ständig zu verbessern.

Die „Diversity Strategy" orientiert sich klar an den Geschäftszielen. SAP bekennt sich hier dazu, auf Unterschiede einzugehen und die mit ihnen verbundenen Chancen wahrzunehmen. In der Zusammenstellung von Teams trägt Diversity konkret zur Erreichung ökonomischer Ziele bei. Für die strategische Personalplanung ist es von zentraler Bedeutung, dass dem Unternehmen genügend Talente zur Verfügung stehen. Allen strategisch wichtigen Themengebieten ist das Ziel der Förderung von Innovation übergeordnet, die wiederum weiteres wirtschaftliches Wachstum gewährleisten soll. In diesem Rahmen wird der langfristigen und nachhaltigen Personalentwicklung sowie der Schaffung flexibler Rahmenbedingungen zur Verbesserung der Arbeitssituation eine wichtige Rolle beigemessen. Der Vorstand hat die Bedeutung von „Diversity" in der Belegschaft erkannt und treibt das Thema als Sponsor auf den verschiedenen Unternehmensebenen ebenfalls mit Nachdruck voran.

In diesem Beitrag wird exemplarisch der Aspekt „Gender" herausgegriffen, speziell die Förderung der Karrierechancen von Frauen bei SAP. Es wird gezeigt, wie dieses Thema in die Unternehmensstrategie integriert wird und in die People Strategy von SAP eingebettet ist. Frauen als Schlüsseltalente nachhaltig zu fördern ist einerseits ein Weg, dem in einigen Ländern bereits einsetzenden Fachkräftemangel entgegenzuwirken bzw. vorzubeugen. Andererseits sollte auch nicht vergessen werden, dass Frauen eine immer größere Entscheidungsmacht zukommt und sie in einem großen und aufstrebenden Markt über viele Ressourcen verfügen. Unter dem Gesichtspunkt von Diversity strebt SAP eine optimale Zusammenarbeit zwischen den Geschlechtern in einer „Gender Intelligent Organization" an. Das Unternehmen hat sich freiwillig dazu verpflichtet, den Anteil an Führungspositionen, die von Frauen begleitet werden, bis 2017 auf 25 Prozent zu erhöhen.

1 Die SAP People Strategy 2015

Die „People-Themen" sind für die SAP so bedeutend, dass sie als eines von vier Unternehmenszielen reflektiert werden. Die Erhöhung des Employee Engagement steht auf gleicher Ebene wie die Ziele des Kundenerfolgs, des Umsatzwachstums und des Gewinnwachstums. Konzeptionell sind diese Themen auf höchster Ebene verankert in der SAP People Strategy 2015. Die Implementierung dieser innovativen Personalstrategie hat 2011 begonnen. Sie fokussiert speziell die Bedeutung der Mitarbeiterinnen und Mitarbeiter als Erfolgsfaktor und gibt die Rahmenbedingungen für die unternehmerische Prioritätensetzung und die unternehmerischen Aktivitäten sowie die Leistungsmessung vor.

Abbildung 1: SAPs Unternehmensprofil

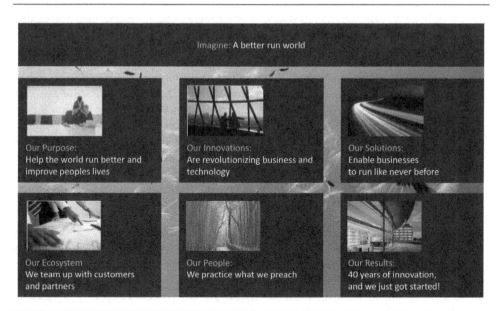

Ausgangspunkt der strategischen Konzeption ist die Unternehmensstrategie der SAP und deren Vision „Help the world run better and improve people's lives" (siehe Abb. 1). Seit 40 Jahren unterstützen heute ca. 60.000 Mitarbeiterinnen und Mitarbeiter weltweit die Kunden aus allen Marktsegmenten und Branchen mit Software-Lösungen. Die permanenten technologischen Entwicklungen erfordern einen professionellen und kompetenten Umgang mit den sich daraus ergebenden Veränderungen. Schlüsselrollen nehmen dabei die Beschäftigten und Führungskräfte ein, die in einer Kultur geprägt von Vertrauen und Teamarbeit sachkundig und integer auf den Kundenerfolg hinarbeiten.

Um dieser Schlüsselrolle gerecht zu werden, verfügt die SAP über eine Personalstrategie, eben die „People Strategy", die aus der Unternehmensstrategie abgeleitet und auf die wesentlichen personalwirtschaftlichen Aufgabengebiete (z.B. Personalbeschaffung, -einsatz, -entwicklung, -entlohnung und -führung) ausgerichtet ist. Die People Strategy ist der funktionalen Strategie der Personalabteilung übergeordnet.[1]

Um den Umgang mit Entwicklungschancen bei SAP und speziell das Themengebiet der Förderung der Karrierechancen von Frauen zu verstehen und einzuordnen, ist es notwendig, den grundsätzlichen Aufbau und die Merkmale der Personalstrategie zu kennen. Die Einführung der „People Strategy" hat unternehmensintern einen Prozess angestoßen: Sie bezeugt die Erkenntnis, dass neben Kunden- und Marktdynamiken und technologischen Innovationen gleichrangig die Fähigkeiten und die Motivation der Mitarbeiterinnen und Mitarbeiter zur Wettbewerbsfähigkeit und zum Wettbewerbserfolg von SAP beitragen. So treten Anzahl, Qualifikation und Engagement der in den SAP arbeitenden Menschen in den Vordergrund.

Die *Entwicklung der Personalstrategie* erfolgte in einem mehrstufigen Prozess: dem Verständnis für die Kontextvariablen, der strategischen Analyse und der Strategieausarbeitung.

Da die Strategieentwicklung vom Kontext abhängig ist, musste zunächst eine objektive Analyse der aktuellen Personalsituation der SAP durchgeführt werden. Hierfür wurde eine faktenbasierte *Unternehmensanalyse* mithilfe von internen Daten (beispielsweise aus dem HR Controlling) sowie eine *Umweltanalyse* auf Basis von externen Daten (beispielsweise Entwicklung des internationalen Arbeitsmarkts) vorgenommen und auf ihre Personalimplikationen hin überprüft. Dabei wurden auch die Anteile von Frauen auf den verschiedenen Hierarchieebenen und Karrierepfaden im Unternehmen erhoben. Daten zu Maßnahmen der direkten Konkurrenz *(„Benchmarking")* konnten darüber hinaus weitere wichtige Erkenntnisse liefern. Bei der Zusammenfassung der Analyseergebnisse erwies sich die Aufbereitung in Form einer *„SWOT-Matrix"*[2] als hilfreich.

Die effektive Einführung der „People Strategy" setzt auf eine umfassende Projektplanung und -steuerung mithilfe eines hierarchisch gegliederten Projektstrukturplans, der Festlegung der Projekt-Governance sowie eines koordinierenden „Program Office". Letzteres war Schnittstelle zwischen den verantwortlichen Projektleitern und dem Steuerungsgremium, bestehend aus Top-Managern und dem Vorstand als „Executive Sponsor". Neben einem detaillierten Projektprozessplan mit zeitlich festgelegter (Teil-)Projektabfolge wurden für jeden Geschäftsbereich sogenannte „Business Owner" als Vertreter und Sponsoren im Top-Management identifiziert, so dass der operative „Roll-out" zuverlässig durchgeführt

---

1 Letztere definiert ihre Schwerpunkte auf Basis der übergeordneten People Strategy, präzisiert die personalwirtschaftlichen Aufgabengebiete und richtet gegebenenfalls die eigene Struktur sowie grundlegende Prozesse und Systeme darauf aus.
2 SWOT steht für Strengths, Weaknesses, Opportunities and Threats.

werden konnte. Speziell für das „Management Model" wurden drei Themenfelder bestimmt: „Learning Culture", „Talent Development" und „Diversity". Jedes Themenfeld wurde mit klaren Verantwortlichkeiten versehen. Um die Zielerreichung der „People Strategy" sicherzustellen, wurde ein Projekt-Reporting etabliert, das die Fortschrittskontrolle durch einen regelmäßigen Soll-Ist-Abgleich erfolgskritischer Kennzahlen vornimmt.

Die „People Strategy" stellte neue Anforderungen an die Funktion Personal. Daher folgte zeitlich versetzt eine Transformation der Personalorganisation. Der HR-Bereich versteht sich als „Enabler" für Manager und Mitarbeiter, um die Umsetzung der „People Strategy" mit geeigneten Instrumenten, Programmen, Richtlinien und „Policies" zu unterstützen. Die Personalfunktion ist dabei aktiv in die Mitgestaltung von unternehmensweiten Veränderungen eingebunden – damit prozessverantwortlich; das Management ist umsetzungsverantwortlich.

Wie oben bereits beschrieben, orientiert sich die People Strategy an der Unternehmensstrategie und ist in ihr verankert. Begleitend zur Umsetzung der SAP Strategy wurde ein „Management Model" entworfen, um die Erreichung der Unternehmensziele zu gewährleisten. Da eines dieser vier gleichrangigen Ziele die Förderung der Mitarbeitermotivation ist, bildet die Sensibilisierung der Manager für das People-Thema „Diversity" einen zentralen Bestandteil.

Das „Management Model" (siehe oben rechts in der Abbildung 2) ist ein übergreifender Rahmen der unternehmerischen Prioritäten und Aktivitäten der SAP. Es verbindet die Strategie mit der tatsächlichen Umsetzung. Um das Ziel der Marktführerschaft zu erreichen, werden die Kunden und die Produktqualität in den Mittelpunkt des Modells gestellt. Im Zusammenwirken mit der Unternehmensstrategie definiert es die zentralen Unternehmensziele. Die Unternehmenskultur umfasst alle Aktivitäten, die durch den Gedanken „One SAP" geprägt sind. In unmittelbarem Zusammenhang zum Unternehmenserfolg stehen die interdependenten Themen „People, Processes & IT" sowie „Ecosystems". Im Bereich People ist das Thema „Diversity" integriert. Alle People-Themen sind wiederum mit dem Handlungsfeld „Leadership" verbunden.

Zusammengefasst ist die „People Strategy", die unter anderem im „Management Model" ihre konkrete Ausgestaltung erfährt, ein Rahmen, durch den die SAP mit Hilfe aller Talente ein immer weiter wachsendes Unternehmen aufbaut, den Kundenerfolg antreibt, die Mitarbeiter befähigt und so Umsatz- und Gewinnziele erreicht. Dabei sind die Menschen – Führungskräfte wie Mitarbeiter – der Schlüssel zum Kundenerfolg und zu „Product Leadership".

Ein zentrales Thema bildet in diesem hier explizierten Zusammenhang die Förderung der Karrierechancen von Frauen. Die SAP kann nicht auf die Arbeitskraft von gut ausgebildeten und qualifizierten Frauen verzichten, die in der „Gender Intelligent Organization" einen wertvollen Beitrag zum Unternehmenserfolg leisten. So ist es Aufgabe der SAP, sich für diese Frauen langfristig als attraktiver Arbeitgeber zu etablieren und entsprechende Mitarbeiterinnen auch dauerhaft zu halten und zu entwickeln. Die Einordnung des Themas Karrierechancen von Frauen in den unternehmerischen Wertschöpfungsprozess ist für das

Unternehmen deshalb von entscheidender Bedeutung. Im folgenden Abschnitt wird beschrieben, wie diese strategische Konzeption auf Prozessebene umgesetzt wird.

Abbildung 2: Strategischer Rahmen zur Förderung der Karrierechancen von Frauen

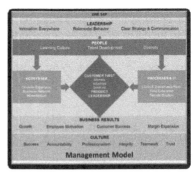

SAP Strategy

People Strategy

2 Umsetzung der strategischen Konzeption auf Prozessebene: Das Thema Gender

Erhebliches Potenzial für die Förderung der Karrierechancen von Frauen liegt im Employee Lifecycle und den dazugehörigen Prozessen. Der Employee Lifecycle beginnt mit dem Interesse für einen potenziellen Arbeitgeber seitens einer Arbeitnehmerin oder eines Arbeitnehmers und endet ggf. mit dem Ausscheiden aus dem Unternehmen. Die Stationen: Die Arbeitnehmerin bzw. der Arbeitnehmer begibt sich in den Rekrutierungsprozess, durchläuft ein individuelles Entwicklungsprogramm und wird für die geleistete Arbeit anerkannt. Besonders wichtige Stellschrauben für die Förderung der Karrierechancen von Frauen sind im Employee Lifecycle die Themen Arbeitgeberattraktivität, Rekrutierung und Mitarbeiterentwicklung.

Bereits in der ersten Phase kann das Unternehmen die *Arbeitgeberattraktivität* gezielt auf Frauen ausrichten. Das geschieht beispielsweise, indem es bei der Formulierung der Arbeitgeberkampagne und Stellenausschreibung eine geschlechtsneutrale oder sogar Frauen besonders ansprechende Darstellung wählt. Darüber hinaus können Stellen in Teilzeit und flexibel hinsichtlich des Arbeitsorts angeboten werden. Die Durchführung von Veranstaltungen und die Präsenz auf Fachmessen und in fachspezifisch relevanten Bildungseinrichtungen sind für die direkte Ansprache von Berufseinsteigerinnen geeignet. Spezielle Förderprogramme bzw. Initiativen für Mädchen und junge Frauen wie der jährlich bundesweit stattfindende Girls' Day, die Partnerschaft mit dem nationalen Pakt „Komm, mach MINT" oder der „FIRST LEGO League" sind auf lange Sicht geeignete Instrumente, um diese Zielgruppe frühzeitig für technische Berufe zu begeistern.

Auf Ebene der *Rekrutierung* können durch relativ kleine Änderungen in den entsprechenden Prozessen die Karrierechancen von Frauen gefördert werden. Um die Maßnahmen optimal auf die Anforderungen und Herausforderungen von einzelnen Unternehmensbereichen und Hierarchieebenen anzupassen, ist es notwendig, eine entsprechend spezifische Herangehensweise zu wählen. Es empfiehlt sich, Workshops mit Personen durchzuführen, die unmittelbar am Rekrutierungsprozess beteiligt sind. Eine diverse Zusammensetzung der Gruppe ist für ein breites Meinungsbild von Vorteil. So sollten Manager und Mitarbeiter aus allen Unternehmensbereichen und dem Personalbereich, aus verschiedenen Hierarchieebenen, Voll- und Teilzeitkräfte sowie Männer und Frauen repräsentiert sein. Die in den Workshops erarbeiteten Herausforderungen können dann geclustert werden, um entsprechende Handlungsfelder zu identifizieren und diese zu priorisieren. Die Studienlage sollte intensiv gesichtet und die Handlungsfelder zusätzlich wissenschaftlich betrachtet werden, um die angedachten Maßnahmen auf eine gute Grundlage zu stützen. Ein Ergebnis eines solchen Workshops könnte beispielsweise sein, dass am Vorstellungsgespräch mit einer Bewerberin eine Unternehmensvertreterin beteiligt sein muss.

Waren Karriere und *Mitarbeiterentwicklung* früher bestimmt durch die spontane Übernahme neuer Aufgaben und personaler Entscheidungsstrukturen – also aufgrund sozialer Netzwerke und Vorlieben ohne starken Einfluss des Personalbereichs –, so sind sie heute durch die zentrale Schaffung und Gestaltung von Karrierestrukturen und -instrumenten gekennzeichnet. Dabei kommt dem Personalbereich eine zentrale Bedeutung zu. Bei SAP gibt es das „Career Success Center", das Karrierepfade und die notwendigen Qualifikationen beschreibt. So kann jeder Mitarbeiter eine persönliche „Career Landscape" erstellen und ist über die Anforderungen der jeweiligen Position informiert. Es gibt weltweit ein einheitlich gestaltetes Karrierekonzept mit drei Karrierepfaden „Management", „Project" und „Expert", die bei SAP gleichwertig sind. Durch die Implementierung von einheitlichen Bewertungskriterien in Prozesse und Instrumente wurde versucht, die subjektive Einschätzung beispielsweise im „Talent Review" zu minimieren. Dies soll besonders den Frauen in der Organisation zugute kommen, da Führungskräfte die Tendenz haben, männliche Mitarbeiter subjektiv als fähiger einzustufen und zu befördern (vgl. beispielhaft Gmür 2004 und Schlamelcher 2009).

Anzumerken ist, dass diese Kanalisierung und Versachlichung der Entscheidungsstrukturen ein andauernder Prozess ist. Die Dominanz der individuellen Beurteilung verändert sich nicht von heute auf morgen. Die Versachlichung bei der kollektiven Auswahl von Karrierekandidaten sorgt jedoch dafür, dass individuelle und subjektiv geprägte Entscheidungen schließlich nicht mehr zu einem Gender Gap führen.

Bei SAP gilt das Leitbild der selbstverantwortlichen Karriere. Das bedeutet, dass es in der Verantwortung jedes einzelnen Mitarbeiters und jeder einzelnen Mitarbeiterin liegt, die eigene Karriere zu planen und die notwendigen Schritte anzustoßen. Eine Unterstützung durch die entsprechenden Manager und die Personalabteilung ist dabei jederzeit gewährleistet.

Zusätzlich sollte darauf geachtet werden, dass die Förderungsprogramme konsequent und zielorientiert durchgeführt werden. Das gilt ganz besonders für die Förderung des weiblichen Nachwuchses. Bei den sehr talentierten jüngeren Mitarbeitern, den „High Potentials", die bekanntermaßen die zukünftigen Führungskräfte und „Experts" sind, sollte spezielles Augenmerk auf die Frauen gelegt werden. Das Ziel der Erhöhung des Frauenanteils in Führungspositionen kann nur erreicht werden, wenn die „Talent Pipeline" kontinuierlich mit Potenzialträgerinnen gefüllt wird. Dies bedeutet beispielsweise auch, dass explizit eine Empfehlung von fähigen weiblichen Mitarbeitern über Unternehmensbereiche hinweg stattfinden muss. Im Rahmen der persönlichen Karriereentwicklung ist es für Frauen möglich, an einem speziell für sie konzipierten Mentoring-Programm teilzunehmen. Begleitend können Workshops besucht werden, die die Möglichkeiten der produktiven Zusammenarbeit von Frauen und Männern aufzeigen (vgl. den Beitrag von Nennstiel, in diesem Band).

Um die Veränderungen nachhaltig zu verankern, sollte auf eine gut abgestimmte und breite Kommunikation geachtet werden. Weibliche und männliche Manager und Mitarbeiter müssen gleichermaßen sensibilisiert werden. Aufgrund der politischen Brisanz ist es darüber hinaus sehr wichtig, für Transparenz zu sorgen, die u.a. durch ein professionelles „Reporting" (etwa über die Einstellungsquote, die Zahl der Weggänge, die Zahl der „Promotions" von Frauen oder die Frauenanteile nach Vorstandsbereich) und regelmäßige „Updates" unterstützt werden kann.

Zusammenfassend kann gesagt werden, dass die Potenziale, die in den Prozessen liegen, ein wichtiger Schritt in der Förderung der Karrierechancen von Frauen sind, da karriererelevante Punkte adressiert und nachhaltig verändert werden können. Eine breite Kommunikation und eine regelmäßige Kontrolle sind dabei notwendig, um die angestrebten Ziele zu erreichen.

3 Historische Entwicklung des Themas „Frauen in Karriere" bei SAP

Bis zum Anfang des Jahrtausends war das Thema „Frauen und Karriere" in der Öffentlichkeit noch nicht sehr präsent. Bei SAP wurde das Thema allerdings bereits über viele Jahre durch private Treffen eines Frauennetzwerks „bottom up" verankert (vgl. den Beitrag von Kuntz-Mayr/Regitz, in diesem Band). So wurde die Sensibilisierung für das Gender-Thema nach und nach auf breiter Basis in Führungskräfteschulungen (Awareness-Kampagne) aufgenommen. Dafür konnte auch der Vorstand gewonnen werden. In diesem Zusammenhang konnte in der Institutionalisierungsphase zwischen 2004 und 2006 ein „Global Diversity Office" etabliert werden, welches den programmatischen Kontext bildet und die legale Einheit zur Förderung der Frauen darstellt. Das Kernargument, das allen Aktivitäten zugrunde liegt, besteht darin, die vielfältigen Fähigkeiten von Männern und Frauen bestmöglich nutzen zu wollen (beispielsweise McKinsey 2009; Bendl 2007; Cox/Blake 1991). „Diversity" ist für SAP daher als Schlüsselkraft für die Innovationskraft des Unternehmens anerkannt. Gelingt es der SAP auch weiterhin, sich die Vielfalt ihrer Mitarbeiter mit unterschiedlichsten Hintergründen, Erfahrungen, Ideen und Denkweisen zunutze zu machen, so werden noch viele weitere eindrucksvolle Innovationen entstehen – so wie es über die letzten 40 Jahre immer wieder geschehen ist.

Die SAP ist allerdings mit der Herausforderung konfrontiert, dass Frauen in IT-Unternehmen und in IT- sowie technischen Ausbildungsberufen grundsätzlich stark unterrepräsentiert sind. Grund hierfür ist sicherlich, dass Frauen bereits in den sogenannten MINT-Studiengängen lediglich einen kleinen Anteil ausmachen (in der Informatik beispielsweise 2010 nur 19 Prozent, vgl. Arbeitsagentur 2011: 10). Zudem ist es für lange Zeit auch nicht ausreichend gelungen, die qualifizierten Frauen mit entsprechendem fachlichem Hintergrund und entsprechender Qualifikation bei SAP zu rekrutieren und dauerhaft zu binden.

In Deutschland ist aktuell eine leichte Trendwende bei Frauenkarrieren festzustellen. Der Anteil von Frauen im Management bei SAP ist ab 2007 zunächst relativ konstant geblieben und in den letzten Jahren leicht angestiegen (siehe Abb. 3).

Bei der Potenzialbewertung, die aufgrund ihrer Zukunftsorientierung besonders wichtig ist, holen Frauen in der SAP langsam auf, bleiben aber noch deutlich unterrepräsentiert. Auf dem unteren Managementlevel stellen Frauen immerhin bereits etwa ein Viertel der Belegschaft. Dies ist möglicherweise auf einen leichten Alterseffekt zurückzuführen, da jüngere Alterskohorten generell einen höheren Anteil an gut ausgebildeten und qualifizierten Frauen aufweisen. Bei der Rekrutierung gibt es jedoch ein Defizit in der Fokussierung der Frauen, denn der Frauenanteil bei Neueinstellungen entspricht nur etwa dem generellen Frauenanteil bei SAP; besonders bei externen Neubesetzungen von Führungskraftpositionen ist der Frauenanteil sehr gering. Geht man in der Hierarchie nach oben, so sinkt der Anteil der Frauen deutlich. Besonders der Übergang zum mittleren Management ist dabei auffällig. Zu bemerken ist, dass im Personalbereich der Anteil an Mitarbeiterinnen sehr hoch ist, in den oberen Hierarchieebenen aber auch hier verhältnismäßig gering ausfällt.

Das lässt darauf schließen, dass nicht nur der grundsätzlich verfügbare Pool an Mitarbeiterinnen eine Rolle spielt, sondern auch noch weitere Ursachen bedeutsam sind.

Abbildung 3: Anteil an Frauen im Management von 2007 bis 2011 bei SAP

Deshalb hat die SAP 2009 durch das Projekt „Frauen in Karriere" die Karrierestrukturen im Unternehmen wissenschaftlich erforschen lassen, damit die Auswirkungen dieser Strukturen auf die Karrieremöglichkeiten der Frauen aufgezeigt werden. Um mögliche Verbesserungspotenziale innerhalb der Organisation aufzudecken und die Arbeitssituation für Frauen weiter zu verbessern, beteiligt sich die SAP aktiv an der Evaluierung der aus den Ergebnissen abgeleiteten Best Practices. Das Unternehmen wird Gestaltungsvorschläge in Zusammenarbeit mit dem Projekt in die Praxis umsetzen.

Die freiwillige Selbstverpflichtung des Vorstands zur Erhöhung des Frauenanteils und die zentrale Verankerung und Einbettung des Themas Diversity sind Ausdruck der Ernsthaftigkeit der Bestrebungen bei SAP. Die ausgewählten Verantwortlichen jeder Board Area, die gemeinsam unter Leitung des „Global Diversity Office" ein „Steering Committee" bilden, unterstreichen dies zusätzlich. Neben der Verankerung auf allen Hierarchieebenen und in allen Unternehmensbereichen ist ein gut ausgebautes gendersensibles „Reporting" und dessen offensive Kommunikation für das Thema der Frauenförderung essenziell. Transparenz, Orientierung und das Setzen von Anreizen sind dabei wichtige Zielwerte. Die Integration dieser Kernpunkte in die zentralen Prozesse zur Entwicklung einer ganzheitlichen Strategie ist zur Zielerreichung notwendig. Mit diesen grundsätzlichen Überlegungen lässt sich die Förderung von Frauen im Unternehmen an den entscheidenden Stellen verankern, fördert die Sensibilität und gewinnt neue „Stakeholder" hinzu.

4 Erkenntnisse und Handlungsempfehlungen

Zusammenfassend lässt sich sagen: Die Frauenförderung ist bei SAP sowohl auf strategischer als auch auf operationaler Ebene angesiedelt. Eine freiwillige Selbstverpflichtung umfasst die deutliche Erhöhung des Frauenanteils in Führungspositionen und zeigt die Wichtigkeit des Themas im und für den Vorstand auf. Aus der Unternehmensstrategie wurde eine „People Strategy" abgeleitet, die den Bereich „Diversity" und damit auch die Förderung der Karrierechancen von Frauen fokussiert. Ebenso ist das Thema im „Management Model" verankert, das einen vereinigenden Rahmen für die unternehmerischen Prioritäten und Aktivitäten der Organisation bildet.

Vor diesem Hintergrund lassen sich folgende Empfehlungen auf drei verschiedenen Ebenen ableiten, die sich bei SAP als fruchtbar erwiesen haben:

Strategisch
Die Positionierung des Themas auf höchster Führungsebene in Form von konkreten Unternehmenszielen und einer Selbstverpflichtung des Unternehmens muss gewährleistet sein. Die Bereitschaft des Top-Managements, als Sponsor zu fungieren, fördert das unternehmensweite Engagement und erleichtert die Verankerung auf allen Hierarchieebenen. Sie wirkt sich auch auf die bonusrelevanten Ziele des Managements aus. Entsprechende KPIs fördern die Transparenz.

Operativ
Auf der betrieblich-operationalen Ebene ist Sorge zu tragen, dass die Potenziale zur Förderung der Karrierechancen von Frauen voll ausgeschöpft werden. Entlang dem Employee Lifecycle können besonders im Bereich der Arbeitgeberattraktivität, der Rekrutierung und der Mitarbeiterentwicklung kleine Veränderungen große positive Effekte erzielen. Die Fachbereiche sind deshalb in der Pflicht, diese Potenziale zu erkennen und zielführend zu realisieren.

Kulturell
Entscheidend für Erfolg ist es zudem, das Bewusstsein bei den Beschäftigten und Führungskräften im Unternehmen sowie in der Öffentlichkeit zu stärken: mithilfe von gezielter Kommunikation, themenbezogenen Veranstaltungen, dem Ausbau von Frauennetzwerken und Kooperationen. Unternehmensinterne Awareness-Kampagnen und Qualifikationsangebote helfen das Thema unternehmensintern zu thematisieren. Öffentliche Bekenntnisse und wissenschaftliche oder Projektarbeiten, auch im Unternehmensverbund mit anderen Unternehmen, heben die Thematik auf eine unternehmenspolitische Ebene.

Die SAP befindet sich mit dieser Herangehensweise auf einem guten Weg hinsichtlich des selbstgesteckten Ziels einer Frauenquote von 25 Prozent bis 2017 und der damit verbundenen strategischen Maßnahmen. Jedoch sind weiterhin ein großes Engagement und eine konsequente Umsetzung unabdingbar.

Literatur

[1] Arbeitsagentur (2011): Kurzinformation Frauen und MINT-Berufe. Der Arbeitsmarkt in Deutschland – Arbeitsmarktberichterstattung Dezember 2011, S. 10ff. Online: http://statistik.arbeitsagentur.de/Statischer-Content/Arbeitsmarktberichte/Berichte-Broschueren/Arbeitsmarkt-fuer-Akademiker/Generische-Publikationen/Kurzinfo-Frauen-MINT-2011.pdf, letzter Zugriff 28.09.2012

[2] Bendl, R. (2007): Betriebliches Diversitätsmanagement und neoliberale Wirtschaftspolitik. In: Koall, I./Bruchhagen, V./Höher, F. (Hg.): Diversity Outlooks. Münster, Hamburg, London, S. 14–28

[3] Cox, T. H. Jr./Blake, S. (1991): Managing Cultural Diversity – Implications for Organizational Competitiveness. Academy of Management Executive, Jg. 5, H. 3, S. 45–56

[4] Gmür, Markus (2004): Was ist ein ‚idealer Manager' und was ist eine ‚ideale Managerin'? Zeitschrift für Personalforschung, 18. Jg., H. 4, S. 396–417

[5] McKinsey (2009): Women Matter 3. Women Leaders, a Competitive Edge In and After the Crisis. Results of a global survey of almost 800 business leaders conducted by McKinsey & Company in September 2009. Online: http://www.mckinsey.com/~/media/Mckinsey/dotcom/client_service/Organization/PDFs/Women_matter_dec2009_english.ashx, letzter Zugriff 11.10.2012

[6] Barsh, J./Devillard, S./Wang, J. (2012): The Global Gender Agenda. McKinsey Quarterly, November 2012. Online: http://www.mckinseyquarterly.com/The_global_gender_agenda_3027, letzter Zugriff 08.11.2012

[7] Schlamelcher, U. (2009): Paradoxien und Widersprüche der Führungskräfterekrutierung: Personalauswahl und Geschlecht. VS Verlag für Sozialwissenschaften: Wiesbaden

Ganzheitliche Strategie

Gender Diversity Management bei der Deutschen Postbank AG

Andrei Frömmer und Vera Strack

1 Das Projekt Gender Diversity Management: Ziele, Herausforderungen und Vorteile

Die politische Diskussion über eine gesetzliche und EU-weite Frauenquote, der demografische Wandel und Fachkräftemangel sowie der ökonomische Mehrwert von Mixed Leadership sind gute Argumente für die ganzheitliche Implementierung eines Gender Diversity Managements in Unternehmen. Für die Postbank war ein weiterer und ausschlaggebender Grund, dieses Thema ernsthaft aufzugreifen, der sehr hohe Frauenanteil in der Gesamtbelegschaft: 60 Prozent aller Postbank-Angestellten sind Frauen. Dieses Potenzial entsprechend zu nutzen stellt nicht nur einen ökonomischen Vorteil, sondern auch einen integralen Bestandteil einer perfomance-orientierten Unternehmensphilosophie dar.

Aus diesem Grund hat sich die Deutsche Postbank AG in ihrer Hauptversammlung 2010 der Selbstverpflichtung der DAX-30-Unternehmen zur Erhöhung des Anteils an weiblichen Führungskräften angeschlossen und im Oktober 2011 das Projekt „Gender Diversity Management" zur deutlichen Erhöhung des Frauenanteils auf der Management-Ebene ins Leben gerufen. Auf Basis einer umfassenden Personaldatenanalyse hat der Vorstand anschließend einen Zielwert von 25 Prozent Frauenanteil im Top- und mittleren Management bis 2018 (aktuell: 17 Prozent) sowie Zielwerte je Vorstandsressort beschlossen.

Zur Erreichung dieser Zielwerte muss das Wirkungsgeflecht von Wollen, Können und Dürfen beachtet werden. Das heißt, die vorhandenen Rahmenbedingungen müssen so gestaltet sein, dass Frauen mit entsprechendem Potenzial auch offen für neue Karrierewege mit Blick auf zukünftige Führungspositionen sind und die dafür nötige Rückendeckung erhalten. Dabei reicht eine alleinige Förderung der Mitarbeiterinnen, die bereits auf dem Sprung in eine leitende Funktion sind, allerdings nicht aus. Es gilt, durch die Identifikation und Förderung der Potenzialträgerinnen auf allen Ebenen eine sichere und nachhaltige Nachwuchsbasis aufzubauen, aus der zukünftige Führungskräfte rekrutiert werden können. Weiterhin muss eine Kultur etabliert werden, in der Frauen ihre Arbeitserfolge noch besser kommunizieren und entscheidungsrelevante Positionen besetzen können.

Die Grundlage hierfür bildet der Ausbau moderner Unternehmensstrukturen und im Zuge dessen die Weiterentwicklung von Auswahl- und Besetzungsprozessen hin zur Versachlichung sowie die Schaffung moderner Anreizstrukturen. Daher werden im Rahmen dieses Projekts die bestehenden Personalstrukturen und -prozesse analysiert, bereits vorhandene Maßnahmen erweitert und neue Programme implementiert. Hierbei spielen auch die Flexibilisierung der Arbeitsbedingungen und die Sensibilisierung der Führungskräfte eine große Rolle.

Daher ergeben sich zur Umsetzung dieser Ziele folgende *Handlungsfelder*:

a. Identifikation und Förderung von PotenzialträgerInnen

b. Versachlichung bestehender Auswahl- und Besetzungsprozesse anhand diagnostischer Auswahlverfahren sowie Verknüpfung mit der Nachfolgeplanung für Führungsfunktionen

c. Entwicklungsangebote für weibliche Führungskräfte (insbesondere zwecks Durchbrechung der „gläsernen Decke" zum Top-Management) und für Potenzialträgerinnen

d. Weiterentwicklung der Rahmenbedingungen zur verbesserten Vereinbarkeit von Beruf und Familie sowie zur Flexibilisierung von Arbeit

e. Schaffung von Gender Awareness bei Führungskräften und Mitarbeitern

Die Handlungsfelder b) bis d) werden in unserem Beitrag im Kapitel „Perspektive Unternehmenspraxis" detailliert vorgestellt. Mit der Umsetzung des Projekts ist das Team „Gender Diversity Management" der Abteilung Führungskräfteentwicklung und -betreuung beauftragt.

Die *Aufgabenschwerpunkte* des Kernprojektteams liegen neben dem Projektmanagement und -controlling sowie dem Stakeholder- und Schnittstellenmanagement in:

- der regelmäßigen Ist-Analyse der Personaldaten und Besetzungsprozesse,
- der Ableitung von Zielwerten und Key Performance Indicators (KPI),
- der Maßnahmenkonzeption und -umsetzung,
- der internen und externen Kommunikation,
- der Evaluation der jeweiligen Maßnahmen sowie
- dem Erfolgscontrolling des Gesamtprojekts (hierzu mehr unten, Abschnitt 3).

Unter Einbeziehung zahlreicher Stakeholder seit Projektbeginn – darunter des Lenkungskreises mit dem Vorstandsvorsitzenden sowie weiteren vier Vorständen – werden konzernweit die Weichen für ein erfolgreiches Gender Diversity Management gestellt. Hierzu gehören weiterhin ein erweiterter Projektkreis mit VertreterInnen aller Vorstandsressorts sowie interne und externe themenspezifische Schnittstellen. Der Vorteil der Implementierung in Form eines Projekts und der anschließenden Überführung in eine Linienfunktion liegt darin, dass dieses Projekt mit seinen verschiedenste Konzernbereiche betreffenden und aus zahlreichen Arbeitsgruppen entwickelten Handlungsfeldern nicht nur aus HR-Perspektive und nicht nur mit HR-Entscheidern vorangetrieben wird – und vor allem nicht als „Frauenthema". Wie die Handlungsfelder verdeutlichen, geht es nicht um die kurzfristige Erfüllung eines bloßen Zahlenwerts mittels zahlreicher aus Aktionismus heraus getriebener Programme, sondern um ein konzernweites Change-Projekt, durch das gleiche Karrierechancen für weibliche wie männliche Potenzialträger ausgebaut werden sollen.

2 Ganzheitliche Strategie: Die Einbindung von Stakeholdern und Schnittstellen

Seit Projektbeginn werden verschiedene Stakeholder, Schnittstellen und Arbeitsgruppen in das Projekt eingebunden. Diese werden regelmäßig über den aktuellen Projekt-Status-quo, die Ergebnisse der Lenkungskreissitzungen sowie die Next Steps informiert, so dass das Projektteam aus verschiedenen Fachperspektiven Rückmeldung zu den jeweiligen Themen oder möglichen Hindernissen etc. erhält. Entscheidend ist, dass durch die Einbindung verschiedener Akteure diese ihr Commitment zum Thema Gender Diversity in ihre Fachbereiche und Ressorts tragen. Darüber hinaus wird durch die Einbindung dieser Expertinnen und Experten Bekanntheit und Awareness für das Projekt in verschiedenen Konzernbereichen geschaffen und die Maßnahmenumsetzung in den jeweiligen Ressorts erleichtert.

Abbildung 1: Deutsche Postbank AG: Stakeholder und Schnittstellen im Projekt Gender Diversity Management

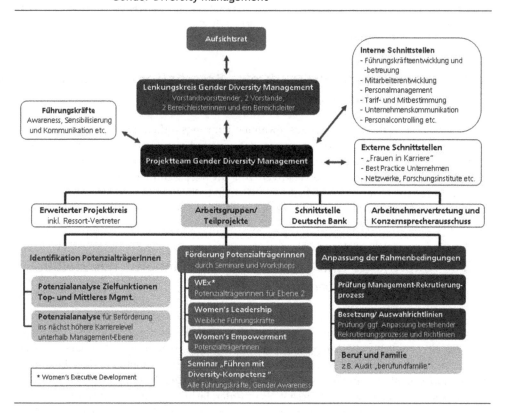

Eine besonders intensive Vernetzung findet zwischen dem Kernprojektteam und den jeweiligen Teilprojekten und Arbeitsgruppen statt, die maßgeblich an der Maßnahmenkonzeption und -durchführung beteiligt sind. Dies trifft insbesondere auf alle am Auswahl- und Rekrutierungsprozess beteiligten Schnittstellen zu.

Die Koordination der jeweiligen Arbeitsgruppen und Schnittstellen sowie die konzernweite Kommunikation zu den einzelnen Maßnahmen werden zentral bei dem Kernprojektteam gebündelt, so dass ein einheitliches und systematisches Vorgehen in die Organisation hinein ermöglicht wird. Die einzelnen Stakeholder und Schnittstellen (siehe Abb. 1) werden im Folgenden erläutert.

2.1 Der Lenkungskreis - Commitment auf höchster Management-Ebene

Der Lenkungskreis wird je Projektmeilenstein über den Status quo und die Next Steps informiert und entscheidet auf Basis dessen über das weitere Vorgehen. Durch die Kommunikation über dieses sehr renommiert besetzte Gremium an die weiteren Vorstände und die daran anschließende konzernweite Kommunikation wird das Thema nachhaltig in der Konzernstrategie verankert und werden Entscheidungprozesse schnell und verbindlich umgesetzt sowie Management Attention erzielt.

2.2 Der erweiterte Projektkreis - Botschafter und Allianzen in allen Vorstandsressorts

Der erweiterte Projektkreis ist mit ausgewählten Führungskräften und Spezialistinnen und Spezialisten aus allen Vorstandsressorts besetzt. Durch diesen Kreis werden die im Projekt entwickelten Ideen aus Ressort- und teilweise auch Standortperspektive auf den Prüfstand gestellt, so dass nicht nur die Perspektiven von HR oder Zentrale berücksichtigt werden. Zudem tragen die jeweiligen Mitglieder die Themen in ihr Ressort hinein und unterstützen das Kernprojektteam somit auch bei der Schaffung von Bekanntheit und Awareness unter den MitarbeiterInnen.

2.3 Teilprojekte und Arbeitsgruppen - Einheitliches Zielbild mit abgestimmten Prozessen

Aufgrund der Zielsetzung einer versachlichten Personalauswahl und -besetzung über alle Karriere-Level hinweg beziehen sich diese Schnittstellen vorwiegend auf SpezialistInnen aus den Fachbereichen Führungskräfteentwicklung und -betreuung, Mitarbeiterentwicklung, Personalmanagement sowie Tarif- und Mitbestimmungspolitik. Neben bilateralen und bedarfsorientierten Abstimmungen findet pro Quartal ein Meeting mit allen VertreterInnen dieser Gruppen statt. Auf diese Weise werden fachübergreifende Abstimmungen sowie einheitliche Prozesse ermöglicht und Überschneidungen oder aus den jeweiligen Konzepten resultierende prozessuale Probleme verhindert.

Eine besondere Stellung nimmt hier das Teilprojekt „Beruf und Familie" ein, welches wiederum selbst ein konzernweites Projekt zur verbesserten Vereinbarkeit von Beruf und Familie ist und die Auditierung durch die Hertie-Stiftung begleitet (hierzu mehr in unserem Beitrag im Kapitel „Perspektive Unternehmenspraxis").

2.4 Arbeitnehmervertretung und Konzernsprecherausschuss - Frühzeitige eigeninitiative Einbindung und vertrauensvolle Zusammenarbeit

Aufgrund der Vielzahl an Maßnahmen, die nichtleitende MitarbeiterInnen betreffen, und der damit verbundenen Informations- und Mitbestimmungspflicht wurden die jeweiligen Gremien der Arbeitnehmervertretung bereits seit Projektbeginn proaktiv über die Ziele und Next Steps des Projekts informiert und konnten so ihre Anregungen in das Projekt einfließen lassen. Dieses Vorgehen hat eine gute Basis für die weiteren Abstimmungen und Verhandlungen geschaffen. Die gleiche Vorgehensweise wurde im Rahmen der Kommunikation mit dem Konzernsprecherausschuss verfolgt. Beide Gremien werden regelmäßig über das Voranschreiten des Projektes informiert, so dass mögliche Bedenken direkt thematisiert werden können.

2.5 Interne und externe Schnittstellen - Fachlicher und unternehmensübergreifender Austausch und Außenperspektive

Neben dem Austausch mit den Teilprojekten und Arbeitsgruppen werden weitere interne Schnittstellen wie z.B. die Unternehmenskommunikation, das Beteiligungsmanagement oder das Personalcontrolling in das Projekt integriert. Hierbei geht es beispielsweise um die konzernweite Kommunikation der Projektziele und -updates über interne Medien, die zukünftige Besetzung von Aufsichtsratsgremien der Tochtergesellschaften oder die Zulieferung von Personaldaten. Die externe Kommunikation hingegen reicht von der Presseabteilung über die Abteilung Investor Relations, die überwiegend durch die Erstellung von Geschäftsberichtsbeiträgen mitwirkt, bis hin zu Beiträgen zum Nachhaltigkeitsbericht der Bank.

Zudem ist die Kooperation über das eigene Unternehmen hinaus ein großer Vorteil dieses Projekts. Neben der Analyse und Ableitung von Handlungsempfehlungen aus Studien und Forschungsergebnissen geht es hierbei insbesondere um den unternehmensübergreifenden Austausch zu Good Practices und Lessons Learned sowie um die Nutzung möglicher Synergien. Diese Anregungen und Außenperspektiven fließen gewinnbringend in die Konzeption und Durchführung der einzelnen Projektphasen ein, die im Folgenden dargestellt werden.

3 Ineinandergreifende Maßnahmen: Projektstruktur

Das Projekt mit einer Gesamtlaufzeit bis Ende 2013 gliedert sich in fünf ineinander übergehende Projektphasen. Als Steuerungs- und Kontrollinstrument dient der Projektstrukturplan, der sämtliche Projektaufgaben und Maßnahmenschritte von der Ist-Analyse bis hin zur internen und externen Vermarktung der Projekterfolge in den Projektverlauf integriert und aufeinander abstimmt. Alle Stakeholder werden aktiv in die einzelnen Projektphasen eingebunden, um eine reibungslose Eingliederung der Maßnahmen in die bestehende Unternehmensstrukturen zu sichern. Die einzelnen Maßnahmen sowie das Gesamtprojekt werden dabei anhand eines Gender Diversity Cockpits mit integriertem Maßnahmencontrolling reportet und evaluiert.

Die einzelnen Maßnahmen lassen sich den folgenden fünf teils ineinandergreifenden Projektphasen zuordnen:

- Ist-Analyse;
- Maßnahmenkonzeption;
- Maßnahmenpilotierung und -umsetzung;
- Review der Maßnahmen;
- interne und externe Vermarktung.

Im Anschluss an die Projektphasen wird das Projekt in eine Linienfunktion überführt.

3.1 Ist-Analyse

Die Phase der Ist-Analyse beinhaltete einerseits die Sichtung bestehender Forschungsergebnisse sowie eine Markt- und Wettbewerbsanalyse. Andererseits wurden in dieser Phase die Erfassung und Auswertung interner Personaldaten, die Analyse bestehender Besetzungs- und Rekrutierungsprozesse, die Identifikation zukünftiger Handlungsfelder sowie die Ableitung von Zielwerten umgesetzt. Zur Erfassung der Ist-Situation wurden neben der Fluktuationsquote im leitenden Bereich folgende Personaldaten über einen Drei-Jahres-Zeitraum eingeholt: Der Frauenanteil

- im leitenden und nichtleitenden Bereich allgemein sowie nach Karrierelevels und Ressorts,
- an Neubesetzungen im leitenden und im nichtleitenden Bereich sowie an Bewerbungen je Karrierelevel,
- an anteilseignerseitig besetzten Aufsichtsratsmandaten,
- an Bewerbungen und Einstellungen für Ausbildungsberufe.

Durch eine Clusterung der zahlreichen Stellen und Funktionen in Karrierelevel konnte der bestehende Frauenanteil auf verschiedenen Karrierestufen ermittelt werden. Die betreffenden Auswertungen wurden auf Gesamtkonzern-Ebene sowie je Vorstandsressort analysiert.

Basierend auf diesen Daten wurden mittels des Dynamic Gender Index die Zielwerte für den Frauenanteil an Führungspositionen für den Konzern und die einzelnen Ressorts sowie der daraus resultierende Bedarf an weiteren weiblichen Führungskräften ermittelt.

Aufgrund der teils deutlich divergierenden Frauenanteile in den verschiedenen Ressorts und Karriere-Leveln wurden ressortspezifische Zielwerte beschlossen, die ebenso wie der Gesamtkonzernzielwert bis 2018 umzusetzen sind.

Um eine realistische Einschätzung dieser Zielwertdefinitionen zu gewährleisten, wurde die Anzahl jener Mitarbeiterinnen, die direkt unterhalb der Management-Ebene eine deutlich überdurchschnittliche Leistungsbewertung erhielten, auf Konzern- und Ressort-Ebene ausgewertet. Das Ergebnis dieser Überprüfung bestätigte den hohen Anteil an sehr gut bewerteten Frauen und ermöglicht nun zudem eine ressortübergreifende Förderung der Mitarbeiterinnen. Da sich diese Auswertung jedoch ausschließlich auf die Leistungsbeurteilung stützt und keine Aussage hinsichtlich des Potenzials, eine Führungsaufgabe zu übernehmen, treffen kann, wird nun ein Potenzialanalyse-Verfahren initiiert (siehe unseren Beitrag im Kapitel „Perspektive Unternehmenspraxis").

Ein weiterer wichtiger Bestandteil der Ist-Analyse ist die Prüfung der bestehenden Besetzungsstruktur der Aufsichtsratgremien der Tochtergesellschaften. Durch verschiedene personelle Veränderungen in den anteilseignerseitig besetzten Aufsichtsratsämtern soll auch hier der Frauenanteil bis 2018 deutlich erhöht werden.

Zu diesen Optionen gehört z.B. das Besetzen bisher durch Männer besetzter Ämter durch weibliche, entsprechend qualifizierte Führungskräfte ebenso wie die Vergrößerung ausgewählter Gremien. Durch das bisher skizzierte Szenario konnte bis 2013 ein anteilseignerseitiger Frauenanteil von über 20 Prozent erreicht werden.

Die einzelnen personellen Veränderungen wurden mit den zuständigen Vorsitzenden der betreffenden Gremien sowie den betreffenden Kandidatinnen abgestimmt und anschließend von der Abteilung Beteiligungsmanagement umgesetzt.

Für die zukünftigen Aufsichtsratsmitglieder wird eine Schulung zum Thema „Pflichten und Verantwortlichkeiten eines Aufsichtsrats" angeboten. Mit der Ausübung eines solchen Amts ist der positive Nebeneffekt einer erhöhten Sichtbarkeit sowie der Vernetzung mit Entscheidungsträgern auf höchster Management-Ebene (häufig Vorstandsebene) verbunden.

3.2 Maßnahmenkonzeption

Nach der Ableitung eines Konzernzielwerts sowie der Ressort-Zielwerte erfolgte die Konzeption von Maßnahmen zur Erreichung ebendieser Ziele.

Diese Phase beinhaltet neben der konzeptionellen Arbeit an konkreten Maßnahmen zur erfolgreichen Umsetzung der Zielwerte auch die Festlegung von Verantwortlichkeiten in Form verschiedener Arbeitsgruppen. Weiterhin geht es auch um den Austausch mit allen am Rekrutierungs- und Auswahlprozess Beteiligten sowie weiteren internen und externen Schnittstellen und um die Einbeziehung des Sozialpartners.

In diesem Kontext wurden To-dos in folgenden drei Handlungsfeldern konzipiert und, sofern erforderlich, mit dem Sozialpartner verhandelt:

- Identifikation von PotenzialträgerInnen,
- Förderung von PotenzialträgerInnen durch Seminare und Workshops,
- Anpassung der Rahmenbedingungen zur Flexibilisierung von Arbeitsbedingungen.

Es ist wichtig, hier anzumerken, dass sich oben genannte Angebote sowohl an weibliche als auch an männliche Potenzialträger richten.

Des Weiteren wurde in dieser Phase bereits ein Gender Diversity Cockpit als Erfolgscontrolling-Instrument erarbeitet, welches durch die Erfassung und Auswertung bestimmter Key Performance Indicators (KPIs) die Zielwerterreichung sowie den Erfolg der durchgeführten Maßnahmen bewertet.

3.3 Maßnahmenpilotierung und -umsetzung

In dieser Projektphase werden die neuen Maßnahmen pilotiert und evaluiert. Die laufende Auswertung der neuen sowie bereits bestehenden Maßnahmen ermöglicht eine zeitnahe Identifikation zielführender und weniger zielführender Angebote. Mittels kontinuierlicher Kommunikation der vorhandenen Programme sowie ihrer Erfolge wird Awareness für das Thema Gender bei den Führungskräften, den Zielgruppen sowie der Gesamtbelegschaft geschaffen.

3.4 Review der Maßnahmen

Für das Review sind mehrere Teilabschnitte geplant. Dazu zählen die Auswertung des Erfolgscontrollings in den Dimensionen Umsetzungsgrad und Bedeutungsgrad, eine erneute Ist-Analyse, die Dokumentation der „Lessons Learned" sowie ggf. eine Anpassung bzw. ein Ausbau der bestehenden Maßnahmen. Basierend auf diesen Ergebnissen wird dann ein Rebriefing der beteiligten Arbeitsgruppen und Schnittstellen sowie die Integration der Postbank-Programme in die bestehenden Strukturen des Mutterkonzerns erfolgen.

Zu den fortlaufenden Review-Maßnahmen gehören zudem die nachhaltige Implementierung des Projekts im Postbank-Konzern als Prozess sowie als Bestandteil der Unternehmenskultur.

3.5 Interne und externe Vermarktung

Zusätzlich zu den in Abschnitt 2 erwähnten Kommunikationsmaßnahmen sind für das weite Feld der Vermarktung einige weitere Maßnahmen geplant. Hierzu zählen die Konzeption eines Diversity-Reports, die Erstellung von Informationsmedien, das Durchführen von Workshops sowie ein Rebriefing der Führungskräfte und eine regelmäßige Darstellung der Best Practices.

Die laufende Umsetzung und Evaluation der Gender-Diversity-Management-Prozesse wird durch das Gender Diversity Cockpit geregelt und im folgenden Abschnitt näher erläutert.

4 Evaluation der Gender-Diversity-Management-Prozesse

Durch das *Gender Diversity Cockpit* werden der Zielerreichungsfortschritt sowie die Qualität und Relevanz der einzelnen Maßnahmen ebenso wie der Gesamtprojekterfolg regelmäßig dokumentiert und bewertet. Das Cockpit besteht maßgeblich aus drei Säulen:

- den *KPIs*, die den aktuellen Stand der Zielwerterreichung und die jeweiligen Frauenanteile im leitenden wie nichtleitenden Bereich darstellen.

- dem *Maßnahmencontrolling*, welches wiederum sämtliche durch das Projekt initiierte Maßnahmen (auch der Teilprojekte und Arbeitsgruppen) von der Konzeptions- bis zur Umsetzungs- und ggf. Anpassungphase erfasst. Ab der Pilotierung der Maßnahmen werden diese hinsichtlich Resonanz, Kosten und Feedback in Relation zu Umsetzungsgrad und Erfolgsfaktor bewertet (s. hierzu Abb. 2).

- der *Bewertung der Attention bzw. des Bekanntheitsgrads des Projekts* im Konzern, wobei hier nicht nur die durch das Projektteam initiierte Kommunikation in internen und externen Medien eine große Rolle spielt, sondern auch die Art und Anzahl der beim Projektteam eingehenden Anfragen von Führungskräften und MitarbeiterInnen.

Die entsprechenden Daten werden von den betreffenden Arbeitsgruppen und Teilprojekten sowie weiteren Projektschnittstellen an das Projektteam geliefert. Dieses wertet die Daten anschließend aus, hält ggf. Rücksprache mit dem für das jeweilige Angebot zuständigen Ansprechpartner, leitet auf Basis des Cockpits Handlungsempfehlungen ab und führt, falls erforderlich, ein Rebriefing mit den Schnittstellen durch.

Zur Gewährleistung eines einheitlichen Prozesses wurde das Konzept des Gender Diversity Cockpits allen beteiligten Schnittstellen vorgestellt. Ebenso wurden die zu übermittelnden Daten und der entsprechende Reportingprozess erläutert. Sowohl die aus dem Cockpit hervorgehenden Informationen als auch die hieraus abgeleiteten Handlungsempfehlungen sind ein Bestandteil der dem Lenkungskreis regelmäßig unterbreiteten Inhalte und Entscheidungsvorlagen.

Abbildung 2: Deutsche Postbank AG: Auswertung des Gender Diversity Cockpits

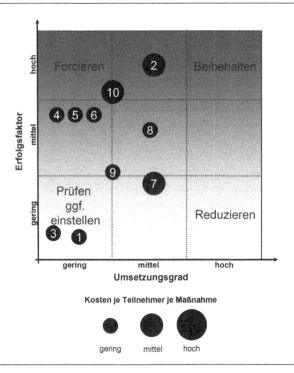

Gleichzeitig bietet das Cockpit die Möglichkeit, auf besonders positive wie negative Einflüsse zeitnah und flexibel zu reagieren, um bestmögliche Erfolge erzielen und fortsetzen zu können. So wird durch dieses Kontrollinstrument dem Anspruch einer ganzheitlichen Strategie zur erfolgreichen Implementierung eines Gender Diversity Managements bei der Deutschen Postbank AG Rechnung getragen.

Zur erfolgreichen Umsetzung des Ziels der Steigerung des Frauenanteils in Führungspositionen müssen unterschiedliche Handlungsfelder adressiert und verschiedenste Stakeholder von Projektbeginn an einbezogen werden. Nur so können die reibungslose Integration und die ganzheitliche Verankerung des Gender Diversity Managements als Prozess und als Teil der Unternehmenskultur gewährleistet werden.

Dadurch wird eine Wirkkette verschiedenster ineinandergreifender Maßnahmen sowie die Einbindung sämtlicher relevanter Schnittstellen ermöglicht und die Projektziele können nachhaltig erreicht werden. Dabei geht es nicht darum, eine möglichst hohe Anzahl verschiedenster Maßnahmen zu konzipieren, sondern ausschließlich erfolgsrelevante Maßnahmen zu implementieren, entsprechend zu steuern und zu evaluieren.

Strategische Konzepte der Frauenförderung bei der Volkswagen Financial Services AG

Anja Christmann und Ellen Dierkes

Wie schon unser Name sagt, betreiben wir innerhalb des Volkswagen Konzerns das Finanzdienstleistungsgeschäft. Wir bieten Leistungen rund um das Fahrzeug in den Bereichen Finanzierung, Leasing und Versicherung bis hin zu ganzheitlichen Mobilitätskonzepten. Wir beschäftigen rund 5.000 Mitarbeiter in Deutschland und weitere 5.000 Mitarbeiter in unseren 38 Auslandsgesellschaften.

1 Frauenförderung als Bestandteil unserer Unternehmensstrategie „WIR 2018"

Bereits heute ist die Mehrzahl unserer Beschäftigten weiblich, der Frauenanteil beträgt 51,2 Prozent (Stand 10/2012). Frauenförderung ist für uns nicht nur Teil strategischer Personalarbeit, sondern auch auf höchster Unternehmensebene strategisch verankert.

Als 100-prozentige Tochtergesellschaft der Volkswagen AG verfolgen wir – wie unsere Konzernmutter – eine Zehn-Jahres-Strategie mit klarer Vision: *Wir wollen der beste automobile Finanzdienstleister der Welt sein.* Basierend auf dieser Vision wurden vier Handlungsfelder definiert: *Kunden, Mitarbeiter, Profitabilität und Volumen* (Abb. 1).

Unsere Mitarbeiterinnen und Mitarbeiter stehen im Mittelpunkt, wenn es darum geht, den Absatz aller Marken des Volkswagen Konzerns weltweit zu fördern und die Kundenloyalität entlang der automobilen Wertschöpfungskette nachhaltig zu steigern. Sie setzen Maßstäbe für die gesamte Branche und machen die Volkswagen Financial Services zum „Schlüssel zur Mobilität" für unsere Kunden.

Im Handlungsfeld *Mitarbeiter* steht daher die Zielsetzung „Wir sind ein Spitzenteam!" an oberster Stelle. Darunter verstehen wir zum einen die Positionierung als Top-Arbeitgeber und zum anderen das Streben danach, Top-Mitarbeiterinnen und Mitarbeiter zu beschäftigen (siehe Abb. 2).

Die Unternehmensstrategie „WIR2018" wird ergänzt durch den sogenannten *FS Weg*. Er beschreibt, wie die Ziele der vier strategischen Handlungsfelder Kunden, Mitarbeiter, Profitabilität und Volumen erreicht werden sollen. Zentrale Grundlage für den *FS Weg* sind die *FS Werte*: Gelebte Kundennähe, Verantwortung, Vertrauen, Mut und Begeisterung (siehe Abb. 1), die gemeinsam mit unserem Betriebsrat erarbeitet wurden.

Abbildung 1: Die vier Handlungsfelder unserer Unternehmensstrategie

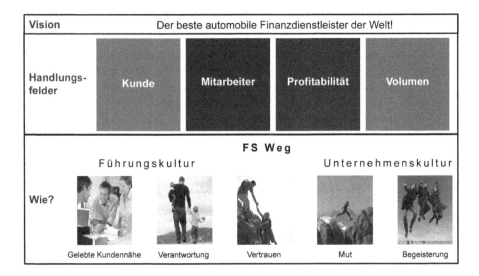

Abbildung 2: Unser Verständnis von Fördern und Fordern

Als Top-Arbeitgeber
- fördern und fordern wir unsere Mitarbeiter/-innen!
- zeigen wir Wertschätzung für die Leistung unserer Mitarbeiter/-innen!
- beteiligen wir unsere Mitarbeiter/-innen leistungsorientiert am Erfolg!

Als Top-Mitarbeiter/-in
- arbeite ich kunden- und serviceorientiert!
- bringe ich meine individuelle Höchstleistung!
- richte ich mein Handeln am unternehmerischen Gesamterfolg der Volkswagen Financial Services als integralem Bestandteil des VW Konzerns aus!

Als Top-Arbeitgeber haben wir uns als Ziel gesetzt, den Frauenanteil in Fach- und Führungsfunktionen nachhaltig zu steigern. Durch gezielte Berücksichtigung von Kandidatinnen bei der Rekrutierung und Nachfolgeplanung, verbunden mit Maßnahmen zur Vereinbarkeit von Familie und Beruf sowie systematischen Personalentwicklungsmaßnahmen, arbeiten wir zielgerichtet daran, die 2010 definierten Zielwerte für Frauen in Führungspositionen zu erreichen. Als Zielwert bei der Rekrutierung von Hochschulabsolventinnen orientieren wir uns am prozentualen Anteil der Absolventinnen eines Studiengangs. Wir streben an, dass sich dieser Anteil in unseren Neueinstellungen widerspiegelt. Schließlich ermöglicht uns nur ein hoher Anteil an hoch qualifizierten Frauen in der Rekrutierung, in den folgenden Jahren den Anteil weiblicher Führungskräfte kontinuierlich zu steigern. Im Jahr 2012 ist uns eine Steigerung des Frauenanteils auf den verschiedenen Managementebenen gelungen: Im oberen Management liegt er bei 9,6 Prozent, im darunter liegenden Managementkreis bei 16,3 Prozent. International (ohne Markt Deutschland) liegen die Anteile 2012 bei 14,8 Prozent im oberen Management und 24,9 Prozent im Managementkreis (alle Zahlen 10/2012). Angesichts des hohen Frauenanteils an der Gesamtbelegschaft wollen wir den Frauenanteil auf den oberen Fach- und Führungsebenen weiter erhöhen.

Um gezielte Maßnahmen zur Förderung von Frauen in Führungspositionen ergreifen zu können, wurde durch den Vorstand ein Projekt zur Analyse von weiblichen Karrierewegen im Unternehmen initiiert. Im Rahmen dieses Projekts wurden in allen Vorstandsbereichen Workshops mit weiblichen Führungsnachwuchskräften durchgeführt, in denen deren grundsätzliche Vorstellung von Karriere sowie Karrierezielen und Karrierehemmnissen diskutiert und analysiert wurden. Die Ergebnisse decken sich weitgehend mit den Forschungsergebnissen des Projekts „Frauen in Karriere". Es wurden folgende Karrierehemmnisse aus Sicht der Frauen identifiziert:

- Das Lebenskonzept der Frauen ist häufig nicht auf die klassische „Welt des Managements" ausgerichtet.
- Die ganzheitliche Zielsetzung „Beruf und Familie", die Frauen sehen, kann ein Hemmnis sein, wenn die gängigen Vorstellungen von Karriere eher auf Ausschließlichkeit setzen.
- Die Arbeitsbelastung und die Verfügbarkeitserwartung steigen im Rahmen der Karriereentwicklung.

Diese Ergebnisse bestätigen uns darin, den bereits eingeschlagenen Weg einer familienfreundlichen Personalpolitik weiter fortzusetzen.

Insgesamt hat das Thema „Anteil der Frauen" eine hohe Aufmerksamkeit im Management der Volkswagen Financial Services. So wird der Vorstand regelmäßig über den aktuellen Stand und die Entwicklung auf dem Weg zur Erreichung der Zielwerte informiert. Auch im Aufsichtsrat erfolgt eine regelmäßige Berichterstattung. Darüber hinaus werden die Frauenanteile auf Ebene einzelner Bereiche und Abteilungen regelmäßig und gezielt in den Vergütungsrunden und Personalplanungs- und Entwicklungsrunden betrachtet. Auf diese Weise gelingt es, für das Thema Frauenförderung zu sensibilisieren und Transparenz zu schaffen. Das Thema Frauenförderung ist somit als strategisches Thema auf Ebene der Unternehmensleitung platziert.

2 Frauenförderung als integraler Bestandteil unserer Personalstrategie

Auf dem Weg zu dem gesteckten Ziel, bis zum Jahr 2018 Top-Arbeitgeber zu werden, werden die Mitarbeiter/-innen durch gezielte Personalentwicklung gefördert und gefordert. Dabei setzen wir bewusst auf die eigenen Talente.

Mit Blick auf die Frauenförderung und die Verbesserung der Karrierechancen von Frauen bei der Volkswagen Financial Services sind folgende personalstrategische Maßnahmen zu nennen:

Begleitung durch Personalreferent/-innen
In allen Belangen der *Personalarbeit* ist der Personalreferent/die Personalreferentin bei Volkswagen Financial Services erster Ansprechpartner für die Mitarbeiter/-innen und Führungskräfte. Durch einen überschaubaren Betreuungsschlüssel ist gewährleistet, dass Personalreferenten in den Fachabteilungen als Business Partner agieren. Standardisierte und stabile Prozesse sorgen für Transparenz und Effizienz.

Aktive Frauenförderung
Der Bereich *Frauenförderung* unterstützt die Arbeit der Personalreferent/-innen, indem er die übergeordnete Strategie zur Frauenförderung entwickelt, geeignete Maßnahmen ableitet und Aktivitäten fachbereichsübergreifend koordiniert. Wichtigste Schnittstellen für die Frauenförderung sind neben den Personalreferent/-innen folglich die Fachabteilungen und der Betriebsrat. Im Rahmen einer systematischen Personalentwicklung sind es die einzelnen, individuellen Personalentscheidungen, die maßgeblich dazu beitragen, dass Frauen in der Volkswagen Financial Services AG die gleichen Karrierechancen haben. Entsprechend geschieht die Umsetzung der Ziele der Frauenförderung auf Mitarbeiterebene.

Dieser Ansatz der Personalbetreuung ermöglicht erst den Blick auf unsere Mitarbeiter/-innen als Individuen und damit auch den Blick für die gezielte Entwicklung. So wird sichergestellt, dass Frauenförderung integraler Bestandteil der Personalarbeit ist.

Organisatorische Verankerung der Frauenförderung
Organisatorisch ist die Frauenförderung in der Volkswagen Financial Services AG seit 2002 im Fachreferat „Diversity Management" verortet, welches an den Personalvorstand und die Personalleitung berichtet. Dabei bildet das Thema Frauenförderung einen wichtigen Arbeitsschwerpunkt. Hier geht es um die bewusste Nutzung und Förderung der Vielfalt von Mitarbeiter/-innen, um sie als erfolgbringende Vorteile zu nutzen, damit wir weiterhin wettbewerbsfähig sind.

Unsere Personalarbeit haben wir in 2012 durch eine Befragung „Internes Kundenfeedback zur Kunden- und Serviceorientierung" bewerten lassen. Hier wurde sie direkt von den „Kunden", also den Mitarbeiter/-innen, mit sehr guten Beurteilungen ausgezeichnet. Die Zufriedenheitsquote der Belegschaft mit der Personalarbeit lag bei über 80 Prozent! Das Ergebnis hat uns auf unserem Weg bestärkt.

3 Instrumente und Maßnahmen auf dem Weg WIR 2018 „Wir sind ein Spitzenteam"

Nachdem wir erläutert haben, wie Frauenförderung bei Volkswagen Financial Services strategisch auf Ebene des Unternehmens und in der Personalpolitik verankert ist, möchten wir in diesem Abschnitt anhand von konkreten Maßnahmen zeigen, wie wir Frauenförderung leben.

Wir haben drei Handlungsfelder für die Frauenförderung identifiziert. Zum einen geht es uns um die *Gewinnung weiblicher Talente*. Daran schließt sich die *Entwicklung dieser Talente* an. Dabei spielt ein *familienfreundliches Arbeitsumfeld* eine entscheidende Rolle. Dieses bildet daher den dritten Arbeitsschwerpunkt in der Frauenförderung.

Handlungsfeld 1: Gewinnung weiblicher Talente
Grundvoraussetzung dafür, Führungspositionen im Unternehmen mit Frauen besetzen zu können, ist die gezielte Rekrutierung von weiblichen Nachwuchskräften. Dazu bedarf es einer zielgruppenspezifischen Ansprache. Im Zuge einer Employer-Branding-Kampagne war es uns wichtig, Frauen mit unterschiedlichen Karrierewegen im Unternehmen in Bild und Video festzuhalten. Sie stehen als „Testimonials" für Frauen, die in unterschiedlichen Bereichen im Unternehmen Führungspositionen bekleiden: vom klassischen Bankbereich bis hin zur IT.

Über unterschiedliche Rekrutierungswege versuchen wir, Frauen auf interessante Einstiegsmöglichkeiten im Unternehmen aufmerksam zu machen. Aktuell werben wir um weibliche Auszubildende für den Bereich Informatik über eine spezielle Postkartenaktion (siehe Abb. 3). Für 2013 haben wir ein Karriereevent speziell für weibliche Studenten sowie eine Ansprache von weiblichen Professionals über Imageanzeigen geplant.

Abbildung 3: Gezielte Ansprache von potenziellen weiblichen Auszubildenden für den Beruf Fachinformatiker/-in

Dass Aktionen wie diese wirksam sind, beweist der Anteil von Frauen am aktuellen Jahrgang der Auszubildenden und dualen Studierenden: Er liegt bei 58 Prozent und somit noch über

dem Frauenanteil an der Gesamtbelegschaft. Insbesondere ist hervorzuheben, dass erstmals alle der begehrten Plätze für das duale Studium an Bewerberinnen vergeben wurden.

Zum 31. Dezember 2012 waren insgesamt 128 Auszubildende und duale Studierende über alle Ausbildungsjahre und Berufsgruppen hinweg bei der Volkswagen Financial Services AG in Deutschland beschäftigt. Und unsere weiblichen Auszubildenden sind erfolgreich. Von drei Auszubildenden, die von der Industrie- und Handelskammer Braunschweig als beste Absolventen in ihrem Ausbildungsberuf „Versicherung" und „Informatik" ausgezeichnet wurden, waren zwei weiblich. Besondere Leistungen während der Ausbildung werden bei uns u.a. durch eine Teilnahme am internationalen „Wanderjahr" und dem Talentkreis (siehe unten) honoriert. Im Wanderjahr bekommen Auszubildende und duale Studierende direkt im Anschluss an ihre Ausbildung die Gelegenheit, ihr Blickfeld mit einem zwölfmonatigen Auslandsaufenthalt bei einer unserer internationalen Gesellschaften zu erweitern. Dabei achten wir darauf, dass weibliche Auszubildende mit guten Leistungen bei der Platzvergabe berücksichtigt werden.

Darüber hinaus bietet die Volkswagen Financial Services AG Hochschulabsolvent/-innen und Young Professionals attraktive Einstiegsmöglichkeiten als Trainees. Das zwölfmonatige Entwicklungsprogramm, das sowohl im In- als auch im Ausland stattfindet, legt einen weiteren Grundstein zur Zukunftssicherung des Unternehmens. Auch hier achten wir in der Rekrutierung auf ein ausgewogenes Verhältnis von männlichen und weiblichen Trainees.

Handlungsfeld 2: Entwicklung weiblicher Talente
Ein wichtiger Schritt zur weiteren Erhöhung des Frauenanteils in Fach- und Führungspositionen ist die Professionalisierung und Versachlichung der Personalauswahl und Karriereförderung. Über 80 Prozent unserer Mitarbeiterinnen, die im Rahmen der Arbeitgeber-Benchmarkstudie „Deutschlands Beste Arbeitgeber (Great Place to Work)" befragt wurden, haben bestätigt, dass unsere Angebote zur beruflichen Weiterbildung und Entwicklung grundsätzlich stimmen.

Es gibt ein Personalentwicklungsprogramm speziell für Frauen: das Mentoring-Programm. Alle anderen Entwicklungsinstrumente sind für Frauen wie Männer offen, da uns eine Integration der Frauenförderung in unsere bestehenden Programme und Instrumente wichtig ist. Unsere bedeutendsten Entwicklungsinstrumente in diesem Zusammenhang werden wir im Folgenden kurz erläutern.

Die *Personalplanungs- und Entwicklungsrunde* ist ein gemeinsames Instrument von Personalwesen und Fachbereich unter Beteiligung des Betriebsrats. In den jährlich stattfindenden vergleichenden Durchsprachen wird die Entwicklung jedes Mitarbeiters und jeder Mitarbeiterin bezüglich der individuellen Entwicklung/Weiterbildung und gehaltlichen Entwicklung im Mehraugenprinzip erörtert. Hier wird eine aktive Nachfolgeplanung vorgenommen und es werden Kandidat/-innen für die verschiedenen Personalentwicklungsinstrumente ausgewählt. Dabei wird ein expliziter Fokus auf die Förderung von Frauen gelegt. Das Instrument ist seit 2009 im Einsatz. Durch das Mehraugenprinzip und transparente Prozesse versachlicht es Karriereentscheidungen. In dieser Runde werden auch die Kandidat/-innen für die nachfolgend beschriebenen Programme ausgewählt.

Neben der Personalplanungs- und Entwicklungsrunde ist das *Mitarbeitergespräch* ein wichtiges Instrument zur Entwicklung unserer Mitarbeiter/-innen. Im jährlichen Mitarbeitergespräch zwischen Mitarbeiter/-innen und Vorgesetzten wird bereits seit 2001 systematisch der Qualifizierungsbedarf ermittelt und es werden geeignete Maßnahmen zur Kompetenzentwicklung vereinbart. Dabei ist das Thema der persönlichen Entwicklung ein Standardbaustein im Mitarbeitergespräch, so dass alle Mitarbeiter/-innen eine Plattform zum Gespräch über ihre Entwicklung bekommen. Eine Vielzahl der Qualifizierungen konnte in Deutschland im internen Trainingscenter durchgeführt werden, welches ein umfangreiches fachliches und fachnahes Seminarangebot bietet. Die Schulungen orientieren sich eng an den Produkten, Prozessen und Systemen. 2011 wurde das hohe Qualifizierungsvolumen des Vorjahrs fortgesetzt: Insgesamt wurden über 500 Schulungsveranstaltungen mit ca. 4.000 Teilnahmen durchgeführt.

Wie bereits beschrieben, setzen wir in der Personalentwicklung bewusst auf die eigenen *Talente*. Dazu müssen wir die Talente in unserem Hause zunächst identifizieren und sichtbar machen, um sie anschließend individuell fördern zu können. Daher haben wir sog. Talentkreise ins Leben gerufen. Ziel dieses Programms ist es, die Talente systematisch zu erkennen, sichtbar zu machen, individuell zu fördern und damit im Unternehmen zu halten. Das Programm richtet sich an drei Zielgruppen: die besten Ausgelernten und dualen Studierenden, Expert/-innen und Managementnachwuchskräfte. In Deutschland startete der erste Talentkreis 2010 mit sechs Talenten aus dem Kreis der Ausgelernten und dualen Studierenden. Anfang 2011 folgten Talentkreise mit zwölf Expert/-innen und 15 Managementnachwuchstalenten. Für den Talentkreis der Managementnachwuchskräfte fand 2011 auch der erste internationale Talentegipfel statt, bei dem 62 Talente, 18 davon Frauen, aus 22 Ländern die Zentrale kennenlernen, Kontakte knüpfen und ein fachliches Netzwerk aufbauen konnten. Die Talentkreise starten jährlich und sind fester Bestandteil der Personalentwicklung.

Die Talentkreise werden gezielt auf die angemessene Beteiligung von Frauen geprüft. Bisher ist es uns gelungen, eine Frauenquote von 40 bis 50 Prozent in allen Talentkreisen zu realisieren. Dabei sind wir besonders stolz über einen Frauenanteil von 44 Prozent im aktuellen Jahrgang des Talentkreises Managementnachwuchskräfte.

Im *konzernweiten Mentoring-Programm* der Volkswagen AG werden qualifizierte Frauen durch erfahrene Managerinnen in ihrer beruflichen und persönlichen Entwicklung durch Beratung unterstützt, begleitet und gecoacht. Darüber hinaus bearbeiten die 20 weiblichen Mentees während der zwölf Monate Programmdauer eine projektbasierte Sonderaufgabe. Das Ergebnis dieser Projektarbeit wird in der Abschlussveranstaltung u.a. einem Mitglied des Vorstands präsentiert. Dieses Vorstandsmitglied fungiert als Pate für die Mentoring-Gruppe. Eingerahmt wird das Programm durch Personalentwicklungsgespräche mit den Mentees, um die weitere Entwicklung zu besprechen und einen Entwicklungsplan zu vereinbaren.

Das Programm startete im Jahr 2000 erstmalig. Seither gab es 19 Mentoring-Gruppen aus dem Volkswagen Konzern. Die Volkswagen Financial Services AG kann im Durchschnitt zwei Frauen pro Jahr in das Programm entsenden.

Neben dem konzernübergreifenden Mentoring-Programm gibt auch noch ein eigenes *Mentoring* der Volkswagen Financial Services AG. Dies ist allerdings kein ‚Programm' im klassischen Sinne, sondern bedeutet die gezielte Herstellung einer Mentoring-Beziehung zwischen Managerinnen und zukünftigen weiblichen Managementnachwuchskräften. Dieses Mentoring erfolgt in einem individuellen Gestaltungsspielraum und ermöglicht es, Praxiswissen in Bezug auf Führungskompetenz zu erleben. Zielgruppe sind weibliche Führungskräfte im Tarif, deren Potenzial für eine Managementlaufbahn erkennbar ist. Dieses Mentoring wurde 2011 erstmalig umgesetzt.

Die beschriebenen Programme bereiten unsere Mitarbeiter/-innen auf die zukünftige Übernahme von Fach- und Führungsaufgaben vor. Auch hier gibt es transparente Verfahren, die eine Chancengleichheit für Männer und Frauen sicherstellen.

Das *Management Assessment Center* ist ein zweitägiges Auswahlverfahren zur Bewertung der unternehmerischen Kompetenz der Kandidat/-innen. Die erfolgreiche Teilnahme ist Voraussetzung für die Berufung ins Management.

Die *Führungslizenz* ist ein Instrument zur Potenzialeinschätzung für die Übernahme von Führungsaufgaben. Das Instrument zielt darauf ab, eine Analyse der Stärken und Entwicklungsfelder vorzunehmen und darauf aufbauend individuelle Entwicklungsempfehlungen in der Mitarbeiterführung abzuleiten.

Tragendes Element ist in beiden Instrumenten das Mehraugenprinzip, d.h. die Beobachtung und Bewertung der Teilnehmer durch Führungskräfte des Unternehmens. Das Assessment Center wird durch zwei Moderator/-innen begleitet. In beiden Verfahren ist sichergestellt, dass mindestens eine Frau als Beobachterin eingesetzt ist. Darüber hinaus werden in beiden Verfahren die Frauenanteile kontinuierlich verfolgt und immer wieder Steuerungsimpulse durch die Personalreferent/-innen in die Personalentscheidungen der Fachbereiche gegeben.

Handlungsfeld 3: Familienfreundliches Arbeitsumfeld
Das Ziel unserer Personalstrategie, attraktivster Arbeitgeber zu sein, bedeutet zugleich, familienfreundlichster Arbeitgeber zu sein. Auf unserem Weg zum familienfreundlichen Arbeitgeber haben wir schon viel erreicht: ein hohes Maß an *Arbeitszeitflexibilität* durch Einrichtung einer „Vertrauensarbeitszeit" Mitte der 1990er Jahre, eine Vielfalt an *Teilzeitmodellen*, auch im Management, und *Telearbeit*.

Ein wichtiger Schlüsselfaktor ist unsere Personalarbeit. Der enge *Kontakt* zwischen Mitarbeiter/-innen und Personalreferent/-in stellt eine gute und individuelle Beratung zu den Themen Mutterschaft, Elternzeit und Wiedereinstieg sicher. So ist während der Schwangerschaft und der Elternzeit ein intensiver Kontakt selbstverständlich und ermöglicht einen reibungslosen Ablauf.

Es gibt zweimal jährlich ein *Elternzeittreffen*. Das Treffen zielt darauf ab, die Beschäftigten in Elternzeit zum Wiedereinstieg zu motivieren, ihre Qualifikation zu erhalten bzw. zu erweitern und ihnen die Bildung von Netzwerken zu ermöglichen. Darüber hinaus kann zur Qualifizierung während der Elternzeit oder für den Wiedereinstieg das Selbstlernzentrum genutzt werden. Weiterhin werden unsere Mitarbeiter/-innen in Elternzeit zu unseren Betriebsversammlungen eingeladen, mit der Möglichkeit einer Kinderbetreuung. Alle Mitarbeiter in Elternzeit erhalten unsere Mitarbeiterzeitschrift „What's up", so dass sie auch auf diesem Weg über die aktuellen Geschehnisse im Unternehmen informiert werden.

Es besteht die Möglichkeit, *während der Elternzeit in Teilzeit* zu arbeiten. Außerdem haben unsere Mitarbeiter, die sich in Elternzeit befinden, die Möglichkeit, über einen „Schnuppereinsatz" im Kontakt mit ihrem ehemaligen Fachbereich und dem Unternehmen zu bleiben und ihr Wissen auf dem aktuellsten Stand zu halten.

Neben der Kindererziehung kann es noch andere Gründe dafür geben, dass ein Mitarbeiter temporär aus dem Unternehmen ausscheiden möchte. Seit vielen Jahren haben daher alle Mitarbeiter/-innen die Möglichkeit, für einen Zeitraum von sechs Monaten bis acht Jahren aus dem Unternehmen auszuscheiden. Dies erfolgt mit einer schriftlichen *Wiedereinstellzusage*, die den Mitarbeiter/-innen die Gewissheit bietet, nach dem Ausscheiden wieder im Unternehmen beschäftigt zu werden. An einen bestimmten Zweck, wie z. B. Kindererziehung oder Pflege von Angehörigen, ist die Wiedereinstellzusage nicht gebunden.

Ein wichtiger Meilenstein auf dem Weg zum familienfreundlichsten Arbeitgeber ist unser *Kinderhaus „Frech Daxe"*. Das Kinderhaus „Frech Daxe" ist die betriebliche Kindertagesstätte der Volkswagen Financial Services AG und ist auf unserem Firmengelände integriert. Hier werden 180 Kinder unserer Mitarbeiter/-innen im Alter von wenigen Monaten bis zur Einschulung von 7 Uhr bis 20 Uhr 30 in insgesamt zehn Gruppen betreut. Damit ist das Kinderhaus „FrechDaxe" nicht nur eine der größten betrieblichen „Kitas" in Deutschland, sondern bietet auch extreme Betreuungsflexibilität. Die Akzeptanz und der Auslastungsgrad des Kinderhauses sind sehr hoch.

Über die reguläre Betreuung hinaus machen wir in den Ferienzeiten für Schulkinder zusätzliche Angebote. Die *Ferienbetreuung* kann von allen Mitarbeiter/-innen der Volkswagen Financial Services AG gebucht werden. Zielgruppe sind Kinder im Alter von sieben bis zwölf Jahren.

Um auch in *Notfallsituationen* eine angemessene Betreuungsmöglichkeit für unsere Mitarbeiter/-innen sicherzustellen, haben wir mit dem Braunschweiger „Kinder-Notfall-Unterbringungs-Telefon", kurz K.N.U.T., eine Kooperation geschlossen. Unsere Mitarbeiter/-innen erhalten hierüber kurzfristig und unbürokratisch Hilfe und eine zuverlässige Betreuung für ihre Kinder.

Vertiefende Informationen zu unserem Betriebskindergarten finden sich in dem Beitrag von Christmann et al., in diesem Band.

4 Zusammenfassung

In diesem Kapitel haben wir unsere strategischen Konzepte der Frauenförderung vorgestellt und einen Überblick über die Frauenförderung als Bestandteil der Unternehmensstrategie gegeben. Die Verankerung in der Unternehmensstrategie ist ein wichtiger Erfolgsfaktor, damit die Konzepte der Frauenförderung nachhaltig umgesetzt werden können. Durch einen starken Fokus der Volkswagen Financial Services AG auf die Unternehmens- und Führungskultur werden förderliche Rahmenbedingungen für die Karrierechancen von Frauen geschaffen. Die konsequente Nachverfolgung der Entwicklung der Frauenanteile und das proaktive Platzieren der Zielwerte bei den Vorgesetzten sind ebenfalls entscheidend, damit Karrierechancen von Frauen nicht nur Thema der Frauenförderung und des Diversity Managements sind.

Ebenfalls wurde dargelegt, dass Frauenförderung aus Sicht der Volkswagen Financial Services AG ein integraler Bestandteil der Personalstrategie ist. Entscheidend ist hier der enge Kontakt zwischen Personalreferent/-in, Vorgesetzten und Mitarbeiter/-innen. Gelebte Spitzenpersonalarbeit differenziert uns vom Wettbewerb. Dass wir auf dem richtigen Weg sind, wurde uns durch das „Interne Kundenfeedback zur Kunden- und Serviceorientierung" zurückgemeldet.

Wie durch das Projekt „Frauen in Karriere" bestätigt, haben wir auf dem Weg der Professionalisierung und Versachlichung der Personalauswahl und Karriereförderung, die für den Aufstieg von Frauen entscheidend ist, schon wichtige Schritte gemacht. Im Handlungsfeld „Gewinnung weiblicher Talente" haben wir einige Beispiele aufgezeigt, wie wir unsere Rekrutierungsmaßnahmen speziell an die Zielgruppe Frauen angepasst haben. Darüber hinaus können wir einen transparenten Personalentwicklungsprozess mit Personalplanungs- und Entwicklungsrunden, einem jährlichen Mitarbeitergespräch und etablierten Programmen zur Auswahl von Führungskräften und Managern vorweisen.

Im Handlungsfeld „familienfreundliches Arbeitsumfeld" ist die Eröffnung unseres Kinderhauses „Frech Daxe" in 2008 ein Meilenstein und für uns ein echter Wettbewerbsvorteil. Aber auch die Arbeitszeitflexibilität sowie eine besonders enge Betreuung unserer Eltern durch den intensiven Kontakt zwischen Personalreferent/-in und Mitarbeiter/-innen sind aus unserer Sicht wichtige Grundlagen auf dem Weg zum familienfreundlichsten Arbeitgeber.

Durch die Teilnahme am Projekt „Frauen in Karriere" konnten wir detaillierte Erkenntnisse gewinnen, in welchen Handlungsfeldern wir noch Entwicklungspotenzial haben.

Dass wir mit unserer Personalstrategie bereits jetzt auf einem sehr guten Weg sind, sehen wir durch unseren ersten Platz bei der Arbeitgeber-Benchmarkstudie „Deutschlands Beste Arbeitgeber (Great Place to Work)" in der Kategorie „2.001 bis 5.000 Mitarbeiter" im Jahr 2012 als objektiv bestätigt an. Auch unsere Mitarbeiterinnen haben dies im Rahmen der Studie bestätigt: Über 80 Prozent der befragten Frauen stimmten der Aussage zu, dass Mitarbeiter bei uns im Unternehmen unabhängig von ihrem Geschlecht fair behandelt werden. Diesen Weg werden wir weitergehen.

Perspektive Unternehmenspraxis: Erfahrungen und Good Practices aus den Unternehmen

Zentrale Handlungsfelder zur Förderung von Frauenkarrieren im Ingenieursumfeld

Die Bosch Engineering GmbH

Juanita Jordan und Katrin Mack

Vielfältige Denkweisen, Erfahrungen, Führungs- und Arbeitsstile prägen Bosch als international aufgestellten Konzern. Und mit fortschreitender Internationalisierung und sozialer Vernetzung spielt Vielfalt im Tagesgeschäft eine immer größere Rolle. Tagtäglich haben die Mitarbeiter mit unterschiedlichen Aufgaben, Situationen und Menschen zu tun – intern wie extern, auf den internationalen Märkten, und in Zukunft noch mehr als heute. Es ist wichtig, dass jeder Einzelne bei Bosch daran mitwirkt: Mehr Vielfalt bedeutet mehr Erfolg. Deshalb ist Diversity Management ein fester Bestandteil der Bosch-Unternehmensstrategie und in den Unternehmenswerten verankert. Dabei stehen zunächst die Dimensionen Geschlecht, Generationen, Internationalität und Arbeitskultur im Fokus.

Die Bosch Engineering GmbH ist eine hundertprozentige Tochter der Robert Bosch GmbH und wurde im Jahre 1999 mit 13 Mitarbeitern gegründet. Der Altersdurchschnitt der Belegschaft liegt bei rund 36 Jahren. Das Unternehmen wächst sehr dynamisch und beschäftigte Anfang 2013 weltweit mehr als 1.800 Mitarbeiter, davon 1.550 allein in Deutschland.

Als Entwicklungspartner hat Bosch Engineering sehr spezielle Ausgangsbedingungen für eine Förderung der Karrierechancen von Frauen. Die Belegschaft ist überwiegend männlich und der Frauenanteil in den technischen Bereichen liegt bei rund neun Prozent. Bei Bosch zählen vielfältige Denkweisen, Erfahrungen, Führungs- und Arbeitsstile seit jeher zum Selbstverständnis. Das hat seinen Grund: Diversity ist ein Schlüsselfaktor für den wirtschaftlichen Erfolg von Bosch, weil Vielfalt die Voraussetzung für innovative Ideen schafft. Vor diesem Hintergrund hat sich Bosch das Ziel gesteckt, den Frauenanteil in Führungspositionen bis 2020 weltweit auf 20 Prozent zu erhöhen.

Diese Firmenziele spiegeln sich ebenso in den Zielen von Bosch Engineering bei den Einstellungen von Hochschulabsolventen wider. Hierbei orientiert sich das Unternehmen am nationalen Anteil der Absolventinnen der jeweiligen Fachrichtungen. Der Zielwert für Neueinstellungen im technischen Bereich liegt 20 Prozent über den jeweiligen Absolventinnenquoten.

Im Folgenden werden zunächst exemplarisch einige konzernweite Aktivitäten zu Diversity vorgestellt. Darauf folgt ein Überblick über die Aktivitäten und Herausforderungen von Bosch Engineering in den zentralen Handlungsfeldern der Frauenförderung. Abschließend wird ein Resümee über eigene Erfahrungen in diesen Themenfeldern formuliert, um daraus Schlussfolgerungen für die weiteren Entwicklungsschritte zu ziehen.

1 „Vielfalt ist unser Vorteil" - Diversity bei Bosch

Weltweit mehr als 300.000 Mitarbeiterinnen und Mitarbeitern aus vier Generationen in rund 150 Ländern leben tagtäglich Diversity bei Bosch. Als eines der ersten Unternehmen hat Bosch im Dezember 2007 die „Charta der Vielfalt" unterzeichnet, mit der sich Unternehmen offiziell verpflichten, Vielfalt anzuerkennen und wertzuschätzen. Daher wird bei Bosch in Kompetenzen gedacht – unabhängig von Aspekten wie Alter, Geschlecht oder Herkunft. Um die Vielfalt in Zukunft weiter zu stärken und für den nachhaltigen Erfolg bei Bosch zu nutzen, hat die Geschäftsführung im Jahr 2011 die Projektgruppe „Diversity" ins Leben gerufen – mit dem Ziel, Diversity Management strategisch im Unternehmen zu verankern.

Zunächst stehen dabei die Schwerpunkte Geschlecht, Generationen, Internationalität und Arbeitskultur im Fokus. Im Zuge einer Diversity-Kommunikationsinitiative werden Mitarbeiterinnen und Mitarbeiter an rund 200 Standorten weltweit eingeladen, Vielfalt bei Bosch bewusst zu entdecken und die Vorteile im Alltag zu nutzen. Ziel der mehrstufigen Kampagne unter dem Motto „Vielfalt ist unser Vorteil" ist es, das Verständnis für Vielfalt und ihren (Mehr-)Wert zu fördern und durch das Aufzeigen positiver Beispiele erlebbar zu machen. Begleitet wird die Kommunikation von informativen Vorträgen und umfangreichen Diversity-Qualifizierungsangeboten, bei denen gezielt einzelne Dimensionen wie „Gender Talk" oder „Interkulturelle Kompetenz" im Mittelpunkt stehen.

1.1 Balance zwischen Berufs- und Privatleben ist ein wichtiger Stellhebel

Bosch lebt vom Expertenwissen und Engagement seiner hochqualifizierten Mitarbeiter. Deshalb will Bosch die besten Männer und Frauen jeden Alters und jeder Herkunft für das Unternehmen gewinnen, binden und in ihrer Karriere fördern. Die gewünschte Vielfalt funktioniert jedoch nur nachhaltig, wenn die Arbeitskultur stimmt. Das Unternehmen hat die Aufgabe, die Bedürfnisse aller Mitarbeiter ernst zu nehmen – und der Stellhebel der Vereinbarkeit von Berufs- und Privatleben spielt dabei eine entscheidende Rolle. Deshalb unterstützt Bosch seine Mitarbeiter mit vielen Maßnahmen, Rahmenbedingungen und personalpolitischen Instrumenten bei der individuellen Gestaltung von Arbeitszeit und Arbeitsort, damit sie Beruf und Privates gut miteinander verbinden können.

Eine dieser Rahmenbedingungen ist eine bedarfsgerechte Kinderbetreuung. Da der Bedarf über die Kommunen in Deutschland nicht ausreichend abgedeckt wird, unterstützt Bosch seine Mitarbeiterinnen und Mitarbeiter als Arbeitgeber und schafft an den Standorten eigene Angebote für Kinder-, Ferien- und Notfallbetreuung sowie sonstige Services bei der Pflege von Angehörigen.

Wegen dieses Engagements wurde Bosch 2012 im Wettbewerb „Erfolgsfaktor Familie" des Bundesministeriums für Familie, Frauen, Senioren und Jugend zum familienfreundlichsten Großunternehmen Deutschlands gekürt. Eine wichtige Rolle spielte dabei, dass Führungskräfte bei Bosch aktiv an der Veränderung der Unternehmenskultur mitwirken und den eigenen Mindset immer wieder auf den Prüfstand stellen.

1.2 Ergebnisse vor Präsenz

Der Wandel weg von starren Präsenzzeiten hin zu mehr Flexibilität ist ebenfalls ein Katalysator für Vielfalt. Bei Bosch ist er bereits in vollem Gange. Das Unternehmen setzt vor allem auf das eigene Erleben. Wer selbst positive Erfahrungen gesammelt hat, ermutigt auch Mitarbeiterinnen und Mitarbeiter, Kolleginnen und Kollegen. Deshalb hat Bosch im Jahr 2011 die Initiative MORE (Mindset of ORganisation and Executives) ins Leben gerufen: Über 150 Führungskräfte haben für 125 Tage verschiedene Arbeitszeitmodelle getestet – von einzelnen Tagen im Home Office bis zur Teilzeit. Die Resonanz war überwältigend. Rund 80 Prozent der Teilnehmer entschieden sich nach dem Projekt, ihr gewähltes Arbeitsmodell beizubehalten. Aufgrund der hohen Nachfrage wurde das Projekt 2012 um einzelne Teilnehmer erweitert. Mitte 2013 startet „More" in eine zweite Runde, die weltweit für weitere 500 Führungskräfte offensteht. Denn was Bosch benötigt, sind die richtigen Kompetenzen am richtigen Arbeitsplatz. Flexible Angebote sind ein entscheidender Faktor, um die vielfältigsten Talente für sich zu gewinnen.

2 Frauen in Karriere: Zentrale Handlungsfelder bei der Bosch Engineering GmbH

Dieser Abschnitt beschreibt näher, was die Bosch Engineering GmbH mit ihren besonderen Ausgangsbedingungen tut, um die Karrierechancen von Frauen im Unternehmen zu verbessern. Zunächst werden drei zentrale Handlungsfelder identifiziert: die Führungskräfte- und Mitarbeiterentwicklung, die Akquisition von Mitarbeiterinnen und Mitarbeitern und die Vereinbarkeit von Familie und Beruf.

Es werden exemplarisch Aktivitäten für diese drei Handlungsfelder vorgestellt. Weiterhin wird auf zentrale Herausforderungen aufmerksam gemacht, die über das Unternehmen hinaus für Wirtschaft und Gesellschaft allgemein von Interesse sind.

2.1 Führungskräfte- und Mitarbeiterentwicklung

Die bisherigen Erfahrungen zeigen, dass bei Bosch Engineering eine zentrale Herausforderung auf dem Handlungsfeld der Führungskräfte- und Mitarbeiterentwicklung in der Schaffung eines Problembewusstseins liegt. Bis vor wenigen Jahren fehlte dieses Bewusstsein in den Köpfen der Führungskräfte und Mitarbeiter. Das Thema „Frauen in Karriere" war wenig präsent und das Bewusstsein für ein „Need for Change" kaum vorhanden. Diese Erfahrung machte deutlich, dass zunächst eine Reihe von gezielten Maßnahmen erforderlich war, um am Bewusstsein für das Thema zu arbeiten und darüber das Handeln zu verändern – sowohl in der Belegschaft als auch bei den Führungskräften.

Es wurde gemeinsam mit der Bildungsreferentin Silke Lindauer ein „Drei-Stufen-Modell" entwickelt, bei dem Gender Diversity zunächst auf der emotionalen Ebene adressiert wurde, um es anschließend schrittweise auf der Fachebene zu etablieren. Auf der ersten Stufe stehen Maßnahmen im Fokus, die darauf zielen, Bewusstsein zu schaffen. Die Workshop-Angebote „Vielfalt als Potenzialprinzip" sowie „Frauen sind anders – Männer auch" sind die elementaren Bestandteile dieser Stufe. Die zweite Stufe hat das Ziel, dass Mitarbeiter und Führungskräfte die Unterschiede selbst erleben können. Beispiele hierfür sind die Workshops „Feldexperiment" und „Das Gender Duell", bei dem Frauen und Männer getrennt Aufgaben bearbeiten und die unterschiedlichen Ergebnisse später diskutieren und reflektieren. Ein weiteres Angebot war die „Diversity Cam", bei der jeder Unternehmensbereich ohne inhaltliche Vorgaben einen Kurzfilm zum Thema Diversity produzierte. Die Filmclips wurden anschließend zu einem Gesamtfilm zusammengefügt und mit Kommentaren der Geschäftsführung komplettiert. Durch die Beteiligung zahlreicher Mitarbeiterinnen und Mitarbeiter aller Bereiche war das Interesse der Belegschaft sehr hoch und das Thema Diversity wurde nicht nur bei den direkt Beteiligten adressiert. Auf der dritten Stufe geht es um die Vermittlung von Fachwissen und Beratung. Neben der Auseinandersetzung mit den Ergebnissen des Forschungsprojekts „Frauen in Karriere" fördert Bosch Engineering hier besonders, dass Frauen ihre persönliche Weiterentwicklung selbst in die Hand nehmen, zum Beispiel im Rahmen von Karrierewerkstätten.

Dieses Stufenmodell ist hinterlegt mit Mentoring-Programmen für Frauen in allen Vertragsstufen. Diese Programme sind erfolgreich in doppelter Hinsicht: Zum einen erfahren die weiblichen Mentees die neue Perspektive ihrer Mentoren bzw. Mentorinnen und können sich so weiterentwickeln. Zum anderen erleben die überwiegend männlichen Mentoren aus dem Management die Mitarbeiterinnen des Unternehmens auf eine ganz persönliche Art und Weise und werden so mit dem Thema Frauenförderung konfrontiert. Die Erfahrung zeigt, dass dieses Vorgehen mehr bewirkt, als wenn man sich nur über die „großen Zahlen" der Zielvorgaben mit dem Thema befassen würde.

In diesem Handlungsfeld wirkt das hochgradig formalisierte Karrieresystem unterstützend, das generell bei Bosch und auch bei Bosch Engineering etabliert ist. Dabei wird ein versachlichtes Potenzialanalyse- und Stellenbesetzungsverfahren angewendet. Wesentlich ist das Prinzip, dass in die Prozesse neben den unmittelbaren Vorgesetzten auch immer die Führungskraft auf der nächsthöheren Ebene sowie die Personalabteilung involviert sind. Hier wird es in Zukunft darauf ankommen, dass das Unternehmen – gerade auch im Personalwesen – stärker die Auswahl- und Bewertungskriterien überprüft und die entsprechenden Ziele anpasst. Dabei geht es nicht nur um eine höhere Sensibilität für einen „Gender Bias", sondern ganz grundsätzlich um eine Diversifizierung des Führungskräftetypus. Ziel ist eine Auswahl jener Managementeigenschaften, die das Unternehmen insgesamt vielfältiger werden lassen.

2.2 Mitarbeiterakquise: Genderneutrale Personalmarketingaktivitäten und -inhalte

Auf diesem Feld geht es darum, für Frauen attraktive Themen zu identifizieren und diese zum Beispiel im Rahmen von entsprechenden Personalmarketingveranstaltungen für Frauen zu adressieren. Alles zielt darauf, Frauen für die Automobilbranche und die vielfältigen Themen in diesem Bereich zu interessieren und zu begeistern. Ressourcenschonende Technologien, Produkte für die Fahrzeugsicherheit, Innovationen und die Arbeit in internationalen Projektteams sind Themen, für die sich manche Kandidatinnen mehr begeistern als leistungsstarke Motoren.

Andererseits besteht eine der Hauptaufgaben auf diesem Feld darin, die Führungskräfte für die Problematik homosozialer Rekrutierungsmuster im Sinne eines „Mini-me"-Effekts zu sensibilisieren. Unter dem „Mini-me-Effekt" versteht man die Neigung, Personen zu bevorzugen, die einer „Miniaturausgabe" der eigenen Persönlichkeit ähneln. Dabei ist es leichter, Führungskräfte für die Problematik der homosozialen Rekrutierungsmuster zu sensibilisieren, wenn der Fokus nicht auf Gender Diversity reduziert wird. Die Bereitschaft und die Zustimmung der Führungskräfte, sich auf die Problematik einzulassen, sind höher, wenn auch andere Dimensionen adressiert werden, wie beispielsweise internationale Aspekte im Rahmen der Globalisierung oder Themen im Rahmen der Generationenproblematik. Dahinter steht auch die reale Konkurrenz zwischen Männern und Frauen, die nicht einfach ausgeblendet werden kann.

2.3 Vereinbarkeit von Beruf und Familie: Kinderbetreuung und Teilzeitmodelle

In diesem Handlungsfeld steht für Bosch Engineering der Ausbau der Kindertagesstätte an erster Stelle. Das Unternehmen hat erkannt, dass die Kinderbetreuung ein Schlüsselfaktor ist, Frauen zu halten und ihre Potenziale voll zu nutzen. Am Standort Abstatt haben Bosch und Bosch Engineering den Ausbau des KiTa-Angebots in den letzten Jahren stark vorangetrieben und bieten aktuell 80 Betreuungsplätze für unter Dreijährige an.

Zudem ist es wesentlich, eine Diskussion über Work Life Balance mit den Führungskräften zu initiieren und voranzutreiben. Dabei spielt die Frage nach der Präsenzkultur eine wesentliche Rolle. In diesem Sinne forciert Bosch Engineering eine aktive Unterstützung von Role Models mit Teilzeit, Elternzeit und Home Office.

3 Resümee

In diesem Abschnitt werden – basierend auf den bisher gesammelten Erfahrungen – die positiven Erfolge hervorgehoben sowie die noch bestehenden Herausforderungen benannt. Schließlich werden Schlussfolgerungen im Hinblick auf die nächsten Schritte zur Verbesserung der Karrierechancen von Frauen im Ingenieursumfeld gezogen.

Positiv ist zunächst das insgesamt hohe Interesse bei der Sensibilisierung für die Unterschiede zwischen Männern und Frauen zu nennen. Insbesondere die Resonanz auf das etablierte Mentoring-Programm ist ermutigend: Die Führungskräfte sind generell gerne bereit, Mentorenschaften zu übernehmen. So konnte sich im Unternehmen eine soziale Eigendynamik entwickeln: Es entstanden eigenständige Aktivitäten in den Bereichen. Sie werden besonders durch engagierte Gruppenleiter vorangetrieben, die das Thema Vielfalt sehr ernst nehmen und eigene Gedanken dazu entwickeln.

Es werden jedoch auch weiterhin Herausforderungen gesehen. So ist es dem Unternehmen zwar gelungen, ein Bewusstsein für die Folgen homosozialer Rekrutierungsmuster („Minime-Effekt") in der Personalakquisition zu erzeugen, dennoch wird beobachtet, dass nach wie vor – zumindest unbewusst – „Andersartiges" kritischer geprüft wird als „Gleichartiges". Gleichartiges wird meist als passender und risikoloser eingeschätzt.

Ein ähnliches Problem besteht in dem Fortwirken der tief verhafteten klassischen Rollenbilder in der Belegschaft und im Management. Das führt dazu, dass es teilweise noch Vorbehalte bei den Themen Teilzeit und Home Office gibt. Das Aufbrechen der „Präsenzkultur" zeigt sich als ein sehr schwieriges Unterfangen, das viel Zeit erfordert.

Dies alles korrespondiert damit, dass es sich in einem stark akademisch geprägten, offenen, jungen und flexiblen Umfeld als sehr schwer erweist, ein Veränderungsbewusstsein zu entwickeln. Auch die vielen Studien von diversen Unternehmensberatungen, die belegen, dass Vielfalt zu mehr Innovation, größerer Kreativität und einem höheren Unternehmensgewinn führt, sind kaum eine Hilfe. Insbesondere die Techniker lassen sich dadurch wenig beeindrucken. Hinzu kommt, dass es in einem stark wachsenden und wirtschaftlich erfolgreichen Unternehmen wie der Bosch Engineering GmbH schwierig ist, Diversity als Business Case zu etablieren. Es wird mitunter keine zwingende Notwendigkeit dafür gesehen, beispielsweise über die Erhöhung des Frauenanteils noch erfolgreicher zu werden. Der Eindruck ist vielmehr, dass man die Diskussion eher in die entgegengesetzte Richtung führen muss: Es geht darum, in guten Zeiten die Gelegenheit zu nutzen, etwas mit dem Argument auszuprobieren, dass es sich das Unternehmen jetzt leisten kann. Natürlich birgt diese Perspektive auch Gefahren in Krisenzeiten. Dennoch ist es erforderlich, die Argumentation, mit der das Thema Gender Diversity getrieben wird, flexibel zu gestalten und den konkreten Bedingungen im Unternehmen anzupassen.

Die generellen Schlussfolgerungen im Hinblick auf die Verbesserung der Karrierechancen von Frauen im Ingenieursumfeld sind daher: Gerade vor dem Hintergrund des geringen Veränderungsbewusstseins im Ingenieursumfeld ist es von Bedeutung, übergeordnete Werte zu adressieren, um eine scharfe Konfrontation „Frauen gegen Männer" zu vermeiden. Für die Mindset-Bildung bedeutet das vor allem, in der Breite über Diversity zu diskutieren und so zu Themen zu kommen, bei denen alle Führungskräfte zumindest potenziell einen Mehrwert für sich selbst sehen können. Themen wie Präsenzkultur und Work Life Balance sind dafür wichtig und die aktive Förderung von Teilzeit und Home Office hat eine entscheidende Bedeutung. Flexible Arbeitszeitmodelle sind für Mitarbeiter aller Hierarchiestufen attraktiv und förderlich für Vielfalt im Unternehmen. Hier kommt es vor allem darauf an, Role Models zu unterstützen und diese im Unternehmen sichtbar zu machen. Des Weiteren ist es wichtig, sich bei der Einführung von neuen Maßnahmen im ersten Schritt auf „Vorreiter" zu konzentrieren und auf einen natürlichen Wettbewerb zwischen den Bereichen zu setzen. Und schließlich ist es wesentlich zu verstehen, dass Veränderung Zeit und vor allem Erfahrung braucht. Die konkreten und persönlichen Erfahrungen, die die Mitarbeiterinnen und Mitarbeiter sowie die Führungskräfte machen, sind oftmals mehr wert und vor allem nachhaltiger als das beste Schulungsprogramm.

Verfahren zur Identifikation und Maßnahmen zur Förderung von PotenzialträgerInnen bei der Deutschen Postbank AG

Andrei Frömmer und Vera Strack

Die Gender-Diversity-Maßnahmen der Postbank AG können im Wesentlichen zwei Handlungssträngen zugeordnet werden, wie sie sich auch im Projekt „Frauen in Karriere" herauskristallisiert haben: der Versachlichung und der Vereinbarkeit. Zunächst wird der Handlungsstrang *Versachlichung von Auswahlentscheidungen*, danach im Abschnitt 3 der Handlungsstrang *Vereinbarkeit von Beruf und Familie* fokussiert.

1 Versachlichung der Auswahl: Verknüpfung mit Performance Management und Potenzialanalyse

Das Konzept der versachlichten Auswahl im Gender Diversity Management der Postbank darf nicht als alleinstehendes Konzept verstanden werden. Um die ebenenübergreifende Wirkung dieser Maßnahme verständlich zu machen, wird zunächst die Verknüpfung mit dem bereits etablierten Performance-Management-System „motiv8" und der damit einhergehenden Nachfolgeplanung dargestellt. Denn eben diese Wirkkette mit ihren ineinandergreifenden Prozessen zur Förderung von PotenzialträgerInnen und zur Schaffung einer Nachwuchsbasis zeichnet die nachhaltige Zielsetzung des Projekts Gender Diversity Management der Deutschen Postbank AG aus.

Die bereits erfolgreich etablierten Programme der Postbank AG, „motiv8" sowie das Potenzialanalyse-Verfahren mit integrierter Nachfolgeplanung, haben dem Projekt Gender Diversity eine gute Ausgangsbasis geschaffen. Die bestehenden Programme wurden um entsprechende Maßnahmen zur gezielten Förderung von PotenzialträgerInnen erweitert. So ist eine Wirkkette ineinandergreifender Prozesse entstanden, die den Ausbau der nachhaltigen Nachwuchsbasis auf Basis versachlichter Auswahlverfahren ermöglicht.

1.1 motiv8

Das ganzheitlich integrierte Performance-Management-System „motiv8" ermöglicht eine standardisierte Beurteilung und gezielte Förderung von Führungskräften des mittleren und Top-Managements der Postbank Gruppe (Abb. 1). Die Grundlage des Systems ist eine offene und ganzheitliche Feedback-Kultur. Getroffene Zielvereinbarungen werden in regelmäßigen

Abständen überprüft und Entwicklungsmaßnahmen angepasst. Am Ende eines motiv8-Zyklus finden auf den verschiedenen Hierarchieebenen durch die Führungskräfteentwicklung und -betreuung moderierte Panels statt. Auf Basis der Bewertung der Führungskräfte werden kurzfristige sowie perspektivische NachfolgekandidatInnen zur Besetzung nächsthöherer Führungsfunktionen benannt.

Abbildung 1: Ablauf des motiv8-Prozesses (Deutsche Postbank AG)

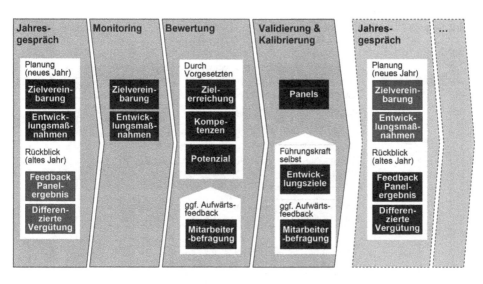

Quelle: Postbank PFA FEB

Da für perspektivische Nachfolge auch nichtleitende MitarbeiterInnen in Betracht kommen, wird für die Identifikation von MitarbeiterInnen mit Führungspotenzial ein versachlichtes Potenzialanalyse-Verfahren durchgeführt.

1.2 Potenzialanalyse-Verfahren

Das Potenzialanalyse-Verfahren dient der Identifikation und Förderung von MitarbeiterInnen mit dem Potenzial, in den nächsten Jahren eine Führungsfunktion übernehmen zu können. Ziel dieses Prozesses ist es, die PotenzialträgerInnen zu identifizieren, für Entscheidungsträger sichtbar zu machen und auf die Übernahme einer Führungsfunktion vorzubereiten.

Vor der Benennung der MitarbeiterInnen mit Führungspotenzial werden die Vorgesetzten zum Nominierungsprozess sowie zu den zugrundeliegenden Potenzialindikatoren, wie z.B. „Umgang mit Komplexität oder unklaren Situationen", gebrieft.

Zu den weiteren Nominierungsvoraussetzungen, die in Form eines standardisierten Nominierungsformulars abgefragt werden, gehört die Bereitschaft („Readiness") der KandidatInnen, auch tatsächlich in zwei Jahren eine Führungsfunktion – ggf. auch ressort- und standortübergreifend – zu übernehmen. Wesentlicher Bestandteil dieses Prozesses ist ein verbindliches Gespräch zwischen Vorgesetzten und KandidatIn, das mit Hilfe eines strukturierten Leitfadens geführt wird. In diesem Gespräch werden auch auf die zahlreichen Angebote zur Vereinbarkeit von Beruf und Familie thematisiert. Im Anschluss startet das Potenzialanalyse-Verfahren (Abb. 2).

Abbildung 2:   Ablauf eines Potenzialanalyse-Verfahrens (Deutsche Postbank AG)

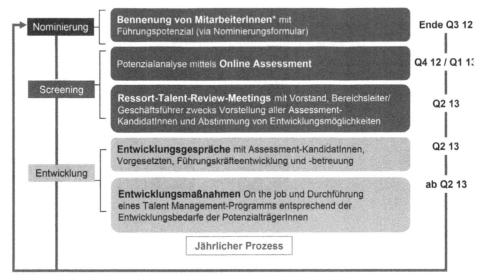

* Quoten je Ressort; Richtwert: mindestens 50% Frauen

Im Rahmen des Review-Meetings werden KandidatInnen als PotenzialträgerInnen bestätigt und in das Talent-Management-Programm aufgenommen. Dort werden sie auf die zukünftige Übernahme einer Management-Funktion vorbereitet. Im Entwicklungsgespräch mit einem Experten aus der Führungskräfteentwicklung und -betreuung sowie dem jeweiligen Vorgesetzten vereinbart die Kandidatin bzw. der Kandidat Ziele und erstellt einen Entwicklungsplan für die nächsten ein bis zwei Jahre. Die inhaltliche Ausgestaltung der jeweiligen Angebote wird individuell und entsprechend dem jeweiligen Entwicklungsbedarf des Potenzialträgers bzw. der Potenzialträgerin festgelegt und anschließend durchgeführt.

Das Potenzialanalyse-Verfahren richtet sich sowohl an weibliche als auch an männliche Mitarbeiter. Unter den Nominierten in jedem Ressort müssen mindestens 50 Prozent Frauen sein. Durch diese Vorgabe wird die bisher teils geringe Sichtbarkeit von qualifizierten Frauen erhöht.

2 Entwicklungsangebote für weibliche Führungskräfte und Potenzialträgerinnen

Zur Steigerung des Frauenanteils in Führungspositionen und zur Schaffung einer nachhaltigen Nachwuchsbasis fördert die Deutsche Postbank PotenzialträgerInnen durch verschiedene Entwicklungsangebote. Ziel ist es, die Sichtbarkeit der weiblichen Talente zu erhöhen und ihnen die Möglichkeit zu geben, sich für Funktionen im mittleren oder Top-Management zu empfehlen (Abb. 3).

Abbildung 3: Übersicht der Entwicklungsangebote zur Förderung weiblicher Führungskräfte und Potenzialträgerinnen (Deutsche Postbank AG)

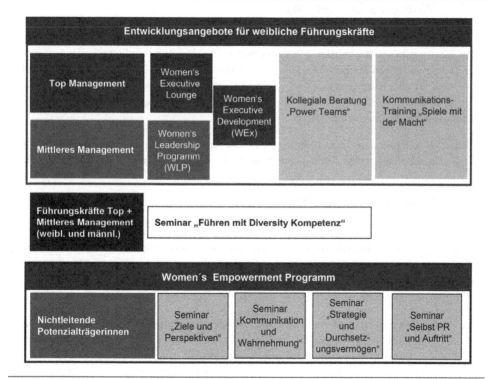

2.1 Women's Executive Development (WEx)

Die Initiative Women's Executive Development (WEx) richtet sich an weibliche Führungskräfte des mittleren Managements aller Ressorts mit dem Potenzial, zeitnah eine Führungsfunktion im Top-Management (zum Beispiel in einer Bereichsleitungs- oder Geschäftsführungsposition) einnehmen zu können. Nach der Nominierung der Kandidatinnen durch die jeweiligen Ressortvorstände werden die Potenzialträgerinnen über einen Zeitraum von ungefähr einem Jahr durch verschiedene Maßnahmen gefördert:

- „Off-the-job"-Maßnahmen, wie Workshops, Einzelcoachings und Meet the Boards mit Vorstandsbeteiligung;

- „On-the-job"-Maßnahmen entsprechend dem individuellen Entwicklungsbedarf, wie zum Beispiel die Vertretung der Bereichsleitung oder die Leitung konzernweiter Projekte.

Zudem wird ihre Sichtbarkeit beim Vorstand, etwa durch themenbezogene Kaminabende, erhöht und ihnen eine Möglichkeit zur Vernetzung und kollegialen Beratung mit weiteren Kandidatinnen geboten.

2.2 Women's Leadership

Das Programm Women's Leadership ist ein konzernweites Angebot zur Förderung weiblicher Führungskräfte des mittleren Managements. Durch unterschiedliche Seminare werden die Teilnehmerinnen in den Themenfeldern „Kommunikation und Wahrnehmung", „Strategie und Durchsetzungsvermögen", „Selbst-PR und Auftritt" sowie „Ziele und Perspektiven" gefördert. Innerhalb des Programms werden die Teilnehmerinnen dazu ermutigt, ihre Sichtbarkeit im Konzern zu erhöhen.

Zusätzlich werden den Teilnehmerinnen des Programms Women's Leadership Entwicklungsworkshops zu den Themen „Kollegiale Beratung" und „Kommunikation" angeboten.

2.3 Women's Empowerment

Aus dem Programm Women's Leadership ist das Programm Women's Empowerment hervorgegangen. Es richtet sich an Potenzialträgerinnen, die noch keine Führungsposition besetzen. Inhaltlich setzen sich die TeilnehmerInnen mit den gleichen Seminarthemen auseinander wie im Programm Women's Leadership. Durch dieses Programm sollen die Teilnehmerinnen auf mögliche Situationen im Führungsalltag vorbereitet werden.

In Eigeninitiative der Teilnehmerinnen sind aus den beiden genannten Programmen Netzwerke zum fachlichen wie persönlichen Austausch entstanden. Neben diesen Netzwerken wird die Möglichkeit zur Vernetzung mit weiblichen Führungskräften des Mutterkonzerns sowie die Teilnahme an Entwicklungsprogrammen der Deutschen Bank angeboten.

2.4 Seminar „Führen mit Diversity-Kompetenz"

Zur Schaffung von Gender Awareness bei Führungskräften findet für alle weiblichen und männlichen Führungskräfte des Top- und mittleren Managements das Seminar „Führen mit Diversity-Kompetenz" statt. Ziele dieses Seminars sind das Erkennen und die Reduktion unbewusster geschlechtsspezifischer Denkmuster, der Ausbau von Diversity-Kompetenzen sowie die Sensibilisierung der Führungskräfte hinsichtlich der Identifikation und

Förderung weiblicher und männlicher Talente in den jeweiligen Organisationseinheiten. Dieses kürzlich gestartete Seminar richtet sich derzeit an Führungskräfte und wird zukünftig auch für MitarbeiterInnen angeboten werden.

3 Vereinbarkeit von Beruf und Familie

Ob angebotene Führungspositionen auch angenommen werden, wird stark davon beeinflusst, zu welchem Grad Beruf und Familie vereinbar sind. In Zusammenarbeit mit der berufundfamilie gGmbH (eine Initiative der gemeinnützigen Hertie-Stiftung) wurden in einem Audit Maßnahmen identifiziert, um die Vereinbarkeit von Beruf und Familie zu verbessern und eine familienbewusste Personalpolitik im Unternehmen zu verankern. Die Deutsche Postbank AG sowie die Postbank Filialvertrieb AG wurden für ihr integratives, konzernweites Umsetzungskonzept 2012 durch die berufundfamilie gGmbH mit ihrem Zertifikat ausgezeichnet. Seither wird an dem stetigen Ausbau von folgenden Handlungsfeldern zur Flexibilisierung des Arbeitsumfelds und zur Reduktion von Verfügbarkeitserwartungen gearbeitet:

- *Arbeitszeit:* Hierbei steht eine zukünftig flexiblere Gestaltung der Arbeitszeit im Vordergrund, zum Beispiel in Form von befristeten Aufstockungs- oder Reduktionsmöglichkeiten der Wochenarbeitszeit und der Einrichtung eines Sabbaticals für familienbedingte Auszeiten.

- *Arbeitsorganisation:* Hierbei geht es beispielsweise um Maßnahmen zur Ermöglichung einer reibungslosen Rückkehr der Beschäftigten nach der Elternzeit oder um verschiedenste Maßnahmen im Bereich Gesundheitsmanagement, etwa Burn-out-Präventionsmaßnahmen, welche in einem eigenständigen Teilprojekt behandelt werden.

- *Arbeitsort:* Zur Erleichterung der Kinderbetreuung wird die Einrichtung mehrerer Eltern-Kind-Büros vorbereitet. Diese sollen insbesondere an Standorten installiert werden, an denen generell eine Knappheit an Plätzen in Kindertagesstätten herrscht, die bisher weder von Unternehmensseite noch von städtischer Seite beseitigt wurde. Die Pilotierung eines ersten Büros in München ist bereits gestartet. Die Nutzung dieser Büros steht allen MitarbeiterInnen bei akuten Problemen der Kinderbetreuung offen. Zudem sollen im Rahmen einer Gesamtbetriebsvereinbarung entsprechende Rahmenbedingungen abgestimmt werden, die eine Flexibilisierung der Arbeit im Allgemeinen fördern. Zu diesen Maßnahmen zählt auch das Einrichten von Home-Office-Optionen.

- *Informations- und Kommunikationspolitik:* Durch laufende Kommunikation über interne wie externe Medien werden die Mitarbeiter über die angebotenen Unterstützungsleistungen informiert. Die unternehmensinterne Kommunikation informiert durch die Mitarbeiterzeitschrift, das Intranet bzw. Infobroschüren und bietet zudem die Nutzung des E-Portals „Mein Familienservice" an. Durch Veranstaltungen wie einen „Zukunftstag" sowie durch Presseberichte werden auch Externe über das Projekt informiert. Bei sämtlichen Kommunikationsinhalten wird auf die enge Verzahnung des Teilprojektes „berufundfamilie" mit dem Gesamtprojekt „Gender Diversity Management" hingewiesen.

- Führungskompetenz: Eine zielgerichtete Förderung der Führungskräfte soll beispielsweise durch Sensibilisierungstrainings, etwa zum Thema Gender Awareness, sowie durch eine eindeutige Verankerung der Thematik „Vereinbarkeit/Work & Life" in bestehenden Management-Programmen erreicht werden.
- *Personalpolitik:* Hierbei steht die enge Verknüpfung des Themas Vereinbarkeit von Beruf und Familie mit dem Gesamtprojekt „Gender Diversity Management" sowie dem Ausbau einer Nachwuchsbasis im Vordergrund.
- *Geldwerte Leistungen:* Zurzeit werden entsprechende Umwandlungsmöglichkeiten für entstehende Kinderbetreuungskosten überprüft. Zudem werden zusätzliche Job-Ticket-Optionen für diejenigen Standorte untersucht, an denen es bisher keine derartige Unterstützung gab.
- *Service für Familien:* Im Rahmen dieses Handlungsfelds soll das betrieblich unterstützte Kinderbetreuungsangebot, das sich zukünftig auf die Nachmittagsbetreuung und die Ferienzeiten ausweiten lässt, ausgebaut werden.

Durch die Umsetzung der Maßnahmen – basierend auf dem Audit sowie durch die Integration dieses Teilprojekts in das Gesamtprojekt „Gender Diversity Management" – wird ein integratives, konzernweites Umsetzungskonzept ermöglicht, welches die Handlungsstränge Versachlichung und Vereinbarkeit von Beruf und Familie miteinander verbindet. Dies dient der Zielsetzung des Projekts, weibliche Potenzialträger zu identifizieren und zu fördern, aber auch für die Übernahme von Führungsfunktionen durch attraktive Rahmenbedingungen zu motivieren.

Diversity Reporting - Reporting Gender bei der SAP AG

Uta Sánchez-Mayoral

1 Vielfalt als Innovationstreiber

SAP hat sich seit der Gründung im Jahr 1972 durch Innovation und Wachstum zum weltweit führenden Anbieter von Unternehmenssoftware entwickelt. Schlüssel des langjährigen Erfolgs und Voraussetzung für den Erhalt der Innovationskraft sind die Mitarbeiterinnen und Mitarbeiter der SAP in ihrer Vielfältigkeit. Diese Überzeugung drückt sich in dem Bekenntnis zu „Vielfalt in jeder Hinsicht" aus, die Bestandteil jeder Stellenausschreibung ist: „Um die Innovationskraft optimal zu nutzen, investiert SAP in die Entwicklung der individuellen Fähigkeiten und Talente jedes einzelnen Mitarbeiters."

SAP beschäftigt im vierten Quartal 2012 mehr als 65.000 Mitarbeiter aus 125 Nationen an Vertriebs- und Entwicklungsstandorten in über 75 Ländern. Der durchschnittliche Frauenanteil beträgt ca. 30 Prozent, der Anteil von Frauen in Führungspositionen 19,3 Prozent. Das Durchschnittsalter der SAP-Belegschaft liegt global bei knapp unter 39 Jahren, ca. 11 Prozent der Beschäftigten sind älter als 50 Jahre.

Vielfalt hat sehr unterschiedliche Facetten, wie zum Beispiel Alter, Geschlecht, kulturelle und ethnische Herkunft, sexuelle Orientierung und Identität sowie geistige und körperliche Fähigkeiten der Mitarbeiter. SAP hat sich aus dem Gesamtkomplex Vielfältigkeit das Thema „Frauen in Führungspositionen" als einen Schwerpunkt gesetzt.

Als Konsequenz daraus hat der Vorstand der SAP im Jahr 2011 das Ziel kommuniziert, den Anteil von Frauen in Führungspositionen bis zum Jahr 2017 auf 25 Prozent zu steigern. Jeder Vorstandsbereich hat sich dabei selbst verpflichtet, in Abhängigkeit vom jeweiligen Gesamtanteil der Frauen an der Belegschaft und in Führungspositionen den Frauenanteil jährlich um einen definierten Prozentsatz zu erhöhen und so sicherzustellen, dass das Ziel auf Unternehmensebene erreicht wird. Um die Wichtigkeit dieses Ziels zu verdeutlichen, wurden sogenannte Executive Sponsors aus allen Vorstandsbereichen nominiert, hochrangige Senior Manager, die sich für das Thema Vielfältigkeit im Allgemeinen und Frauen in Führungspositionen im Besonderen einsetzen und spezifische Initiativen im Unternehmen vorantreiben.

2 Anforderungen an das Personal-Berichtswesen

Die Verpflichtung der SAP, den Anteil von Frauen in Führungspositionen nachhaltig zu erhöhen, erfordert einerseits Transparenz über die Ausgangssituation und die Möglichkeit, regelmäßig den Fortschritt zur Erreichung der Zielgröße zu überwachen, und andererseits die Fähigkeit, durch geeignete Indikatoren den Weg dahin aktiv zu steuern. Somit muss ein „Gender Reporting" entscheidungs- und steuerungsrelevante Informationen liefern – „Actionable Insights for SAP's People" – und damit über ein klassisches Berichtswesen und eine Ex-post-Betrachtung hinausgehen.

2.1 Aktuelle Datenbasis und Transparenz

Voraussetzung für jegliches Berichtswesen und damit auch für ein fundiertes Gender Reporting ist eine verlässliche und jederzeit aktuelle Datenbasis. Nur so kann durch Business Intelligence die gewünschte Transparenz geschaffen werden, die dann als Entscheidungsgrundlage für Maßnahmen zur Verbesserung der analysierten Situation dient.

Bei SAP gibt es ein zentrales HCM-ERP-System[1], in dem die Daten aller Mitarbeiterinnen und Mitarbeiter weltweit in standardisierter Form vorliegen. Für die Datenpflege der Stammdaten und die Administration von Vorgängen, die für das Arbeitsverhältnis relevant sind (wie z.B. Einstellungen, Gehalt, Wechsel der Position, Beförderungen, Arbeitszeitänderungen, Beendigung von Arbeitsverhältnissen), sind die HR Shared Service Center zuständig, die sich global auf die Standorte Newtown Square (für Amerika), Prag (für EMEA[2]) und Singapur (für Asia Pacific Japan) verteilen. Darüber hinaus pflegen aber auch die Mitarbeiter selbst über sogenannte „Employee Self Services" bestimmte Informationen, wie z.B. Adress- und Bankdaten. Dadurch ist sichergestellt, dass die Informationen jederzeit aktuell sind.

Bereits vor dem offiziellen Eintrittsdatum werden die Stammdaten der neuen Mitarbeiterinnen und Mitarbeiter gepflegt, die auch das Geschlecht umfassen. Damit kann ab diesem Zeitpunkt im Reporting ausgewiesen werden, wie sich durch Neueinstellungen die absolute und prozentuale Geschlechterverteilung verändert hat. Durch die eindeutige Zuordnung jedes Mitarbeiters zu Organisationseinheit, Kostenstelle, Profit Center und damit Vorstandsbereich sowie zu Land und damit Region können diese Dimensionen nach Geschlecht und allen weiteren Charakteristiken ausgewertet werden. Zu den weiteren Charakteristiken zählen beispielsweise der Managertyp (mit den Ausprägungen: kein Manager; Manager, die Teams aus einzelnen Mitarbeitern leiten; Manager, die Manager leiten), die Hierarchieebene, die Job-Gruppe (z.B. Entwicklung, Beratung, Vertrieb, Finanzen, Personal), die Job-Funktion (z.B. im Bereich Personal: HR Business Partner, Recruitment, Learning & People Development) oder der Job selbst (z.B. Consultant, Senior Consultant, Manager, Senior Manager, Experte, Senior Experte). Über das Eintrittsdatum eines Mitarbeiters kann zudem die Beschäftigungsdauer im Unternehmen ermittelt werden, über die zeitgenaue Pflege von Positionswechseln die Zugehörigkeit eines Mitarbeiters zu einer bestimmten Position.

Lediglich bei Akquisitionen ergeben sich mögliche Unschärfen bzw. Zeitverzögerungen in der Verfügbarkeit all dieser Informationen, solange neu akquirierte Gesellschaften noch

---

1 HC = Human Capital; HCM = Human Capital Management; ERP = Enterprise Resource Planning, Unternehmensressourcenplanung.
2 EMEA = Europa, Mittlerer Osten, Afrika.

nicht vollständig in den SAP-Konzern integriert sind und die Verwaltung von Stammdaten sowie die Pflege von arbeitsverhältnisrelevanten Vorgängen noch nicht über die SAP-Prozesse und Systeme erfolgen. Es kommt vor, dass Stammdaten auf Seiten der neu akquirierten Gesellschaft nicht in dem bei SAP üblichen Detailgrad oder mit den bekannten Charakteristiken vorliegen oder aber Daten nur kumuliert, aber nicht auf Ebene der einzelnen Mitarbeiterinnen und Mitarbeiter zur Verfügung gestellt werden.

2.2 HR Business Information Warehouse als zentrales Reporting-Tool

Die Daten und Informationen aus dem HCM-ERP-System werden einmal monatlich in ein HR-spezifisches Business Information Warehouse (HR BW) geladen. Im HR BW stehen die Informationen zu Headcount, Performance, Talent, Succession oder Budget für Auswertungszwecke zur Verfügung. In der heutigen Ausprägung sind im HR BW mehr als vierzig Kennzahlen verfügbar, die mit mehr als dreißig freien Charakteristiken kombiniert werden können. Beispiele für Kennzahlen sind aktueller Headcount in Köpfen und Vollzeitäquivalenten, Zugänge, Abgänge unterschieden nach mitarbeiter- und arbeitgeberinitiierten Abgängen oder Anteil von HC-relevanten und nicht HC-relevanten Positionen. Freie Charakteristiken sind beispielsweise Geschlecht, Alter, Nationalität, Manager-Typ, Hierarchie-Ebene.

Das HR BW wird von der HR Community als zentrales Reporting-Tool genutzt. Linienmanager können heute Berichte aus dem HR BW noch nicht im Rahmen eines Self Service selbst erstellen, sondern fordern diese über ihre jeweiligen HR Business Partner oder aber direkt bei dem Globalen HR Reporting & Analytics Team an.

3 Gender Reporting bei SAP

Das Thema Gender Reporting ist Teil der Gesamtstrategie für HR-Kennzahlen und -Berichtswesen. Diese Strategie beruht auf der Idee, den verschiedenen Stakeholdern wie Vorstand, HR Community und Linienmanagern strategische und operative Kennzahlen zur Verfügung zu stellen, um die unterschiedlichen Informations- und Steuerungsbedarfe adäquat unterstützen zu können (Abb. 1).

Das bestehende Gender Reporting verfolgt diesen Ansatz konsequent und lässt sich wie folgt in dieser Pyramide einordnen: Dem Vorstand wird als eine strategische Kennzahl im People-Kontext (vgl. den Beitrag von Jörg Staff, in diesem Band) derzeit der „Prozentsatz Frauen in Führungspositionen" im Quartalsvergleich zur Verfügung gestellt. Daneben stehen weitere sieben Kennzahlen, die die „50.000-Fuß-Sicht" auf people-relevante Themen vervollständigen. Damit kann der Vorstand ablesen, ob sich die gewählten Kenngrößen gemäß der unternehmensweiten Zielsetzung weiterentwickelt haben. Allerdings ist dies eine reine Ex-post-Betrachtung und erlaubt damit keine Aussage darüber, ob sich ein positiver Trend auch über die folgenden Quartale hinweg fortsetzen wird.

Abbildung 1:   Berichtswesen-Pyramide

Die notwendige Analyse der Ergebnisse inklusive der quantitativen und qualitativen Beurteilung des Talente-Pools, aus dem zukünftige weibliche Führungskräfte rekrutiert werden können, erfolgt dann über das „Diversity Dashboard", das speziell für diesen Zweck entwickelt wurde. Dieses ist in der Pyramide in den Bereich „Analyse von Ergebnissen" einzuordnen. Das Dashboard wird den Diversity-Beauftragten der jeweiligen Vorstandsbereiche derzeit quartalsweise im Push-Modus zur Verfügung gestellt, da es für die Empfänger derzeit noch nicht im Rahmen eines Self Service jederzeit abrufbar ist. Die Diversity-Beauftragten erhalten über das Dashboard nicht nur Einblick in die Situation des Vorstandsbereichs, für den sie zuständig sind, sondern können ihre Ergebnisse und Entwicklungen auch unmittelbar mit denen in den anderen Vorstandsbereichen vergleichen.

Die Linienmanager, die für die Umsetzung der Diversity-Ziele direkt zuständig sind, erhalten Einblick in die aktuelle Situation in ihren jeweiligen Verantwortungsbereichen über ein Standard-Reporting aus dem Business Information Warehouse. Das Standard-Reporting ist in der Pyramide in den Bereich „Überblick über Verantwortungsbereich" einzuordnen. Ein spezieller Diversity Report gibt Auskunft über die absolute Anzahl und den prozentualen Anteil von weiblichen und männlichen Mitarbeitern zu einem gewählten Stichtag. Über die freien Charakteristika können weitere Informationen wie z.B. Managertyp, Hierarchieebene, Job-Gruppe, Job-Funktion oder der Job selbst zugesteuert werden (siehe Abb. 2). Aber auch jeder andere HR-Standard-Bericht lässt die detaillierte Darstellung nach Geschlecht zu. So kann über den Bericht „Employee hired and leaving" detailliert analysiert werden, wie sich die absolute Anzahl und der prozentuale Anteil an Einstellungen und die

Beendigung von Arbeitsverhältnissen (sowohl mitarbeiter- als auch arbeitgeberinitiierte Beendigungen) auf die Geschlechter verteilen.

Abbildung 2:   Diversity Report

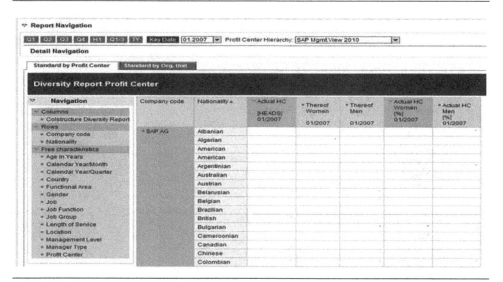

Über den sogenannten „Manager's Desktop" können schließlich von jedem Manager direkt aus dem HCM-ERP-System Berichte generiert werden, die detaillierte Informationen zu dem jeweiligen direkten Verantwortungsbereich bzw. der Organisationseinheit zur Verfügung stellen. Hier kann dann z.B. zu jeder Position das Geschlecht der Person ermittelt werden, die diese Position einnimmt.

4   Das Diversity Dashboard

Das Diversity Dashboard (Abb. 3), das quartalsweise aktualisiert und den Executive Sponsors zur Verfügung gestellt wird, weist den Anteil der Frauen an der Gesamtbelegschaft (absolut und prozentual) sowie den Anteil der weiblichen Führungskräfte an der Gesamtheit der Führungskräfte (absolut und prozentual) aus. Diese Informationen können sowohl für SAP insgesamt als auch für die einzelnen Vorstandsbereiche und zusätzlich nach Regionen im Zeitverlauf angezeigt werden. Außerdem unterscheidet das Dashboard nach den unterschiedlichen Managertypen.

Die genannten Kennzahlen dienen dazu, im Berichtszyklus den Status quo darzustellen und im Vergleich über die einzelnen Quartale einen Trend aufzuzeigen. Diese Kennzahlen allein reichen jedoch nicht aus, den Prozess zur Erhöhung des weiblichen Führungskräfteanteils zu steuern. Es ist erforderlich, im Sinne einer nachhaltigen Personalplanung sowohl die Quantität als auch die Qualität des internen Talente-Pools zu überwachen, aus dem letztendlich weibliche Führungskräfte entwickelt und rekrutiert werden können.

Abbildung 3:   Diversity Dashboard

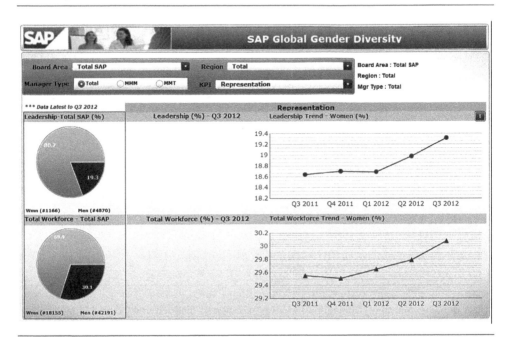

Die *Quantität* des internen Talente-Pools wird durch Einstellungen und Beendigungen von Arbeitsverhältnissen beeinflusst. Bei der mitarbeiterinitiierten Beendigung von Arbeitsverhältnissen wird ein besonderes Augenmerk auf Frauen gelegt, die als „High Potentials" gelten, d.h. sowohl in ihren Leistungen die Erwartungen bei weitem übertreffen als auch in ihrem Potenzial so eingeschätzt werden, dass sie in kurzer Zeit eine Position mit höherer Verantwortung als bisher übernehmen können. Das Diversity Dashboard bietet die Möglichkeit, diese Kennzahlen sowohl bezogen auf alle Frauen in der Belegschaft als auch auf Frauen in Führungspositionen auszuwerten – dies wiederum für SAP insgesamt, nach Vorstandsbereichen, nach Regionen und im Zeitverlauf. Steigt die Anzahl dieser mitarbeiterinitiierten Beendigungen von Arbeitsverhältnissen, ist dies ein Warnsignal, da diese Frauen dann für eine zukünftige Führungskräftekarriere verloren gehen.

Die *Qualität* des internen Talente-Pools wird beschrieben durch die Anzahl und den Anteil der Frauen (in der Gesamtbelegschaft und in Führungspositionen), die im jährlichen Beurteilungsprozess eine Beurteilung von „übertreffen die Erwartungen" oder besser erzielen, als „High Potentials" gelten, an Führungskräfte-Trainings und -Programmen oder an Workshops zum Thema Diversity Intelligence teilgenommen haben.

Entwickeln sich Quantität und Qualität des internen Talente-Pools nicht positiv im Sinne des Ziels der Erhöhung des Anteils von Frauen in Führungspositionen, kann durch geeignete Maßnahmen gegengesteuert werden. Denkbar wären u.a. eine weitere Erhöhung des Augenmerks auf attraktive Angebote für Frauen mit Führungskräfte-Potenzial, auf Bewerbungen von Frauen im internen Stellenmarkt, ein verstärkter Fokus auf Mentoring- und Coaching-Angebote für Frauen oder auch ein erhöhtes Angebot von Diversity Intelligence Workshops für alle Führungskräfte.

5 Externe Berichterstattung

SAP legt schon seit mehreren Quartalen in seinem Nachhaltigkeitsbericht den prozentualen Anteil von Frauen in Führungspositionen als eine Kennzahl im Bereich der Sozialen Indikatoren offen – neben dem Employee Engagement, der Retention und dem Business Health Culture Index.

In einem Projekt zur Weiterentwicklung der Sozialen Indikatoren wurden für jede dieser Kennzahlen sog. „Leading Indicators", zukunftsgerichtete Indikatoren für das interne Management der Kennzahlen identifiziert. Dies sind für den Anteil von Frauen in Führungspositionen die „Women Hiring Rate", die „Women Promotion Rate" sowie die „Women Retention Rate".

Es ist nun eine Folgeaufgabe aus diesem Projekt, die Kennzahlen des externen Berichtswesens mit den Kennzahlen des internen Berichtswesens abzugleichen und Abweichungen in der Auswahl der Kennzahlen inklusive der zukunftsgerichteten Indikatoren zu beseitigen.

So wird sichergestellt, dass Erkenntnisse aus Diskussionen über die Auswahl der „richtigen" Kennzahlen in jegliches Berichtswesen einfließen. Es wird eine Konsistenz des Reportings zwischen internem und externem Berichtswesen einerseits und dem internen Berichtswesen über alle Ebenen andererseits – von strategisch bis operational, von Vorstand bis Linienmanager – hergestellt.

6 Ausblick und Fazit

Mit der Akquisition von SuccessFactors Anfang 2012 und dem Programm „SAP runs SuccessFactors" steht zukünftig für HR-Reporting- und Analysezwecke die Lösung „Workforce Analytics" zur Verfügung. Diese Lösung bietet eine Vielzahl von Standardkennzahlen und -metriken, die entweder einzeln ausgewertet oder in Berichten gruppiert werden können, um spezifische kritische Fragestellungen im People-Kontext zu beantworten. Es ist geplant, Workforce Analytics nicht nur der HR Community, sondern auch den Linienmanagern zur Verfügung zu stellen, so dass diese im Self Service zur Verfügung stehende Berichte für ihren jeweiligen Verantwortungsbereich selbst erstellen können. Ein entsprechender Gender-Bericht ist bereits in Vorbereitung.

Zudem wird bereits an einer Diversity & Inclusion Scorecard gearbeitet, die einen noch umfassenderen Überblick über eine Vielzahl von weiteren Diversity-Dimensionen wie Alter, Nationalität, kulturelle Aspekte geben wird und sich nicht wie bisher auf das Thema Gender Diversity beschränkt.

Kennzahlen und Reporting schaffen Transparenz. Diese Transparenz ist wichtig, um faktenbasiert diskutieren zu können. Ein gutes Reporting beinhaltet nicht nur eine Ex-post-Betrachtung, sondern inkludiert „leading indicators", die quantitative und qualitative Steuerungsinformation und faktenbasierte Entscheidungsunterstützung liefern.

Am wichtigsten ist jedoch, dass Entscheidungen über notwendige Maßnahmen tatsächlich getroffen und auch umgesetzt werden. Und hier liegen auch die Grenzen eines Reporting-Systems, denn das beste Reporting-System zeigt keinen Nutzen, wenn daraus ableitbare Erkenntnisse nicht zu Maßnahmen führen.

Gender Awareness Training für Frauen und Männer im Management der SAP AG

Stefanie Nennstiel

1 Rahmenbedingungen und Ziele: Die Gender Trainings der SAP

Obwohl seit zwei bis drei Generationen grundsätzlich gleicher Zugang zu Bildung besteht und Frauen sogar zunehmend qualifizierter als Männer aus der Berufsausbildung kommen, liegt Deutschland im internationalen Vergleich immer noch im unteren Drittel, wenn man die Anzahl der Frauen in Führungspositionen betrachtet. Selbst innerhalb multinationaler Unternehmen mit einer langen Geschichte an gezielten Maßnahmen im Diversity Management spiegelt sich dieser Trend wider.

Die McKinsey-Studie „Women matter – Making the Breakthrough 2012" belegt, dass eine positive Verbindung zwischen weiblichen Führungsqualitäten und einer verbesserten Organisation und Leistung der Unternehmen nachweisbar ist. Dennoch ist der Anteil Frauen in Führungspositionen immer noch zu niedrig. Kein Unternehmen kann es sich mehr leisten, auf hervorragend ausgebildete und eingearbeitete Mitarbeiter/-innen zu verzichten.

SAP ist deshalb einen neuen Weg gegangen. Die SAP bietet bereits seit 2004 spezielle ‚Gender-Kompetenz'-Managementprogramme getrennt für Frauen und Männer an. Seit 2011 gibt es darüber hinaus ein Gender Awareness Training „Women and Men Leading Together" (siehe unter 3.9), das von Frauen und Männern in Führungspositionen gemeinsam besucht wird. Dieses Programm wird weltweit für alle Manager angeboten. Es ist angedacht, das Programm 2013 auch für Fachxpertinnen und -experten zu öffnen.

Die unterschiedlichen Gender Trainings setzen an der Notwendigkeit an, ein Arbeitsklima zu schaffen, das eine partnerschaftliche Entfaltung der unterschiedlichen und vielfältigen Aspekte unserer Mitarbeiter/-innen ermöglicht. Es geht darum, die unterschiedlichen Eigenschaften von Frauen und Männern zu fördern und damit Potenziale zu erschließen und Chancengleichheit zu ermöglichen. Die anspruchsvolle Zielsetzung der diversen Workshops besteht darin, Bewusstsein und Verständnis für die Verschiedenheit der Wahrnehmung, des Empfindens und des Verhaltens von Männern und Frauen im Arbeitsalltag zu wecken. Die daraus resultierenden Auswirkungen auf die Zusammenarbeit und den beruflichen Erfolg sollen bewusst, transparent und nutzbar gemacht werden.

Das SAP Gender Curriculum umfasst eine Reihe von Workshops, die in Basic Awareness Trainings und Advanced Trainings unterteilt sind. Ein Teil der Kurse wird jeweils ausschließlich für Frauen bzw. ausschließlich Männer angeboten. Mit diesem Konzept wird ein geschützter Rahmen hergestellt, in dem offen und vertrauensvoll über bestehende geschlechterspezifische Situationen gesprochen und diskutiert werden kann. Dabei wird darauf Wert gelegt, dass ausreichend Raum für Wahrnehmungsfeedbacks aus verschiedenen Blickwinkeln, Übungen zu Self Awareness und Ausprobieren im Rollenspiel zur Verfügung steht. Die Workshops werden je nach Zusammensetzung auf Deutsch oder Englisch abgehalten.

Allgemeine Erkenntnisse über Unterschiede sagen zwar zunächst nichts über die individuellen Fähigkeiten aus, sie sind aber hilfreich sind, um das Feld zu verstehen. Gerade darum ist es besonders wichtig, dass die Workshops in einer partnerschaftlich denkenden Grundhaltung und in einer die Unterschiede wertschätzenden Atmosphäre stattfinden. Denn Gesellschaft und Wirtschaft profitieren von männlichem und weiblichem Potenzial gleichermaßen. Es sind gerade die Synergien, die dringend benötigt werden, um den anstehenden Herausforderungen zu begegnen.

Angesichts der immer noch bestehenden Unterrepräsentanz von Frauen in Führungspositionen ist es Ziel der Trainings, Frauen zu ermutigen, ihr Potenzial professionell einzubringen, für Sichtbarkeit zu sorgen und klassische Karrierefallen zu umgehen. Im Gegenzug sollen Männer befähigt werden, weibliches Potenzial im Team zu erkennen, wertzuschätzen und gezielt zu fördern.

2 Nutzen und Erfolge der unterschiedlichen Maßnahmen

Die Durchführung der Workshops hat zu einem höheren Bewusstsein und einer größeren Akzeptanz für Fragen von Diversity und Gender im Unternehmen geführt. Ein sehr aktives Frauen-Netzwerk hat sich gebildet (Business Women Network@SAP), das bei den monatlichen Treffen jeweils ein businessspezifisches Schwerpunktthema in den Mittelpunkt stellt. Bis hinauf zum Vorstand ist das Thema Chancengleichheit auf die Agenda gerückt. In den internen Medien wird regelmäßig über die Aktivitäten zu Gender Awareness berichtet.

Aufgrund der Förderung von Chancengleichheit, Wohlbefinden und Respekt mit innovativen Maßnahmen (z.B. Shadowing und Trainings) wurde die SAP AG in verschiedenen Studien und Wettbewerben für ihr positives Arbeitsumfeld mehrfach ausgezeichnet.

3 Überblick über Gender Awareness Trainings bei SAP

Es folgt eine Auswahl der derzeit angebotenen Trainings/Workshops. Dabei wird jeweils kurz auf die Zielgruppe, Thematik, die inhaltlichen Schwerpunkte und darauf eingegangen, ob es sich um ein Basic Training (Einsteigerkurs) oder ein Advanced Training (Fortgeschrittenenkurs) handelt.

3.1 Workshop Women@SAP - Basic Awareness

Der Workshop richtet sich an die *Zielgruppe* „Frauen (noch) ohne Führungserfahrung". Angesprochen sind Frauen, die die Unterschiede zwischen Frauen und Männern in Wahrnehmung und Verhalten besser verstehen und ihr eigenes Verhalten hinsichtlich ihrer beruflichen Ziele reflektieren wollen.

Die *Thematik* lässt sich etwa so beschreiben: Chancengleichheit für Frauen scheint eigentlich schon erreicht, und doch sind Frauen in leitenden Positionen in Wirtschaft und Gesellschaft immer noch weit unterrepräsentiert. Welchen Preis zahlen Frauen für Selbstverwirklichung, Erfolg und Macht im Beruf und welchen Gewinn haben sie? Wo finden sie Menschen, die sie solidarisch auf ihrem Weg begleiten? Frauen, die ihr Potenzial vollständig nutzen und dabei als Frau authentisch bleiben möchten, müssen sich mit eigenen Einschränkungen und auch mit denen der Umwelt auseinandersetzen. Dazu gehört auch, geltende Normen zu hinterfragen und sich im richtigen Moment am richtigen Platz Gehör zu verschaffen. Weibliche Intuition, Mut, Risikofreude und politische Klugheit sind ebenfalls wichtige Bausteine eines Selbstverständnisses und Selbstbewusstseins von Mitarbeiterinnen.

Schwerpunktthemen von Women@SAP sind etwa:

- Erfolgsstrategien für Frauen
- Was brauchen Frauen, um sich in einer Führungsposition wohlzufühlen?
- Die vielfältigen Interessen verbinden: Erfolg, Karriere, Familie, Privates
- Karrierefallen erkennen und Karriereanker setzen
- Die Persönlichkeit stärken und sich wirkungsvoll präsentieren
- Weibliche Führung als Chance für Wirtschaft und Gesellschaft
- Was kopieren wir unreflektiert von Männern, wo können wir wirklich von ihnen lernen?
- Netzwerke versus Seilschaften – ein unterschiedlicher Stil der Geschlechter?
- Der Irrtum, dass Leistung allein schon voranbringt
- Warum Männer und Frauen selten vom Gleichen reden – die Brücke über den Fluss
- Risikobereitschaft und Respekt versus Absicherung und Beziehungssucht
- Mentoring als Unterstützung auf der Karriereleiter
- Innere Haltung zu Hierarchie und Statussymbolen

3.2 Workshop ‚Encouraging Female Talent' - Men@SAP

Dieser seit 2005 angebotene Workshop richtet sich an die *Zielgruppe* „Männer mit Führungsverantwortung". Angesprochen sind Männer, die auf der Basis der Unterschiede zwischen Männern und Frauen hinsichtlich Wahrnehmung und Verhalten das individuelle

Entwicklungspotenzial ihrer Mitarbeiter/-innen ohne Ansehen des Geschlechts fördern und nutzen wollen.

In der *Thematik* setzt dieser Workshop dieselben theoretischen Schwerpunkte wie Women @SAP, die alltagsbezogenen Trainingsschwerpunkte unterscheiden sich jedoch. Mit den Männern werden insbesondere die Eigenwahrnehmung und der Umgang mit Widersprüchen, Befindlichkeiten und Gefühlen sowie daraus resultierende typische Konfliktsituationen trainiert.

Schwerpunktthemen von Men@SAP sind etwa:

- Zahlen, Daten, Fakten unter Genderaspekten
- Evolutionäre Theorien der Geschlechterdifferenzen
- Die Stärken/Schwächen und Besonderheiten beider Geschlechter
- Kommunikationsunterschiede zwischen Mann und Frau
- Eigenwahrnehmung und Umgang mit Widersprüchen
- Konstruktives Konfliktmanagement
- Gefühle und Empfindlichkeiten steuern
- Was Frauen und Männer voneinander lernen können
- Typische Karrierefallen von Frauen
- Mentoring und Coaching
- Gruppenpotenziale optimal nutzen

3.3 Selbst-PR für Frauen

Dieser Workshop richtet sich in erster Linie an die *Zielgruppe* „Frauen (noch) ohne Führungserfahrung", wenn diese bereits an einem Basisworkshop „Women@SAP" teilgenommen haben.

Thematisch orientiert sich der Workshop „Selbst-PR für Frauen" in erster Linie an den Bedürfnissen der angesprochenen Frauen. Frauen haben im Beruf spezifische Bedürfnisse, die sich teilweise von denen der Männer differenzieren lassen. Mitarbeiterinnen, die bereits die Chance genutzt und entsprechende Awareness-Angebote wahrgenommen haben, soll so die Möglichkeit geboten werden, sich mit frauenspezifischen Themen intensiver zu beschäftigen und dadurch ihre Entwicklungschancen zu verbessern.

Zu den *Schwerpunktthemen* von Selbst-PR für Frauen zählen etwa:

- Analyse der geschlechterspezifischen Verhaltensmuster sowie deren Wirkung
- Konsequenzen weiblichen Verhaltens

- Persönliche Leistung gut präsentieren und verkaufen
- Ideenklau vorbeugen
- Erfolg und Misserfolg von Gesprächsverhalten
- Wie verschaffe ich mir Redezeit, wie werde ich gehört und wie verhindere ich Unterbrechungen und Wortverlust?
- Körpersprachliche Erfolgselemente
- Umgang mit Angriffen und anderen schwierigen Situationen

3.4 Women in Leadership - Selbst-PR-Workshop für weibliche Führungskräfte: Die Sichtbarkeit erhöhen!

Dieser Workshop wendet sich an die *Zielgruppe* Frauen in Führungspositionen. *Thematisch* geht es darum, dass es neben sicherem und überzeugendem persönlichem Auftreten mindestens ebenso wichtig ist, Leistungen und Fähigkeiten sichtbar innerhalb und außerhalb des Unternehmens darzustellen und ein professionelles Image im Unternehmen aufzubauen.

Zu den *Schwerpunktthemen* von Women in Leadership gehören:

- Was genau ist Selbst-PR? Wirkungsfaktoren der Selbst-PR. Die Notwendigkeit von Selbst-PR erkennen
- Selbstreflexion: Was tue ich bisher schon in Sachen Selbst-PR? Was davon ist mehr, was weniger erfolgreich? Was hindert mich gegebenenfalls (noch) und warum?
- Wann und wo Selbst-PR betreiben?
- Womit „schillern"? Was sind die Inhalte meiner Selbst-PR? Wo ist meine Unique Selling Proposition? Persönliche Leistung gut präsentieren und verkaufen. Wie kann ich mein Image im Unternehmen beeinflussen?
- Was sind meine Bühnen? Interne und externe Möglichkeiten: Veranstaltungen, Plattformen, Medien etc.

3.5 Stimme, Präsenz, Körper, Ausdruck

Dieser Workshop richtet sich an die *Zielgruppe* Frauen mit und ohne Führungserfahrung. *Thematisch* orientiert er sich an dem Ziel, an der Stimme und an der Präsenz zu arbeiten. Denn die Art und Weise, wie jemand geht, steht oder redet, sagt viel über eine Person aus. Stimme und Körpersprache transportieren Selbstkompetenz, das heißt, sie zeigen, ob man mit sich im Reinen ist. Der Umgang mit dem Vokalapparat sowie die ureigene Körperspannung sind unwillkürliche Signale, die Interesse und Akzeptanz, aber auch Langeweile und Antipathie beim Zuhörer auslösen können.

Der Klang der Stimme, die Spannung eines Körpers erreichen die Gefühle eines Zuhörers unmittelbar, das heißt ohne Umweg über den Intellekt. Hier im Vegetativen befindet sich die Schnittstelle von Sympathie und Antipathie, von Aufmerksamkeit und Desinteresse. Zuhörer reagieren in den ersten fünf Sekunden ganz spontan und intuitiv auf die Stimme, den Ausdruck und die Körperspannung eines Redners oder einer Rednerin.

Zu den *Schwerpunktthemen* dieses Workshops zählen:

- Bewegung, Haltung und erhöhte Aufmerksamkeitsspannung
- Auftreten und Wirkung
- Atembeobachtung, natürlicher Atemverlauf
- Körper und Stimme bewusster einsetzen, Signale gezielter senden
- Stimmsitz, Resonanzräume, Klangentwicklung und Artikulation
- Kommunikationsfähigkeit erhöhen
- Präsenz : Wie weckt man Interesse, wie erzielt man Wirkung?

3.6 Präsenz, Stimme, Auftreten: Die eigene Wirkung verbessern

Der Workshop richtet sich ebenfalls an die *Zielgruppe* „Frauen mit und ohne Führungserfahrung", sie sollten jedoch im Unterschied zum unter 3.5 vorgestellten Workshop bereits an einem Basicworkshop „Women@SAP" teilgenommen haben.

Thematisch geht es schwerpunktmäßig darum zu erfahren, was einen gelungenen Start ausmacht: Wie wirken die Teilnehmerinnen auf andere, wie können sie Körper und Stimme als Werkzeug gezielter einsetzen? Es wird vermittelt, wie man „auf den Punkt kommt" und einen „roten Faden" herstellt. Es werden Techniken und Tricks vermittelt, wie man in stressigen Situationen locker bleiben kann.

Zu den *Schwerpunktthemen* des Workshops zählen:

- Wie wirke ich auf andere?
- Was macht einen überzeugenden Auftritt aus?
- Wie setze ich meine Körpersprache und Mimik richtig ein?
- Wie nutze ich meine Stimme optimal?
- Wie komme ich auf den Punkt und stelle den roten Faden her?
- Wie erzeuge ich Spannung?
- Wie komme ich optimal rüber und bleibe dabei authentisch?

- Wie gehe ich mit Stress, Störungen und Provokationen souverän um?
- Wie überzeuge ich auch in kritischen Situationen durch mein Auftreten?
- Konkrete Übungen: individuelles Feedback bekommen, Techniken erlernen, Tricks kennen lernen

3.7 Verhandlungsführung

Dieser Workshop wendet sich in erster Linie an die *Zielgruppe* Frauen (noch) ohne Führungserfahrung. Angesprochen werden sollen vor allem Frauen, die bereits an einem Basisworkshop „Women@SAP" teilgenommen haben.

Thematisch vermittelt der Workshop Fähigkeiten, die in Verhandlungen benötigt werden: wie beim Verhandeln mehr zu erreichen ist und wie man es schafft, die eigenen Ziele erfolgreich und zielstrebig durchzusetzen. Denn wer gut verhandelt, erreicht einfach mehr! Trotzdem verhandeln viele Frauen im Berufsalltag nicht konsequent und durchsetzungsstark genug. Frauen geben oft zu schnell auf und zu schnell klein bei.

Als *Schwerpunktthemen* des Workshops „Verhandlungsführung" lassen sich festhalten:

- Was heißt überhaupt „Verhandeln"? Verhandeln als Prozess
- Männer verhandeln anders – Frauen auch. Geschlechtsspezifische Unterschiede in der Verhandlungsführung: Frauen tappen immer wieder in die Harmoniefalle
- Ich entdecke meine Stärken: Weibliche Verhandlungskompetenz erkennen und richtig einsetzen
- Ich weiß, was ich will: Gut vorbereitet in die Verhandlung gehen durch Zielformulierung
- Ich verhandle strategisch und taktisch klug: Mit den richtigen Verhandlungsstrategien und Argumentationstechniken überzeugen
- Videofeedback und gemeinsame Analyse von Verhandlungssituationen: Erfolge, Hindernisse und deren Ursachen

3.8 Persönliche Durchsetzungskraft und Überzeugung trainieren

Dieser Workshop richtet sich an die *Zielgruppe* „Frauen mit und ohne Führungserfahrung". Angesprochen sind Frauen, die ihre persönliche Durchsetzungskraft kennen lernen und ihre Überzeugungsfähigkeit trainieren wollen.

Thematisch geht es darum, Überzeugungsfähigkeit und Durchsetzungsstärke als elementare Komponenten für die Erreichung beruflicher Ziele zu erkennen und zu trainieren. Denn Anerkennung der Leistung und die entsprechenden Karriereschritte ergeben sich nicht automatisch. Es gehört dazu, Position zu beziehen und – wo nötig – sozialverträglich Grenzen zu setzen, kraftvoll und selbstbewusst die eigenen Ziele zu vertreten und durch persönliche, verbale wie körperliche Präsenz zu überzeugen.

Schwerpunktthemen dieses Workshops sind unter anderem:

- Analyse der eigenen Verhaltensmuster und deren Wirkung in beruflichen Auseinandersetzungen
- Erkennen einschränkender sowie typischer Verhaltensmuster von Männern und Frauen im Businessalltag; Trainieren, wie es möglich wird, aus eingefahrenen „Schleifen" auszusteigen
- Stärken der Überzeugungs- und Durchsetzungskraft im Umgang mit KollegInnen, Vorgesetzten, MitarbeiterInnen und wichtigen Partnern im beruflichen Umfeld
- Den eigenen Standpunkt und die eigenen Ziele gegenüber Gesprächspartnern selbstbewusst, klar, konsequent und zugleich sozialverträglich vertreten
- Trainieren, den Körper bewusst als wichtigstes Element in Gesprächssituationen einzusetzen
- Verfeinern der persönlichen Ausstrahlung; Stärken der verbalen und körpersprachlichen Präsenz

3.9 Gender Awareness Training: Women and Men Leading Together

Der Workshop richtet sich an die *Zielgruppe* aller Frauen und Männer in Führungspositionen, und zwar weltweit. Es handelt sich um einen eintägigen Workshop. *Thematisch* fokussiert er darauf, das Bewusstsein für unterschiedliches Verhalten von Frauen und Männern zu schärfen und durch gezielte Übungen den Mehrwert für das eigene Team, die Organisation und SAP insgesamt zu erkennen.

Zu den *Schwerpunkten* des Gender Awareness Trainings zählen:

- Was macht eine gender-intelligente Unternehmung aus?
- Frauen und Männer sehen die Welt mit unterschiedlichen Augen
- Stärken durch Unterschiede erkennen
- Geschlechterspezifische Kommunikation – wie Frauen und Männer zuhören
- Konfliktlösung – Der Win-win Way
- Die Kernkompetenzen von ‚gender-intelligenten' Manager/-innen
- Das Erstellen eines persönlichen Aktionsplans

4 Ausblick: Diversity & Inclusion

Die Workshops setzen an der Notwendigkeit an, ein Arbeitsklima zu schaffen, das eine partnerschaftliche Entfaltung der unterschiedlichen Talente der Mitarbeiter/-innen unter vielfältigen Aspekten ermöglicht. Es geht darum, die unterschiedlichen Eigenschaften von Frauen und Männern zu fördern und damit Potenziale zu erschließen und Chancengleichheit zu ermöglichen.

Innerhalb kurzer Zeit haben sich die Workshops bereits zu einem Selbstläufer entwickelt. Die Impulse, die die Teilnehmer und Teilnehmerinnen einbringen, werden kontinuierlich aufgegriffen und in weiterführende Workshops integriert. Bei informellen Treffen wird der Lerntransfer an Fallbeispielen erörtert und gegenseitige Unterstützung bis hin zum systematischen Coaching gelebt.

In den kommenden Jahren wird die SAP Gender Awareness verstärkt adressieren und vertiefen. Darüber hinaus sollen auch Workshops zu anderen Aspekten von Diversity (z.B. Schwerbehinderte, sexuelle Identitäten – Stichwort: LGBT, Alter und andere) in das Portfolio aufgenommen werden. Mit diesem Ansatz stellt SAP sicher, dass Diversity nicht nur ein Schlagwort ist, sondern gelebt wird: Diversity & Inclusion.

Global Leadership Organization of Women
Das Frauen-Netzwerk GLOW@CT

Barbara Fischer, Natascha Eckert und Wiebke Metzler

1 Siemens Corporate Technology (CT)

Forschung und Entwicklung (F&E) sind Voraussetzung für Innovationen und die Zukunftssicherung von Siemens. Weltweit arbeiteten im Siemens-Geschäftsjahr 2012 etwa 29.500 Forscher und Entwickler an Innovationen, mit denen sich bestehende Geschäfte absichern und neue Märkte erschließen lassen. Die globale Konzernforschungsabteilung Corporate Technology (CT) spielt in der F&E von Siemens eine Schlüsselrolle. Sie arbeitet gemeinsam mit den F&E-Teams der Sektoren und Divisionen an innovativen Themen und Projekten. Dazu ist die rund 6.500 Mitarbeiter zählende Organisation in einem weltweiten Kompetenznetzwerk aufgestellt. Ihre Hauptstandorte liegen in Deutschland, den USA, China, Russland, Indien und Österreich.

Während die Fachleute in den Sektoren und Divisionen von Siemens die Bedürfnisse ihrer Kunden am besten kennen und über das Produkt- und System-Know-how verfügen, bringt die CT ein tiefes Verständnis grundlegender Technologien, Modelle und Trends sowie Software- und Prozess-Know-how in den integrierten Technologiekonzern ein. Zu den Technologiefeldern, die von CT weltweit abgedeckt werden, gehören unter anderem Materialien, IT-Plattformen und Sicherheitslösungen, Software und Engineering, Energietechnik und Sensorik. Dazu kommen neue Lösungen für die Automatisierung, medizinische Informationssysteme und bildgebende Verfahren sowie Informations- und Kommunikationstechnologien besonders für den Einsatz in der Industrie. Ergänzt wird das Technologieportfolio durch übergreifende Projekte zu Themen von großer strategischer Bedeutung. Zu ihnen zählen die Elektromobilität ebenso wie die nachhaltige Stadtentwicklung oder die Biotechnologie. Ziel ist es, Technologien mit hohem Geschäftspotenzial zu entwickeln und später ins operative Geschäft zu überführen. Auch bietet CT umfassende Prozess- und Produktionsberatung für die Entwicklung und die Fertigung bei Siemens. Darüber hinaus arbeiten bei CT mehr als 4.000 Softwareentwickler an Standorten in Asien, Europa und Nordamerika. Sie verstehen sich als Systemanbieter, die die geschäftsführenden Einheiten von der Idee bis zum lieferbaren Produkt begleiten. Mehr als 500 Patent-Experten der CT unterstützen Siemens dabei, Schutz- und Markenrechte anzumelden und durchzusetzen beziehungsweise zu verwerten.

2 ‚Diversity' bei Siemens

Als großes, weltweit präsentes Unternehmen verfügt Siemens über eine vielfältig zusammengesetzte Belegschaft – allein in unseren zehn größten Landesgesellschaften arbeiten Menschen aus rund 140 Nationen. Siemens verfolgt einen ganzheitlichen Diversity-Ansatz: Vielfältig zusammengesetzte Teams mit ihren unterschiedlichen Fähigkeiten, Erfahrungen und Qualifikationen mehren den Ideenreichtum im Unternehmen und stärken damit seine Innovationskraft. Dieses Verständnis von Vielfalt reflektiert zudem die heterogene Zusammensetzung unserer Kunden und schafft damit Wettbewerbsvorteile – überall auf der Welt. Die Fortschritte beim Thema Diversity werden regelmäßig anhand verschiedener Indikatoren gemessen, wie z. B. Fachwissen, Mitarbeitervielfalt auf allen Ebenen, Zusammensetzung des Nachwuchsführungskräftekreises, Unternehmenskultur etc. Ein eigener Prinzipienkatalog, die sogenannten ‚Guiding Principles for Promoting and Managing Diversity', formuliert bei Siemens auf höchster Ebene klare Grundsätze, nach denen die Vielfalt im Unternehmen gefördert und gesteuert wird.

Einer der Indikatoren für Vielfalt ist der Anteil der Frauen in Führungspositionen, an dessen Steigerung bei Siemens konsequent gearbeitet wird. Damit sich Frauen bei Siemens systematischer und besser austauschen können, gibt es seit 2009 das internationale Netzwerk „Global Leadership Organization of Women" (GLOW). In diesem engagieren sich weibliche Führungskräfte auf verschiedene Weise. Inzwischen gibt es weltweit über zehn aktive GLOW-Ableger, die von Frauen in Führungspositionen gegründet wurden.

3 Schwerpunkt Gender Diversity innerhalb der Siemens Corporate Technology

Ein genauer Blick in die CT zeigt schnell, dass die nationale bzw. kulturelle Vielfalt durch die selbstverständlich praktizierte internationale Zusammenarbeit bereits ausgesprochen gut ist. Auch die Verteilung der Altersgruppen stellt sich als ausgewogen dar. Einzig im Geschlechterverhältnis zeigt sich noch ein (deutliches) Ungleichgewicht. Sowohl in absoluten Zahlen wie auch im Anteil an Führungspositionen sind Frauen innerhalb der CT stark unterrepräsentiert. Zu berücksichtigen ist dabei natürlich, dass es generell in den für CT wichtigsten fachlichen Disziplinen der Natur- und Ingenieurwissenschaften deutlich weniger weibliche Studierende und Absolventen gibt – ein Verhältnis, das sich dann natürlich auch entsprechend in der Verteilung im Unternehmen niederschlägt. Allerdings gilt es gerade in einer solchen Situation, das vorhandene weibliche Potenzial am Arbeitsmarkt sehr gezielt und frühzeitig zu adressieren. Dies wiederum kann umso besser gelingen, je attraktiver und vielfältiger das jeweilige Arbeitsumfeld für Frauen ist. Insofern fiel die Entscheidung leicht, das Thema „Gender Diversity' in den Mittelpunkt der CT-Diversity-Aktivitäten zu stellen und ein GLOW@CT-Netzwerk zu etablieren.

Die zwei wesentlichen Ziele standen schnell fest: GLOW@CT als Teil der Siemens-Diversity-Initiative will zum einen Frauen innerhalb der CT bei ihrer Weiterentwicklung unterstützen und fördern und insgesamt das Thema Gender Diversity innerhalb von Siemens weiterentwickeln. Zum anderen will die Initiative dazu beitragen, mehr Frauen vom externen Arbeitsmarkt für eine Tätigkeit bei der CT zu gewinnen, wobei der Schwerpunkt hier auf Frauen in den sogenannten MINT-Studiengängen (Mathematik, Informatik, Naturwissenschaften, Technik) liegt. Einen Überblick über die Ziele bietet Abb. 1.

Abbildung 1: GLOW@CT: Die Ziele

GLOW@CT wants to ...   SIEMENS

... enable female employees to unleash their full potential

... increase hiring rate of female talents, in particular in Mathematics, Informatics, Natural Sciences and Technology (MINT)

... increase number of women in leadership and management positions

... foster gender diversity as part of our corporate culture

... be a benchmark in corporate R&D for gender diversity by 2015

4 Der Start von GLOW@CT

Ein Netzwerk von Frauen für Frauen muss die Bedürfnisse aller (potenziellen) Teilnehmerinnen kennen, um die richtigen Methoden und Formate für das Erreichen der Ziele entwickeln und anbieten zu können. Um zugleich einen ersten Schritt in Richtung einer Vernetzung zu unternehmen, lag es nahe, alle (deutschen) CT-Kolleginnen im Rahmen eines GLOW@CT-Kick-off-Treffens persönlich nach ihrem Bedarf zum Thema Gender Diversity zu befragen – sowohl hinsichtlich ihrer persönlichen Entwicklung als auch der Entwicklung des gesamten Unternehmens.

Zu dem Kick-off-Treffen im Januar 2011, bei dem auch das CT-Management breit vertreten war, kamen ca. 150 Frauen an den CT-Standort München-Perlach. Neben Vorträgen und Erfahrungsberichten zum Thema „Frauen und Karriere", u.a. von der Münchner Professorin Doris Schmitt-Landsiedel, diskutierten die Frauen im Rahmen eines Workshops über individuelle Erfahrungen und neue Ideen zur Gestaltung des Themas Gender Diversity in der CT. Wie erwartet, hatten sich die meisten der Kolleginnen bereits zuvor ausführlich mit dem Thema auseinandergesetzt. Ebenso gab es bereits punktuelle Kontakte und Foren zum Austausch mit anderen Kolleginnen. Was jedoch noch fehlte, war eine systematische Plattform innerhalb der CT, mithilfe derer sich die Frauen über so unterschiedliche Themen wie Karriereplanung und -förderung, Work Life Balance und Gender Diversity in der Siemens-Unternehmenskultur verständigen konnten. Mit breiter Unterstützung der Kolleginnen und gemäß dem Appell an die Teilnehmerinnen des Kick-off: „Don't take it for granted that everybody asks what we do or don't want: tell them!"[1] (siehe Abb. 2) nahm das GLOW@CT-Netzwerk seine Arbeit auf. Mit verschiedenen Formaten, die im Folgenden näher dargestellt werden, unterstützt GLOW@CT seither die Frauen der CT dabei, sich zu vernetzen, ihre Potenziale optimal zu nutzen und insgesamt die CT als Arbeitsort für Frauen noch attraktiver zu gestalten.

Abbildung 2: GLOW@CT: Der Start

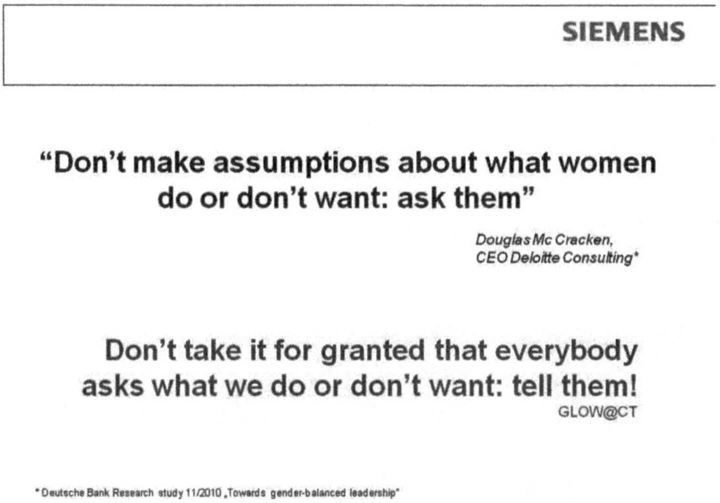

SIEMENS

"Don't make assumptions about what women do or don't want: ask them"

Douglas Mc Cracken,
CEO Deloitte Consulting*

Don't take it for granted that everybody asks what we do or don't want: tell them!
GLOW@CT

*Deutsche Bank Research study 11/2010 „Towards gender-balanced leadership"

5 Glow@CT-Aktivitäten

Einen Überblick über die Aktivitäten bietet Abb. 3.

5.1 GLOW@CT Business Lunches

Die Veranstaltungsreihe GLOW@CT Business Lunches ermöglicht den informellen Austausch zu beruflichen Themen während der Mittagspause. In monatlichem Rhythmus mit einem Zuhörerkreis von maximal 25 Frauen tragen CT-Kolleginnen oder Referentinnen anderer Siemens-Bereiche zu technischen, strategischen oder auch Diversity-relevanten The-

---

[1] Der Appell knüpft an den Aufruf des CEO von Deloitte Consulting, Douglas McCracken, an: „Don't make assumptions about what women do or don't want: ask them!" Siehe McCracken, Douglas (2000): Winning the Talent War for Women: Sometimes It Takes a Revolution. In: Harvard Business Review, November/December, S. 61.

men vor. Die Teilnehmerinnen erhalten dadurch Einblick in neueste technische Entwicklungen, methodische Trends und aktuelle strategische Fragestellungen von Siemens. Die Veranstaltung bietet einen optimalen Rahmen für unkomplizierten Austausch und Networking. Eine regelmäßige Beteiligung von Vertretern des CT-Managements sorgt darüber hinaus dafür, dass die Referentinnen für ihre fachlichen Themen werben und ihre Sichtbarkeit innerhalb der CT-Organisation erhöhen können. Die GLOW@CT Business Lunches sind nunmehr seit eineinhalb Jahren fester Bestandteil der GLOW@CT-Initiative und erfreuen sich großer Beliebtheit bei den CT-Frauen – und ebenso bei den männlichen Kollegen –, so dass die zur Verfügung stehenden Plätze für die Veranstaltung stets ausgebucht sind. Das ursprünglich für München entworfene Format wurde bereits auf andere CT-Standorte ausgeweitet, der Themen- und Ideenpool für zukünftige Business Lunches ist durch das funktionierende Netzwerk bereits gut gefüllt.

Abbildung 3: GLOW@CT: Die Aktivitäten

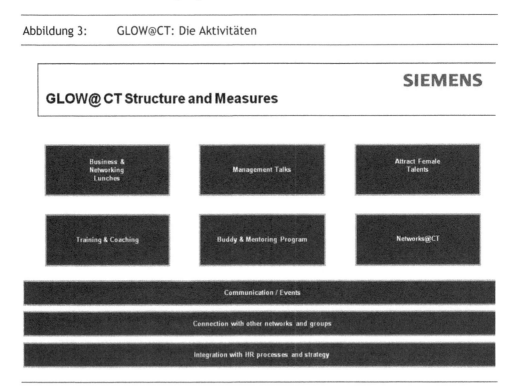

5.2 GLOW@CT Management Talks

Die GLOW@CT Management Talks bieten ausgewählten Teilnehmerinnen die Möglichkeit, sich mit Mitgliedern des Siemens-Topmanagements in einem lockeren Rahmen auszutauschen. Im Mittelpunkt steht hierbei das Lernen von den beruflichen und persönlichen Erfahrungen erfolgreicher Managerinnen und Manager. Neben Informationen zu den individuellen Karrierewegen stehen Themen wie Gender Diversity, persönliche Karriereplanung,

Work Life Balance sowie fachliche und geschäftsspezifische Themen auf der Agenda. So wurden im Management Talk mit dem CEO des Sektors Healthcare Fragen der Planbarkeit von Beruf und Karriere und der Chancen und Risiken in der Frauenförderung diskutiert. In einem weiteren Treffen mit dem (weiblichen) Personalvorstand ging es um die Verbindung der Themen Gender Diversity und Unternehmenskultur und konkret um die Frage, auf welche Weise sich der Anteil von Frauen in Führungspositionen bei Siemens erhöhen lässt. Mit der Leiterin der Strategieabteilung des Sektors Industry wurden schließlich Strategien und Herangehensweisen im Themenfeld Management und Leadership diskutiert. Alle Gäste in den Management Talks zeigten sich beeindruckt vom Engagement und den vielfältigen Potenzialen der Teilnehmerinnen und erklärten sich bereit, die Initiative GLOW@CT zu unterstützen.

5.3 Newbies@GLOW@CT

Das Newbies@GLOW@CT-Netzwerk richtet sich insbesondere an neue und tendenziell jüngere Mitarbeiterinnen der CT. Ziel des Netzwerks ist es, Erfahrungen und Wissen mit Gleichgesinnten auszutauschen, um so neuen Mitarbeiterinnen den Einstieg bei CT zu erleichtern. Besonders jüngere Mitarbeiterinnen sehen sich oftmals mit der Schwierigkeit konfrontiert, sich in der bei Siemens und gerade auch bei der CT noch immer deutlich von Männern dominierten Unternehmenswelt erfolgreich durchzusetzen und die eigenen Interessen wirksam zu vertreten. Das Newbies-Netzwerk zählt aktuell ca. 50 Teilnehmerinnen weltweit. Eine Siemens-interne Community-Plattform dient dem regelmäßigen Informationsaustausch, zudem gibt es Stammtische und gemeinsame Besuche von Fachvorträgen. Zur gezielten Förderung der jungen Kolleginnen werden neben Coaching-Veranstaltungen auch moderierte Workshops zu unterschiedlichen Themen wie z.B. Moderation und Präsentation angeboten. Im Rahmen von „kollegialen Fallberatungen" können die Teilnehmerinnen eigene konkrete Herausforderungen aus dem Berufsalltag mit den Gruppenmitgliedern reflektieren und gemeinsame Lösungsmöglichkeiten erarbeiten. Derzeit wird aufgrund der Attraktivität dieses Netzwerks bereits die Öffnung auch für männliche „Newbies" diskutiert.

5.4 Work Life Balance@GLOW@CT

Ziel dieses Netzwerks ist es, die verschiedenen Informationen und Angebote, die es zu diesem Themenfeld bei Siemens gibt, gebündelt bereitzustellen und eine Plattform für den virtuellen und persönlichen Austausch zu etablieren. Es ist offen für weibliche und männliche Mitglieder. Ein Teilprojekt des Netzwerks ist es, neue Ideen und Modelle flexibler Arbeitszeitmodelle zu diskutieren und konzeptionell voranzubringen. In der Initiative „Stay Tuned" z.B. geht es darum, Kolleginnen und Kollegen in der Elternzeit einen Rahmen anzubieten, der es ihnen erlaubt, sich in ihrem Arbeitsgebiet auf dem Laufenden zu halten. Dies soll die Eltern dabei unterstützen, Informationen und Entwicklungen bequem abzurufen, um ihnen den späteren Wiedereinstieg zu vereinfachen. Um den individuellen Belangen der Mütter und Väter dabei gerecht werden zu können, gilt hierbei der Grundsatz, dass ‚Stay Tuned' stets auf die inviduellen Wünsche der Kollegen und Kolleginnen abgestimmt ist und in enger Absprache mit der Führungskraft verwirklicht wird.

5.5 GLOW@CT External Networks

Deutschlandweit und international existieren zahlreiche etablierte wie auch jüngere beruflich orientierte Netzwerke, die sich auf unterschiedliche Unternehmen, Branchen, Berufe und Teilnehmerkreise fokussieren. Zu diesen Netzwerken zählen neben vielen weiteren zum Beispiel der Deutsche Ingenieurinnen Bund e.V., das European Professional Women's Network, das Woman's Business Club Cross-Company Mentoring Program oder die Gesellschaft Deutscher Akademikerinnen. Das Netzwerk GLOW@CT External Networks hat es sich zur Aufgabe gemacht, mit ausgewählten Netzwerken Kontakt aufzunehmen und einen Erfahrungs- und Know-how-Austausch aufzubauen, zu fördern und zu intensivieren. Aktivitätsfelder dieses unternehmensübergreifenden Austauschs sind neben Networking und Wissenstransfer z.B. das Benchmarking innovativer Arbeitsmodelle für weibliche Führungskräfte oder der Erfahrungsaustausch zu Gender Awareness und Gender Trainings im Unternehmen.

5.6 GLOW@CT - online und real vernetzt

Neben den unterschiedlichen Formaten zum persönlichen Austausch ist GLOW@CT natürlich auch in der virtuellen Welt aktiv. So informiert eine Webseite im CT-Intranet grundlegend über die Ziele, Zahlen, Fakten, Veranstaltungen und Ansprechpartner. Auch eine Social-Media-Plattform wird angeboten: In dem siemensweit eingesetzten „Technoweb", einem offenen Web-Tool zur Kommunikation und zum Informationsaustausch, ist GLOW@CT mit einer eigenen User Group vertreten. Über diese können sich die Mitglieder online vernetzen, Ideen und Konzepte austauschen oder Aktivitäten planen und organisieren. Durch die Anbindung an das übergeordnete ‚Diversity@Siemens'-Netzwerk im Technoweb besteht außerdem die Möglichkeit, sich unkompliziert, aber effizient mit für GLOW engagierten Kollegen und Kolleginnen anderer Siemens-Bereiche und -Regionen auszutauschen und gemeinsam Ideen zu entwickeln.

5.7 GLOW@CT Attract

Mehr weibliche Mitarbeiter für die CT zu gewinnen ist das Ziel von GLOW@CT Attract, vor allem auf zwei Wegen: Zum einen werden CT-Frauen als Patinnen für Konferenzen und Veranstaltungen gewonnen, auf denen sie die CT-Kultur und den GLOW-Gedanken repräsentieren. Sie berichten von ihrem Werdegang und ihren Erfahrungen bei Siemens und in der CT und dienen damit als positive Vorbilder, um dem weiblichen Nachwuchs die vielfältigen und spannenden Möglichkeiten einer Karriere in der CT vermitteln. Zum anderen werden verstärkt spezielle Recruiting-Events für Frauen in den erwähnten MINT-Studien gängen durchgeführt. Darüber hinaus engagieren sich CT-Mitarbeiterinnen verstärkt auch bei extern organisierten Events für MINT-Frauen.

5.8 GLOW@CT Alumni-Netzwerk

Alumni@CT richtet sich an alle ehemaligen Mitarbeiterinnen der CT innerhalb und außerhalb des Siemens Konzerns. Zielsetzung ist es, mit den ehemaligen Kolleginnen in Kontakt zu bleiben und eine Plattform für den regelmäßigen Austausch zwischen aktuellen und ehemaligen Mitarbeiterinnen bereitzustellen.

6 Fazit und nächste Schritte

Nach aktiven zwei Jahren hat die GLOW@CT–Initiative viel erreicht: Im Rahmen der Business Lunches haben Kolleginnen, die sich zuvor nicht kannten und auf den herkömmlichen Wegen wohl nur schwer Gelegenheit gehabt hätten, in Kontakt zu kommen, sich kennen gelernt und vernetzt. Die positiven Effekte dieser neuen Form der Vernetzung sind vielfältig: Neben dem Austausch über persönliche Erfahrungen – vielfach verbunden mit dem „Aha-Effekt", nicht allein zu sein mit bestimmten Themen und Herausforderungen – haben die beteiligten Frauen auch viel Neues gelernt über unterschiedliche Themen, Aufgaben und Projekte innerhalb der CT. Hierbei wird nicht nur die persönliche, sondern bewusst auch die professionelle Perspektive erweitert. Zugleich wird die Zusammenarbeit gefördert, so dass Ideen und Chancen für neue Projekte entstehen können. Und dies ist keineswegs auf den weiblichen Anteil der Beschäftigten beschränkt: auch die zu den Business Lunches und anderen Veranstaltungen eingeladenen Männer zeigten sich beeindruckt von der Vielzahl der Kompetenzen und Potenziale der anwesenden Frauen, und auch sie nutzen ebenso aktiv wie gern die Gelegenheit zur informellen Kontaktaufnahme und zum Informationsaustausch mit bislang unbekannten Kolleginnen und Kollegen.

Eine regelmäßige erste Reaktion der zu Management Talks geladenen Top-Manager zu Beginn der abendlichen Runden war: „Ich wusste gar nicht, dass wir so viele engagierte Frauen bei uns haben." Und am Ende der sehr offenen und konstruktiven Treffen stand stets die Zusage, das GLOW-Netzwerk beim Umsetzen seiner Ziele zu unterstützen – ein weiteres Indiz dafür, dass das Initiieren und Aufrechterhalten von Diskussionen zum Thema Gender Diversity innerhalb einzelner Siemens-Bereiche, aber auch über Abteilungs- und Hierarchie-Ebenen hinweg nicht nur die Sensibilität für das Thema erhöht, sondern auch neue Möglichkeiten eröffnet, sich zu engagieren und die positive Entwicklung des Unternehmens aktiv mitzugestalten.

Die einzelnen GLOW@CT-Netzwerke sorgten dafür, dass die „CT-Frauen" in den vergangenen Monaten noch stärker zusammengewachsen sind. Durch das aktive Einbinden der ehemaligen Mitarbeiterinnen im Alumni-Netzwerk konnte die positive Wahrnehmung der CT als attraktiver Arbeitsort für Frauen über Standorte und Unternehmensgrenzen hinweg verstärkt werden. Und die tatkräftige Unterstützung neuer Kolleginnen im Newbies-Netzwerk hat den neuen Kolleginnen nicht nur den Einstieg in ihre neue Tätigkeit erleichtert, sondern ihnen auch raschen Zugang zur CT-Kultur und zum Kollegenkreis ermöglicht. Nicht zuletzt führt der regelmäßige Austausch mit Frauen anderer Unternehmen – auch z.B. im Rahmen von Veranstaltungen des Projekts „Frauen in Karriere" – dazu, dass Frauen ihr professionelles Selbstbewusstsein stärken und wechselseitig von Erfahrungen und Handlungsstrategien profitieren können.

So können die vielen Kolleginnen (und Kollegen), die in den vergangenen zwei Jahren die GLOW-Aktivitäten gestaltet oder unterstützt haben, auf wichtige Erfolge blicken. Um Mindsets auf der einen und die Gender-Verteilungsverhältnisse auf der anderen Seite stabil und nachhaltig zu verändern, sind jedoch weitere Anstrengungen erforderlich.

Die vorhandenen Formate werden in jedem Fall fortgeführt und weiterentwickelt. Zusätzliche Schritte sind in Planung, um noch stärker die individuelle Karriereentwicklung von Frauen in der CT zu unterstützen. Geplant ist in diesem Zusammenhang die Einführung eines Mentoring-Programms für Frauen ab einer bestimmten Potenzialebene. Mentoring wird in einschlägigen Untersuchungen stets als überaus wirksames Mittel der individuellen Karriereförderung beschrieben. Ergänzend zu den bereits vorhandenen Mentoring-Angeboten in der CT soll mithilfe eines zusätzlichen, auf den spezifischen Bedarf der weiblichen Kollegen abgestimmten GLOW@CT-Mentoring-Programms noch mehr Frauen die Gelegenheit gegeben werden, für ihre individuelle Karriereplanung auf die Unterstützung und Förderung von erfahrenen Kolleginnen und Kollegen zurückzugreifen.

Um dem leider immer noch verbreiteten Karriereknick nach der Elternzeit-Unterbrechung vorzubeugen, ist darüber hinaus vorgesehen, Mütter (und Väter) während ihrer Familienpause aktiv in die laufenden Entwicklungen in ihrer Abteilung, aber auch des Unternehmens insgesamt einzubinden. Dies soll ihnen die Möglichkeit geben, auf dem Laufenden zu bleiben und bei Veränderungen rechtzeitig eingreifen zu können. Zugleich erhalten sie dadurch trotz Abwesenheit eine gewisse Präsenz bei Vorgesetzten und Kollegen und laufen weniger Gefahr, allein aufgrund temporärer Nicht-Verfügbarkeit bei wichtigen Entscheidungen in den Hintergrund zu geraten.

Die Zeichen der Zeit scheinen für das Thema „Frauen in Karriere" so günstig zu stehen wie selten zuvor: Es gibt eine anhaltende gesellschaftliche Debatte über Chancengleichheit und über ein ausgewogenes Geschlechterverhältnis, das die tatsächlichen Frauenanteile und Qualifikationsverteilungen in der Gesellschaft widerspiegelt. Und in der Praxis wandelt sich die Arbeitswelt langsam, aber sicher: Frauen und Männer fordern gleichermaßen mehr und neue Möglichkeiten zur Vereinbarkeit von Beruf und Familie. Dennoch wird es weiterhin Engagement und nicht zuletzt auch Hartnäckigkeit erfordern, sich den nötigen Herausforderungen und den manchmal mühsamen Diskussionen zu stellen. Innerhalb der CT sind in den letzten zwei Jahren wichtige Grundsteine dafür gelegt worden. Darüber hinaus ist eine nachhaltige Unterstützung durch die Führungskräfte – männliche wie weibliche – eine unabdingbare Voraussetzung dafür, dass sich dieses Engagement am Ende des Tages auch in Zahlen und messbaren Ergebnissen niederschlagen wird.

Kinderkrippe und Elternzeitbegleitung bei der Taunus Sparkasse

Die ersten Stellen des Zugangscodes

Yvonne Velten

Die Taunus Sparkasse ist ein regional tätiges Kreditinstitut mit Hauptsitz in Bad Homburg. Mit rund 750 Mitarbeitern und Mitarbeiterinnen arbeiten wir im Rhein-Main-Gebiet, das sowohl im Hinblick auf die Kunden als auf die Mitarbeiterinnen und Mitarbeiter umkämpft ist. Unser Frauenanteil liegt derzeit bei rund 58 Prozent. Für das Haus sind die Menschen mit ihrem Know-how das wertvollste Kapital, die wir bestmöglich fördern und an uns binden wollen.

1 Die Taunus Sparkasse und das Thema „Frauen in Karriere"

Vor über 15 Jahren besetzte die Taunus Sparkasse zum ersten Mal die Position einer Frauenbeauftragten entsprechend den Regelungen des Hessischen Gleichberechtigungsgesetzes (HGlG). Ein wesentlicher Impuls zur echten Auseinandersetzung mit dem Thema „Frauen und Karriere" resultierte dann aus der Entscheidung für den Zertifizierungsprozess der Beruf & Familie GmbH (Hertiestiftung) im Jahr 2005. Hinzu kam ab 2009 die Mitarbeit in der Studie „Frauen in Karriere – Chancen und Risiken für Frauen in modernen Unternehmen", über deren Ergebnisse dieses Buch berichtet. Wir repräsentieren innerhalb der Studie die deutsche Sparkassenorganisation, zu der alle Sparkassen, Landesbanken und Sparkassenakademien gehören. Diese sind zusammengeschlossen über den Deutschen Sparkassen und Giroverband (DSGV).

Die Diskussion und Zusammenarbeit mit Schwergewichten der deutschen Wirtschaft bei diesem Thema führte zu einer für unser Haus sehr wichtigen Erkenntnis: Wir sind objektiv gut aufgestellt mit Blick auf das Thema Vereinbarkeit von Familie und Beruf. Auch vor diesem Hintergrund sind wir seit Mai 2012 Mitglied einer Projektgruppe, bestehend aus Vertretern aller Sparten des DSGV aus allen Regionen Deutschlands, die einen „Frauen-Karriere-Leitfaden" für alle deutschen Sparkassen, Landesbanken und Sparkassenakademien entwickelt. Ziel ist es, für die Adressaten eine Tool-Box zu erstellen, mit deren Hilfe die Forcierung von Frauen-Karrieren gezielt und effizient erfolgen kann.

2 Eine Bilanz der letzten Jahre

Seit Jahren arbeiten wir sehr intensiv an konkreten Angeboten zur besseren Vereinbarkeit von Beruf und Familie. Dazu zählen:

- die Kinderkrippe für unter dreijährige Kinder von Mitarbeiterinnen und Mitarbeitern;
- ein Programm zur konsequenten Begleitung durch die Elternzeit bis hin zum Wiedereinstieg;
- konkrete Hilfen bei Pflegesituationen durch einen professionellen Kooperationspartner und regionale Unternehmensnetzwerke;
- flexible und individuell angepasste Arbeitszeitmodelle;
- Vertrauensarbeitszeit ohne Kernarbeitszeit;
- Flexibilität bezüglich des Arbeitsorts mithilfe moderner Kommunikationsmedien.

Hinzu kommt die Umsetzung vieler Ideen, die im Verlauf der letzten Jahre von unseren Kolleginnen und Kollegen entwickelt wurden: etwa ein Wäsche-, Bügel- und Schusterservice oder Obst-und Gemüselieferung an den Arbeitsplatz.

Zusätzlich stehen unseren Mitarbeitern und Mitarbeiterinnen selbstverständlich alle vom Gesetzgeber eröffneten Optionen zur Verfügung:

- Elternzeit – auch für Väter;
- Sonderurlaub für die Erziehung von Kinder unter 18 Jahren;
- Sonderurlaub und kurzfristige Freistellung für Pflege;
- halbe Arbeitszeit bei drei Vierteln des Gehalts während einer zweijährigen Pflegephase.

Damit haben wir in vielen Bereichen bedeutende Fortschritte gemacht, um unseren Mitarbeiterinnen und Mitarbeitern die Kombination des Arbeitens mit der Sorge für die Familie zu erleichtern. Diese Angebote sind für die Belegschaft zu einem wichtigen Grund geworden, gerne in der Taunus Sparkasse zu arbeiten.

Trotz des objektiv erreichten Fortschritts konnten wir zumindest bisher keine nachhaltigen positiven Effekte auf die Karriereentwicklung von Frauen in der Taunus Sparkasse feststellen. Es scheint also, als ob der Zugangscode zur Karriereleiter doch noch ein paar Stellen mehr hätte. Die ersten Stellen dieses Zugangscodes haben wir: Die Vereinbarkeit von Beruf und Familie ist in unserem Haus gegeben. Wir sind auf der Suche nach den noch fehlenden Stellen des Codes.

In den nächsten beiden Abschnitten stellen wir zwei zentrale Erfolge für die Vereinbarkeit von Beruf und Familie vor: die Kinderkrippe und die Elternzeitbegleitung.

3 Die Kinderkrippe und ein unerwarteter Kulturwandel

Die Kinderbetreuung ist als ein Teilprojekt aus dem Zertifikat Beruf & Familie hervorgegangen. Zunächst wurde via Intranet die komplette Belegschaft anhand eines Fragebogens nach ihrem persönlichen Betreuungsbedarf befragt. Mit überwältigender Mehrheit wurde der Bedarf an einer Krippenbetreuung (für bis dreijährige Kinder) genannt. Nur Einzelne sprachen sich für einen Kindergarten (für vier- bis sechsjährige Kinder) aus.

Seit April 2008 ist die gemeinsame Kinderkrippe unter Trägerschaft der KIT GmbH – einer 100-prozentigen Tochter der Kreises – in Betrieb. Sie bietet 24 Plätze und montags bis freitags eine Öffnungszeit von 7 Uhr 30 bis 17 Uhr, die bei Bedarf kurzfristig bis 18 Uhr 30 ausgeweitet werden kann. Im Durchschnitt werden 16 Kinder von Mitarbeiterinnen und Mitarbeitern unseres Hauses dort betreut. Es sind Module zwischen zwei und fünf Tagen verfügbar.

Der Standort der Krippe ist ein Glanzpunkt für die Taunus Sparkasse: Sie befindet sich auf dem Betriebsgelände. Es handelt sich um einen echten Leuchtturm im Gebiet des Hochtaunus- und Main-Taunus-Kreises. Inzwischen wird in der direkten Nachbarschaft eine Schwesterkrippe mit 60 Plätzen für weitere Bad Homburger Unternehmen sowie die Stadt Bad Homburg erfolgreich betrieben.

Die Vorteile aus der Einrichtung einer Kinderkrippe sind deutlich feststellbar über den unmittelbaren Effekt auf Elternzeitdauer und Teilzeitquote. Die Eltern stehen unserem Haus früher wieder zur Verfügung, meist schon nach einem Jahr, und die Arbeitszeit liegt höher, in der Regel bei 60 Prozent der Vollzeit. Den jährlichen Kosten in Höhe von rund 3.300 Euro pro Krippenkind und dem Organisationsaufwand steht eine enorme Kostenersparnis gegenüber: Hält ein Team für ein Jahr der Kollegin den Platz frei und verteilt die Arbeiten intern, dann ist die Krippe für dieses Jahr damit bezahlt. Das Team wiederum muss keine Kapazitäten binden durch die Einarbeitung eines neuen Mitarbeiters oder einer neuen Mitarbeiterin. Zusätzlich wirksam wird die Kosteneinsparung für die Personalsuche.

Beispielhaft war ein fünfköpfiges Spezialistenteam, das sich im letzten Jahr gemeinschaftlich dagegen entschieden hat, die Stelle einer werdenden Mutter neu zu besetzen. Diese sicherte zu, nach einem Jahr wieder mit einem Zeitanteil von 80 Prozent zu arbeiten. Zwischenzeitlich ist das Team wieder komplett. Auch rückblickend halten alle Beteiligten dies für den besten Weg.

Sehr erstaunt hat uns ein nicht gezielt angeschobener *Kulturwandel*, der sich als Nebenwirkung des Bausteins „Krippe" ergeben hat. Zur Schließung der Krippe um 17 Uhr holen die Eltern ihre Kinder ab, haben aber zuweilen ihre Arbeit noch nicht beendet. Das heißt, die Kinder werden mit an den Arbeitsplatz der Eltern genommen, damit die begonnene Arbeit fertiggestellt werden kann. Nicht nur Mütter, sondern auch Väter bringen so ihren Nachwuchs mit in die Büroumgebung. Das führt zu einem Erleben der Mitarbeiterinnen und Mitarbeiter als Mutter und Vater.

Gerade Vätern ist es bisher oft nicht möglich gewesen, ihr Vatersein offen zu leben. Für viele Väter erschien eine Flexibilisierung wegen Versorgung eines Kindes nicht denkbar. Unter anderem durch das Vorleben der „Krippenväter" trauen sich heute auch andere Väter, diese Flexibilität zu leben. Als Voraussetzung für diese Flexibilität versteht sich, dass die Arbeit so organisiert werden muss, dass hier keine Reibungsverluste entstehen. Auch eine Führungskraft muss nicht immer verfügbar sein im Sinne körperlicher Präsenz, die Erreichbarkeit muss aber sichergestellt sein.

Insgesamt haben wir die Erfahrung gemacht, dass die vordergründigen Frauenthemen zunehmend auch Männerthemen werden. Die junge Generation der ab 1980 geborenen und gut ausgebildeten Mitarbeiter und Mitarbeiterinnen legt bei der Wahl ihres Arbeitgebers immer mehr einen Schwerpunkt auf die Frage, wie gut sich das Familienleben mit dem qualifizierten Arbeiten verbinden lässt. Junge Männer wollen heute selbstverständlich ihre Vaterrolle aktiv leben. Sehr viele Väter nehmen in unserem Haus die zwei Elternzeitmonate in Anspruch und unser Haus begleitet und unterstützt sie dabei. Je ähnlicher die Ansprüche der Männer und Frauen an die Arbeitswelt werden, umso besser werden die Bedingungen für die Frauen, die Karriere und Familie vereinbaren wollen. Die bisher unüberwindlichen und typischen Wettbewerbsnachteile der Frauen ebnen sich ein. Wenn Männer die gleichen Bedürfnisse wie Frauen haben, ändert sich die Kultur und die Rahmenbedingungen werden insgesamt auf den Prüfstand gestellt und angepasst.

Eine weitgehende Kulturveränderung hat schon stattgefunden. Zur Zeit überprüfen wir, wie wir dem Modernisierungsprozess einen zusätzlichen Schub bringen können. Hierbei stehen insbesondere der Arbeitsort, die Arbeitszeit und die Präsenzpflicht im Fokus – verbunden mit der Frage: „Wann und wo will der Kunde uns antreffen?" Haben wir die passenden Öffnungszeiten? Will der Kunde individuelle Beratungstermine vereinbaren, legt er vielleicht wenig Wert auf fixe Öffnungszeiten? Brauchen wir Schichtdienste, könnten diese zur Flexibilität beitragen?

Durch die Kinderkrippe haben wir unbewusst unsere Kultur verändert. Wir haben zugleich den Kulturwandel gezielt gesteuert durch eine institutionalisierte Elternberatung und Elternzeitbegleitung.

4 Elternberatung und Elternzeitbegleitung oder Stolpersteine als Trittsteine

Wir haben ein komplettes Beratungsangebot rund um die werdenden Väter und Mütter aufgesetzt. Für die zukünftigen Eltern ist alles neu, unbekannt und aufregend. Außerdem sind sie mit einer Fülle neuer Fragestellungen zum Teil überfordert, was zu der Angst führt, Fehler bei wichtigen Entscheidungen zu machen. Das haben wir erkannt und ein Programm entwickelt, mit dem die Eltern vom Beginn der Schwangerschaft über die Phase der Elternzeit bis zum Wiedereinstieg in den Beruf begleitet, beraten und unterstützt werden.

Dieses strukturierte Angebot dient außerdem der Führungskraft zur professionellen Begleitung der Mitarbeiterinnen und Mitarbeiter. Gleichzeitig stärkt es die Position der Frauenbeauftragten.

Das Zentrum des Angebots ist ein dreiteiliges Gesprächsmodul mit folgendem Inhalt:

Modul 1
Direkt nach Bekanntwerden der Schwangerschaft spricht die Frauenbeauftragte mit den zukünftigen Eltern und der jeweiligen Führungskraft über die Planungen hinsichtlich der Dauer der Elternzeit und des geplanten Wiedereinstiegsdatums. Thematisiert wird neben den Möglichkeiten der Teilzeitarbeit während und nach der Elternzeit auch der Bedarf an einer Kinderbetreuung. Der Gesprächsinhalt wird protokolliert und ist die Grundlage für die zukünftige Personalplanung der Führungskraft und der Personalabteilung. Weiterhin informiert die Frauenbeauftragte über die Regelungen zur Elternzeit, zum Elterngeld und zum Mutterschutz. Abgerundet wird das erste Modul durch alle relevanten Antragsformulare und praktische Tipps.

Modul 2
Wenn das Kind rund drei bis sechs Monate alt ist, erfolgt ein weiteres Gespräch mit der Frauenbeauftragten und den Eltern. Basis ist das Protokoll aus Modul 1 und ein aktuelles Statement der Führungskraft bezüglich der konkreten Einplanung des Elternteils. Ziel dieses Gesprächs ist der Abgleich der ursprünglichen Planungen mit den aktuellen Vorstellungen der Eltern. Das Gespräch wird ebenfalls protokolliert und der Führungskraft sowie der Personalabteilung zur Information gegeben.

Modul 3
Innerhalb des ersten halben Jahres nach dem Wiedereinstieg führen Frauenbeauftragte, Führungskraft und Eltern ein Review-Gespräch. Ziel dieses Gesprächs ist eine Analyse des Prozesses bis zum Wiedereinstieg. Hierdurch wollen wir stetig an einer Verbesserung arbeiten. Zusätzlich bietet dieses Gespräch für Eltern und Führungskraft die Plattform zum gegenseitigen Feedback.

Dabei berücksichtigen wir, dass sich die ersten Planungen der Eltern an die tatsächlichen Lebensbedingungen anpassen – gerade aus dieser Erkenntnis ist das zweite Gesprächsmodul entstanden. Durch die frühe Beratung und die Begleitung über die gesamte Elternzeit behalten derzeit immerhin rund ein Drittel der Eltern ihre ursprüngliche berufliche Planung bei. Ein weiteres Drittel bekommt durch die laufenden Informationen über freie Stellen und Neuigkeiten aus der Sparkasse sogar Lust, früher als ursprünglich geplant wieder zu arbeiten – oder mit einem höheren Zeitanteil.

Ursprünglich war dieses Programm nur für die Mütter innerhalb unseres Hauses konzipiert. Mit der Akzeptanz der Elternzeit von Vätern haben inzwischen zunehmend auch Männer nach einer entsprechenden Beratung gefragt. Häufig möchten heute sogar die bei anderen Arbeitgebern beschäftigten Partner unserer Mitarbeiterinnen an den Beratungsgesprächen teilnehmen. Die Mutterberatung ist zur Elternberatung geworden, mit der wir ein sehr gutes Arbeitgeber-Image verkörpern.

Die Elternzeit wird mittlerweile als Chance zur beruflichen Entwicklung gesehen. Auf den ersten Blick erscheint die Auszeit als Nachteil, ebenso erscheint der Standort der Krippe in der Zentrale zunächst als Nachteil für Mitarbeiter und Mitarbeiterinnen der Filialen. Wir nutzen diese *Stolpersteine als Trittsteine*: Gezielt bieten wir eine Weiterbildung während der Elternzeit an – auch über Fernstudiengänge. Und für die Eltern in unseren Filialen ermöglichen wir für die Zeit der Krippennutzung eine Tätigkeit in den Stabsbereichen, womit weitere praktische Qualifikationen erworben werden. Positive Nebeneffekte sind eine natürliche Kommunikation und ein Zusammenwachsen der Stabs- und Marktbereiche.

5 Erfolgsfaktoren für „Frauen in Karriere"

All das ist ein laufender Prozess, der immer wieder ein Kraftzentrum braucht und auch manchmal unbequem ist. Daher muss das Thema vom Vorstand getragen werden. Aus der Projektarbeit ist inzwischen eine Selbstverständlichkeit geworden, nachdem in den Vorjahren eine gute Grundlage hierfür geschaffen wurde. Alle unsere Vorstände haben erfolgreich berufstätige Frauen und sind teilweise selber Väter. Sie kennen das Thema daher aus dem eigenen Alltag. Das Kraftzentrum bei der Taunus Sparkasse ist damit gegeben.

Die Frage lautet für uns also nicht mehr, ob wir etwas tun – wir arbeiten längst an der bestmöglichen Umsetzung.

Die Thematik „Frauen in Karriere" beinhaltet die Aufgabenstellung der Work Life Balance, geht aber weit darüber hinaus. Work Life Balance ist ein geschlechterunabhängiges Thema, das auch für Männer immer wichtiger wird. Wir sind uns als Taunus Sparkasse ganz sicher: Nur mit weitreichenden Angeboten zur erleichterten Vereinbarkeit des Berufs mit dem Privatleben können wir gute Köpfe halten und eine Erfolgsspirale auslösen. Das Arbeiten ist erheblich effizienter, wenn der Kopf frei von der Sorge um die privaten Belange ist. Das Arbeitsergebnis ist für die Mitarbeiter dadurch befriedigender und bringt Spaß an der Arbeit. Als Arbeitgeber mit dieser deutlichen Positionierung haben wir auch zukünftig gute Chancen, die besten Köpfe zu bekommen.

6 Die Suche nach den fehlenden Ziffern des Zugangscodes

Die Erfahrungen und Erkenntnisse der in diesem Buch behandelten Studie zeigen klar, dass wir trotz unserer Erfolge noch nicht am Ziel angekommen sind. Es gilt die fehlenden Ziffern für den Zugangscode zu finden, damit Frauen in der Taunus Sparkasse sich leichter die Karriereleiter erschließen können.

Getrennt und parallel arbeiten ein Männerteam und ein Frauenteam an dem Auftrag „Erhöhung des Frauenanteils in Führungspositionen von Stabs- und Betriebsbereichen". Um Ergebnisklarheit zu gewährleisten, sind sie zur Verschwiegenheit verpflichtet. Ziel ist es, einen Fächer maßgeschneiderter Vorschläge für unser Haus zu entwickeln, die eine Erhöhung der Führungsquote von Frauen in Betriebs- und Stabsbereichen zur Folge haben. Die Ergebnisse beider Teams wurden im Januar 2013 zusammengeführt und Anfang Februar 2013 dem Gesamtvorstand vorgestellt.

7 Fazit

Die Taunus Sparkasse hat seit Jahren an dem Thema „Beruf und Familie" sehr aktiv gearbeitet. Neben den oben ausgeführten Meilensteinen bietet sie durch die Möglichkeiten der Vertrauensarbeitszeit, der individuellen Teilzeitmodelle und der Nutzung der modernen Kommunikationsmedien schon heute sehr gute Bedingungen für Männer und Frauen, Familie und Arbeiten miteinander zu kombinieren. Die Basis ist also breit gelegt und tief verwurzelt. Jetzt gilt es, die Frauen gezielt für Führungsverantwortung zu begeistern und zu unterstützen. Der Ball ist im Spielfeld – jetzt muss er nur noch ins Tor.

Die Betriebskindertagesstätte der Volkswagen Financial Services AG

Garant für ein familienfreundliches Arbeitsumfeld

Anja Christmann, Ellen Dierkes und Norbert Herschel

1 Die Vorteile für Unternehmen und Gesellschaft

Familienfreundliche Rahmenbedingungen und die Vereinbarkeit von Beruf und Familie haben bei der Volkswagen Financial Services AG eine lange Tradition. Das beste Beispiel dafür ist die betriebliche Kinderbetreuung, das Kinderhaus „Frech Daxe". Die Notwendigkeit einer Betriebskindertagesstätte ist unter anderem durch den hohen Anteil weiblicher Arbeitskräfte im Unternehmen gegeben. In der deutschen Belegschaft beträgt dieser 51,2 Prozent (Stand 10/2012).

Hinzu kommt der – durch die Geschäftsfelder der Volkswagen Financial Services AG gegebene – stetig steigende Bedarf an hochflexiblem Personaleinsatz: sowohl durch marktbedingte lange Servicezeiten als auch durch hochqualifizierte, auch internationale Spezialistentätigkeiten. Dies stellt eine besondere Herausforderung an Maßnahmen zur Vereinbarkeit von Familie und Beruf dar. Vor dem Hintergrund des drohenden Fachkräftemangels ist die betriebliche Kinderbetreuung ein entscheidender Faktor zur Erhöhung der Arbeitgeberattraktivität und somit zur Gewinnung und nachhaltigen Bindung von leistungsstarkem und qualifiziertem Personal sowie zur Sicherung des Know-how. Dies macht uns besonders attraktiv für Frauen. Zudem stellt die Kindertagesstätte ein klares Bekenntnis zu unserem Hauptsitz am Standort Braunschweig dar. Die damit verfolgten Ziele sind:

- eine höhere Arbeitszufriedenheit;
- eine bessere Vereinbarkeit von Beruf und individueller Lebensführung;
- eine Verbesserung der Arbeitsqualität und -produktivität;
- damit auch eine Steigerung der Wettbewerbsfähigkeit;
- eine Verbesserung der Arbeitgeberattraktivität und Mitarbeiterbindung;
- eine schnellere Rückkehr aus der Elternzeit in den Job;
- die Möglichkeit zur Vollzeittätigkeit.

Das Unternehmen verspricht sich von dieser Investition also ganz konkrete Vorteile. Den qualifizierten Mitarbeiterinnen und Mitarbeitern soll es ermöglicht werden, nach der Geburt eines Kindes so früh wie möglich an den Arbeitsplatz zurückzukehren und so variabel wie möglich zu arbeiten. Selbstverständlich gepaart mit der Gewissheit, dass der Nachwuchs die bestmögliche Betreuung erhält. Damit steigt natürlich auch die Attraktivität als Arbeitgeber, die im Wettbewerb um die qualifiziertesten Mitarbeiter von entscheidender Bedeutung ist.

Neben den eben geschilderten betriebswirtschaftlichen Aspekten wird die Volkswagen Financial Services AG mit ihrer Kindertagesstätte zugleich ihrer gesellschaftlichen Verantwortung und Vorbildfunktion gerecht. Das Unternehmen fördert ein familienfreundliches Umfeld. Mit einem Durchschnittsalter von rund 40 Jahren ist die Volkswagen Financial Services AG ein junges Unternehmen. Nach wie vor gilt, dass insbesondere Mütter – etwas mehr als die Hälfte der rund 5.000 Beschäftigten am Standort des Headquarters Braunschweig sind Frauen – vor besonderen Herausforderungen stehen, die Betreuung ihrer Kinder mit ihren beruflichen Ambitionen zu synchronisieren.

2   Angebot und Leistungen der Kindertagesstätte

Den Mitarbeitern der Volkswagen Financial Services AG wird durch das Kinderhaus die Betreuung von Kleinkindern, Kindergartenkindern während der Arbeitszeiten von 7 Uhr bis spätestens 20 Uhr 30 Uhr in unmittelbarer Nähe zum Arbeitsplatz ermöglicht. Betreuungsmöglichkeiten während der Ferienzeiten runden das Angebot ab. Den betroffenen Familien wird somit die Vereinbarkeit von Beruf und Familie erleichtert.

Die Kinder werden auf 6.000 Quadratmetern Fläche von erfahrenen pädagogischen Kräften betreut und bekommen neben Spaß auch viele wertvolle Erfahrungen für ihre weitere Entwicklung mit auf den Weg. Das Kinderhaus verfolgt dabei einen Situationsansatz: eine ganzheitliche Pädagogik, die sich auf die aktuelle Lebenssituation von Kindern und die darin enthaltenen Fragen, Interessen und Probleme bezieht. Folgende Förderschwerpunkte werden umgesetzt:

- *Musikalische Förderung:* Es wird nach einem musikpädagogischen Konzept gearbeitet, das Kinder ab dem Säuglingsalter zum gemeinsamen Musizieren anregt. Das Kinderhaus hat einen eigenen Chor, der auch den Niedersächsischen Chorverband überzeugt hat, so dass dem Kinderhaus das Chor-Markenzeichen Felix verliehen wurde.

- *Bewegungsförderung:* Bewegung ist ein wichtiger Bestandteil der kindlichen Entwicklung und somit wichtig für die ganzheitliche Förderung der Gesamtpersönlichkeit. Bewegungsförderung beginnt im Kinderhaus daher bereits in den Krippengruppen. Aufgrund der umfassenden Umsetzung der Bewegungsförderung hat das Kinderhaus das Markenzeichen „Bewegter Kindergarten" vom Niedersächsischen Kultusministerium verliehen bekommen.

- *Sprachförderung:* Im Kinderhaus Frech Daxe wird sehr viel Wert gelegt auf die Aneignung der deutschen Sprache. Darüber hinaus wird die englische Sprache vermittelt, und zwar nach der Immersionsmethode, welche man als „Sprachbad nehmen" beschreiben kann. In den altersübergreifenden Gruppen gibt es jeweils eine bilinguale Fachkraft, die ausschließlich in der englischen Sprache kommuniziert. Die Englisch sprechende Person ist Sprachvorbild, alles was sie sagt, wird durch Gesten und Mimik unterstützt.

- *Naturwissenschaftliche Förderung:* Ihr Ziel ist es, die Naturgesetze zu erforschen und den Geheimnissen der Welt auf die Schliche zu kommen. Chemische und physikalische Prozesse werden durch Sehen, Riechen, Schmecken, Hören und Fühlen erfasst, und dies geschieht durch eigenaktives Handeln. Aufgrund des naturwissenschaftlichen Schwerpunkts in der frühkindlichen Förderung wurde dem Kinderhaus das bundesweite Markenzeichen „Haus der Kleinen Forscher" verliehen.

Bei der Planung der Kindertagesstätte wurde darauf geachtet, dass die Räumlichkeiten kind- und altersgerecht sowie multifunktional sind. Das Außengelände ist ebenfalls auf die Bedürfnisse der Kinder abgestimmt, so dass kreatives und lehrendes Spiel begünstigt wird und Bewegungsmöglichkeiten gegeben sind: Windrad, Kiesmulde, Matschsandspiel, Kletterberge und Baumstämme.

Für die Volkswagen Financial Services AG ist durch das Kinderhaus „Frech Daxe" ein zusätzliches soziales Netzwerk entstanden. Die Eltern können sich austauschen und engagieren sich über einen Förderverein für das Kinderhaus. Und nicht nur die Eltern der „Frech Daxe" sind stolz, wenn diese z.B. bei unseren Betriebsversammlungen im Chor auftreten. Das Kinderhaus ist im Arbeitsalltag angekommen. Umgekehrt ist es aber auch für die Kinder wichtig zu sehen, wo ihre Eltern arbeiten.

3 Fakten zur betrieblichen Kinderbetreuung

Das Kinderhaus Frech Daxe wurde am 1. April 2008 eröffnet. Seit Beginn betreibt die Impuls Soziales Management GmbH & Co. KG die Einrichtung im Auftrag der Volkswagen Financial Services AG.

Die MitarbeiterInnen des Kinderhauses verstehen sich als Entwicklungspartner für Kinder und wollen verlässlicher Partner für Eltern und somit auch für das Unternehmen sein. Ihr Ziel ist es, Kindern die bestmöglichen Bedingungen für ihre persönliche Entwicklung zu schaffen. Es ist wichtig, den Kindern einen sicheren und wertschätzenden Rahmen und viele Anregungen zu geben, damit sie ihre Fähigkeiten optimal entfalten können.

Das Kinderhaus Frech Daxe hat für zehn Gruppen Räumlichkeiten. Diese sind gegliedert in Krippengruppen, altersübergreifende Gruppen und Kindergartengruppen.

Insgesamt können bis zu 180 Kinder ihren Platz im Kinderhaus finden, Integrationsplätze werden bei Bedarf eingerichtet. Es stehen 1.300 Quadratmeter Außenfläche zum Spielen, Toben und Entdecken zur Verfügung. Dem Unternehmen war es von Anfang an wichtig, die Rahmenbedingungen so zu gestalten, dass die Qualität in der Bildungsarbeit vorbildlich umgesetzt werden kann. Der Personalschlüssel liegt deutlich über dem, was der Gesetzgeber vorgibt.

Kindertagesstätten haben einen eigenständigen Betreuungs-, Bildungs- und Erziehungsauftrag. Das Konzept des Kinderhauses orientiert sich an diesem Auftrag, die Entwicklung des Kindes zu einer eigenverantwortlichen und gemeinschaftsfähigen Persönlichkeit zu fördern.

Dem Kinderhaus ist es ein Anliegen, die Betreuungszeiten an den Bedürfnissen des Kindes und seiner Familie zu orientieren. Da die Lebenssituationen der Familien aber unterschiedlich sind und sich im Laufe der Zeit ändern, wurde ein System entwickelt, aus dem das entsprechende Modell ausgewählt werden kann. Im Kinderhaus wurde ein sehr flexibles Buchungssystem etabliert: Die Eltern können den Buchungsumfang zwischen 20 und 50 Stunden in der Woche festlegen. Der mögliche Buchungszeitraum liegt montags bis freitags zwischen 7 Uhr und 20 Uhr 30. Er kann in 30-Minuten-Schritten bestimmt werden. Auf Basis dieses Buchungsmodells vereinbaren die Eltern mit dem Kinderhaus ihre individuellen Betreuungszeiten, die immer auf die persönliche Lebenssituation und die Bedürfnisse des Kindes angepasst sind. Wenn die Familien einen Bedarf über den vereinbarten Zeitraum hinaus haben, kann eine längere Zeit ausgemacht werden. Die Einrichtung ist ganzjährig geöffnet, es gibt nur einen Schließtag pro Jahr.

Die Flexibilität bei den Betreuungszeiten schafft die Grundlage zur Vereinbarung von Beruf und Familie. Durch das umfassende Betreuungsangebot wird ein schneller Wiedereinstieg ins Berufsleben nach der Elternzeit ermöglicht. Das Wissen, dass die Kinder in der Nähe des Arbeitsplatzes gut betreut sind, schafft Freiraum in der Ausgestaltung des Berufsalltags.

Aufgrund des flexiblen Einbuchungssystems, der unterschiedlichen Teilzeitmodelle der MitarbeiterInnen und der ganzjährigen Öffnungszeit summiert sich die MitarbeiterInnenzahl auf über 50 Personen. Das pädagogische Personal setzt sich aus unterschiedlichen Professionen zusammen. Folgende Abschlüsse bilden die Grundlage für die Fachkompetenz des Teams: ErzieherInnen, HeilpädagogInnen und Diplom-HeilpädagogInnen, HeilerziehungspflegerInnen, Diplom-SozialpädagogInnen, Diplom-PädagogInnen, Geprüfte Sozialwirte/Sozialwirtinnen für Management und Leitung (GSML), Master of Social Management, Bachelor of Arts. Der Anteil von männlichen Mitarbeitern ist sehr hoch und setzt bundesweit Maßstäbe. Der Anteil männlicher Fachkräfte liegt deutschlandweit nur bei 2,9 Prozent, im Kinderhaus „Frech Daxe" bei 12 Prozent.

Das Kinderhaus „Frech Daxe" bietet für alle Kinder von Beschäftigten der Volkswagen Financial Services AG im Alter von sieben bis zwölf Jahren zusätzlich zur Krippen- und Kindergartenbetreuung eine Ferienbetreuung an. Betreut und angeleitet von zwei pädagogisch qualifizierten Fachkräften wurde z.B. in der diesjährigen Sommerferienbetreuung in unterschiedlichen Themenwochen gewerkt, gekocht, getobt und experimentiert, wie „Bleistift, Farbe und Co", „Faszination Elemente", „Ist das Müll oder Kunst", „Natur pur" und „Auf den Spuren der Indianer". Mit diesem zusätzlichen Angebot unterstützt das Kinderhaus auch jene Eltern, deren Kinder bereits im Schulalter sind.

4 Zitate von Eltern

„Seit das Kinderhaus „Frech Daxe" im April 2008 seine Türen öffnete, besucht mein damals acht Monate alter Sohn eine familienübergreifende Gruppe (Null- bis Sechsjährige). Flexible Betreuungszeiten, wie es die Arbeitszeit verlangt, kurze Wege zwischen meinem Arbeitsplatz und dem Kinderhaus und das beruhigende Gefühl, dass meine Kinder quasi „nebenan" im Kinderhaus betreut werden, bewegten mich sogar zu einem Kindergartenwechsel meiner damals fünfjährige Tochter. So konnte ich mich beruhigt und zu 100 Prozent auf meinen Job konzentrieren, da ich wusste, meine Kinder sind rundum gut betreut." *Nicole Hapke, Kreditorin*

„Nach dem Verlust meines Lebensgefährten ist mir dank des Kinderhauses ‚Frech Daxe' der Wiedereinstieg in das Berufsleben sehr gut gelungen. Als alleinerziehende Mutter hatte ich somit die Möglichkeit, flexibel meine Arbeitszeit zu gestalten, da der Kindergarten an die betriebsinternen Arbeitszeiten/-modelle angebunden ist. Somit war für mich die Vereinbarkeit von Beruf und Familie gewährleistet. Gerade in der Anfangszeit bereitete es mir ein gutes Gefühl, mein Kind in unmittelbarer Nähe und in guten Händen zu wissen." *Annette Kapitza, Vertrieb Großkunden*

„2007 war ein Betreuungsplatz für unseren Sohn Noah in einer städtischen Einrichtung nicht in Sicht. Aber selbst wenn es einen solchen gegeben hätte, würden die dortigen starren und eng begrenzten Betreuungszeiten die in der heutigen Arbeitswelt notwendige Flexibilität sehr einschränken. Die Möglichkeit, Noah in der Betriebs-Kita betreuen zu lassen, seit er elf Monate war, empfanden wir als Lottogewinn. Der schnelle Einstieg in den Beruf für meine Frau nach Studium und Elternzeit wäre ohne Betriebs-Kita kaum möglich gewesen. Hier bei den Frech Daxen passt alles zusammen: Sowohl das liebevolle Konzept für die Kinder als auch die Flexibilität und die Zusammenarbeit mit Eltern und Unternehmen im Sinne aller." *Aicke Flach, IT Insurance Systems*

„Es ist schön mit meinen Kindern morgens gemeinsam ‚zur Arbeit zu fahren'. Der Kindergarten ist klasse! Die Angebote sind bunt und vielseitig. Und die Betreuungszeiten sind natürlich absoluter Luxus. Außerdem hab ich meine beiden Mädels direkt in meiner Nähe und das gibt mir ein gutes Gefühl bei der Arbeit." *Stephanie Isabell Biessmann, Vertrieb Großkunden*

„Als Akademikerin ist es mir wichtig, einer anspruchsvollen Tätigkeit nachzugehen. Auf eine eigene Familie möchte ich dennoch nicht verzichten. Da ich meine beiden Jungs (zwei und vier Jahre alt) hier unterbringen konnte, war eine schnelle Rückkehr in meinen Beruf möglich." *Ulrike Deyda, IT Test & Release Management*

Perspektive Gleichstellungspolitik: Interessenvertretung als Faktor für Chancengleichheit

Vielfalt und Inklusion aus der Sicht von Leitenden Angestellten

Margret Klein-Magar

Der Begriff „Chancengleichheit" nimmt Bezug auf die Perspektive der betroffenen Mitarbeiterinnen und Mitarbeiter im Unternehmen. Das Thema aus dieser Perspektive zu betrachten ist absolut valide und ein Muss in einem Unternehmen, das soziale Verantwortung trägt. Als Vertreterin der Leitenden Angestellten möchte ich im Folgenden jedoch die Perspektive von Unternehmern einnehmen. Aus dieser Perspektive geht es neben der sozialen Verantwortung um das Erreichen von strategischen Unternehmenszielen, die – wie zu zeigen sein wird – ebenfalls eng mit dem Thema dieses Buchs verbunden sind. Daher werde ich in meinen Ausführungen die Begriffe „Vielfalt" und „Inklusion" wählen. Vielfalt ist die Mischung von unterschiedlichen Erfahrungen, Meinungen, Ideen, aber auch von Alter, kultureller Herkunft und Geschlecht. In einer Umgebung, in der Inklusion herrscht, sind alle Bedingungen vorhanden, die es den Individuen ermöglichen, ihr volles Potenzial zu entfalten. Sie erfahren in ihrer Vielfalt Wertschätzung, werden respektiert und unterstützt. Auch wenn Vielfalt und Inklusion meines Erachtens die gesamte Palette der Diversität umfassen sollten, beschränke ich mich in meinen Ausführungen auf das Thema „Gender Diversity" – d.h. auf die Förderung einer angemessenen Zahl von Frauen in Führungspositionen.

Leitende Angestellte wurden bei der Entstehung des Betriebsverfassungsgesetzes und der Mitbestimmungsrechte in Deutschland als Unternehmer „klassifiziert". Da sie zugleich aber Arbeitnehmer sind, wurde ihnen das Recht eingeräumt, ein Vertretungsorgan ähnlich einem Betriebsrat zu wählen: den sogenannten Sprecherausschuss. Anders als der Betriebsrat hat der Sprecherausschuss keine Mitbestimmungs-, sondern nur Mitwirkungsrechte. Er vertritt die Leitenden in ihrer Rolle als Mitarbeiter, ist aber auch eine Art „Sounding Board" der Leitenden in ihrer Rolle als Führungskräfte. Per Definition im Betriebsverfassungsgesetz haben Leitende einen erheblichen Einfluss auf den Bestand und die Entwicklung eines Unternehmens. Bei SAP berichten weltweit ca. zwei Drittel aller Mitarbeiter an Leitende Angestellte in Deutschland. Dies macht deutlich, dass die Leitenden Angestellten ebenso wie ihr Vertretungsorgan – trotz fehlender Mitbestimmungsrechte – einen erheblichen Einfluss auf die Themen haben, derer sie sich annehmen. Hinzu kommt, dass die Sprecherausschuss-Vorsitzenden der deutschen Großunternehmen im sogenannten „Erlanger Kreis" organisiert sind und sich hier regelmäßig austauschen und gegenseitig unterstützen. Der Sprecherausschuss bei SAP hat das Thema Vielfalt und Inklusion bereits vor vielen Jahren zu einem seiner Schwerpunktthemen gemacht. Daher werde ich in Abschnitt 3 darauf eingehen, wie wir als Sprecherausschuss dieses Thema über unser Klientel, die Leitenden Angestellten, gefördert haben, wie wir unsere Mitwirkungsrechte genutzt haben, um das Thema voranzubringen, und schließlich, wie die firmenübergreifende Zusammenarbeit im Erlanger Kreis dazu beiträgt, das Thema voranzutreiben.

Bevor ich jedoch auf die spezielle Rolle der Leitenden und des Sprecherausschusses eingehe, möchte ich die Intention erläutern, warum wir als Leitende uns dieses Themas angenommen haben. Dazu zeige ich zunächst in Abschnitt 1 den positiven Einfluss von Vielfalt und Inklusion auf die Unternehmensziele auf. Anschließend werde ich in Abschnitt 2 anhand einer beispielhaft ausgewählten Veränderungsmanagement-Methode Vorschläge erörtern, wie Unternehmen vorgehen könnten, um die Chance zu nutzen, die aus Vielfalt und Inklusion resultiert.

1 Inklusion und Vielfalt als Erfolgsfaktor von Unternehmenszielen

1.1 Innovation und Wachstum

Jedes Unternehmen ist auf Wachstum und damit auf Innovation angewiesen. Dies gilt insbesondere für die IT-Branche, zu der SAP gehört. Eine Voraussetzung von Innovation – d.h. der Bereitstellung von neuen Produkten, die Kundennutzen stiften und zu neuem Umsatz führen – ist Kreativität. Kreativität ist die Generierung von neuen Ideen, die schließlich zu Innovation führen können. Eine Atmosphäre, die Kreativität begünstigt, ist eine, in der Spannung herrscht. Eine Situation, in der alles harmonisch und homogen ist, motiviert nicht zur Veränderung. Erst wenn Spannung eintritt, wird diskutiert, wird nach Lösungen und Alternativen gesucht. Diese Spannung wird durch Vielfalt erzeugt. Unterschiedliche Meinungen, Denkweisen, Einstellungen, Erfahrungen, Persönlichkeiten treffen aufeinander, erzeugen diese Spannung, die aufgelöst werden möchte. Welchen konkreten Beitrag insbesondere Frauen hier leisten, überlasse ich den Wissenschaftlerinnen und Wissenschaftlern, die sich mit den Unterschieden zwischen den Geschlechtern beschäftigen. Fest steht jedoch meiner Ansicht nach, dass es diese Unterschiede gibt – wo immer ihre Ursachen liegen mögen – und dass sich diese Unterschiede positiv auf Kreativität, Innovation und damit Wachstum eines Unternehmens auswirken.

1.2 Vorhandene Potenziale aller Mitarbeiter nutzen

In Deutschland machen mehr Mädchen Abitur als Jungen, und zudem mit einem besseren Durchschnittsergebnis. Der leichte Vorsprung mag daran liegen, dass in der Zwischenzeit Jungen in den Erziehungsinstanzen benachteiligt werden und man ggf. gesellschaftlich im Sinne der Chancengleichheit darüber nachdenken müsste, wie man Jungen fördern könnte. Diese Diskussion möchte ich an dieser Stelle jedoch nicht vertiefen. Meine These ist, dass wir, rein statistisch gesehen, nicht die Besten in den Führungsetagen haben können, wenn sich diese vornehmlich aus einer homogenen Gruppe – z.B. ausschließlich Männern mit identischem kulturellem Hintergrund – zusammensetzen. Wenn Sie zehn Vorstände in einem Unternehmen haben und alle sind deutscher Herkunft und männlich, dann ist die Wahrscheinlichkeit groß, dass es Frauen und Personen mit anderer Herkunft im Unternehmen gibt, die besser geeignet wären, diese Rolle wahrzunehmen. Das gleiche gilt für leitende Funktionen. Wo und warum sind diese Besten auf dem Weg nach oben verloren gegangen? Woraus besteht die so berühmte gläserne Decke oder gibt es gar mehrere? Ein Unternehmen kann es sich jedenfalls nicht leisten, in derart hohem Maße, wie man das heute in deutschen Unternehmen beobachten kann, auf die Besten zu verzichten. Dies ist besonders wichtig in Firmen wie der SAP, deren Produktionsmittel ausschließlich die Menschen mit ihren Potenzialen sind. Hinzu kommt der Motivationsfaktor: Menschen, die Wertschätzung erfahren und ihrem Potenzial entsprechend in einer sinnvollen Aufgabe eingesetzt, gefördert und gefordert werden, sind höher motiviert als solche, denen man diese Chance nicht einräumt. Auf die Ursachen der gläsernen Decken und auf Ideen, wie man hier langfristig Änderungen herbeiführen kann, werde ich später eingehen.

1.3 Gewinnung von Talenten

Unter Punkt 1.2 habe ich ausgeführt, wie wichtig es ist, Talente optimal zu nutzen und im Unternehmen zu halten. In diesem Abschnitt möchte ich herausstellen, wie wichtig es ist, Talente überhaupt erst für ein Unternehmen zu gewinnen. Untersuchungen zeigen, dass Studierende bei den Kriterien, nach denen sie ihren künftigen Arbeitgeber auswählen, ein höheres Gewicht auf sogenannte „weiche" Faktoren wie „Work Life Balance" legen als beispielsweise auf die Höhe des Gehalts. Das Gehalt ist ein Hygienefaktor, d.h. wenn es als zu gering wahrgenommen wird, entsteht Unzufriedenheit. Was positiv zählt, ist aber das Gefühl, als Mensch wertgeschätzt und nicht nur als Ressource wahrgenommen zu werden. In diese Kategorie fällt auch das Thema Chancengleichheit. Das Gefühl, eine faire Chance auf Anerkennung und Aufstieg zu haben und in Teams zu arbeiten, in denen eine bunte, interessante Vielfalt herrscht, in denen man von anderen lernen kann und die einander in ihrer Andersartigkeit respektieren, ist ein entscheidender Wettbewerbsfaktor für Arbeitgeber. Im Kampf um Talente kann es sich eine Firma nicht leisten, Top-Kandidatinnen zu verprellen.

Die Liste der Unternehmensziele ist unternehmensspezifisch. So kann es sein, dass ein Unternehmen, für dessen Produkte die Kaufentscheidungen vornehmlich von Frauen getroffen werden, auf Vielfalt setzt, um den Kundenbedürfnissen besser zu entsprechen. Wichtig ist, dass sich ein Unternehmen Gedanken macht, ob und wie Vielfalt und Inklusion zu seinen Zielen beitragen können, und Maßnahmen ergreift, um Vielfalt und Inklusion zu unterstützen.

2 Lippenbekenntnisse oder wirksame Veränderung?

Wer würde den oben genannten Zielen widersprechen? In den letzten Jahren ist nahezu jeder Führungskraft bewusst geworden, dass Vielfalt und Inklusion wichtige Treiber für die Erreichung der Unternehmensziele sind. Den Nutzen von Vielfalt und Inklusion bestreitet niemand. Die Frage ist: Wird auch dementsprechend gehandelt? Sind das nur Lippenbekenntnisse oder wird es ernst genommen, sprich: Werden Maßnahmen ergriffen, um die Situation in den Unternehmen wirklich zu verbessern? Falls ja, wie wirksam sind diese Maßnahmen und was müsste geschehen, um Wirksamkeit, um eine tatsächliche Veränderung zu erreichen? Damit sind wir beim professionellen Change Management angekommen, denn die Optimierung von Vielfalt und Inklusion ist nichts anderes als ein Veränderungsprozess, der professionell konzipiert und gesteuert werden will: Das strategische Ziel sollte klar sein, inklusive der Gründe, warum man das Ziel anstrebt, eine Analyse, wo man steht, sollte vorliegen, ein Plan sollte alle Maßnahmen inklusive der Change-Management-Aktionen beinhalten und schließlich sollte der Fortschritt der Umsetzung transparent gemacht und gesteuert werden.

Es gibt viele Standardwerke zum Change Management (etwa: Doppler/Lauterberg 2008; Kotter 1996). Meines Erachtens besonders anschaulich und pragmatisch geben Chip und Dan Heath in ihrem Buch „Switch" (Heath/Heath 2011) eine Anleitung, wie man Veränderungen bewirkt: Sie plädieren dafür, sowohl die rationale Seite – für die sie die Metapher „Reiter" verwenden – als auch die emotionale Seite – für die die Metapher „Elefant" steht – anzusprechen. Ihre Empfehlung ist: Dem Reiter den Weg weisen, den Elefanten motivieren und schließlich beiden den Weg ebnen. Dies sind ihrer Ansicht nach die Schlüssel zu erfolgreicher Veränderung. Wie könnte man dies nun auf das Streben nach Vielfalt und Inklusion anwenden? Im Folgenden dazu einige Beispiele.

Dem Reiter den Weg weisen: Zunächst einmal benötigen Sie ein klares Ziel, z.B. X Prozent Frauen im Jahre Y in Führungspositionen. Das Ziel sollte von der Unternehmensleitung vorgegeben und in die einzelnen Bereiche kaskadiert werden. Hochrangige Sponsoren sind dabei genauso wichtig wie ein Lenkungsgremium, das über ein professionelles Reporting für Transparenz sorgt. Wichtig ist nun, dass Sie den Weg dorthin konkret und klar und nicht zu diffus beschreiben, d.h. einen realistischen Plan haben. Es muss leicht erkennbar sein, welche konkreten nächsten Schritte anstehen. Diese sollten nicht zu groß sein, um sie handhabbar zu gestalten. Es sollte klar sein, worin sie bestehen und was Sie damit bewirken möchten. Konzentrieren Sie sich dabei nicht auf die Abteilungen, die am schlechtesten dastehen. Beginnen Sie mit den positiven Ausnahmen, den Bereichen, in denen Sie bereits gut sind. Lernen Sie von diesen und nutzen Sie die Erkenntnisse für andere Bereiche. Ein Fehler, den techniklastige Unternehmen häufig im Veränderungsprozess in Richtung zu mehr Vielfalt und Inklusion begehen, ist der Versuch, beständig zu analysieren und den Nutzen ausschließlich über Zahlen, Daten und Fakten aufzuzeigen. Aber selbst in einem IT-Unternehmen treffen Sie damit gerade die Schwäche des Reiters: Sie unterstützen seine Neigung, die Daten und Fakten zu kritisieren und sich in der Analyse zu verlieren, statt zur Umsetzung zu schreiten (Heath/Heath 2011: 92). Versuchen Sie stattdessen, den Elefanten anzusprechen.

Den Elefanten motivieren und ihm die Angst nehmen: Sprechen Sie die emotionale Seite an. Dies kann auf sehr unterschiedliche Weise geschehen. In Awareness-Workshops wird den Führungskräften ihre eigene Betroffenheit klar: Viele haben z.B. Töchter, denen sie eine faire Karrierechance wünschen. Durch Marketingmaßnahmen und Kommunikation rund um konkrete Fälle wird offensichtlich, wie viel Spaß es machen kann, in gemischten Teams zu arbeiten, Mitarbeiter sind stolz darauf und empfinden eine Lust an Begegnung und Zusammenarbeit mit Andersartigen. Nehmen Sie dem Elefanten die Angst: Männer befürchten häufig, dass sie den Kürzeren ziehen, wenn Maßnahmen ergriffen werden, um mehr Frauen in Führungspositionen zu bringen. Nehmen Sie ihnen die Angst, indem Sie z.B. aufzeigen, dass ein auf objektive Auswahl ausgerichteter Stellenbesetzungsprozess auch Männern zugute kommt. Denn auch Männer leiden, wenn Seilschaften zum Zuge kommen. Nutzen Sie den Spiel- und Wettbewerbstrieb der Verantwortlichen: Machen Sie einen Wettkampf daraus, welcher Vorstandsbereich die wirksamsten Maßnahmen entwickelt und die Ziele am schnellsten erreicht.

Den Weg ebnen: Um Verhalten zu ändern, hilft es, die Situation zu ändern, so dass ein geändertes Verhalten quasi erzwungen wird. Ändern Sie die Prozesse wie z.B. den externen und internen Stellenbesetzungsprozess: Transparenz darüber, warum ein Bewerber ausgewählt wurde und eine Bewerberin nicht, zwingt dazu, objektiver auszuwählen, da ein Rechtfertigungszwang entsteht. So sollten alle HR-Prozesse auf den Prüfstand gestellt werden: Wie können diese so gestaltet werden, dass eine Verhaltensänderung Richtung Vielfalt und Inklusion entsteht? Sorgen Sie dafür, dass das erwünschte Verhalten zur Gewohnheit, zur Selbstverständlichkeit wird. Besteht das Problem in ihrer Firma darin, dass alle Mitarbeiter rund um die Uhr – z.B. per Smartphone – verfügbar sind und diese Verfügbarkeitskultur Frauen daran hindert, Karriere machen zu wollen, so sorgen Sie dafür, dass sich diese Gewohnheit ändert, d.h. dass sich eine neue Gewohnheit etabliert: etwa die Gewohnheit, an Wochenenden keine Mails bearbeiten zu müssen. Oder signalisieren Sie beispielsweise über die Führungskräfte, dass eine Flexibilisierung der Arbeitszeiten erwünscht ist. Machen Sie deutlich, dass man das Kind um 16 Uhr vom Kindergarten abholen oder um 15 Uhr zum Sport gehen kann und sich dann um 20 Uhr in eine Telefonkonferenz einwählt. Treten Sie für eine Leistungskultur statt für eine Verfügbarkeitskultur ein und zeigen Sie dies durch das Verhalten und die Vorbildfunktion Ihrer Führungskräfte.

Zusammenfassend lässt sich empfehlen: Welche Change-Management-Methode Sie auch wählen und für welche Maßnahmen Sie sich auch entscheiden – erklären Sie den Nutzen, stecken Sie sich ein konkretes Ziel, konzentrieren Sie sich auf einige wenige, nämlich die wirksamsten Maßnahmen. Lassen Sie dabei den Elefanten nicht aus den Augen, indem Sie die Akteure auch emotional motivieren, ebnen Sie den Weg, indem Sie Gewohnheiten durch Veränderungen von Situationen (z.B. HR-Prozessen) ändern, managen Sie die Veränderungen professionell, indem Sie den Fortschritt kontrollieren und transparent machen. Und schließlich: Feiern Sie Ihre Erfolge!

3 Die Rolle von Leitenden Angestellten und Sprecherausschüssen

3.1 Die Rolle der Leitenden Angestellten für die Förderung von Vielfalt und Inklusion

Das Thema „Gender Diversity" wurde bei SAP im Jahre 2003 von einigen wenigen Frauen in Führungspositionen – von weiblichen Leitenden Angestellten – initiiert, indem zu diesem Thema ein erster inoffizieller Workshop stattfand. Die Meinung war damals allenthalben: „Wir bei SAP haben diesbezüglich doch kein Problem ..." Die Zahlen, Daten und Fakten, die bei und nach diesem Workshop gesichtet wurden, führten uns zu einem anderen Schluss: Frauen waren bei SAP in Führungspositionen deutlich unterrepräsentiert, das vorhandene Potenzial wurde nicht genutzt, Frauen hatten geringere Chancen auf Aufstieg. So entwickelten die leitenden Frauen einen Business Case, mit dem sie den Vorstand überzeugten, einen Diversity Officer einzusetzen und das Thema anzugehen. Aus dem initialen Workshop wurde eine Serie von Schulungen für Frauen und später auch für Männer zum Thema Vielfalt mit dem Ziel, für dieses Thema zu sensibilisieren. Einige Vorstände machten die Teilnahme am Workshop verpflichtend für die direkt an sie berichtenden Führungskräfte. Mentoren-Programme entstanden und sogenannte „Diversity Weeks". Die Teilnehmer/-innen der Workshops schlossen sich in Netzwerken zusammen und es entstand eine Bewegung von unten, die aus den genannten Gründen Unterstützung von oben erhielt: Der CEO wurde Sponsor des Netzwerks und des Themas. Nach einiger Zeit verstummten Aussagen wie „Wir haben doch kein Problem". Dennoch konnte man deutlich erkennen, dass manche Bereiche und auch manche Leitende Angestellte die tatsächliche Umsetzung von Veränderungen ernster nahmen und auch heute noch ernster nehmen als andere.

Wie in jedem Veränderungsprozess kommt dem Verhalten von Führungskräften – und insbesondere den Leitenden Angestellten – eine besondere Rolle zu: Laut Definition haben Leitende Angestellte einen erheblichen Einfluss auf den Bestand und die Entwicklung eines Unternehmens, sie agieren weitgehend frei von Weisungen, übernehmen unternehmerische Verantwortung und können Maßnahmen eigenverantwortlich in ihren Bereichen umsetzen. Sie haben demnach die Macht und die Mittel, Maßnahmen zum Erfolg zu führen oder über ihren Widerstand zu verhindern, und sie agieren als Vorbilder – in die eine oder die andere Richtung. Ein Unternehmen tut demnach gut daran, die Leitenden für diesen Veränderungsprozess zu motivieren und zu befähigen und sie als aktive Akteure einzubinden.

3.2 Die Rolle des Sprecherausschusses für die Förderung von Vielfalt und Inklusion

Neben den einzelnen Führungskräften hat auch das Vertretungsgremium der Leitenden Angestellten, der Sprecherausschuss, Möglichkeiten, die Themen Vielfalt und Inklusion zu unterstützen. Sprecherausschüsse haben keine Mitspracherechte wie etwa Betriebsräte, sondern lediglich Mitwirkungsrechte. Dennoch werden sie von Unternehmensführungen sehr gerne als Feedback-Organ genutzt und nehmen Einfluss auf HR- und sonstige Prozesse, indem sie die Meinungen der Leitenden bündeln und zum Vorstand spiegeln oder als Multiplikatoren in Richtung aller Mitarbeiterinnen und Mitarbeiter agieren. In diesem Sinne hat der Sprecherausschuss der SAP AG in den letzten Jahren die Erstellung der Konzepte und Programme rund um das Thema „Gender Diversity" eng begleitet und Einfluss auf sie genommen.

Des Weiteren betreiben wir als Sprecherausschuss für Leitende Frauen der SAP ein Netzwerk „Women in Leadership@SAP". In diesem Netzwerk haben wir uns verpflichtet, Vorbilder zu sein und als Führungskräfte die Ziele rund um Vielfalt und Inklusion in unseren eigenen Organisationen aktiv anzugehen und umzusetzen. Wir müssen bei uns selbst beginnen, bevor wir eine Verhaltensänderung bei anderen einfordern. Zudem unterstützt dieses spezielle Führungskräfte-Frauennetzwerk den vom Unternehmen aufgesetzten Veränderungsprozess aktiv und als Inputgeber.

Eine sehr interessante und wirksame Initiative, die ebenfalls von den Leitenden Frauen bei SAP ausging, war eine interne Großveranstaltung, die im Jahre 2011 erstmals stattfand. Unter dem Motto „Winners have a plan" äußerten sich neben unserem CEO Jim Snabe bekannte Persönlichkeiten aus Wirtschaft und Politik (u.a. Sabine Leutheusser-Schnarrenberger und Dieter Hundt), moderiert von Sabine Christiansen, vor mehr als tausend internen Mitarbeitern zum Thema „Frauen in Führungspositionen" und diskutierten das Thema anschließend auf einem Podium. Aufgrund des Erfolgs gab es 2012 eine Folgeveranstaltung mit dem Thema „Diversity Drives Innovation". Hier gingen die Leitenden Frauen einen Schritt weiter: Weibliche Koryphäen aus der Industrie und der Wirtschaft referierten auf unterhaltsame Art über die gesellschaftliche und technologische Welt in 20 Jahren. Neben unserem neuen weiblichen HR-Vorstand (Luisa Delgado) sprachen u.a. zwei Leitende Frauen von SAP (Xiaoqun Clever und Dr. Tanja Rückert) sowie Prof. Anja Feldmann, die auf der Kapitalseite dem SAP-Aufsichtsrat angehört, und Brigitte Baumann, CEO von Go Beyond. Die Moderation hatte wiederum Sabine Christiansen. Solche Öffentlichkeit schafft eine enorme Sensibilität für das Thema und zwingt quasi zum Handeln.

3.3 Unternehmensübergreifende Netzwerke

Sprecherausschüsse von Leitenden sehen die Notwendigkeit, mehr Vielfalt und Inklusion in den Führungsetagen zu erzielen, nehmen ihre Verantwortung dafür aktiv wahr und helfen in ihren Unternehmen mit, diese Ziele zu unterstützen. Das lässt sich auch aus den Diskussionen und dem Austausch im sogenannten „Erlanger Kreis" schließen. Dieser Kreis ist ein Zusammenschluss der Sprecherausschuss-Vorsitzenden von 31 deutschen Großunternehmen, in dem ich seit über fünf Jahren als Vorsitzende des Sprecherausschusses die SAP vertrete. Neben anderen Themen gewinnt das Thema „Vielfalt" und insbesondere „Frauen in Führungspositionen" hier mehr und mehr an Bedeutung. Es ist offensichtlich, dass sich alle diese globalen Firmen diesbezüglich viel vorgenommen haben, die Sprecherausschüsse involviert sind und die Ziele unterstützen.

Auch der Verbandsarbeit kommt eine nicht unbedeutende Rolle zu: Verbände wie z.B. der Verband „Die Führungskräfte (DFK)" oder der „Verband Angestellter Akademiker (VAA)" engagieren sich bezüglich des Themas Frauenförderung, indem sie z.B. über Lobbyarbeit politisch Einfluss nehmen oder Frauennetzwerke etablieren und unterstützen. Mit welchem Erfolg dies geschieht, wage ich an dieser Stelle nicht zu beurteilen.

4 Zusammenfassung

Abschließend lässt sich sagen, dass es nicht an dem Bekenntnis zum Thema und an der rationalen Einsicht mangelt, die Themen Vielfalt und Inklusion als strategisches Unternehmensziel voranzutreiben, zum Wohle der übrigen Unternehmensziele. Auch die Leitenden Angestellten haben sich hierzu bekannt und möchten ihre Verantwortung gemäß ihrer Rolle in den Unternehmen wahrnehmen. Dennoch hat man den Eindruck, dass sich in vielen Firmen nur langsam eine Veränderung einstellt. Woran liegt das? Meines Erachtens können die Unternehmen mehr bewirken, wenn sie nicht nur hier und da eine Maßnahme ergreifen, die dann eher kosmetischer Natur und gut fürs Image ist. Das Thema sollte systemisch, d.h. ganzheitlich und strategisch betrachtet und analog zu den anderen Unternehmenszielen als professioneller Veränderungsprozess aufgesetzt und gesteuert werden. Dabei spielen die Führungskräfte – und hier insbesondere die Leitenden Angestellten und deren Vertretungsorgane – eine besondere Rolle, die es zu nutzen gilt.

Literatur

[1] Doppler, K./Lauterburg, C. (2008): Change Management. Den Unternehmenswandel gestalten. Frankfurt.
[2] Heath, C./Heath, D. (2011): Switch – Veränderungen wagen und dadurch gewinnen. Frankfurt.
[3] Kotter, J. P. (1996): Leading Change. Boston.

Die IG Metall als Akteurin für Chancengleichheit von Frauen und Männern

Iris Becker und Christiane Niemann

1 Gleichstellung – seit jeher ein Thema in der IG Metall

Gewerkschaftliche Kämpfe und Auseinandersetzungen waren seit jeher verbunden mit Auseinandersetzungen über die Rolle und Stellung der Frau in Wirtschaft und Gesellschaft. Anknüpfend an die Tradition der Arbeiterinnensekretariate aus der Weimarer Republik, wurde mit der Neugründung des DGB 1949 eine Hauptabteilung „Frauen" geschaffen. Frauenausschüsse und Frauenkonferenzen bildeten die gewerkschaftlichen Organe der Frauenarbeit. 1956 fand die erste Frauenkonferenz der IG Metall statt.

Wesentliche Meilensteine in der Tarifpolitik wurden durch mutige Frauen auf dem Klageweg erreicht. So hatten in der Bundesrepublik Tarifverträge anfangs noch die Tradition der sog. Frauenlohnabschläge fortgesetzt; erwerbstätige Frauen mussten für gleiche Arbeiten Entgeltabschläge von bis zu 30 Prozent hinnehmen. Nach der Klage einer Hilfsarbeiterin einer Stuhlfabrik entschied das Bundesarbeitsgericht 1955, dass Frauenabschläge verfassungswidrig sind und gegen den Gleichheitsgrundsatz des Grundgesetzes verstoßen. Darauf entstanden die berüchtigten „Leichtlohngruppen", in die überwiegend Frauen eingruppiert wurden, da ihre Tätigkeit von vornherein als „leicht" bewertet wurde. In der Folge prozessierten viele Frauen aus unterschiedlichen Betrieben mit Unterstützung der IG Metall gegen ihre ungerechte Eingruppierung. 1988 wurden die „Leichtlohngruppen" vom Bundesarbeitsgericht als „mittelbare Diskriminierung" verboten. Dieses Urteil erstritten Metallerinnen einer Wittener Kabelfirma. In den Tarifverträgen der IG Metall wurde daraufhin der Belastungsbegriff neu definiert; so wurden einförmige, monotone und sich ständig wiederholende Tätigkeiten entgeltrelevant.

Mit der Verabschiedung der Entgeltrahmentarifverträge (ERA) für die Metall- und Elektroindustrie wurden zu Beginn dieses Jahrtausends veränderte Entgeltstrukturen und neue Bewertungskriterien vereinbart. ERA erfüllt die von der Rechtsprechung entwickelten Anforderungen an einen diskriminierungsfreien Tarifvertrag.

In den 1980er und 1990er Jahren haben die IG-Metall-Frauen die Politik der IG Metall maßgeblich beeinflusst und mitgekämpft beim Kampf um die 35-Stunden-Woche – das Arbeits- und Aktionskonzept „Frauen für die 35" flankierte die Tarifrunde 1990. Sie haben Fragen der familienfreundlichen Arbeitszeitgestaltung eingebracht und eine Welle von Eingruppierungsaktionen in den Betrieben organisiert.

Vor dem Hintergrund des demografischen Wandels, der steigenden Erwerbstätigkeit von Frauen und der gesellschafts- und familienpolitischen Auseinandersetzungen gelingt es zunehmend, frauen- und gleichstellungspolitische Themen innerorganisatorisch und in der betriebspolitischen Arbeit auf die Tagesordnung zu setzen. Die IG-Metall-Frauen haben sich bundesweit auf die Bearbeitung von drei plakativenThemenschwerpunkten verständigt: gleiche Einstiegs-, Entwicklungs- und Aufstiegschancen; Entgeltgerechtigkeit; Vereinbarkeit von Beruf und Familie.

2 Frauen in der IG Metall

Vor allem das Außenbild der IG Metall war lange überwiegend das einer reinen Männergewerkschaft. Frauenarbeit in einer solchen Organisation war nie eine langweilige Veranstaltung, aber auch nie ein Zuckerschlecken. Mittlerweile wandelt sich die IG Metall zunehmend zu einer Organisation, in der Männer und Frauen gleichermaßen vertreten sind.

Dies mag für die IG Metall als klassische und damit eher männlich dominierte Industriegewerkschaft überraschend sein. Hintergrund und zugleich Anschub für diese Veränderungen war und ist, dass sich die IG Metall angesichts der strukturellen Veränderungen in der Arbeitswelt besser aufstellen will.

Bei den Mitgliederzahlen hat es aktuell eine Wende gegeben. Durch Arbeitsplatzabbau in gut organisierten Bereichen hat die IG Metall jahrelang überproportional viele weibliche Mitglieder verloren, auch die absolute Anzahl der Frauen ging zurück. 2012 konnte dieser Rückgang gestoppt und sogar ins Positive gedreht werden. Zum Jahresschluss konnte die IG Metall einen Zuwachs von 0,7 Prozent bei den weiblichen Beschäftigten verzeichnen. Sie gewann überproportional viele weibliche Angestellte. Die kaufmännischen Angestellten bilden weiterhin die deutlich größere Gruppe der weiblichen Mitglieder (Genderbericht 2011). Mit Stand vom März 2012 haben die Frauen insgesamt einen Mitgliederanteil von 17,6 Prozent erreicht.

Seit dem 18. Ordentlichen Gewerkschaftstag 1995 gilt in der IG Metall eine Quote: Frauen sollen entsprechend ihrem Anteil an der Mitgliedschaft in den Gremien mitarbeiten. Diese Quote wird heute regelmäßig deutlich übertroffen. In den letzten Jahren konnte der Frauenanteil auch im Bereich der hauptamtlichen Beschäftigten deutlich gesteigert werden: Er liegt heute bei knapp 28 Prozent. Dies bedeutet bezogen auf die letzten zehn Jahre eine Steigerung von sechs Prozentpunkten. Zurückzuführen ist dies insbesondere auf einen konstant hohen Anteil von Frauen im Traineeprogramm, dem im Jahre 2000 gestarteten Nachwuchsprogramm für politische Sekretärinnen und Sekretäre.

Im Mai 2010 beschloss der Vorstand der IG Metall eine Zielquote: Bis zur übernächsten Periode der Organisationswahlen (2016 bis 2019) sollen 30 Prozent der hauptamtlichen Führungskräfte Frauen sein; bereits 2014 soll der Frauenanteil im politischen Bereich insgesamt 30 Prozent erreichen. Per Beschluss vom Februar 2011 wurde diese Zielquote auch auf die hauptamtlichen Gewerkschaftsvertreter in Aufsichtsräten ausgeweitet.

Auch bei den Führungskräften kann sich die IG Metall sehen lassen: Die Frauenanteile bei den hauptamtlichen Führungskräften liegen aktuell bei 16 Prozent, bei den hauptamtlichen Gewerkschaftsvertretern in den Aufsichtsräten bei 18 Prozent.

In den Interessenvertretungsgremien war der Frauenanteil bis zur Novellierung des Betriebsverfassungsgesetzes im Jahr 2001, mit der eine Mindestquote für das Minderheitsgeschlecht festgelegt wurde, nur langsam gestiegen. Das änderte sich bald. Bei den Betriebsratswahlen 2010 zogen für die IG Metall 22,8 Prozent Frauen in die Betriebsräte ein. In den Betrieben mit 200 bis 5.000 Beschäftigten ist heute jedes vierte Betriebsratsmitglied eine Frau. Die beste Gender-Bilanz weisen die Jugend- und Auszubildendenvertretungen mit 27,8 Prozent Frauenanteil auf.

Die Anteil der Frauen bei den Vorsitzenden mit 13,6 Prozent und den stellvertretenden Vorsitzenden mit 18,8 Prozent steigt ebenfalls, allerdings nur im Schneckentempo. 2013 bietet die IG Metall deshalb erstmals ein zentrales Seminar „Frauen und Führung" an, das sich insbesondere an Betriebsrätinnen vor oder kurz nach der Übernahme von Führungsverantwortung richtet.

3 Mitbestimmungsrechte im Betrieb und Geschlechtergerechtigkeit

Die Mitbestimmungsrechte des Betriebsrats in gleichstellungspolitischen Fragen sind im Betriebsverfassungsgesetz geregelt. Sie finden sich nicht ausschließlich in den Allgemeinen Aufgaben (§ 80 Abs. 1 Nr. 2a, b), sondern auch in weiteren „unverdächtigeren" Paragraphen. In der betrieblichen Praxis stellte sich heraus, dass unter anderem die „Regelmäßigen Betriebs- und Abteilungsversammlungen" (§ 43 Abs. 2) und die Personalplanung (§ 92) gute Rahmenbedingungen zur Förderung der Gleichstellung im Betrieb darstellen.

Immer wieder wurde in IG-Metall-Workshops mit erfahrenen Betriebsrätinnen und Betriebsräten festgestellt, dass Gleichstellung ein betriebliches Querschnittsthema ist und als solches behandelt werden sollte. Hinter der Gleichstellung verbergen sich betriebliche Themen, die direkt oder indirekt per Betriebsverfassungsgesetz mitbestimmungspflichtig sind:

- Arbeitszeitgestaltung (§ 87 Abs. 1 Nr. 2)
- Vereinbarkeit von Familie und Erwerbstätigkeit (§ 80 Abs. 1 Nr. 2b)
- Entgeltgleichheit und Eingruppierung (§ 87 Abs. 1 Nr. 4 i.V.m. § 80 Abs. 1 Nr. 2a)
- Aus- und Weiterbildung (§ 92 i.V.m. § 96)
- Arbeits- und Gesundheitsschutz (§87 Abs. 1 Nr. 7)
- Personalentwicklung/Nachwuchsrekrutierung (§ 92)
- Demografie/Altersstruktur (§ 92)
- Gleichstellungsbericht des Arbeitgebers (§ 43 Abs. 2)

An dem IG-Metall-Projekt „Arbeitsorientierte Innovationspolitik zur Sicherung und Förderung der Frauenbeschäftigung in industriellen Branchen", gefördert vom Bundesministerium für Arbeit und Soziales und dem Europäischen Sozialfonds, haben sich bundesweit 25 Unternehmen der Automobilhersteller- und Zuliefererindustrie, der Informations- und Telekommunikationstechnologie (ITK) sowie der Elektroindustrie beteiligt. Beispielhaft einige Erfahrungen:

Ein speziell entwickelter *Gleichstellungscheck* erlaubt dem Betriebsrat einen geschlechterdifferenzierten Blick auf die Personalstruktur und einen systematischen Blick auf die gleichstellungspolitische Situation im Betrieb. Dabei zeigt sich, dass der Betriebsrat oft noch nicht über ausreichende Informationen verfügt, um konkrete Vorschläge zu entwickeln – ein häufiges Phänomen, trotz des gesetzlich gesicherten Informationsrechts zu allen personalpolitischen Themenfeldern. Die Abfrage geschlechterdifferenzierter Daten ist zur Beurteilung der gleichstellungspolitischen Situation sehr wichtig. Erfahrungsgemäß ist es in den meisten Betrieben und Unternehmen durchaus möglich, solche Daten zu erstellen – sie werden häufig aber nicht explizit berücksichtigt und in personalstrategische Maßnahmen einbezogen. Der Betriebsrat hat Anspruch auf diese Daten, um sie zu bewerten und Einfluss auf notwendige Maßnahmen zur Gleichstellung von Frauen und Männern zu nehmen.

Auf Grundlage des Gleichstellungschecks kann der Betriebsrat ein *Kriterienpapier* für den Arbeitgeber entwickeln, um Fragen und Anforderungen zu verdeutlichen. Es mag banal klingen, aber ein Ziel kann es bereits sein, entsprechend § 43 Abs. 2 BetrVG auf der nächsten Betriebsversammlung einen strukturierten Bericht des Arbeitgebers zur Gleichstellung von Frauen und Männern im Betrieb zu erhalten. Die Berichterstattung auf einer Betriebsversammlung bewirkt, dass auch die Belegschaft in die offene betriebliche Diskussion einbezogen wird. Informationen zur Erstellung eines Kriterienpapiers sind unter frauen@igmetall.de einzuholen.

4 Beteiligung: Erfolgsfaktor für die Veränderung in der Unternehmenskultur

Gerade in der gleichstellungspolitischen Unterstützungsarbeit in Betrieben hat sich der *Beteiligungsansatz* als wertvoll herausgestellt. Ohne eine aktive Beteiligung der Akteurinnen und Akteure (Führungskräfte und Beschäftigte) sind Veränderungen im Handeln und Denken kaum möglich. In der Praxis geschieht dies häufig durch Dialoge, interne und öffentliche Medien, Workshops oder Fragebögen. Der Betriebsrat hat über den § 80 Abs. 2 Satz 3 BetrVG das Recht, die Einschätzung von Beschäftigten aus den unterschiedlichen Arbeitsbereichen einzuholen. Sie sind in diesen Fällen die betrieblichen Sachverständigen, die für einen beteiligungsorientierten Analyse- und Veränderungsprozess im Betrieb enorm wichtig sind.

Eine gewerkschaftliche Beteiligungspolitik muss sich den Herausforderungen einer neuen, individualistischen Subjektivität der Beschäftigten stellen. Dabei gilt grundsätzlich: Direkte Beschäftigtenpartizipation macht Arbeit. Und sie lässt sich erfolgreich nur motivieren, wenn die Beteiligten tatsächlich etwas zu entscheiden haben. Im Rahmen ihrer Vertrauensleutearbeit entwickelte die IG Metall bereits im Jahr 2004 gemeinsam mit Beschäftigten Kriterien für eine praxisnahe betriebspolitische Beteiligungsorientierung, die bis heute Bestand haben und in der aktuellen Projektarbeit bestätigt werden konnten:

- Arbeitnehmerinnen und Arbeitnehmer sind Expertinnen und Experten in eigener Sache. Ihren Sachverstand in Analysen und Prozesse einzubeziehen ist von erheblicher Bedeutung für eine zielgerichtete Betriebs- und Unternehmenspolitik.
- Die Entwicklung von Beteiligungskompetenz ist für die Akteurinnen und Akteure notwendig.
- Beteiligung braucht ein gutes Konzept und klare Aufträge.
- Themenbezogene Arbeit mit Beschäftigten muss glaubwürdig sein. Das heißt, „mit langem Atem zu arbeiten" und bis zum Schluss Beteiligung zu organisieren.
- Betriebsräte müssen bereit sein, statt einer Interessenvertretung *für* die Beschäftigten eine Interessenvertretung *mit* den Beschäftigten zu gestalten.

Ein Praxisbeispiel aus einem Schichtbetrieb der Automobilzulieferindustrie: Dort stellte der Betriebsrat über längere Zeit fest, dass es Regelungsbedarf für eine bessere Vereinbarkeit von Arbeit und Leben bzw. Familie und Beruf am Standort gibt. Ein Mitbestimmungsrecht liegt nach § 80 Abs. 1 Nr. 2a BetrVG vor. In diesem Fall konnte über die IG Metall ein beteiligungsorientiertes Unterstützungsprojekt angeboten und sozialpartnerschaftlich durchgeführt werden. Zunächst wurde eine Bestandsaufnahme der Arbeitssituation, der Unternehmens- und Führungskultur und der Vereinbarkeit von Arbeit und Leben vorgenommen. Danach wurden Handlungserfordernisse aus Sicht der weiblichen und männlichen Beschäftigten ermittelt und durch die Steuerungsgruppe priorisiert. Man einigte sich auf zwei Arbeitsschwerpunkte: Schaffung von Unterstützungsmöglichkeiten zur Kinderbetreuung sowie eine flexiblere Schichtplangestaltung.

Im ersten Schritt wurde ein Fragebogen für die Beschäftigten entwickelt: Was soll zur Verbesserung der Vereinbarkeit getan werden, welche weiteren Unterstützungsmaßnahmen sind gewünscht? Auch sollte ein Überblick darüber geschaffen werden, wie viele der Beschäftigten Betreuungsaufgaben (für Kinder/zu pflegende Angehörige) leisten. Es zeigte sich, dass vor allem weibliche Beschäftigte mit privaten Sorgeaufgaben (Kinder und/oder Pflege von Angehörigen) in ihren Gestaltungs- und Entwicklungsmöglichkeiten im Betrieb eingeschränkt sind.

Im zweiten Schritt konnten Beschäftigte in Arbeitskreisen an der praxisbezogenen Diskussion und Gestaltung von Veränderungsprozessen teilnehmen und so einen aktiven Beitrag zu den umsetzungsrelevanten Maßnahmen leisten: bessere Unterstützung für Kinderbetreuung und flexiblere Schichtpläne.

Die beteiligungsorientierte Umsetzung nutzte zudem Berichte und Diskussionen auf Betriebsversammlungen und Workshops. Es gelang so, einen wichtigen Beitrag zu einer „Modernisierung" der Personalpolitik im Unternehmen zu leisten. Für den Arbeitgeber bestand ein Ziel auch darin, auf dem Fachkräftemarkt mit fairen Arbeitsbedingungen konkurrieren zu können – und hier insbesondere für Facharbeiterinnen und Akademikerinnen attraktiver zu sein.

5 Mitbestimmung im Aufsichtsrat

Die Zahl der Frauen in deutschen Führungsetagen ist immer noch beschämend niedrig. Von 191 Vorstandspositionen der großen Aktiengesellschaften Deutschland sind gerade einmal 14 weiblich besetzt. Bei den Aufsichtsratsgremien sieht es ähnlich aus. Der Deutsche Corporate-Governance-Kodex, der Grundsätze für die Leitung und Überwachung von Unternehmen festlegt, enthält Sollvorschriften dazu: Sowohl bei der Besetzung der Vorstände als auch der Aufsichtsräte ist auf Vielfalt (Diversity) zu achten, insbesondere auf eine angemessene Beteiligung von Frauen. Es sollen konkrete Ziele gesetzt werden. Vor allem auf Arbeitgeberseite ziehen aber bislang nur wenige Frauen in die Aufsichtsräte ein. Freiwilligkeit und Selbstverpflichtungen haben bisher nur zu minimalen Verbesserungen geführt. Die IG Metall spricht sich deshalb für die gesetzliche Regelung einer Frauenquote für Aufsichtsräte und Vorstände aus.

Für Gewerkschaften und Interessenvertretungen ist die Besetzung von Aufsichtsratsmandaten eine Möglichkeit, Chancengleichheit aktiv zu betreiben. Der Vorstand der IG Metall hat dazu im Februar 2011 eine Selbstverpflichtung beschlossen: „Zielzahl für die Gewerkschaftsvertreter/-innen der IG Metall für den Frauenanteil ist 30 Prozent, die bei der nächsten anstehenden Wahl angestrebt wird. Bei den betrieblichen Arbeitnehmervertreter/-innen wird beginnend mit der nächsten anstehenden Aufsichtsratswahl angestrebt, dass das Geschlecht, das in der Wählerschaft in der Minderheit ist, entsprechend seinem zahlenmäßigen Verhältnis in der Wählerschaft vertreten sein soll. Ab der übernächsten Wahl sind diese Regelungen verpflichtend."

Ein durchaus ambitioniertes Ziel! Erstes Ergebnis: Bei den Aufsichtsratswahlen 2011 waren von 45 neu durch die Gewerkschaft zu besetzenden Aufsichtsratsmandaten 14 weiblich, das entspricht einem prozentualen Anteil von 31 Prozent. Derzeit (Stand: April 2013) stellt die IG Metall 165 weibliche Aufsichtsräte in den Unternehmen ihres Organisationsbereichs, was einem Frauenanteil von 16,1 Prozent entspricht. Schon heute stellt die Arbeitnehmerseite in den Aufsichtsräten den weitaus größeren Frauenanteil. Mehr als zwei Drittel der Aufsichtsrätinnen sind Vertreterinnen der Arbeitnehmerseite. Gewerkschaften und Beschäftigte leisten damit einen wichtigen Beitrag zur Geschlechtergleichstellung. Trotz dieser generell positiven Entwicklung ist zu konstatieren, dass es innerhalb der eigenen Gremien durchaus Auseinandersetzungen und noch Diskussionsbedarf gibt.

Eine stärkere Einbeziehung von Frauen in Aufsichtsräte und Vorstände durch die Festschreibung von Quoten bietet bessere Möglichkeiten (wenn auch keine Gewähr) dafür, dass sich die Gremien auch gleichstellungspolitischer Themen annehmen: Förderung der Gleichberechtigung, Förderung von Familien und Erwerbstätigkeit sowie Frauenförderpläne (Waas 2012).

6 Themenfelder der Gleichstellungspolitik

Die Aktivitäten zu den drei Schwerpunkt-Themenfeldern der Gleichstellungspolitik stehen unter folgender Zielsetzung: Steigerung der Zahl weiblicher Mitglieder durch zielgruppenspezifische Ansprachekonzepte; Steigerung, mindestens Stabilisierung des Anteils an weiblichen Beschäftigten in den zukunftsfähigen prosperierenden Branchen, die die IG Metall vertritt; repräsentative Vertretung von Interessen der weiblichen Beschäftigten in den Interessenvertretungen und der IG Metall; Durchsetzung der Gleichberechtigung von Mann und Frau in Betrieb und Gesellschaft.

6.1 Themenfeld Gerechte Teilhabe

Gerechte Teilhabe am Erwerbsleben für Frauen bedeutet gleiche Einstiegs-, Entwicklungs- und Aufstiegschancen. *Prekäre Beschäftigung von Frauen* nimmt stetig zu und führt dazu, dass Frauen in großem Ausmaß von Altersarmut betroffen sind. Nach den aktuellen statistischen Daten gibt es allein im Organisationsbereich der IG Metall über 114.000 Minijobberinnen. Im Rahmen der IG-Metall-Kampagne „Arbeit: sicher und fair" wird das Thema aufgenommen und rückt zunehmend ins Blickfeld der Betriebsräte und Vertrauensleute. Mit Foliensätzen und Handlungshilfen für Betriebsräte und Ratgebern für Betroffene unterstützt die IG Metall die vom DGB angestrebte Reform der Minijobs, die u.a. die volle Sozialversicherungspflicht für diese Beschäftigungsverhältnisse fordert. In der aktuellen Kampagne „Gute Arbeit – gut in Rente" werden die Altersarmut von Frauen und sich daraus ergebende frauenspezifische sozial- und rentenpolitische Anforderungen thematisiert.

Lebensverlaufsperspektive – Frauen in Fach- und Führungspositionen. Heute ist die betriebliche Förderung von Frauen erst im Fokus einer kleinen Zahl von Unternehmen, zudem wird sie häufig selektiv für bestimmte Beschäftigtengruppen angeboten. Aufgeschreckt durch Prognosen eines zukünftigen Fach- und Führungskräftemangels, gehen Unternehmen aber zunehmend dazu über, weiblichen Erwerbstätigen Perspektiven in Form von Entwicklungspfaden und Karrieremöglichkeiten zu bieten. Diskriminierungsfreie Kriterien, Verfahren und Praktiken sowie konkrete und überprüfbare Maßnahmen müssen das Ziel einer betrieblichen Frauenförderung sein. Derzeit werden Best-practice-Beispiele und Handlungshilfen erarbeitet.

6.2 Themenfeld Entgeltgerechtigkeit

Die IG Metall fordert gleiches Geld für gleichwertige Arbeit und setzt sich ein für ein Entgeltgleichheitsgesetz, das die Unternehmen in die Pflicht nimmt, Entgeltgleichheit umzusetzen. Das Thema Entgeltgerechtigkeit ist in der gesellschaftlichen Öffentlichkeit, im Fokus der gewerkschaftlichen Betriebsarbeit steht es – trotz der eindeutigen Mitwirkungsrechte der Betriebsräte – noch zu wenig.

Für die Tarifverträge der IG Metall gilt heute der generelle Anspruch: Gleiches Entgelt für gleichwertige Arbeit. Dieser Anspruch soll mit der Initiative „Auf geht's – Faires Entgelt für Frauen" unterstrichen werden. Die Initiative wurde vom Frauenausschuss beim Vorstand diskutiert und entwickelt und im Vorstand der IG Metall beschlossen und wird mit Tarifexperten und -expertinnen diskutiert, um von Anfang an über die bestehenden frauenpolitischen Strukturen hinaus zu arbeiten und ganz gezielt auch die Betriebsräte und die Mitglieder der betrieblichen Entgeltkommissionen einzubinden.

Die Initiative hat zum Ziel,

- Entgeltgerechtigkeit in den Betrieben zum Thema zu machen, um der tatsächlichen Entgeltlücke auf die Spur zu kommen und zu beseitigen;
- Betriebsräte und neugewählte Vertrauensleute für das Thema Entgeltgerechtigkeit zu sensibilisieren und zu unterstützen;
- erste schematische Erhebungen von Entgeltgleichheit/-ungleichheit im Betrieb bezogen auf die einzelnen Entgeltbestandteile vorzunehmen;
- zusätzliche Bestandsaufnahmen vorzunehmen, etwa der Entgeltentwicklung bei Teilzeit-/Vollzeitbeschäftigung, Einstellungen, Auswahl von Auszubildenden, Karriereentwicklungen oder bei der Inanspruchnahme von Elternzeit;
- die Ansprache von Frauen und Männern in unterschiedlichen Branchen zu verbinden mit der Gewinnung von weiblichen Mitgliedern für die IG Metall.

Die *Zielsetzung der betrieblichen Projekte* soll sein: die Herstellung von Transparenz durch die Erhebung geschlechterdifferenzierter Entgeltdaten; das Aufspüren von diskriminierenden Entgeltstrukturen; Maßnahmen zur Durchsetzung von Entgeltgerechtigkeit. Mit einem betrieblichen Instrument zur Datenerhebung und Auswertung, Argumentations- und Ansprachematerialien für Beschäftigte werden die Betriebsräte der Pilotbetriebe geschult und unterstützt. Es wurden entsprechende Seminarangebote entwickelt, die sich ausdrücklich auch an männliche Betriebsratsmitglieder und Mitglieder von Entgeltausschüssen richten.

6.3 Themenfeld Vereinbarkeit

Vereinbarkeit ist kein Frauenthema – Frauen *und* Männer wollen Arbeit und Leben gut miteinander vereinbaren können. Vereinbarkeit von Beruf und Familie ist also ein Thema, mit dem alle Beschäftigtengruppen im Betrieb angesprochen werden können. Die IG-Metall-Betriebsrätebefragung 2011 hat festgestellt, dass nur 10 Prozent der Betriebe eine Vereinbarung zur besseren Vereinbarkeit von Beruf und Familie haben.

Das Thema Vereinbarkeit ist mit ins Zentrum der IG-Metall-Kampagne „Arbeit: sicher und fair" gestellt worden. Eines von sechs Themenheften der Kampagne bietet Fakten, Hintergründe und Beispiele zum Thema an. Die Handlungsfelder Arbeitszeit, Arbeitsorganisation, Kinderbetreuung, Pflege, betriebliche Sozialleistungen, Betriebsklima und Elternzeit stehen dabei im Mittelpunkt. Neben einer Reihe von Handlungshilfen erhalten Betriebsräte Unterstützung für Vereinbarungen auch über eine Toolbox im IG-Metall-internen Extranet.

Mit dem „Klimaindex Vereinbarkeit" steht den betrieblichen Interessenvertretungen ein Instrument zur Verfügung, mit dem Vereinbarkeit auf die Agenda gesetzt werden kann. Beschäftigte können damit bestehende Vereinbarungen bewerten und Maßnahmen zur Vereinbarkeit einfordern. Eine gute Grundlage für Betriebsräte und Vertrauensleute, um beteiligungsorientiert mit den Beschäftigten einen Forderungskatalog für das Unternehmen zu erarbeiten.

6.4 Frauen-, Aktions- und Werbemonat März

Im März 2012 fand erstmalig ein bundesweiter Frauen-, Aktions- und Werbemonat statt, der die gleichstellungspolitischen Themen der IG Metall fokussiert und gezielt zur Ansprache und Mitgliederwerbung von weiblichen Beschäftigten genutzt wird. Die zahlreichen Veranstaltungen rund um den Internationalen Frauentag und den Equal Pay Day eignen sich dazu ebenfalls. Begleitet wird dieser Monat mit einem umfangreichen Angebot an inhaltlichen Materialien zu den Themenschwerpunkten und durch die Kommunikationsmedien der IG Metall. Der große Erfolg des Aktions- und Werbemonats hat dazu geführt, dass dieser im Jahr 2013 wiederholt, weitergeführt und ausgebaut werden soll.

7 Ausblick

Wir wollen eine Gesellschaft und eine Arbeitswelt, die demokratisch, vielfältig und gerecht ist und die gute Arbeit fördert. Die Gleichstellung der Geschlechter ist ein Teil davon. Gleichstellung gehört deshalb auf die Agenda der Politik und der Unternehmen, aber auch auf die Tagesordnung der IG Metall und ihrer Betriebsräte.

Der in diesem Beitrag beschriebene Weg hat sich bewährt und zeigt erste Erfolge. Die elementaren Bausteine sind

- Fokussieren auf gleichstellungspolitische Themen;
- Einbringen von gleichstellungspolitischen Themenfeldern in die Kampagnen der IG Metall;
- konkrete Unterstützung mit Seminaren, Handlungshilfen und Instrumenten für die betriebliche Anwendung;
- Erarbeiten von Best-Practice-Beispielen;
- ständige Begleitung der Themen durch innergewerkschaftliche Öffentlichkeitsarbeit.

Frauen stärken und ermutigen, sich für ihre Interessen zu engagieren, und gleichzeitig gleichstellungspolitische Themen in die Mitte der gewerkschaftlichen Betriebspolitik stellen – raus aus der Frauenecke und rein in die alltägliche praktische Gewerkschaftsarbeit! Darum geht es. Wir wollen deutlich machen: Die IG Metall ist eine Mitmachgewerkschaft für Frauen. Das ist Voraussetzung dafür, dass die IG Metall zu einer Organisation wird, in der Frauen und Männer gleichberechtigt vertreten sind.

Literatur

[1] Genderbericht der IG Metall (2011)
[2] Waas, B. (2012): Geschlechterquoten für die Besetzung der Leitungsgremien von Unternehmen. HSI-Schriftenreihe, Band 3.

Ver.di als Akteurin für Chancengleichheit von Frauen und Männern

Karin Schwendler

1 Ausgangslage und Ziele

Die Vereinte Dienstleistungsgewerkschaft (ver.di) hat über 50 Prozent weibliche Mitglieder. Schon deshalb ist ihr das Thema Geschlechtergerechtigkeit und Chancengleichheit ein besonderes Anliegen.

In den von ver.di betreuten Branchen gibt es sowohl frauen- als auch männerdominierte Berufsgruppen und Betriebe. Je nach Ausprägung ist die Situation für Frauen, Karriere zu machen, unterschiedlich. In den *öffentlichen Diensten* stellt sich die Konstellation für die Aufstiegschancen von Frauen besser dar als in der privaten Wirtschaft. Es gibt in den öffentlichen Diensten eine leichte Steigerung des Anteils von Frauen in Führungsfunktionen auf durchschnittlich etwas über 30 Prozent. Dieser Anstieg ist unter anderem den jeweiligen Landes- bzw. Bundesgleichstellungsgesetzen zu verdanken, die eine explizite Frauenförderung mit Instrumenten und Maßnahmen in den Dienststellen vorsehen. Ein solches Gleichstellungsgesetz fehlt in der *privaten Wirtschaft* aber noch.

Die „Gläserne Decke" für die Karriere von Frauen, die sich auch im Projekt „Frauen in Karriere" gezeigt hat, wird umso undurchdringlicher, je höher die Funktion in den Betrieben angesiedelt ist. Selbst in von Frauen dominierten Unternehmen sind oftmals Männer die Chefs. Das zeigt sich insbesondere in den Finanzdienstleistungen (ca. 55 Prozent Frauenanteil unter den Beschäftigten), aber auch im Gesundheitswesen (70 Prozent) oder im Handel (80 Prozent). Insbesondere in den Aufsichtsräten und Vorständen, die die Politik des Unternehmens maßgeblich mitgestalten, mangelt es an Frauen. Bisher ist es zum überwiegenden Teil die ArbeitnehmerInnenseite, die sich an eine geschlechtergerechte Besetzung auch dieser Gremien hält. Auf Arbeitgeberseite hat sich die Beteiligung von Frauen noch lange nicht durchgesetzt, und das wird unserer Einschätzung nach auch nicht aus freien Stücken geschehen.

Als Gewerkschaft hat ver.di sich zum Ziel gesetzt, die wirtschaftlichen und ökologischen, die sozialen, beruflichen und kulturellen Interessen ihrer Mitglieder zu vertreten und zu fördern. Dazu gehört die Verwirklichung der Geschlechterdemokratie und der gleichberechtigten Teilhabe von Frauen und Männern in Betrieb, Wirtschaft, Gesellschaft und Politik, auch unter Anwendung des Gender Mainstreaming. Wir unterstützen die Arbeit der Betriebs- und Personalräte, der MitarbeiterInnenvertretungen und der Gleichstellungsbeauftragten in den Betrieben und Dienststellen in diesem Sinn.

Um für das Thema Geschlechtergerechtigkeit und Chancengleichheit zu sensibilisieren, werden unterschiedliche, aufeinander abgestimmte Instrumente und Maßnahmen genutzt. In Seminaren und Bildungsveranstaltungen wird sowohl das Prinzip des Gender Mainstreaming implementiert als auch speziell auf die Bedürfnisse und Erwartungen der jeweiligen Zielgruppe und des jeweiligen Geschlechts eingegangen.

Frauen- und Gleichstellungspolitik ist ein eigenständiges Politikfeld bei ver.di. In diesem Politikfeld arbeitet ver.di auf Mitgliederorientierung und zielgruppengenaue Ausrichtung der ver.di-Politik mit Blick auf Frauen und deren Belange hin. Diese Arbeit zielt sowohl auf die betrieblichen Aktionen und Forderungen von ver.di, die insgesamt mit dem Geschlechterblick zu betrachten und gegenüber den Arbeitgebern zu vertreten sind, als auch auf die Gesellschaftspolitik.

In der zurzeit stattfindenden Diskussion zu den Themen demografischer Wandel und Fachkräftemangel stellen wir immer wieder fest, dass Frauen als Potenzial zu begreifen noch sehr in den Anfängen liegt. Dazu gehört auch die Diskussion der anwachsenden prekären Beschäftigung, wie zum Beispiel Leiharbeit und Minijobs. Bei der Leiharbeit ist der Frauenanteil stetig steigend und die Minijobs betreffen zum überwiegenden Teil weibliche Beschäftigte – also ein großes Potenzial an Arbeitnehmerinnen, die in sozialversicherungspflichtige Arbeit in die Betriebe integriert werden und gefördert werden könnten.

Die innerbetrieblichen Maßnahmen zu Themen wie Vereinbarkeit von Beruf und Familie/Pflege bewegen sich nur dann im Sinne der Beschäftigten, wenn Druck entsteht. Dabei spielen die Interessenvertretungen und die gewerkschaftlichen betrieblichen FunktionärInnen eine große Rolle. Sie bringen die Themen in den Fokus.

2 Entgeltungleichheit erkennen und gegensteuern – der eg-check

In der öffentlichen Diskussion ist seit Jahren angekommen, dass Frauen in Deutschland im Durchschnitt immer noch schlechter bezahlt werden als Männer. Die Aufwertung von Frauentätigkeiten ist ein zentrales Anliegen der Frauen- und Gleichstellungspolitik von ver.di. In der Tarifpolitik von ver.di nimmt das Thema Entgeltgleichheit einen immer größer werdenden Raum ein.

(Entgelt-)Ungleichheit zwischen Frauen und Männern ist trotz vielfältiger Aktivitäten noch immer Tatsache. Zwar ist der Grundsatz „Gleicher Lohn für gleiche Arbeit" bei den Tarifverdiensten weitgehend eingelöst, bei den Effektiveinkommen existiert aber weiterhin ein erhebliches Einkommensgefälle. Nach den Daten des Statistischen Bundesamts betrug in Deutschland der Entgeltunterschied zwischen Männern und Frauen 2011 immer noch 22 Prozent. Der Einkommensabstand beruht auf verschiedenen Faktoren. So beeinflussen geschlechtsspezifische Unterschiede in Aus- und Weiterbildung, Berufswahl, Arbeitszeit, Tätigkeit, Branche, aber auch die Anerkennung von Berufs- und Tätigkeitsjahren, von Qualifikation, Tätigkeitsanforderungen, Leistungsgrad oder besonderen Belastungen die durchschnittlichen Entgelte von Männern und Frauen.

Viele Berufe und Tätigkeiten werden überwiegend von den Angehörigen eines Geschlechts ausgeübt. Verschiedenartige Arbeit, etwa die von Erzieherinnen und die von Elektrotechnikern, kann jedoch durchaus gleichwertig sein. Jede Arbeitsbewertung spiegelt aber die gesellschaftliche Bewertung der jeweiligen Tätigkeit wider und ist ein politischer Vorgang, in den die verschiedenen Interessen ebenso einfließen wie die relative Macht von Interessengruppen. In die Struktur von Eingruppierungsverfahren und in deren Umsetzung im Betrieb ist vielfach eine Unterbewertung bzw. Nichtbewertung von typischen Frauentätigkeiten im Vergleich zu typischen Männertätigkeiten eingebettet. Doch nach zwingenden rechtlichen Bestimmungen (Art. 157 AEUV, Richtlinie 2006/54/EG) ist gleichwertige Arbeit unabhängig vom Geschlecht gleich zu bezahlen. Ver.di sieht aus diesen rechtlichen Gründen ebenso wie aus einem demokratischen Grundverständnis für die Tarifpolitik und für deren Umsetzung im Betrieb einen klaren Handlungsauftrag zur Herstellung von Entgeltgleichheit.

Wie lässt sich nun erkennen, ob Entgeltunterschiede im Betrieb vorhanden sind und ob diese möglicherweise auf diskriminierenden Faktoren beruhen? Wie können Tarifvertragsparteien und Betriebsparteien ungleiche Bezahlung von gleicher und gleichwertiger Arbeit vermeiden? Wie kann bei der Einführung von neuen Entgeltinstrumenten, etwa bei leistungsbezogenen Entgeltbestandteilen, Diskriminierung aufgrund des Geschlechts von vornherein vermieden werden?

Das Instrumentarium eg-check.de[1] bietet hierfür mehrere Prüfinstrumente, die sowohl Tarifverhandelnde als auch Arbeitgeber und Betriebs- und Personalräte nutzen können. Es knüpft an den rechtlichen Grundlagen an und liefert im Ergebnis rechtssichere Anhaltspunkte für das Vorliegen von Diskriminierungen aufgrund des Geschlechts. Geprüft werden können die verschiedensten Entgeltbestandteile wie Grundentgelt, Stufensteigerungen beim Grundentgelt, Überstundenvergütung, Leistungsvergütung oder auch Erschwerniszuschläge. Für jeden zu prüfenden Entgeltbestandteil stehen drei Arten von Prüfinstrumenten zur Verfügung:

Statistische Erhebungsinstrumente liefern Daten, um einen Überblick über die betriebliche Entgeltpraxis zu erhalten und Anhaltspunkte für Ungleichbehandlung zu identifizieren. Sogenannte *Regelungschecks* stellen einen umfangreichen Prüffragenkatalog zur Verfügung, mit dem tarifliche und betriebliche Regelungen auf mögliche Diskriminierungen hin überprüft werden können. Schließlich bieten *Paarvergleiche* die Möglichkeit, Entgeltgleichheit auf der individuellen Ebene zwischen einer von einem Mann und einer von einer Frau ausgeübten Tätigkeit zu prüfen.

Ver.di hat beschlossen, dieses Instrumentarium bei Tarifverhandlungen und auf der betrieblichen Ebene zu nutzen, um Entgeltdiskriminierungen konkret auf die Spur zu kommen. Wir schulen AkteurInnen in der Tarifpolitik und auf der betrieblichen Ebene und werben für die Nutzung des eg-check. Zurzeit sind wir dabei, einige Modellprojekte zur beispielhaften Anwendung zu initiieren.

---

1 Entwickelt von Andrea Jochmann-Döll und Karin Tondorf im Auftrag der Hans-Böckler-Stiftung, vgl. www.eg-check.de

Für ver.di ist diese Vorgehensweise eine Selbstverpflichtung. Eine diskriminierungsfreie Gestaltung von Tarifverträgen und eine entsprechende Umsetzung im Betrieb ist nur dann durch die beiden Tarifparteien bzw. Betriebsparteien zu erreichen, wenn sie beide das Bewusstsein dafür haben, dass geschlechtsspezifische Entgeltunterschiede bestehen und diese zu beseitigen sind. Wir sehen es daher als sinnvoll an, die Anwendung solcher Prüfinstrumente mit einer gewissen Verbindlichkeit auszustatten. Die Politik wäre hier mit einem Entgeltgleichheitsgesetz gefordert.

3 Gezielte Frauenförderung und branchenorientierte Gleichstellungspolitik - ein Projekt

Mit dem Projekt „Arbeitsqualität für Frauen durch branchenorientierte Chancengleichheitspolitik und gezielte Frauenförderung", das durch das Bundesministerium für Arbeit und Soziales im Rahmen der Bundesinitiative Gleichstellen von Frauen in der Wirtschaft gefördert wird, möchte ver.di ein besonderes Angebot für Frauen in Führungsfunktionen machen und zum Nachahmen anregen.

In diesem Projektzusammenhang spricht der eine Schwerpunkt „gezielte Frauenförderung" explizit Frauen aus der Wirtschaft in Führungsfunktionen oder vergleichbaren Positionen mit Verantwortung in wirtschaftlicher, personeller oder organisatorischer Hinsicht an. Die Teilnehmerinnen haben Gelegenheit, ihre Rolle im Betrieb weiterzuentwickeln, mit erfahrenen Referentinnen ihre Führungsaufgaben und Herausforderungen zu reflektieren und diese gestärkt anzugehen. Dabei ist es hilfreich, sich mit Frauen, die ebenfalls in der Rolle einer Führungskraft sind, austauschen zu können. Es ist für Frauen günstig, einen solchen geschützten Raum zu haben, um sich gegenseitig unterstützen zu können. Es wird als entlastend erfahren, miteinander in einen offenen Erfahrungsaustausch gehen zu können und so auch zeitweilig aus der „Vereinsamung" als Frau in Führung herauszukommen. Die Themen werden von den Teilnehmerinnen aus einem Angebot gewählt. Dabei erweisen sich unter anderem folgende Aspekte immer wieder als wichtig: Visionen, Ziele und Erfolgsstrategien in Veränderungsprozessen; souveränes Konfliktmanagement; effektive und verbindliche Kommunikationsstrukturen auch über große Distanzen; Strategien und Methoden für eine beteiligungsorientierte und nachhaltige Implementierung von Veränderungen; Personalführung und -entwicklung.

Der zweite Schwerpunkt, „branchenorientierte Gleichstellungspolitik", konzentriert sich auf Chancengleichheitspolitik in den Betrieben der Branchen Handel, Finanzdienstleistungen sowie Ver- und Entsorgung. Ziel ist es, die Arbeitsqualität für Frauen zu verbessern. Konkret werden Betriebe beraten, die gleichstellungspolitische Aspekte bearbeiten wollen. Die Themen in den Betrieben sind vielfältig: Vereinbarkeit von Beruf und Familie incl. Pflege; Arbeitszeitmodelle; Work Life Balance; Wiedereinstieg nach Auszeiten; Frauenförderung und vieles andere mehr. Die Branchen wurden bewusst nach Geschlechterverhältnissen ausgewählt: Im Handel arbeiten überwiegend Frauen, in den Finanzdienstleistungen ist das Verhältnis fast ausgeglichen und der Bereich Ver- und Entsorgung ist zum überwiegenden Teil männerdominiert.

Zu den Zielen des Projekts gehört es, Modelle und Maßnahmen zu entwickeln, die zur Unterstützung von Personalpolitik und betrieblichen AkteurInnen im Umgang mit dem demografischen Wandel und zur Sicherung der Erwerbschancen und der eigenständigen Existenzsicherung von Frauen beitragen. Durch die Aufarbeitung von „Guten Beispielen" sollen diese Erkenntnisse auch zukünftig weiteren betrieblichen und gewerkschaftlichen GestalterInnen zur Verfügung stehen.

4 Klimawandel durch Vorbilder - ein Mentoring-Programm

Ob Frauen in Betrieben es leichter oder schwerer haben, in Führungsfunktionen zu gelangen, liegt oftmals auch am Klima im Betrieb. Dort, wo es Vorbilder gibt, entwickeln auch weitere engagierte Frauen ein offensives Interesse an Führungsfunktionen. Aber bis zur Selbstverständlichkeit ist es oft ein weiter Weg. Dies gilt für Führungsfunktionen im Unternehmen selbst, aber auch in den Interessenvertretungen. Um ein positives Umfeld für Frauen im Betrieb zu schaffen, müssen alle Akteure an einem Strang ziehen. Dazu gehört auch, dass die Betriebsräte, Personalräte und Frauenbeauftragten sich aktiv für Gleichstellung und Geschlechtergerechtigkeit einsetzten. Und als positiv wird natürlich immer auch gewertet, wenn man/frau mit positivem Beispiel vorangeht.

So motivieren wir als Gewerkschaft gezielt Kolleginnen, sich für die Funktionen der Interessenvertretung zur Verfügung zu stellen und bewusst in diesen Gremien Führungsfunktionen zu übernehmen. Um die Kolleginnen dabei zu begleiten, führen wir in Kooperation mit anderen Gewerkschaften in einigen Regionen Mentoring-Programme durch. Hier geht es darum, die gewählten Kolleginnen in ihrem neuen Aufgabenfeld inhaltlich und strategisch zu unterstützen. Die Idee ist, dass eine schon erfahrene Interessenvertreterin die neugewählte Kollegin in ihren ersten Schritten begleitet und stützt. Erfahrene Kolleginnen können „neuen" Kolleginnen Orientierung und Basis-Handwerkszeug in einem unbekannten Terrain vermitteln. Die Mentorin leiht der Mentee ihr Ohr und berät sie in ausgewählten Fragen zur Arbeit als Interessenvertreterin. Mentee und Mentorin vereinbaren regelmäßige Treffen. Ein Tandem arbeitet ca. ein Jahr lang zusammen. Die Tandems werden unterstützt durch thematisch ausgewählte Seminare bzw. Workshops, die Netzwerkstruktur aller Tandems und eine methodische Begleitung durch die jeweilige Organisationsgruppe.

Die Erfahrung zeigt, dass diese Kolleginnen engagiert und selbstbewusst ihre neue Aufgabe meistern. Durch die eigene, positive Erfahrung mit diesem Programm sind die Frauen noch stärker sensibilisiert für die Erreichung der Chancengleichheit im Betrieb und tragen offensiv zu einem „Klimawandel" im Unternehmen bei.

5 Barrieren in Wirtschaft und Gesellschaft beseitigen

In der praktischen ver.di-Arbeit stellen wir immer wieder fest, dass die „Gläserne Decke" in den Unternehmen viele Schichten hat. Ein großes Karrierehindernis ist neben der mangelnden Vereinbarkeit von Beruf und Familie immer noch die Teilzeitarbeit. In den Führungsebenen hält sich hartnäckig die Auffassung, dass man/frau in Teilzeit nicht führen kann. Hierbei wird immer wieder deutlich – wenn auch nicht immer so klar ausgesprochen –, dass eine Führungsfunktion die betreffende Person zu 150 Prozent fordert, sowohl was den Einsatz und die Aktualität des Fachwissens und der Führungskompetenzen angeht als auch in Bezug auf die Ressource Zeit. Diese Konzeption von Führungsfunktionen schließt Frauen oftmals von vornherein aus. Aber selbst wenn Frauen Vollzeit arbeiten und eine Familie haben, besteht der Generalverdacht, das könne frau einfach nicht unter einen Hut bringen – und schon gar nicht könne sie hundertprozentig für die Arbeit da sein.

So kommt es nicht von ungefähr, dass bei der Bewertung der Leistungen von Frauen die oft von Frauen selbst geäußerte Vermutung herrscht, sie müssten mindestens doppelt so gut sein wie die männlichen Kollegen, um ernsthaft in den Kreis der potenziellen Führungskräfte aufrücken zu können. Solange Leistung in diesem Sinn vorwiegend nach Quantität und nicht nach Qualität bewertet wird, werden es Frauen schwer haben, die neben dem Beruf noch ein Leben haben bzw. es sich wünschen.

Wir stellen aber auch eine positive Entwicklung fest: Auch Männer wollen heutzutage nicht mehr wie selbstverständlich in diese „Tretmühle" geraten. Die Ansprüche an gute Arbeit und gutes Leben verändern sich, wenn auch langsam. Diese Entwicklung lässt sich an dem Index „Gute Arbeit", den der Deutsche Gewerkschaftsbund erhebt, nachvollziehen. Auswertungen von Arbeitszeitwünschen haben ergeben, dass sich Männer weniger Arbeitsstunden wünschen (40 statt bisherigen 43 Stunden) und Frauen gerne ca. 30 Stunden arbeiten würden statt wie bisher im Durchschnitt 20 Stunden.

Um diese Wünsche Realität werden zu lassen, bedarf es aber noch erheblicher Anstrengungen. Solange die Bezahlung in typischen Frauenberufen unter denen der typischen Männerberufe liegt, wird sich jede Familie zweimal überlegen, wer den Part der Familienaufgaben zum überwiegenden Teil übernimmt und damit fast automatisch auf eine Karriere verzichtet. Das Familienbild in Deutschland, und damit auch unsere Gesetzgebung, ist immer noch geprägt von dem „Ernährermodell": Der Mann geht arbeiten, die Frau kümmert sich um die Familie bzw. ist „Zuverdienerin". Dass die Wirklichkeit der Menschen mittlerweile eine andere ist, setzt sich in Politik und Gesetzgebung nur sehr langsam durch.

Ver.di tritt ein für eine gleichgestellte und eigenständige Existenzsicherung und soziale Absicherung von Frauen und Männern. Dazu gehört neben einem gleichwertigem Einkommen und einer sozialen Absicherung auch die partnerschaftliche Aufteilung der Familien- bzw. Sorgearbeit. Unser Ziel ist es, dass Frauen ein gleichberechtigtes und selbstbestimmtes Leben führen können. Daran arbeiten wir in den Betrieben, durch unsere tarifpolitische Ausrichtung und gegenüber den politisch Verantwortlichen.

Diversity von unten

Das Business Women's Network der SAP

Christiane Kuntz-Mayr und Christine Regitz

1 Einleitung

Die Förderung der Karrierechancen von Frauen ist in der SAP AG mittlerweile als zentrales Ziel der Schaffung von Chancengleichheit anerkannt. Sie ist eingebettet in die Diversity-Politik des Unternehmens, die auf die Schaffung eines inkludierenden Umfelds zur Freisetzung von Innovationskraft zielt. Als global agierendes Unternehmen verfügt die SAP mittlerweile über ein sehr gut ausgebautes Netz von Maßnahmen und Institutionen in diesem Feld, das seinerseits in die globale „People Strategy" eingebunden ist. Die Entwicklung dahin wurde wesentlich aus dem Kreis der Mitarbeiterinnen und Mitarbeiter der SAP vorangetrieben. Sie ist mit der Gründung und den Initiativen eines Netzwerks von Frauen in der SAP verbunden, des Business Women's Network. Von den ersten Awareness-Seminaren über die Schaffung eines Global Diversity Office bis zur Etablierung einer globalen Diversity-Strategie wurden zentrale Impulse aus diesem Netzwerk aktiver Frauen in der SAP beigesteuert. Somit sind die Initiativen zur Förderung der Entwicklungs- und Karrierechancen von einer Bewegung „von unten" geprägt und in ihrer Charakteristik bis heute von dem Engagement vieler aktiver Frauen und Männer dieses Netzwerks mitbestimmt.

Dieser Beitrag reflektiert die Erfahrungen des Business Women's Network der SAP bei der Etablierung und Weiterentwicklung einer Strategie zur Förderung der Entwicklungs- und Karrierechancen von Frauen. Das einführende Kapitel befasst sich mit dem Netzwerk und seinem Selbstverständnis. Ein historischer Abriss schildert darauf aufbauend die wichtigsten Etappen der Herausbildung der Diversity-Politik der SAP. Abschließend reflektieren wir unsere Erfahrungen und die Herausforderungen für die weitere Entwicklung.

2 Selbstverständnis des Netzwerks

Das Business Women's Network der SAP ist eine Plattform zum Austausch von Erfahrungen sowie zur Unterstützung und Beratung des Unternehmens im Hinblick auf die Vorteile einer Förderung von Chancengleichheit für Frauen. Es reiht sich damit ein in eine Vielzahl von SAP-Netzwerken, die jeweils verschiedene Diversity-Dimensionen abdecken (neben Geschlecht etwa auch Alter, Kultur oder sexuelle Orientierung). Neben dem Netzwerk in Deutschland mit über 1.400 Mitgliedern gibt es weitere „Chapter" in vielen Ländern, wie z.B. in den USA, in Indien oder in Frankreich. Weltweit gehören ca. 4500 Mitglieder dem Business Women's Network an. In Deutschland gibt es außerdem die Gruppe der Leitenden Angestellten, die sich zusätzlich organisiert hat (vgl. den Beitrag von Margret Klein-Magar, in diesem Band), jedoch nach außen als Teil des Business Women's Network auftritt.

Wir haben unser Netzwerk von Anfang an auch für Männer geöffnet, um deutlich zu machen, dass es uns nicht um eine Revitalisierung feministischer Ideen geht. Stattdessen haben wir die Förderung der Chancengleichheit von Frauen von Anfang an als ein strategisches Thema für das Unternehmen begriffen. Das Ziel unseres Netzwerks besteht darin, einen Beitrag zum Erhalt der Wettbewerbsfähigkeit des Unternehmens zu leisten und damit die Unternehmenskultur weiter zu verbessern. Unser Credo lautet: Die volle Entfaltung der vielfältigen Fähigkeiten von Frauen und Männern ist der Motor bei der Weiterentwicklung der Innovationskraft der SAP. Dazu gehören die Förderung einer ‚inklusiven' Atmosphäre im Inneren, um das volle Potenzial der Mitarbeiterinnen und Mitarbeiter zu erhalten und auszuschöpfen, sowie die Verbesserung der Performance durch die Nutzung ‚diverser' Führungsressourcen.

Bei der Umsetzung dieser Ziele beschränken wir uns jedoch nicht darauf, bloß an die Strukturen zu appellieren. Vielmehr gehört es zum Selbstverständnis des Netzwerks, die Offenheit der Strukturen in der SAP, die auf einer Kultur des unternehmerischen Denkens und der Eigenverantwortung fußt, aktiv zu nutzen. Es geht dabei darum, vorhandene Freiräume zu gestalten, um die Unternehmensstrukturen „von unten" – also „bottom up" – und damit nachhaltig zu verändern. Unser Anspruch war es immer – und ist es bis heute –, durch Eigeninitiative und Selbstengagement eine Wirkung im Unternehmen zu entfalten. Das Ziel ist also, die Kraft der Vielfalt nicht nur zu proklamieren, sondern auch zu leben – als Führungskräfte und als Mitarbeiterin und Mitarbeiter. Nicht zuletzt deswegen bilden regelmäßige Treffen zum gemeinsamen Erfahrungsaustausch und die Organisation von sowie die Teilnahme an Gender Awareness Trainings bis heute den Kern der Netzwerk-Aktivitäten.

3 Historische Etappen bei der Herausbildung der Diversity-Politik

Noch bis zum Beginn des Jahrtausends war das Thema „Frauen in Karriere" in der SAP faktisch nicht vorhanden. Zwar waren Diversity- und Gleichstellungsthemen in dem globalen Unternehmen schon immer präsent, jedoch ausschließlich im Sinne gesetzlicher Anti-Diskriminierungsauflagen (vor allem in den USA) oder natürlich im Rahmen interkultureller Trainings für die globale Kooperation zwischen den weltweit verteilten Standorten des Unternehmens. Das Thema Gender wurde jedoch außerhalb von Richtlinien des Legal Department nicht verfolgt. Uns schwebte aber vor, das Thema unabhängig vom Allgemeinen Gleichstellungsgesetz (AGG) zu treiben – eben mit einer strategischen Ausrichtung.

3.1 Die „subversive" oder „Grassroot"-Phase

Der Auslöser für die – anfangs noch eher „konspirative" – Konstituierung unseres Netzwerks war eine Mitarbeiterbefragung im Jahre 2002. In der Umfrage sollte u.a. bewertet werden, ob die Chancengleichheit zwischen Männern und Frauen im Unternehmen gewahrt ist. Die Auswertung zeigte, dass die überwiegende Mehrheit der Auffassung war, dass Männer und Frauen bei der SAP durchaus die gleichen Chancen hätten. Schaute man sich das Ergebnis jedoch genauer an, fiel auf, dass diese Meinung zwar von *über 80 Prozent der männlichen Mitarbeiter* vertreten wurde, jedoch *nur von der Hälfte der Frauen* im Unternehmen. Umgekehrt betrachtet: Die Hälfte der Frauen hatte nicht den Eindruck, dass im Unternehmen Chancengleichheit zwischen den Geschlechtern besteht!

Wir haben uns dann sehr bewusst dafür entschieden, das Thema trotzdem nicht mit einem „großen Knall" in das Unternehmen zu tragen, sondern mit einer vergleichsweise „subversiven" Strategie. Es war hier wirklich noch die private Initiative von einzelnen Frauen, die in stundenlangen Gesprächen versucht haben, die ersten zehn Führungsfrauen (und später auch die ersten männlichen Führungskräfte) für ein zweitägiges Training zum Thema Gender zu gewinnen. Anfangs waren diese Workshops tatsächlich geheim und wurden nur mit handverlesenen Teilnehmerinnen durchgeführt. Eingeladen wurde ausschließlich privat, so dass weder die Sekretariate noch andere Dritte identifizieren konnten, dass es sich um ein „Frauentreffen" handelte.

Der erste Workshop war bereits ein großer Erfolg. Die begeisterten Teilnehmerinnen haben über ihre persönlichen Kontakte den zweiten Kurs bestückt. Die haben dann die Teilnehmerinnen für den dritten Kurs empfohlen; so ging es immer weiter nach dem Schneeballprinzip – und immer „top secret". Unser Ziel war es am Anfang, hier tatsächlich vor allem Führungskräfte in den Workshops zu schulen, um das Bewusstsein für das Genderthema insbesondere auf die Managementebene zu bringen.

Parallel haben zu dieser Zeit außerdem – im privaten Rahmen – monatliche Treffen zum Erfahrungsaustausch stattgefunden. Diese waren sehr wichtig, weil hier dann kursübergreifend richtige Beziehungen entstehen konnten, indem z.B. gemeinsam mit externen Trainerinnen, im Sinne einer Supervision, Fallbesprechungen durchgeführt wurden. Aus diesen Treffen der Frauen, die an den Kursen teilgenommen hatten, ist dann – nach geraumer Zeit – endlich das entstanden, was erst viel später als Business Women's Network in Erscheinung trat.

Retrospektiv betrachtet, hat sich dieser subversive Weg letztlich als genau die richtige Strategie herausgestellt. Denn bei der komplexen Ausgangslage im Unternehmen kam es darauf an, das Thema von Beginn an intelligent zu positionieren: So war es, erstens, entscheidend, zunächst überhaupt einmal eine Basis für die Gender Awareness im Unternehmen zu schaffen, um die vorhandenen Vorurteile – unter Akademikerinnen und Akademikern gebe es das Problem überhaupt nicht – behutsam zu zerstreuen. Der Weg dazu wurde durch die Umfrage 2002 geebnet – das war die Initialzündung. Mit den Workshops ist es dann gelungen, sukzessive für das Thema Chancengleichheit im Unternehmen zu sensibilisieren, insbesondere bei den Führungskräften. Denn: Das Mindset nach dem Kurs war ein völlig anderes als davor. Indem die Teilnehmerinnen und Teilnehmer dann den Raum auf den monatlichen Treffen dazu nutzten, über die Anerkennung und Chancengleichheit der Frauen im Unternehmen zu reflektieren, konnten wirkliche Bewusstseinsprozesse ausgelöst werden, die die Problemwahrnehmung im Unternehmen verändert haben – von „ist doch gar kein Problem bei uns" hin zu „wir müssen unbedingt etwas tun".

Zweitens mussten wir aufpassen, speziell die männlichen Kollegen nicht zu überfordern, um so zu verhindern, dass – aus der Unsicherheit heraus, mit dem Thema nicht umgehen zu können – Widerstand entsteht. Daher war es nötig, in der ersten Phase sehr „geheimbündlerisch" vorzugehen (auch wenn das für uns manchmal sehr unheimlich war – als würde man etwas „Verbotenes" tun). Es war außerdem wichtig, die Initiative von Anfang an auch für interessierte Männer zu öffnen und insbesondere für männliche Führungskräfte Workshops anzubieten.

Dazu gehörte dann, drittens, dafür zu sorgen, dass unsere Initiative nicht in die „Feminismus-Ecke" gestellt wird, sondern als ein „inklusiver" Ansatz für Frauen und Männer wahrgenommen wird – zwar mit einem Fokus auf Frauen, aber eben nicht als ein reines „Frauenthema".

3.2 Die Institutionalisierungsphase – „legale" Etablierung der Frauenförderung

Mit der Zeit stieg die Anzahl der Kurse und es wurden, neben den Führungskräfte-Workshops, auch immer mehr Trainings für Nicht-Führungskräfte angeboten. So ist die Basis für die Gender Awareness im Unternehmen mit der Zeit immer breiter geworden. Durch unsere „Pionierarbeit", also die jahrelange Verankerung des Themas „bottom up" in Form von selbstorganisierten Seminaren und Netzwerktreffen, wurde bald eine „kritische Masse" erreicht, die eine Art „Feldwirkung", also die allmähliche Verselbstständigung des Themas in der Organisation ermöglichte: Die ständige Ausbildung von Multiplikatorinnen und Multiplikatoren „von unten" hatte schließlich zu einer Dynamik geführt, die bis auf die Vorstandsebene ausgestrahlt hat. So haben wir uns – im Dezember 2006 – entschieden, mit unserem Netzwerk nach außen zu gehen und es offiziell als „Community" im Intranet zu registrieren.

Entscheidend für die „legale" Etablierung der Frauenförderung war jedoch etwas anderes: Um das Thema Chancengleichheit von Frauen auch auf der Vorstandsebene zu platzieren, war es nötig, es auf eine breitere Grundlage zu stellen und programmatisch einzubetten. Vor dem Hintergrund des Charakters der SAP als „global company" lag es nahe, die Karrierechancen von Frauen im Rahmen einer darunterliegenden Diversity-Strategie zu treiben. Denn so war es uns möglich, an dem Thema Globalisierung anzuknüpfen, dessen strategische Bedeutung im Unternehmen evident ist. Dazu gab es unseres Erachtens keine Alternative.

Die strategische Platzierung als Diversity-Thema ermöglichte eine größere Akzeptanz. Denn es war klar, dass Diversity mehr Dimensionen hat als nur Gender, dass es also ein viel größeres Thema ist. Zum anderen konnten wir im Rahmen der „diverse workforce" argumentieren, dass es neben z.B. der interkulturellen auch der Geschlechter-Kompetenz bedarf, um die Vielfalt der Meinungen und Perspektiven für das Unternehmen produktiv zu machen. Dieser Impact – den unterschiedlichen Sichtweisen und Beiträgen aus unterschiedlichen Erfahrungshintergründen in der Organisation einen legitimen und adäquaten Platz zu verschaffen – lieferte letztlich den entscheidenden Kontext für den strategischen Charakter der Frauenförderung.

Das war auch nicht zuletzt für unser Selbstverständnis wichtig. Es war sehr wichtig zu wissen, dass es hier nicht um eine „Liebhabaktion" für irgendeine Minderheit oder um „Frauenpower" geht, sondern darum, einen Mehrwert für das Unternehmen zu schaffen. Aus diesem strategischen Kontext heraus konnten wir selbstbewusster auftreten und diskutieren.

Uns war also klar, dass sich das Thema Diversity besser verkaufen lässt, insbesondere wenn man, neben Gender, auch die interkulturelle Dimension berücksichtigt. Denn hier hat die SAP tatsächlich einen für alle bereits sichtbaren „issue".

Wir haben dann angefangen, Schritt für Schritt das Diversity-Thema zu treiben. 2004 sind wir damit zum Vorstand gegangen und haben in der Folge das erste globale Diversity-Projekt aufgesetzt – zunächst mit einem starken Fokus auf das Kultur-Thema, eben weil es hier mit der Globalisierung bereits gute Anknüpfungspunkte im Unternehmen gab. Ein Jahr später konnte der Vorstand dann überzeugt werden, das Projekt in ein richtiges Global Diversity Office zu überführen, womit wir endlich unsere „legale" Einheit auch für die Frauenförderung geschaffen hatten.

Mit dem Office begann man dann eine globale Strategie auszuarbeiten, mit starkem Fokus auf Talent Management. Denn das war immer unser Kernargument für Diversity Management: „Wir verschwenden Talente!" Und dies war dann auch der programmatische Kontext für eine legitime Förderung der Karrierechancen von Frauen.

Hier war entscheidend, dass wir im Netzwerk einen Business Case aufgesetzt haben, mit Roadmap und allem, was dazu gehört. Damit haben wir dann 2006 den Vorstand überzeugt – sozusagen mit seinen ureigensten Argumenten: Unser Fokus lag stark auf dem Talent Management. Mit dem Argument, das Unternehmen voranzubringen, indem wir die richtigen Talente auf die richtigen Positionen bringen, konnten wir plausibel machen, dass hier insbesondere bei den Frauen noch viel „Luft nach oben" ist. Und damit war dann die strategische Bedeutung von Gender Awareness und entsprechenden unternehmensweiten Trainings ebenso evident.

4 Vor der strategischen Wende? Erfahrungen und Herausforderungen

Resümiert man die skizzierten Etappen, Diversity „von unten" im Unternehmen zu verankern, lassen sich drei verschiedene Wege identifizieren, die jedoch alle den Ansatz verfolgen, Politik zu machen. Der erste Weg zielte darauf, über Workshops bzw. Trainings die Sensibilität für die Frauenförderung im Unternehmen zu erhöhen. Dieser Ansatz der „Kulturveränderung" ist bis heute die entscheidende Basis für die Aktivitäten im Bereich Gender Diversity. Über 2.000 Beschäftigte, allein am deutschen Standort, wurden mittlerweile in den Awareness-Seminaren geschult. Die Kurse können heute von allen Mitarbeiterinnen und Mitarbeitern sowie von den Führungskräften ganz offiziell gebucht werden, wie jede andere Programmier-, Sprach- oder sonstige SAP-Schulung auch.

Der zweite – ganz wichtige – Weg war dann die Vernetzung untereinander bis hin zur Gründung des Business Women's Network als eine Art gemeinsamer Akteur. Insbesondere die Netzwerktreffen haben einen Raum geöffnet, der es ermöglichte, miteinander eine Praxis zu entwickeln, um die Förderung der Karrierechancen von Frauen im Unternehmen voranzutreiben. Hier war es nicht ganz unwesentlich, gerade Führungskräfte (beiderlei Geschlechts) zu adressieren und miteinander zu vernetzen, die aufgrund ihrer Verantwortung und Funktion im Unternehmen in der Lage waren, etwas zu gestalten.

Zusammengenommen haben beide Wege – der Weg der Kulturveränderung und der Weg der Schaffung eines gemeinsamen Akteurs – dazu geführt, die Gendersensibilität in der Organisation zu erhöhen. Dies war schließlich die Voraussetzung, um den entscheidenden, dritten Weg zu ebnen: die Gewinnung des Vorstands. Ohne die politische Verankerung der Frauenförderung auf der obersten Ebene des Unternehmens – die heute durch die Global Diversity and Inclusion Officerin verkörpert wird, die direkt an den Vorstand berichtet – wäre der Schritt von der Ausarbeitung einer globalen Diversity-Strategie hin zu einem Vorstandsbeschluss, der einen Frauenanteil von 25 Prozent in Führungspositionen bis Ende 2017 vorsieht, wohl nicht möglich gewesen.

So ist heute aus einem ehemals wie ein „Spezial"-Thema erscheinenden Thema ein strategisches geworden. Durch das Top-down-Commitment des Vorstands wurde unsere Bottom-up-Bewegung durch entsprechende Strukturen, Investments und Targets flankiert – bis hin zur (mittlerweile wiederholten) Besetzung des HR-Vorstands mit einer Frau. Aktuell geht es nun darum, in einem Suchprozess die richtige Strategie zu identifizieren, um letztendlich eine kritische Masse von Frauen auch unterhalb des Vorstands in die höchsten Führungspositionen zu bekommen. Die Erreichung dieses Ziels ist entscheidend, damit die Kulturveränderung sich von selbst reproduzieren und verstärken kann. Erst dann wird es möglich sein, dass eine spürbare Veränderung auch bei den Frauen auf der Mitarbeiterebene ankommt.

Insofern steht das Unternehmen in dieser Frage vor einer strategischen Wende. Bisher gibt es zwar ein hohes Bewusstsein in der Unternehmensführung, dass Gender Diversity ein wichtiges Thema ist – insbesondere um für Talente auf dem globalen Markt attraktiv zu sein –, aber offenkundig ist der „Leidensdruck" noch nicht so hoch, dass einschneidende Veränderungen in den zentralen Strukturen und Prozessen des Unternehmens stattfinden. Die Verlagerung der Verantwortung für die Förderung der Karrierechancen von Frauen in die einzelnen Vorstandsbereiche war ein richtiger Schritt. Allerdings kommt es darauf an, hier auch die entsprechenden Initiativen in der Breite zu entwickeln, damit das Thema nicht zu einer Alibiveranstaltung verkommt. Ein entscheidender Schritt ist es hier, das Business Women's Network künftig stärker als Stakeholder einzubinden. Daran arbeiten wir.

Denn wenn wir aus den Erfahrungen unseres Netzwerks eines gelernt haben, dann ist das, nicht nachzulassen und behutsam, aber entschieden den Druck auf das Thema „Frauen in Karriere" – von unten – zu erhöhen, um die Entwicklung stabil zu halten.

Frauenförderung bei der Deutschen Telekom AG aus der Sicht des Betriebsrats

Monika Brandl

1 Einleitung

Beim Thema Frauenförderung kann die Telekom AG als ehemaliges öffentliches Unternehmen auf eine vergleichsweise lange Tradition und viel Erfahrung zurückblicken. Sie hat aus der Zeit als öffentliches Unternehmen Frauenförderung als Erbe übernommen. Das Gleichstellungsthema wurde vom Betriebsrat maßgeblich gestaltet. Im Zuge der neuesten Entwicklungen hin zum Diversity Management entwickelte es sich zum strategischen Thema des Unternehmens, durch die Einführung der Frauenquote 2010 nimmt die Telekom heute eine Vorreiterrolle ein.

Dieser Beitrag behandelt das Thema Frauenförderung bei der Telekom aus der Sicht des Betriebsrats. Zunächst wird ein Blick auf den historischen Werdegang der Frauenförderung im Unternehmen geworfen, in der Folge wird die gegenwärtige Sicht des Betriebsrats auf das Thema Frauen, Diversity und Quote dargestellt. Abschließend geht es um die zukünftigen Herausforderungen aus Betriebsratsperspektive.

2 Historischer Werdegang der Frauenförderung bei der Telekom AG

2.1 Aufschwung der Gleichstellungspolitik

Schon 1992 wurde in der Deutschen Telekom ein erstes Frauenförderkonzept entwickelt. In öffentlichen Unternehmen waren damals Gleichstellungsbeauftragte bereits vorgeschrieben. Diese Funktion wurde nach der Privatisierung 1996 als Erbe übernommen.

Ein Meilenstein in dieser Phase war die Konzernbetriebsvereinbarung zu Chancengleichheit und Gleichstellung (1996). In dieser wurde festgehalten: „Die Deutsche Telekom und der Konzernbetriebsrat bekennen sich zukunftsorientiert zur Gleichstellung von Frauen und Männern und deren Chancengleichheit." Gegenstand war die Einführung von Gender Mainstreaming in der Telekom AG. Ein Zitat aus dem Maßnahmenteil der Konzernbetriebsvereinbarung (KBV):

> Die unter a) bis c) aufgeführten sowie ggf. weitere Maßnahmen sind unter Beteiligung des jeweiligen Betriebsrats in Anwendung des BetrVG umzusetzen:
>
> a) Wo Frauen unterrepräsentiert sind, sind diese grundsätzlich bevorzugt einzustellen.

b) Zur Sicherstellung der weitreichenden Ziele, die mit dieser KBV erreicht werden sollen, ist in allen Konzernunternehmen eine Funktion „Gleichstellungsbeauftragte" zu realisieren.

c) Die Konzernunternehmen verpflichten sich, unter Beachtung der spezifischen Erfordernisse und unternehmensinternen Gegebenheiten, Qualifizierungskonzepte für alle Beschäftigtengruppen (fort-) zu entwickeln, die die Realisierung von Chancengleichheit im Unternehmen sicherstellen.

Zur Unterstützung dient der „Maßnahmenkatalog zur Gleichstellung und Chancengleichheit im Konzern Deutsche Telekom" in seiner jeweiligen Fassung. Sie enthält Anregungen für mögliche Maßnahmen, die unter Beachtung der Besonderheiten des jeweiligen Unternehmens die Umsetzung der Gleichstellung und Chancengleichheit unterstützen sollen. Welche der Maßnahmen zum Tragen kommen, liegt im Verantwortungsbereich des jeweiligen Unternehmens.

In dieser Aufschwungsphase war Gleichstellungspolitik ein starkes Thema, welches in allen Organisationbereichen durch sogenannte Equality-Teams vorangetrieben wurde. Diese Teams waren bei den Leitern und Leiterinnen der Organisationsbereiche angesiedelt. Damit wurde deutlich gemacht, dass Gleichstellungspolitik nicht als schönes „Spiel" betrieben werden sollte, sondern als harte Anforderung. Für die Niederlassungen gehörte es damals zum guten Ton, ein Equality-Team zu haben.

2.2 Fokus auf Zentralisierung

Ab 2000 wurde der Konzern grundlegend umstrukturiert: Es wurde eine Säulenstruktur eingeführt, eine verstärkte Zentralisierung wurde durchgesetzt und die Leitbilder „Lean Production" und „Lean Management" wurden implementiert.

Die Zentralisierung wirkte sich unter anderem auch auf die Gleichstellungsarbeit aus: Die Funktion wurde zentralisiert, die Anzahl der Gleichstellungsbeauftragten verringerte sich damit deutlich. Damit verschwanden die dezentral aufgestellten Equality-Teams, die Vernetzung in die Fläche ging verloren. Die ziemlich autark arbeitenden Bereiche waren für die Gleichstellungsbeauftragten nicht mehr transparent. So wurde manchen Errungenschaften der Equality-Teams, etwa deren Rolle bei der Umsetzung der Jahresplanung in den einzelnen Bereichen, bis zu einem gewissen Grad der Boden entzogen.

2.3 Umschwung zu Diversity und Führungskräfteentwicklung

Ab etwa Ende 2008 wurde der Weg von der Gleichstellung hin zum Diversity Management eingeschlagen. Damit lag der Fokus nicht mehr auf der Unterschiedlichkeit von Mann und Frau und deren Gleichstellung, sondern in der Telekom als internationalen Konzern sollte die Verschiedenheit auf mehreren Dimensionen produktiv genutzt werden: Geschlecht, Herkunft, Religion oder sexuelle Ausrichtung. Damit wurden Errungenschaften, die durch Kampagnen wie beispielsweise für „mehr Frauen in technische Berufe" erreicht worden waren, wieder stark dezimiert und Stück für Stück wurde der Erfolg wieder auf die Anfänge der Gleichstellungsarbeit zurückgeführt. Heute werden erneut Anstrengungen unter dem Label

"MINT"-Berufe (Mathematikerinnen, Ingenieurinnen, Naturwissenschaftlerinnen und Technikerinnen) gestartet, um den Frauenanteil in diesem Berufgruppen zu steigern.

3 Diversity und Quote – die Betriebsratssicht

Der wichtigste Kritikpunkt am Diversity Management aus Sicht des Betriebsrats besteht darin, dass es sich ausschließlich auf Führung und deren Einzugsgebiet bezieht, also erst beim außertariflichen Bereich (AT) beginnt. Die Diversity-Förderung konzentriert sich damit auf den Bereich Führungskräfteentwicklung, die Entwicklungsmöglichkeiten von Frauen unterhalb der Managementebene werden nicht betrachtet. Es ist aus unserer Sicht richtig, dass in den oberen Führungsetagen das Thema vorangetrieben wird, aber wirkliche Gleichstellung muss sich auf allen Ebenen umsetzen lassen. Mit Hochglanzbroschüren die Erfolge auf der oberen Führungsebene zu feiern und gleichzeitig durch Standortschließungen Mitarbeiterinnen die Existenzgrundlage zu entziehen, das kann nicht als echte Gleichstellung bezeichnet werden. Hier wurde vielen Frauen der berufliche Boden unter den Füßen weggezogen.

Die Telekom AG hat 2010 als erstes Unternehmen in Deutschland die Quote eingeführt: Der Vorstand hat sich verpflichtet, bis 2015 mindestens 30 Prozent Frauenanteil in Führungspositionen zu erreichen. Dadurch wird auch jeder Bereich verpflichtet, für jede Führungsfunktion entsprechend Frauen vorzuschlagen. Führung soll „weiblicher" werden. Von Betriebsratsseite wird das begrüßt, denn nur durch verbindliche Quoten wird aus unserer Sicht eine nachhaltige Verbesserung angestoßen und langfristig das Denken verändert. Aus unserer Sicht ist die Quote nicht das Ziel, sondern ein sehr probates Mittel auf dem Weg zum Ziel.

Unsere Kritik, dass die Parole „Frauen voran" nicht nur auf der Managementebene gelten darf, sondern sich auf allen Ebenen im Unternehmen fortsetzen muss, ist jedoch weiter gültig. Auch der „Nachwuchs" für Führungsfunktionen muss ja generiert werden, und das natürlich „von unten nach oben". Da ist noch Sand im Getriebe. Gleichstellung kann nur nachhaltig sein, wenn sie sowohl „unten" als auch „oben" betrieben wird. Sie hilft dann nicht nur, die Frauenquote umzusetzen, auszubauen und beizubehalten, sie wird dann auch zu einem Fundament des Unternehmens – auch und nicht zuletzt zu dessen eigenem Wohl. Denn Frauenförderung ist heute ein Erfolgsfaktor, der nicht zu vernachlässigen ist.

4 Künftige Herausforderungen

Die Einführung der Quote ist aus unserer Sicht ein löbliches Ziel, die Fakten weisen in die richtige Richtung. Der „Fair-Share"-Bericht weist beim Frauenanteil im oberen und mittleren Management Ende 2012 ein Zwischenergebnis von 24 Prozent aus – allerdings bezieht sich diese Zahl auf den Konzern weltweit, betrachtet man die Zahlen für Deutschland, so sind es erst 14,6 Prozent. Es wurden viele unterstützende Maßnahmen für Leitende Angestellte angeboten; der Anteil der Frauen beim „Top-Nachwuchs" ist auf 50 Prozent gestiegen, in Managemententwicklungsprogrammen beträgt er mittlerweile 39 Prozent, usw.

„Fair Share" heißt das Programm, das der Umsetzung der Frauenquote und der höheren Diversity dienen soll. Es zielt unter anderem auf ein regelmäßiges Monitoring des Frauenanteils in den verschiedenen Bereichen des Unternehmens, die Erhöhung der Transparenz weiblicher Talente, die Anpassung von HR-Prozessen zur Vermeidung geschlechtsspezifischer blinder Flecken und den Ausbau der Vereinbarkeit von Beruf und Familie (vgl. den Beitrag von Sonnet und Maier, in diesem Band).

Aus Betriebsratsperspektive stellt „Fair Share" einen Schritt in die richtige Richtung dar. Allerdings werden die Effekte durch die ständigen Personalabbaumaßnahmen teilweise wieder konterkariert. Gerade auch im Frauenführungsbereich geht durch die Abbaumaßnahmen nicht nur die Anzahl, sondern auch der prozentuale Anteil an den Führungskräften zurück. Hier muss weiter gezielt auf die Erhöhung der weiblichen Führungskräfte geachtet werden, um die Denkweise und die Resultate zu verstetigen. Auch der Nachwuchsbereich darf nicht außer Acht gelassen werden. Das Programm „Fair share" darf nicht zu einem Zahlenfriedhof verkommen, sondern muss leben – und zum Leben müssen unterstützende Maßnahmen bereitstehen. Bei Abbaumaßnahmen etwa muss klar sein, dass der prozentuale Anteil der Frauen nicht im Ganzen zurückgehen darf. Das sind Forderungen, für die wir als Betriebsrat einstehen. Im Einzelnen:

Eine breitere Sicht auf den Nachwuchs. Es ist wichtig, in Bezug auf alle Beschäftigten Frauenförderung zu betreiben. Einstellungen, Personalentwicklung, Beschäftigung und berufliches Weiterkommen müssen durchgängig mit Blick auf Frauenförderung in den Fokus genommen werden. Es ist gut, dass die Deutsche Telekom AG das Ungleichgewicht in der Führungsebene zu verbessern sucht, dies genügt aber nicht. Denn schon bei der Frage des Führungskräftenachwuchses zeigt sich, dass eine Förderung allein in der Spitze nicht nachhaltig sein kann.

Vereinbarkeit von Beruf und Familie. Für Frauen ist es nach wie vor schwierig, Familie und Beruf in Einklang zu bringen. Die Telekom bietet zwar an neun Standorten Kinderbetreuung an – das ist gut –, aber eine Kinderbetreuung rund um die Uhr ist nicht möglich (und wäre auch für die Kinder nichts Gutes). An den grundlegenden Umfeldbedingungen hat sich wenig geändert. So finden beispielsweise Meetings teilweise immer noch abends oder auch am Wochenende statt. Viele Frauen können deshalb erst nach der Kinder- und Familienphase durchstarten.

Führung in Teilzeit. „Fair Share" ermöglicht bei den oberen Führungskräften eine Teilzeitbeschäftigung. Überwiegend Frauen nehmen dieses Angebot an. Viele Führungskräfte schmunzeln freilich beim Thema „Führung in Teilzeit" und meinen: „Ich kriege doch so meine Arbeit nicht gestemmt." Das Modell des Führungskräfte-Tandems – ein Führungsmodell der Telekom – hat auch noch gewisse organisatorische Probleme. Denn bei Ausfall eines Tandem-Parts durch Krankheit, Urlaub usw. ist vorgesehen, dass der andere Part die Arbeit komplett übernimmt. Dann stellt sich natürlich wieder die Frage: Wie kann ich die Zeit der Vertretung in Einklang bringen mit meinen Familienaufgaben?

Elternzeit. Der Anteil männlicher Kollegen in Elternzeit steigt erfreulicherweise. Allerdings nehmen sie fast durchgängig nur zwei Monate Elternzeit, der Anteil der Männer, die eine längere Elternzeit beantragen, liegt bei 2,7 Prozent. Hier würden wir uns eine zeitliche Ausweitung der „Männermonate" durch den Gesetzgeber wünschen, denn nur dann wird sich auf lange Sicht eine Veränderung ergeben. Wir müssen darauf hinarbeiten, dass beide Elternteile sich ganz selbstverständlich zusammen verantwortlich fühlen. Nur wenn mehr Männer eine längere Zeit der Freistellung in Anspruch nehmen und sehen, was diese Zeit an wirklichem Mehrwert für sie bringt, wird die Entwicklung tatsächlich vorankommen. Das ist dann wirklich gelebtes Zeitmanagement.

Gender Collaboration Trainings. In diesen Trainings wird die Zusammenarbeit zwischen Frauen und Männern analysiert. Sie zeigen, dass unterschiedliche Handlungs- und Ausdrucksweisen nicht auf eine geringere Eignung von Frauen hinweisen, sondern einfach unterschiedliche Herangehensweisen abbilden. Es ist ein guter Ansatz, dass die Leitenden Angestellten zu 90 Prozent an den verbindlich angebotenen Seminaren teilnehmen. Doch ein wirkliches Umdenken kann sich nur im täglichen Umgang von Frauen und Männern miteinander, also im Arbeitsalltag festigen. Und „Gender Collaboration" darf auch nicht bei den oberen Führungskräften aufhören – auch auf Teamleitungsebene sollten derartige Trainings verbindlich sein.

Generelles Umdenken. Nach wie vor wird in der Gesellschaft davon ausgegangen, dass Frauen für die Kindererziehung zuständig sind. Hier ist ein generelles gesellschaftliches Umdenken nötig. Es genügt nicht, dass „für Frauen" Führung in Teilzeit ermöglicht wird. Frauen und Männer sollten lernen, die gemeinsame Verantwortung für Beruf und Familie anzunehmen und sich mit ihren Aufgaben abzuwechseln. Das Ziel: Es muss selbstverständlich werden, dass Frauen und Männer Seite an Seite gleichberechtigt und gleichbezahlt im Unternehmen stehen und dass einer Weiterbildung und dem beruflichen Fortkommen nicht das Geschlecht im Weg steht.

5   Fazit

Die Deutsche Telekom AG ist einen wichtigen Schritt vorangekommen. Für eine langfristige Lösung braucht es aber eine langfristige Planung Es genügt nicht zu propagieren: „Ein jeder denkt Fair Share mit." Das Programm „Fair Share" muss konsequent auf allen Ebenen des Konzerns weitergeführt werden. Nur Nachhaltigkeit bringt den wirklichen Erfolg, keine kurzfristigen Schnell-Maßnahmen, die dann wieder in der Versenkung verschwinden. Nachhaltigkeit ist das Gebot der Stunde. Nachhaltigkeit in der Personalarbeit ist das Rezept für den Erfolg eines Unternehmens, für engagierte zufriedene Kolleginnen und Kollegen, für die Sicherheit der Arbeitsplätze.

Frauenförderung in der Perspektive betrieblicher Mitbestimmung

Anita Ninnemann, Marion Leffler und Sylvia Stelzner

1 Ein Fallbeispiel: Flexwork

Es ist Donnerstag, kurz vor 14 Uhr. Die Vorstandsassistentin Verena Meyer klickt in ihrem Büro bei der Volkswagen Financial Services AG in Braunschwieg auf die E-Mail im Posteingang. Neue Zahlen für die Präsentation am Montag. Und in einer halben Stunde wartet ihr einjähriger Sohn Max in der Kinderkrippe, Mama ist mit dem Abholen dran. Heute ist der letzte Arbeitstag der Woche, denn Verena Meyer arbeitet in einem 20-Stunden-Modell. Trotzdem fährt sie ohne schlechtes Gewissen den Rechner herunter, denn sie kann dank Flexwork später von zu Hause aus auf ihr dienstliches Computer-Profil zugreifen und noch an der Datei arbeiten. Als Max am Nachmittag mit seinem Vater spielt, setzt sie sich an ihren Rechner und aktualisiert die Präsentation.

Am Abend des gleichen Tages. Max liegt schon im Bett, Verena Meyer sieht sich die Tagesschau an. Das Blackberry piept, der Chef meldet sich per E-Mail. Er will die guten Geschäftszahlen für Schweden noch prominent in der Präsentation haben und schickt sie gleich als Anhang mit. Es steht zwar nicht im Nachrichten-Text, aber es ist klar: Der Vorgesetzte weiß genau, dass seine Mitarbeiterin von zu Hause aus arbeiten kann. Und wenn sich die Fachreferentin für die nächsten Karrieresprünge qualifizieren will, sollte nach den ersten Klicks am Montag eine blau-gelbe Flagge auf der Leinwand auftauchen.

Das Beispiel haben wir nicht erfunden, sondern unseren Erfahrungen aus der betrieblichen Praxis entnommen. Nur die Namen von Max und seiner Mutter sind geändert. Dieser Tag von Verena Meyer illustriert eines der Themen, mit denen wir uns als Betriebsrat aktuell beschäftigen. Das Schlagwort dazu heißt Flexwork und umschreibt eine Entwicklung der modernen Arbeitswelt. Nicht nur der Internetzugang wird durch Smartphones oder Tabloid-Computer wie das iPad immer mobiler, sondern auch das Arbeiten.

Das ist aus Sicht des Betriebsrats ein zweischneidiges Schwert. Am Mittag weiß Verena Meyer die große Flexibilität zu schätzen, sie erleichtert ihr den Spagat zwischen den hohen Anforderungen im Job auf der einen und den ebenso hohen Anforderungen des Familienlebens auf der anderen Seite. Ob sie aber am Abend glücklich ist über die Segnungen der modernen Technik, ist zweifelhafter. Flexibilität ja, aber kein Arbeiten ohne Ende – auf diese Leitlinie haben wir uns mit dem Unternehmen verständigt.

2 Gestaltung des Berufsalltags

Das Thema, das wir gerade aufgezeigt haben, ist beim Betriebsrat der Volkswagen Financial Services AG nicht nur beim Ausschuss für Chancengleichheit angesiedelt. Vielmehr führt eine eigene Arbeitsgruppe als zuständige Experten die Verhandlungen über Flexwork. Und doch ist das Thema für die Förderung von Frauen augenscheinlich sehr relevant. Die Chancen liegen darin, im gesamten Berufsalltag der Kolleginnen viele kleine Weichen in die richtige Richtung zu stellen. Auch dann, wenn diese Weichen abseits von Förderprogrammen oder Veranstaltungen zum Frauentag liegen, die klassisch mit der Frauenförderung in Verbindung gebracht werden. Ob es um den Umgang mit Stress geht, die Ergebnisse des Stimmungsbarometers oder die Umstrukturierung einer Abteilung mit vielen Teilzeitkräften – die Mitbestimmungs-, Teilhabe- und Informationsrechte eines Betriebsrats bieten zahlreiche Möglichkeiten, Karrierehürden für Frauen zur Seite zu räumen. Wir betrachten die Frauenförderung nicht als Nischen-, sondern als tägliche Querschnittsaufgabe des Betriebsrats und der Mitbestimmungsstrukturen.

3 Die Arbeitsweise des Gleichstellungsausschusses

Obwohl die Frauenförderung bei fast allen Themen der Mitbestimmung eine Rolle spielt, gibt es doch einen klassischen Kern der Frauenförderung, um den sich der Chancengleichheitsausschuss besonders intensiv kümmert. Zu den Schwerpunkten gehören in dieser Legislaturperiode:

- die Förderung der Vereinbarkeit von Beruf und Familie, zum Beispiel Ermöglichung von Arbeiten in Teilzeit während der Elternzeit;

- der Umgang mit Flexwork, wie im obigen Fallbeispiel erläutert;

- die Begleitung des Mentoring-Programms für Frauen – dieses Programm eröffnet zwei Mitarbeiterinnen der Volkswagen Financial Services im Jahr die Chance, sich angeleitet von einer Führungskraft auf Führungsaufgaben vorzubereiten und ihre Vernetzungen im Volkswagen Konzern zu intensivieren;

- die Begleitung der Elternzeittreffen, bei denen sich einmal im Jahr Beschäftigte treffen, die kurz vor der Rückkehr aus der Elternzeit ins Unternehmen stehen, um sich zum Beispiel über Fragen rund um die gesetzliche Krankenversicherung oder über Veränderungen im Unternehmen auf dem Laufenden zu halten (siehe zu Mentoring und Elternzeittreffen auch den Beitrag von Christmann/Dierkes, in diesem Band);

- die Vereinbarkeit von Erwerbstätigkeit mit der Pflege von Angehörigen – nicht nur bei der Kindererziehung, sondern auch bei der Pflege von Angehörigen fällt den Frauen immer noch ein Großteil der Arbeitslast zu;

- die Ausgestaltung von Elternzeit und Partnermonaten von Frauen und Männern – das Ziel lautet, dass mehr Männer die Partnermonate wahrnehmen, und zwar auch mehr als die acht Wochen Mindestzeit;

■ die Entgeltgerechtigkeit – darum kümmern wir uns gemeinsam mit dem Entgeltausschuss, denn Fakt ist, dass Frauen in den unteren Gehaltsgruppen deutlich überrepräsentiert sind.

Ganz entscheidend ist es für uns, intensiv den Austausch mit dem Unternehmen zu suchen. Es findet ein monatlicher Austausch mit dem Bereich Frauenförderung unseres Unternehmens statt. Darüber hinaus gibt es regelmäßige Gespräche mit der Personalleitung Deutschland. Themen sind unter anderem die Mentoring-Kandidatinnen oder die anzustrebenden Zielwerte bei der Frauenförderung in den Personalplanungs- und Entwicklungsrunden. Darüber hinaus gibt es eine Vernetzung mit den Frauenförderungsinstitutionen im Volkswagen-Konzern sowie die regelmäßige Teilnahme an Treffen im Gesamtbetriebsrat.

4 Erfolge

Auf diesem Weg ist aus unserer Sicht bei der Volkswagen Financial Services im Zusammenspiel mit dem Unternehmen überdurchschnittlich viel Positives für die Frauenförderung erreicht worden. Einer der sichtbaren Erfolge steht einen kurzen Spaziergang von den Büros der Kollegen entfernt am Käferweg: Das Kinderhaus „FrechDaxe" (siehe den Beitrag von Christmann et al., in diesem Band) bietet arbeitsplatznahe und überaus flexible Krippen- und Kindertagesbetreuung. Das kann nicht zuletzt als Erfolg der Mitbestimmung verbucht werden: Die Initiative zur Einrichtung des Kinderhauses kam maßgeblich aus der Belegschaft und aus dem Betriebsrat. Zur Realisierung hat die Belegschaft durch den Tarifvertrag ebenfalls einen entscheidenden, auch finanziellen Beitrag geleistet. Um das Thema Kinderbetreuung angemessen und intensiv zu betreuen, hat der Betriebsrat eine eigene Arbeitsgruppe eingerichtet.

Wie groß die Gestaltungsmöglichkeiten der Mitbestimmungsgremien sind, zeigen weitere Beispiele. Bei der Volkswagen Financial Services AG können die Beschäftigten aus mehr als 250 Teilzeitmodellen die für sie passende Regelung aussuchen. Positive Effekte für die Vereinbarkeit von Familie und Beruf entstehen außerdem durch die äußerst flexiblen Arbeitszeiten und Gleitzeitregelungen. Außerdem ermöglicht der Manteltarifvertrag die Freistellung von Vätern für einen Tag, damit sie die Geburt des Kindes begleiten können.

Mütter und Väter haben während der Elternzeit die Möglichkeit, sich im Selbstlernzentrum unseres Unternehmens zu verschiedenen Themen auf dem Laufenden zu halten. Wir haben ebenfalls dafür gesorgt, dass Mitarbeiter während der Elternzeit zentral durch eine Person aus dem Personalreferat betreut werden, so dass immer eine auskunftsfähige und kompetente Ansprechstation zur Verfügung steht. Ein nicht zu unterschätzender Faktor für die Karriereplanung ist die Wiedereinstellzusage bei der Rückkehr aus der Elternzeit. Neben dieser Regelung zählen aber auch kleine Gesten und Signale, wenn es um das Klima geht, das in einem Unternehmen herrscht. So schreibt das Unternehmen nicht zuletzt auf Initiative des Betriebsrats den Mitarbeitern zur Geburt ihres Kindes nicht nur eine Glückwunschkarte, sondern verschickt auch einen Financial-Services-Teddy.

5 Weitere Verbesserungsmöglichkeiten

Die Volkswagen Financial Services AG hat angesichts des drohenden Fachkräftemangels schon lange erkannt, wie wichtig top-qualifizierte Frauen für den langfristigen Geschäftserfolg sind. Und das Unternehmen hat aus dieser Erkenntnis auch den klaren Auftrag abgeleitet, Frauen aktiv zu fördern. Damit darf man das Unternehmen aus unserer Sicht mit Recht als Vorreiter bezeichnen. Denn durch die konsequente Einbindung dieser Talentförderung in die Personalentwicklungsgespräche ist in den vergangenen Jahren ein fest etablierter, struktureller Rahmen für die Frauenförderung geschaffen worden.

Das ist aus unserer Sicht aber kein Grund, die Hände selbstzufrieden in den Schoß zu legen. Denn der Blick auf die Zahlen zeigt: Es gibt zwar eine lange Reihe von Erfolgen zu vermelden, die Frauenanteile steigen spürbar. Trotzdem stellen Frauen in Führungspositionen weiter eine Minderheit dar und werden es auf absehbare Zeit auch bleiben. Trotz aller Förderbemühungen trauen sich noch zu wenige Frauen den Sprung in die Verantwortung zu. Dieses Defizit haben wir vom Betriebsrat anlässlich des Weltfrauentags aufgezeigt. Um den Trend zu unterstützen, dieses Verhältnis zugunsten der Frauen zu ändern, sind auch Entwicklungen wichtig, die außerhalb der Möglichkeiten der betrieblichen Mitbestimmung liegen, zum Beispiel ein gesamtgesellschaftliches Umdenken. Dennoch sehen wir als Betriebsrat für uns im Unternehmen Handlungsfelder, durch die dieser Prozess beschleunigt werden kann. Wir haben bei der Volkswagen Financial Services AG schon viele Meilensteine der Frauenförderung erreicht, können aber noch besser werden.

5.1 Karriere von Verfügbarkeit entkoppeln

Diese Forderung greift ein Element des Eingangsbeispiels „Flexwork" auf: Oft gilt es als Voraussetzung für das berufliche Weiterkommen, möglichst rund um die Uhr erreichbar und leistungsfähig zu sein. Bisher gilt in vielen Köpfen noch die Regel: Wer etwas werden will, sollte nicht nur vor dem Chef im Büro sein und nach ihm nach Hause gehen, sondern auch außerhalb der Bürozeiten Einsatz zeigen. Diesen Anspruch können und wollen viele Frauen nicht erfüllen. Im Gegenteil: Sie sind sich sehr bewusst, dass es diese Denkart gibt, und diese Karrierehürde schreckt sie ab. Diesem aus unserer Sicht überholten und kontraproduktiven Denken müssen noch mehr als bisher Karrierechancen entgegengesetzt werden, die auf „Arbeiten ohne Ende" als Voraussetzung verzichten.

5.2 Karrierechancen transparent kommunizieren

Die Förderung der Karriere von Frauen basiert auf einer zentralen Voraussetzung: Man braucht qualifizierte und geeignete Kandidatinnen für die freien Stellen. Diese weiblichen Fachkräfte zu gewinnen und für die Unternehmen zu begeistern stellt unserer Ansicht nach eine Herausforderung in der Gegenwart und vor allem in der Zukunft dar. Die Bemühungen der Volkswagen Financial Services gehen schon heute deutlich über das Niveau hinaus, das der Gesetzgeber zum Beispiel durch das Allgemeine Gleichstellungsgesetz vorgibt. Und doch sind wir überzeugt: Die Sprache von Stellenausschreibungen, das Auftreten bei

Karrieremessen, die gesamte Kommunikation mit potenziellen Bewerberinnen und Bewerbern muss noch stärker darauf ausgerichtet werden, dass sie die Zielgruppen der weiblichen High Potentials gezielt anspricht. In dieser Richtung ist die Volkswagen Financial Services unter anderem mit einer „Employer-Branding"-Kampagne und Botschafterinnen schon große Schritte in die richtige Richtung gegangen. Diesen Weg wollen wir weitergehen. Das gilt auch für die aktuellen Mitarbeiterinnen: Nicht nur in Stellenausschreibungen, sondern auch intern müssen die Karrierechancen, die sich Frauen in unserem Unternehmen zahlreich bieten, noch transparenter als bisher kommuniziert werden.

5.3 Mehr Frauen in Teilzeit als Karriereaspirantinnen identifizieren

In Teilzeit zu arbeiten erweist sich unserer Erfahrung nach immer noch als Karrierehindernis. Zum Beispiel eine Unterabteilung zu leiten und damit Personalverantwortung zu übernehmen wird Teilzeitkräften weniger zugetraut als Kolleginnen und Kollegen mit der vollen Stundenzahl. Auch das Aufteilen von Führungsverantwortung auf mehrere Teilzeitstellen wird kritisch gesehen, mit dem Argument, dass Konflikte und Reibungsverluste unvermeidlich seien. Was morgens entschieden wurde, wird mittags von der zweiten Teilzeit-Führungskraft über den Haufen geworfen, lautet die Befürchtung. Das darf nach unserer Auffassung kein Argument sein, wenn Führung kompetent gelebt wird. Die Forderung im Interesse der Frauen lautet deshalb: Führungspositionen müssen noch stärker als bisher auch in Teilzeit möglich sein.

5.4 „Späte Karrieren" gezielt fördern

Die entscheidenden Karrieresprünge machen die Beschäftigten häufig mit Ende 20, Anfang 30. Das ist ein Faktor, der viele Frauen vor die oft genannte Wahl stellt: Kind oder Karrieresprung – und sie damit benachteiligt. Wenn die Familienphase sich dem Ende entgegenneigt und wieder vermehrt zeitliche Ressourcen für die Karriere frei werden, befinden sich die Kandidatinnen in einem Alter, das für klassische Karriereförderung wie das Mentoring-Programm oder für klassische Aufstiegsjobs nicht mehr im Fokus steht. Auch angesichts sich verlängernder Lebensarbeitszeiten müssen die Unternehmen an diesem Punkt noch stärker als bisher umdenken und späte Karrieren gezielt fördern.

5.5 Vereinbarkeit von Beruf und Familie für Frauen und Männer

Die Lasten von Kindererziehung und Hausarbeit werden immer noch zu einem Großteil von Frauen getragen. Um das zu ändern, kann auch die Mitbestimmung an wichtigen Stellschrauben drehen. Das Ziel, partnerschaftliche Kinderbetreuung zu ermöglichen, gehört auf die Agenda jedes Unternehmens. Vätern muss es möglich sein, ihren Teil der Verantwortung zu übernehmen. Das bedeutet zum Beispiel, Akzeptanz dafür zu schaffen, dass

Männer Elternzeit nehmen, auch über die zwei Pflichtmonate hinaus, oder in Teilzeit arbeiten, ohne dass es für sie zur Karrierebremse wird oder Nachteile bringt. Dieses Umdenken bedarf einer aktiven Förderung. Darüber hinaus regen wir an, dass spezielle Elternzeitseminare angeboten werden. Frauen, die aus der Elternzeit zurückkehren, sollen individuell auf den aktuellen Stand gebracht werden, zum Beispiel durch Systemschulungen.

5.6 Führungskräfte aktivieren

Die Frauenförderung auf ein höheres Niveau zu bringen erfordert einen weiteren Kulturwandel im Unternehmen. Das haben Punkte wie „späte Karriere" oder „Karriere in Teilzeit" gezeigt. Entscheidende Multiplikatoren für diesen Kulturwandel sind unserer Ansicht nach die Führungskräfte des Unternehmens. Sie müssen noch mehr als heute für die Notwendigkeit, die Themen und die Probleme der Frauenförderung sensibel sein, dann können sie die Karriere von Frauen gezielt fördern. Die Führungskräfte des Unternehmens auf diesen Weg zu bringen und Frauenförderung noch stärker als Teil der Führungskultur zu etablieren wird entscheidend sein für den weiteren Erfolg.

Verzeichnis der Autorinnen und Autoren

Iris Becker, Ressortleitung Frauen- und Gleichstellungspolitik beim Vorstand der IG Metall

Christiane Benner, geschäftsführendes Vorstandsmitglied im IG Metall Vorstand

Bernhard Bihr, Geschäftsführer der Bosch Engineering GmbH

Andreas Boes, PD Dr., Wissenschaftler und Vorstandsmitglied am ISF München

Monika Brandl, Vorsitzende des Gesamtbetriebsrats der Deutschen Telekom AG

Anja Bultemeier, Wissenschaftlerin am Institut für Soziologie der Friedrich-Alexander-Universität Erlangen-Nürnberg

Anja Christmann, Leiterin Personal Deutschland, Volkswagen Financial Services AG

Luisa Deplazes Delgado, Personalvorstand und Arbeitsdirektorin bei der SAP AG

Ellen Dierkes, Frauenförderung und Diversity Management, Volkswagen Financial Services AG

Natascha Eckert, Dr., Leiterin Hochschulkooperationen Corporate Technology, Siemens AG

Barbara Fischer, Leiterin Business Administration and Controlling Corporate Technology, Siemens AG

Andrei Frömmer, Abteilungsleiter Talent and Development, Deutsche Postbank AG

Norbert Herschel, Leitung Kinderhaus Frech Daxe der Volkswagen Financial Services AG in Trägerschaft Impuls Soziales Management GmbH & Co. KG

Christiane Hesse, Vorstand Personal und Organisation bei der Volkswagen Financial Services AG

Juanita Jordan, Leitung Personal, Bosch Engineering GmbH

Tobias Kämpf, Dr., Wissenschaftler am ISF München

Margret Klein-Magar, Vice President SAP Transformation, Vorsitzende des Sprecherrats der Leitenden Angestellten und Mitglied des Aufsichtsrats

Oliver Klink, Vorstandsvorsitzender der Taunus Sparkasse

Christiane Kuntz-Mayr, Stellvertretende Vorsitzende des Betriebsrats der SAP AG und stellvertretende Vorsitzende des Aufsichtsrats der SAP AG

Barbara Langes, Wissenschaftlerin am ISF München

Marion Leffler, Ausschuss für Chancengleichheit des Betriebsrats der Volkswagen Financial Services AG

Thomas Lühr, Wissenschaftler am ISF München

Katrin Mack, Personalreferentin, Bosch Engineering GmbH

Mechthilde Maier, Verantwortliche für Fair Share innerhalb Group Performance Development der Deutschen Telekom AG

Kira Marrs, Dr., Wissenschaftlerin am ISF München

Wiebke Metzler, Senior Consultant Hochschulkooperationen Corporate Technology, Siemens AG

Stefanie Nennstiel, Human Resources, Diversity Expert, SAP AG

Christiane Niemann, Ressort Frauen- und Gleichstellungspolitik beim Vorstand der IG Metall

Anita Ninnemann, Ausschuss für Chancengleichheit des Betriebsrats der Volkswagen Financial Services AG

René Obermann, Vorstandsvorsitzender der Deutschen Telekom AG

Christine Regitz, Vice President for Energy Management, SAP AG

Uta Sánchez-Mayoral, Vice President Strategic Workforce Planning and HR Analytics, SAP AG

Lothar Schröder, Vorstandsmitglied der Vereinten Dienstleistungsgewerkschaft ver.di

Karin Schwendler, Bereichsleiterin Frauen- und Gleichstellungspolitik beim ver.di-Bundesvorstand

Felix Sonnet, Group Compliance Management, Deutsche Telekom AG

Jörg Staff, Senior Vice President Human Resources, SAP AG

Sylvia Stelzner, Ausschuss für Chancengleichheit des Betriebsrats der Volkswagen Financial Services AG

Ralf Stemmer, Vorstand Ressourcen der Deutschen Postbank AG

Vera Strack, Senior Personalreferentin Talent and Development, Deutsche Postbank AG

Rainer Trinczek, Prof. Dr., Inhaber des Lehrstuhls für Soziologie I im Department Sozialwissenschaften und Philosophie der Friedrich-Alexander-Universität Erlangen-Nürnberg

Yvonne Velten, Frauenbeauftragte und Referentin Unternehmenskommunikation der Taunus Sparkasse